国外实用金融统计丛书

金融学与经济学中的数值方法
——基于 MATLAB 编程

Numerical Methods in Finance and Economics—A MATLAB-Based Introduction

（原书第 2 版）

［意］ 保罗·勃兰迪马特（Paolo Brandimarte）　著

郑志勇　李　洋　陈杨龙　译

机 械 工 业 出 版 社

本书旨在帮助读者建立扎实的数值理论基础，以便学习更专业的金融理论。本书分为5部分：第1部分介绍理论背景，包括编写背景和金融理论等内容；第2部分介绍数值方法，包括数值分析基础、数值积分、偏微分方程的有限差分法和凸优化等内容；第3部分介绍权益期权定价，包括期权定价的二叉树与三叉树模型、期权定价的蒙特卡罗方法和期权定价的有限差分法；第4部分介绍高级优化模型与方法，包括动态规划、有追索权的线性随机规划模型和非凸优化等内容，第5部分为附录。本书使用MATLAB为软件工具。

本书可作为金融学和经济学专业高年级本科生和研究生的教材，同时也可作为从事金融特别是金融工程领域工作的专业人员的参考书。

北京市版权局著作权合同登记 图字：01-2012-4861 号。

图书在版编目（CIP）数据

金融学与经济学中的数值方法：基于 MATLAB 编程：原书第 2 版/（意）保罗·勃兰迪马特（Paolo Brandimarte）著；郑志勇，李洋，陈杨龙译. —北京：机械工业出版社，2016.5

（国外实用金融统计丛书）

书名原文：Numerical Methods in Finance and Economics：A MATLAB-Based Introduction

ISBN 978-7-111-53919-3

Ⅰ.①金… Ⅱ.①保… ②郑… ③李… ④陈… Ⅲ.①金融学-数值方法-Matlab 软件 ②经济学-数值方法-Matlab 软件 Ⅳ.①F830.49 ②F0-39

中国版本图书馆 CIP 数据核字（2016）第 117544 号

机械工业出版社（北京市百万庄大街 22 号　邮政编码 100037）

策划编辑：常爱艳　韩效杰　责任编辑：常爱艳　韩效杰　汤　嘉

责任校对：陈延翔　　　　　　封面设计：路恩中

责任印制：常天培

保定市中画美凯印刷有限公司印刷

2017 年 3 月第 1 版第 1 次印刷

169mm×239mm · 35 印张 · 715 千字

标准书号：ISBN 978-7-111-53919-3

定价：128.00元

凡购本书，如有缺页、倒页、脱页，由本社发行部调换

电话服务　　　　　　　　　　网络服务

服务咨询热线：010-88379833　机工官网：www.cmpbook.com

读者购书热线：010-88379649　机工官博：weibo.com/cmp1952

　　　　　　　　　　　　　　教育服务网：www.cmpedu.com

封面无防伪标均为盗版　　　金 书 网：www.golden-book.com

本书献给指挥官斯特雷克、中尉埃利斯以及 SHADO 的所有人员。35 年前，正是他们向我介绍了在使用计算机进行决策的同时兼顾直觉感受的方法。

译者的话

保罗·勃兰迪马特（Paolo Brandimarte）是意大利都灵理工大学（Politecnico di Torino）一位采用数量方法研究金融与物流的教授，他已出版了5本关于应用优化与模拟方法的书籍，内容涉及生产管理、电子通信、金融等领域，同时，他也为工程学和经济学方向的硕士和博士讲授课程。

《金融学与经济学中的数值方法——基于 MATLAB 编程》（*Numerical Methods in Finance and Economics*，*A MATLAB – Based Introduction*）2002 年第 1 次出版，2006 年修订。该书编写的出发点是作者为其经济学专业研究生的"金融数值计算方法"课程以及工业工程专业学生的"优化理论"课程的授课需要，因此该书有两个显著特点：①研究的是数值计算方面的问题，但讲解方法却不难理解；②研究的是高难度专业问题，却具有较好的应用性和可移植性。正因为如此，该书特别适合具有一定数学基础和金融学基础，并希望了解或者应用数值理论的本科生、研究生或博士生，以及相关领域的学者等，这也是该书出版以后深受好评的原因之一。

近年来，我国金融市场不断推出新产品，包括优先股、各类可转债、分级基金、股指期货、国债期货、上证 50ETF 期权、万能保险等，这些产品一方面要求产品发行人和投资人能够进行准确的数值计算以估计产品的合理价值，另一方面也为国内诸如金融工程、金融统计、保险学、精算学等专业的学生提供了一个验证所学理论的机会。该书融会贯通地讲解了数值分析应用和相应的 MATLAB 程序，极大地方便了研究人员和从业人员将理论与实务相结合。该书内容涵盖标准数值分析、蒙特卡罗模拟、投资组合的最优化决策，以及衍生品定价等，能够为读者揭示数值理论的广阔应用空间。

在第 1 版发行的 5 年内，该书受到包括金融从业人员、在校学生和教师等广大读者的喜爱，成为该领域必不可少的书籍之一。结合读者反馈意见的第 2 版，增加了将近 200 页的内容，并调整了章节顺序，以便更适合阅读。

三位译者在量化研究、投资和 MATLAB 领域均有十余年的从业经验，发现该书后如获至宝，在学习之余进行翻译，以期让同行也能够较为便捷地阅读。郑志勇（Ariszheng）和李洋（faruto）负责主要翻译工作，陈杨龙负责校稿。

尽管译者比较熟悉 MATLAB，并有较好的数学功底，但要保证该书能够被准确翻译为中文也是一件不容易的事情，误译之处在所难免，恳请读者批评指正。请将任何批评和建议发送到电子邮箱 chenyanglong@ aliyun.com，不胜感激！

译者

第2版前言

在本书的第 1 版出版后，大约经过了 5 年时间，我已经收到大量的读者来信，包括世界范围内的学生与从业者。就我个人而言，最重要的是读者都说这本书非常"有用"。没有想到的是，本书已经成为优秀的专业研究书籍。编写第 2 版的基本出发点与第 1 版相同：为初学者提供一个易读且内容扎实的金融计算入门书籍，无须大量艰深晦涩的数学理论并且避免烦琐的 C ++ 编程，同时本书添加了非标准优化的内容，例如随机规划与整数规划。第 2 版修改如下：

- 标题略有修改。
- 全面修订章节内容排版。
- 增加部分内容，相应增加本书页数。

标题提到金融与经济，而不仅仅是金融。为避免误解，这里明确本书的目标读者为相关专业学生与金融从业者。此外，本书对于经济学博士非常有帮助，可以作为相关知识的补充教材，同时我也借鉴其他优秀教材，使本书内容涵盖了大部分的专业算法，并提供优秀的 MATLAB 工具箱。这个工具箱可以用来求解大部分经济学问题。从学生的角度来看，现在这版书仍存在很多不足，例如：未覆盖常微分方程和理性预期模型。此外，书中都是以期权定价或投资组合管理为示例的。根据经验，虽然我认为他们可以从这些基本的示例中受益，但还是建议经济学专业的学生掌握一些运筹学知识，例如随机优化与整数规划。因此，书名中的"经济"意味着本书可以作为经济学专业的补充教材，而不是替代教材。

本书对章节顺序进行了重排，以便适用于金融工程的数值方法的课程。在第 1 版期权定价相关的章节中，广泛应用优化理论。这是由于我个人的知识背景，主要专注于计算科学与运筹学的研究，但这不适用于一般的金融计算教学。由于优化理论并未涉及大部分金融工程专业的学生，因此在本版中，专业的优化理论知识将放在最后的章节中。本书共包括 12 章与 3 个附录。

- 第 1 章为读者介绍数值方法的需求与 MATLAB 数值计算环境。
- 第 2 章概述金融理论。目标读者为工程学、数学或运筹学专业的学生，他们或许对本书感兴趣，但是缺乏与金融相关的背景知识。
- 第 3 章介绍经典数值方法的基本知识。在某种意义上，这是对第 2 章的补充，目标读者为缺乏数值分析相关背景知识的经济学专业学生。本书由于受篇幅的限制，加之在后面章节不涉及这些数值方法，一些基本的数值方法被省略了。事实上，本书没有涉及计算矩阵特征值与特征向量以及与常微分方程相关的内容。

● 第 4 章介绍数值积分方法，包括求积公式与蒙特卡罗方法。在第 1 版中，求积公式放在了数值分析的章节中，而蒙特卡罗方法则作为单独一章。在第 2 版中将这两部分内容放在一章中，有助于两种方法应用的比较，其中包括期权定价与随机优化的情景模拟。将蒙特卡罗方法作为一种积分方法而不是模拟方法，有助于正确理解低差异序列（或称为拟蒙特卡罗模拟）的应用。增加了关于高斯求积的内容，高斯求积方法可以扩展为一种方差降低技术，通常应用于简单期权定价。关于方差降低技术的更复杂的示例放在第 8 章。

● 第 5 章介绍偏微分方程的基本有限差分方法。主要内容为求解热传导方程（其为抛物线方程的典型示例）。布莱克 – 斯科尔斯方程也属于抛物线方程。在这个简化的框架中，我们可以理解解偏微分方程的显式和隐式的方法之间的关系，以及相关的收敛性和数值稳定性的问题。相对于第 1 版，增加了交替方向隐式方法求解二维热传导方程的内容，这对二维期权定价非常有帮助。

● 第 6 章介绍有限维（静态）优化方法。读者如果对第 7 ~ 9 章的期权定价感兴趣可以跳过此章。本章对于经济学专业学生或许有帮助，如果需要更专业的优化模型与方法，可以参考第 10 ~ 12 章。

● 第 7 章为新增加的章节，主要介绍二叉树与三叉树模型，这些内容在第 1 版中没有涉及。本章的主要内容为二叉树与三叉树模型计算与存储树结构的内存管理。

● 第 8 章与第 4 章内容相关，介绍蒙特卡罗与低差异序列对于奇异期权更专业的应用，例如障碍式期权与亚式期权。还简单介绍了基于蒙特卡罗方法的期权敏感性（Greeks）估计，重点为欧式期权；基于蒙特卡罗方法的美式期权定价为另外一个专业问题，将在第 10 章进行讲解。

● 第 9 章在第 5 章内容的基础上，介绍了基于有限差分方法的期权定价。

● 第 10 章主要介绍动态数值规划。本章的主要内容为基于蒙特卡罗方法的美式期权定价，在第 1 版中尚未涉及这些内容，但是美式期权定价越来越重要。我们将基于一个适当的框架（动态随机优化）来介绍美式期权定价。本章仅介绍主要方法，即基于离散时间与有限时间的动态规划方法。此外，我们试图通过一个恰当的案例来帮助读者充分理解此方法。不仅因为它们在经济学中的重要性，也因为理解动态规划有助于学习随机动态规划，这些将是下一章的内容。

● 第 11 章主要介绍线性随机规划模型。在运筹学中，这是一个标准的研究方法，但是经济学专业学生更熟悉动态规划。从方法论的角度来看，将这些方法与动态规划进行比较非常重要；从实际的角度而言，随机规划对于动态组合管理与不完备市场中的期权对冲非常有意义。

● 第 12 章讲解非凸优化的相关内容。本章主要介绍混合整数规划，它主要应用在具有逻辑决策变量约束的投资组合管理中。我们同时介绍全局优化问题，如连续非凸优化。当我们"远离"简单优化问题（凸的成本函数最小化或凹的效用函数最大化）的可行域时，连续非凸优化非常重要。同时，将简要概述启发式方法，如局部搜索算法与遗传算法。这些算法在集成模拟与优化模型中非常有用，经常用在计量经济学中。

● 最后，我们提供 3 个附录，分别介绍 MATLAB 软件、概率论与统计和 AMPL 语言。不熟悉 MATLAB 的读者可以自行阅读关于 MATLAB 的附件，但是学习 MAT-LAB 的最好方法是阅读 MATLAB 的帮助文档。对概率论与统计不熟悉的读者可以阅读相关附录。附录 C 是新增内容，为描述复杂的优化模型，代数语言越来越重要。AMPL 建模系统广泛地用于优化求解软件。AMPL 的选择仅根据作者的个人喜好（在网站可以下载 AMPL 语言软件的演示版）。事实上，GAMS 可能是最通用的经济学计算软件，并且 GAMS 与 AMPL 的概念是相通的。仅在第 11、12 章涉及与 AMPL 或 GAMS 相关的内容。

在第 2 版中增加了很多内容。事实上有两个选择：增加更多内容，如利率衍生品；或对第 1 版内容进行补充与扩展。虽然在本书中增加了一些新内容，但是我更倾向于第二种选择。事实上，本书原计划增加两个关于利率衍生品的章节，因为很多读者反馈在第 1 版中缺少相关的内容。而随着第 2 版内容的增加，我转向第二种选择，在本书中仅简略介绍利率衍生品。利率衍生品定价需要对风险中性定价以及利率模型与市场规则有更深入的理解。

我认为大多数读者使用本书能够打下扎实的数值方法基础，这些将帮助读者学习更专业的利率衍生品定价方法。利率衍生品并不是唯一被省略掉的内容。我同样计划增加隐含格和金融计量经济学的内容。但是，关于这些主题已经有非常优秀的相关书籍。我觉得对一项基础知识的具体的透彻的讲解，包括一些不太熟悉的问题，会更重要。这就是为什么我更喜欢使用 MATLAB，而不是 C++ 或 VB。在专业开发软件方面，无疑 C++ 具有很多优势，包括计算效率与面向对象编程，但是 C++ 对于初学者过于复杂。此外，烦琐的编程方法往往使得读者忽略其基本概念，而这正是我不愿看到的。VB 是一个非常方便的选择：适用范围广，不需要购买使用许可，因为几乎每一个人都有内含 VB 的软件，如微软 Excel。选择 MATLAB，可能增加花费。但是，MATLAB 可以调用更广泛、更有效的数值计算库函数，而且这些函数兼容性非常棒。最起码它可以被视为一个良好的快速原型语言。同时，MATLAB 最新的一些工具箱是针对金融应用的，这就是为什么我坚持这个选择的原因。随着 MATLAB 相关书籍的增加，我更加确信这是一个好的选择。

致谢：

从第 1 版的读者那里得到很多赞赏、反馈与鼓励。读者指出了一些错别字、错误与不准确的地方。在此为某些遗漏道歉，并感谢 I-Jung Hsiao, Sandra Hui, Byunggyoo Kim, Scott Lyden, Alexander Reisz, Ayumu Satoh, and Aldo Tagliani 的支持与帮助。

补充:

如第 1 版那样,我计划在网页上保持勘误表与补充材料列表,包含书中的 MATLAB 程序。网页现在的地址为:

- http：//staff. polito. it/paolo. brandimarte

关于意见、建议、反馈,我的电子邮件地址为:

- paolo. brandimarte@polito. it

根据墨菲定律,虽然我的网址变更的概率非常低,但如果网址变更,读者可以在 Wiley 网站找到新的网址:

- http：//www. wiley. com/mathematics

以及 MathWork 公司的网站:

- http：//www. mathworks. com/support/books

保罗·勃兰迪马特
都灵,2006 年 3 月

第1版前言

交叉学科似乎非常难学，但交叉学科或许非常有前途！本书涉及不同的学科，包括金融学、数值分析、优化理论、概率论、蒙特卡罗模拟，以及偏微分方程。本书假设读者具有一定的数学基础，但这并不是不可或缺的，因为我们省略了对于数学理论要求较高的研究方向，如奇异期权与利率衍生品。

本书源自我为经济学专业研究生开设的"金融数值计算方法"课程，以及为工业工程专业学生开设的"优化理论"课程。因此，本书并不是一本研究专著，而是一本专为学生编写的教科书。本书一方面针对具有一定数值计算理论知识，但缺乏将算法转化为程序代码能力的经济学专业的学生；另一方面针对尚未清楚意识到数值方法在金融领域有巨大潜力的理工科专业的学生。

随着金融工程相关论文数量的快速增长，以及金融计算相关的电子表格书籍的出版，我相信无论金融从业者还是经济专业与理工专业学生，都需要一本关于介绍金融、经济与数值方法相结合的书籍，并建议读者：

- 为理解数值计算的逻辑与方法，需要掌握扎实的理论知识。
- 可以将自己的思路转化为程序代码，并检验思路的正确性。
- 具备应用数值方法的能力，甚至可以使用复杂计算方法解决金融问题，例如期权定价。
- 鼓励自己从实践和理论的角度进一步研究更高级的金融、经济课题。

本书根据上述目标进行内容选择与编排。当然，这也反映了我个人的偏好。由于自己的运筹学研究背景，我担心这本书不能满足读者关于统计学知识的需求，随着计量经济模型的发展，统计理论需求随之增加，同时，我试图使得书籍具有一定的互补性。

本书关于数值方法的编程是基于 MATLAB 进行的，书中给出相关数值算法的MATLAB 程序代码，这些代码可以直接运行。MATLAB 是一个灵活的高级计算环境，它可以允许我们仅通过几行代码就完成一个普通的算法，并且它在金融计算方面应用广泛且潜力巨大。

这本书的优势在于提出并解决问题，而不仅仅是给出问题的答案。本书毕竟为一本交叉学科书籍，在阅读完本书后，读者或许希望阅读其他书籍以获取关于某些内容更详细的介绍。

附言 1：

虽然我已竭尽全力，但是本书中仍然可能存在某些错误与错别字。我们将列出一个勘误表，并根据读者的反馈对其进行更新。非常欢迎读者对本书反馈任何意见或建议。我的电子邮件地址为：

paolo. brandimarte@ polito. it

附言2：

勘误表包括附件内容与 MATLAB 程序，并将公开在网页上。网页的地址为：

- http：//staff. polito. it/paolo. brandimarte

如果网页地址变更，读者可以参见 Wiley 的网站来获取新的地址：

- http：//www. wiley. com/mathematics

附言3：

如果你想知道斯特雷克指挥官是谁，可以参看如下网站：

- http：//www. ufoseries. com
- http：//www. isoshado. org

保罗·勃兰迪马特

都灵，2001 年 6 月

目录

第 2 部分 数值方法

第 3 部分　权益期权定价

第4部分　高级优化模型与方法

第 1 部分

理 论 背 景

第1章

编写背景

传统的观念都认为，数量方法或数值分析与理论科学或工程类科学相关度高，而与金融关系不大。大量的金融数值计算相关书籍与期刊出版的现象或许与传统的观念相违背。在现实中，数量方法不仅应用于学术方面，而且也应用于现实生活中。因此，在高等院校中开设了大量与数量金融相关的专业（包括硕士与博士），这些专业的课程主要以数值计算为主。此外，越来越多的具有数值分析背景（如工程学、数学、物理）的人开始在金融领域工作。

事实上，计算金融（或称为金融工程）是一个交叉学科（它涉及多个学科）。因此，大量具有不同专业背景的学生或从业者需要一本专门介绍金融工程的书籍。这对于笔者是个好消息，但如何将金融理论与数值方法关联起来成为首先要面对的问题。如果关联得太简单，可能使得部分读者无法全面理解；如果关联得太复杂，可能使得另外一部分读者感觉太枯燥。

本书前三章的目的是对金融背景与理工背景（包括工程学、数学或物理等专业）的读者进行数值方法知识的"同步工作"。在第 2 章，将为理工背景的读者介绍金融理论知识，重点为资产定价与组合管理；在第 3 章，将为金融背景的读者介绍深度适宜的数值分析知识。

本章介绍我们将面对的各种各样的问题，读者可能对这些问题并不了解，但不必担心，在接下来的章节中，我们将针对这些问题进行详细的讲解。着重研究以下三个问题：

（1）金融工程中所需的数值分析理论与技巧（第 1.1 节）。

（2）我们需要专业与易用的数值计算平台，例如 MATLAB[⊖]（第 1.2 节）。当然，笔者不反对使用（相对）低等级的语言，例如 Fortran 或 C ++ 或电子表格,例如 Microsoft Excel。

⊖　MATLAB 为 MathWorks 公司注册的产品商标。关于 MATLAB 的更多介绍，参见 http://www.mathworks.com。

（3）无论选择什么样的软件平台，都需要扎实的数值分析理论基础，因为我们经常要面对多样的计算方法，并从中选取适宜的方法（第1.3节）。

1.1 数值分析方法的需求

在金融工程领域，最著名的模型之一莫过于布莱克-斯科尔斯（Black Scholes）股票期权定价模型。[⊖]

期权，是一种衍生品（或称为衍生工具），它的资产价格依赖于另一资产的价格，"另一资产"被称为标的资产（underlying assets）。标的资产也可以是非金融资产，如大宗商品、股票指数、天气情况等。

期权是一份含有具体条款的合约，合约条款包括发行、交易、计价方式等。例如，一份标的资产为股票的欧式买入期权，给予持有人权利，而非义务，在约定的时间以约定的价格（称为执行价格，定义为 K）买入股票。

类似的，一个卖出期权给予的权利是在约定的时间以约定的价格（执行价格）卖出股票。假设：T 为期权的到期日。欧式期权只能在到期日 T 执行合同中给予的权利，美式期权可以在到期日 T 之前的任意时间执行。

以欧式买入期权为例，假设在到期日 T 标的资产的价格为 $S(T)$，期权持有人在到期日以价格 K 买入股票，并马上以价格 $S(T)$ 卖出股票，则期权的价值为 max $\{S(T)-K,0\}$。

显然，如果期权价值为正，期权持有人将以执行价格买入股票并以市场价格卖出股票获利。但是，市场中有许多不确定因素，如交易成本或买卖价差，将影响交易，即使 $S(T)$ 是最新的市场报价，也不能保证期权持有者以 $S(T)$ 买入股票。在本书中，将忽略与金融市场微观结构相关的因素。

如果在任意时刻 $t<T$，我们希望给予期权一个合理或公允的价格。假设已知 t 时刻标的资产的价格 $S(t)$，而到期日 T 标的资产的价格 $S(T)$ 未知。如果我们建立一个 $S(t)$ 的数学模型，要把 $S(T)$ 看作随机变量。同时期权的价值也是一个随机变量，因此似乎不存在一个简单的方法可以计算期权的价格。

假设目前标的资产的价格为 $S(t)$，则在 t 时刻期权的价格为 $f(S(t),t)$；将 $f(S(t),t)$ 简化为 $f(S,t)$。在适当的假设条件下，期权的价格只与变量 t 和 S 相关，而且它满足以下偏微分方程（PDF，partial differential equation）：

$$\frac{\partial f}{\partial t} + \frac{1}{2}\sigma^2 S^2 \frac{\partial^2 f}{\partial S^2} + rS\frac{\partial f}{\partial S} - rf = 0 \tag{1.1}$$

式中，r 为无风险利率，即投资人可获取的无风险的投资收益；σ 为与标的资产价

⊖ Fisher Black 与 Myron Scholes 在 1973 发表的期权定价公式。Robert Merton 一直在进行类似的研究，1997 年 Scholes 与 Merton 因此获得诺贝尔经济学奖，但不幸的是 Fisher Black 已经去世。

格的波动率相关的参数，标的资产为风险资产。通常假设，在 $t=0$ 时 $f(S_0,0)$，其中 $S_0=S(0)$。式（1.1）添加适当的边界条件，或许在某些条件下可以得到方程的解析解。

假设标准正态分布的累积密度函数[⊖]为 $N(z)=\mathrm{P}\{Z\leqslant z\}$，其中 Z 为服从标准正态分布的变量，在 $t=0$ 时欧式买入期权的价格 C_0 可以表示为：

$$C_0 = S_0 N(d_1) - Ke^{-rT}N(d_2) \tag{1.2}$$

式中

$$d_1 = \frac{\ln(S_0/K) + (r+\sigma^2/2)T}{\sigma\sqrt{T}}$$

$$d_2 = \frac{\ln(S_0/K) + (r-\sigma^2/2)T}{\sigma\sqrt{T}} = d_1 - \sigma\sqrt{T}$$

这个公式看起来似乎易于求解，但不幸的是，方程中含有复杂的微分方程，微分方程的解需要用数值方法进行计算。在第 5 章中，将介绍基于有限差分（finite differences）技术求解微分方程的数值计算方法。同时在第 9 章中，将介绍如何使用有限差分技术实现期权定价。

使用有限差分方法，将涉及线性方程中的迭代方法，而迭代方法将在第 3 章的数值分析部分进行介绍。除了数值计算方面的内容，期权定价公式的理论分析也十分重要，如分析不同变量对期权价格的影响，或期权价格对不同变量的敏感程度，这些分析都与风险管理密切相关。

在本书中，我们将使用理论分析与数值分析对比的方法，以验证数值分析结果的正确性。这样的对比虽然没有太多的实用性，但是对于理解问题的本质非常有帮助。最后，我们将遇到无法精确定价的复杂期权，熟悉与之类似的简单期权的定价公式对复杂期权的定价非常有意义。在期权定价的蒙特卡罗模拟（Monte Carlo simulation）中，期权定价公式衍生的控制变量方法（control variates）在降低期权价格的估计方差方面非常有效。

对于读者而言重要的是，应该清楚数值方法与分析方法的区别，即使有时这种区别难以言表。在遇到一个非常复杂的公式时，或许会发生类似的情况。例如，下面的这个公式并未给出太多的解释[⊖]：

$$C_J = \sum_{n=0}^{\infty} \frac{e^{-\lambda T}(\lambda T)^n}{n!} E\{C_{\mathrm{BLS}}[S_0 X_n e^{-\lambda\chi T}, T, K, \sigma^2, r]\}$$

这是含有标的资产价格跳跃情况的欧式买入期权的定价公式，又称罗伯特·默顿（Robert Merton）公式。布莱克-斯科尔斯（Black Scholes）公式的前提假设是标的资产价格为连续变量，罗伯特·默顿（Robert Merton）公式的前提假设是资产

⊖　参考附录 B 中关于概率与统计的概述。

⊖　详细参见 283 页。

价格含有跳跃情况，其中的跳跃为一个复合的泊松过程（compound Poisson process）。

这个公式已经超出了本书的范围，读者即使无法完全理解上述公式，但必须理解的是，分析方法可以给出明确的公式，公式中包含了各个变量与结果的关系信息，但纯数值方法不含有各个变量与结果的关系信息。

即便是在简单的公式中，如式（1.2），因为我们必须计算出公式的值，累积密度公式无法在上述积分区间上获得解析解，所以必须使用某些数值方法进行求解。

$$N(z) = \frac{1}{\sqrt{2\pi}} \int_{-\infty}^{z} e^{-y^2/2} dy$$

这里我们将使用特定有效的近似公式计算积分，而不采用通用的方法（general - purpose methods）计算数值积分。有时候，我们必须计算或近似计算多维积分。实际上，多亏了费曼—卡茨（Feynman - Kač）公式，解决了例如式（1.1）偏微分方程的数值解问题。得到这个和其他参数的数值解，或许我们可以计算出期权公式的数值解。不幸的是，对于这些随机变量，在低维度中，我们无法用标准方法计算它们的积分。

另外，我们必须使用近似积分方程，例如变量 x 与公式 $g(x, y)$ 构造的积分方程：

$$F(x) = \int_{a}^{b} g(x,y) f_Y(y) dy$$

这样的情况经常发生在随机优化中，当 x 为一个影响结果的决策变量，结果仅部分在我们的控制之下，因为 Y 是一个随机变量，Y 服从概率密度函数 $f_Y(y)$ 在 $[a, b]$（也可能是 $(-\infty, +\infty)$）。方程 $F(x)$ 可以视作一个成本或利润函数。我们将在第 10~11 章中进行详细的案例讲解。

积分计算在金融数量分析中非常重要，在第 4 章中将详细介绍数值积分计算。除了一般通用的积分计算方法，我们还将研究随机抽样方法，称为蒙特卡罗积分（Monte Carlo integration）或蒙特卡罗模拟（Monte Carlo simulation）。蒙特卡罗方法是一种非常实用的方法，在期权定价与风险管理方面都常常用到蒙特卡罗方法。

例如，欧式买入期权在 $t = 0$ 时刻，期权价格可以表示为：

$$C = E^Q \left[e^{-rT} \max\{S_T - K, 0\} \right]$$

其中标的资产在到期日的价格 S_T 为随机变量，若给定 S_T 的概率测度，可以得到标的资产在到期日价格的期望值（定义为 $\mathbb{Q}$）。进一步，可以得到期权价格的期望值，通过贴现方式，可计算出在 $t = 0$ 时刻的期权价格的期望值。

如果可以生成 M 个服从概率分布 $\mathbb{Q}$ 的独立的随机标的资产价格样本 $S_T^{(j)}, j = 1, \cdots, M$，根据大数定律（law of large numbers）通过计算样本均值的方式就可以估计出样本的期望值：

$$\check{C} = \frac{1}{M} \sum_{j=1}^{M} e^{-rT} \max\{S_T^{(j)} - K, 0\}$$

上述的计算过程是典型的蒙特卡罗方法，为得到更可靠、更有效的期望值估计，我们需要更多的交易数据。[○]

基于低差异序列（low-discrepancy sequences）的降低方差方法（Variance reduction methods）与交错积分法（alternative integration approaches）将在第 4 章中进行介绍，这两种方法在期权定价方面如何应用将在第 8 章中进行讲解。

其他广泛应用于期权定价的方法是二叉树模型或三叉树模型。这两种方法都是对随机过程巧妙的离散化处理。从这个角度而言，二叉树模型或三叉树模型是用确定的方法生成随机过程的采样路径，而蒙特卡罗方法是随机生成采样路径。这三种方法的实际案例将在第 7 章中进行讲解。

本书另一个主要内容是优化方法，优化方法相关的内容将在第 6 章进行介绍。优化模型与优化方法在金融中扮演着许多不同的角色。在期权定价中，优化方法是美式期权定价的核心，因为美式期权在到期日前任何时间都可以行权，所以在期权定价的过程中必须考虑到期权最优的执行策略。

例如，对于美式买入期权而言，一旦期权变为价内期权立即行权便可获利，当期权标的资产的价格大于期权的执行价格，即 $S(t) > K$ 时，该期权为价内期权。然而，投资者应该明白，他（她）可以等待更好的机会行权。事实上，这不是一个简单的问题。在期权的标的资产（如股票）分红前不行权被证明是最优的策略（假设 t 时刻，期权的价格为 max $\{S_t - K, 0\}$，若标的资产分红，标的资产的价格将进行除权（即 S_t 将降低），相对而言期权在 t 时刻的价值将降低）。

优化方法的另一个应用是投资组合管理，若投资者可对一组资产进行投资，假设每种或每个资产的未来收益率是已知的，我们必须考虑的问题是对每种资产或每个资产配置多少资金。最著名的投资组合优化模型是基于给定预期收益情况下，使得投资组合的方差（一个度量风险的指标）最小的理念。基于这个理念产生了投资组合的均值方差模型，这个模型是马科维茨（Markowitz）在 1950 年建立的，虽然有些理想化但这个模型对于资产管理的理论与实践都有着巨大的影响，马科维茨也因此获得了 1990 年的诺贝尔经济学奖。[○]

从那以后，出现了许多不同的投资组合优化方法，这些方法将在第 10 ~ 12 章中进行介绍。

同样重要的是我们需要意识到资产定价与投资组合管理之间或许存在交叉，许多经济金融的理论是建立在投资组合优化模型的基础上的，这反过来又可以建立资

○ 就如我们先前提到的，计算期权价格最好的方法是使用偏微分方程或使用费曼—卡茨（Feynman-Kac）公式，尽管它们是两种截然不同的计算模式。有趣的是，历史上起初使用偏微分方程方法计算布莱克-斯科尔斯（Black-Scholes）公式，但是最近流行用数值方法计算期权价格的期望值，或许因为数值方法更具有普适性。

○ 马科维茨（Markowitz）与默顿·米勒（Merton Miller）、威廉·夏普（William Sharpe）一起分享了 1990 年的诺贝尔经济学奖。或许不为人知的是，他是 SimScript 开发组的成员之一，SimScript 是最早模拟离散事件的编程语言中的一种。此外，罗伯特·默顿（Robert Merton）具有工程学背景，这或许说明了经济学与工程学之间不存在障碍。

产定价模型。由于篇幅的限制，以及这些交叉与数值方法没有直接的联系，所以本书将不涉及这些交叉内容。

优化方法还有其他很多应用，如参数拟合（parameter fitting）与校准模型（model calibration）。

在复杂的市场中，资产的价格取决于一系列不可观测的参数。我们可以借鉴其他相关资产定价方法，为新资产进行定价。一个通用的方法如下：我们首先建立一个基于这些参数的理论上的定价模型，然后研究真实的市场价格与这些参数的相关性，并确定这些参数的值。

假设 $\boldsymbol{\alpha}$ 为一个未知参数向量；根据资产定价模型，资产 j 的理论价格应为 $\hat{P}_j(\boldsymbol{\alpha})$，其中资产价格 P_j^o 已知。我们可以使用拟合的方法确定未知参数向量的最优拟合值，数据拟合通用的方法为优化模型，如下：

$$\min_{\boldsymbol{\alpha}} \sum_j (P_j^o - \hat{P}_j(\boldsymbol{\alpha}))^2$$

若计算出定价模型的参数 $\boldsymbol{\alpha}$，我们可以使用这个定价模型为新的资产进行定价。这种定价方法经常用在利率衍生品定价中。利率衍生品相对于股票期权更为复杂，利率衍生品超出了本书的范围，与其相关的内容将在第2.8节中进行简单概述。

相对简单的优化模型可以使用分析的方式求解，但是对于另外一些复杂的模型，则需要大量的计算。

1.2　关于数值计算平台的需求：为何选择 MATLAB?

MATLAB 是一个交互的数值计算平台，它提供了各种基础与专业的数值计算函数。你可以使用内置函数求解复杂的问题，这些问题必须是标准化的，如线性优化、最小二乘法等；也可以使用 M 语言进行编程，M 语言是一种面向矩阵计算（matrix - oriented）的高级语言。MATLAB 还提供了强大的画图功能，当然还可以制作图形化的用户程序界面（GUI: graphicaluser interfaces），如果你对 MATLAB 还不熟悉，可以参看附录 A，可快速、有效地掌握 MATLAB 的编程功能。

对于一些典型的数值计算问题，可以通过调用 MATLAB 函数直接进行计算。这些典型数值模型如下：

- 线性方程或方程组求解
- 非线性方程或方程组求解
- 计算单变量方程的最大或最小值
- 数据的拟合与插值方法
- 积分计算（较低维度的）
- 微分方程数值解（PDEs）

这些及更多的功能都包含在 MATLAB 基础平台中。对于更复杂的问题，可以在 MATLAB 的工具箱中查找相应的函数进行求解。MATLAB 的工具箱是由 M 语言编写的函数的集合，用户可以查看工具箱中的函数源代码，因此，面对复杂的问题，用户可以直接调用函数或对函数代码进行修改后调用函数进行求解计算。

优化工具箱（Optimization toolbox）可以用来解决复杂的优化问题，如决策变量数量多或含有复杂（非线性）约束条件的优化问题。在金融计算中，另一个常用的工具箱是统计工具箱（Statistics toolbox），如在蒙特卡罗模拟中，经常使用统计工具箱中的函数生成服从各种分布的随机数。

基于优化工具箱与统计工具箱，几年前 MATLAB 推出了金融工具箱（Financial toolbox）。金融工具箱包含了几大类计算函数，如日期处理、金融图形处理、固定收益资产分析、投资组合优化、衍生工具定价等。

在金融工具箱推出之后，金融相关的其他工具箱也相继推出，举例如下：

- GARCH 工具箱（GARCH toolbox）
- 金融时间序列工具箱（Financial time series toolbox）⊖
- 金融衍生品工具箱（Financial derivatives toolbox）
- 固定收益工具箱（Fixed – income toolbox）

本书不包含上述工具箱概述，相关信息可以在 MathWorks 公司的网站上获取(http://www. mathworks.com)。MATLAB 还包含很多实用的工具箱，即使这些工具箱不是为金融计算特别开发的，如偏微分方程工具箱（PDEs toolbox）、遗传算法与直接搜索工具箱（the genetic direct search toolbox）。⊖另外，还有一些对于开发个人程序非常实用的工具箱，如 Excel link 工具箱、Web server 工具箱、compiler 工具箱和 Datafeed 工具箱。其中 Datafeed 工具箱可以从不同的网站获取相关的金融数据。

现在的问题是，为什么本书选择 MATLAB 作为编程语言？的确，在不同层面的应用中，我们或许还有其他的选择：

- 简单易用的电子表格，如微软的 Excel。市面上很多书都介绍了基于电子表格在金融计算领域实现优化计算与随机模拟的方法。电子表格可以计算小规模的数学规划模型，甚至可以进行蒙特卡罗模拟或使用遗传算法求解优化问题。
- 低级语言。例如，用 C++ 或者 Fortran 进行金融数值计算。尤其是 C++，大量金融计算书籍中的计算部分都是基于 C++ 编程的，同时，很多人仍然认为新版的 Fortran 在数值计算方法方面保持领先优势。C++ 与 Fortran 都可以直接调用科学计算库(scientific computing libraries) 进行金融数值计算。
- 专业的计算平台或计算程序库，如统计软件、优化软件等。

当然，对于简单的数值计算，完善的数值计算平台似乎有些大材小用，或许电

⊖ 本书在编写时，将金融时间序列工具箱（Financial time series toolbox）并入到了金融工具箱（Financial toolbox）中。

⊖ 遗传算法与直接搜索算法都是优化算法，这些算法不涉及目标函数的迭代计算。遗传算法或直接搜索算法都非常灵活，对于某些形式的优化问题非常有效，在优化算法章节中将对这些算法进行详细的介绍。

子表格是一个最优的选择。但是，当你面对复杂问题时，需要的数值计算远超过了电子表格所能提供的功能，而且没有现成的程序可供参考，以至于你必须使用 VB（Visual Basic）或C++进行编程。

在执行速度或计算速度方面，类似 Fortran 与 C++，这样的编译语言⊖具有一定的优势，如果你需要编写具有较高执行速度要求的程序时，编译语言或许是最优的选择。MATLAB 的 M 语言是一种解释性语言，它执行也非常有效，但与其他语言相比还具有一定不同。

尽管如此，随着版本的更新，MATLAB 与编译语言在计算速度上的差距越来越小。此外，MATLAB 编译器可以将 MATLAB 程序转换为可执行库，在其他语言中，如C++，调用这些库函数。

MATLAB 最大的优点是使用简单，计算能力强大。与 C++ 相比，用 MATLAB 进行编程用户不需要在内存分配、变量定义等上花费太多精力。MATLAB 是一个优秀的快速原型开发工具：你可以通过有限的代码实现一个非常复杂的算法，而简单的代码意味着更少的开发时间与更少的编程错误。如果真的需要，你可以将 MATLAB 程序翻译为编译语言，如 C++。

非常重要的是，在学习数值计算方法时，应该更多地关注算法逻辑，而不是编程技术的细节。

综合上述各种情况后，可以发现 MATLAB 是一个不错的选择。越来越多的基于 MATLAB 编程的教材与书籍的出现可以支持这个观点。但是，这并不意味着 MATLAB 无所不能，面对大规模的优化问题，或许我们还需要更专业的计算平台或软件。例如与 MATLAB 相比，CPLEX⊖在大规模优化方面更具优势（CPLEX 的优化工具箱专注于非线性优化问题，同时还有其他一些优化软件包只针对线性优化或二次优化问题）。

此外，对于混合优化问题⊜，到目前为止，MATLAB 还不能求解⊛。

更糟糕的是，当你面对一个大规模优化问题时，若没有数学建模语言的支持，参数的格式或输入都会遇各种问题。数学建模语言，例如 AMPL⑤在优化模型的章节中，我们有时会使用 AMPL 解决某些优化问题。在 ILOG 公司的 AMPL 网站，可

⊖ 编译语言指将源代码编译为机器代码（可执行程序的语言）。机器代码指可直接用于 CPU 执行的程序或语言。你需要一个编译器将源代码编译为机器代码；优化的编译器可以编译出执行速度较快的机器语言或程序。语言解释器并不将代码编译为机器代码，而是将代码直接进行计算，解释器或解释性语言，又称为脚本语言，在程序调试与程序修改方面具有优势，与编译语言相比，这些优势的代价或许是降低了执行速度或计算速度。

⊖ CPLEX 为 ILOG 公司注册的产品商标，具体参见 http://www.ilog.com。

⊜ 混合优化问题的优化模型中部分决策变量为整数，部分决策变量为实数，在第 12 章我们将遇见混合优化问题，及混合优化案例。

⊛ 到目前为止，MATLAB 的优化工具箱中已经包含了求解（0-1）规划的函数. 但是，该函数不适用于更多的大规模的混合优化问题。

⑤ AMPL（一种数学建模语言），最初由贝尔试验室（Bell Laboratories）开发。目前，不同的服务商提供了多种版本的数学建模语言，例如 ILOG 公司的 AMPL，参见 http://www.ampl.com。

以下载免费试用版。附录 C 是一个关于 AMPL 语言的概述。

如果对统计计算在金融领域的应用非常有兴趣，常常发生的是，在计算一个项目时，需要用到很多个金融经济学软件包。没有哪个软件能像 MATLAB 一样，在一个平台下可以为你提供如此多的统计计算相关的程序函数。

总之，我们很难找到一个同 MATLAB 一样的，可以在一个计算平台上，提供各种与数值计算相关的库函数的软件。而且 MATLAB 还推出了便宜的学生版，有助于更多的人学习。MATLAB 在金融领域的应用也将越来越广泛。所以，无论对于学生还是金融工程从业人员，学习 MATLAB 都是十分有价值的。

在写这本书的时候，最不好做出的决定是：在这本书中到底介绍哪些工具箱？一方面，如果涉及的工具箱太多，将增加读者的负担，因为并不是所有的读者都购买了 MATLAB 的全部工具箱。另一方面，如果只使用 MATLAB 的基本平台，很多问题或许无法解决，也会限制金融计算内容的范围。因此，一个中庸的方法就是，本书选择了统计工具箱与金融工具箱进行相关的讲解。相同的学习方法，可以复制到学习其他工具箱的过程中。

我们有时会用到优化工具箱中的一些函数，也可以使用免费版本的 AMPL 获得同样的效果。在本书中，我们将不使用高级金融工具箱或微分方程工具箱。

这个选择或许有些矛盾，为什么使用优化工具箱，而不使用微分方程工具箱呢？需要说明的是，讲解优化理论与使用优化算法之间有很大不同，有些优化算法的内部逻辑非常复杂。本书的目标不是讨论它们的不同，而是教会读者如何使用优化算法。相对而言，简单的差分方法易于实现，可以进行计算细节的讲解。

最后，我们还应该注意，一般的金融计算课程都包括基本求解偏微分方程的有限差分法和相对简单的优化方法。

1.3 理论的需求

现在已经明确了，在本书中我们将以 MATLAB 为基础进行数值计算的编程，另一个问题是，为什么要研究数值算法，当我们已经可以进行编程时，能否忽视或摆脱对数值算法理论的学习与研究？而且，在使用 MATLAB 编程时，我们似乎不需要太深奥的数值算法理论知识，但是，我们有以下三条理由，证明我们需要基础的数值算法理论知识：

（1）若没有扎实的理论知识，面对没有现成函数用的问题时，就不能设计自己的计算方法，也不能编写自己的算法程序。

（2）若没有扎实的理论知识，面对大量备选数值算法时，就无法从中选出合适的算法。

（3）若没有扎实的理论知识，或许不能正确地使用数值算法，更重要的是，在算法出错时，你不知原因所在，更不能有效地调试程序。

尤其是在我们需要理解一些基础问题时，如"问题的类型""算法的稳定性"。这些问题我们将在第 3 章进行讲解。下面，我们列举一些简单的数值问题，但这些问题或许存在某些理论陷阱。

[**例 1.1**] 如下表达式：

$$9 \times 8.1 + 8.1$$

每个人都会认为这些表达式可以转化为 $10 \times 8.1 = 81$。让我们使用 MATLAB 进行计算，如下：

```
≫9 * 8.1 + 8.1
ans =
    81.0000
```

这似乎是正确的。现在我们使用 MATLAB 的内置函数 fix，fix 的功能为返回实数离 0 点最近的整数部分。例如：

```
≫fix(4.1)
ans =
     4
≫fix(4.9)
ans =
     4
```

我们在上述表达式上尝试 fix 函数：

```
≫fix(9 * 8.1 + 8.1)
ans =
    80
```

现在似乎出现了什么错误，结果并不是我们所预料的，是不是因为数值显示的问题？让我们改变一下数值显示位数试试：

```
≫format long
≫9 * 8.1 + 8.1
ans =
    80.99999999999999
```

确实有些问题，原来 MATLAB 显示的是 81.0000，而不是 81：

```
≫10 * 8.1
ans =
    81
```

问题是，一个数显示为 8.1 并不代表它是精确的 8.1，因为计算机运算是基于二进制的有限精度的数值计算。在二进制系统中，只能近似地表现某些数，但在其他系统中这些数值可能是有限数，如在十进制的系统中。

在这个示例中，我们看到了一个小误差的巨大影响力，这种情况的发生是因为 fix 函数的非线性特点。这个例子看起来似乎是故意设计的，但是类似错误发生在实际计算中，后果或许非常严重，且难以被发现。在下一个示例中，我们可以发现相似的错误将造成的影响与后果。

[**例1.2**] 接下来，让我们考虑一个烦琐的资金预算决策模型。我们必须将总额为 W 的资金分配给项目集合 N。对于每个投资机会，我们知道：

- 每个项目的初始投资额为 $C_i, i = 1, 2, \cdots, N$。
- 每个项目的投资回报为 R_i（假设投资回报是确定的）。

我们的目标是以可用资金总额为限，从项目集合中选择一个子集使得投资回报最大化。这看起来似乎是一个投资组合优化模型，关键的不同是我们的决策是选或不选。即对于每个投资项目，我们的决策是投资或放弃，因为对于一个项目，我们不能只投资一半或一部分。经典的投资组合优化模型，假设每个投资机会是可以无限份额的，例如股票投资可以购买多少股票，而不是买下整个上市公司。但在该示例中不一样，这样的讨论或许对于我们理解这种投资问题有帮助。

模型中的决策变量必须能代表决策选择结果，我们可以定义如下变量：

$$x_i = \begin{cases} 1, & \text{如果投资项目 } i \\ 0, & \text{否则} \end{cases}$$

现在，可以建立一个优化模型：

$$\max \quad \sum_{i=1}^{N} R_i x_i$$

$$\text{s.t.} \quad \sum_{i=1}^{N} C_i x_i \leq W$$

$$x_i \in \{0, 1\}$$

这个模型看起来非常简单，但它是本书中第一个整数规划案例，这就是著名的背包问题（knapsack problem）。每个项目都有给定的投资金额，需求 C_i 与投资回报额 R_i，我们需要决定的是，在总的投资额为 W 的前提下，选择哪些项目进行投资，使得投资利润最大化。类似的模型，看起来似乎很简单。但是，它不能被普通的连续优化模型的优化方法解决。

或许直接可以想到的方法是枚举法，因为投资方案的数量是有限的，分别计算每种可能的投资方案，从中选出最大的即可。不幸的是，这种方法是不可行的，即使可能的投资方案的数量是有限的，但方案数量可能非常庞大。例如，有 N 个变量，每个变量有两个备选值，这样的话便有 2^N 个可行解（备选方案）。即使我们可以使用约束条件排除部分备选方案，但我们看到，可行方案全枚举的计算量呈指数增长。

或许有一个可行的解决方法，我们可以按照每个项目投资回报率 R_i/C_i 进行（由大到小）排序，我们选择项目，在投资总额允许的情况下，根据投资回报率的大小依次选择。虽然使用这种方法得到的方案是可行的，或许总回报还不错。但是在离散系统中，这种方法得到的方案不一定是最优的。举一个反例，考虑以下

问题:

$$\max \quad 10x_1 + 7x_2 + 25x_3 + 24x_4$$
$$\text{s. t.} \quad 2x_1 + 1x_2 + 6x_3 + 5x_4 \leq 7$$
$$x_i \in \{0,1\}$$

这里有四个备选项目,每个项目的回报率为5.00,7.00,4.17,4.80。根据前面方法的原则,我们应该先选择项目2,再选择项目1,之后可投资余额不足以投资其他项目,所以当选择停止,该投资方案投资回报率为17。这个方案剩余很多资金,或许是一个最坏的结果。利用整个预算的解决办法有两个:[1, 0, 0, 1],这个方案的总的回报额为34;[0, 1, 1, 0],这个方案的总回报额为32。显然,这个方案的回报额都超过了方案[1, 1, 0, 0],似乎[1, 0, 0, 1]是最好的方案。

不幸的是,在一般情况下,像这样的问题只能使用非凸的优化方法处理(non - convex optimization methods),如分支定界法(branch and bound)⊖,在第12章中我们会涉及分支定界法。在第12章中,我们还将看到在实际的投资组合优化模型中,逻辑决策变量(0-1变量)在描述某种约束条件时非常有用。

上述模型的主要不足是,没有考虑到项目投资回报的不确定性。另一个问题是,备选的投资项目之间或许存在某种关联关系。例如:在某种情况下,在项目P_1,P_2,$\cdots$,P_N开工后,项目P_0才能开工。这样的逻辑约束条件,可以用我们刚才介绍过的二元0-1决策变量的方式进行表述。一种可行的约束条件的表示方式为:

$$x_0 \leq \frac{\sum_{i=1}^{N} x_i}{N}$$

只有我们将N个项目全部启动,上面等式的右边是$N/N = 1$,在此情况下,我们才能启动项目P_0,因为约束条件为$x_0 \leq 1$。如果某些项目没有启动,约束条件变为$x_0 \leq \alpha < 1$,由于决策变量$x_0 \in \{0,1\}$,可以得到$x_0 = 0$。理论上,这是个非常不错的思路,但如何在计算机上实现这个思路呢?在许多情况下,上述的推理是正确的,但是考虑当$N = 3$时,项目P_0或许无法被选择。我们看下面的例子,将约束条件表述为如下形式:

$$x_0 \leq \frac{1}{3}x_1 + \frac{1}{3}x_2 + \frac{1}{3}x_3$$

但不幸的是,就算所有的项目都被选择,即变量x_i都设为1,由于计算机计算精度的原因,也会发生下面的情况:

$$x_0 \leq 0.3333333 + 0.3333333 + 0.3333333 = 0.9999999 < 1$$

⊖ 这样的问题也可以使用一些动态规划的方法求解;在第10章我们将专注研究求解某种随机优化问题的动态规划方法,动态规划方法在面对组合优化问题时,适用性更广、计算能力更强。

　　小数位数取决于机器的数值精度和使用软件的计算精度。事实上，求解整数规划的专业优化软件或许不会出现这样的情况，因为软件内部设置了近似规则，0.9999999 在软件计算中被视作 1。同样高级的计算软件，例如 MATLAB，也设置了这些近似规则。但有时候计算结果也可能是不可预测的，例如下面的示例：

$\gg$fix(1/3 +1/3 +1/3)

ans =

　　1

$\gg$fix(1/7 +1/7 +1/7 +1/7 +1/7 +1/7 +1/7)

ans =

　　0

　　此外，若优化模型存储为文本格式，当优化软件在加载优化模型的文件时，可能会发生小数位太少的问题⊖。避免计算精度造成的问题的最好的方法是，改写约束条件的表述形式，例如：

$$Nx_0 \leqslant \sum_{i=1}^{N} x_i$$

或者，将约束条件分别表述，或许更优：

$$x_0 \leqslant x_i, \quad i = 1, \cdots, N.$$

　　这个最优的表达方式似乎让人感觉不舒服，分列的形式增加了约束公式的数量，或许我们认为，减少约束条件更有利于优化问题的求解。在数值优化算法中，这种观念是不对的。优化模型求解的难易程度，主要是由算法决定的；整数规模的求解难易程度，主要由分支定界算法决定的。在第 12 章中，我们将对这些问题进行详细的讲解。

　　计算误差可能会影响到数值算法的计算精度，但大家并不需要太担心，毕竟在衍生品交易中，交易报价不会精确到百万分之一元的程度。但是在数值算法中，计算误差是如何传递的呢？

　　如果你有一个非线性运算，例如 fix，一个小错误就可能被立即放大。同样的错误可能发生在一系列的运算中，这样的微小的计算误差会无限累积。在期权定价中，如果这样的情况发生，计算得到的期权价格可能是一个巨大的负数，我们会在第 9 章中具体讨论这种情况。

　　接下来，我们将列举一个，与求解线性方程（组）相关的，众所周知的例子。

[例 1.3] 我们来看一下线性方程（组）：

$$Hx = b$$

等式的右边是向量 b，左边的 H 是一个希尔伯特矩阵（Hilbert matrix）：

⊖　例如，如果你使用 AMPL 系统求解优化问题，在调用优化软件时，例如 CPLEX，可能不存在这种问题。但是如果你自己编辑一个 MPS 文件，然后调用 CPLEX 优化软件，计算结果可能不正确。因为 MPS 文件形式是按标准的规则将优化模型存储为文本格式，这种文件格式可以被很多优化软件调用。

$$
H = \begin{pmatrix}
1 & \dfrac{1}{2} & \dfrac{1}{3} & \cdots & \dfrac{1}{n} \\[2mm]
\dfrac{1}{2} & \dfrac{1}{3} & \dfrac{1}{4} & \cdots & \dfrac{1}{n+1} \\[2mm]
\dfrac{1}{3} & \dfrac{1}{4} & \dfrac{1}{5} & \cdots & \dfrac{1}{n+2} \\[2mm]
\vdots & \vdots & \vdots & & \vdots \\[2mm]
\dfrac{1}{n} & \dfrac{1}{n+1} & \dfrac{1}{n+2} & \cdots & \dfrac{1}{2n-1}
\end{pmatrix}
$$

希尔伯特矩阵看起来似乎是人为构造的，实际上，希尔伯特矩阵是由一个函数逼近问题引出的，具体可参看例 3.20。

MATLAB 提供了 hilb 函数，可以直接生成一个希尔伯特矩阵。让我们使用这个函数，求解 $n=20$ 阶的方程。为简化问题，我们先假设方程的解已知，根据给定的解计算出等式右侧的 b，然后我们求解方程，验证计算结果是否正确。具体步骤如下：

$$
x = [\,1\ 2\ 3\ \cdots\ n\,]'
$$

其中，我们用符号 $'$ 表示向量的转置。

使用 MATLAB，可以计算得到[1]：

```
≫H = hilb(20);
≫x = (1:20)';
≫b = H*x;
≫H \ b
Warning:Matrix is close to singular or badly scaled.
        Results may be inaccurate. RCOND =1.995254e -019.
ans =
    1.0000
    2.0000
    3.0018
    3.9392
    5.8903
   -1.1035
   41.0915
  -94.0458
  196.5770
```

---

[1]　实际结果可能依赖于 MATLAB 的版本和使用的硬件设备。通常情况下计算结果是相同的，但在少数情况下也会出现异常。

```
   −181.1961
     82.1903
     12.1684
    140.5377
   −265.1117
    309.7053
   −328.9234
    485.5373
   −401.3571
    215.1260
    −17.0274
```

计算结果看起来不是我们所期待的。

在最后一个示例中，我们看到了典型计算误差的传播后果，导致数值的不稳定性。事实上，这个计算误差已经被 MATLAB 检测到了，并发出了警告信息（warning message）。然而，我们需要一些理论知识，以明白警告信息的意思。你或许会认为，只要矩阵存在异常或为奇异矩阵，就会出现类似的情况。为明确这问题，让我们来做一个测试，因为 $x = A^{-1}b$ 是方程 $Ax = b$ 的解，你可能认为问题出在 A，A 近似为一个奇异矩阵。

或许这个理由是正确的，但是这里似乎存在某些误导信息：

（1）或许你会困惑，因为这个矩阵根本不是奇异矩阵（详见例3.8）。我们需要研究一下这个问题，找出真正的原因。

（2）在实践中，有没有必要使用矩阵的逆运算解决线性方程组，因为矩阵逆运算的计算量非常大。计算数学的计算方法与"铅笔和纸"数学相比完全不同。

在这一点上，如果我们以后在实际的工作中大量使用数值计算方法，学习些数值计算方面的理论知识将对我们非常有帮助。

进阶阅读

书籍推荐
编写背景
● 关于 MATLAB 在经济学中的应用，参见文献［6］；这本书的作者提供可以免费下载的计算经济学的工具箱（Computational Economics toolbox）。

● 关于微软系统中关于金融应用的软件或插件，参见文献［4］。

● 关于微软 Excel 的金融建模相关的介绍，参见文献［2］。

● 关于 C++ 编程的相关介绍，参见文献［1］与文献［3］。

● 关于数量金融相关的期刊，可以参见：

——Journal of Computational Finance

http://www. the journal of computationalfinance. com

——Journal of Derivatives

http://www. iijod. com

——Quantitative Finance

http://www. tandf. co. uk

网络资源

• 关于 MATLAB 的最新工具箱介绍，参见 http://www. mathworks. com。

• 关于 CPLEX 与其他软件的信息，参见 http://www. ilog. com。

• 关于 AMPL 软件的相关介绍，参见 http://www. ampl. com，其中包含数值计算软件与免费的学生版。

• 关于 AMPL 的另一个产品，参见 http://www. gams. com，这个软件在经济学中应用比较广。

• 关于数值分析函数库的详细介绍，参见 http://www. nag. com，数值分析函数库包含 C++ 与 Fortran 版。

参 考 文 献

1. D. J. Duffy. *Financial Instrument Pricing Using C++*. Wiley, New York, 2004.

2. M. Jackson and M. Staunton. *Advanced Modelling in Finance using Excel and VBA*. Wiley, New York, 2001.

3. M. S. Joshi. *C++ Design Patterns and Derivatives Pricing*. Cambridge University Press, Cambridge, 2004.

4. G. Levy. *Computational Finance. Numerical Methods for Pricing Financial Instruments*. Elsevier Butterworth-Heinemann, Oxford, 2004.

5. R. C. Merton. *Continuous-Time Finance*. Blackwell Publishers, Malden, MA, 1990.

6. M. J. Miranda and P. L. Fackler. *Applied Computational Economics and Finance*. MIT Press, Cambridge, MA, 2002.

7. L. A. Wolsey. *Integer Programming*. Wiley, New York, 1998.

第2章

金融理论

这章将对相关金融理论知识进行概括性介绍。主要目标是为理科或工程背景的读者介绍些基本的金融知识，因为理科或工程背景的读者或许以前没有接触过相关的内容。具有经济或金融背景的读者可以简要浏览本章的内容，或在需要的时候查阅相关内容。

本章仅对数值计算相关的金融理论进行介绍，而不是完整的金融理论（如果希望进一步了解完整的金融理论可以参看本章参考文献列出的文章或书籍）。此外，许多金融模型，如债券组合免疫策略（bond portfolio immunization）、均值方差模型的有效前沿（mean – variance efficiency）、在险价值（Value at Risk）都是建立在假设前提下的，关于这些假设前提学术界存在很多争论。我们将指出每种模型的适用范围，及根据实际情况对模型进行改进。

金融中两大主要研究主题为货币时间价值与不确定性（风险管理）。第三个研究主题是金融信息或金融行为，这是一个非常重要的方向，但这个主题超越了本书的研究范围。货币时间价值非常重要，因为正常的经济环境下，现在 1 美元的价值超过明天的 1 美元。即使我们不考虑通货膨胀，这也是合理的期望值，如果我们有 1 块钱，现在我们不需要消费，我们可以将其存入银行，稍后获得的存款额将大于 1 块钱。如果 1 年后，我们得到 $1 + R$ 美元，我们称 R 为年利率。换一个角度，如果现在我们借入 1 块钱，未来我们的还款将大于 1 块钱，多出的部分被称为利息。

金融市场的主要功能之一是通过资金的借出与借入（borrowing and lending）的方式转移消费。实际中，货币借出与借入的利率是不同的，存在买卖价差（bid – ask spread）⊖，在本书的金融计算案例中，或许将忽略买卖价差的问题。

如果我们在一个相对较短的时间内进行货币投资，则可假设我们知道这个期间的利率。这个假设并不适用于较长的时间，因为市场的利率是不确定的。如果利率

⊖ 买价（ask price）是交易者（也可以理解为做市商或中间商）愿意为资产付出的价格，因此，站在投资者的角度，这个价格是他卖出资产的价格。卖价（bid price）是投资者可以买到资产的价格，相对应的是交易者愿意卖出的价格。

根据市场情况进行定期的重新设置，显然投资的收益是不确定的，这种情况被称为再投资风险（reinvestment risk）。即使在这个投资期间给定一个固定的名义利率，实际的利率也会受到通胀的影响。

对于股票的投资存在着更大的不确定性，因为股票价格的波动率更大。我们首要的任务是通过不同的方式建立不确定性的模型（第2.1节）。无疑，不确定性在金融市场存在普遍性，因为我们建模的目标可能不同，或许没有最好的建立不确定性模型（风险模型）的方式。

不确定性与风险密切相关。任何投资者都有一定的风险承受能力。例如，通常认为年龄偏大的投资者应投资于相对安全的资产，而年轻的投资者可承受投资股票的风险。除了个人投资者，机构投资者如养老基金、非金融机构，都会使用金融资产以改变他们对于某种风险的敞口。事实上，金融市场的另一个功能是传递（或转换）市场参与者的风险。可以将市场参与者简单地划分为投机者（speculators）与避险者（hedgers）。

投机者持有一些关于价格在未来走势的看法，他们认为有机会下注获利。投机者的炒作有某种消极的内涵，但如果没有投机者，市场不会以其目前的形式存在。相对而言，避险者使用某种金融资产，避免或减少某种不确定性，从某种意义上说避险者将波动出售给了投机者。

在现代的金融市场中，可投资的金融资产种类繁多。主要的金融资产可以分为债券、股票与衍生品。我们将在第2.2节介绍这些金融资产。同时，我们将介绍金融市场中需面对的三个主要问题：资产定价、投资组合优化和风险管理。我们也将看到这些基本的问题是紧密相关的。

在概述介绍后，我们将在第2.3节具体分析一下简单固定收益工具（债券），同时研究一下债券价格对于利率的敏感性，称为久期（duration）与凸性（convexity）。在第2.4节，我们将分析一下投资组合管理理论，涉及的主要内容为基于不确定性的效用理论（utility theory for decision making under uncertainty），均值－方差的有效前沿的投资组合（mean－variance efficient portfolios），风险测量方法，如在险价值VaR（Value at Risk）。

为了进行衍生产品的定价，我们首先需要了解一些连续时间随机过程模型的基础知识：随机积分（stochastic integrals）与随机微分（stochastic diffierential）方程将在第2.5节进行介绍，同时包括伊藤引理（Ito's lemma）。然后，在第2.6节，我们将学习无套利定价（arbitrage－free pricing）的基础理论，同时还将接触到普通欧式期权的布莱克－斯科尔斯（Black－Scholes）定价公式，以及简单的美式期权定价方法。此外，在第2.7节，我们还要列举几种奇异期权（exotic options），在后面的章节中我们将使用数值方法为这几种奇异期权进行定价。最后，在第2.8节，我们将简单地研究一下利率期权及其相关问题。

在本章内容的示例演示中，我们将使用MATLAB示例程序，这使得示例的演示快捷、有效。在有些地方，我们将使用金融工具箱（Financial toolbox）中的函数。没有金融工具箱的读者无须担心，这只是个别情况，本书中的大多数程序都是基于 MATLAB 的核心程序。

最后，现代大部分的衍生品定价理论都是基于鞅（martingale）概念的，鞅是一种特殊的随机过程。然而在本书中，我们将不涉及鞅测度（martingale measures）的相关知识。越来越多的优秀的教材与书籍开始介绍包括鞅测度的内容，由于鞅测度尚未涉及数值计算方法，所以本书将省略鞅测度的相关内容。造成的后果可能是利率衍生品的定价将缺少相关的理论基础的介绍，但如果不这样做，我们需要花费大量的时间学习鞅测度相关理论知识。

2.1　不确定性建模

在进行"数学建模"之前，我们必须理解"不确定性"是什么。我们熟知的概率与统计，是最简单的不确定性形式。我们假设一个变量，如股票或期货的价格，可以被建模成随机变量，随机变量的概率密度函数已知，这个概率密度函数或许是从已知数据中推断得到的。概率分布函数是我们已有（或我们认为已有）的关于不确定性的知识或信息。

这些看起来似乎已经有些复杂了，但是实际要比这复杂得多。首先，我们将只考虑纯粹的外生不确定性（exogenous uncertainty）。这就意味着，我们的推理或建模不会影响相关随机变量的分布。如果在市场中，我们是小额投资者或资产的流动性非常好、资产的供给非常大，我们的买卖行为不会影响市场。但是在较小的市场中，资产的流动性差、资产的供给较少，我们的买卖行为将对市场中资产的价格产生影响，这种不确定性部分为内源（partially endogenous）不确定性。

例如，大型的养老基金执行的交易或许会显著的影响市场；有时，为了避免这种影响，交易指令被拆分且在不同的时间分步执行。另一个议题是"主观"不确定性，而不是"客观"不确定性。我们将隐含客观不确定性的假设，但有时某个投资者有一些非常个性的意见，导致主观观点的不确定性。而且，每当我们得到新的信息，主观的看法可能会被改变。这是典型的贝叶斯统计方法，在投资组合管理中也经常使用贝叶斯统计方法。从应用工具的角度来看，我们应避免这些问题（主观错误）。

必须要明白的是，如果我们使用过去的数据估计出一个概率分布，并在以后使用这个分布，那我们隐含了一个历史会重演的假设。具体而言，让我们考虑资产价格不确定性的有效建模方法。

最简单的不确定性的模型是二叉树模型。我们已知资产在 $t=0$ 时的价格 S_0，假设资产在未来 $t=1$ 时的价格为 S_1。我们假设价格有两条路径，S_1^u 与 S_1^d，且概率分别为 p^u 与 p^d，（见图 2.1）。

一个常用的选择是使用乘法的方式展现不确定性。即 $S_1^u = uS_0$ 与 $S_1^d = dS_0$，u 与 d 分布代表"向上"与"向下"（显然 $d < u$）。显然，这种模式很粗糙，但它是非常有用的基础模型。我们可以通过设置更多未来状态的方式建立一个更精确的模型。也可以使用多叉树的结构，就像在图 2.2 中的那样。这是一个两阶段的树结构，在某种意义上，左侧的单个节点代表了价格现在的状态，右侧的节点代表了未来一段时间价格可能的状态。这种结构有时被称为"扇面"（fan）结构，它可以被用来定义一组离散方案。

图 2.1　不确定性的二叉树模型　　　图 2.2　不确定性的二阶树模型

在这种情况下，随机变量 S_1 的可取值为 $S_1^{(k)}$，$k = 1, \cdots, m$，并且概率为 $p^{(k)}$。显然可以得到：

$$\sum_{k=1}^m p^{(k)} = 1; \quad 0 \leq p^{(k)} \leq 1 \quad k = 1, \cdots, m.$$

二叉树模型或情景分析的扇形结构都是**离散形式**的模型，它们代表了服从离散概率分布的相关状态变量的不确定性。这种状态变量可以是利率水平，或者任何影响资产价格的变量[1]。

这些模型都是最简单的**离散时间**模型，因为只有两个时间点。我们采用买入持有策略，即现在买入某种资产一直等到未来某一时刻。此外也可以每隔固定的时间（固定的频率）对投资组合进行调整，或许我们对多阶段模型更有兴趣。

一个离散状态、离散时间的多阶段模型可以描绘为情景树的形式，例如图 2.3 所示。有时被称为**多叉树**（bushy tree）。

在一个多叉树中，节点的数量称为**分枝因子**（branching factor）。分枝因子越大，对不确定性的描述越精确。然而，分枝因子变大将使得节点增长的速度非常快。情景生成是建立一个适当且最小数量节点树结构的艺术。随着时间推移，情景树的节点可以是变化的，现在可能使用较多的节点，但在未来可能使用较少的节点，因为它们代表了当时的不确定性。

这点在随机规划模型（第 11 章）中非常重要。另一点是，

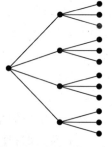

图 2.3　多阶段情景树

---

[1] 严格意义上讲，状态参数有一种性质，就是我们只要知道它某一时刻的值，就能刻画它未来的演化。有时候我们会碰上需要知道一个参数的整个演化过程的情况。鉴于这种情况只发生在很少的问题里，我们将在宽松的前提下使用状态参数。

多阶段模型所涉及的时间步长或许不是均匀的。通常，在一个离散时间模型中，我们将时间长度为 T 的时间轴，分为等间隔长度为 δt 的离散结构，即 $T = M \cdot \delta t$。然而，时间的间隔或步长是可以变化的，例如，起初时间间隔较短，然后时间间隔在后面的时间段中增大。

　　有时为降低计算量，我们乐于使用重组分叉方法。重组二叉节点结构如图 2.4 所示。

　　如果我们使用多阶段二叉树模型，因为 $udS_0 = duS_0$，我们可看到一个上涨跟着一个下跌，同时一个下跌跟着一个上涨。在图 2.4 中，节点 S_2^{ud} 也可以描述为 S_2^{du}。在特殊情况下，$u = 1/d$，我们可以得到 $S_0 = S_2^{ud}$ 与 $S_1^u = S_3^{uud}$。二叉树节点数量随着时间的推移成线性增长，当 $t = 0$ 时，我们有一个节点，当 $t = 1$ 时，有两个节点，当 $t = 2$ 时，有三个节点。依此类推，在 T 时我们有 $T+1$ 个节点。在二叉树模型中，节点数量成指数增长，在 T 时刻，二叉树总的节点数量为 2^T。

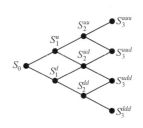

图 2.4　节点重组

　　需要注意的是，我们假设价格波动的乘子（u、d）总是相同的，如果随机过程是稳定的而且时间间隔是恒定的，这个假设似乎还是合理的。树叉（Lattices）的形式可以有很多不同的形式，例如三叉节点（trinomial lattices），即每个节点有三个分叉。从计算的角度，分叉重组是非常必要的（参看第 7 章）。然而，这种重组并不总是合适的。例如，当存在许多个随机因子，即情景树的分叉因子很大且每个节点都有很多分叉时，分叉重组是很难实现的。

　　有时二叉树模型可以用于连续分布的不确定性模型，如正态分布、对数正态分布。我们认为价格服从连续分布，当然这是理想化的，因为资产的报价并不含有太多小数。事实上，在美国市场的资产报价只含有一位小数，通常为 1/8 或 1/16 美元。例如，一个股票的报价为 $20\frac{1}{8}$ 美元或 $20\frac{1}{4}$ 美元，而不是 20.19 美元。利率的报价与此类似。即使如此，使用连续的模型也是比较适合的，因为我们可以建立相对简单的不确定模型，而且模型可以使用解析公式表达。

　　同样的道理，当离散模型的时间步长趋向于零时，我们可以使用连续模型代替这个离散模型。在确定性的情况下，一个标准的连续时间模型是如下微分方程

$$\frac{dB(t)}{dt} = rB(t)$$

初始条件为 $B(0) = B_0$，方程的解为 $B(t) = B_0 e^{rt}$。在第 2.3.1 节，我们将介绍这个财富方程（the equation of a wealth）。初始资金为 B_0，投资收益率为 r，采用复息计息方式，$B(t) = B_0 e^{rt}$ 为在 t 的资产净值。为建立不确定性的模型，必须在微分方程中引入随机元素，一般情况下使用某类随机过程的方式引入随机元素。不像离散时间模型，我们使用连续时间的随机过程（参见附录 B）代表不确定性。最常用的方式是维纳过程（Wiener process）$W(t)$，维纳过程的图形类似锯齿状，如图 2.5 所示。

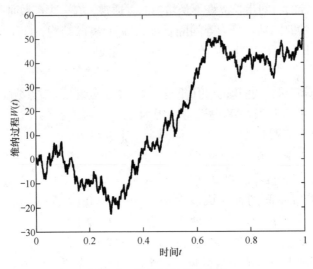

图2.5   维纳过程样本路径

维纳过程看起来与二叉树模型根本不像，但可以证明的是，维纳过程是具有连续时间的限制二叉树模型的某种随机路径。将维纳过程与微分方程相结合是非常巧妙的，我们得到一个随机微分方程（stochastic differential equation），随机微分方程似乎是一个相当棘手的处理对象，它也是金融工程的基本工具。我们将在第 2.5 节详细地讲述随机微分方程。

2.2   基础金融资产及相关问题

现在有大量的证券可供投机者进行交易。其中大部分都是标准证券，公开报价并在交易所进行交易。另外一些专门为特殊的投资人设计，例如公司，它们在柜台进行交易（OTC，over the counter）；OTC 证券流动性相比标准证券要低很多。尽管证券的种类繁多，我们可以粗略的划分为如下几类：

- 债券（bonds）
- 股票（stocks）
- 衍生品（derivatives）

2.2.1   债券

债券是企业或公共管理部门为其筹集资金的工具之一。债券是债务工具，不同于股票，它并不意味着拥有公司部分所有权。简单地说，债券的购买者借钱给债券的发行者，在债券发行与到期期间。在到期日，债券发行者将债券面值（face value 或 par value）支付给债券持有者。

债券的面值是一个数额，例如 100 美元或 1000 美元。此外，债券还会在每个固定时间进行付息，称为利息（coupons）⊖。对于最简单的债券，债券利息为债券面值的一个百分比，例如面值 100 美元，年利率为 6%，年利息为 6 美元。债券的付息通常为一年一次或一年两次。

例如，债券的面值为 100 美元，债券利率为 6%。如果债券是每半年付息一次，债券的持有人每六个月可以获得 3 美元利息，直到（含）债券到期日。

存在另外一种债券，债券仅承诺到期偿还面值。这种债券称为零息债券（zero-coupon bonds），零息债券是典型的短期债券。我们将看到零息债券是债券定价的基础。有时人们通过将债券本金与利息分类出售的方式生成长期零息债券。

基本类型的固定利息债券，解释了为什么债券通常被列为固定收益证券。实际上，债券利息可能取决于某些变量，"固定收益"用于描述这种债券。一般来说，固定收益证券的价格取决于市场的利率水平。

必须说明的是，债券不一定必须以票面价格进行交易。债券发行时，票面利率反映了当时的市场利率。因此，如果有一个完善的二级市场，投资者就不需要在债券发行的时候购买债券并持有到期，而是可以通过二级市场进行债券的买卖。

在债券发行日后进行债券交易，必须首先确定一个适当的价格，我们将在第 2.3.2 节中研究债券的定价方法。债券价格是以债券面值的百分比进行报价的，所以债券价格与债券的面值关系不大。假设债券面值为 100 美元，如果债券以高于 100 美元的价格成交，称之为溢价成交（trades above par）；如果债券以低于 100 美元的价格成交，称之为折价成交（trades below par）；如果债券以 100 美元的价格成交，称之为平价成交（trades at par）。

实际上，在债券定价中存在许多复杂的因素。如果债券的利率是不固定的，而是根据某些随机参数（如 CPI）变化，这类债券的定价将更为复杂。即使债券的利率是固定的，债券的价格也可能因为不同的违约概率而不同。如果债券的发行人无法承担他的债券，而且停止了债券付息，仅能偿还部分债务，即发生了违约。违约存在不同的种类，违约对于投资者来讲是风险因素，这个风险因素称为信用风险（credit risk）。

政府发行的债券可以被视作无风险债券，但企业发行的债券不能视为无风险债券。评级机构的作用，是分析企业的财务状况，以评估他们的债券风险情况。受信用风险影响的债券，必将以较低的价格出售，或者承诺更高的票面利率。还应当明确的是，当企业违约时，债券被归类为相关法律条款中的专有名词。

在本书中，我们不考虑债券的违约问题与信用风险。

此外，某些债券是含有嵌入式期权的，分析含权的债券相对复杂很多。例如可赎回债券（callable bond），在债券到期前发行人有权提前赎回（redeem）债券，因为债券发行人在有利的条件下有权提前赎回债券，所以这种权利将反映在债券价格

⊖ 起初债券是纸质的，持有人定期获得利息，同时从债券文件上撕下一个付息券（coupon）。

或债券利率上。在这种情况下，债券投资者面临再投资风险（reinvestment risk），投资者很可能将被迫在较低市场利率（相对债券的票面利率）进行再投资。

2.2.2　股票

不同于债券，股票持有人将拥有股票发行公司的部分所有权。这涉及烦琐的法律问题。如果你是一家公司的股票所有者，而该公司正在涉及法律纠纷，即该公司有责任承担其产品造成的某些重大损失，在此中你承担什么责任呢？幸运的是，股票是有限责任（limited liability）的资产；在实际中，这意味着股票持有人最大的损失是股票价格跌到零，即以股票持有人的投资额为限。

股票与债券的另一个区别是，股票没有预先设定到期日（即使发行股票的公司可能会破产）。股票持有人还会获得红利或分红形式的现金流。与债券的付息不同的是，分红是随机的。分红依赖于公司的发展情况、公司的分红政策（dividend policy）。分红政策决定了公司利润的多少用于分配、多少用于再投资。分红政策、公司融资决策（发行股票或债券进行融资）涉及公司理财或公司财务。

如果你以 S_0 价格买入一个股票份额，然后你以 S_1 价格卖出股票份额，你可能获利或亏损，如果在买卖期间获得了红利 D，那这个交易总的回报率为

$$\frac{S_1 + D}{S_0}$$

收益率为

$$\frac{S_1 + D - S_0}{S_0}$$

严格意义上讲，为计算货币的时间价值，要考虑股息或分红的时间，我们先把这个问题放在一边，假设公司在你卖出股票时支付股息。由于股票是有限责任资产，投资者最差的投资回报率为 -1。

这意味着，每当我们使用正态分布模型为收益率的不确定性建模时，我们都在犯一个错误；然而，在近似情况下使用正态分布模拟收益率是可以接受的，如果随机生成的某个回报的概率是不可接受的（如小于 -1），我们可以忽略不计（从模拟收益率序列中剔除）。

在本书中，我们不研究股票定价的问题。这就意味着，股票的价格可以用某种随机过程表示（参见第 2.5 节），或假设股票价格服从某种概率分布，但是我们假设这些随机过程或概率分布都是给定的。基于公司的基本面，为股票定价的方式似乎是正确的，但是这种方法是建立在不确定数据的基础上的，由这些数据推理的价格可能是非常不可靠的。然而，当我们试图估计股票价格是高估或低估时，这些基

⊖　另一个隐含的假设是，当我们使用正态分布模拟收益率（或建立收益率不确定模型）时，收益率分布都是对称的，但在实际中却不是这样。

本面方法是有用的，相关内容会在投资组合管理中涉及。基本面估值方法并不需要复杂的计算方法，主要使用定性的方法，所以在本节中我们不涉及基于基本面的股票定价方法。

从理性的角度，如果投资者购买一只股票，那么他（她）认为这只股票的价格将上涨。实际中，可能存在某种限制，如果投资者认为一只股票的价格将下降，投资者可以通过卖空股票（short - selling）获利。

[例 2.1]（卖空）假设现在某只股票的价格为 20 美元，你认为在短期内这只股票的价格将下降。在这样的情况下，你可以从某处（证券公司或其他机构持有这只股票）借入股票，然后在市场上卖出这些股票。在一定时间后，你必须归还股票，若你的判断是正确的，股票的价格下跌到 18 美元，你以 18 美元买入股票平掉你的仓位。在这种情况下，你的回报收益率为 $(-18 + 20)/20 = 10\%$。如果在这期间，股票分红获得的股息归股票借出者所有。

卖空并不容易实现，因为这里有一些规则制约它以避免过度投机。此外，对于某些机构是被限制做空的，如养老基金不能使用做空方式，这是卖空的投机性质决定的。卖空是非常危险的，若你判断错误，股票价格上涨，你可以在最差的时候被要求归还股票，这被称为"逼空"（short - squeezing）。

2.2.3　衍生品

金融衍生工具（或金融衍生品）是一类金融合约的总称，它们的收益依赖于某些标的变量的值，标的变量可以是股票价格、一揽子股票的价格、市场利率、指数或者某些非金融资产。假设标的资产的价格，例如一个（不分红的）股票价格可以用随机过程 $S(t)$ 表示，$S(t)$ 的函数依赖于时间 t。

最常见的衍生工具是远期/期货合约及期权。一个**远期合约**将约束供需双方或买卖双方结合起来，在未来某个时间 T，以固定远期价格 F（远期合约约定价格），成交一定量的某种资产或商品。合约买入的一方称为"多头"（long position），而卖出的一方称为"空头"（short position）。签订一个远期合约，你基本上锁定了合约标的资产的价格。

签订远期合约可能有两个完全不同的原因。你也许希望消除或者降低风险；例如，锁定未来必须卖出或买入资产或产品的价格，你可以消除或降低未来产品的不确定性影响，这样做并不意味着最终的结果最优。如果你是持有某个远期合约的多头，合约中标的资产的价格为 F，若在资产或产品交割时，价格可能下降到 $S(T) < F$，在这种情况下你的损失为 $F - S(T)$；如果交割日价格为 $S(T) > F$，这种情况下你的盈利为 $S(T) - F$。需要明确的是，如果你真的需要卖出或买入某种资产，通过远期合约锁定价格，相对承受资产价格的波动，是非常明智的选择。

这种策略称为对冲（hedging）。对冲策略或许并不容易实现，因为你可能找不到合适的以你需要买入或卖出的商品为标的资产的远期合约，在这种情况下，你可以选择相近或相关资产的远期合约实现对冲。另外，交割方式可能与你期望的不同。最后，根据不同的风险承受能力，可以选择进行部分对冲。作为专业投机者，你认为标的资产结构 $S(T)$ 是一个非常不错的（可以获利的）价格，或许你会签署一个远期合约作为赌注。多头远期合约的回报如图 2.6a 所示，多头回报为 $S(T) - F$（相对而言，空头的回报为 $F - S(T)$）。远期合约的回报由随机价格 $S(T)$ 决定，远期合约是最简单的一种金融衍生工具。

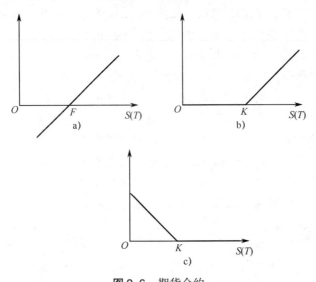

图 2.6 期货合约

a）多头收益 b）买入期权 c）卖出期权

因为远期合约的回报是随机的，所以需要一种方法估计远期合约的价值。我们将在第 2.6 节介绍与远期合约定价相关的内容。这里必须说明的是，远期合约没有任何前期付款（如保证金），远期合约的标的价格 F 是基于远期合约双方在 $t = 0$ 时。合约价值都为零的基础上确定的。通常过一段时间后，远期合约的价格就不再为零了。

金融衍生工具可能是合约双方由于特殊目的或原因私下签署的条约。另外一种情况是，金融衍生工具在交易所进行交易，这样的话，需要某种标准与规则保证充足的流动性。这与远期合约不同，因为远期合约中亏损的一方可能会毁约，期货合约正是因此被设计出来。

期货合约与远期合约有些类似。主要的不同是，期货合约的交易存在中间过程。期货合约并不是在合约到期日获取收益，期货交易的交易双方每天都存在现金转移，这种转移取决于标的资产价格的变化。这种机制是对交易者的保护，但是这使得期货的合约定价比远期合约的定价更困难了。可以通过查阅参考文献以获取更多的信息。如果利率是确定的，已经被证明的是，远期合约与期货合约的价格是相同的。从投资者的角度，标准的期货合约更有利于交易，但使得对冲更困难，对冲者难以找到合适期限与合适标的资产的合约。在这种情况下，对冲交易仅能对冲掉部分风险。

然而，期货合约是流动性非常好的投资品种，更有意义的是，当这种资产卖空不能实现时，持有期货合约可以实现类似于卖空某种资产的效果。

远期合约与期货合约共同的特点是交易双方到期日必须进行资产或商品的交割（除非你在到期日前将合约卖给了其他人）。对于期权而言，你获得了一个权利，而不是义务，即以某个具体的价格买入或卖出某种资产。两种最简单的期权合约是欧式的买入期权与卖出期权。当你购入一个买入期权时，你获得了以价格 K，在时间 T 买入标的资产的权利，其中价格 K 被称为期权的执行价格（exercise price orem strike price），时间 T 被称为期权的到期日（expiration date or maturity）。

如果在到期日期权的标的资产价格 $S(T)$ 大于期权的执行价格 K，你将执行期权买入股票，然后在市场中立即卖出股票回报为 $S(T) - K$。如果持有期权，而没有执行期权，期权的价值为 0。因此，期权的收益为：

$$\max\{S(T) - K, 0\}$$

如图 2.6b 所示。如果在时间 t，标的资产价格大于期权执行价格，$S(t) > K$，我们称买入期权为价内（in-the-money）期权；这就意味着，若能立即行权我们便可获得收益。如果标的资产价格小于期权执行价格，$S(t) < K$，我们称买入期权为价外（out-the-money）期权。如果标的资产价格等于期权执行价格，$S(t) = K$，我们称买入期权为平价（at-the-money）期权。⊖

持有一个卖出期权时，你就拥有了卖出相应股票的权利。在这种情况下，如果期权的执行价格高于标的资产的市场价格，你行权的收益为：

$$\max\{K - S(T), 0\}$$

普通欧式期权的收益情况如图 2.6c 所示。持有欧式期权，你只能在到期日行权（exercise）。但如果持有一个美式期权（American option），你可以在到期日前的任何时刻行权。标的资产为一个资产的欧式或美式的买入和卖出期权，称为普通期权（vanilla option），因为它们是最简单的期权。百慕大期权（Bermudan option）介于美式期权与欧式期权之间：百慕大期权可以在规定的一组时间内进行行权。亚式期权（Asian option）的收益依赖于标的股票（或者其他标的资产）的平均价格，因此，亚式期权的收益由一组股票的价格决定。事实上，人们已经设计出更复杂的奇异期权（exotic option），而且已经进行交易。我们将在第 2.7 节中研究最简单的奇异期权。

观察普通欧式买入与卖出期权的收益曲线图。我们看到，与远期合约不同的是，期权的收益没有负值。这并不意味着你不可能亏钱，因为买入期权时要支付一

⊖ 一个简单的道理是，在期权平价时行权是不值当的；当考虑到购买股票的交易成本时，平价行权或许是有意义的。

定权利金。对于远期合约而言，签订合约当初双方都没支付任何费用，而期权是有价格的，期权的价格依赖于某些参数，其中包括执行价格。因此，图2.6b与图2.6c表现的期权收益情况并不准确，收益曲线应该向下平移，平移距离为期权的价格。事实上，计算期权的价格是期权研究的核心内容，这就是为什么数值计算方法如此重要！

为什么要进行期权交易？类似于远期合约与期货合约，有两个基本的原因。一方面，需要控制风险。如果你的投资组合中持有某个股票，你担心这只股票很有可能大幅下跌，为降低风险，你可以购入相应的买入保护性卖出期权（protective put）。如果你持有一个股票与这个股票的卖出期权，期权的执行价格为 K，在期权到期时，你的组合净值为：

$$S(T) + \max\{K - S(T), 0\} = \max\{K, S(T)\}$$

从公式中，我们可以发现组合的下跌风险是有限的。这个"保险"需要支付一定的成本，因为期权不是免费的，但通过这个方法可以避免更大的损失。同样，你可以通过买入利率衍生品的方式，降低固定收益组合的利率风险。

另一方面，期权可以用来进行投机交易，如例2.2。

[例2.2] 假设一只股票的价格为50美元，你确信这只股票在近期将上涨，你可以购买这只股票获取丰厚的回报。如果你的判断是正确的，股票上涨到了55美元，投资收益率为：

$$\frac{55 - 50}{50} = 10\%$$

如果现在可以买到以这只股票为标的资产，且行权价格为50美元的买入期权，期权费为5美元（这个价格是否合理尚不知晓，我们暂定假设期权的价格为5美元）。当股票的价格上涨到55美元时，你将期权行权，投资收益率为：

$$\frac{55 - 50}{5} = 100\%$$

这种现象称为杠杆（leverage or gearing）。就如你预想的那样，硬币的另一面是，如果你判断错误，股票价格下跌到了49美元，买入股票的损失为1美元，即 -2%的投资回报率。而买入期权的，投资回报率为 -100%。如果在到期日前你卖出期权，将承受另外一种风险。决定期权价值的因素的不利波动，可能会对你的投资组合的价值产生不利影响。

股票期权的定价是本书的主要研究对象之一，在假设基于标的资产价格是随机动态的基础上，我们将使用复杂的模型计算期权的合适的价格。利率衍生品似乎更为复杂，我们将在第2.8节对利率衍生品进行简要的介绍。我们可以看到，如果假设利率是随机变量，债券也可以被视作利率衍生品，因为债券的价格主要依赖于市场利率的情况。

2.2.4　资产定价、投资组合优化、风险管理

或许，我们需要资产定价模型，如债券定价模型、股票定价模型。理论上讲，资产的价格是由资产的供需决定的，是供需平衡的结果。均衡价格（Equilibrium pricing）模型试图计算出投资者偏好均衡结果（均衡价格）。在接下来的示例中，我们将使用微观的方法展现简单的均衡价格模型。

[例 2.3]　（在单纯交易市场中的均衡定价）假设一个单纯的交易市场（pure exchange economy），在该市场中，我们有很多的商品与很多的交易商，暂不考虑商品的生产。每个交易商都需要出售某种商品，并需要买入某种商品。例如，有两个交易商 a 与 b 和两种货物。两个交易商的初始状态为：

$$\boldsymbol{e}_a = \begin{pmatrix} 1 \\ 0 \end{pmatrix}, \boldsymbol{e}_b = \begin{pmatrix} 0 \\ 1 \end{pmatrix}$$

两个交易很可能将以他们认为合适的价格交易部分商品。两种商品的价格分别为 p_1 与 p_2，为评估两个交易商的偏好（preference），我们引入两个效用函数（utility function）。例如，我们假设该效用函数称为柯布 – 道格拉斯（Cobb-Douglas）效用函数：

$$u_a(x_{1a}, x_{2a}) = x_{1a}^{\alpha} x_{2a}^{1-\alpha}, \qquad u_b(x_{1b}, x_{2b}) = x_{1b}^{\beta} x_{2b}^{1-\beta}$$

式中，x_{ij} 表示商品的交易量；$i = 1$，2 代表商品；$j = a$，b 代表交易商；α，$\beta \in (0, 1)$ 是两个交易商的偏好参数。

假设这个效用函数可以代表两个交易商对于两种商品的偏好程度，而且两个交易商愿意进行交易。上述的方程组存在一个最优的交易量，使得市场均衡（两个交易商不再进行交易）。

对于给定的价格，交易商 a 将在约束范围内计算最优的交易数量，以使得其效用最大化。即将求解下面的优化模型：

$$\max \quad x_{1a}^{\alpha} x_{2a}^{1-\alpha}$$
$$\text{s. t.} \quad p_1 x_{1a} + p_2 x_{2a} = W_a$$

式中，$W_a = p_1$ 是初始财富值，即他拥有商品 1 的价格为 p_1。严格意义上讲，约束应该为不等式，但在我们建立交易商的效用模型时，已经假设没有其他交易商。这意味着，这两个交易商能够进行交易，他们就会更快乐，即效用函数值增加。同时，我们应该添加一个交易量非负约束，$(x_{ij} \geq 0)$。给定交易商的效用函数，我们或许可以假定该方程有一个内部解，符合约束条件的非负解。

最优解是[⊖]：

⊖　在这个特殊的案例中，我们可以通过等式约束将二元变量模型变为一元变量，再使用一阶导数条件求解方程。在一阶导数为零时的变量值，用拉格朗日乘子法（method of Lagrangian multipliers）得到方程组的一个解。详见第 6 章。

$$x_{1a}^* = \frac{\alpha p_1}{p_1} = \alpha, \qquad x_{2a}^* = \frac{(1-\alpha)p_1}{p_2}$$

同样的道理，可以求解交易商 b 的效用方程：

$$\max \qquad x_{1b}^{\beta} x_{2b}^{1-\beta}$$

$$\text{s.t.} \qquad p_1 x_{1b} + p_2 x_{2b} = W_b$$

其中 $W_b = p_2$，可以得到：

$$x_{1b}^* = \frac{\beta p_2}{p_1}, \qquad x_{2b}^* = \frac{(1-\beta)p_2}{p_2} = 1 - \beta$$

因为，价格应该由市场状态决定，商品总的需求等于现有商品的总量。因此，我们可以得到：

$$x_{1a}^* + x_{1b}^* = \alpha + \frac{\beta p_2}{p_1} = 1 \Rightarrow \frac{p_2}{p_1} = \frac{1-\alpha}{\beta}$$

在同样的条件下，为使得第二种商品的交易达到市场均衡。假设，商品的价格上涨一定的比例，对应的是交易商的初始资产上升同样的比例，这不会改变问题的本质。为简化处理，我们可以将商品的价格定为 $p_1 = 1$，就像设定商品的数量为 1 一样。

理论上如果我们知道每个交易商的偏好，我们可以计算出均衡价格。很明显，这种建模方法与计算方法不适用于实际市场。此外，在金融市场中，我们还要考虑时间与不确定性问题。这就意味着，我们需要知道投资者现在需求与未来需求的关键，以及投资者风险承受能力的变化。

如果我们得到的市场信息是不对称（asymmetries）或不均衡（heterogeneous）的，那么计算出市场均衡价格几乎是不可能的。除非我们设置各种假设条件，但这样建立的模型与实际市场相差太远。然而，通过合理的假设条件，已经建立了许多的均衡价格模型。例如，对股票价格，有资本资产定价模型（Capital Asset Pricing Model 简称 CAPM），以及基于均衡价格的动态利率模型。

在金融工程中，我们经常需要保持谨慎的态度。为了避免不一致情况的发生，当我们得到一组资产的价格（在市场中可见，如交易价格）后，我们再计算另外一些资产的价格，如例 2.4。

[例 2.4]（在二叉树模型中的套利）考虑一个不确定性的二叉树模型，就像在图 2.1 中的那样，一个理性投资者面对两种资产。一个资产是无风险资产，目前的价格为 1 美元，未来的两种价格都为 1.1 美元，可以看作银行存款利率为 10%。另外一个资产是风险资产，目标的价格也为 1 美元，假设它未来的价格可能为 2 美元或 3 美元，两种情况的概率相同。

很明显，这个价格是不合理的。如果一个投资者，从银行贷款 1 美元去购买风险资产，他（她）一定会获利。因为在最差的情况下的收益为 $(2 - 1.1)$ 美元 = 0.9，如果风险资产的价格为 3 美元，他（她）获利将更高。假设可获得的贷款是无限的，他（她）可以赚取无限的利润，而且是在没有任何风险的情况下。

这是一个套利机会的示例，简单地讲，发现了一个套利机会就如同拥有了一台印钞机。这种免费的午餐与经济学理论不符。

一般情况，如果我们假设一个二叉树模型的两种情景，上涨与下跌幅度为 u 与 d，无风险利率为 r_f，我们应该遵循下面的不等式：

$$d < 1 + r_f < u$$

显然，在前面示例中的假设不合理，而无限借贷在有效供给的条件下也是不可能的。而且，风险资产的未来价格更不合理，它们不是均衡的价格，因为投资者的套利行为将对价格产生影响。在实际中，有限的套利机会有时是存在的，而且有交易员会发现这些机会赚取利润，但这种机会并非适合所有投资者。[⊖]

因此，一般的资产定价模型都是建立在无套利基础上面的，排除套利情况或称为无套利（arbitrage–free）或者相对定价（relative–pricing）。我们的定价模型应使得计算出的资金价格与市场上其他资产的交易价格保持一致。

我们或许无法解释市场均衡与无套利的关系，但明确的是，套利机会与市场均衡是不相容的。套利定价的优势无须依赖太多的关于投资者行为的假设。投资者的风险态度可以通过市场价格的变化获取，这种模型被称为校准模型（calibration model），这种模型是衍生品定价的基础。

本书将用大量篇幅介绍资产的无套利定价。第二主要内容是投资组合优化（portfolio optimization）。从理论的角度，资产定价与投资组合优化并不相交。但是，投资组合在进行资产配置时候，需要资产的估值等代表资产价格的信息，来决定是否配置这种资产以及配置多少这种资产。在金融经济学中，均衡资产定价模型是基于优化模型的，例如理性交易者，见例 2.3。

然而，每天的投资组合管理都需要面对外部的（exogenous）不确定性。这意味着，我们首先需要对不确定性进行建模，然后再为投资组合优化选择一个合适的模型，使得这两种模型可以互相兼容以便于进行数值计算。

事实上，接下来还有很多事情要做，因为投资组合优化仅是投资组合管理的一部分。例如，风险的敏感性分析，即风险对于某个不确定性变量的敏感程度，而且需要进行压力测试（stress–tested）。投资组合优化仅是决策过程的一部分，投资决策过程涉及公司不同部门的不同角色。

从基本形式上讲，投资组合优化是一种特殊形式的随机优化。在选择某个投资组合时，我们本质上是选择某个资产组合未来回报的概率分布。那么如何进行不同投资组合未来收益概率分布的比较？一个或许可行的方式为投资组合回报期望值最大化。在下面的示例中，我们将说明期望值最大化的方法并不适用于投资组合选项。

⊖ 交易成本或许将使得套利机会无利可图，由于交易成本的存在，市场中可能出现细微的错误定价（slight mispricing）；大型的机构投资或许可以利用交易成本的优势利用这些套利机会获得利润。

[**例2.5**]（将所有的鸡蛋放在一个篮子里）考虑一个投资者将其资产配置在 n 种资产上。资产 $i = 1$，$\cdots$，n，的收益为随机变量 R_i，收益的期望值为 $\mu_i = E[R_i]$。资产配置决策可以引入决策变量 x_i，x_i 表示在资产 i 配置的资产比例。如果我们不考虑卖空，这些决策变量都为非负值 $0 \leqslant x_i \leqslant 1$。投资组合的期望值为：

$$E\left[\sum_{i=1}^{n} R_i x_i\right] = \sum_{i=1}^{n} E[R_i] x_i = \sum_{i=1}^{n} \mu_i x_i$$

因此，我们求解如下优化模型：

$$\max \quad \sum_{i=1}^{n} \mu_i x_i$$

$$\text{s. t.} \quad \sum_{i=1}^{n} x_i = 1$$

$$x_i \geqslant 0$$

优化模型的求解非常烦琐：我们应该简化处理，先从中挑选收益期望值最大的资产，$i^* = \arg\max_{i=1,\cdots,n} \mu_i$，设置 $x_{i^*} = 1$。显然，投资组合非常危险"将所有的鸡蛋放在一个篮子里"。实际上，投资组合为了分散风险，意味着需要更多收益期望值外的其他参数。

在实际中，投资组合中通常含有一些约束条件，为避免组合资产暴露于某个行业或区域风险，这将使得前面的模型的解（将资产全部配置到收益期望值最大的资产上 $x_{i^*} = 1$）不再合适。然而，如果我们还是只考虑资产的期望值收益，寻找出符合约束的可行解并计算期望值收益即可。此外，如果可以进行卖空，决策变量将不再有限制，投资组合的期望值收益率可能将是无限大。例如，投资者卖空收益期望值最低的资产，得到资金购买收益期望值最大的资产，这显然是符合实际情况的。

[**例2.6**]圣彼得堡悖论（St Petersburg paradox）考虑下面的问题。如果你有一张彩票，中奖与否由投掷质地均匀且没有记忆性硬币决定。只有当硬币落地时，才知道结果。假设 k 是硬币为"头像"的次数。现在，你愿意为这张彩票支付多少钱？这涉及定价的问题，彩票是一种衍生品，其价值由一些随机变量决定。

让我们假设彩票的收益期望值作为彩票这种特殊资产的合理价格。赢得 \$2^k 的概率，即连续 k 次均为"头像"，$k+1$ 次为"尾巴"（硬币的另一面）的概率，并且在 $k+1$ 次后停止投掷硬币。假设事件是独立的，发生上述 $k+1$ 情景的概率为 $1/2^{k+1}$，然后，我们计算回报的期权为：

$$\sum_{k=0}^{\infty} 2^k \frac{1}{2^{k+1}} = \sum_{k=0}^{\infty} \frac{1}{2} = +\infty$$

看似这个游戏非常赚钱，我们非常愿意进行这个游戏，但游戏的回报的期望值并不代表整个游戏。

这两个示例都表明，期望值必须需要某些信息进行补充，例如波动率或数量，以便做出合理的决定。换句话说，我们需要一种方法为基于不确定性的决策进行建模，称为风险厌恶模型（risk aversion model）。

这样做的方法之一是引入预期效用的概念，我们将在第 2.4.1 节中详细介绍预期效用的概念。预期效用是非常有用的概念，无论是在理论中还是实践中。事实上，它基本假设决策者是非常理性的、聪明的、一致的，或许这往往是矛盾的。

但是，即使我们相信投资者（决策者）始终是理性的，建议一个适用于任何投资的效用函数却是十分困难的。一个可行的方法是定义一个适当的风险测度，风险测度可以在投资组合优化模型中使用。一个有效的方法就是，限制投资组合收益期望值，然后使得投资组合风险最小化。对于不同的收益期望值，我们可以计算出一系列有效的投资组合，投资者可以根据收益与风险特征，从中选择最适合他的投资组合。

如果我们使用收益率的方差度量风险，我们就可以得到著名的均值 – 方差有效前沿（mean – variance efficiency）（第 2.4.2 节）。最近，又有很多不同的风险度量方法被使用，如在险价值（Value at Risk）（第 2.4.5 节）。这就引入了金融学中的另一主要内容——风险管理，在风险管理中将应用大量的数值方法。我们应该再次强调，投资组合优化模型仅仅是投资组合管理的一部分，投资组合管理还包括风险评估与风险管理。

我们曾经说过资产定价与投资组合优化具有一定的相关性，同样的道理，资产定价与风险管理也具有一定的相关性。非常重要的是，我们需要明白资产定价与风险管理之间的关系。一方面，我们需要明白资产定价对于因子随机变量的敏感程度，通过情景分析的方法我们可以看到因子变量与投资组合价值的关系。此外，我们或许希望投资组合对于这些变量的敏感程度最小化。例如，我们试图理解市场利率变化如何影响债券价格，如何建立使用免疫策略建立债券组合，这些将是下一节的内容。

另一方面，似乎风险管理与期权定价（第 2.6 节）没有明显的关系。从期权卖方（option writer，创设期权并卖出的人）的角度考虑，期权对买入者存在风险，但是期权对于卖出者的风险更大；在实际中，期权持有者有执行期权的权利，而期权卖方必须满足对方的行权要求。举例说明，一个买入期权的执行价格为 $K = 20$ 元，当标的资产价格上涨到 $S_T = 80$ 元；这时期权卖出者亏损巨大，他（她）必须以 80 元价格买入股票，并以 20 元价格卖出股票。因此，期权卖方需要一个有效的方法避免这种风险。在现实中，我们将看到期权的价格基本上是期权卖方对冲风险的成本。

2.3 固定收益证券：价值分析与组合免疫策略

本节的主要内容为固定收益证券，主要为固定利息债券与零息债券。在有限的篇幅中，我们将介绍几个实用的方法。

2.3.1 基础利息理论：复利和现值

为理解债券的定价原理，我们首先要学习的内容是市场利率与复利计算。假设你有资金 W_0，将其存储在一个银行账户中一年。一年后，你将得到的资金为 $W_1 > W_0$。因此，你的投资（存款也是投资的一种方式）收益率的计算方法为：

$$r = \frac{W_1 - W_0}{W_0}$$

换一句话，在投资期满后，你将获得的资金为本金（初始投资额）与利息的和：

$$W_1 = W_0 + rW_0 = (1 + r)W_0$$

数值 r 为投资期间或存款期间的利率。现在假设你将这些钱（本金 + 利息）继续存储，以相同的利率 r 一共存储两年时间，期满你将获得多少收益？如果使用单利计算，你将得到两倍的利息：

$$W_2 = (1 + 2r)W_0$$

如果投资或存储期为 n 年，单利计算的利息为：

$$W_n = (1 + nr)W_0$$

在一般情况下，投资或存储期为分数形式（非整年），利息的计算方法为：

$$W_t = (1 + tr)W_0$$

其中，t 为实数。实际中，你的利息也是有利息的；在第一年后你的利息应该加入到第二年初的本金中，第一年的利息在第二年也会获取利息，计算方法如下：

$$W_2 = (1 + r)W_1 = (1 + r)^2 W_0$$

这种计算方法，我们称为复利（compound interest），对于存 n 年的本息计算方式为：

$$W_n = (1 + r)^n W_0$$

显然，在复利中是以几何级数方式（geometric progression）增长的财富增长的速度更快。复利可以发生在任何频率，例如，我们假设每六个月获得一次利息。通常情形下，利率报价是以年息的形式进行，但是以此计息可以在一年中进行多次：

$$W_1 = (1 + r/2)^2 W_0$$

我们可以根据年终获得的利息总额，计算出有效年利率（effective yearly rate）：

$$(1 + r/2)^2 W_0 = (1 + r_e)W_0 \Rightarrow r_e = r + r^2/4 > r$$

如果每年计息 m，并以复利形式计算，我们将得到：

$$W_1 = (1 + r/m)^m W_0$$

对于给定的名义利率，复利计算的频率越高，资产增值的速度越快，有效年利率越高。在极限情况，连续的复利计算将是什么情景呢？假设复利频率 m 趋向于无穷大，我们将会得到熟知的结果：

$$W_1 = \lim_{m \to \infty} (1 + r/m)^m W_0 = e^r W_0$$

连续复利看上去有点武断，但是在这种情况下，很多问题的计算将变得更简化，如任意时间段 t 上的利率。假设我们将时间段 t 分为间隔长度为 $1/m$ 年的小段，存在一个整数 k，$t \approx k/m$。我们使用离散的复利计算，然后进行极限处理，我们得到：

$$\left[1 + \frac{r}{m}\right]^k = \left[1 + \frac{r}{m}\right]^{mt} = \left\{\left[1 + \frac{r}{m}\right]^m\right\}^t \to e^{rt}$$

再次，我们得到了有效年利率 r_e，使用连续复利计算，名义年利率为 r，得到 $r_e = e^r - 1$。

现在利率理论中另一个基础概念为未来现金流（a stream of cash flows in time）的现值（present value）。我们将会看到，无套利意味着债券价格必须是一个现金流的现值。

考虑一个现金流，例如在离散时间点 $t = 0, 1, \cdots, n$ 周期性的付款 C_t。给定一个离散的复利计算利率 r，计算现金流的现值如下：

$$PV = \sum_{t=0}^{n} \frac{C_t}{(1 + r)^t}$$

需要注意的是，现金流不一定都是正数；例如，在投资分析中，由于初始现金流为项目支出，通常我们会有 $C_0 < 0$。我们将现金流进行贴现，因为未来的 1 美元现在可能不值这么多钱。贴现因子（discount factor）作为每一个现金流折为现值的乘数，时期越远就越小。名义利率以年息的形式进行报价，利息的支付可能会更加频繁，贴现公式可以比照复利公式的形式进行改进。假设每年以固定时间间隔产生 m 个现金流，我们可以得到：

$$PV = \sum_{k=0}^{n} \frac{C_k}{(1 + r/m)^k} \tag{2.1}$$

式中，k 为时间序数；n 为时间段总数，即在一年时间内的时间段数量。如果使用连续复利，现值为：

$$PV = \sum_{t=0}^{n} C_i e^{-rt}$$

如果现金流为不规则时间的，则连续复利现金流计算方法将非常便捷。我们假设现金流时间，t_i，$i = 1, \cdots, n$，在 t_i 收到现金流 C_i。则：

$$PV = \sum_{i=0}^{n} C_i e^{-rt_i}$$

在离散复利计算中，一种方便的方法是使用分数年的形式。例如，如果我们假设每个月的天数相同的前提下，在未来 9 个月我们获得的现金流 C 的现值 P 的表示形式为：

$$P = \frac{C}{(1 + r)^{9/12}}$$

必须说明的是，我们假设市场报价具有相同的利率 r，并可将其应用于任何时间段上。之后我们将看到，实际情况并非如此。此外，需要强调的是，在这些时间段我们没有考虑通胀（inflation）影响。当考虑到通胀的时候，我们应该区分名义利率（nominal rate）与实际利率（real rate），但是在本书中我们将不涉及通胀问题。因为如果涉及通胀问题，上述的复利或贴现计算都应进行调整，在大量的软件程序中已经考虑到涉及通胀问题的复利计算与贴现计算，例如 MATLAB。MATLAB 的金融工具箱中包括这些通用的函数。

[**例 2.7**] 在金融工具箱中包含了多种不同的现金流分析函数，包括函数 pvvar，功能为根据给定的利率，计算现金流的现值。例如，我们考虑一个五年后到期的债券的现金流，债券面值为 100，票面利率为 8%，这个债券的现金流可以使用下面的向量表示：

```
>> cf = [0  8  8  8  8  108]
cf =
    0    8    8    8    8    108
```

第一个 0 代表初始的现金流，即 $t = 0$ 时的现金流，在一年后将获得第一笔利息（或许你认为在起初就获得第一笔利息）。如果我们使用债券的票面利率进行现金流的贴现将会发生什么？现金流的现值为债券的面值，这并不奇怪：

```
>> pvvar(cf,0.08)
ans =
   100.0000
```

如果提高贴现利率，现金流的现值将下降：

```
>> pvvar(cf,0.09)
ans =
   96.1103
```

相反的是，如果降低贴现利率，现金流的现值将增加：

```
>> pvvar(cf,0.07)
ans =
   104.1002
```

确实，我们将看到利率上升，债券价格下降；利率下降，债券价格上升。债券组合管理的关键任务之一便是要考虑债券的利率风险。

如果没有金融工具箱，我们如何计算现金流的现值呢？我们可以使用函数

mypvvar，如图 2.7 所示。

```
function pv = mypvvar (cf,r)
% get number of periods
% 获得时间段数量
n = length( cf) ;
% get vector of discount factors
% 贴现因子向量
df = 1./(1 +r).^(0:n -1) ;
% compute result
% 现值计算
pv = dot( cf,df) ;
```

图 2.7　计算离散复利与规则(时间)现金流现值的函数

需要注意的是，在计算贴现因子向量时，我们必须使用向量从 0 到 $n-1$，n 为现金流时间段数量。同样需要注意的是，"dot"符合在$(./)$与$(.^)$程序中的功能，"dot"函数功能为计算向量的"点乘"(按位相乘)。

$$\boldsymbol{x}'\boldsymbol{y} = \sum_{k=1}^{m} x_i y_i$$

两个向量必须有相同的元素个数 m。使用 dot 的优势是，在矩阵计算的时候，我们不必担心向量是列向量还是行向量。

$\gg$ cf $=\begin{bmatrix} 0 & 8 & 8 & 8 & 8 & 108 \end{bmatrix}$;

$\gg$ mypvvar(cf,0.08)

ans =

　　100.0000

$\gg$ mypvvar(cf,0.09)

ans =

　　96.1103

$\gg$ mypvvar(cf,0.07)

ans =

　　104.1002

另外一个与现金流分析相关的常用理论，是**内部收益率** (internal rate of return)。给定一个现金流 C_t ($t=0,1,2,\cdots,n$)，内部收益率被定义为 ρ，它是使得现金流现值为 0 的贴现利率。换句话说，内部收益率为下列非线性方程的解：

$$\sum_{t=0}^{n} \frac{C_t}{(1+\rho)^t} = 0 \tag{2.2}$$

显然，为得到非线性方程的解，我们必须假设至少一个现金流为负。通常，初始现金流 C_0 为负值，因为初始现金流经常为投资支出，如购买债券。MATLAB 为我们提供了便捷的计算内部收益率的函数。

[例2.8] 我们将在第3.4节介绍求解非线性方程的方法。然而，内部收益率的计算方程可以简单地转化为特殊的非线性方程——多项式方程（polynomial equation），通过将变量转化为 $h = 1/(1 + \rho)$，使得方程易于求解。我们将式（2.2）改写为：

$$\sum_{t=0}^{n} C_t h^t = 0$$

这个方程可以使用 MATLAB 函数 roots 进行求解。我们必须将现金流以向量的形式表示，然后使用如下程序进行计算：

```
≫ cf = [ -100  8  8  8  8  108]
cf =
    -100  8  8  8  8  108
≫ h = roots (fliplr (cf))
h =
  -0.8090 + 0.5878i
  -0.8090 - 0.5878i
   0.3090 + 0.9511i
   0.3090 - 0.9511i
   0.9259
≫ rho = 1. / h - 1
rho =
  -1.8090 - 0.5878i
  -1.8090 + 0.5878i
  -0.6910 - 0.9511i
  -0.6910 + 0.9511i
   0.0800
```

程序的几点说明：①我们定义变量 cf 代表现金流序列。②使用函数 fliplr 将向量进行重新排列（将原向量转换为由右向左的形式），使用 roots 函数进行求解。③将多项式的根定义为变量 h。翻转向量（Flipping Vector）的原因是，现金流向量的初始顺序是按时间先后排序，时间越靠后贴现因子的次数越高，而 roots 函数中求解输入的系数向量的次数是由大到小排序的。

在求解得到方程的根 h 后，我们需要将 h 转化回变量 ρ，" ./ " 表示对向量的点除（按位相除）。因为方程为 $n = 5$ 次方程，我们得到 5 个解，其中 4 个为复数根，只有 1 个为实数根 $\rho = 0.08$。事实上，如果现金流序列 $C_0 < 0$，$C_t \geq 0$（$t = 1, \cdots, n$）而且 $\sum_{t=1}^{n} C_t > 0$，我们可以得到唯一的非负实数的方程的根。（参看第2章）

如果我们希望排除非实数根, 我们可以使用 MATLAB 的 find 函数, 函数功能为返回向量中符合某些条件的元素的序数(位置)。

```
>> index = find( abs( imag( rho) ) < 0.001 )
index =
    5
>> rho( index)
ans =
    0.0800
```

我们这样做的目的是找到实数解 rho 的位置, 采用的方法是判断是否有虚值部分(虚值部分的绝对值小于 0.001)。这里要说明: 虽然我们应该通过判断虚值部分为零的方式寻找实数根, 但是, 在数值计算中我们应该避免这种"定性的思维"。为了说明这一点, 考虑下面的复杂方程:

$$(x - 1)^3 = x^3 - 300x^2 + 30000x - 1000000 = 0$$

使用 roots 函数求解:

```
>> v = [ 1   -300   30000   -1000000 ];
>> h = roots( v)
h =
    1.0e +002 *
        1.0000 +0.0000i
        1.0000 -0.0000i
        1.0000
>> index = find( abs( imag( h) ) = =0)
index =
    3
```

令人厌恶的事情发生了: 多个实数根可能会以复数的形式出现, 虚数部分的值非常小。在计算内部非奇异 (non - pathologica) 现金流的内部收益率时, 这种情况似乎不应该发生, 但这是一个很好的数值计算陷阱 (pitfalls) 的例子, 证明在数值计算中谨慎分析是十分必要的。上面的计算工作 (包括计算翻转向量的根) 都可以使用 MATLAB 的金融工具箱中 irr 函数进行计算:

```
>> irr( cf)
ans =
    0.0800
```

我们鼓励读者尝试编写一个具有相同功能的函数, 然后读者可以将自己编写的函数与金融工具箱中的函数 irr 的源代码进行比较。

除了使用计算现值的方法计算内部收益率, 我们还有其他的近似方法计算内部收益率。此外, 现值的计算可能使用到一系列的贴现因子, 而且这些贴现因子在贴现时间内的利率不同；而内部收益率应用于整个投资期限，计算出同样的现值的利率。

2.3.2　固定收益证券的基础定价

零息债券的定价　对于一个零息债券（zero - coupon bond），面值为 F，在一年后到期，现在的价格为 P，如果我们购买这个证券且持有到期，我们将得到回报为：

$$R = \frac{F}{P}$$

回报率为：

$$r = R - 1 = \frac{F}{P} - 1$$

r，F 与 P 明显的关系为：

$$P = \frac{F}{1 + r} \tag{2.3}$$

从另外一个角度，如果我们固定 F 与 r，式（2.3）可以解释成定价的关系。

在定价中我们应该使用什么样的利率 r？如果这个债券没有违约风险，如国债一般没有违约风险，或许我们应该使用无风险利率，为什么呢？我们将应用金融学中的一个基本原则——无套利原则（no - arbitrage principle）。假设债券的价格低于面值，市场价格为 P_1，即：

$$P_1 < P = \frac{F}{1 + r}$$

我们或许获得一笔无风险贷款，利率为 r（我们假设贷款利率与存款利率是相等的）。然后，我们借入大量的资金 L，使用这些资金购买 L/P_1 债券。在初始净现金流（net cash flow）为零。然后，在到期日，我们必须归还 $L(1 + r)$ 的借款，我们获得债券发行人支付给我们的本金 FL/P_1，但是因为我们假设：

$$\frac{F}{P_1} > 1 + r$$

在到期日我们的净现金流为：

$$L \frac{F}{P_1} - L(1 + r) = L\left(\frac{F}{P_1} - 1 - r\right) > 0$$

因此，开始时我们没有付出任何本金，最后我们获得了正收益；这是一个有意思的问题，在这种情况下，利润 L 的增长是无限的，我们将一步一步地解释它。这是一个简单的套利案例。当然，无限的借贷是不可能的；更重要的是，购买如此大量的债券将推高债券的价格，套利机会不久便会消失。事实上，大多数金融问题的假设都是套利机会不存在。但是，这不意味着在现实市场中不存在套利机会；事实上，市场上很多人在寻找着套利的机会，而这种行为将使得套利机会转瞬即逝。同样道理，当债券价格上升到高于票面价格，将使得套利机会消失：

$$P_1 > P = \frac{F}{1 + r}$$

在债券价格高于票面价格的情况下，我们应该借入债券，而不是买入债券。这被称为卖空债券（参见例 2.1）。在实际中，卖空存在很多的限制，但是对于定价模型而言，经常（并不总是）假设卖空是可行的。然后，我们卖出价格高于票面价格的债券，将资金以无风险利率进行投资；假设我们卖空（借入）的债券总量为 L，我们以价格 P_1 将其卖出，并将我们得到的资金以无风险利率投资。假设上述交易即时成交，即即时的净现金流为 0。在到期时，我们将从投资中获得 $L(1+r)$ 资金，我们必须归还借入每张债券的票面价格 F。因此到期日我们的净现金流再次为正：

$$-L\frac{F}{P_1} + L(1+r) = L\left(-\frac{F}{P_1} + 1 + r\right) > 0$$

同样，我们隐含假设交易成本是忽略不计的，并且借出与贷入资金的利率是相同的。这些假设在实际中都是不合理的，但是我们的模拟已最大程度近似真实情况，至少对于某些大额投资者，不会担心这些问题。读者或许还记得我们曾讨论过套利问题，只是在这个案例中，显而易见的结果是，债券的合理价格应该是其未来现金流量的现值。此外，在非常复杂的证券的定价中，都使用了无套利原理或进行了某些修改的无套利原理，复杂的证券往往包含某些不确定性（参见第 2.6.2 节期权示例）。

无套利定价原理与线性定价 在考虑付息债券（coupon – bearing bonds）定价之前，有必要指出无套利模型一些重要的引理。

第一个引理是"一价原则"。相同的资产不能卖出不同的价格，如果在理想的市场，这将产生套利机会。在实际中，市场不是完美的，就如我们知道的，相同的商品在不同的国家会卖出不同的价格。在这种情况下，套利机会将会被运费、税收等因素消除。多亏了互联网，金融市场逐渐成为近似完美的市场。为了建立定价模型的目标我们假设市场符合一价原则。我们还将看到，涉及不确定性时，一价原则同样是有意义的。

第二个引理是定价是线性运算（linear operator）。为了说明这一点，我们将定价运算抽象定义为 $P(\cdot)$，将资产映射到价格。线性的意思就是投资组合的价格可以使用加权求和的方式获得标准形式。我们定义一个资产为 X_i，$i = 1, \cdots, n$，我们得到：

$$P\left(\sum_{i=1}^{n} \alpha_i X_i\right) = \sum_{i=1}^{n} \alpha_i P(X_i)$$

式中，$P(X_i)$ 是资产 i 的价格；α_i 是投资组合中资产 i 的数量。说到这里，我们可以将参数分为两个部分。如果我们考虑一个资产，我们应该有 $P(2X) = 2P(X)$，否则，如果 $P(2X) < 2P(X)$，我们或许可以通过购买两种资产并将其分开出售而获利。类似的，如果 $P(2X) > 2P(X)$ 同样可以进行套利交易，至少在完美的市场是可以的；在现实市场，由于交易成本的存在，使得套利近似有效。

同样的道理，我们得到 $P(X_1 + X_2) = P(X_1) + P(X_2)$。如果 $P(X_1 + X_2) < P(X_1) + P(X_2)$，我们或许可以通过打包买入两种资产，再分别卖出的方式获利。

现实的情况还是有点不同，当考虑到交易成本时，或市场交易不活跃时，价格可能是非线性的。

对于付息债券的定价，线性定价同样重要；例如，我们将付息债券视作一系列零息债券的组合，我们将立即看到，可以将每个付息当作一个零息债券，这些零息债券价格和为付息债券的价格。

付息债券定价　线性定价意味着一个付息债券可以使用对每次付息进行分别定价的方式进行定价，最后一次付息包括债券的面值。假设一个付息债券的面值为 F，每个固定周期付息 C。定价非常简单，如果我们假设债券没有违约风险，我们可以使用无风险利率，无风险利率可以被使用在任何时间段内（如果我们使用复利计算利息）。显然，债券的合理价格等于债券现金流的现值。

$$\text{PV} = \sum_{i=1}^{n} \frac{C}{(1+r)^i} + \frac{F}{(1+r)^n} \tag{2.4}$$

这是我们将现值与债券定价联系起来的基本方式，如我们预想的那样，这样的做法在实际中或许会引发某些问题：

- 如果 r 报价以年息的方式，债券或许一年多次付息，公式可以调整为式（2.1）的形式，如果一年付息为 m，则：

$$\text{PV} = \sum_{i=1}^{n} \frac{C/m}{(1+r/m)^i} + \frac{F}{(1+r/m)^n}$$

式中，n 为付息的次数。

- 在不同的时间段或许有不同的市场利息。这就意味着，债券定价需要知道多个贴现因子。如果我们定义 r_t 表示距离现在 t 时间的市场利率，例如即期利率（spot rate），我们对每个票息近似进行贴现：

$$\sum_{t=1}^{T} \frac{C_t}{(1+r_t)^t} + \frac{F_T}{(1+r_T)^T}$$

利率 r_t 的集合与市场利率期限结构（structure of interest rate）相关。利率期限结构如图2.8所示，在图中我们看到一个向上倾斜的利率期限结构（upward – sloping structure）；对应的直观理解为，通常情况下，时间越长对应的利率越高。在实际中，存在其他形状的利率期限结构。向下倾斜的利率期限结构通常与经济衰退相关，预示着未来利率将下降。但是，向下倾斜利率被取消并不意味着未来利率将上升。

- 如果这些简单公式普遍适用，那么任何一个同样的票息、同样的到期时间的付息债券都应该有同样的价格，但是实际并不是这样。第一个原因是，并不是所有的债券发行人有着同样的信用等级。某些政府发行的债券可能无违约风险，企业债券或许没有这样的质量；因此，在其他条件一样的情况下，投资者会对风险等级高的债券要求一个较低的价格。这种要求可能表现在票面利息上，这些我们将在下一节中进行介绍。

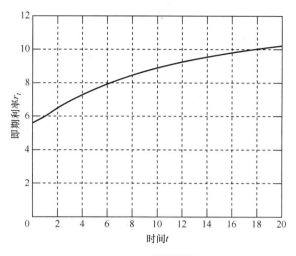

图2.8   利率期限结构

度量债券的收益：到期收益率   我们已经看到定息债券（fixed – coupon bond）的定价是通过计算其现金流的现值的方式实现的，现值的计算依赖一系列市场利率。但是，如何使用一个指标衡量债券的收益情况呢？一种可行的方法是计算债券的内部收益率。债券的内部收益率称为到期收益率（yield to maturity）$^{\ominus}$。对于债券的价格 P，λ 是下列方程的解：

$$P = \sum_{i=1}^{n} \frac{C}{(1+\lambda)^i} + \frac{F}{(1+\lambda)^n}$$

如果一年存在多次付息，等式可以修改为：

$$P = \sum_{i=1}^{n} \frac{C/m}{(1+\lambda/m)^i} + \frac{F}{(1+\lambda/m)^n}$$

通过这些公式，我们可直接观察到，如果到期收益率 λ 上涨，债券的价格将下跌；反之亦然。同样如此，如果债券的信用评级降低，必要（被要求）的到期收益率将提高，被称为风险溢价（risk premium）。或者市场利率上升。分析债券价格与债券到期收益率之间的关系非常简单，但这种关系仅是近似关系。当利率曲线上升或下降的时候，我们需要考虑整体的利率期限结构，但有时利率期限结构可能会扭曲或变形。无论怎样，一个简单的近似（债券价格与到期收益率）关系分析是非常值得的，我们会在后面章节中看到。

债券投资组合：利率风险   直观而言，债券的到期收益率越高，债券的价格越低，高到期收益率对于高风险债券是必需的。如果债券的信用等级发生变化，债券的价格将发生相应的变化。难道信用风险（credi trisk）是债券唯一的风险来源吗？不

$\ominus$ 实际中，收益率有多种定义（参见本章参考文献 [6] 或 [7]），但我们会使用这个简单形式，即使它可能会受到一些批评。

幸的是，答案是否定的。起初票面利率取决于当时经济或金融变量，或许这就导致未来现金流的不确定性，成为了一种新的金融风险形式。另一点需要指出的是，某些债券嵌入了期权，或许这对于债券持有者不利。例如，债券发行者或许在到期前可以赎回债券，债券的赎回将造成再投资风险，因为我们必须将资金再进行投资（对嵌入期权的债券使用的分析技术，我们将在期权部分进行介绍）。

但是，即使我们将所有这些风险排除在外，这里仍将有一种风险，即债券的用途。任何债券组合都有某种目标，投资组合风险必须基于这种目标进行衡量或评估。通常的观点是，债券投资组合是为了满足未来的某个现金流需求，例如养老基金（pension fund）。

为了更具体的说明，假设未来一段时间内，我们必须偿还一系列负债，在未来 T 个时间段，$t=1$，$\cdots$，T 需要偿还的负债为 L_t。现在，我们可以通过购买债券的方式与未来的负债相匹配。事实上，至少在理论上这是有可能的。考虑一组 N 个债券，每个债券的价格为 $P_i(i=1, \cdots, N)$。如果一个单位的证券 i，在时刻 t 的现金流为 F_{it}，我们将考虑下面的现金流匹配模型（cash flow matching model）：

$$\min \quad \sum_{i=1}^{n} P_i x_i$$

$$\text{s. t.} \quad \sum_{i=1}^{N} F_{it} x_i \geqslant L_t \qquad \forall t$$

$$x_i \geqslant 0$$

式中，决策变量 x_i 表示购买债券 i 的金额（不是债券在投资组合中的权重）。如果我们忽略债券违约的可能性，并假设债务都是提前已知的，那么投资组合一定可以匹配负债。不幸的是，这样做的成本非常高。只有在债券全部到期后才能偿还所有债务，因为我们需要债券利息匹配债务，所以我们需要大量的债券。还需要注意，债务可以使用不等式约束，或许这个机会过于严格，因为不太可能会获得一个给定的债券组合的现金流使它和负债完美匹配。在长期机会的情况下，缺乏合适的长期债券可能会加剧这些困难。

因此，我们必须动态管理债券投资组合，根据目标买入或卖出债券。但是问题来了，债券的价格与市场利率相关，这使得存在更多的不可预期性。例如，对于五年期的零息债券是无风险的吗？

[**例2.9**] 考虑一个五年期的零息债券，面值为 100 美元，出售时要求到期利率为 $r_1=0.08$。如果在买入后到期利率上涨到 $r_2=0.09$，债券价格将变化多少？

```
>> r1 =0.08;
>> r2 =0.09;
>> P1 =100/(1 +r1)^5
P1 =
    68.0583
```

```
>> P2 =100/(1 +r2)^5
P2 =
    64.9931
>> ( P2 - P1 )/P1
ans =
    -0.0450
```

我们看到债券的价格下降了4.5%。如果你在到期前必须卖出债券，就意味着将发生亏损。如果继续持有那么到期利率上升对实际收益没有影响，但是这使得只有在到期时现金流与负债才能匹配。如果债券期限不是5年而是20年，会是什么样?

```
>> P1 =100/(1 +r1)^20
P1 =
    21.4548
>> P2 =100/(1 +r2)^20
P2 =
    17.8431
>> ( P2 - P1 )/P1
ans =
    -0.1683
```

我们看到，如果市场利率上升，债券的价格几乎下降了17%。虽然长期限的零息债券或许难以获得，通常的规律是债券的期限越长，债券对于利率的变化越敏感。票面利率扮演着同样的角色，我们比较票面利率分别为4%与8%的债券。

```
>> cf1 =[ 0  8  8  8  8  8  8  8  8  108];
>> cf2 =[ 0  4  4  4  4  4  4  4  4  104];
>> P1 =pvvar( cf1 ,0.08)
P1 =
    100.0000
>> P2 =pvvar( cf1 ,0.09)
P2 =
    93.5823
>> ( P2 - P1 )/P1
ans =
    -0.0642
>> P1 =pvvar( cf2 ,0.08)
P1 =
    73.1597
>> P2 =pvvar( cf2 ,0.09)
```

P2 =

    67.9117

>> (P2 − P1)/P1

ans =

    −0.0717

我们看到低票息率的债券对于市场利率的变化更敏感。

问题是市场利率随着时间增长并不是恒定的；它们的变化取决于通货膨胀或经济形势。市场利率的变化或许非常复杂，我们应该关注即期利率曲线（curve of spot rate）的整体状况。曲线向上或向下倾斜，但是它的形状也可能变化，例如变得更陡或更平缓。在上面的例子中，我们可以看到这些复杂的变化可以使用一个变量度量，即到期收益率。

如果市场利率上升，相同特点的新债券将被要求更高的到期收益率。对于已经发行的债券，可以在二级市场进行交易，利率上升的结果就是已发行债券的价格下降。反过来说，如果市场利率下降，我们对债券到期收益率的要求将降低，即存债（已经上市的）的价格将上升。我们发现债券价格对于利率敏感性的高低，取决于债券期限与债券的票面利率。我们需要一个规范的方式度量债券的利率风险，以便建立一个固定收益的投资组合。一个相对简单的方法是，利用债券的久期（duration）与凸性（convexity）概念。在接下来的一节我们将介绍与此相关的内容。

2.3.3 利率敏感性与投资组合免疫

假设一个投资者面对一系列未来的已知负债，希望通过持有一个债券组合的方式与未来的负债相匹配。一方面希望以最小的成本建立债券组合，另一方面希望债券组合在未来不受利率变化的影响。例如，你在五年后有一笔负债 L 需要偿还，如果你可以找到一个五年期的零息债券，面值为 F，你可以买入 L/F 的零息债。然而，如果债券的期限小于五年，你将面对再投资风险（reinvestment risk）；如果债券的期限大于五年，你将面对利率风险（interest rate risk），就如在例 2.9 中的那样。理想情况是，你可以找到一个与负债期限精确匹配的零息债券，不幸的是，在实际中这似乎是不可能的，我们必须寻找另外的方法保护债券投资组合免受利率不确定性的影响。免疫策略或许是一个可行而又简单的方法。

假设，我们有方程 $P(\lambda)$，方程给出了到期收益率与债券价格的关系。我们可以画出一个到期收益率曲线（绘制曲线可以使用 MATLAB 进行，如例 2.11），到期收益率曲线图像如图 2.9 所示。我们看到这个曲线是凸的（convex）[⊖]，通常普

⊖ 严格意义上，一个函数 f 是一个凸函数，如果对于集合内的任意两点 x 与 y，$f(\lambda x + (1 - \lambda)y) \leqslant \lambda f(x) + (1 - \lambda)f(y)$ 成立都有 $0 \leqslant \lambda \leqslant 1$；更多的相关内容参看第 6 章附录。

通债券的到期收益率曲线都是如此。

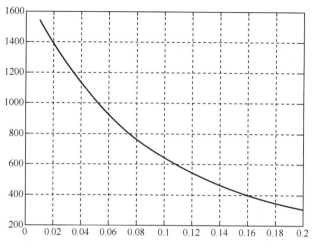

图2.9 价格－利率曲线

现在考虑必要收益率小幅变动的情况；当收益率变动的时候，我们希望寻找一种近似方法度量债券的变动。的确，这里存在两个概念，债券久期与债券凸性，可以达到这个目标。

给定在时间点 t_0，t_1，$\cdots$，t_n 的一个现金流，现金流的久期定义为：

$$D = \frac{\mathrm{PV}(t_0)t_0 + \mathrm{PV}(t_1)t_1 + \mathrm{PV}(t_2)t_2 + \cdots + \mathrm{PV}(t_n)t_n}{\mathrm{PV}}$$

式中，PV 为整个现金流的现值；$\mathrm{PV}(t_i)$ 为在时间点 t_i $(i = 0,1,\cdots,n)$ 现金流 c_i 的现值。从某种角度，债券久期似乎是现金流的加权平均，其中权重为现金流的现值。对于一个零息债券，只有一个现金流，零息债券的久期为债券期限。当考虑一个普通债券，在复利计算中使用到期收益率作为贴现利率（discount rate），将得到麦考利久期（Macaulay duration）：

$$D = \frac{\displaystyle\sum_{k=1}^{n} \frac{k}{m}\frac{c_k}{(1+\lambda/m)^k}}{\displaystyle\sum_{k=1}^{n} \frac{c_k}{(1+\lambda/m)^k}}$$

其中，假设 m 为债券每年的票息。为了展示久期的用途，让我们计算上述价格公式关于利率的导数：

$$\frac{\mathrm{d}P}{\mathrm{d}\lambda} = \frac{\mathrm{d}}{\mathrm{d}\lambda}\left(\sum_{k=1}^{n} \frac{c_k}{(1+\lambda/m)^k}\right)$$

$$= \sum_{k=1}^{n} c_k \frac{\mathrm{d}}{\mathrm{d}\lambda}\left[\frac{1}{(1+\lambda/m)^k}\right] = -\sum_{k=1}^{n} \frac{k}{m}\frac{c_k}{(1+\lambda/m)^{k+1}} \qquad (2.5)$$

如果我们定义修正久期（modified duration）$D_M \equiv D/(1+\lambda/m)$，可得到：

$$\frac{\mathrm{d}P}{\mathrm{d}\lambda} = -D_M P \tag{2.6}$$

因此，我们看到修正久期是价格 - 利率曲线上给定一点的切线的斜率；从技术上来讲，它是债券的价格关于利率变化的弹性。这表明修正久期是债券价格变化关于利率变化的一阶近似：

$$\delta P \approx -D_M P \delta \lambda$$

更好的近似或许可以是二阶近似，这种计算方式被定义为债券凸性（convexity）：

$$C = \frac{1}{P} \frac{\mathrm{d}^2 P}{\mathrm{d}\lambda^2}$$

对于一个债券每年票息为 m，被证明有：

$$C = \frac{1}{P(1 + \lambda/m)^2} \sum_{k=1}^{n} \frac{k(k+1)}{m^2} \cdot \frac{c_k}{(1 + \lambda/m)^k}$$

$$\delta P \approx -D_M P \delta \lambda + \frac{PC}{2}(\delta \lambda)^2$$

我们注意到，债券凸性的单位是时间的平方。凸性本质上是债券的一个特性（属性），因为较大的凸性意味着，当债券收益率增加时，债券的价格变化较慢，当债券收益率降低时，债券的价格变化较快。同时使用债券久期与凸性，我们将得到二阶近似。

[例2.10] 我们需要查看一下，基于债券久期与债券凸性的二级近似的效果。如果假设在时间点 $t = 1, 2, 3, 4$ 发生的现金流为（10, 10, 10, 10）。我们可以基于不同的利率计算现金流的现值，使用 MATALAB 的 pvvar 函数：

```
>>cf =[10  10  10  10]
cf =
    10  10  10  10
>>p1 =pvvar([0,cf],0.05)
p1 =
    35.4595
>>p2 =pvvar([0,cf],0.055)
p2 =
    35.0515
>>p2 -p1
ans =
    -0.4080
```

需要注意的是，我们在每个现金流向量 cf 前添加一个 0，因为函数 pvvar 假设第一个现金流是发生在 0 时刻的。我们看到利率增加 0.005，结果债券的价格下降了0.4080。我们使用债券修正久期与债券凸性的方式，使用函数 cfdur 与函数 cfconv。

函数 cfdur 的功能是计算债券的麦考林久期与债券的正久期，根据需要，我们选择
函数返回的第二个数值即可。函数 cfdur 的功能是计算债券的凸性。

```
>>[d1 dm] =cfdur(cf,0.05)
d1 =
    2.4391
dm =
    2.3229
>>cv =cfconv(cf,0.05)
cv =
    8.7397
>> -dm * p1 * 0.005
ans =
    -0.4118
>> -dm * p1 * 0.005 +0.5 * cv * p1 * (0.005)^2
ans =
    -0.4080
```

我们看到，至少对于利率的较小变化，一阶近似的结果是令人满意的，二阶近
似的结果已经非常精确了。

我们已经定义了单只债券的久期与凸性；关于一个债券组合又如何呢？如果所
有债券的到期利率都一样，我们可以得到，债券组合的久期是组合中每个债券的简
单加权（权重为每个债券在组合中的权重，债券价格/组合价格）。如果组合中债
券的到期收益率不同，这样做就可能存在误差，然而，久期的加权平均可以看作一
个近似。我们如果使用债券的久期与凸性呢？在资产负债管理中，一种可行的方法
是债券投资组合的久期（也可以是凸性）与负债的久期相匹配。这被称为免疫策
略（immunization），为实现免疫策略，我们需要某些计算，或许可以使用金融工
具箱中的函数进行计算。

2.3.4　与固定收益证券相关的 MATLAB 函数

当我们从简单现金流转向真实的债券时，将涉及各种问题。第一个问题是，为
了正确地表现出债券的交割日期与到期日，我们必须有一个日历系统，并且要考虑
闰年。MATLAB 内部嵌有一套处理日期的方法，这种方法是将日期转换为一个整
数。例如，如果我们输入 today 函数，MATLAB 将返回一个数字代表现在的日期；
这个数字日期可以使用 datestr 函数将其转化为字符串形式。

```
>> today
ans =
    732681
```

```
>> datestr(today)
ans =
04 - Jan -2006
```

你可以检查哪个日期与数字日期 1 对应，datestr（today）。函数 datestr 的逆操作为函数 datenum：

```
>> datenum ('04 -Jan -2006')
ans =
    732681
```

在 MATLAB 中，有各式各样的字符形式用于输入日期；前面看到的形式只是其中之一（需要注意的是，这些字符串需要用' '括起来）。选择日期格式必须考虑不同的因素。例如，购买一个已发行的债券；如果你在两个付息日之间购买，必须考虑距离上一次付息的时间。如果不考虑，付息部分可能归属于债券上一个持有者。

实际上，计算现金流的现值时，你需要考虑这一点。然而，市场通常的报价方式是不考虑这个问题的。市场的报价称为净价（clean price），但实际债券交割的价格为债券净价加上应计利息（accrued interest）。应计利息是债券的交易双方根据持有期比例计算的。简单地讲，如果债券的票息每六个月支付一次，而你在距离下一次付息前两个月买入债券，你大约欠上一个债券持有者 2/3 的票息。然而，市场上存在不同的日期计算方法。这个问题将在函数 bndprice 中考虑，函数 bndprice 功能为根据给定的到期收益率对一个债券进行定价。为理解所需的输入参数，我们可以参考在线帮助文档（我们将说明的一部分展现出来，如下）：

```
>> help bndprice
  BNDPRICE Price a fixed income security from yield to maturity.
    Given NBONDS with SIA date parameters and semi -annual yields to
    maturity, return the clean prices and the accrued interest due.

    [Price, AccruedInt] =bndprice(Yield, CouponRate, Settle, Maturity)

    [Price, AccruedInt] =bndprice(Yield, CouponRate, Settle, ...
        Maturity, Period, Basis, EndMonthRule, IssueDate, ...
        FirstCouponDate, LastCouponDate, StartDate, Face)
```

我们看到，这个函数需要最少的输入参数为到期收益率、债券票面利率、交割时间（购买债券的时间）、与债券的到期日。两个输出值为净价与应计利息，净价与应计利息的和称为全价（dirty price）：

```
>> [clPr accrInt] =bndprice(0.08, 0.1, '10 -aug -2007', '31 -dec -2020')
clPr =
    116.2366
```

```
accrInt =
    1.1141
>> clPr + accrInt
ans =
    117.3507
```

当我们这样调用该函数时，函数中其他的参数使用默认值（default value）。例如，参数 Period，表示债券每年付息次数，默认值为 2（一年两次），参数 Face，表示债券的票面价格，默认参数为 100。另外一个重要的参数为 Basis，表示计算应计利息时使用的日期形式，如果参数值 0（默认值），则日期形式采用实际天数/实际天数模式，如果参数值为 1，表示日期形式采用 30/360 模式（这种模型假定每月都为 30 天）。为区别不同的时间模式，我们可以计算两个日期间的天数，分别使用两种不同的时间模式。

```
>> days360('27 - Feb - 2006', '4 - Apr - 2006')
ans =
    37
>> daysact('27 - Feb - 2006', '4 - Apr - 2006')
ans =
    36
```

其他的时间模式可能在其他证券中将使用到（具体参看本章参考文献 [7]）。剩下的参数与票息的结构相关，票息结构在 MATLAB 金融工具箱中有详细的介绍。

[例 2.11] 为画出价格 - 利率曲线，如图 2.9 所示，我们可使用以下的程序：

```
settle      = '19 - Mar - 2000';
maturity    = '15 - Jun - 2015';
face        = 1000;
couponRate  = 0.05;
yields = 0.01 : 0.01 : 0.20;
[cleanPrices, accrInts] = bndprice(yields, couponRate, settle, ...
    maturity, 2, 0, [], [], [], [], [], face);
plot(yields, cleanPrices + accrInts);
grid on
```

需要注意的是，当我们使用带有可选参数（Optional parameter）的函数时，以债券面值为例，我们不想使用上一次调用函数时设置的（可选项）参数值，这时我们必须使用空向量 [] 代替可选参数，以便正确的配置函数的参数（可选参数的默认值）。

现在给定一个到期收益率，我们可以计算出债券的价格，同时可以使用另一种方法，当给定债券价格时，我们可以计算出相应的到期收益率，使用如下函数：

```
>> CleanPrices = [95 100 105];
>> bndyield(CleanPrices, 0.08, datenum('31-Jan-2006'), '31-Dec-2015')
ans =
       0.0876
       0.0800
       0.0728
```

函数 bndyield 的最少输入参数为债券净价（不含应计利息的）、债券的票面利率、债券的交割日和债券的到期日。在这种情况下，我们用到了 MATLAB 函数的一个常用功能。如果将向量作为一个输入参数（在最简单的情况下，输入参数是标量），通常情况下，将输出一个向量，输出向量中的结果与输入向量中的输入参数一一对应。这里，我们得到了不同的结果：债券价格低于面值 95 美元时，债券的到期收益率将高于债券的票息率；当债券的到期收益率等于债券的票息率时，债券的价格为债券面值 100 美元；当债券到期收益率低于债券票息率时，债券的价格高于面值 105 美元。

可选参数值或许传递给了函数 bndyield，函数 bndyield 与函数 bndprice 的参数相同。

当给定债券价格与债券到期收益率时，另一些有用的函数可以用来计算债券的久期与凸性，我们用一个免疫策略的简单案例展示这些功能。

[例 2.12] 在债券组合管理中，一个常见的问题是根据给定修正久期 D 与凸性 C 对债券组合进行调整的。假设我们有三只债券，我们将根据每只债券寻找一组权重 w_1，w_2，与 w_3，使得：

$$\sum_{i=1}^{3} D_i w_i = D$$

$$\sum_{i=1}^{3} C_i w_i = C$$

$$\sum_{i=1}^{3} w_i = 1$$

式中，C_i 与 D_i 为债券的久期与凸性，对于三只债券而言。需要注意的是，我们已经假设投资组合的久期与凸性都可以通过组合中债券的属性加权计算出来；在实际中，或许这是不正确的，但是现在我们假设这是一种简单的近似。我们必须要做的是计算债券的 C_i 与 D_i 的系数，然后求解方程组。这些我们使用图 2.10 所示的程序进行计算。我们已经假设债券的利率是给定的，可以使用函数 bnddury 与函数 bndconvy 计算债券的久期与凸性。对于债券净价我们可以进行同样的计算；使用函数 bnddury 与函数 bndconvy 的程序，将得到如下解：

weights =

   0. 1209

  − 0. 4169

   1. 2960

结果显示我们必须卖空第二只债券，但这或许是不可行的。

```
% SET BOND FEATURES (bondimmun. m)
settle      = '28 – Aug –2007';
maturities  = ['15 – Jun – 2012'; '31 – Oct – 2017'; '01 – Mar – 2027'];
couponRates = [0.07 ;  0.06 ; 0.08];
yields = [0.06 ; 0.07 ; 0.075];

% COMPUTE DURATIONS AND CONVEXITIES
durations = bnddury(yields, couponRates, settle, maturities);
convexities = bndconvy(yields, couponRates, settle, maturities);

% COMPUTE PORTFOLIO WEIGHTS
A = [durations'
      convexities'
      1 1 1];
b = [10
      160
       1];
weights = A\b
```

图 2.10   债券免疫策略的简单程序代码

2.3.5   小结

我们已经介绍过简单的免疫策略与现金流匹配模型，仍遗留些问题需要讨论。一个问题是，起初债券久期仅仅是债券敏感程度的一个近似，只有当利率期限结构平坦（flat），或者是平坦利率期限结构的平移时，这个结论才正确。但实际中，利率期限结构的形变是可能发生的，这就需要更专业的敏感性度量方式与免疫方式。

另外一个问题是，对于利率较小变化的免疫保护策略，如果利率发生较大变化，债券的久期与凸性也将发生变化，投资组合将不再免疫。事实上，我们没有关注投资组合的动态管理。在极端情况下，我们考虑一个组合含有两个债券，一个债券久期较短，另一个债券久期较长，它们在目标期限的两边。由于第一个债券的期限较短，当第一个债券到期时，只剩下第二个债券，债券组合将偏离目标久期。投资组合的再平衡或许涉及烦琐的交易与高额的交易成本。

对应的一个可选方法是使用动态优化模型，动态优化模型需要考虑利率的不确定性与动态的交易。这涉及随机规划模型，我们将在第 11 章介绍随机规划模型。在这种模型中，我们需要考虑负债的随机性。

除了使用更多的专业模型外，我们还可以使用多种专业资产。在实际中，对于利率风险的管理需求，我们可以使用多种多样的利率衍生品（参见第 2.8 节）。在利率衍生品的定价与利率风险管理中需要利率期限结构模型；而利率期限结构模型是一个烦琐而复杂的论题，其内容已经超出了本书的范围。

2.4 股票投资组合管理

与债券和衍生品不同，股票投资组合管理不需要考虑股票定价的问题。当然，市场上存在寻找股票合理价格的估值模型，但股票的估值模型或估值方法并不是本书所讨论的内容。因此，我们将股票价格视作由外部定价（市场交易价格），我们将仅考虑股票的投资组合管理。假设一个含有 n 个股票的集合，我们必须为每个股票配置权重。简而言之，我们不考虑股票的分红与配股等问题，仅考虑单期限投资组合优化的问题，将多期限投资组合优化留在后面的章节中讲解。我们的基本假设是，面对问题的不确定性可以使用概率分布进行建模，概率分布可以基于历史数据进行设定。在投资组合管理中，我们不考虑个人观点或市场信息，这些或许可能影响投资决策。通过选择一个投资组合，我们选择一个未来收益的概率分布，以未来收益作为随机变量。

在例 2.5 与例 2.6 中可以看到，面对涉及不确定性的决策问题时，如果仅使用期望值（expected value）或许将得到不合理的结果，我们必须寻找一种合理的方法为基于不确定性偏好（preference）建模。这就意味着，在模型中我们需要考虑风险厌恶（risk aversion）。最简单的方法是使用我们在第 2.4.1 节中介绍过的效用理论（utility theory）。因为寻找一个决策的效用函数是烦琐的任务，实际可行的方法是使用风险测度（risk measure）。著名的均值 – 方差有效前沿（mean – variance efficiency），我们在第 2.4.2 节中介绍过；在第 2.4.3 节中，我们介绍了一些处理均值 – 方差投资组合优化模型（mean – variance portfolio optimization）的 MATLAB 函数。还有其他可选的风险测度，例如著名的在险价值（Value at Risk），在险价值将在第 2.4.5 节中进行介绍。

2.4.1 效用理论

显然，大多数的投资者都是风险厌恶的，但是风险厌恶的真实含义是什么？在经济学中，一个理论上的答案是假设投资者面对不确定性时，将根据某个效用函数进行决策。为了介绍风险厌恶理论，我们考虑一个简单的彩票问题，这可能会被视为不确定性下的投资。如果一个彩票有多种结果，不同的结果对应着不同的随机变量 X 值，变量值 x_i 的概率为 p_i，我们可以通过一个扇形图展现这些关系，如图 2.2

所示。投资决策者可以从中选取多个彩票并且进行组合，这将产生新的随机变量。

　　例如，考虑一个投资者必须从以下两个彩票中进行选择：彩票 a_1，它的回报确定且只为 μ；彩票 a_2，它有两种等概率回报结果 $\mu + \delta$ 与 $\mu - \delta$。从期望值回报的角度，两个彩票是相同的，但是一个风险厌恶的投资者无疑将选择 a_1。更一般的情况是，对于一个随机变量 X，我们添加一个均匀波动（mean-preserving spread），例如，一个随机变量 ε，而且 $E[\varepsilon] = 0$，显然风险厌恶的投资者不喜欢这种增加不确定的做法。

　　给定一组彩票，投资者应该可以从中选出其最偏好的一个；或者给定一组彩票，投资者可以说出他（她）偏好哪个，而且能区别出它们的不同。在这种情况下，我们可以得到彩票组合中的偏好关系。由于偏好的关系有些麻烦且不容易处理，我们可以将每一种彩票对应一个数值，该数值代表了投资者对彩票的偏好程度，我们可以根据数值的大小顺序对这些彩票进行排序。对于任意的偏好关系，或许没有一种合适的函数可以精确代表这种偏好关系，但是基于某种假设，我们可以找到近似代表这种偏好关系的函数[⊖]，只要这种映射关系存在，这种映射关系就可以使用效用函数表示。

　　这里有一个效用函数的例子看上去比较简单，因为它是基于特定模型假设的。这个效用函数被称为冯·诺伊曼-摩根斯坦效应（Von Neumann-Morgenstern utility）：

$$U(a) = \sum_{i=1}^{n} p_i u(x_i)$$

对于某些函数 $u(\cdot)$，式中的 a 是一种回报为 x_i 时的概率为 p_i 的彩票。函数 $u(\cdot)$ 是某种回报的效用函数，$U(\cdot)$ 是函数的期望效用。如果 $u(x) \equiv x$，则效用函数值等于回报的预期值，但我们可能使用不同的风险测度模型，选择效用函数 u。对于我们的问题，假设效用函数 $u(\cdot)$ 是一个增函数是合理的，因为我们偏好更大的收益率，而不是更小的收益率。

　　在上面两种彩票中，我们更偏好彩票 a_1 因为：

$$U(a_1) = u(\mu) \geqslant \frac{1}{2}u(\mu - \delta) + \frac{1}{2}u(\mu - \delta) = U(a_2)$$

由于不等式是不严格成立的，我们应该说彩票 a_1 偏好程度至少与彩票 a_2 相同，因为投资人可以分辨两种彩票的不同。通常情况下，如果我们有两个可能的回报 x_1 与 x_2，概率为 $p_1 = p$ 与 $p_2 = 1 - p$，一个风险厌恶的投资者或许不喜欢冒险：

$$u(E[X]) = u(px_1 + (1-p)x_2) \geqslant pu(x_1) + (1-p)u(x_2) = E[u(X)]$$

上述的公式显示，函数 $u(\cdot)$ 是凹的（concave）。我们看到，函数的凹与凸是关联的，因为两个概念都是通过不等式表示的，如果函数 $f(\cdot)$ 是凹函数，则函数

⊖　关于这个假设的研究，可以参看相关的微观经济学书籍。我们应该说明，大多假设看起来似乎是正确的、合理的，但是将它们放在一起或许会导致相互矛盾。

$-f(\cdot)$是凸函数，两者互为充分必要条件。(参见附录)。图2.11显示出了凹函数的特征。

可以证明的是，对于连续或离散的随机变量，詹森不等式（Jensen's inequality）是一个凹函数：

$$u(E[X]) \geqslant E[u(X)] \quad (2.7)$$

我们可以看到，计算彩票效用函数的精确数值是无关紧要的，只有代表偏好程度的相对顺序是至关重要的。在实际中，我们经常使用序数（偏爱程度排序）而不是效用函数的值。给定

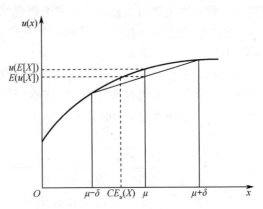

图2.11　凹函数如何隐含风险厌恶，
并显示了一个确定等值

一个期望（expectation）的线性关系，我们可以看到效用函数的仿射变换（affine transformation）并不影响结果的序数关系，可以证明效用函数的仿射变换还是递增函数：如果我们使用函数$au(x)+b$代替函数$u(x)$，且$a>0$，则函数的序关系不变。

如何表述一个特定效用函数的性质呢？特别是，当我们想用一些方法来衡量风险厌恶时。前面提到，当两个投资的期望值相等的时候，一个风险厌恶的投资人偏好确定收益，而不是不确定的收益。只有当风险彩票期望收益比确定收益足够大的时候，风险厌恶的投资人才会参与赌博（风险投资）。换句话说，投资人要求一个风险溢价（risk premium）。风险溢价部分取决于投资人对于风险的态度，部分取决于赌博自身的不确定性。我们假定风险溢价为$\rho_u(X)$；注意这一个数值，风险溢价由投资人（或决策者）关于随机变量X的效用函数$u(\cdot)$决定。风险溢价要求：

$$u(E[X] - \rho_u(X)) = U(X) \quad (2.8)$$

风险溢价隐含一个确定等值（certainty equivalent）。例如，一个确定收益将使得投资者不再关心彩票风险，这个收益为：

$$CE_u(X) = E[X] - \rho_u(X)$$

确定等值要比期望收益小，当风险溢价越高时，两者差别越大；再看一下图2.11将有助于理解这些概念。

风险溢价难以衡量，因为它混杂了彩票的固有风险与投资者的风险偏好，我们很希望能够区分两者。考虑一种彩票$X = x + \tilde{\varepsilon}$，其中$x$是一个给定的数值，$\tilde{\varepsilon}$是一个随机变量，且$E[\varepsilon] = 0$和$\mathrm{Var}(\tilde{\varepsilon}) = \sigma^2$。

假设随机变量$\tilde{\varepsilon}$是一个"小"的扰动，在这种情况下，该变量的每个值$\tilde{\varepsilon}$都

是一个相对较小数值。$^{\ominus}$

因此，我们可以对式（2.8）的两边使用泰勒展开近似。例如，表达式 $u(x + \varepsilon)$。由于在这里只涉及数值，我们可以将式（2.8）改写为：

$$u(x + \varepsilon) \approx u(x) + \varepsilon u'(x) + \frac{1}{2}\varepsilon^2 u''(x)$$

通过写出随机变量 $\tilde{\varepsilon}$ 的相同近似与获取期望值，式（2.8）右边同样可以近似为：

$$E[U(X)] \approx E\left[u(x) + \tilde{\varepsilon}u'(x) + \frac{1}{2}\tilde{\varepsilon}^2 u''(x)\right]$$

$$= u(x) + E[\tilde{\varepsilon}]u'(x) + \frac{1}{2}E[\tilde{\varepsilon}^2]u''(x)$$

$$= u(x) + 0 \cdot u'(x) + \frac{1}{2}\text{Var}(\tilde{\varepsilon})u''(x)$$

$$= u(x) + \frac{1}{2}\sigma^2 u''(x)$$

在算式的倒数第二行我们使用了 $\text{Var}(\tilde{\varepsilon}) = E[\tilde{\varepsilon}^2] - E^2[\tilde{\varepsilon}] = E[\tilde{\varepsilon}^2] - 0$。

使用一阶展开式近似 $E[X] = x$，可以将式（2.9）左边近似为：

$$u(E[X] - \rho_u(X)) \approx u(x) - \rho_u(X)u'(x)$$

将等式两边重新改写为：

$$\rho_u(X) = -\frac{1}{2}\frac{u''(x)}{u'(x)}\sigma^2$$

因为，我们假设效用函数是凹的且递增，故公式右边为正$^{\ominus}$，我们还可以看到，风险溢价由两个因子组成，一个因子取决于投资者的风险厌恶，另一个因子取决于不确定性。下面的公式定义了绝对风险厌恶的系数：

$$R_u^a(x) \equiv -\frac{u''(x)}{u'(x)} \tag{2.9}$$

在前面已经说过，假定期望值是一个线性运算，一个效用函数 $u(x)$（递增）的仿射变换不影响效用的序关系。风险厌恶系数的定义与这个假设结论是一致的，因为效用函数 $u(x)$ 与效用函数 $au(x) + b$ 的系数是相同的。

需要注意的是，效用函数 $u(x)$ 系数 $r_u^a(x)$ 不取决于不确定性，而是由彩票的期望收益决定。从一个投资者的角度来看，效用函数系数隐含的意思是，风险厌恶的程度由其目前的财富水平决定。效用函数越凹，风险厌恶程度越高。

同样的道理，我们可以定义一个相对风险厌恶系数（a coefficient of relative risk aversion）。这里，我们使用乘法而不是加法来给期望值 x 添加一个扰动：$X = x(1 + \tilde{\varepsilon})$。

$\ominus$ 为方便起见，在本节我们定义 $\tilde{\varepsilon}$ 为一个随机变量，ε 为变量的值。这样的表示方法经常在经济学中使用；在统计学中，通常使用 X 与 x 代表一对相互关联的变量。

$\ominus$ 凹函数的一个有用的特性为，对于变量，凹函数的二阶导数满足 $u''(x) \leq 0$，参见附录。

使用同样的推理方法，我们可以得到：

$$\rho_u(X) = -\frac{1}{2}\frac{u''(x)}{u'(x)}x\sigma^2$$

这促使我们将相对风险厌恶系数定义为：

$$R_u^r(x) \equiv -\frac{u''(x)x}{u'(x)} \tag{2.10}$$

[例2.13]（一些标准的效用函数）一个典型的效用函数是对数形式的效用函数（logarithmic utility）[注]：

$$u(x) = \log(x)$$

显然，该函数只对正财富值有意义。容易验证，对于对数形式的效用函数我们有：

$$R_u^a(x) = \frac{1}{x}, R_u^r(x) = 1$$

因此，对数形式的效用函数降低了绝对风险厌恶水平，但保持相对风险厌恶水平恒定。对数形式的效用函数是 DARA（Decreasing Absolute Risk Aversion，绝对风险厌恶水平递减）与 CRRA（Constant Relative Risk Aversion，相对风险厌恶水平恒定）类效用函数的一种。这种效用函数在投资组合优化中非常重要。

另外一种常用的函数是二次形式的效用函数（quadratic utility）：

$$u(x) = x - \frac{\lambda}{2}x^2 \tag{2.11}$$

需要注意的是，这个函数不是单调递增的，而且只有当 $x \in [0, 1/\lambda]$ 时函数才有意义。二次形式的效用函数的另一个奇怪的特点是它是 IARA（Increasing Absolute Risk Aversion，绝对风险厌恶程度递增）效用函数：

$$R_u^a(x) = \frac{\lambda}{1-\lambda x} \Rightarrow \frac{\mathrm{d}R_u^a(x)}{\mathrm{d}x} = \frac{\lambda^2}{(1-\lambda x)^2} > 0$$

通常认为，上述效用函数与大多数投资者的行为不一致。此外，我们可以看到，二次形式的效用函数解释了投资组合优化模型中方差的作用。例如，以下效用函数：

$$U(X) = E\left[X - \frac{\lambda}{2}X^2\right] = E[X] - \frac{\lambda}{2}(\mathrm{Var}(X) + E^2[X])$$

一个根据二次形式的效用函数决策的投资者，在投资决策时只关心未来不确定收益的期望与方差。我们将看到二次形式的效用函数与均值-方差投资组合优化模型的关系。

拥有了效用函数这个有效的"武器"，我们或许可以将投资组合优化模型进行标准化。在一个单期限的投资组合优化问题中，假设一个投资者的初始资金为 W_0，这些资金必需配置到不同的资产中，以使得期望效用（expected utility）最大化。假设 θ_i 为投资于资产 $i = 1, 2, \cdots, n$ 的资金量，$\tilde{R}_i$ 为资产的回报（随机变量）。

[注] 接下来我们将使用 log 而不是 ln，表示自然对数（natural logarithm）。

最简单的投资组合优化问题的模型为:

$$\max \quad E\left[u\left(\sum_{i=1}^{n}\widetilde{R}_i\theta_i\right)\right]$$

$$\text{s. t.} \quad \sum_{i=1}^{n}\theta_i = W_0 \tag{2.12}$$

假设在不考虑再平衡的情况下, 这个模型是单期限的: 买入一个资产并假定在整个投资期限内持有。如果不考虑卖空因素, 我们可以加入变量的非负约束 $\theta_i \geqslant 0$。通常在投资组合中含有一个无风险资产, 无风险资产的收益是确定的, 但是它不影响投资组合模型的表达形式 (添加无风险资产或许将影响最优配置的结果)。

通常情况下, 我们不能想当然地认为一个优化模型有解。例如, 如果不确定的模型是不可无风险套利的, 我们将得到一个可利用套利机会的无界解。但是对于非奇异 (non - pathological) 情况, 一个最优解 (或许不是唯一的) 是存在的。重要的是, 投资组合优化依赖于初始资产 W_0。我们常常会看到以组合中每个资产的权重 $w_i \equiv \theta_i/W_0$ 为决策变量的模型, 其预算约束为:

$$\sum_{i=1}^{n}w_i = 1$$

建立这样的数学模型的缺点是, 我们并不能清晰地观察到初始财富值对最优解的影响。由于投资者风险厌恶的程度由其资产额决定, 投资组合优化的最优解也应与初始资产 W_0 相关。但是也有例外, 例如下面的情况。

[例 2.14] 考虑如下投资组合优化问题:

● 使用二项分布 (binomial distribution) 为不确定性建模: 在未来有两种情况, 上涨或下跌, 其概率分别为 p 与 q。

● 假设存在两种资产, 一种是无风险资产, 另一种是风险资产。

● 无风险资产在两种情况下的总回报为 R_f (总回报率为 $R_f = 1 + R$ (利率))。

● 目前风险资产的价格为 S_0, 在上涨的情况下总回报为 u, 在下跌的情况下总回报为 d。

● 初始资金为 W_0, 投资者效用函数为对数形式。

在这个问题中, 只有一个决策变量 δ, δ 为投资者购买股票的数量。δS_0 为投资者持有风险资产的总值, $W_0 - \delta S_0$ 为投资者持有无风险资产的总值, 则未来资产总值存在的两种状态分布为:

$$W_u = \delta S_0 u + (W_0 - \delta S_0)R_f = \delta S_0(u - R_f) + W_0 R_f$$
$$W_d = \delta S_0 d + (W_0 - \delta S_0)R_f = \delta S_0(d - R_f) + W_0 R_f$$

由于期望效用为 $p\log(W_u) + q\log(W_d)$。我们可以得到:

$$\max_{\delta} \quad p\log\{\delta S_0(u - R_f) + W_0 R_f\} + q\log\{\delta S_0(d - R_f) + W_0 R_f\}$$

最优解的必要条件是一阶导数为零:

$$p \frac{S_0(u - R_f)}{\delta S_0(u - R_f) + W_0 R_f} + q \frac{S_0(d - R_f)}{\delta S_0(d - R_f) + W_0 R_f} = 0$$

为了求解 δ，我们可以将方程改写为：

$$\frac{\delta S_0(u - R_f) + W_0 R_f}{p S_0(u - R_f)} = -\frac{\delta S_0(d - R_f) + W_0 R_f}{q S_0(d - R_f)}$$

等式改写为：

$$\frac{\delta}{p} + \frac{W_0 R_f}{p S_0(u - R_f)} = -\frac{\delta}{q} - \frac{W_0 R_f}{q S_0(d - R_f)}$$

与

$$\delta \left[\frac{1}{p} + \frac{1}{q} \right] = -\frac{W_0 R_f [q(d - R_f) + p(u - R_f)]}{pq S_0(u - R_f)(d - R_f)}$$

最后得到：

$$\frac{\delta S_0}{W_0} = \frac{R_f(up + dq - R_f)}{(u - R_f)(R_f - d)}$$

这个关系隐含的意思为，风险资产的投资占初始资产（资金）的比例不依赖于初始资产（资金）的大小。我们已经对效用函数进行了简单的分类，这种情况适用于绝大多数对数形式的效用函数，因为这种情况是 CRRA 类效用函数的特征。

选择一个效用函数是一件非常困难的事情，因为评估风险与收益的平衡是非常烦琐的。如果目的是建立一个解释某种行为的模型并且进行定性分析，那么这在经济学中可能不被关注。但是，在金融工程与经营决策（operational decision making）中这是一个难点。一个相对简单的方法是将选择控制在"合理"的投资组合中。如果确定了投资的期望收益，你可以在符合期望收益的可行的投资组合中选择风险最小的。同样的道理，如果确定了可承受的风险，你可以在符合可承受风险的投资组合中选择收益最大的。这种方法引出了均值 – 方差投资组合理论（mean – variance portfolio theory）。尽管均值 – 方差投资组合理论受到相当多的批评，但是它仍是现代金融理论的重要组成部分。

2.4.2　均值 – 方差投资组合优化

让我们回顾资产配置问题。假设只有两个风险资产可供选择，定义 $\tilde{r}_i$、$\bar{r}_i$ 和 σ_i 分别为资产 $i = 1, 2$ 的随机收益率、期望收益率和收益率的标准差。当 $\bar{r}_1 > \bar{r}_2$ 且 $\sigma_1 < \sigma_2$ 时，可能会认为问题非常简单。在这种情况下，股票 1 的期望收益率远高于股票 2 的期望收益率，而且股票 1 的风险低于股票 2 的风险，所以会天真地认为在投资中根本无须考虑股票 2。但在实际情况中，或许不是这样，因为我们忽略了两种资产的相关性。当资产 2 与资产 1 的收益是负相关时，如果在组合中纳入资产 2，或许可以降低风险。因此，为便于求解问题，我们需要将问题标准化。

假设在投资组合中两种资产的权重为 w_1 与 w_2，约束为：

$$w_1 + w_2 = 1$$

需要注意的是，因为我们可以将两种资产的投资金额转换为两种资产的投资比例，故我们没有考虑到初始投资金额 W_0。如果我们不考虑卖空操作，那么需要要求 $w_i \geq 0$。基础概率理论告诉我们，投资组合的收益率为：

$$\tilde{r} = w_1 \tilde{r_1} + w_2 \tilde{r_2}$$

期望收益率为：

$$\bar{r} = w_1 \bar{r_1} + w_2 \bar{r_2}$$

对于更一般的情况，当我们可以投资 n 个风险资产时，期望收益率为：

$$\bar{r} = \sum_{i=1}^{n} w_i \bar{r_i} = \boldsymbol{w}' \bar{\boldsymbol{r}}$$

给定 $\tilde{r}$ 的方差，在只有两种资产的情况下，得到：

$$\sigma^2 = \mathrm{Var}(w_1 r_1 + w_2 r_2) = w_1^2 \sigma_1^2 + 2 w_1 w_2 \sigma_{12} + w_2^2 \sigma_2^2$$

其中，σ_{12} 为变量 r_1 与 r_2 的协方差。对于 n 种资产的情况可以得到：

$$\sigma^2 = \sum_{i,j=1}^{n} w_i w_j \sigma_{ij} = \boldsymbol{w}' \Sigma \boldsymbol{w}$$

其中，所有资产的协方差 σ_{ij} 都包含在协方差矩阵 Σ 中。

通过选择不同的权重 w_i，我们可以得到不同的投资组合，这些组合的期望收益与方差或许不同，我们将使用方差度量风险。任何投资者都希望期望收益最大化，方差（即风险）最小化。因为同时存在两个目标，两个目标或许存在冲突，我们需要寻找一种解决方法。精确的方法是考虑风险厌恶的不同程度，这个程度或许难以制定，但是我们可以假设给定目标期望收益，然后将方差最小化。这可通过求解如下优化问题实现：

$$
\begin{aligned}
\min \quad & \boldsymbol{w}' \Sigma \boldsymbol{w} \\
\text{s.t.} \quad & \boldsymbol{w}' \bar{\boldsymbol{r}} = \bar{r}_T \\
& \sum_{i=1}^{n} w_i = 1 \\
& w_i \geq 0
\end{aligned}
\tag{2.13}
$$

这是一个二次规划问题（quadratic programming problem），二次规划问题的数值解法我们将在第 6 章进行介绍，在第 6 章我们还会介绍使用 MATLAB 优化工具箱（Optimization Toolbox）函数求解二次优化问题。金融工具箱中含有求解均值 – 方差投资组合优化问题的函数，在下一小节将介绍这个函数的使用方法。

通过改变收益期望的方法，我们可以得到一系列有效投资组合（efficient portfolio）。简单地讲，一个投资组合是有效的是指找不到一个在同等风险条件下收益比它多的投资组合。通常存在无限个有效投资组合，对于不同风险偏好的投资者，偏好的投资组合一定会在其中。

2.4.3　MATLAB 计算均值 – 方差投资组合优化模型的函数

　　MATLAB 含有一系列基于均值 – 方差投资组合优化理论的函数。这些函数依赖优化工具箱来对不同的期望收益求解优化问题式（2.13）。我们要接触的一个函数为 frontcon。在最简单的情况下，函数 frontcon 最基本的三个输入参数为期望收益向量、协方差矩阵、（我们希望找到的）有效组合个数。有效组合个数其实也是我们需要求解的风险最小化子问题的个数；函数 frontcon 的计算结果为有效前沿的一个子集，这些有效组合或许可以画出一条曲线。函数 frontcon 的输出结果为：有效投资组合的风险（标准差）向量、期望收益率向量、每个有效投资组合的权重。我们先来看含有两种风险资产的情况，假设数据如下：

$$\bar{r}_1 = 0.2 \qquad \bar{r}_2 = 0.1,$$
$$\sigma_1^2 = 0.2 \qquad \sigma_2^2 = 0.4,$$
$$\sigma_{12} = -0.1$$

　　需要注意的是：资产 2 看起来没有投资意义，但是资产 2 与资产 1 的相关系数是负的；当资产 1 表现差的时候，我们或许希望资产 2 表现得好。因此，在投资组合中嵌入资产或许有利于分散风险。现在来计算有效投资组合的一个子集：

```
≫ r = [0.2  0.1];
≫ s = [0.2  -0.1; -0.1  0.4];
≫ [PRisk, PRoR, PWts] = frontcon(r, s, 10);
≫ [PWts, PRoR, PRisk]
ans =
    0.6250    0.3750    0.1625    0.2958
    0.6667    0.3333    0.1667    0.2981
    0.7083    0.2917    0.1708    0.3051
    0.7500    0.2500    0.1750    0.3162
    0.7917    0.2083    0.1792    0.3312
    0.8333    0.1667    0.1833    0.3496
    0.8750    0.1250    0.1875    0.3708
    0.9167    0.0833    0.1917    0.3944
    0.9583    0.0417    0.1958    0.4200
    1.0000         0    0.2000    0.4472
```

　　这里我们得到一个期望收益率表，第一列为资产 1 的权重；第二列为资产 2 的权重；第三列为期望收益率；第四列为组合风险。每一行都代表一个有效投资组合，一共有 10 个有效投资组合。最后一行代表的有效投资组合的风险最大，而且期望收益率最高。正如我们预想的，100% 投资资产 1 获得的期望收益最大，$\bar{r}_1 =$

$\delta_1 = \sqrt{0.2} = 0.4472$（在模型中我们约定禁止卖空）。有趣的是，我们发现在相关系数为负的情况下，投资组合收益的标准差可以小于单独两个资产收益的标准差。第一行代表的有效投资组合的风险最小。使用函数 frontcon，在没有输出变量的情况下，我们可画出一个有效前沿：

```
>> frontcon(r,s,10);
```

我们得到图 2.12。

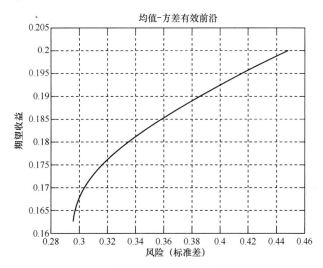

图 2.12 两个风险资产投资组合的有效前沿

对于更复杂的投资组合，我们可以重复上面的操作：

```
>> ExpRet =[0.15  0.2  0.08];
>> CovMat =[0.2  0.05  −0.01;0.05  0.3  0.015;... −0.01  0.015  0.1];
>> [PRisk,PRoR,PWts]=frontcon(ExpRet,CovMat,10);
>> [PWts,PRoR,PRisk]
ans =
    0.2914    0.1155    0.5931    0.1143    0.2411
    0.3117    0.1831    0.5052    0.1238    0.2456
    0.3320    0.2506    0.4174    0.1333    0.2588
    0.3524    0.3181    0.3295    0.1428    0.2794
    0.3727    0.3857    0.2417    0.1524    0.3060
    0.3930    0.4532    0.1538    0.1619    0.3370
    0.4133    0.5207    0.0659    0.1714    0.3714
    0.3811    0.6189         0    0.1809    0.4093
    0.1905    0.8095         0    0.1905    0.4682
         0    1.0000   −0.0000    0.2000    0.5477
```

另外，在最后一个有效投资组合中，我们不要被一个明显的负权重资产蒙蔽：

```
>> PWts(10,3)
ans =
    -1.4461e-017
```

这是一个典型的，但我们必须能预料到的，微小的计算误差的案例。

就像大多数专业程序一样，函数 frontcon 在计算前，将对输入参数进行检查，判断输入的参数是否合理。例如，协方差矩阵必须是半正定的（positive semideffinite）。读者可以试着使用下面的矩阵，调用函数 frontcon 计算：

$$CovMat = \begin{bmatrix} 0.2 & 0.1 & -0.1; 0.1 & 0.2 & 0.15; & -0.1 & 0.15 & 0.2 \end{bmatrix}$$

我们已经考虑了带有更多约束的复杂的投资组合优化问题。在现实生活中，通常对单个资产或一组资产的配置没有上界或下界约束。如果你希望限制对于单个股票或行业（如电子行业、能源行业）的风险头寸，函数 frontcon 可以处理这些约束问题，而你只需增加输入参数即可。然而，一个功能更丰富的函数为 portopt 出现了，它可以处理更复杂的约束条件。

为了演示函数，考虑一个涉及五个资产的问题。假设不能卖空，下面的上界约束在投资组合中每个资产权重的基础上给出：

$$0.35 \quad 0.3 \quad 0.3 \quad 0.4 \quad 0.5$$

此外，资产可以被分为两类，资产 1、2 是一类，资产 3、4、5 是另一类。你或许希望每类资产配置有上界或下界约束；例如，两类资产的下界约束分别为 0.2 与 0.3，上界约束分别为 0.6 与 0.7。上述的约束条件可以表述为以下形式，它们将被添加到二次优化的约束中：

$$0 \leq w_1 \leq 0.35 \quad\quad 0 \leq w_2 \leq 0.3 \quad\quad 0 \leq w_3 \leq 0.3$$
$$0 \leq w_4 \leq 0.4 \quad\quad 0 \leq w_5 \leq 0.5$$
$$0.2 \leq w_1 + w_2 \leq 0.6$$
$$0.3 \leq w_3 + w_4 + w_5 \leq 0.7$$

MATLAB 中的函数可以轻易处理这些约束条件，但前提是它们必须以矩阵形式表达。换句话说，（线性）约束可以通过一系列等式 $A_{eq}w = b_{eq}$ 或不等式 $Aw \leq b$ 表达。通过等式或不等式的方法表达约束条件在概念上很简单，但实际上挺难。在过去，进行数值优化计算时必须写成矩阵生成器以便调用数值计算工具箱。后来，为了避免这种烦琐且易于出错的工作，代数计算语言被开发出来，如 AMPL，我们将在第 11 章与第 12 章使用 AMPL 语言（可以参看附录 C）。代数语言可以让我们使用最简捷的方式表达一个优化问题。在 MATLAB 中没有更高级的方法表达一个优化模型，但对于均值方差问题，金融工具箱中有一个特殊矩阵的生成器（程序）

函数 portcons。

对于小规模的问题，可以调用这个函数，如图 2.13 程序中展示的那样。我们可以获得约束矩阵，如图 2.14 所示[⊖]。我们注意到，必须包含一个默认参数以保证权重和不超过 1，因为模型不允许卖空。这就是我们为什么使用 NaN（Not – a – Number）作为资产配置项的下界约束，否则我们将有两个同样的约束 $w_i \geqslant 0$。同样需要注意的是，等式约束 $\sum_{i=1}^{5} w_i = 1$ 由两个不等式 $\sum_{i=1}^{5} w_i \leqslant 1$ 与 $\sum_{i=1}^{5} (-w_i) \leqslant -1$ 代替。这是因为函数 portopt 约定只含有不等式约束。然后，函数 portopt 可以使用矩阵进行计算，如图 2.15 所示（我们忽略了某些可选参数，可以参考 MATLAB 在线帮助）。

```
% CallPortcons. m
NAssets = 5;
AssetMin = NaN;
AssetMax = [0.35  0.3  0.3  0.4  0.5];
Groups = [1 1 0 0 0 ; 0 0 1 1 1];
GroupMin = [0.2  0.3];
GroupMax = [0.6  0.7];

ConstrMatrix = portcons('Default', NAssets, ...
    'AssetLims', AssetMin, AssetMax, NAssets, ...
    'GroupLims', Groups, GroupMin, GroupMax)
```

图 2. 13   如何使用函数 portcons 建立约束矩阵

运行程序, 我们得到:

```
ans =

    0.0816    0.1487
    0.0860    0.1620
    0.0904    0.1762
    0.0948    0.1906
    0.0991    0.2054
    0.1035    0.2203
    0.1079    0.2361
    0.1122    0.2526
    0.1166    0.2799
    0.1210    0.3995
```

⊖ 需要注意的是，函数 frontcon 可以用于均值 – 方差优化模型，但是我们更习惯使用函数 portcons 与函数 portopt，因为它们是更通用的矩阵生成器（函数）。

ConstrMatrix =

1.0000	1.0000	1.0000	1.0000	1.0000	1.0000
−1.0000	−1.0000	−1.0000	−1.0000	−1.0000	−1.0000
−1.0000	0	0	0	0	0
0	−1.0000	0	0	0	0
0	0	−1.0000	0	0	0
0	0	0	−1.0000	0	0
0	0	0	0	−1.0000	0
1.0000	0	0	0	0	0.3500
0	1.0000	0	0	0	0.3000
0	0	1.0000	0	0	0.3000
0	0	0	1.0000	0	0.4000
0	0	0	0	1.0000	0.5000
−1.0000	−1.0000	0	0	0	−0.2000
0	0	−1.0000	−1.0000	−1.0000	−0.3000
1.0000	1.0000	0	0	0	0.6000
0	0	1.0000	1.0000	1.0000	0.7000

图 2.14   函数 portcons 建立的约束矩阵(示例)

```
% CallPortopt. m
CallPortcons;
ExpRet = [0.03  0.06  0.13  0.14  0.15];
CovMat = [
    0.01      0       0      0     0
    0      0.04   −0.05     0     0
    0     −0.05    0.30     0     0
    0       0       0     0.40  0.20
    0       0       0     0.20  0.40];
[PRisk, PRoR, PWts] = portopt(ExpRet, CovMat, 10, [ ], ConstrMatrix);
[PRoR, PRisk]
PWts
```

图 2.15   调用函数 portopt

PWts =

0.3000	0.3000	0.2250	0.0875	0.0875
0.2623	0.3000	0.2309	0.0905	0.1163
0.2220	0.3000	0.2496	0.0998	0.1286
0.1816	0.3000	0.2683	0.1091	0.1410
0.1413	0.3000	0.2870	0.1185	0.1533
0.1017	0.3000	0.3000	0.1299	0.1684
0.0639	0.3000	0.3000	0.1463	0.1899
0.0260	0.3000	0.3000	0.1627	0.2113
0.0000	0.3000	0.2650	0.1075	0.3275
0	0.3000	0	0.2000	0.5000

在收益最大的投资组合中，资产 5 的配置达到了 50%，故资产 5 是期望收益最高的资产。资产 5 配置的上界约束为 $w_5 \leqslant 0.5$，使得我们不能将全部资金投资于这个资产。资产 4 的配置比例为 20%，资产 3 没有配置，因为 $w_3 + w_4 + w_5 \leqslant 0.7$，剩余的 30% 资金配置在资产 2 上。

另一个需要注意的是，函数 portcons 生成一个完整的矩阵，矩阵中含有很多零元素。优秀的优化计算软件都会使用稀疏矩阵（sparse matrix）。稀疏矩阵可以避免零元素的输入以节省存储空间。代数语言利用了稀疏矩阵的特点，在处理大规模的优化问题时，都是通过稀疏矩阵的结果来进行计算的。

先前我们介绍了计算有效投资组合的函数。至此，我们已经处理了有效前沿的问题。剩下的问题是如何进行风险/收益的平衡。我们可以使用均值 – 方差投资组合优化理论进行风险与收益的平衡，如在第 2.4.1 节中展现的那样。在实际情况中，均值 – 方差理论并不适用于任意的效用函数：对于某些效用函数的最优投资组合可能不在均值 – 方差模型的有效前沿上。

已经被证明的是，资产的收益服从正态分布或效用函数是二次函数（具体参看，本章参考文献［11］或［15］）的不一致情况（最优投资组合不在有效前沿上）不会出现。这个结论隐含了如果使用特殊的二次效用函数（如第 2.12 节）计算出的最优投资组合同样是均值 – 方差模型的有效组合。我们需要做的是根据我们的风险厌恶水平，选取参数 λ。在金融工具箱中包含函数 portalloc，函数 portalloc 假设效用函数是二次的，在给定风险厌恶水平时，可以计算出组合的最优收益率；函数 portalloc 默认的风险厌恶系数为 3，并要求风险厌恶系数在 2 与 4 之间。到目前为止，还有一些问题被我们忽略了。我们已经分析了在只有风险资产可选的情况下，均值 – 方差模型的有效投资组合。然而，我们或许可以将资金存放在银行中获取固定利息或投资于一个安全的零息债券（债券的剩余期限与投资期限相匹配，以避免利率风险）。如果在我们的投资组合中添加一个无风险资产，有效前沿会受到怎样的影响？在金融理论中对这个问题已经进行了详尽的研究，这远远超出了本书的范围。

对于我们而言，最优投资组合是无风险资产与一个特别的有效投资组合的组合。投资于无风险资产与投资于风险资产的资金量取决于我们的风险厌恶程度，但是在风险资产的投资组合中不涉及风险厌恶程度。一个重要的意义是，如果我们相信这个理论，投资者只需选择一个共同基金（mutualfund），然后将其与无风险资产组合即可。函数 portalloc 可以计算出风险资产组合与无风险资产的最佳的组合收益。进一步，可假设我们以某个利率借入资金。图 2.16 展示了如何调用函数 portalloc。

让我们对程序做些解释。我们先给定期望收益率向量与协方差矩阵，在给定组合个数的情况下，使用函数 frontcon 计算出一个近似的有效前沿。我们再给定无风险资产的收益率和风险厌恶系数（risk – aversion coefficient）。借贷利率设定为 NaN，因

```
% CallPortAlloc. m
ExpRet = [ 0.18  0.25  0.2 ];
CovMat = [ 0.2  0.05 -0.01 ; 0.05  0.3  0.015 ; ...
    -0.01 0.015 0.1 ];
RisklessRate = 0.05;
BorrowRate = NaN;
RiskAversion = 3;

[ PRisk, PRoR, PWts ] = frontcon( ExpRet, CovMat, 100 );

[ RiskyRisk , RiskyReturn, RiskyWts, RiskyFraction, ...
  PortRisk, PortReturn ] = portalloc( PRisk, PRoR, PWts, ...
    RisklessRate, BorrowRate, RiskAversion );
Asset Allocation = [ 1 - RiskyFraction, RiskyFraction * RiskyWts ]
```

图 2.16   调用函数 portalloc

为我们在此问题中不考虑借入资金。函数 portalloc 将有以下输出：RiskyRisk，表示风险资产的风险；RiskyReturn，表示风险资产的期望收益；RiskyWts，表示风险资产组合的内部权重；RiskyFraction，表示风险资产在投资中的资金配比；PortRisk 与 PortReturn，分别表示（由无风险资产与风险资产构成的）投资组合的风险与期望收益。

调用函数 portalloc 得到以下结果：

```
>> CallPortAlloc
AssetAllocation =
    0.1401    0.2004    0.1640    0.4954
```

或许，有人会问为什么必须先计算有效前沿？这是由函数 portalloc 的算法结果决定的。我们同样可以编程直接解决这个优化问题，在第 6 章中将会详细介绍。（同时可以参看附录的第 C.2 节）

2.4.4   小结

均值 - 方差投资组合优化理论会引发一些数值计算相关的问题。然而，尽管其在金融理论中有突出作用，均值 - 方差投资组合优化理论仍受到广泛批评。我们已经说明，只有在资产收益服从正态分布与效用函数为二次形式时，均值 - 方差投资组合优化理论才能与效用函数理论保持一致。这两个条件的合理性或许存在争论⊖。

正态分布的一个重要特征是它的对称性。如果收益分布是对称的，我们就可以使用方差或标准差度量风险。实际上，方差反映的是收益高于或低于平均值的程

⊖ 参见本章参考文献 [13] 对于投资组合优化模型中其他效用函数进行的研究。应该注意的是，均值 - 方差理论不仅适用于资产收益为正态分布的情况，对于椭圆分布（elliptic distribution）也同样适用，其中正态分布为椭圆分布的一种；参见本章参考文献 [11]。

度，但是在正态分布中，一个高收益完全可能会被一个低收益相抵消。然而，如果收益的分布不是对称的，那么我们必须区分出上行潜力与下行风险。我们假设股票、衍生品的收益分布具有对称性，这些都只是描述短期收益，否则将引出更复杂的分布。对于二次形式的效用函数，假设风险厌恶程度是递增的，这本身就是从直觉上判断投资者的行为。两个问题的解决方法是，选择更有效、更合适的效用函数。当面对真实的投资者时，选择效用函数是非常困难的。我们可以通过增加约束的方式，来限制投资组合产生巨大损失。如果 L 是随机变量，代表投资组合的亏损，则其表达形式如下：

$$P\{L > w\} \leq \alpha$$

式中，α 代表一个较小概率，w 代表一个约束阈值。这种概率约束（probabilistic constraint）被称为机会约束（chance constraint）。所有的这些想法都涉及复杂的优化问题，被称为随机规划问题（stochastic programming problem），我们将在第 11 章进行介绍。

使用随机规划模型的深层次原因是均值－方差模型的另一个不足，即在均值－方差模型中假设协方差矩阵随着时间的变化是固定的。不幸的是，在发生经济衰退的时候，资产收益之间的相关性是上升的，我们必须增加其多样性，所以我们需要使用更复杂的模型描述不确定性。而随机规划就可以用来建立多期限的情景模型，例如图 2.3 那样的树结构。

我们同样需要考虑的另外一个被均值－方差资产组合优化模型忽略了的特性：在单期限模型中未被考虑的投资组合的动态特性。在投资组合调整过程中，交易费用的影响应该被考虑到。

我们很难为交易费用建立一个精确的模型。交易成本与交易金额之间的关系非常复杂。例如一次性买入或卖出股票或许更好，因为零散的交易可能增加交易成本。避免投资组合在某资产上的配置过少也是明智的，分散投资的优势可能会受到交易成本增加的影响。因此，在投资组合中如果新进一只股票，必须为这只股票设置一个最小权重。我们同样希望寻找一个有效的投资组合，该组合含有的股票数量刚刚好。我们将在第 12 章对这个问题进行建模。

2.4.5 其他风险测度：在险价值与分位数法

均值－方差投资组合优化模型是基于使用方差或标准差作为风险度量的。我们已经发现这种风险度量方法不总是合适的，而且还有一个实际问题是，这种方法对投资组合管理人来说难以应用。这是为什么我们需要应用其他的基于投资组合损失的风险度量方法。通常，一个风险测度是将一个随机变量映射到一个具体的数值；这个数值越大，随机变量分布的风险越大。更具体地讲，一些风险测度是基于投资组合亏损的概率分布分位数（quantile）的。

其中，最为熟知的风险测量为在险价值［VaR，Value at Risk，不要与方差概念混淆，对于有经济学背景的读者，不要与表示向量自回归模型的 VAR 混淆（VAR，Vector Auto – Regressive model）]。

　　VaR 概念是一个易于理解的投资组合风险测度。实际上，度量、监控与管理风险是投资组合管理者的日常工作。债券与股票涉及不同的风险形式，对于专业投资者，衍生品的风险或许更高。简单而言，VaR 的目标是，在给定时间期限与置信水平的情况下，度量投资组合的最大亏损。从技术角度讲，它是一种关于未来的财富的概率分布的分位数。假设我们的初始资产（或资金）为 W_0，未来（随机）资产为 $\widetilde{W}$ 在期限到期时为：

$$\widetilde{W} = W_0(1 + \tilde{r})$$

其中 $\tilde{r}$ 代表随机收益率。我们更关心潜在的亏损风险。在亏损发生时：

$$\delta W = \widetilde{W} - W_0 = W_0\tilde{r}$$

显然，δW 变为负值。置信水平 α 被下面的公式进行了定义：

$$P\{\delta W \leqslant -\text{VaR}\} = 1 - \alpha \tag{2.14}$$

式 (2.14) 表明，VaR 是具有置信水平 α 的分位数，可以通过改变"＋""－"符号将结果变为正数。通常使用的置信水平为 $\alpha = 0.95$ 或 $\alpha = 0.99$。为了精确，上面的公式是定义在连续的概率分布上的，但是这个定义可以扩展到离散概率分布上。

　　假设 $f(r)$ 为收益率的密度函数。然后，我们寻找一个收益率 $r_{1-\alpha}$，使得

$$P\{\tilde{r} \leqslant r_{1-\alpha}\} = \int_{-\infty}^{r^*} f(r)\,\mathrm{d}r = 1 - \alpha$$

分位数 $r_{1-\alpha}$ 显然与资产值 $w_{1-\alpha}$ 相关，由式 (2.14) 我们可以推导出：

$$w_{1-\alpha} - W_0 = -\text{VaR}$$

反过来，这意味着

$$\text{VaR} = W_0 - w_{1-\alpha} = -W_0 r_{1-\alpha}$$

需要注意的是，通常这个收益率为负值，但 VaR 值为正。有时，VaR 代表的是未来资产的期望值：

$$\text{VaR} = E[\widetilde{W}] - w_{1-\alpha} = -W_0(r_{1-\alpha} - E[\widetilde{R}])$$

　　对于短期而言，例如几天，这两个定义是近似相同的。在这种情况下，波动率（volatility）是主导漂移（drift）的$^{\ominus}$，且 $E[\widetilde{W}] \approx W_0$。由于风险防范措施需要保证足够的现金以应对短期损失，因而假设并不合理。

　　如果假设收益率服从正态分布而且是在较短期间内，那么计算 VaR 是相对简

$\ominus$　我们将在下一节随机微分方程中讲解"波动率"与"漂移"概念。直观地说，漂移与期望收益相关，波动率与收益率的标准差相关。在较短的时间间隔，间隔长度为 δt，漂移的线性估计为 δt，而波动的大小与 $\sqrt{\delta t}$ 成正比，这就意味着，当时间间隔趋于零的时候，漂移趋向于零的速度比波动趋向于零的速度快。

单，所以几个连续的时期的收益率等于这几个期间收益率的和（在不考虑复利的情况下）。简而言之，假设我们持有 N 个股票的投资组合，每个股票现在的价格为 S。令 σ 表示投资组合日波动率，则对一个较长期间 δt，波动率为 $\sigma\sqrt{\delta t}$，在假设每日波动是相互独立的情况下，通过将几个服从正态分布的随机变量相加，我们得到了新的服从正态分布的随机变量，即在 δt 期间的收益率。为得到分位数（在一定置信度上的最大亏损率）我们需要将收益分布进行标准化。因此，给定一个置信水平 α，我们可以通过计算累积概率分布反函数的方式，得到标准正态分布 $z_{1-\alpha}$ 对应的分位数。例如，如果 α 为 99% 与 95%：

$\gg$ z = norminv([0.01　0.05],0,1)

z =

　　-2.3263　　　-1.6449

我们得到时间 δt 期间及置信水平 α 的 VaR 值：

$$\text{VaR} = -z_{1-\alpha}\sigma\sqrt{\delta t}NS \tag{2.15}$$

式中，NS 代表初始资产值 W_0。如果时间区间变得更长，我们应该考虑投资组合期望收益率的漂移情况。在这种情况下，我们需要对 VaR 值的计算公式（2.15）进行修改：

$$\text{VaR} = NS(\mu\delta t - z_{1-\alpha}\sigma\sqrt{\delta t})$$

式中，μ 表示资产组合每日期望收益。如果假设收益服从正态分布，那么计算一个投资组合的 VaR 值也很简单。我们仅运用均值－方差理论即可评估一个投资组合的风险情况。

[例2.15] 假设我们持有一个含有两个资产的投资组合。这两个资产在投资组合中的权重分别为 $w_1 = 2/3$ 与 $w_2 = 1/3$，日波动率分别为 $\sigma_1 = 2\%$ 与 $\sigma_2 = 1\%$，相关系数为 $\rho = 0.7$，时间长度 δt 为 10 天。我们可以通过计算组合收益率方差的方法，了解组合风险情况。

$$\sigma^2 = (w_1 \quad w_2)\begin{pmatrix} \sigma_1^2\delta t & \rho\sigma_1\sigma_2\delta t \\ \rho\sigma_1\sigma_2\delta t & \sigma_2^2\delta t \end{pmatrix}\begin{pmatrix} w_1 \\ w_2 \end{pmatrix} = 0.0025111$$

因此，$\sigma = 0.05011$。假设投资组合的初始资产值为 1000 万美元，在 99% 的置信水平下 VaR 值为：

$$\text{VaR} = 10^7 \times 2.3263 \times 0.05011 = 1165709$$

我们可以使用 MATLAB 的函数 portstats 与函数 portvrisk 计算出同样的结果。首先，给定资产期望收益的向量、协方差矩阵、投资组合的权重，我们可以计算出投资组合的风险与期望收益：

[PRisk,PReturn] = portstats(ExpReturn,CovMat,Wts)

然后给定投资组合的期望收益率、风险、风险约束阈值 $1-\alpha$、投资组合初始资产值，我们可以计算出投资组合的 VaR 值：

$$VaR = portvrisk(PReturn,PRisk,RiskThreshold,PValue)$$

调用这些程序，得到

```
>> format bank
>> s1 =0.02 * sqrt(10);
>> s2 =0.01 * sqrt(10);
>> rho =0.7;
>> CovMat =[s1^2 rho * s1 * s2 ; rho * s1 * s2 s2^2];
>> s =PortStats([0  0], CovMat,[2/3  1/3]);
>> var =portvrisk(0,s,0.01,10000000)
var =

    1165755.90
```

需要注意的是，这个结果与前面计算的结果稍有不同，因为前面的手工计算中存在（四舍五入）截断误差。

对于含有 n 个资产的投资组合公式，资产价格为 $S_i, i=1,2,\cdots,n$，日波动率为 σ_i，资产 i 与 j 的相关系数为 ρ_{ij}，在投资组合中持有每个股票的数量为 N_i，则

$$VaR = -z_{1-\alpha}\sqrt{\delta t \sum_{i=1}^{n}\sum_{j=1}^{n}N_iN_j\rho_{ij}\sigma_i\sigma_jS_iS_j}$$

不用说，这个公式是建立在资产收益率服从正态分布假设的基础上的。问题是这个假设是否合理。实际上，经验数据显示股票的收益率并不服从正态分布。此外，有时我们处理某些资产的价格依赖于风险因子，即使风险因子是服从正态分布的，资产价格与风险因子的非线性关系将使得资产收益率不再服从正态分布。一个熟悉的例子是，债券价格与到期收益率间的非线性关系，在这种情况下，如果我们应用式（2.6），我们或许可以得到基于久期的价格近似公式：

$$\delta P \approx D_M P \delta \lambda$$

因此，如果 $\delta\lambda$ 是服从正态分布的，在近似的情况下 δP 也将服从正态分布。我们可以计算出衍生品价格与标的资产价格之间的敏感系数，相似的方法可以应用在衍生品方面。

如果我们期待一种更好的近似方式，我们必须舍弃某些原则。实际上，这种情况存在许多问题。首先，我们无法通过计算标准分布分位数的方式得到资产价值的分布的分位数。在这种情形下，我们可以使用蒙特卡罗模拟（参见第 4 章）的方法获得一个数值解。一个棘手的问题是，或许我们的模型依赖于不同的风险因素。相关性告诉我们整个模型都依赖于收益率服从正态分布，但实际上，收益率通常情况可能是不服从正态分布的。这就需要使用更多专业统计模型，例如 copula 理论，而 copula 理论的相关内容超出了本书范围。

即使我们将这些模型与计算问题放在一边，并假设我们可以计算出 VaR 值，但 VaR 概念自身仍存在很多问题。例如，一个分位数不能区分不同的分布。如

图 2.17 所示，左曲线显示正态分布时的情况，如果我们假设一种如右曲线所示的截断型分布（truncated distribution），所以在两个曲线中 VaR 值是相同的，因为在分位数左边分布的累积密度是一样的，然而，第二种收益率分布的潜在亏损与第一种完全不同。尤其是两个投资组合收益分布的左尾部的潜在损失的期望值是不同的。VaR 值的这些不足引出了其他的风险度量方式，如条件在险价值（CVaR，Conditional Value at Risk），CVaR 表示 VaR 值左边潜在亏损的期望值。

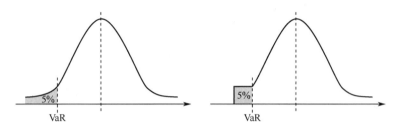

图 2.17 在不同情况中在险价值（VaR）可能相同

风险测度，例如 VaR 或 CVaR，都可以在投资组合优化中使用，优化问题的求解方式与式（2.13）相同，其中的方差可以使用 VaR 或 CVaR 代替。但是，VaR 或 CVaR 作为风险测度的投资组合优化模型或许缺少凸性，凸性在数值优化算法中非常重要（参见第 6 章）。当不确定性使用有限的情景集合进行建模的时候（在分析复杂分布与资产价格关系时，这种建模方法是非常有用的），VaR 最小化问题已经被证明是复杂的非凸优化问题，但是 CVaR 最小化问题数值计算相对简单。

关于 VaR 值我们还需要讨论最后一个问题。直观上，通过分散投资可以降低风险。任何一种风险测度 $\rho(\cdot)$ 都应该符合这一理念。从标准化的角度，风险度量需要一个附加条件如下：

$$\rho(A + B) \leqslant \rho(A) + \rho(B)$$

式中，A 与 B 是两个投资组合。例 2.16 经常被用来证明 VaR 缺乏这种性质。

[**例 2.16**] 考虑两个企业债券（corporate bond），A 与 B，债券发行者的违约概率为 4%。即，如果发生违约，我们将损失 100 美元（在实际中，我们或许可以追回部分投资）。在置信水平为 95% 的情况下，计算 VaR 值。

在计算之前，当使用离散分布为不确定性建模时，我们应该理解 VaR 值是什么。在 VaR 的定义式（2.14）中，VaR 是使得下列公式成立的 γ 的最小值：

$$P\{\delta W \leqslant -\gamma\} \geqslant 1 - \alpha$$

简单来说，在离散分布的情况下，我们或许找不到一个值使得式（2.14）成立，所以我们需要一个不等式。因此，违约概率为 4%，$1 - 0.04 = 0.96 > 0.95$，在这种情况下，我们可以得到：

$$VaR(A) = VaR(B) = VaR(A) + VaR(B) = 0$$

如果我们持有两个债券，而且两个债券的违约是相互独立的，情况如何？我们将面临如下情景：

- 损失 0，概率为 $0.96^2 = 0.9216$。
- 损失 200，概率为 $0.04^2 = 0.0016$。
- 损失 100，概率为 $2 \times 0.96 \times 0.04 = 0.0768$。

因此，在置信水平下，$\text{VaR}(A+B) = 100 > \text{VaR}(A) + \text{VaR}(B)$。这意味着，如果我们使用 VaR 作为风险测度，分散投资将增加风险。

一个有效的风险测度应该具有次可加性（subadditivity）。连续风险测度（coherent risk measure）形式已经被引入到风险测度概念中，如果一个测度满足某些条件，它将是连续测度。VaR 已经被证明不是连续风险测度，但 CVaR 是连续风险测度。

2.5 资产价格的动态建模

在均值 – 方差投资组合理论中我们使用投资组合的买入持有策略（buy – and – hold）。因此，我们没有考虑到资产价格的动态建模（modeling the dynamics of asset prices），我们只需要到期时资产的收益分布。对于更复杂的投资组合管理模型，需要资产价格的动态建模，还需要期权定价模型，期权定价模型我们将在第 2.6 节中介绍。资产价格的动态模型应该可以反映资产价格的随机变化，因此我们可以使用随机过程 $S(t)$ 表示动态的资产价格。

资产价格的随机过程 $S(t)$ 可以是离散时间形式或连续时间形式的。对于期权定价，已经被证明，一个基于随机游走的连续时间模型是非常有用的。在本节，我们使用连续时间的随机过程为资产价格建模，随机过程将涉及随机微分方程与随机积分。

2.5.1 从离散时间到连续时间

这是一个不错的思路，即从离散时间模型开始，然后导出连续时间模型。考虑一个时间区间 $[0, T]$，我们可以将其映射到离散系统中，假设时间间隔为 δt，使得 $T = N \cdot \delta t$；根据时间为其排序 $t = 0, 1, 2, \cdots, N$。S_t 表示股票在时间 t 的价格。一个相对合理的模型为乘法形式（multiplicative form）：

$$S_{t+1} = u_t S_t \tag{2.16}$$

其中 u_t 是一个非负的随机变量，股票的初始价格为 S_0。如果 u_t 为连续型随机变量，那么模型为连续时间形式。这里要假设随机变量 u_t 是独立同分布的（identically distributed and independent）。相互独立（Independency）假设与市场有效相关（market efficiency）。这些（尚存争议的）假设意味着，目前的股票价格已经反应了所有的市场信息。

乘法形式可以使得价格保持非负，因为股票价格是非负的。如果我们使用加法形式的模型，例如 $S_{t+1} = u_t + S_t$，在随机变量 u_t 发生跳跃（drops）的时候可能会使得价格为负值，加法形式的模型不能保证 $S_t \geq 0$。而对于乘法形式的模型，如果发生价格跳跃，$u_t < 1$ 时，股票的价格仍然为正。此外，实际的股票价格的变化依赖于股票的现价（对于现价为 100 美元与 5 美元的股票，上涨 1 美元的意义是不同的），乘法模型在实际中使用更方便。

为确定随机变量 u_t 的概率分布情况，使用股票的自然对数形式进行计算是非常有意义的：

$$\log S_{t+1} = \log S_t + \log u_t = \log S_t + z_t$$

随机变量 z_t 表示对数形式的股票价格，通常假设 z_t 服从正态分布，这就意味着 u_t 服从对数正态分布（lognormal）。$^{\ominus}$ 从初始价格 S_0 开始，展开式（2.16），我们得到：

$$S_t = \prod_{k=0}^{t=1} u_k S_0$$

这意味着

$$\log S_t = \log S_0 + \sum_{k=0}^{t-1} z_k$$

因为正态随机变量的和仍是正态随机变量（参见附录 B），$\log S_t$ 也服从正态分布，这意味着根据模型，股票的价格服从对数正态分布。

$$E[z_t] = \nu, \qquad \text{Var}(z_t) = \sigma^2$$

我们得到

$$
\begin{aligned}
E[\log S_t] &= E\left[\log S_0 + \sum_{k=0}^{t-1} z_k\right] \\
&= \log S_0 + \sum_{k=0}^{t-1} E[z_k] = \log S_0 + \nu t
\end{aligned}
\tag{2.17}
$$

$$\text{Var}(\log S_t) = \text{Var}\left(\log S_0 + \sum_{k=0}^{t-1} z_k\right) = \sum_{k=0}^{t-1} \text{Var}(z_k) = t\sigma^2 \tag{2.18}$$

其中，在计算方差时，暂不考虑 z_t 的独立性。更重要的且需要指出的是，股票价格对数的期望值与方差与时间呈线性关系。这意味着其标准差与时间的平方根呈线性关系。

接下来，处理连续时间形式的模型。在特定情况下，差分方程在极限形式时，可以得到一个微分方程。在某种情况下，我们可以将离散时间模型改写为：

$$\delta \log S(t) = \log S(t + \delta t) - \log S(t) = \nu \delta t$$

（需要注意的是，我们是以期望值的形式进行计算的，因为我们暂时没有考虑随机性）如果取极限形式 $\delta t \to 0$，我们得到：

$\ominus$ 如果 X 是一个正态随机分布变量，X 指数形式 exp（X）为对数正态分布变量，参见附录 B。

$$\mathrm{d}\log S(t) = \nu \mathrm{d}t$$

将两个微分方程在$[0, t]$上积分：

$$\int_0^t \mathrm{d}\log S(\tau) = \nu \int_0^t \mathrm{d}\tau \Rightarrow \log S(t) - \log S(0) = \nu t \Rightarrow S(t) = S(0)\mathrm{e}^{\nu t} \quad (2.19)$$

这个结果与离散时间的结果是一致的。实际中，某种情况下，习惯将微分方程写为：

$$\frac{\mathrm{d}\log S(t)}{\mathrm{d}t} = \nu$$

或者等价形式，如：

$$\frac{\mathrm{d}S(t)}{\mathrm{d}t} = \nu S(t)$$

我们利用微积分的知识将微分方程改写为：

$$\mathrm{d}\log S(t) = \frac{\mathrm{d}S(t)}{S(t)} \quad (2.20)$$

我们看到，ν 与资产的连续复利回报相关。当我们考虑到噪声或扰动，存在一些重要的变化。首先，我们可以将其写为等式形式：

$$\mathrm{d}\log S(t) = \nu \mathrm{d}t + \sigma \mathrm{d}W(t) \quad (2.21)$$

其中，$\mathrm{d}W(t)$可以为视作$[t, t+\mathrm{d}t]$上的随机过程。这是一个相当棘手的问题，称为随机微分方程。随机微分方程的解是一个随机过程，而不是某个确定的时间函数。然而，随机微分方程的求解非常复杂，需要测度论与随机积分相关的知识（参见本章参考文献）。对于随机微分方程的计算，我们仅进行粗略的介绍。

首先，我们需要研究连续时间的随机过程 $W(t)$ 是由哪些基本随机过程构成的。在下一节中我们将介绍，这样的基本随机过程，称为维纳过程（Wiener process），维纳过程扮演着与随机过程 z_t 一样重要的角色。已经被证明的是维纳过程是不可微的，因此我们不能将随机微分方程写为：

$$\frac{\mathrm{d}\log S(t)}{\mathrm{d}t} = \nu + \sigma \frac{\mathrm{d}W(t)}{\mathrm{d}t}$$

实际上，随机微分方程可以视作一个积分方程（例如（2.19））的简写形式，这涉及随机过程的增量。这需要定义一个随机积分和相关的随机微积分。随机积分定义的影响是随机微分方程，如式（2.20），没有相应的随机积分方程。我们需要一种方程从确定的随机情景推导出微分链式法则。这涉及随机计算的基础工具，称为伊藤引理（Ito's lemma）。

2.5.2　标准维纳过程

在离散时间形式的模型中，我们假设对数价格（价格的对数）的变化服从正态分布，对数价格变化的期望值和方差与时间呈线性关系，因此标准差与时间的平方为线性关系。

在离散时间中，我们可以考虑下面的过程，视作构成维纳过程的基本随机过程：

$$W_{t+1} = W_t + \varepsilon_t \sqrt{\delta t},$$

其中 ϵ_t 为一系列互相独立服从标准正态分布的随机变量。对于 $k > j$，我们得到

$$W_k - W_j = \sum_{i=j}^{k-1} \varepsilon_i \sqrt{\delta t}$$

这意味着

$$E[W_k - W_j] = 0$$
$$\mathrm{Var}(W_k - W_j) = (k - j)\delta t$$

对于连续时间模型，我们或许可以将标准的维纳过程定义为一个连续时间随机过程，随机过程具有以下性质：

- $W(0) = 0$，这实际上是一个惯例。

- 给定任意的时间间隔，$[s,t]$，$W(t) - W(s)$ 的增量的分布为 $N(0, t-s)$，这是一个服从均值为 0，标准差为 $\sqrt{t-s}$ 的正态分布的随机变量。增量是固定的，因为增量不依赖于其中的时间间隔的数量，仅与时间长度相关。

- 增量是相互独立的，如果我们取时间点 $t_1 < t_2 \leqslant t_3 < t_4$，则有 $W(t_2) - W(t_1)$ 与 $W(t_4) - W(t_3)$ 是相互独立的随机变量。

为了解增量相互独立的重要性，我们比较维纳过程的样本路径，见图 2.5，维纳过程的样本路径定义为 $Q(t) = \varepsilon\sqrt{t}$，其中 $\varepsilon \sim N(0,1)$，如图 2.18 所示。

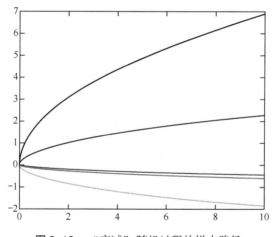

图 2.18 "衰减"随机过程的样本路径

这是一个"衰减"（degenerate）的随机过程，因为一点的信息隐含了整个样本路径的信息，这个随机过程是可预测的。然而，我们单看 $Q(t)$ 的边界分布，这个边界分布似乎是一个维纳过程，因为：

$$E[Q(t)] = 0 = E[W(t)]$$
$$\mathrm{Var}[Q(t)] = t = \mathrm{Var}[W(t)]$$

这种不同是由缺乏相互独立性造成的。从图2.5中我们看到，维纳过程的样本路径看起来是连续的，但是并不可微。而这可能恰恰说明，它并不是很容易。介绍连续性和可微性则需要某些随机收敛的概念。事实上，我们应该说，维纳过程无处可微的概率为1。对于这个问题，为得到一个直观的感觉，让我们考虑增量比（incremental ratio）：

$$\frac{\delta W(t)}{\delta t} = \frac{W(t+\delta t) - W(t)}{\delta t}$$

给定上述性质，我们可以得到：

$$\mathrm{Var}\left(\frac{\delta W(t)}{\delta t}\right) = \frac{\mathrm{Var}[W(t+\delta t) - W(t)]}{(\delta t)^2} = \frac{1}{\delta t}$$

如果我们取极限 $\delta t \to 0$，这个方差将趋向无穷大。严格地讲，不能证明 $W(t)$ 是不可微的（non-differentiability），但是这意味着，或许不能使用 $dW(t)/dt$ 的微分形式；事实上，或许你将看不到这样的微分形式。我们只使用维纳过程的微分形式 $dW(t)$，可以将 $dW(t)$ 视作一个服从 $N(0,dt)$ 分布的随机变量。实际上，我们将微分视作一个增量，这个增量可以被积分为：

$$\int_s^t dW(\tau) = W(t) - W(s)$$

这看起来还挺合理，是不是呢？我们可以使用 $W(t)$ 构造随机微分方程，例如，给定实数 a 与 b，我们可以构造一个随机过程 $X(t)$ 满足下列等式：

$$dX(t) = adt + bdW(t)$$

这是一个广义的维纳过程（generalized Wiener process），通过直接积分得到：

$$X(t) = X(0) + at + bW(t)$$

但是，如果我们考虑更复杂的形式，例如：

$$dX(t) = a(t,X(t))dt + b(t,X(t))dW(t) \tag{2.22}$$

就不直观了。一个满足方程（2.22）的过程被称为伊藤过程。微分方程的解应该是如下形式：

$$X(t) = X(0) + \int_0^t a(s,X(s))ds + \int_0^t b(\tau,X(\tau))dW(\tau) \tag{2.23}$$

其中，第一个积分似乎是一个方程关于时间的标准黎曼积分（Riemann integral），但是第二个积分是什么呢？我们需要一个精确的定义，这将涉及随机积分的相关知识。

2.5.3 随机积分与随机微分方程

用随机微分方程定义一个随机过程 $X(t)$，其中维纳过程 $W(t)$ 是驱动因子，我们假设 $X(t)$ 值只依赖于 $W(t)$ 在 0 到 t 时间区间的历史数值。从技术上讲，我们说过程 $X(t)$ 适应于过程 $W(t)$。让我们考虑一个随机积分如

$$\int_0^T X(t)\,\mathrm{d}W(t)$$

如何确定这个表达式的含义？起初，我们或许认为一个随机积分是一个随机变量。如果我们对一个确定函数关于时间进行积分，我们可以得到一个数值；因此，我们认为对于一个随机过程关于时间进行积分，我们应该得到一个随机变量。此外，随机积分看起来与随机过程 $W(t)$ 的样本路径相关，可以通过将积分区间分为小块 $0 = t_0, t_1, t_2, \cdots, t_n = T$ 求和的方式获得一个近似解：

$$\sum_{k=0}^{n-1} X(t_k)\left[W(t_{k+1}) - W(t_k)\right] \tag{2.24}$$

非常需要注意的是，在上式中我们如何选择时间点：$X(t_k)$ 是一个随机变量，它与增量 $W(t_{k+1}) - W(t_k)$ 相互独立。这的确是一个可行的解，可以由以下例子说明。

[例 2.17] 对于 n 个资产的集合，资产的价格模型为随机过程 $S_i(t)$，$i = 1, \cdots, n$，$S_i(t)$ 可以使用随机微分方程形式（如式（2.22）），并假设我们有一个投资组合策略，该策略使用函数 $h_i(t)$ 表示。$h_i(t)$ 表示投资组合中每个股票的数量。但什么样的函数才有意义呢？很明显函数 $h_i(\cdot)$ 不应该是可预测的：即 $h_i(t)$ 应该依赖于在时间区间 $[0, t]$ 上的所有历史数据，并不能预测。此外，我们应该将 $h_i(t)$ 视作在时间区间 $[t, t + \mathrm{d}t)$ 上我们持有股票的数量。

现在假设我们把一定的初始资金投资到资产组合，组合的初始资金由投资组合策略 h 决定，则

$$V_h(0) = \sum_{i=1}^{n} h_i(0) S_i(0) = \boldsymbol{h}'(0) \boldsymbol{S}(0)$$

其中，我们将 h_i 与 S_i 以向量的形式展示，标记 $\boldsymbol{h}'\boldsymbol{S}$ 表示向量的内积。投资组合产值会怎样动态变化呢？如果投资组合是自动筹资的（self-financing），即在时间 $t = 0$ 后，我们可以交易资产，但我们不增加（或减少）资金，投资组合资产总值应满足下列方程：

$$\mathrm{d}V_h(t) = \sum_{i=1}^{n} h_i(t)\,\mathrm{d}S_i(t) = \boldsymbol{h}'(t)\,\mathrm{d}\boldsymbol{S}(t)$$

这看起来是相当直观和有说服力的，但细致分析与证明还是必要的。$^{\ominus}$特别地，我们或许认为在 $t = T$ 时刻，投资组合总资产应该为：

$$V_h(T) = V_h(0) + \int_0^T \boldsymbol{h}'(t)\,\mathrm{d}\boldsymbol{S}(t)$$

然而，这是随机积分可以作为式（2.24）极限近似的基础：

$$\int_0^T \boldsymbol{h}'(t)\,\mathrm{d}\boldsymbol{S}(t) \approx \sum_{k=0}^{n-1} \boldsymbol{h}'(t_k)\left[\boldsymbol{S}(t_{k+1}) - \boldsymbol{S}(t_k)\right]$$

在时间 t_k 我们持股数量不依赖于股票未来的价格 $\boldsymbol{S}(t_{k+1})$。因为，我们先配置

$\ominus$　参见第 6 章。

资产，然后获得收益。这就是为什么伊藤随机积分被定义为那种形式，这样的定义更符合金融的逻辑。

现在，如果我们取式（2.24）的近似，将时间区间$[0, t]$划分为 n 份，当 $n \to \infty$ 时，我们将得到什么？我们需要选择随机收敛（stochastic convergence）的概念，而且这个随机收敛的概念必须符合问题的要求。可以看到，如果使用均值平方收敛（mean square convergence），这个定义一定是有意义的，这样得到的积分称为伊藤随机积分。

随机积分的定义将带来某些重要的问题。首先，伊藤随机积分的期望值是什么？我们通过近似方程（2.24）或许可以找到某些线索：

$$E\left[\int_0^T X(t)\,\mathrm{d}W(t)\right] \approx E\left\{\sum_{k=0}^{n-1} X(t_k)\left[W(t_{k+1}) - W(t_k)\right]\right\}$$

$$= \sum_{k=0}^{n-1} E\{X(t_k)\left[W(t_{k+1}) - W(t_k)\right]\}$$

$$= \sum_{k=0}^{n-1} E[X(t_k)] \cdot E[W(t_{k+1}) - W(t_k)] = 0$$

其中，我们使用维纳过程增量的 $X(t_k)$ 的相互独立性，得到增量期望值为 0。

随机积分不存在一个精确的计算方法。然而，我们或许可以尝试考虑一个特殊的情况，以便得到一个直观的解。下面的例子展示了我们定义随机积分的方式造成的严重后果。

[例2.18]（链式法则并不适用于随机微分）假设我们"计算"随机积分

$$\int_0^T W(t)\,\mathrm{d}W(t)$$

类比普通积分。普通积分使用微分链式法则得到一个可以直接积分的微分。在具体的情况下，我们或许可以得到：

$$\mathrm{d}W^2(t) = 2W(t)\,\mathrm{d}W(t)$$

这意味着

$$\int_0^T W(t)\,\mathrm{d}W(t) = \frac{1}{2}\int_0^T \mathrm{d}W^2(t) = \frac{1}{2}W^2(T)$$

但这是错误的，我们看到积分的期望值为 0，但是：

$$E\left[\frac{1}{2}W^2(T)\right] = \frac{1}{2}E[W^2(T)] = \frac{1}{2}\{\mathrm{Var}[W(T)] + E^2[W(T)]\} = \frac{T}{2} \neq 0$$

我们看到这与期望值并不相符。

上面的示例显示，微分链式法则在伊藤随机积分中并不有效。为进一步研究，我们必须找到合适的规则，而答案是伊藤引理，见第 2.5.4 节。

本节我们从微分方程式（2.22）开始，以等效积分形式式（2.23）的研究为结束。实际从数学的角度看，或许后者更有意义，我们应该将微分形式视作积分形式的简写形式。微分形式的另一个优点是可读性较强；使用微分形式更直接，在建立资产定价模型与利率模型中微分形式是非常合适的建模方法。

2.5.4 伊藤引理

现在我们给出一个得到伊藤引理的论证（参见第 10 章）。假设一个伊藤过程 $X(t)$，满足下列随机微分方程：

$$dX = a(X,t)dt + b(X,t)dW \qquad (2.25)$$

在某种意义上，这是下面公式的极限形式

$$\delta X = a(X,t)\delta t + b(X,t)\varepsilon(t)\sqrt{\delta t} \qquad (2.26)$$

其中，$\varepsilon \sim N(0,1)$，服从标准正态分布。我们的目标是获得一个函数 $F(X,t)$ 关于 $X(t)$ 的随机微分方程。一个关键因素是函数 $G(x,y)$ 关于两个变量的微分：

$$dG = \frac{\partial G}{\partial x}dx + \frac{\partial G}{\partial y}dy$$

我们可以通过泰勒展式得到，当 $\delta x, \delta y\ 0$：$\delta G = \frac{\partial G}{\partial x}\delta x + \frac{\partial G}{\partial y}\delta y + \frac{1}{2}\frac{\partial^2 G}{\partial x^2}(\delta x)^2 +$

$\frac{1}{2}\frac{\partial^2 G}{\partial y^2}(\delta y)^2 + \frac{\partial^2 G}{\partial x \partial y}\delta x \delta y + \cdots$

现在我们可以将泰勒展式应用于 $F(X,t)$，限制于相邻两项；有必要指出的是，式 (2.26) 中的 $\sqrt{\delta t}$ 在平方时需要格外小心。事实上，我们有如下：

$$(\delta X)^2 = b^2 \varepsilon^2 \delta t + \cdots$$

这意味着，在近似函数中 $(\delta X)^2$ 为非负值。因为 ε 服从标准正态分布，可得 $E[\varepsilon^2] = 1$ 与 $E[\varepsilon^2 \delta t] = \delta t$。更有意思的情况是，当 δt 趋向于 0，$\varepsilon^2 \delta t$ 可以视作非随机变量，并且 $\varepsilon^2 \delta t$ 等于它的期望值。一个有效的方式来记住这一点的是正式规则：

$$(dW)^2 = dt \qquad (2.27)$$

因此当 δt 趋向于 0 时，泰勒展式为：

$$(\delta X)^2 \rightarrow b^2 dt$$

忽略泰勒展式的高阶部分，将变量 δX 与 δt 都趋向于 0，我们得到：

$$dF = \frac{\partial F}{\partial X}dX + \frac{\partial F}{\partial t}dt + \frac{1}{2}\frac{\partial^2 F}{\partial X^2}b^2 dt$$

其中，将 dX 替代掉，得到著名的伊藤引理：

$$dF = \left(a\frac{\partial F}{\partial X} + \frac{\partial F}{\partial t} + \frac{1}{2}b^2\frac{\partial^2 F}{\partial X^2}\right)dt + b\frac{\partial F}{\partial X}dW \qquad (2.28)$$

或许这个证明过程并不严格，关键问题是由于 $\sqrt{\delta t}$ 与维纳过程相关。在实际中，如果设置 $b = 0$，由于微分方程中的维纳过程，b 并不是随机变量。伊藤引理归结于衍生品的链式法则（衍生品的价格与标的资产价格相关）：

$$\frac{dF}{dt} = \frac{\partial F}{\partial x}\frac{dx}{dt} + \frac{\partial F}{\partial t}$$

因此，给定 x 的微分方程 (2.22)：

$$dF = a\frac{\partial F}{\partial x}dt + \frac{\partial F}{\partial t}dt$$

在伊藤引理中我们有附加变量 dW，dW 可以预料到表示给定随机过程的期望值，还有一个没有预料到的结果：

$$\frac{1}{2}b^2\frac{\partial^2 F}{\partial x^2}$$

在确定的情况下，在二阶形式中的二阶微分与 $(\delta t)^2$ 相关，$(\delta t)^2$ 可以为负。但我们必须考虑到 $\sqrt{dt}$ 的阶数，即使 $\sqrt{dt}$ 是平方形式的。为更深入理解伊藤引理，我们需要尝试一些例子。

[例 2.19] 让我们考虑例 2.18。为计算 $W^2(t)$ 的随机积分，对于 $X(t) = W(t)$ 的情况应用伊藤引理，设定 $a(X,t) \equiv 0, b(X,t) \equiv 1, F(X,t) = X^2(t)$。由此得到

$$\frac{\partial F}{\partial t} = 0 \tag{2.29}$$

$$\frac{\partial F}{\partial X} = 2X \tag{2.30}$$

$$\frac{\partial^2 F}{\partial X^2} = 2 \tag{2.31}$$

需要指出的是，在方程 (2.29) 中，时间的偏微分为 0；$F(X(t),t)$ 通过 $X(t)$ 与时间相关，但 $F(X(t),t)$ 不与时间 t 直接相关，因此 $F(X(t),t)$ 关于时间的偏微分方程不复存在。

通过伊藤引理我们得到：

$$dF = d(W^2) = dt + 2WdW$$

需要注意的是，我们无法通过链式法则对其中的 dt 进行预测。但这种形式使得我们可以正确的预测 $W^2(T)$ 的值，因为

$$W^2(T) = W^2(0) + \int_0^T dW^2(t) = 0 + \int_0^T dt + \int_0^T W(t)dW(t)$$

取期望值，我们得到

$$E[W^2(T)] = T$$

这与我们在例 2.18 中的情况一致。

伊藤引理或许可以用来寻找随机微分方程的解，至少在相对简单的情况下。

[例 2.20] 几何布朗运动 (Geometric Brownian motion) 可以通过如下随机微分方程定义：

$$dS(t) = \mu S(t)dt + \sigma S(t)dW(t)$$

其中，μ 与 σ 是常量参数分别代表漂移与波动率，我们可以将方程改写为：

$$\frac{dS(t)}{S(t)} = \mu dt + \sigma dW(t)$$

然后，考虑微分 dlogS，在一般微积分中，它是 dS/S。为得到积分，我们或许需要其他条件。此外，这对于发现随机微分方程 $F(S,t) = \log S(t)$ 是有帮助的。为使用伊藤引理，我们首先要计算偏导数（微分）：

$$\frac{\partial F}{\partial t} = 0$$

$$\frac{\partial F}{\partial S} = \frac{1}{S}$$

$$\frac{\partial^2 F}{\partial S^2} = -\frac{1}{S^2}$$

由此我们可以得到

$$dY = \left(\frac{\partial F}{\partial t} + \mu S \frac{\partial F}{\partial S} + \frac{1}{2}\sigma^2 S^2 \frac{\partial^2 F}{\partial S^2} \right)dt + \sigma S \frac{\partial F}{\partial S}dW$$

$$= \left(\mu - \frac{\sigma^2}{2} \right)dt + \sigma dW$$

现在我们发现原先的猜想并不坏，这个等式或许可以被积分为

$$\log S(t) = \log S(0) + \left(\mu - \frac{\sigma^2}{2} \right)t + \sigma W(t)$$

$W(t)$ 服从正态分布，$W(t)$ 可以写为 $W(t) = \varepsilon\sqrt{t}$，其中 $\varepsilon \sim N(0,1)$。我们看到对数价格（价格的对数形式）服从正态分布：

$$\log S(t) \sim N\left[\log S(0) + \left(\mu - \frac{\sigma^2}{2} \right)t, \sigma^2 t \right]$$

我们可以将解写为 $S(t)$ 的形式：

$$S(t) = S(0)e^{(\mu - \sigma^2/2)t + \sigma W(t)}$$

或

$$S(t) = S(0)e^{(\mu - \sigma^2/2)t + \sigma\sqrt{t}\varepsilon}$$

根据几何布朗运动模型，上述公式表明价格服从对数正态分布。回顾正态分布变量与对数正态分布变量的关系（参见附录 B），我们还可以得出如下结论：

$$E[S(t)] = S(0)e^{\mu t}$$

微分方程的漂移（或称为位移）参数 μ 与连续复利收益相关，波动率参数 σ 与对数价格增量的标准差相关。

通过下面布朗运动的近似公式，我们能够更直观地理解漂移与波动率的意义：

$$\frac{\delta S}{S} \approx \mu\delta t + \sigma\delta W$$

其中，$\delta S/S$ 表示在较短时间间隔 δt 的资产收益率。根据这个近似公式，资产收益使用服从均值 $\mu\delta t$、方差为 $\sigma\sqrt{\delta t}$ 的正态分布近似表达。事实上，根据模型可知，这个正态分布只是对数正态分布的局部近似。

[例2.21] 在下一节中，如果期权的标的资产的价格服从几何布朗运动，我们将

使用伊藤引理为期权定价。假设期权在 t 时刻的价格是变量时间与标的资产价格的函数，例如函数 $f(S,t)$，我们可以写出一个关于期权价格的微分方程。根据伊藤引理 $a = \mu S$ 与 $b = \sigma S$，则有

$$\begin{aligned} \mathrm{d}f &= \left(\frac{\partial f}{\partial t} + \mu S \frac{\partial f}{\partial S} + \frac{1}{2} \sigma^2 S^2 \frac{\partial^2 f}{\partial S^2} \right) \mathrm{d}t + \sigma S \frac{\partial f}{\partial S} \mathrm{d}W \\ &= \frac{\partial f}{\partial t} \mathrm{d}t + \frac{\partial f}{\partial S} \mathrm{d}S + \frac{1}{2} \sigma^2 S^2 \frac{\partial^2 f}{\partial S^2} \mathrm{d}t \end{aligned} \tag{2.32}$$

这似乎是一个麻烦的问题，因为这似乎是一个涉及随机过程的偏微分方程。根据无套利原理（the no-arbitrage principle），上述偏微分方程可以简化为确定的偏微分方程，新的偏微分方程可通过数值方法进行求解；在某种情况下，我们还可以得到方程的解析解。

2.5.5　小结

几何布朗运动模型并不是金融中唯一的随机过程模型，维纳过程也不是唯一的基本模块。几何布朗运动模型与维纳过程主要的特征之一是样本路径的连续性。然而，某些时候会发生不连续性，例如价格的跳跃。在这种情况下，需要不同的基本模块，例如泊松过程，泊松过程用来计算在固定频率下某种事件的发生次数。需要注意的是，连续样本路径（continuous sample path）对于某些形式的变量并不适用，如风险评级（credit rating）。

另一点需要指出的是，几何布朗运动的对数正态分布与维纳过程是正态相关的。通常我们会发现分布的肥尾性（fatter tail），肥尾性或许将影响（已经讲到的）模型的效果。然而，处理肥尾性需要更复杂的随机过程，这样的随机过程超出了本书的范围。

相关维纳过程与多维伊藤引理　当一个期望值的标的资产为多个时，最简单的模型是广义的几何布朗运动。根据这种方法，我们假设资产 $i = 1, \cdots, n$ 的价格为 $S_i(t)$ 并满足

$$\mathrm{d}S_i(t) = \mu_i S_i(t) \mathrm{d}t + \sigma_i S_i(t) \mathrm{d}W_i(t)$$

其中，维纳过程 $W_i(t)$ 并不要求相互独立性。我们可以使用瞬时的相关系数（correlation coefficient），瞬时的相关系数 ρ_{ij} 被定义为：

$$\mathrm{d}W_i \cdot \mathrm{d}W_j = \rho_{ij} \mathrm{d}t$$

从另一个角度，在模拟相关维纳过程时，我们必须生产相关的服从标准正态分布变量 ε_i；关于如何生成这样具有相关性的随机变量的方法，将在蒙特卡罗模拟章节进行介绍。例 2.21 的结果向在时间 t，价格由时间与一系列资产价格决定的期权进行一般化是相对容易的。为一般化伊藤引理，我们可以将微分方程 $f(S_1(t), S_2(t), \cdots, S_n(t), t)$，进行泰勒展开得到：

$$df = \frac{\partial f}{\partial t}dt + \sum_{i=1}^{n} \frac{\partial f}{\partial S_i}dS_i + \frac{1}{2}\sum_{i,j=1}^{n} \frac{\partial^2 f}{\partial S_i \partial S_j}dS_i dS_j$$

根据乘法规则（multiplication rule），上面的公式可以被简化为：

$$(dt)^2 = 0$$

$$dt \cdot dW_i = 0 \qquad \forall\, i$$

$$dW_i \cdot dW_j = \rho_{ij}dt \qquad \forall\, i,j$$

而且 $\rho_{ii} = 1$。

如果我们在这里引入几何布朗运动方程，将得到多维伊藤引理：

$$df = \left\{ \frac{\partial f}{\partial t} + \sum_{i=1}^{n} \mu_i \frac{\partial f}{\partial S_i} + \frac{1}{2}\sum_{i,j=1}^{n} \sigma_i \sigma_j \rho_{ij} \frac{\partial^2 f}{\partial S_i \partial S_j} \right\}dt + \sum_{i=1}^{n} \sigma_i \frac{\partial f}{\partial S_i}dW_i \qquad (2.33)$$

均值回归过程 在几何布朗运动中，随着时间推移，价格的期望值将趋向无穷大，但这在现实中是不可能发生的。事实上，因为股票会分红（pay dividend）和无套利原理，我们明白在股票分红后股票的价格会下降。对于其他相关变量，如市场利率，不可能无界限地增长。反过来说，利率将根据经济情况围绕长期均值（long–term value）波动。市场利率的这种现象被称为均值回归（mean reversion）。在固定收益的投资组合中常常使用利率期权进行风险控制，利率期权定价中需要进行利率建模。我们将在第 2.8 节对利率模型进行简要的介绍。在本节我们仅介绍使用随机微分方程为市场利率进行建模，在模型中任何的变量都反映了均值回归原理。

$$dr = a(\hat{r} - r)dt + \sigma dW$$

其中 $a > 0$。由于我们应该考虑利率期限结构和无套利属性的一致性，因此我们们必须特别注意这类模型。事实上，这类模型只与短期利率有关。不过，很容易发现 $r(t)$ 倾向于围绕 $\hat{r}$ 波动。如果 $r > \hat{r}$，则漂移将为负，$r(t)$ 将会下跌；如果 $r < \hat{r}$，则漂移为正，$r(t)$ 将上涨。这类模型的波动率设置也是有必要的，以确保模型输入结果与观察到的动态情况和利率为正相一致。

当建立一个随机且时变 $\sigma(t)$ 的模型时，同样的考虑也是有必要的。事实上，几何布朗运动假设波动为常数，而实际中我们经常发现某些时期的波动高于平日。随机波动建模的一种可能选择为模型包括一对随机差分方程：

$$dS(t) = \mu S(t)dt + \sigma(t)S(t)dW_1(t)$$

$$dV(t) = \alpha(\overline{V} - V(t))dt + \xi\sqrt{V(t)}dW_2(t)$$

其中，$V(t) = \sigma^2(t)$，$\overline{V}$ 表示长期值，两个维纳过程的相关假设可以不同。根据这个模型，波动性显示出了均值回归的特性，$V(t)$ 的平方根非负可以证明这点。在利率期权定价中，可以使用更复杂的波动率模型。

2.6 衍生品定价

衍生品研究存在两个基本问题。第一个问题为衍生品的定价，即探寻一个远期或期权合约的相对公允价格；第二个问题为风险对冲。假设你卖出一个期权而不是持有期权。从某种角度，对期权的持有者更有优势，因为在条件不利的情况下，他（她）不会被强制行权。（例2.2表明管理期权不谨慎组合也许将造成重大损失）。如果你卖出一个期权，在期权行权时，你必须以不计损失的原则履行期权责任。因此，你希望通过其他交易降低期权敞口风险。在本书中，我们不涉及对冲策略的实际细节（参见文献［26］），但会介绍理论知识，如对冲与定价相关。无套利原则在资产定价中扮演着重要的角色，对于债券定价或许存在更复杂的情况。在本节，我们将展示两个例子，第一个例子为远期合约定价；第二个例子为买入期权价格与卖出期权价格的关系，称为平价理论（put–call parity）。

[**例 2.22**] 考虑一个在时间 T 交割的远期合约，目前合约的现货价格为 $S(0)$，在交割日的现货价格 $S(T)$ 为一个随机变量；因此，在计算远期合约的价格 F 时涉及 $S(T)$ 的随机性，远期合约的持有者在到期日必须以价格 $S(T)$ 从远期合约的卖出者那里购买标的资产。实际上，一个简单的套利讨论将表明情况或许不是这样的。

假设我们为持有远期合约的空头（short position），考虑如下投资组合。我们可以以无风险利率 r 借入资金，以 $S(0)$ 买入标的资产，利率计算采用复利方式，净现金流为 0。然后，在时间 T 以价格 F 进行合约交割，我们必须偿还 $S(0)\mathrm{e}^{rT}$ 资金。尽管现货价格是随机的，我们的投资组合在时间 T 的确定价值为 $F - S(0)\mathrm{e}^{rT}$。但是因为投资组合在 $t=0$ 时刻价值为 0，同样，在 $t=T$ 时刻投资组合的价值仍应该为 0，因此，

$$F = S(0)\mathrm{e}^{rT}$$

任何远期合约价格差异都将引发套利机会（arbitrage opportunity）。如果 $F > S(0)\mathrm{e}^{rT}$，投资组合将无风险地获取 $F - S(0)\mathrm{e}^{rT}$ 收益，而无须任何初始投资或承诺。如果 $F < S(0)\mathrm{e}^{rT}$，再假设可以卖空远期合约，而且没有存储费用（storage charge），我们可以卖空（short–selling）远期合约，同时买入现货。参见文献［10］，其中研究了远期合约定价的全部因素。

有意思的是，考虑一个简单的定价方法，如猜想 $F = E[S(T)]$。远期合约的公允价格应该是标的资产的未来价格的期望值。

假设风险中性（risk neutrality）是线性效用函数，这看来也比较合理。如果考虑不同风险厌恶程度的投资者将由不同的个人决定，这个问题将变得非常复杂，因为与"市场"的风险厌恶程度相比，个人的效用函数更难确定。在理想情况下，我们假设风险厌恶不产生任何影响，我们可以使用一系列与风险态度无关的价格。但这并不意味着风险厌恶不重要。

最后，需要指出的是，我们可以以期望值价格卖出远期合约，如果假设标的资产价格 $S(t)$ 满足如下等式：

$$\mathrm{d}S(t) = rS(t)\mathrm{d}t + \sigma S(t)\mathrm{d}W(t)$$

其中，漂移用无风险收益率（risk free rate）代替。在风险中性的情况下，投

资者不关心风险，而且他们不会要求风险溢价，因此，所有的资产都有相同的收益率 r。这样，我们得到一个重要原理，称为风险中性定价原理（risk - neutral pricing）。

[**例 2.23**] 考虑欧式买入与卖出期权，标的资产目前的价格为 $S(0)$，这些期权的执行价格相同为 K，期限相同为 T。现在，我们可能无法确定买入期权与卖出期权的价格 C 与 P，但是，我们可以很容易获得它们之间的精确关系。考虑如下两个投资组合：

（1）投资组合 P_1 持有一个欧式买入期权与一定量的现金为 Ke^{-rT}。

（2）投资组合 P_2 持有一个欧式卖出期权与一份标的股票。

投资组合 P_1 在 $t = 0$ 时刻的价值为 $C + Ke^{-rT}$；投资组合 P_2 在 $t = 0$ 时刻的价值为 $P + S(0)$；在 T 时刻，根据标的资产的价格 $S(T)$，我们或许有两种情况。如果 $S(T) > K$，买入期权将行权，卖出期权将不行权。因此，在这种假设条件下，投资组合在 P_1 在 $t = T$ 时刻的价值为：

$$[S(T) - K] + K = S(T)$$

投资组合 P_2 的价值为：

$$0 + S(T) = S(T)$$

如果 $S(T) < K$，卖出期权将行权，而买入期权不行权。在这种情况下，投资组合 P_1 的价值为：

$$0 + K = K$$

投资组合 P_2 的价值为：

$$[K - S(T)] + S(T) = K$$

在这两种情况下，两个投资组合在 T 有同样的价值；因此它们在 $t = 0$ 时刻的价值必须相等，否则将会有套利机会。根据期权价格的平价理论（put - call parity），我们得到：

$$C + Ke^{-rT} = P + S(0)$$

这意味着如果我们找到了一种期权公允价格，可以通过平价理论计算出另一种期权的价格。

我们将看到采用套利的观点能够推导出偏微分形式的定价等式。这些等式或许可以使用分析的方法进行求解，获得解析形式的定价公式，正如布莱克 - 斯科尔斯模型。在另外的情况中，期权定价的解析方法或许可以推导出有用的近似定价公式。总之，我们需要使用数值计算方法。关于衍生品的定价存在三种数值方法：

- 求解偏微分方程，使用有限差分近似的方法
- 蒙特卡罗模拟方法
- 二叉树或三叉树法

上述三种方法都会在后面的章节进行讲解。

期权定价的一阶导数是一个标准资产价格动态的模型。在连续时间上，最简单

的这种模型为几何布朗运动模型，已经在例 2.20 介绍过了。然而，最易于理解的价格不确定性模型为一阶二叉树模型（one - step binomial model）。

2.6.1 期权定价的二叉树模型

考虑一个单阶段、时间长度为 δt 的情景。假设资产初始价格为 S_0，在该阶段末资产价格 S_1 为随机变量。我们能想到的最简单的模型是 S_1 有两个可能值，分别为股票价格上升或下跌后的价格。更具体而言，可以参看图 2.19。

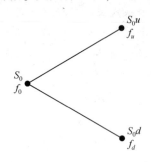

图 2.19 简单的单阶段二叉树模型

初始股票价格为 S_0，我们假设股票在下个时间点的价格可能为 S_0u 或 S_0d，其中 $d < u$，两种情况的概率分别为 p_u 与 p_d。需要注意的是，这与式（2.16）的乘法形式的模型类似，是一个离散时间的模型，而且也处于离散状态。现在，假设一个期权的现值为 f_0，如果期权只能在 δt 时间后行权，根据标的股票的两种情况，可以得到期权的价格 f_u 与 f_p。期权的收益主要由期权的类型决定。现在的问题是如何确定 f_0 的价值？我们或许需要在此使用无套利原则（no - arbitrage principle）。我们建立一个由两个资产组成的投资组合：一个资产为无风险债券，初始价格为 $B_0 = 1$，未来价格为 $B_1 = e^{r \cdot \delta t}$，标的资产初始价格为 S_0。另一个资产为股票。投资组合中股票的数量为 Δ，债券的数量为 Ψ，投资组合的初始价格为：

$$\Pi_0 = \Delta S_0 + \Psi$$

在理想情况下，未来的投资组合价格为：

$$\Pi_u = \Delta S_0 u + \Psi e^{r \cdot \delta t}, \qquad \Pi_d = \Delta S_0 d + \Psi e^{r \cdot \delta t}$$

现在我们试图寻找一个投资组合，用以精确复制期权收益：

$$\Delta S_0 u + \Psi e^{r \cdot \delta t} = f_u$$
$$\Delta S_0 d + \Psi e^{r \cdot \delta t} = f_d$$

求解上面含有两个未知数、两个线性等式的方程组，可以得到：

$$\Delta = \frac{f_u - f_d}{S_0(u - d)}$$

$$\Psi = e^{-r \cdot \delta t} \frac{u f_d - d f_u}{u - d}$$

为避免套利，投资组合初始精确值 f_0 为：

$$f_0 = \Delta S_0 + \Psi$$

$$= \frac{f_u - f_d}{u - d} + e^{-r \cdot \delta t} \frac{u f_d - d f_u}{u - d} \tag{2.34}$$

$$= e^{-r \cdot \delta t} \left\{ \frac{e^{r \cdot \delta t} - d}{u - d} f_u + \frac{u - e^{r \cdot \delta t}}{u - d} f_d \right\}$$

需要注意的是这个关系不依赖于客观概率 p_u 与 p_d。尤其是期权的价格不是未来收益期望值的贴现值。如果回顾例 2.22 关于远期合约的定价，我们可能将式 （2.34）看作一个期望值。实际上，如果我们设置：

$$\pi_u = \frac{e^{r \cdot \delta t} - d}{u - d}, \qquad \pi_d = \frac{u - e^{r \cdot \delta t}}{u - d}$$

我们可能会注意到：

- $\pi_u + \pi_d = 1$。
- π_u 与 π_d 都为正值，如果 $d < e^{r \cdot \delta t} < u$，则在风险资产与无风险资产之间将不存在套利机会。因此，我们可以将 π_u 与 π_d 视作概率。
- 期权价格式 （2.33） 可以视作在概率 π_u 与 π_d 情况下期权未来收益的期望值：

$$f_0 = e^{-r \cdot \delta t} \hat{E}[f_1] = e^{-r \cdot \delta t} (\pi_u f_u + \pi_d f_d) \tag{2.35}$$

式中，$\hat{E}$ 用来表示在采用不同的概率测度时的期望值。

- 在概率 π_u 与 π_d 情况下，S_1 的期望值为：

$$\hat{E}[S_1] = \pi_u S_0 u + \pi_d S_0 d = S_0 e^{r \cdot \delta t}$$

最后一点说明了"人工概率"（artificial probability） π_u 与 π_d 为什么被称为风险中性概率 （risk – neutral probability）。我们发现衍生品定价似乎与远期合约定价方法是一致的，衍生品的定价可以应用风险中性测度理论。需要注意的是，客观概率在这里不扮演任何角色，因为期权收益可以被两种资产的组合完全复制。如果任意回报都可以使用"基础"资产的组合完全复制时，我们称之为完备市场 （market complete）。风险中性定价原则具有深远的影响 （far – reaching consequences），为深入理解风险中性定价原则，读者可以阅读 ［20］。

我们看到的是一个典型的基于完全复制的定价方法。通过简单分析，我们可以得到相同的结果。假设我们已卖出一个股票的看涨期权，那么将如何对冲风险？一种可行的方法是买入股票，如果买入期权的持有人行权，我们有标的股票进行交割。然而，如果期权没有执行价值，这种策略或许显得过于保守而且成本高昂。我们或许可以计算出，对冲风险时合适的持股数量。假设我们买入数量为 Δ 的标的股票以应对卖出看涨期权的风险，该看涨期权的支付为 f_u 或 f_d。如果我们卖出 （written） 期权，投资组合的初始值为：

$$\Pi_0 = \Delta S_0 - f_0$$

期权价值f_0的符号表示我们在期权上有一个期权空头仓位，在未来，这个空头仓位为负债。这个投资组合在时间δt的可能值为：

$$\Pi_u = \Delta u S_0 - f_u$$
$$\Pi_d = \Delta d S_0 - f_d$$

在复制策略中，我们使用股票与无风险债券建立一个等效的期权。因此，我们通过选择Δ复制无风险资产，使得

$$\Pi_u = \Pi_d \Rightarrow \Delta = \frac{f_u - f_d}{S_0(u - d)}$$

根据无套利原则，如果投资组合是无风险的，它必须要获得一个无风险收益率r，假设使用复利计算，我们得到：

$$S_0 \Delta - f_0 = (\Delta u S_0 - f_u) e^{-r \cdot \delta t}$$

或

$$f_0 e^{r \cdot \delta t} = \Delta u S_0 - e^{r \cdot \delta t} S_0 \Delta - f_u$$

如果去掉Δ，我们可以再次得到式（2.34）。

我们可以将Δ理解为对冲参数，为对冲期权的空头仓位所需买入的股票的数量。即

$$\Delta = \frac{f_u - f_d}{S_0(u - d)} = \frac{f_u - f_d}{S_u - S_d}$$

Δ也可以解释为，期权价值关于标的资产价格变化的离散近似。$\Delta = \partial f / \partial S$。在下一节中，我们将证明在连续时间与连续状态情况下，这种解释也是正确的。

2.6.2　布莱克-斯科尔斯模型（Black-Scholes model）

在单阶段的二叉树模型中，通过假设标的资产未来两种价格情况，实现对期权定价。这是因为仅使用两个资产，我们就可以复制期权的收益。但是，两个情景假设对于不确定性或许太简单了。如果我们使用更好的概率分布，结果将如何？一个可行的方法是使用更多的资产复制期权，但是这种方法或许有些不切实际。另一种方法是允许资产在期间可以进行交易，不仅在时间区间的开始或结尾，而且可以在期间任何时刻对资产价格进行建模。这种方法可以通过递归使用二叉树模型，制定一个完整的重组二叉树模型实现。这种方法将产生一个有趣的数值结构，这些我们将在第7章中讲解。多阶段的二叉树（Multi-stage binomial）结构是基于离散状态与离散时间的模型。但是，如果我们使用未来价格的连续分布，例如与几何布朗运动模型相关的对数正态分布结果会如何？如果允许在任意时间交易，要求存在一个连续状态线性时间的模型。奇怪的是，在封闭的形式中，复杂的模型可能会有简单的解决方案。考虑一个普通的欧式买入期权，期权的标的股票没有分红，股票价格$S(t)$服从几何布朗运动。由于维纳过程驱动的增量是相互独立的，我们可以说未来的价格取决于历史的价格。在到期日前的t时刻，期权的价格仅取决于时间（更准

确的表示为剩余时间）与标的资产的价格。如果我们将期权的价格定义为$f(S(t),t)$，在例 2.21 中，我们看到$f(S(t),t)$满足随机微分方程：

$$df = \frac{\partial f}{\partial t}dt + \frac{\partial f}{\partial S}dS + \frac{1}{2}\sigma^2 S^2 \frac{\partial^2 f}{\partial S^2}dt \tag{2.36}$$

在到期日，期权的价值为期权的收益：

$$F(S(T),T) = \max\{S(T) - K, 0\}$$

我们想知道的是$f(S(0),0)$即现在期权的价值。式（2.36）并没有直接给出期权的价格，但是至少不含有随机变量 dS。回想使用过的无套利定价原则，我们可以得到例 2.22 与例 2.23 的确定关系，但是这里涉及随机性。

为了摆脱随机性，我们试图使用期权与股票建立一个组合，组合的价值为确定的，就如我们在二叉树中使用的投资组合一样。考虑一个由一个期权的空头仓位与一个股票多头仓位构成的投资组合，股票数量确定为Δ，该投资组合的价值为：

$$\Pi = \Delta \cdot S - f(S,t)$$

对Π进行微分，并使用式（2.32）得到：

$$d\Pi = \Delta dS - df = \left(\Delta - \frac{\partial f}{\partial S}\right)dS - \left(\frac{\partial f}{\partial t} + \frac{1}{2}\sigma^2 S^2 \frac{\partial^2 f}{\partial S^2}\right)dt \tag{2.37}$$

通过如下公式可以消除 dS：

$$\Delta = \frac{\partial f}{\partial S}$$

股票数量为Δ，则我们投资组合是无风险的；因此，根据无套利定价原则，投资组合可以获取无风险收益，利率为r：

$$d\Pi = r\Pi dt \tag{2.38}$$

在式（2.37）与式（2.38）消除 dΠ，得到：

$$\left(\frac{\partial f}{\partial t} + \frac{1}{2}\sigma^2 S^2 \frac{\partial^2 f}{\partial S^2}\right)dt = r\left(f - S\frac{\partial f}{\partial S}\right)dt$$

最后：

$$\frac{\partial f}{\partial t} + rS\frac{\partial f}{\partial S} + \frac{1}{2}\sigma^2 S^2 \frac{\partial^2 f}{\partial S^2} - rf = 0 \tag{2.39}$$

现在，我们有了一个确定的偏微分方程描述期权的价值$f(S,t)$。这个偏微分方程可以用于任何期权，期权的收益只依赖于标的资产的现价和到期日标的资产的价格。如果期权的收益依赖于整个期间（初始日与到期日之间）标的资产的历史价格，如亚式期权（Asian option），我们可以使用更复杂的方程。为通过数值方法求解偏微分方程，我们需要方程的边界条件（boundary）与初始条件（initial condition）。在期权定价中，我们有边界条件。在T时刻，普通欧式期权的边界条件为：

$$f(S,T) = \max\{S - K, 0\}$$

同理，对于卖出期权

$$f(S,T) = \max\{S - K, 0\}$$

方程（2.39）一个显著和直观的特点是，标的资产价格的漂移 μ 不起任何作用，方程只涉及无风险收益率 r。在基于二叉树模型的远期合约与期权定价中，我们都使用了风险中性定价原则，这是另外一个可以展示风险中性定价原则的深远影响的示例。

一般情况下，偏微分方程非常复杂，以至于无法在封闭区间上得到解析解，但可以使用数值方法获得数值解；求解困难部分由于方程自身的复杂性，部分由于边界条件。我们将在第 5 章演示一种并不简单的数值方法，这种方法在期权定价方面的应用将在第 9 章进行讲解。然而，在某些情况下，方程 9 可以得到解析解。最有名的例子是布莱克－斯科尔斯模型（Black－Scholes model），他们给出了欧式买入期权的解：

$$C = S_0 N(d_1) - Ke^{-rT}N(d_2) \tag{2.40}$$

其中：

$$d_1 = \frac{\log(S_0/K) + (r + \sigma^2/2)T}{\sigma\sqrt{T}}$$

$$d_2 = \frac{\log(S_0/K) + (r - \sigma^2/2)T}{\sigma\sqrt{T}} = d_1 - \sigma\sqrt{T}$$

N 代表标准正态分布函数：

$$N(x) = \frac{1}{\sqrt{2\pi}}\int_{-\infty}^{x} e^{-y^2/2}\mathrm{d}y$$

使用（买入期权与卖出期权）平价理论，我们可以得到普通欧式卖出期权的价值为：

$$P = Ke^{-rT}N(-d_2) - S_0N(-d_1) \tag{2.41}$$

或许我们可以计算出 Δ 的值，即建立一个无风险模型需要买入标的股票的数量：

$$\Delta = \left.\frac{\partial C}{\partial S}\right|_{S=S_0} = N(d_1)$$

对于一个常规期权的价值 $f(S,t)$：

$$\Delta = \frac{\partial f(S,t)}{\partial S}$$

我们可以计算期权价格对于标的股票价格变化的敏感性，当然也可以计算其他因素的敏感性，如下：

$$\Gamma = \frac{\partial^2 f(S,t)}{\partial S^2}, \quad \Theta = \frac{\partial f(S,t)}{\partial t}, \quad \rho = \frac{\partial f(S,t)}{\partial r}, \quad \nu = \frac{\partial f(S,t)}{\partial \sigma}$$

这些敏感性统称为 Greeks，可以被用于评估投资组合中期权的风险。这些敏感性指标对一些期权具有封闭形式，它们通常是可计算的。Δ 与 Γ 在期权中扮演着类似与债券中久期与凸性的角色。Θ 是用来测量期权价值关于剩余期权变化的敏感程度，而 ρ 与 ν 用来计算期权价值关于利率变化与波动性变化的敏感程度。Δ 尤其重要，由于它在建立无风险的投资组合中的重要作用，我们以此扩展了布莱克 – 斯科尔斯方程。

在实际中，期权卖出者通常使用投资组合对冲他们的期权空头风险。这需要持续的投资组合调整，因为 Δ 随着时间的推移将发生变化；因为实际情况与交易成本的原因，持续的调整或许不可行，或许存在某些对冲偏差。在实际中，对冲不仅仅依靠期权的 Δ，除此之外，整个期权组合的敏感风险都需要对冲。

2.6.3 风险中性期望与费曼 – 卡茨（Feynman – kač）公式

在简单的二叉树模型的情况下，在风险中性的测度中，我们发现期权的价值为其未来期望收益的现值。在连续时间的假设下，我们使用不同的方法，即偏微分方程。实际上，这两种方法是同一个硬币的两面，它们可以通过费曼 – 卡茨（Feynman – Kač）公式的变形而统一。

定理2.1　（费曼 – 卡茨定理）考虑偏微分方程：

$$\frac{\partial F}{\partial t} + \mu(x,t)\frac{\partial F}{\partial x} + \frac{1}{2}\sigma^2(x,t)\cdot\frac{\partial^2 F}{\partial x^2} = rF$$

$F = F(x,t)$ 为方程的解，边界条件为：

$$F(T,x) = \varPhi(x)$$

根据技术条件，则 $F(x,t)$ 可以表示为：

$$F(x,t) = E_{x,t}[\varPhi(X_T)]$$

其中 $X(t)$ 为随机过程且满足微分方程：

$$\mathrm{d}X_\tau = \mu(X_\tau,\tau)\mathrm{d}\tau + \sigma(X_\tau,\tau)\mathrm{d}W_\tau$$

初始条件为 $X_t = x$。

符号 $E_{x,t}$ 指出，这是一个条件期望值，即随机过程在 t 的值为 $X(t) = x$。从数学理论的角度，这个定理定义了伊藤随机积分的结果（参看本章文献 [1] 的详细证明）；从物理理论的角度，这是一个布朗运动与某个微分方程（PDEs）之间关联的结果，布朗运动是一个扩散过程，这个微分方程（PDEs）则可转化为热传导方程[注]。

我们将这个定理应用于布莱克 – 斯科尔斯方程，对于一个期权收益函数 $\varPhi(\cdot)$，将得到：

$$f(S_0,0) = \mathrm{e}^{-rT}\hat{E}[\varPhi(S_T)]$$

这与方程（2.35）一致。在风险中性测度中取期望值，这实际意味着 $S(t)$ 的随机微分方程为：

$$\mathrm{d}S = rS\mathrm{d}t + \sigma S\mathrm{d}W$$

需要注意的是，在这种情况下改变测度意味着改变了微分方程的漂移系数

<small>⊖　我们将在第 5 章引入抛物型偏微分方程和热传导方程。</small>

（drift coefficient），而波动性不受影响[下]。

我们应该回想到，根据几何布朗运动模型，一个正漂移意味着未来的期望价格可能趋向无穷大。实际上，这种情况不会发生，因为分红将使得股票价格下降。根据无套利定价原理，股票价格的下降程度与红利一样。期权的标的股票在某确定时间分红，可以使用数值方法，如二叉树模型为期权定价。

如果我们假设分红在一个连续时间上进行，分红率为 q（类似于利率的复利计算，这个利率是根据股票现价计算的），布莱克 – 斯科尔斯模型可以简单地进行扩展。在这种情况下，动态风险中性可以表示为方程：

$$dS = (r - q)Sdt + \sigma SdW \qquad (2.42)$$

在大多情况下，连续的红利利率分配是一种理想的假设。我们可以考虑包含了众多股票的股票指数：个股的离散分红现金流可以视作一个红利利率。

2.6.4　布莱克 – 斯科尔斯模型的 MATLAB 计算

在 MATLAB 中计算布莱克 – 斯科尔斯公式（Black – Scholes formula）非常简单，我们可以使用统计工具箱（Statistics toolbox）中的函数 normcdf 计算标准正态分布的累积概率。可以非常简单的将方程（2.40）写为 MATLAB 的代码如下：

```
d1 = (log(S0/K) + (r + sigma^2/2) * T)/(sigma * sqrt(T));
d2 = d1 - (sigma * sqrt(T));
C = S0 * normcdf(d1) - K * (exp(-r * T) * normcdf(d2));
P = K * exp(-r * T) * normcdf(-d2) - S0 * normcdf(-d1);
```

其中，变量 S0，K，R，T，sigma 都为布莱克 – 斯科尔斯公式的相关参数。使用金融工具箱（Financial toolbox）中的函数 blsprice，根据这些参数计算上述公式。第一，函数可以根据参数向量计算系列期权价格；第二，函数考虑了连续分红利率 q（默认值为 0），根据分红利率，我们可以方便地调整布莱克 – 斯科尔斯模型与相关的定价公式（参见文献 [28 第 5 章]）。接下来将展示一个调用函数 blsprice 的示例：

```
>> S0 = 50;
>> K = 52;
>> r = 0.1;
>> T = 5/12;
>> sigma = 0.4;
>> q = 0;
>> [C, P] = blsprice(S0, K, r, T, sigma, q)
C =
    5.1911
```

⊖　形式上，这是 Girsanov 定理的结果，参见本章参考文献 [1]。

P =

　5.0689

　　实际上，我们可以画出一个期权价值曲线，对于一个普通的欧式买入期权，随着时间趋近到期日，标的资产的不同价格对应着不同的期权价格。运行图 2.20 的程序，我们可以得到期权价格曲线图 2.21。我们看到随着时间的推移，期权的近似收益图[⊖]。需要注意的是，在设定具体的无风险收益率、波动率、剩余期限时必须保持一致性。在前面的程序中，所有的参数都是年化的，因此，剩余期限为五个月应表示为 5/12。在计算 Greeks 使用同样的方法，如例 2.24。

```
% PlotBLS.m
S0 = 30 : 1 : 70;
K = 50;
r = 0.08;
sigma = 0.4;
for T = 2: -0.25 : 0
    plot(S0,blsprice(S0,K,r,T,sigma));
    hold on;
end
axis([30 70 -5 35]);
grid on
```

图 2.20　当趋向到期日时不同标的资产价格的欧式买入期权价值

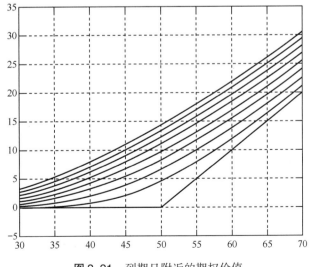

图 2.21　到期日附近的期权价值

⊖　在第 A.2 节我们将绘制一个曲面,而不是一条曲线。

[例2.24]期权的 Greeks 可以用来近似计算期权价格关于风险因子的变化,就像债券投资组合的久期与凸性,其中主要的风险因子为利率的不确定性。例如,考虑标的资产价格的增加导致期权价格的变化,使用泰勒展开式的二阶形式,可以得到期权价格变化的近似:

$$C(S_0 + \delta S) \approx C(S_0) + \Delta \cdot \delta S + \frac{1}{2}\Gamma \cdot (\delta S)^2 \qquad (2.43)$$

在 MATLAB 中调用函数 blsdelta 与 blsgamma,我们可以使用这样的近似方法。需要注意的是这两个函数返回值不同,函数 blsgamma 只返回一个数值,因为对其买入期权与卖出期权 Γ 是相同的。在简单的 MATLAB 示例中,我们看到近似的效果非常不错:

```
>> C0 = blsprice(50,50,0.1,5/12,0.3)
C0 =
    4.8851
>> dS = 2;
>> C1 = blsprice(50 + dS,50,0.1,5/12,0.3)
C1 =
    6.2057
>> delta = blsdelta(50,50,0.1,5/12,0.3)
delta =
    0.6225
>> gamma = blsgamma(50,50,0.1,5/12,0.3)
gamma =
    0.0392
>> C0 + delta * dS + 0.5 * gamma * dS^2
ans =
    6.2086
```

我们已经说过,Greeks 在投资组合对冲中扮演着重要的角色,Δ 与 Γ 扮演着类似久期与凸性对于债券的角色。我们或许可以使用一个策略使得期权投资组合保持 Δ 中性(Δ – neutral),这意味着标的资产价格的较小的波动将不影响投资组合的价值。事实上,从实用的角度来看,较小的波动是不够的,因为针对较大波动的不完全的对冲优于针对较小波动的完全对冲。

将对冲暂时放在一边,我们注意到,Greeks 在风险管理中扮演着重要的角色。考虑一个期权投资组合的 VaR 值。即使我们假设风险因子,例如股票价格变化 δS 是服从正态分布的,期权的定价公式在 S_0 是非线性的,这种非线性将破坏正态性。然而,如果我们使用基于 Δ 的近似,例如 $\delta C \approx \Delta \cdot \delta S$,我们看到正态性因为计算的简单性而被保留。事实上，越精密的模型与越优良的统计描述都越需要数值计算方法，比如，蒙特卡罗模拟（Monte Carlo simulation）。

2.6.5　关于布莱克-斯科尔斯公式的注解

布莱克-斯科尔斯公式被认为是一个影响深远的成就，在巨大且快速发展的成熟市场中发挥着基础性作用；然而，它仍有些美中不足。如果布莱克-斯科尔斯公式是"完全正确的"，将没有衍生品市场。原因很简单，公式基于两种资产完全复制期权收益，如果在现实中期权收益可以被完全复制，那就不再需要衍生品了。

进一步而言，一个完备的市场无须新型资产，因为新型资产可能是多余的。当然，市场不是完备的。我们复制（或对冲）用来假设一个相当理想化的市场，而在实际中，交易成本、波动的随机性、资产价格的跳跃等因素使得完全复制是基本不可能的。而几何布朗运动模型基本没有考虑这些因素。

此外，如果我们假设完全复制是可行的，这就无须考虑风险厌恶；实际上，我们在第2.4.1节中提到的简单的效用理论在期权定价中不起任何作用。事实上，基于更专业的标的资产价格动态模型的几个替代的期权定价模式已被开发出来。此外，套利的缺乏意味着风险中性测量的存在，市场不完备意味着定价模型并不是唯一的。因此，存在一个兼容缺乏套利的价格范围。哪个价格是正确的？这取决于风险。从理论角度而言，我们无法摆脱制定决策面临的不确定性。从实用角度来看，布莱克-斯科尔斯公式的简单性与直观性是不可否认的。事实上，追求过于复杂的模型并不是必需的，通常实用方法与布莱克-斯科尔斯公式结构略有不同，实用方法的目标是得到相对价格；换句话说，在金融市场中我们能获取到交易价格，我们使用无套利定价原理为其他资产定价，通过这种方法计算出的价格与那些可观测到的价格应该是一致的。事实上，布莱克-斯科尔斯公式有时候被视作一种"插值"公式。

一个通用的方法是使用布莱克-斯科尔斯公式计算隐含波动率。从一个简单的角度来看，公式中的波动率参数 σ 应该通过分析标的资产价格的时间序列获得；这意味我们使用的是历史波动率。隐含波动率是通过其他方法获得的，我们可以观察到期权的价格，计算一个波动率使得布莱克-斯科尔斯公式计算的期权价格与市场价格相等。这看上去有点太浪费时间，但是它使得计算的新价格与市场价格一致。在实际中，波动率曲面使用隐含波动率估计等，隐含波动率的计算涉及多个因素，包括期权的剩余期限与执行价格。另一种利用期权定价公式的方法，是针对不完备性市场的，通过风险中性测度校正模型，这也意味着市场选择。我们将在第2.8节介绍这种思想，在那里我将看到，布莱克-斯科尔斯方法可以通过引入风险的市场价格的方式获得。简单地讲，对于市场可能存在风险，都存在一个风险中性测度，在这个测度下，风险都有一个价格。通过观察价格，我们或许可以获得风险的市场价格，或相关的风险中性测度；然后，我们可以为其他依赖市场利率的合约定价。一种使用这种方式的例子是，通过分析债券价格获得一个利率模型，从而应用于利率衍生品定价。

2.6.6 美式期权的定价

与欧式期权不同，美式期权（American option）可以在期权到期前任何时间行权。这似乎没有逻辑的变化使得美式期权的定价更加复杂。一个简单的结论是美式期权比类似的欧式期权更有价值，因为它可以有更多的行权机会。从理论角度而言，美式期权的估值是一个动态随机优化问题的解。如果你持有这样的期权，在任何时刻，你都必须决定是否行权，你应该比较期权的内在价值（内在价值是早期行权获得的收益）与持有价值（持有价值是等待更好的行权机会的收益）。

一般情况下，美式期权的价值可以写为：

$$\max_{\tau} \hat{E}\left[e^{-r\tau} \Phi(S_{\tau}) \right] \tag{2.44}$$

式中，函数 Φ 为期权收益期望值，在风险中性测度下，τ 为一个停止时间。"停止时间"有非常精确的随机过程理论意义，但是，这里可以简单地将"停止时间"理解为执行期权的时间。早期行权的时间（如果发生）为一个随机变量，且仅由至今的历史价格决定。

显然，如果期权没有处于价内状态，将不可能发生早期行权。对一个卖出期权，在时间 t 如果 $S(t) > K$，我们是不会行权的；但是如果 $S(t) < K$，或许保留期权继续等待是较优的选择。只有在期权处于"深度"价内时，早期行权才会发生。行权通常依赖于到期时间，我们可以预期，当到期日越来越近，我们或许更愿意提早行权。从定性的角度来看，对于一个美式卖出期权，我们或许可以预测一个早期行权的边界，如图 2.22 所示。边界含义为一个股票价格 $S^*(t)$，如果股票价格 $S(t) < S^*(t)$，期权则处于"足够深"的价内状态，然后，我们在该区域选择行权是最佳

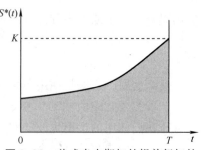

图 2.22 美式卖出期权的提前行权的收益模拟，期权在阴影区域行权

的⊖。如果股票价格在行权边界以上，我们将处于延续区域，即持有期权。寻找边界只是问题的一部分，但正是这个过程使得问题变得困难。与欧式期权不同，美式期权不能简单地计算一个期望值，这使得应用蒙特卡罗模型方法为美式期权定价变得非常复杂。在过去，这似乎是不可能的，但是我们将在第 10 章介绍一个相对

⊖ 对于美式期权行权边界的详细介绍，参见文献 [14] 第 4 章。

简单的方法。在偏微分方程的结构内，这将转化为自由边界问题，自由边界问题是相对于典型的给定边界条件的问题。然而，在第 9 章有限差分法方法中，我们将看到，这基本上可以归结为比较内在价值和持有价值。

2.7　奇异期权与路径依赖期权简介

在过去几年，市场上出现了多种新型期权，而且新型期权发展迅速。你可以选择股票期权、商品期货期权、甚至期权的期权。在市场利率风险管理中，利率衍生品起着基础性作用。某些极特别的期权（用来满足特殊需求）是在柜台市场交易的（OTC，over-the-counter）。⊖

股票的奇异期权（Exotic option）在设计中引入了某种程度的路径依赖。设计思路与普通的欧式期权不同，奇异期权的收益不仅依赖于标的资产在到期日的价格，而且还依赖于整个价格路径。接下来，我们将简单地介绍障碍期权（barrier option）、亚式期权（Asian option）与回望期权（lookback option）。它们在学习和测试数值方法方面特别有用。

2.7.1　障碍期权

在障碍期权中，一个具体资产价格 S_b 被当作障碍价格。在期权的存续期内，这个障碍价格可以越过或不被越过。在击出式期权（knock-out option）中，在期权存续期内任意时刻，如果障碍价格被越过，期权合约将被取消；与之相反，击入式期权（knock-in option）中，只有当障碍价格被越过，期权合约才被激活。障碍价格 S_b 可以高于或低于资产现价 S_0：如果 $S_b > S_0$，我们称为向上期权；如果 $S_b < S_0$，我们称为向下期权。这些特征结合买入期权与卖出期权的收益可以定义一系列障碍期权。

例如，一个向下的击出式期权（adown-and-out put option）是一个卖出期权，如果标的资产价格下降并低于障碍 S_b，期权将变为无效；在这种情况下 $S_b < S_0$，与 $S_b < K$。这种期权背后的逻辑是期权卖出者的风险将降低。因此，一个向下的击出式期权的期望价格低于一个普通欧式看空期权的价格。从期权持有者的角度，这意味着潜在的期权收益将降低。然而，如果你使用期权进行风险管理，而不是投机，这意味着你可以买到更便宜的保险。同样的道理，我们可以定义一个向上的击出式期权（aup-and-out put option）。

现在，考虑一个向下敲入式卖出期权（adown-and-in put option）。这个期权，只有在障碍价格 $S_b < S_0$ 被越过时，才被激活生效。持有一个向下的击出式期权与一个向下击入式卖出期权相当于持有一个普通的卖出期权。因此，我们有如下平衡关系：

⊖　正如我们提到的，这意味着它们没有在一个规范的交易所进行买卖。

$$P = P_{di} + P_{do}$$

其中，P 为普通卖出期权的价格，P_{di} 与 P_{do} 分别为向下击入式期权与向下击出式期权的价格。如果障碍价格被越过、期权合约被取消，有时会给予期权持有人一定的补偿。在这种情况下，上面的平衡关系将是不正确的。

原则上，障碍价格应该被连续监测；实际上，障碍价格的检测是周期性的（比如，每天检测标的资产的收盘价格）。这或许将影响定价，因为较低监测频率使得跨越障碍价格的可能性降低。

对于某些障碍期权，我们或许有解析的定价公式。例如，考虑一个向下的击出式卖出期权，执行价格为 K，到期日为 T，障碍价格为 S_b。接下来的公式已知（参见本章参考文献 [28] 的第 250 – 251 页），其中 S_0，r，σ 为通常的含义：

$$P = Ke^{-rT}\{N(d_4) - N(d_2) - a[N(d_7) - N(d_5)]\}$$
$$- S_0\{N(d_3) - N(d_1) - b[N(d_8) - N(d_6)]\}$$

其中

$$a = \left(\frac{S_b}{S_0}\right)^{-1+2r/\sigma^2}$$

$$b = \left(\frac{S_b}{S_0}\right)^{1+2r/\sigma^2}$$

则

$$d_1 = \frac{\log(S_0/K) + (r + \sigma^2/2)T}{\sigma\sqrt{T}}$$

$$d_2 = \frac{\log(S_0/K) + (r - \sigma^2/2)T}{\sigma\sqrt{T}}$$

$$d_3 = \frac{\log(S_0/S_b) + (r + \sigma^2/2)T}{\sigma\sqrt{T}}$$

$$d_4 = \frac{\log(S_0/S_b) + (r - \sigma^2/2)T}{\sigma\sqrt{T}}$$

$$d_5 = \frac{\log(S_0/S_b) - (r - \sigma^2/2)T}{\sigma\sqrt{T}}$$

$$d_6 = \frac{\log(S_0/S_b) - (r + \sigma^2/2)T}{\sigma\sqrt{T}}$$

$$d_7 = \frac{\log(S_0K/S_b^2) - (r - \sigma^2/2)T}{\sigma\sqrt{T}}$$

$$d_8 = \frac{\log(S_0K/S_b^2) - (r + \sigma^2/2)T}{\sigma\sqrt{T}}$$

MATLAB 计算这些公式的程序如图 2.23 所示。

```
% DownOutPut. m
function P = DownOutPut( S0, K, r, T, sigma, Sb)
a = (Sb/S0)^( -1 + (2 * r/sigma^2));
b = (Sb/S0)^(1 + (2 * r/sigma^2));
d1 = (log(S0/K) + (r + sigma^2/2) * T)/(sigma * sqrt(T));
d2 = (log(S0/K) + (r - sigma^2/2) * T)/(sigma * sqrt(T));
d3 = (log(S0/Sb) + (r + sigma^2/2) * T)/(sigma * sqrt(T));
d4 = (log(S0/Sb) + (r - sigma^2/2) * T)/(sigma * sqrt(T));
d5 = (log(S0/Sb) - (r - sigma^2/2) * T)/(sigma * sqrt(T));
d6 = (log(S0/Sb) - (r + sigma^2/2) * T)/(sigma * sqrt(T));
d7 = (log(S0 * K/Sb^2) - (r - sigma^2/2) * T)/(sigma * sqrt(T));
d8 = (log(S0 * K/Sb^2) - (r + sigma^2/2) * T)/(sigma * sqrt(T));
P = K * exp( -r * T) * (normcdf(d4) - normcdf(d2) - ...
    a * (normcdf(d7) - normcdf(d5)))...
    - S0 * (normcdf(d3) - normcdf(d1) - ...
    b * (normcdf(d8) - normcdf(d6)));
```

图 2.23　计算向下击出式卖出期权的理论价格

```
≫ [Call, Put] = blsprice(50, 50, 0.1, 5/12, 0.4);
≫ Put
Put =
    4.0760
≫ DOPut(50, 50, 0.1, 5/12, 0.4, 40)
ans =
    0.5424
≫ DOPut(50, 50, 0.1, 5/12, 0.4, 35)
ans =
    1.8481
≫ DOPut(50, 50, 0.1, 5/12, 0.4, 30)
ans =
    3.2284
≫ DOPut(50, 50, 0.1, 5/12, 0.4, 1)
ans =
    4.0760
```

我们看到向下的击出式卖出期权比普通的卖出期权便宜很多；标的资产的价格趋向于障碍价格 S_b 时，障碍期权的价值趋向于 0。那么障碍期权的价格与波动率的关系如何？

```
>>[Call,Put] =blsprice(50,50,0.1,5/12,0.4);
>>Put
Put =
     4.0760
>> [Call,Put] =blsprice(50,50,0.1,5/12,0.3);
>>Put
Put =
     2.8446
>> DOPut(50,50,0.1,5/12,0.4,40)
ans =
     0.5424
>> DOPut(50,50,0.1,5/12,0.3,40)
ans =
     0.8792
>> DOPut(50,50,0.1,5/12,0.4,30)
ans =
     3.2284
>> DOPut(50,50,0.1,5/12,0.3,30)
ans =
     2.7294
```

对于一个普通的卖出期权，波动率越低意味着期权价格越低，因为不确定性越小；对于障碍式期权，波动率越低意味着更高的期权价格，因为触碰到障碍价格的概率越小。由此可见，决定性因素为障碍价格的水平。

在上面的公式中，障碍被假设为连续实时监控的。当监控为离散时，我们认为向下的击出式期权的价值上升，因为触碰到障碍的概率将降低。使用上面的解析公式，根据障碍的设定，得到：

$$S_b \Rightarrow S_b e^{\pm 0.5826 \cdot \sigma \sqrt{\delta t}}$$

其中，0.5826 由黎曼 zeta 函数计算所得，δt 为连续两次障碍监控的时间间隔，±由期权的种类决定。对于一个向下击出式卖出期权，我们应取负号，障碍价格应该降低以反映触碰障碍价格的概率下降。例如，如果我们每天监控一次障碍，以上价格变化大致如下：

```
>> DOPut(50,50,0.1,5/12,0.4,40)
ans =
     0.5424
>> DOPut(50,50,0.1,5/12,0.4,40 * exp( -0.5826 * 0.4 * sqrt(1/12/30)))
ans =
```

0.6380

```
≫DOPut(50,50,0.1,5/12,0.4,30)
ans =
```

3.2284

```
≫DOPut(50,50,0.1,5/12,0.4,30 * exp( -0.5826 * 0.4 * sqrt(1/12/30)))
ans =
```

3.3056

我们假设每个月固定有 30 天。需要注意的是，离散时间的障碍期权已有其他分析方法，但是因为这种方法的概念比较简单，因此我们仍将使用它。

2.7.2　亚式期权

障碍期权表现出轻微程度的路径依赖。另一种具有较强路径依赖的期权类型为亚式期权（Asian option），亚式期权的收益取决于期权整个存续期标的资产价格的平均值。

不同亚式期权的制定，取决于平均值的计算方法。抽样方法可以是离散的或（原则上）连续的。此外，平均值可以是算术平均或几何平均。离散的算术平均公式为：

$$A_{da} = \frac{1}{n}\sum_{i=1}^{n}S(t_i)$$

其中，$t_i, i=1,\cdots,n$。离散的抽样时间几何平均为：

$$A_{dg} = \left[\prod_{i=1}^{n}S(t_i)\right]^{1/n}$$

如果为连续抽样，我们得到：

$$A_{ca} = \frac{1}{T}\int_0^T S(t)\,\mathrm{d}t$$

$$A_{cg} = \exp\left[\frac{1}{T}\int_0^T \log S(t)\,\mathrm{d}t\right]$$

给定某种方法测量均值 A，可以使用它定义利率或执行价格。一个平均利率买入期权的收益为：

$$\max\{A - K, 0\}$$

而对于一个平均执行价格买入期权，我们有：

$$\max\{S(T) - A, 0\}$$

同样的道理，我们可以定义平均收益率卖出期权：

$$\max\{K - A, 0\}$$

或平均执行价格的卖出期权：

$$\max\{A - S(T), 0\}$$

早期行权特征可以在合同中定义。

2.7.3 回望期权

回望期权（lookback option）有很多种形式，类似于亚式期权。最基本的不同是在期权存续期间，期权的最大值（或最小值）是被跟踪关注的。假设在连续监控情况下，我们可以监控到标的资产价格的最大值与最小值：

$$S_{max} = \max_{t \in [0,T]} S(t)$$

$$S_{min} = \min_{t \in [0,T]} S(t)$$

一个欧式的回望买入期权的收益为：

$$S(T) - S_{min}$$

而一个回望卖出期权的收益为：

$$S_{max} - S(T)$$

2.8 利率衍生品概述

在本书中，我们将仅研究权益类期权的定价，因为权益类期权定价需要更多的数值计算方法[⊖]。然而，目前利率衍生品市场的规模非常巨大，在本节我们将指出为什么利率衍生品如此重要与为什么利率衍生品定价如此困难。事实上，任何债券都是利率的衍生品，因为债券的价值主要由市场利率决定；如果我们使用随机过程为市场利率建模，我们或许可以使用期权定价的原理为零息债券定价。这样做似乎有些"矫枉过正"，但是我们将看到，这种方法在复杂利率期权衍生品定价中发挥着基础性的作用。

接下来将列出（包含但不限于）属于利率衍生品的最基础资产：

●利率互换（interest - rate swap），为一个双方之间约定的交换，即在未来某个时间约定进行现金流的交换。在普通的互换合约中，一方将支付固定利率（适用于一笔固定金额资金，称为名义本金）的现金流量，另一方根据合约支付浮动利率（适用于合约有效期为一个特定的时间间隔）。互换合约的净现金流取决于未来市场的利率水平。

●债券期权。一个债券的买入期权类似于一个股票买入期权，不同的是标的资产不同。在这种情况下，我们有两个到期日：期权的到期日 T，在 T 时刻期权可以行权，债券的到期日 S。显然，我们必须有 $T < S$。期权在到期日的收益取决于到期日债券的价格，到期日债券的价格取决于利率。在实际中，买入期权通常被嵌入债券中，称为可赎回债券。如果现行利率对于赎回有利，可赎回债券可以在到期日被债券发行人赎回，例如当市场利率下降，债券发行人可以以更低的利率发行债券。这种情况下，意味着债券的持有人出售一个买入期权给债券发行人。因此，对于债

⊖ 本节主要是为了内容的完整性，只对数值计算方法有兴趣的读者可以直接跳过本节。

券购买者，可赎回债券的成本应该比不可赎回债券低。

● 利率"帽子"（interest – rate cap）。"帽子"提供一个面对利率增长的保护，这对于那些以浮动利率贷款的人非常有帮助。"帽子"是一个"帽子"利率区间的组合，利率区间适用于未来不同的时间间隔。如果 L 为合约的面值，R_K 为"帽子"利率，"帽子"利率区间适用于时间间隔为 δt 区间上的收益：

$$L \cdot \delta t \cdot \max\{0, R - R_K\}$$

其中，R 为当时该区间的市场利率。如果未来利率上升，"帽子"的持有者将获得收益，这个收益覆盖了高于利率"帽子"上的利息支出。可以看到，"帽子"相当于一个债券期权的组合。

● 利率"地板"（interest – rate floor）。"地板"与"帽子"类似，"地板"提供一个面对利率下降的保护，"地板"利率区间的收益为：

$$L \cdot \delta t \cdot \max\{0, R_K - R\}$$

利率衍生品的种类在增加，利率衍生品在利率风险管理方面非常有效。相对于老式免疫策略，利率衍生品效果更明显。

在一定假设条件下，我们刚才所描述的基本利率衍生品可以使用简单模型进行定价。但是通常需要更专业的模型。在面对更复杂的利率衍生品时，需要考虑动态利率的复杂性。在接下来的章节中，我们将介绍一些直观的结论。在股票期权的布莱克–斯科尔斯模型中，我们假设市场利率是固定的、标的资产价格的波动率也是固定的。当然，第一个假设对应利率衍生品并不适用。第二个假设或许也不适用，因为债的波动性随着到期日的临近将越来越低（债券久期变得越来越短）。

2.8.1 利率动态模型

最近几年，已经开发出多种获取动态利率不确定性的模型。它们的区别主要体现在如下：

● 随机因子的数量。在最简单的模型中，我们只描述短期利率的动态性 $r(t)$，它表示在未来非常短的时间区间 $(t, t+\delta t)$ 上的利率。然而我们知道，债券的价格取决于整个利率期限结构。

如果建立一个单因素模型，实质上是假设我们可以通过短期利率与其未来走势获取整个利率期限结构。事实上，获得一个理想的单因素模型是非常困难的，更复杂的模型是基于一系列因子建立的，随着因素的增加建模的难度也相应增加。

● 专注于均衡或套利。追求建立一个经济理论上看似合理的模型，通过模型得到的利率可以作为市场均衡的结果，这似乎是一个"雄心勃勃"的想法，但这是可能的。另一个想法是建立一个模型与现实观测到的利率期权结果相匹配。事实上，一个可信模型（credible model）的基本要求是，模型可以反映基础资产的价格，而这些价格在市场上是可以观察到的。通常情况下，采用这样相对价格方法的目的是套利。

结果产生出多种类型的模型，这些模型存在着不同的优点和缺点，在它们之间有没有明显的选择倾向。我们不想冒险进入这个困难的领域，但是，通过伊藤过程的知识，我们或许至少可以建议一些基于随机微分方程的短期利率模型：

$$dr(t) = \mu[t,r(t)]dt + \sigma[t,r(t)]dW(t) \qquad (2.45)$$

其中，$W(t)$为一个标准维纳过程。多因素模型需要使用多维的维纳过程。几何布朗运动明显是一个有缺陷的模型，至少在较少时间情况下，因为利率不可能没有限制地增长。均值回归是许多模型的共同特征，在这些模型中有：

（1）Vasiček 模型：

$$dr = (b - ar)dt + \sigma dW$$

其中 $a > 0$。

（2）Cox – Ingersoll – Ross（CIR）模型：

$$dr = a(b - r)dt + \sigma\sqrt{r}dW$$

（3）Black – Derman – Toy（BDT）模型：

$$dr = \Theta(t)rdt + \sigma(t)rdW$$

（4）Hull – White（extended CIR）模型：

$$dr = [\Theta(t) - a(t)r]dt + \sigma(t)\sqrt{r}dW$$

其中 $a(t) > 0$。

在接下来的章节中，我们将看到使用数值方法求解连续时间的随机模型，要么采用蒙特卡罗模拟，要么建立一个离散近似，如二叉树模型。同样的思路可以用于建立利率模型。例如，在 MATLAB 的金融衍生品工具箱（financial derivatives toolbox）中含有为 BDT 短期利率模型、Heat – Jarrow – Morton（HJM）模型建立树结构的函数，这些模型都是著名的多因子模型。无论我们使用什么模型、什么计算技术都必须校准模型的参数。你或许认为，为完成这个任务，我们应该获取市场利率数据并使用这些数据拟合模型的参数。在下一节，我们将介绍在实际中并非如此。

2.8.2　不完备市场和风险市场价格

我们已经指出，布莱克－斯科尔斯公式的一个问题是，在模型的假设情形下期权是没有意义的。因为在完备市场中，使用一个无风险资产与标的资产的组合就可以完全复制期权。在实际中，很多原因导致这并不正确，市场是不完善的（比如，交易费用与波动的随机性）。这并不意味着利率是无效的；相反，通过使用布莱克－斯科尔斯公式，我们可以建立内部的一致性，例如隐含收益率与波动率曲面。

最基础的难题是市场的不完备性。因此，无套利条件同时隐含着一个风险中性测度的存在，市场的不完备意味着这个测度是不唯一的。我们能做的就是建立一个内部一致性定价系统，使系统与某些可观测到的价格一致，这就是无套利。换句话说，我们需要确定一个风险中性测度，这个测度与可观测到的市场价格相关。

在处理利率衍生工具时，最简单的资产就是零息债券。事实上，我们需要对应着任何到期日的系列零息债券。我们或可以建立一个短期利率模型来分析无套利原则的影响，如式（2.45），假设 $p(t,T)$ 为在时间 t，到期日为 T 的零息债券的价格。给定一个短期利率模型，假设在时间 t，市场的短期利率为 $r(t)$：

$$p(t,T) = F(t,r(t);T)$$

就像我们在股票期权定价中那样，我们需要某些边界或终止条件。如果我们假设债券的面值为 1 美元，终止条件为：

$$F(T,r;T) = 1$$

对于任意的 r，为了便于标记，我们定义债券的价格为 F^T 假设短期利率模型为方程（2.45），应用伊藤引理，得到：

$$\mathrm{d}F^T = \left(\frac{\partial F^T}{\partial t} + \mu \frac{\partial F^T}{\partial r} + \frac{1}{2}\sigma^2 \frac{\partial^2 F^T}{\partial r^2}\right)\mathrm{d}t + \sigma \frac{\partial F^T}{\partial r}\mathrm{d}W$$

$$= \nu_T F^T \mathrm{d}t + \xi_T F^T \mathrm{d}W$$

其中，为方便起见，我们引入：

$$\nu^T = \frac{1}{F^T}\left(\frac{\partial F^T}{\partial t} + \mu \frac{\partial F^T}{\partial r} + \frac{1}{2}\sigma^2 \frac{\partial^2 F^T}{\partial r^2}\right)$$

$$\xi_T = \frac{\sigma}{F^T}\frac{\partial F^T}{\partial r}$$

如果考虑另一个债券，到期日为 S，我们有：

$$\mathrm{d}F^S = \nu_S F^S \mathrm{d}t + \xi_S F^S \mathrm{d}W$$

其中，$W(t)$ 同样为维纳过程，两个债券价格取决于同一个因素。因此，我们可以消除 $\mathrm{d}W$，得到如下投资组合：

$$\Pi = (\sigma_S F^S)F^T - (\sigma_T F^T)F^S$$

需要注意的是，括号中的表达式代表每个债券的数量，这些数量在短期 δt 内不会改变，而债券的价格或许将变化。因此，微分得到：

$$\mathrm{d}\Pi = (\delta_S F^S)\mathrm{d}F^T - (\sigma_T F^T)\mathrm{d}F^S$$

$$= (\mu_T \sigma_S F^S F^T - \mu_S \sigma_T F^T F^S)\mathrm{d}t$$

由于这是一个无风险投资组合，不存在套利机会意味着：

$$\mathrm{d}\Pi = r\Pi \mathrm{d}t$$

可以转化为：

$$\mu_T \sigma_S - \mu_S \sigma_T = r\sigma_S - r\sigma_T$$

这个等式对于任何到期日都成立，这意味着如果债券市场是无套利的，则存在着一个过程 $\lambda(t)$ 使得：

$$\frac{\mu_T(t) - r(t)}{\sigma_T(t)} = \lambda(t) \tag{2.46}$$

对于任何到期日 T。过程 $\lambda(t)$ 被称为风险的市场价格。如果写成 $\mu = r + \lambda\sigma$，我们或许可以理解名字背后的原因：漂移 μ 为无风险利率的一个补偿，补偿是由波动率与风险的价格决定的。在风险中性的假设下，如果风险的价格为 $\lambda = 0$，则有 $\mu = r, \mu = r$，这正是布莱克－斯科尔斯模型中使用的"漂移"。

如果将 μ_T 与 σ_T 在式（2.46），我们得到如下偏微分方程（PDE）：

$$\frac{\partial F^T}{\partial t} + (\mu - \lambda\sigma)\frac{\partial F^T}{\partial r} + \frac{1}{2}\sigma^2\frac{\partial^2 F^T}{\partial r^2} - rF^T = 0$$

这个偏微分方程结合边界条件 $F^T(T, r) = 1$，被称为期限结构方程。应用费曼－卡茨方程，得到零息债券的期望价格

$$F^T(t, r) = E^Q_{t,r}\left[e^{\int_t^T r(s)\,ds}\right],$$

其中，$E^Q_{t,r}$ 为在风险中性测度 Q，给定 t 与 $r(t)$ 的条件期望值，随机过程 $r(s)$ 满足随机微分方程：

$$dr(s) = \{\mu - \lambda\sigma\}\,ds + \sigma dW(s)$$

初始条件为 $r(t) = r$。

使用类似的方法，只要使用适当的风险市场价格，我们可以为其他利率衍生品定价。对于方程右面的 λ，我们应该校正模型，以便我们寻找到合适的风险的市场价格，这个风险的市场价格与我们观测到的零息债券的价格相匹配。这意味着我们应该寻找一个随机微分方程，在风险中性的环境下，这个随机微分方程可以描述动态的短期利率。这样做，最基本的要求一个逆问题（inverse problem）的解：给定债券价格与期限结构方程，我们应该找到风险的市场价格。这个任务的复杂程度取决于短期利率的假设。有些模型存在解析解，有些模型不存在解析解。当然，如果一个模型依赖三个数值参数（例如 CIR 模型），我们不指望获得一个精确解。实际上，基于零息债券的模型校正并不容易，因为缺少足够的资产（零息债券）。其实，我们需要的是模型与交易价格一致；因此，任何与利率相关的资产都可以作为交易价格（校正）数据的来源，许多市场模型的建立都不是出于经济动机（交易获利），但是这些模型的目标都是使得实际定价更简单。在实际中，短期利率是一个数学分析的对象，但是短期利率并不能直接的观测到；其他利率更容易获取，例如 LIBOR$^\ominus$。

进阶阅读

书籍推荐

• 关于投资策略与数学模型的相关介绍，参见文献［15］；复杂的投资策略与数学模型，参见文献［11］；关于衍生品介绍与数学模型等相关内容，参见文献［28］。

• 关于股票交易实际的运作方式的介绍，参见文献［27］。

• 关于债券市场与固定收益相关的介绍，参见文献［6］、［7］、［8］、［25］

$\ominus$　LIBOR，伦敦银行间同业拆借利率。

以及［16］。

- 关于投资组合理论介绍，参见文献［5］；关于效用理论的详细介绍，参见这本书的第 10 章。
- 关于投资组合管理的高级应用，参见文献［23］。
- 关于期权与衍生品的详细介绍，参见文献［10］；关于理论方面的介绍，参见文献［14］。
- 关于在险价值（VaR）的介绍，参见文献［12］。
- 关于期权对冲策略方面的介绍，参见文献［26］；这本书对初学者或许有一定难度，但是其中关于实际对冲交易的介绍非常准确。
- 关于金融中连续随机积分的相关文献，最近出现得非常多，对于初学者容易理解的，参见文献［17］或文献［19］；最新版的教科书为文献［24］。
- 关于离散时间模型处理，参见文献［24］，书中详细介绍风险中性概率与无套利价值，以及其中的相互关系。
- 关于金融经济学的更多知识，参见文献［4］。
- 关于固定收益证券相关书籍中有利率衍生品的介绍，参见文献［16］；一本主要关于利率衍生品的书是文献［21］。
- 关于从数学角度介绍利率衍生品的理论背景，参见文献［1］。
- 关于使用利率衍生品进行利率风险管理，参见文献［9］与［18］。

网络资源

- http://fisher.osu.edu/fin/journal/jofsites.htm，一个金融资源汇总网站。
- http://www.iafe.org，国际金融工程协会网站。
- http://www.bachelierfinance.com，巴舍利耶金融学会。

参 考 文 献

1. T. Björk. *Arbitrage Theory in Continuous Time* (2nd ed.). Oxford University Press, Oxford, 2004.

2. M. Broadie, P. Glasserman, and S. G. Kou. A Continuity Correction for Discrete Barrier Options. *Mathematical Finance*, 7: 325–349, 1997.

3. J. Cvitanić and F. Zapatero. *Introduction to the Economics and Mathematics of Financial Markets*. MIT Press, Cambridge, MA, 2004.

4. J. P. Danthine and J. B. Donaldson. *Intermediate Financial Theory* (2nd ed.). Academic Press, San Diego, CA, 2005.

5. E. J. Elton and M. J. Gruber. *Modern Portfolio Theory and Investment Analysis* (5th ed.). Wiley, New York, 1995.

6. F. J. Fabozzi. *Bond Markets: Analysis and Strategies*. Prentice Hall, Upper Saddle River, NJ, 1996.

7. F. J. Fabozzi. *Fixed Income Mathematics: Analytical and Statistical Techniques* (3rd ed.). McGraw–Hill, New York, 1997.

8. F. J. Fabozzi and G. Fong. *Advanced Fixed Income Portfolio Management: The State of the Art*. McGraw–Hill, New York, 1994.

9. B. E. Gup and R. Brooks. *Interest Rate Risk Management: The Banker's Guide to Using Futures, Options, Swaps, and Other Derivative Instruments*. Irwin Professional Publishing, New York, 1993.

10. J. C. Hull. *Options, Futures, and Other Derivatives* (5th ed.). Prentice Hall, Upper Saddle River, NJ, 2003.

11. J. E. Ingersoll, Jr. *Theory of Financial Decision Making*. Rowman & Littlefield, Totowa, NJ, 1987.

12. P. Jorion. *Value at Risk: The New Benchmark for Controlling Derivatives Risk*. McGraw – Hill, New York, 1997.

13. J. G. Kallberg and W. T. Ziemba. Comparison of Alternative Utility Functions in Portfolio Selection Problems. *Management Science*, 29: 1257 – 1276, 1983.

14. Y. K. Kwok. *Mathematical Models of Financial Derivatives*. Springer – Verlag, Berlin, 1998.

15. D. G. Luenberger. *Investment Science*. Oxford University Press, New York, 1998.

16. L. Martellini, P. Priaulet, and S. Priaulet. *Fixed – Income Securities: Valuation, Risk Management, and Portfolio Strategies*. Wiley, Chichester, 2003.

17. T. Mikosch. *Elementary Stochastic Calculus with Finance in View*. World Scientific Publishing, Singapore, 1998.

18. S. K. Nawalkha, G. M. Soto, and N. A. Beliaeva. *Interest Rate Risk Modeling*. Wiley, Hoboken, NJ, 2005.

19. S. Neftci. *An Introduction to the Mathematics of Financial Derivatives* (2nd ed.). Academic Press, San Diego, CA, 2000.

20. S. R. Pliska. *Introduction to Mathematical Finance: Discrete Time Models*. Blackwell Publishers, Malden, MA, 1997.

21. R. Rebonato. *Interest – Rate Option Models* (2nd ed.). Wiley, Chichester, 2000.

22. R. Rebonato. *Modern Pricing of Interest – Rate Derivatives: the LIBOR Market Model and Beyond*. Princeton University Press, Princeton, NJ, 2002.

23. B. Scherer and D. Martin. *Introduction to Modern Portfolio Optimization with NuOPT, S – Plus, and S^+ Bayes*. Springer, New York, 2005.

24. S. Shreve. *Stochastic Calculus for Finance* (vols. I and II). Springer – Verlag, New York, 2003.

25. S. M. Sundaresan. *Fixed Income Markets and Their Derivatives*. South Western College Publishing, Cincinnati, OH, 1997.

26. N. Taleb. *Dynamic Hedging: Managing Vanilla and Exotic Options*. Wiley, New York, 1996.

27. S. R. Veale, editor. *Stocks, Bonds, Options, Futures: Investments and their Markets*. New York Institute of Finance/ Prentice Hall, Paramus, NJ, 1987.

28. P. Wilmott. *Quantitative Finance* (vols. I and II). Wiley, Chichester, West Sussex, England, 2000.

第 2 部分

数 值 方 法

第3章

数值分析基础

　　MATLAB 的核心系统是由一系列处理基础数值计算问题的函数组成的。使用 MATLAB，可能不需要专业的数值计算理论，但是掌握一些基本的数值计算知识，对于我们挑选数值算法、查找程序错误是非常有意义的。事实上，数值计算受到计算精度与误差传递的影响，计算出的结果可能显得非常不合理。因此首先需要考虑到有限精度的数值计算与算法稳定性方面的影响，这些内容将在第 3.1 节介绍。此外，在学习使用偏微分方程为衍生品定价中计算精度与算法稳定性同样重要。

　　第 3.2 节将介绍求解线性方程（组）的方法；MATLAB 为用户提供了直接方法与迭代方法求解线性方程（组）。第 3.3 节将介绍数据的拟合与插值方法。第 3.4 节将主要研究非线性方程（组）的求解方法。

　　另外一些数值问题，例如偏微分方程的数值积分与有限差分方法将在涉及的各章节进行介绍。相对于标准的数值分析教材，本书省略了一些基本的数值计算方法，例如计算矩阵的特征向量与特征值、常微分方程求解。这两个问题都可以使用 MATLAB 函数进行计算，由于在本书中不会使用这些算法，如果读者需要了解这些算法，可以参见本章的参考文献。

3.1　数值计算的性质

　　数值分析基于实数系统。不幸的是，计算机系统不是实数系统。在计算机系统中，每一个数都是使用有限的字节表示的，字节的取值为 0 或 1。因此，我们必须使用二进制与有限精度的数值计算。随着计算机硬件的技术进步，在无须对原有软件程序进行修改的情况下，我们可以使用更多的字节表示数值。即便如此，某些数值误差还是无法避免的，这些误差可能造成无法预计的影响。在第 3.1.1 节中，我们将列举几个可能遇到的数值错误示例，并说明出现这些问题的原因。

3.1.1　数值的表示、四舍五入和截断

　　我们通常使用十进制表示数值，数值 1492 表示的实际意思为：
$$1 \times 10^3 + 4 \times 10^2 + 9 \times 10^1 + 2 \times 10^0$$

同样的道理，当我们使用分数或小数时，使用的是 10 的负指数：

$$0.42 \Rightarrow 4 \times 10^{-1} + 2 \times 10^{-2}$$

某些数值，例如 $1/3 = 0.\overline{3}$，并没有一个有限的表示形式，它被视作一个无限循环。然而，计算机硬件基于二进制逻辑，我们必须使用二进制表示，例如：

$$(21.5)_{10} \Rightarrow 2^4 + 2^2 + 2^0 + 2^{-1} = (10101.1)_2$$

我们如何将一个十进制的数转换为二进制数？例如一个整数 N，可以转换为：

$$N = (b_k \cdot 2^k) + (b_{k-1} \cdot 2^{k-1}) + \cdots + (b_1 \cdot 2^1) + (b_0 \cdot 2^0)$$

两边都除以 2，我们得到：

$$\frac{N}{2} = (b_k \cdot 2^{k-1}) + (b_{k-1} \cdot 2^{k-2}) + \cdots + (b_1 \cdot 2^0) + \frac{b_0}{2}$$

因此，在二进制表示的最右面，b_0 可以简单地视为 N 被 2 整除的余数。N 可以表示为：

$$N = 2Q + b_0$$

式中，Q 为 N 被 2 整除的结果。重复上述过程，我们可以使用二进制表示所有的数值。将十进制转换为二进制的 MATLAB 程序如图 3.1 所示。函数 DecToBinary 将输入整数 n，返回一个向量 b 为整数 n 的二进制形式[⊖]：

```
function b = DecToBinary(n)
n0 = n;
i = 1;
while (n0 > 0)
    n1 = floor(n0/2);
    b(i) = n0 - n1 * 2;
    n0 = n1;
    i = i + 1;
end
b = fliplr(b);
```

图 3.1   将整实数转化为二进制表示的 MATLAB 程序

```
>>DecToBinary(3)
ans =
      1    1
>>DecToBinary(8)
ans =
      1    0    0    0
```

⊖ 这可能不是最优的算法，因为输出向量 b 的长度是可变的。我们可以计算出 n 必要的比特位数，并预分配 b 的长度。

≫DecToBinary(13)

ans =

　　1　　1　　0　　1

同样，分数或小数形式的数值也可以转换为二进制形式：

$$R = \sum_{k=1}^{\infty} d_k 2^{-k}$$

对于某些数值，它们可以表示为有限的十进制形式，但不能表示为有限的二进制形式。例如：

$$7/10 = (0.7)_{10} = (0.1\overline{0110})_2$$

显然在这种情况下，无限序列是被截断的（truncated），存在截断误差。一个分数 R 可以通过接下来的算法获得它的二进制表达，这个算法类似于上述整数转二进制的算法（int 与 frac 分别表示一个数值的整数部分与分数部分）：

（1）设置 $d_1 = \text{int}(2R)$ 与 $F_1 = \text{frac}(2R)$。

（2）递归计算（Recursively compute）$d_k = \text{int}(2F_{k-1})$ 与 $F_k = \text{frac}(2F_{k-1})$，于 $k = 2, 3, \cdots n$。

在此我们知道了十进制转二进制的算法，在第 4.6 节处理蒙特卡罗模拟中，我们将看到这些算法的应用示例。

在实际中，我们需要表示很大或很小的数值，因此，我们需要浮点表示（floating – point representation）方法，如：

$$x \approx \pm q \times 2^n$$

其中，q 为尾数部分，n 为指数部分。数值的精确程度取决于选择的标准和硬件。在任何情况下，只要我们的内存是有限的，就存在舍入误差。

舍入误差并不是数值计算误差的唯一来源。另一种误差为截断误差。例如，在使用一个有限和替代一个无限和，当我们截断类似这样的和时，就发生了截断误差。考虑以下的指数函数表达：

$$e^x = \sum_{k=0}^{\infty} \frac{x^k}{k!}$$

[例 3.1] 一个典型的麻烦情况是两个几乎相等的数值做减法。考虑如下示例⊖：

$$x = 0.3721478693$$
$$y = 0.3720230572$$
$$x - y = 0.0001248121$$

如果我们只保留这些数值的小数点后五位（后面的四舍五入），实际计算结果为

$$\bar{x} - \bar{y} = 0.37215 - 0.37202 = 0.00013$$

与精确结果相比，相对误差为 4%。实际上，为避免误差可以使用更好的计算方法

⊖　参见本章参考文献 [3] 的第 58 – 59 页。

$$\sqrt{x^2 + 1} - 1$$

对于非常小的数值 x，这种方法可以显著的降低误差。在这种情况下，我们可以将上述表达式写为

$$\sqrt{x^2 + 1} - 1 = \left(\sqrt{x^2 + 1} - 1\right)\left(\frac{\sqrt{x^2 + 1} + 1}{\sqrt{x^2 + 1} + 1}\right) = \frac{x^2}{\sqrt{x^2 + 1} + 1}$$

这里不涉及减法，但是在其他情况中，无法避免舍入误差。

3.1.2　误差的产生、条件与不稳定性

随着计算机硬件的发展，存储数值的字节数越来越多，舍入误差越来越小。对于实际使用，数值基本可以被精确地表示。数值算法的舍入误差或许会在计算步骤中累积，并可能产生破坏性的影响，例如在例 1.3 中的那样。因此，我们应该分析算法的数值稳定性。

对于同一个问题，我们通常有多种算法供选择，其中一种算法对于这个问题或许不稳定，但另一算法对这个问题相对稳定。我们将在第 5 章介绍一个经典示例，它是关于选择求解偏微分方程（PDEs）的显性与隐性方法的。但并不总是需要权衡算法潜在的不稳定性与算法效率。例如，先进的优化算法工具箱，如 ILOG CPLEX，为大规模的线性规划问题提供了不同的内点法○；面对这样复杂的数值计算问题，我们或许应该选择稳定性强（计算效率或许较低）的算法。

稳定性是求解某类数值问题的特定数值算法的一种属性。还有另一个问题与求解数值问题本身的难度相关，称为条件。当我们考虑一个问题的条件时，我们不针对某个问题的具体算法，而是针对问题本身的难度。因此，重要的是需要理解算法的稳定性与数值问题条件的关系。

从抽象的角度而言，一个数值问题可以被看作是一个映射：

$$y = f(x)$$

映射将输入数据 x 转换为输出数据 y。算法为一个计算函数 $f(x)$ 的可行的计算方法；同样的数值问题可以使用不同的数值算法，这些算法拥有不同的计算效果与稳定性。当我们使用计算机进行运算的时候，涉及输入参数的舍入误差；我们应该检查输入数据的扰动 δx 对输出结果的影响。定义实际的输入参数为 $\bar{x} = x + \delta x$，输出参数为 $f(\bar{x})$，那么一个算法将计算出 y^*。如果一个算法是稳定的，则相关误差

$$\frac{\| f(\bar{x}) - y^* \|}{\| f(\bar{x}) \|}$$

与机器精度是同一个数量级的○。

○　关于内点法，我们将在第 6.4.4 节进行介绍。
○　为得到关于机器精度的直观认识，考虑不等式 $1 - \varepsilon < 1 < 1 + \varepsilon$，显然 $\varepsilon > 0$，使用数值计算，存在一个最小的 ε 使得不等式成立。如果小于这个最小值，计算机无法区分不等式两边的差异。

将 $f(\bar{x})$ 与 $f(x)$ 进行比较，我们分析另外一个问题，称为数值计算问题的条件数。我们比较输入误差与输出误差；当输入误差非常小时，输出误差同样小。理想情况下，输出误差应有一个范围，例如

$$\frac{\|f(x) - f(\bar{x})\|}{\|f(x)\|} \leqslant K \frac{\|x - \bar{x}\|}{\|x\|} \tag{3.1}$$

其中，$\|\cdot\|$ 为一个适当的范数(norm)⊖。数值 K，称为问题的条件数。然后，我们分析研究求解线性方程（组）问题的放大倍数，一个简单示例如下：

[例3.2] 考虑如下非线性方程：

$$p(x) = x^8 - 36x^7 + 546x^6 - 4536x^5 + 22449x^4 - 67284x^3 +$$
$$118124x^2 - 109584x + 40320$$
$$= 0$$

这是一个典型的非线性方程，因为它是一个多项式方程，这个方程可以使用特殊的方法求解，其中一个方法可以通过函数 roots 实现⊖：

```
>>p1 = [1 -36 546 -4536 22449 -67284 118124 -109584 40320];
>>roots(p1)
ans =
    8.0000
    7.0000
    6.0000
    5.0000
    4.0000
    3.0000
    2.0000
    1.0000
```

多项式可以通过向量的形式表示，向量中元素是多项式的系数序列。我们看到了一个清晰的解的模式。特别地，我们在区间 $[5.5, 6.5]$ 上有一个根。现在我们将多项式的第二个系数 -36 改为 -36.001。我们或许认为数据微小变化，多项式解的变化也同样微小。来看看结果。

```
>>p2 = [1 -36.001 546 -4536 22449 -67284 118124 -109584 40320];
>>roots(p2)
ans =
    8.2726
    6.4999 + 0.7293i
    6.4999 - 0.7293i
```

⊖ 读者应该熟悉关于向量范数的概念，否则可以参见第 3.2.1 节的内容。
⊖ 我们已经在计算内部收益率的时候，在例 2.8 使用过函数 roots。

4.5748

4.1625

2.9911

2.0002

1.0000

多项式的根不再保持原样，而且在区间 $[5.5, 6.5]$ 存在多项式的根，得到了两个更复杂的复数根。误差的条件数与数值问题自身相关，而与求解算法无关：函数 roots 可以计算出效果很好的近似解，但是数值问题数据的细微变化可能导致结果的显著变化。求解高阶多项式的根是一个病态条件数问题（ill - conditioned problem），或许我们可以通过经验数据中的误差效应来定义一类数值计算问题。

　　将算法稳定性与条件数两个概念结合起来发现：对于具体的数值计算问题，当问题的条件数适当且算法稳定时，才可以计算出"高质量"的解。

3.1.3　收敛阶数与计算复杂度

　　有时我们可以通过一个相对简单的方法直接得到数值问题的解。但另一种情况，我们需要使用迭代算法生成一系列近似解。给定一个近似解 $x^{(k)}$，通过某种转换得到一个更优的近似解 $x^{(k+1)}$。有效算法的最低要求为生成的近似解序列可以收敛于数值问题的真实解 x^*。此外，我们希望这个收敛过程足够快。收敛的速度可以通过比率进行量化。如果收敛率至少为线性的，则存在一个常数 $c < 1$ 与一个整数 N 使得：

$$\| x_{n+1} - x^* \| \leqslant c \| x_n - x^* \|, \quad n \geqslant N$$

如果收敛率至少为二次的，则存在一个常数 C 与一个整数 N 使得：

$$\| x_{n+1} - x^* \| \leqslant C \| x_n - x^* \|^2, \quad n \geqslant N$$

在这种情况下，我们不要求 $C < 1$。这可以推广到任意 α 阶收敛：

$$\| x_{n+1} - x^* \| \leqslant C \| x_n - x^* \|^\alpha, \quad n \geqslant N$$

　　比率 q 越大越好；二次收敛（$q = 2$）优于线性收敛（$q = 1$）。一个迭代的方法并不总是需要收敛的。有时候，收敛取决于初始迭代点 $x^{(0)}$ 与其到真实解的距离。

　　当使用迭代算法时，我们或许不知道需要多少次迭代计算才可以获得一个满意解。另一种情况是某些直接方法可以得到数值问题的解。使用直接方法意味着，通过一定（已知）数量的步骤，就可以得到一个想要的数值解（如果不存在算法稳定性的问题）。对于直接算法，或许可以统计算法获得数值解所需基本运算的次数（例如，加法与乘法），并且可以测量算法的计算复杂程度。

　　计算量是问题规模的一个函数。运算次数取决于计算执行的细节，问题规模取决于表示问题的编码的类型。在实际中，这些策略不需要过分的精准，知道问题规模的增加对计算量增加的影响程度就足够了。此外，运行算法的计算负载取决于具体问题，具体问题意味着具有的问题与具体的数据。有时候，通过分析一般的具体问题可以获得这类问题的平均计算复杂度。通常，更容易获取的是最差情况的计算复杂度。

计算复杂度对于离散优化问题非常重要，因为它们使用的算法很消耗时间。

[**例3.3**] 再次考虑在例1.2中介绍过的资金预算的背包问题。因为存在有限个可行解，在实际中，我们或许可以通过遍历所有可行解的方法寻找最优解。然而，每个项目都可以分为可以投资或不投资，所以存在2^N个可行解，其中N表示备选项目的数量，显然N代表了问题的规模。因为很多可行解或许并不满足预算约束，备选项目的数量N决定了可行解数量的上限。在最差情况下，遍历所有可行解的计算复杂度为2^N（从技术角度而言，我们称计算复杂度为$O(2^N)$）$\ominus$。

显然，这种指数形式的增长是不可想象的。有效算法的复杂度通常为多项式形式；对于某个常数p，它们的复杂度为$O(N^p)$。对于一个优化问题，如果我们可以找到一个（复杂度）多项式算法，这个问题的复杂度就为多项式的。然而，如果我们无法找到一个多项式算法，而且其他可行算法的复杂度都是指数形式，这意味着这个问题是指数复杂的吗？事实上并非如此：或许存在一个（复杂度）多项式算法，但是我们还没拥有足够的知识发现它。因此，面对一个复杂问题时，考虑到算法的复杂性是相对必要的。在这里我们遇到了同样的问题——算法的两面性即算法的稳定性与算法的条件。

3.2 求解线性方程

线性方程的求解是一个重要的问题，因为它是其他各类问题求解的基础。例如，求解非线性方程的牛顿法（Newton's method）通过反复求解线性问题的方式获取非线性方程的解（参见第3.4.2节）；在第5章中，我们将看到某些求解偏微分方程的方法都需要求解线性方程。

在数学演算（In pencil – and – paper mathematic）中，当我们求解线性方程$Ax = b$时，通过矩阵求解我们得到$x = A^{-1}b$（矩阵为非奇异矩阵）。MATLAB提供了矩阵求逆函数inv，新手似乎很惊奇，为什么不使用线性方程求解方法。哪种方法更有效？

我们的目标不是过多地纠缠于这个问题；而是学习如何使用MATLAB求解线性方程。求解线性方程的方法大致可分为直接算法与迭代算法。直接算法（Direct method）有一个明显的计算复杂度，因为直接算法通过（已知）一定步骤的计算可以得到结果；迭代算法（iterative method）生成一系列解，这些解

$\ominus$　如果$\lim_{n} \to \infty\ f(n)/g(n) < \infty$，函数$f(n)$为$O(g(n))$。

（在某些条件下）趋近理想解。对于迭代算法，迭代次数是不可预知的，因为这取决于收敛速度（convergence speed）。对于大规模的线性方程问题，稀疏矩阵（sparse matrice，矩阵只有少量的非零元素）是非常有用的。直接算法与迭代算法都可以通过 MATLAB 实现，在某种条件下，其中一类算法明显优于另一类算法。

在例 1.3 中，我们已经看到对某些矩阵求解线性方程非常困难。或许我们认为当矩阵接近奇异时，求解相关数值问题将变得困难。虽然这是合理的，也有其他原因增加了数值计算的难度。为理解其原因，我们需要分析问题的条件，考虑矩阵的条件数。在分析之前，我们必须介绍一下向量与矩阵范数的概念。

3.2.1　向量与矩阵的范数

我们熟悉的向量是在欧几里得空间的长度概念。范数是这种概念的推广，长度的概念可以推广到矩阵与函数，这对研究收敛、稳定性与条件等数值数值分析问题极有帮助。

向量范数是一个将向量 $x \in \mathbb{R}^n$ 映射到实数上的函数。$\| x \|$ 使得：

- $\| x \| > 0$ 对于任意 $x \neq 0$，有 $\| x \| = 0$ 当且仅当 $x = \mathbf{0}$。
- $\| cx \| = | c | \| x \|$ 对于任意 $c \in \mathbb{R}$。
- $\| x + y \| \leq \| x \| + \| y \|$ 对于任意 $x, y \in \mathbb{R}^n$。

这些属性是衡量一个向量的长度应满足的基本属性。定义向量长度的直接方式是欧几里得范数（Euclidean norm）：

$$\| x \|_2 \equiv \sqrt{\sum_{i=1}^{n} | x_i |^2}$$

然而，存在不同的向量长度概念，这些概念都满足上述向量范数条件。最常见的是：

- $\| x \|_\infty \equiv \max_{1 \leq i \leq n} | x_i |$，被称为 L_1 范数。
- $\| x \|_1 \equiv \sum_{i=1}^{n} | x_i |$，被称为 L_∞ 范数。

一般来说，一个向量的 L_p 范数为：

$$\| x \|_p = \left(\sum_i | x_i |^p \right)^{1/p}$$

当 p 趋向无穷时，我们得到 L_∞ 范数。

［例 3.4］向量与矩阵的范数可以通过 MATLAB 函数 norm 计算：

```
≫v = [24 -1 3];
≫[ norm(v,1) norm(v,2) norm(v,inf) ]
ans =
    10.0000        5.4772        4.0000
```

函数 norm 有两个参数：向量与针对范数种类的可选参数，默认参数为 2。调用函数 norm 的方法如下：

sum(abs(v).^p)^(1/p)

当范数选择参数为 inf 的时候，计算向量的 L_∞ 范数。

[例 3.5] 我们常常考虑误差的范数。在数值分析中，误差可以分为问题的解与迭代算法的逼近距离，或者舍入与截断误差。具有金融与经济背景的读者大多熟悉最小二乘（least square），最简单的情形是给定一组实验数据 (x_i, y_i)，$i = 1, \cdots, n$，寻找它们间的线性关系：

$$y = a + bx$$

函数尽可能地拟合实验数据。在实际中，完美的拟合是不存在的，我们定义一个误差 e_i，使得对于任意的经验数据有 $y_i = a + bx_i + e_i$。通常，我们使用残差形式而不是误差，在任何情况下，我们想保持残差尽可能小。通过最小化残差向量的范数来获得拟合模型，求解方程：

$$\min \quad \sum_{i=1}^{n} e_i^2$$
$$\text{s. t.} \quad y_i = a + bx_i + e_i \qquad \forall_i$$

为避免残差的正负问题，我们使用平方的形式；但是我们应该考虑使用其他范数，例如 L_1，在求解方程时是否有不妥之处。

$$\min \sum_{i=1}^{n} | e_i |$$

或许，如果使用 L_∞ 范数，求解最小最大问题（min – max problem）：

$$\min_{a,b} \left\{ \max_{i=1,\cdots,n} | e_i | \right\}$$

第一种情况非常有意义，它与残差绝对值的平均值相关，而欧几里得范数的残差惩罚或许稍微大些。然而，给定绝对值的非可微函数，使用 L_1 范数最小化残差需要线性规划的数值解，而最小二乘问题有一个简单的解析解，这个解析解恰好为线性回归提供了统计诠释。当我们倾向于控制最大偏差（worst – case deviation），而不是最小化与平均残差相关的测度时，使用 L_∞ 范数更有意义。

一个或许不太熟悉的概念为矩阵范数（matrix norm），矩阵范数的定义需要上述同样的性质。在矩阵平方的情况中，范数函数将 $\mathbb{R}^{n \cdot n}$ 映射到 $\mathbb{R}$。必要的性质为：

- $\| A \| > 0$ 对于任意 $A \neq 0$，有 $\| A \| = 0$ 当且仅当 $A = 0$。
- $\| cA \| = | c | \cdot \| A \|$ 对于任意 $c \in \mathbb{R}$。
- $\| A + B \| \leq \| A \| + \| B \|$ 对于任意 $A, B \in \mathbb{R}^{n \cdot n}$。

有时候，需要如下附加条件：

$$\| AB \| \leq \| A \| \cdot \| B \|$$

连接向量和矩阵同样重要，我们称一个向量与一个矩阵范数是互相兼容（compatible）的，如果如下等式成立：

$$\| \boldsymbol{Ax} \| \leqslant \| \boldsymbol{A} \| \| \boldsymbol{x} \|$$

对于任意的矩阵 $\boldsymbol{A}$ 与向量 $\boldsymbol{b}$（需要注意的是，不等式左边使用的是向量范数）常用的矩阵范数为：

- $\| \boldsymbol{A} \|_{\infty} \equiv \max_{1 \leqslant i \leqslant n} \sum_{i=1}^{n} |a_{ij}|$ 。

- $\| \boldsymbol{A} \|_{1} \equiv \max_{1 \leqslant j \leqslant n} \sum_{i=1}^{n} |a_{ij}|$ 。

- $\| \boldsymbol{A} \|_{F} \equiv (\sum_{i=1}^{n} \sum_{j=1}^{n} |a_{ij}|^2)^{1/2}$，弗罗贝尼乌斯范数（Frobenius norm）。

- $\| \boldsymbol{A} \|_{2} \equiv \sqrt{\rho(\boldsymbol{A'A})}$，谱范数（spectral norm），其中 $\rho(\cdot)$ 为矩阵的谱半径（spectral radius）。例如 $\rho(\boldsymbol{B}) \equiv \max\{|\lambda_k| : \lambda_k \text{ is an eigenvalue of } \boldsymbol{B}\}$ 。

前两个范数或许看起来有些怪异，但是它们容易被计算。在第一个情况中，对于每个矩阵行向量，我们可以将其列元素的绝对值相加，然后在行（范数）中取最大。第二种情况下，我们可以将第一种范数的操作互换。

[例3.6] 函数 norm 同样可以用于计算矩阵范数，调用方式如下：

```
≫A=[2 4 -1;3 1 5;-2 3 -1];
≫[norm(A,inf) norm(A,1) norm(A,2) norm(A,'fro')]
ans =
    9.0000      8.0000      6.1615      8.3666
```

我们计算一个矩阵的四种范数，包括谱范数与弗罗贝尼乌斯范数。对于谱范数，我们需要检查 $\boldsymbol{A'A}$ 特征值的平方根并选取最大值：

```
≫sqrt(eig(A'*A))
ans =
    2.2117
    5.2100
    6.1615
```

弗罗贝尼乌斯范数（Frobenius norm）看来好像是欧几里得范数的推广，但其他三个范数似乎显得有些非常规。事实上，给定一个向量范数就可以引出一种矩阵范数。

一个方阵或许可以看作一个向量转换运算：它将旋转一个向量从而改变它的长度，使之变长或变短。我们或许可将向量放大的程度视作一种矩阵范数。给定一个向量范数，我们可以定义它的从属范数为：

$$\| \boldsymbol{A} \| \equiv \sup_{\boldsymbol{x} \neq 0} \frac{\| \boldsymbol{Ax} \|}{\| \boldsymbol{x} \|} = \max_{\| \boldsymbol{x} \|=1} \| \boldsymbol{Ax} \| \tag{3.2}$$

在这种情况下，我们称矩阵范数由向量范数引出。显然，这两种范数是互相兼容的。向量范数 $\| \cdot \|_{\infty}$ 引出矩阵范数 $\| \cdot \|_{\infty}$，对于向量范数 $\| \cdot \|_{1}$ 同样的道理。一

个惊人的事实是，欧几里德范数无法引出弗罗贝尼乌斯范数。事实上，弗罗贝尼乌斯范数不是一个衍生（附属）范数，考虑单位矩阵(identity matrix)I：在方程 (3.2) 中，我们有 $\|I\| = 1$，但是 $\|I\|_F = \sqrt{n}$，对于一个 n 阶矩阵。因为 $\|\cdot\|_2$ 的定义（参见本章参考文献 [13]），向量的欧几里得范数可以导出谱范数。

一个兼容的矩阵范数的基本属性如定理 3.1 所示：

定理 3.1 对于一个与向量范数兼容的矩阵范数，我们有：

$$\rho(A) \leq \|A\|$$

此式证明比较简单。给定一组相互兼容的向量范数与矩阵范数，考虑矩阵 A 的特征值 λ，v 为与特征值相关的特征向量，特征向量为单位长度，$\|v\| = 1$。

$$|\lambda| = \|\lambda v\| = \|Av\| \leq \|A\|\|v\| = \|A\|$$

因为这适用于矩阵的特征值，因此此定理成立。

3.2.2 矩阵的条件数

现在我们准备开始分析数值误差对于求解线性方程的影响。考虑如下方程：

$$Ax = b$$

假设给 b 添加一个扰动 δb，由于舍入误差，这样的扰动在实际中确实会发生。这将导致计算结果或许发生变化，我们有：

$$A(x + \delta x) = b + \delta b$$

意味着：

$$A \cdot \delta x = \delta b \Rightarrow \delta x = A^{-1}\delta b$$

当函数的输入误差为 δb 时，我们希望对计算结果的误差 δx 进行评估。如果我们使用相互兼容的矩阵与向量范数，则有：

$$\|\delta x\| = \|A^{-1}\delta b\| \leq \|A^{-1}\| \cdot \|\delta b\|$$

$$\|b\| = \|Ax\| \leq \|A\| \cdot \|x\|$$

将其分为两个不等式：

$$\frac{\|\delta x\|}{\|A\|\|x\|} \leq \|A^{-1}\| \cdot \frac{\|\delta b\|}{\|b\|} \Rightarrow \frac{\|\delta x\|}{\|x\|} \leq \|A\| \cdot \|A^{-1}\| \cdot \frac{\|\delta b\|}{\|b\|}$$

这类似于式（3.1）。条件数 $K(A) \equiv \|A\| \cdot \|A^{-1}\|$ 在解决扰动的相对误差比值上给出了上限。一般来说，线性方程条件数越大，求解相对越难。

[例 3.7] MATLAB 中函数 cond 用来计算条件数。一个可选参数用来选择范数，默认范数为谱范数。

```
>>cond(hilb(3))
ans =
   524.0568
>>cond(hilb(7))
```

ans =

  4.7537e +008

≫cond(hilb(10))

ans =

  1.6025e +013

通过这些数值，我们发现求解涉及希尔伯特矩阵的线性方程组是多么的困难。

直观地说，如有一个矩阵接近奇异，这个矩阵涉及的线性方程将非常难求解。如下定理在一定程度上支持了这个观点。

定理3.2 一个 n 非奇异矩阵 $\boldsymbol{A}$，对于任何衍生（附属）矩阵范数，我们有

$$\frac{1}{\text{cond}(A)} = \min\left\{ \frac{\|\boldsymbol{A}-\boldsymbol{B}\|}{\|\boldsymbol{A}\|} \,\middle|\, \boldsymbol{B} \text{ 为对角矩形} \right\}$$

定理的基本意义为，当条件数非常大时，矩阵近似一个奇异矩阵，使用数值方法处理奇异矩阵非常困难。然而，病态条件不是奇异矩阵的必要条件，可见如下示例。

[例3.8] 考虑方程组⊖：

$$
\begin{aligned}
x_1 - x_2 - x_3 - \cdots - x_n &= -1 \\
x_2 - x_3 - \cdots - x_n &= -1 \\
x_3 - \cdots - x_n &= -1 \\
\vdots \quad \vdots \quad \vdots \\
x_{n-1} - x_n &= -1 \\
x_n &= 1
\end{aligned}
$$

线性方程组的矩阵为：

$$
\boldsymbol{A} = \begin{pmatrix}
1 & -1 & -1 & \cdots & -1 & -1 \\
0 & 1 & -1 & \cdots & -1 & -1 \\
0 & 0 & 1 & \cdots & -1 & -1 \\
\vdots & \vdots & \vdots & & \vdots & \vdots \\
0 & 0 & 0 & \cdots & 1 & -1 \\
0 & 0 & 0 & \cdots & 0 & 1
\end{pmatrix}
$$

矩阵为非奇异，因为 $\det(\boldsymbol{A})=1$。则有：

$$\boldsymbol{b} = (-1,-1,-1,\cdots,-1,1)^{\text{T}}$$

"反算（backsubstitution）"方法可以轻易找到线性方程的解。我们有 $x_n=1$，然后计算出 $x_{n-1}=x_n-1=0$。知道了 x_{n-1}，可以计算出 x_{n-2} 等。使用这样的方法，我们得到：

$$\boldsymbol{x} = (0,0,0,\cdots,0,1)^{\text{T}}$$

⊖ 参见本章文献［3］E. A. Volkov, *Numerical Methods*, MIR Publishers, 1986.

可以使用 MATLAB 验证这个解:

```
>> N =20;
>> A =eye( N) ;
>> for i =1:N, for j =i +1:N, A(i,j) = −1;, end, end
>> b = −ones( N,1) ;
>> b( N,1) =1;
>> A\b
ans =
        0
        0
        0
        0
        0
        0
        0
        0
        0
        0
        0
        0
        0
        0
        0
        0
        0
        0
        0
        1
```

现在假设给等式右边的向量 **b** 的最后一个元素添加一个扰动 ε。然后求解新的线性方程,得到一个不同的解。"反算(backsubstitution)"方法的第一步显示这个扰动的影响比较小:

$$\tilde{x}_n = x_n + \delta x_n = 1 + \varepsilon$$

然而,继续寻找其余的未知解,我们发现扰动被放大了:

```
>> b( N,1) =1.00001;
>> A\b
ans =
```

2. 6214

1. 3107

0. 6554

0. 3277

0. 1638

0. 0819

0. 0410

0. 0205

0. 0102

0. 0051

0. 0026

0. 0013

0. 0006

0. 0003

0. 0002

0. 0001

0. 0000

0. 0000

0. 0000

1. 0000

因此，一个可以忽略不计的输入误差将使得结果误差非常大。需要注意的是这归因于矩阵自身的结构，即使矩阵是非奇异的。我们面临的一个困难是问题自身的条件数，而不是算法稳定性。的确，我们可以通过分析的方法寻找问题的原因。误差向量 δx 满足如下方程：

$$\delta x_1 - \delta x_2 - \delta x_3 - \cdots - \delta x_n = 0$$
$$\delta x_2 - \delta x_3 - \cdots - \delta x_n = 0$$
$$\delta x_3 - \cdots - \delta x_n = 0$$
$$\vdots \quad \vdots \quad \vdots$$
$$\delta x_{n-1} - \delta x_n = 0$$
$$\delta x_n = \varepsilon$$

通过"反算"我们得到：

$$\delta x_n = \varepsilon$$
$$\delta x_{n-1} = \delta x_n = \varepsilon$$
$$\delta x_{n-2} = \delta x_n + \delta x_{n-1} = \varepsilon + \varepsilon = 2\varepsilon$$
$$\delta x_{n-3} = \delta x_n + \delta x_{n-1} + \delta x_{n-2} = \varepsilon + \varepsilon + 2\varepsilon = 2^2\varepsilon$$

$$\vdots$$

$$\delta x_{n-k} = \delta x_n + \delta x_{n-1} + \cdots + \delta x_{n-(k-1)} = 2^{k-1}\varepsilon$$

$$\vdots$$

$$\delta x_1 = \delta x_{n-(n-1)} = 2^{(n-1)-1}\varepsilon = 2^{n-2}\varepsilon$$

在我们的情况下：

$$\|\delta x\|_\infty = 2^{n-2}|\varepsilon|, \quad \|x\|_\infty = 1, \quad \|\delta b\|_\infty = |\varepsilon|, \quad \|b\|_\infty = 1$$

则

$$K_\infty(A) = \|A\|_\infty \cdot \|A^{-1}\|_\infty \geq \frac{\|\delta x\|_\infty / \|x\|_\infty}{\|\delta b\|_\infty / \|b\|_\infty} = 2^{n-2}$$

事实上

```
>>cond(A,inf)
ans =
    10485760
>>2^18
ans =
    262144
>>0.00001 * 2^18
ans =
    2.6214
```

3.2.3　线性方程组求解的直接方法

线性方程组求解的直接方法（Direct method）基于适当的矩阵变化。在例 3.8 中，如果矩阵是一个上三角形式（upper triangular form），我们或许可以直接得到最后一个变量 x_n 的解，然后通过"反算"的方法获得其解。让我们来使用这种方法求解线性方程组：

$$Ax = b$$

其中，A 是一个上三角矩阵：

$$a_{11}x_1 + a_{12}x_2 + \cdots + a_{1n}x_n = b_1$$
$$a_{22}x_2 + \cdots + a_{2n}x_n = b_2$$
$$\vdots = \vdots$$
$$a_{nn}x_n = b_n$$

反算从最后一个变量 x_n 开始，然后向上倒推，如下：

$$x_n = \frac{b_n}{a_{nn}}$$

$$x_k = \left(b_k - \sum_{j=k+1}^n a_{kj}x_j\right)\Big/ a_{kk}, \quad k = n-1, n-2, \cdots, 1$$

现在，我们需要建立一个系统方法，将一个线性方程组转换为一个三角形式（equivalent triangular）的方程组。高斯消元法（Gaussian elimination）就是一个这样的方法。实际上，这种思路非常简单；我们必须将方程组进行合并重组以消除方程组中的某些变量的系数。因为线性地合并方程组并不改变原有方程的解，由此产生的线性方程组与原有线性方程组等价。线性方程组的初始形式为：

$$(E_1) \, a_{11}x_1 + a_{12}x_2 + \cdots + a_{1n}x_n = b_1$$
$$(E_2) \, a_{21}x_1 + a_{22}x_2 + \cdots + a_{2n}x_n = b_2$$
$$\vdots = \vdots$$
$$(E_n) \, a_{n1}x_1 + a_{n2}x_2 + \cdots + a_{nn}x_n = b_n$$

在系数 a_{11} 下，我们应该尝试获得一个元素为零的列向量。这是得到一个三角线性方程组的第一步。对于每个方程 (E_k) $(k=2,\cdots,n)$，我们必须使用转换：

$$(E_k) \leftarrow (E_k) - \frac{a_{k1}}{a_{11}}(E_1)$$

这将使线性方程组变为：

$$a_{11}x_1 + a_{12}x_2 + \cdots + a_{1n}x_n = b_1$$
$$a_{22}^{(1)}x_2 + \cdots + a_{2n}^{(1)}x_n = b_2^{(1)}$$
$$\vdots = \vdots$$
$$a_{n2}^{(1)}x_2 + \cdots + a_{nn}^{(1)}x_n = b_n^{(1)}$$

现在，我们可以重复这种操作，在系数 $a_{22}^{(1)}$ 下获得一个元素为 0 的列向量，如此类推，通过使用反算方法得到我们所希望的矩阵形式。

[例3.9] 考虑如下方程组：

$$\begin{pmatrix} 1 & 2 & 1 \\ 2 & 2 & 3 \\ -1 & -3 & 0 \end{pmatrix} \begin{pmatrix} x_1 \\ x_2 \\ x_3 \end{pmatrix} = \begin{pmatrix} 0 \\ 3 \\ 2 \end{pmatrix}$$

在一个增广矩阵（augmented matrix）上，可以清晰地展现高斯消元法的运算过程。

$$\left(\begin{array}{ccc|c} 1 & 2 & 1 & 0 \\ 2 & 2 & 3 & 3 \\ -1 & -3 & 0 & 2 \end{array} \right) \Rightarrow \left(\begin{array}{ccc|c} 1 & 2 & 1 & 0 \\ 0 & -2 & 1 & 3 \\ 0 & -1 & 1 & 2 \end{array} \right) \Rightarrow \left(\begin{array}{ccc|c} 1 & 2 & 1 & 0 \\ 0 & -2 & 1 & 3 \\ 0 & 0 & \frac{1}{2} & \frac{1}{2} \end{array} \right)$$

从此我们可以简单得到 $x_3 = 1$，$x_2 = -1$ 与 $x_1 = 1$。

我们可能无法知道整个过程具体需要多少次高斯消元运算，但是这个算法有一个可量化计算复杂度，对一个 n 阶段线性方程组求解的直接方法的计算复杂度为 $O(n^3)$。

事实上，我们介绍的仅是高斯消元法的开始，有很多原因或情况可能使得这种方法出错。首先，我们必须有 $a_{11} \neq 0$ 以进行高斯消元法的第一步；同样的道理，我们必须有 $a_{22}^{(1)} \neq 0$ 等。幸运的是，如果线性方程组的初始矩阵不是奇异（non-singular）矩阵，可以通过一个合适的变量（列）或线性方程（行）置换将矩阵转换为三角矩阵。

[**例3.10**] 考虑矩阵：

$$A = \begin{pmatrix} 5 & 1 & 4 \\ 0 & 0 & 3 \\ 0 & 1 & 2 \end{pmatrix}$$

如果试图使用高斯消元法消除矩阵元素 $a_{32} = 1$，我们将遇见麻烦，因为 $a_{22} = 0$。然而，为了避免问题，我们可以将第二个方程与第三个方程互换。理论上而言，矩阵的置换可以表现为适当的矩阵，称为置换矩阵（permutation matrice），置换矩阵具有以下特性：

- 矩阵所有的元素为0或1。
- 对于矩阵每一行，只有一个元素等于1。
- 对于矩阵每一列，只有一个元素等于1。

作为一个示例，考虑：

$$P = \begin{pmatrix} 1 & 0 & 0 \\ 0 & 0 & 1 \\ 0 & 1 & 0 \end{pmatrix}$$

我们可以查看置换矩阵对于矩阵 A 的效果：

$$FA = \begin{pmatrix} 1 & 0 & 0 \\ 0 & 0 & 1 \\ 0 & 1 & 0 \end{pmatrix} \begin{pmatrix} 5 & 1 & 4 \\ 0 & 0 & 3 \\ 0 & 1 & 2 \end{pmatrix} = \begin{pmatrix} 5 & 1 & 4 \\ 0 & 1 & 2 \\ 0 & 0 & 3 \end{pmatrix}$$

关于高斯消元法需要考虑行或列互换的可行性，存在另一个原因。我们需要将有限精度运算的影响最小化，如在例3.1中，减法是一种具有潜在风险的操作，因为减法可能造成显著的误差。适当的行列置换在误差最小化方面可以提供帮助，这种运算称为旋转。缩放也可用于矩阵的操作。任何数值分析教材中都涉及这些内容，具体的内容在本节不再详述。

实现高斯消元法还有其他方法。高斯消元可以将矩阵 A 分解为一个下三角矩阵（lower triangular matrix）L 与一个上三角矩阵（upper triangular matrix）U 的乘积。更确切地说，我们有：

$$PA = LU$$

其中，P 为一个置换矩阵，为得到上述结果，转置矩阵是必要的。我们可以尝试弄清楚，至少从直观角度理解上述因式分解的来源。置换矩阵 P 对应一个旋转运算；如果旋转不是矩阵必需的，则可以忽略转置矩阵。正如我们期望的，上三角矩阵 U 为高斯消元法得到的最终结果；下三角矩阵 L 是我们为得到三角阵而进行的转换矩阵。这些转换为矩阵行向量的线性组合，矩阵的转换可以通过 A 乘以一个初等矩阵（elementary matrices）得到；矩阵 L 与这些初等矩阵的乘积相关。这个因式分解被称为 LU 分解（LU – decomposition）。

[**例3.11**] 矩阵的 *LU* 分解可以通过 MATLAB 的函数实现:

```
≫A=[1 4 -2; -3 9 8;5 1 -6];
≫[L,U,P]=lu(A)
L =

      1.0000            0            0
     -0.6000       1.0000            0
      0.2000       0.3958       1.0000
U =

      5.0000       1.0000      -6.0000
           0       9.6000       4.4000
           0            0      -2.5417
P =

      0      0      1
      0      1      0
      1      0      0
```

拥有这个因式分解,求解线性方程组 ***Ax = b*** 相当于求解下面两个方程:

$$Ly = Pb$$
$$Ux = y$$

MATLAB 程序为:

```
≫b=[1;2;3];
≫x=A\b
x =

      1.0820
      0.1967
      0.4344
≫x=U\(L\(P*b))
x =

      1.0820
      0.1967
      0.4344
```

当需要多次求解不同 ***b*** 的线性方程组时, *LU* 分解将非常有帮助, 因为在使用有限差分方法求解偏微分方程时, 将涉及线性方程组的反复计算。为了便于理解这一点, 让我们使用 MATLAB 程序进行一个小测试, 程序如图 3.2 所示。在示例中, 生成了一个阶数 $n = 2000$ 的随机矩阵⊖。求解 1000 个不同 ***b*** 的线性方程组。我们

⊖　函数 rand 生成 (0, 1) 区间上随机变量。这种随机数的生成方法广泛用于蒙特卡罗模拟。

比较高斯消元法（冷启动 cold start）与 LU 分解方法（热启动 warm start）的计算时间：

```
% TryLU. m
N = 2000;
A = rand(100,100);

tic
for i = 1:1000
    b = rand(100,1);
    x = A \ b;
end
toc

tic
[L,U,P] = lu(A);
for i = 1:1000
    b = rand(100,1);
    x = U \ (L \ (P * b));
end
toc
```

图 3.2　测试 LU 分解的 MATLAB 程序

≫TryLU

Elapsed time is 0.904283 seconds.

Elapsed time is 0.096623 seconds.

在处理矩阵求逆的计算中，我们同样可以使用 LU 分解，如果没有 LU 分解我们将面临许多潜在的数值计算难题。

在遇到对称正定矩阵时，LU 分解将出现特殊的形式；在许多优化问题，尤其是凸优化问题，涉及的矩阵都是对称正定矩阵。如果 A 为一个对称正定矩阵，则存在一个唯一的上三角矩阵 U，使得 $A = U'U$；这被称为楚列斯基因式分解（Cholesky factorization）⊖。某些特殊的矩阵可以使用楚列斯基分解代替 LU 分解。

[**例 3.12**]　楚列斯基分解可以通过 MATLAB 函数 chol 实现。例如，给定一个矩阵，如果要确定该矩阵是否为正定矩阵，可以检验它的特征值是否为正。

≫A = [3 1 4;1 5 3;4 3 7]

A =

　　　 3　　 1　　 4

⊖　在许多教科书中，对于一个下三角矩阵 L，因式分解为 $A = LL'$。楚列斯基因式分解的两种定义是等价的，为验证这点，可以使用 MATLAB 的函数 chol，函数 chol 返回一个上三角矩阵与一个下三角矩阵。

```
1    5    3
4    3    7
≫eig( A )
ans =
    0.3803
    3.5690
   11.0507
```

给定一个已知的 b，我们可以将 A 因式分解并求解线性方程组。

```
≫b = (1: 3)';
≫U = chol( A )
U =
    1.7321    0.5774    2.3094
         0    2.1602    0.7715
         0         0    1.0351
≫U \( U' \ b )
ans =
   -1.0000
   -0.0000
    1.0000
```

在第 4 章中，我们将看到楚列斯基分解可以用于模拟服从多维正态分布的随机变量。

3.2.4   三对角矩阵

在某些应用中，线性方程组的矩阵有非常特殊的形式。一种情况为三对角矩阵（tridiagonal matrix），在求解期权定价的偏微分方程中常常出现三对角矩阵。三对角矩阵的形式如下：

$$A = \begin{pmatrix} a_{11} & a_{12} & 0 & 0 & 0 & \cdots & 0 \\ a_{21} & a_{22} & a_{23} & 0 & 0 & \cdots & 0 \\ 0 & a_{32} & a_{33} & a_{34} & 0 & \cdots & 0 \\ \vdots & \vdots & \vdots & & \vdots & & \vdots \\ 0 & \cdots & \cdots & a_{n-2,n-3} & a_{n-2,n-2} & a_{n-2,n-1} & 0 \\ 0 & \cdots & \cdots & 0 & a_{n-1,n-2} & a_{n-2,n-1} & a_{n-1,n} \\ 0 & \cdots & \cdots & 0 & 0 & a_{n,n-1} & a_{nn} \end{pmatrix}$$

这个矩阵有一个带状的形式，而且是一个稀疏矩阵（sparse matrix）。例如，矩阵含有很少的非零元素。在不失一般性的情况下，假设 $a_{i,j+1} \neq 0$。如果 $a_{j,j+1} = 0$，可以将原有线性方程组拆分为两个线性方程组，因为我们可以得到一个上三角矩阵与一个下三角矩阵。我们可以通过一种特殊的直接方法求解线性方程组。考虑第一个方程：

$$a_{11}x_1 + a_{12}x_2 = b_1$$

我们以 x_1 形式求解 x_2：

$$x_2 = c_2 + d_2 x_1$$

其中，$c_2 = b_1/a_{12}$ 与 $d_2 = -a_{11}/a_{12}$。同样的方法，我们可以得到以 x_1 形式得到 x_3 表达式。事实上，给出第二个方程：

$$a_{21}x_1 + a_{22}x_2 + a_{23}x_3 = b_2$$

我们可以将 x_3 表示为 x_1 与 x_2 的函数，因为我们已经知道 x_2 为 x_1 的函数，可得到如下 x_3 的表达式：

$$x_3 = c_3 + d_3 x_1$$

对于其他的方程，我们使用同样的方法直到第 $(n-1)$ 个变量，我们得到表达式为 $x_k = c_k + d_k x_1$，对于所有 $k = 2, \cdots, n$。最后，将 x_{n-1} 与 x_n 的表达式合并得到：

$$a_{n,n-1}x_{n-1} + a_{nn}x_n = a_{n,n-1}(c_{n-1} + d_{n-1}x_1) + a_{nn}(c_n + d_n x_1) = b_n$$

该方法使用 x_1 替代了其他未知变量。这种方法适用于带状矩阵的情况。值得注意的是，可以通过只存储非零元素的方式节省存储空间。

3.2.5　求解线性方程组的迭代方法

在求解大规模的线性方程组时，我们经常使用稀疏矩阵。偏微分方程（PDEs）就是典型，此外还有其他情形，如计算某些离散状态长期的概率分布，离散时间的随机系统（马尔可夫链，Markov chain）。存储稀疏矩阵式容易导致存储空间的浪费，因为许多矩阵元素为 0；专家们已经开发了特别的技术（稀疏矩阵的存储技术）以避免这种问题。然而，使用直接法，如高斯消元法，在处理稀疏矩阵时将破坏带状矩阵（如三对角矩阵）的特性。所以，我们应该使用不同的方法。

一个可行的方法是迭代算法（iterative method），迭代算法生成一系列收敛于目标解的向量。当得到一个合适的精度解时，迭代过程停止。需要注意的是，不像直接算法，迭代算法所需的迭代计算的具体次数事先是不可知的，迭代算法的计算时间由其收敛速度决定，如在第 3.1.3 节介绍的那样。需要考虑的第一个问题是，在什么条件下迭代算法是收敛的；事实上，由于算法不稳定，很可能出错，也许会生成一个无界的序列（unbounded sequence）。

在这里我们将展示类似于其他数值分析教程中所描述的基本迭代方法。值得强调的是，MATLAB 可以高效处理稀疏矩阵，而且为用户提供了一系列实用的迭代算法，这些算法比我们所讲的方法要专业很多。此外，我们相信相对简单的迭代算法的理论知识是值得学习的，至少有以下两个理由。一方面，迭代算法可以用于求解金融工程中的偏微分方程（参见本章参考文献 [20] 在期权定价中，关于 LU 分解方法与逐次超松弛方法的比较）。另一方面，在第 5 章中我们将介绍求解偏微分方程（PDEs）的有限差方法的稳定性，其中使用的概念与在研究迭代算法收敛中使用的概念相同。

当一个运算需要固定一个点时，迭代策略是一种可行的方法。考虑一个普通的运算 $G(\cdot)$，假设你想找一个固定点 G，这个固定点满足方程：

$$x = G(x)$$

生成一系列近似解或许是一个可行的方法，根据迭代策略，从某个初始近似点 $x^{(0)}$ 开始

$$x^{(k+1)} = G(x^{(k)}) \tag{3.3}$$

这种方法称为定点迭代（fixed-point iteration），可以用于线性或非线性方程组，对于很多其他问题同样适用。现在的问题是，迭代策略是否或何时收敛于一个固定点 G，答案在于压缩映射（contraction mapping）。这个概念被用于许多学科中，让我们研究熟悉的线性方程组 $Ax = b$ 中的压缩映射概念。线性方程组可以写为：

$$x = (A + I)x - b = \hat{A}x - b$$

我们想要寻找运算 $G(x) = \hat{A}x - b$ 的一个固定点，可以使用迭代方法，见式（3.3）。这样的方法收敛吗？首先，考虑初始点 $x^{(0)}$ 与第一个迭代轨迹（trace）：

$$x^{(1)} = \hat{A}x^{(0)} - b$$
$$x^{(2)} = \hat{A}x^{(1)} - b = \hat{A}^2 x^{(0)} - \hat{A}b - b$$
$$x^{(3)} = \hat{A}^3 x^{(0)} - \hat{A}^2 b - \hat{A}b - b$$
$$\vdots$$

直观而言，如果矩阵 $\hat{A}^n$ 的元素无限增长 $n \rightarrow \infty$，迭代策略将出现问题。的确，只有当矩阵 $\hat{A}$ 的特征值的绝对值小于 1 时，迭代策略才能收敛。但并不是所有的线性方程组的矩阵的特征值都是这样的，有效的方式是通过不同的方法分解矩阵 A，如下：

$$A = D + C$$

等价方程为：

$$Dx = -Cx + b$$

然后，我们可以应用迭代策略：

$$d^{(k)} = -Cx^{(k)} + b$$
$$Dx^{(k+1)} = d^{(k)} \tag{3.4}$$

以生成一系列近似解 $x^{(k)}$。在某种意义上，这是前面固定点方法的推广，但是 D 选择的灵活性将提高方法的收敛程度。为进一步研究收敛问题，我们可以像前面那样表述：

$$x^{(k+1)} = -D^{-1}Cx^{(k)} + D^{-1}b$$

让 $B = -D^{-1}C = I - D^{-1}A$，我们可以检查绝对误差 $e^{(k)} = x^* - x^{(k)}$ 的发展情况，其中 x^* 为目标解：

$$e^{(k+1)} = x^* - x^{(k+1)} = (Bx^* + D^{-1}b) - (Bx^{(k)} + D^{-1}b)$$
$$= B(x^* - x^{(k)}) = Be^{(k)}$$

从上述等式，可以得到：

$$\lim_{k \to \infty} e^{(k)} = \lim_{k \to \infty} B^k e^{(0)}$$

可以表示为：

$$\lim_{k \to \infty} B^k = 0$$

当且仅当矩阵 B 的谱半径严格小于1，例如矩阵所有的特征值的绝对值小于1。这意味着该方法收敛当且仅当：

$$\rho(I - D^{-1}A) < 1$$

为确认这个条件，我们可以计算最大可行矩阵的特征值（事实上，只需要最大的绝对值）。我们可以通过使用如下方程避免这个困难：

$$\rho(B) \leq \|B\|$$

因此，对于任意与向量范数相兼容的矩阵范数，在充分但不必要的情况下，通过使用简单的互相兼容的矩阵范数 $\|B\|_1$ 或 $\|B\|_\infty$，我们可以解决收敛问题。从实际的角度来看，只有解决了线性方程组（3.4），整个方法才是有效的。通过适当的选择 D，我们可以得到在下一节描述的方法——雅可比方法。

雅可比方法 一个特别有效的选择是 D 为一个对角矩阵（diagonal matrix）：

$$D = \begin{pmatrix} a_{11} & 0 & 0 & \cdots & 0 \\ 0 & a_{22} & 0 & \cdots & 0 \\ 0 & 0 & a_{33} & \cdots & 0 \\ \vdots & \vdots & \vdots & \ddots & \vdots \\ 0 & 0 & 0 & \cdots & a_{nn} \end{pmatrix}$$

简单的逆证得到 $a_{ii} \neq 0$；如果 A 为非奇异矩阵，通过前面的行/列转置可以得到这个条件。选择 L_∞ 范数，我们可以一个收敛的充分条件：

$$\|I - D^{-1}A\|_\infty = \max_{1 \leq i \leq n} \sum_{\substack{j=1 \\ j \neq i}}^{n} \left| \frac{a_{ij}}{a_{ii}} \right| < 1$$

这实际上归结为对角优势（diagonal dominance）：

$$|a_{ii}| > \sum_{\substack{j=1 \\ j \neq i}}^{n} |a_{ij}| \quad \forall i$$

为执行这种方法，我们必须将初始方程改写为：

$$x_i = \frac{1}{a_{ii}} \left(b_i - \sum_{\substack{j=1 \\ j \neq i}}^{n} a_{ij}x_j \right), \quad i = 1, \cdots, n$$

可立即得到迭代策略：

$$x_i^{(k+1)} = \frac{1}{a_{ii}} \left(b_i - \sum_{\substack{j=1 \\ j \neq i}}^{n} a_{ij} x_j^{(k)} \right), \quad i = 1, \cdots, n$$

当达到目标精度时，迭代将停止。一种检验是否达到目标的可能情况与相对误差有关。当设定一个具体的容许参数 ε，我们可以在如下情况停止算法计算：

$$\| x^{(k+1)} - x^{(k)} \| < \varepsilon \| x^{(k)} \|$$

我们可以停止算法。

[例3.13] 雅可比方法可以使用 MATLAB 编程，代码如图 3.3 所示。输入参数为矩阵 A 与向量 b，一个初始近似值 x_0，收敛参数 ε 与最大迭代次数（maximum number of iterations）。MATLAB 中的计算都是基于向量与矩阵的。需要注意的是，函数 diag 有双重用途；给定一个矩阵，函数返回一个向量，向量的元素为矩阵的对角线上的元素；给定一个向量，函数可以返回一个矩阵，矩阵的对角线的元素为向量的元素。

```
function [x,i] =Jacobi(A,b,x0,eps,MaxIter)
dA =diag(A); % get elements on the diagonal of A
C =A −diag(dA);
Dinv =diag(1./dA);
B =−Dinv * C;
b1 =Dinv * b;
oldx =x0;
for i =1:MaxIter
    x =B * oldx +b1;
    if norm(x −oldx) < eps * norm(oldx) break; end
    oldx =x;
end
```

图3.3　雅可比方法程序代码

我们可以使用图 3.4 所示的代码作为测试函数 jacobi。需要注意的是，第一个矩阵为对角占优的；第二个矩阵也是对角占优的，但相对不明显；第三个矩阵不是对角占优的。在程序中，我们可以将迭代方法的解与高斯消元法的解进行对比；迭代算法在循环 10000 次后停止，使用函数 fprintf 输出（参见 MATLAB 帮助文档）。

```
Case of matrix
    3    1    1    0
    1    5   −1    2
    1    0    3    1
    0    1    1    4
Terminated after 41 iterations
    Exact      Jacobi
```

```
% ScriptJacobi
A1 = [3 1 1 0; 1 5 −1 2; 1 0 3 1; 0 1 1 4];
A2 = [2.5 1 1 0; 1 4.1 −1 2; 1 0 2.1 1; 0 1 1 2.1];
A3 = [2 1 1 0; 1 3.5 −1 2; 1 0 2.1 1 ; 0 1 1 2.1];
b = [1 4 −2 1]';

exact1 = A1\b;
[x1,i1] = Jacobi( A1,b,zeros(4,1),1e−08,10000) ;
fprintf(1, 'Case of matrix \n') ;
disp( A1) ;
fprintf(1, 'Terminated after %d iterations \n', i1) ;
fprintf(1, ' Exact Jacobi \n') ;
fprintf(1, ' % −10.5g % −10.5g \n', [exact1' ; x1']) ;

exact2 = A2\b;
[x2,i2] = Jacobi( A2,b,zeros(4,1),1e−08,10000) ;
fprintf(1, '\nCase of matrix \n') ;
disp( A2) ;
fprintf(1, 'Terminated after %d iterations \n', i2) ;
fprintf(1, ' Exact Jacobi \n') ;
fprintf(1, ' % −10.5g % −10.5g \n', [exact2' ; x2']) ;

exact3 = A3\b;
[x3,i3] = Jacobi( A3,b,zeros(4,1),1e−08,10000) ;
fprintf(1, '\nCase of matrix \n') ;
disp( A3) ;
fprintf(1, 'Terminated after %d iterations \n', i3) ;
fprintf(1, ' Exact Jacobi \n') ;
fprintf(1, ' % −10.5g % −10.5g \n', [exact3' ; x3']) ;
```

图 3.4   测试函数 jacobi. m

```
   0. 55556      0. 55556
   0. 32407      0. 32407
 −0. 99074    −0. 99074
   0. 41667      0. 41667

Case of matrix
    2. 5000      1. 0000       1. 0000            0
    1. 0000      4. 1000     −1. 0000       2. 0000
    1. 0000           0       2. 1000       1. 0000
         0      1. 0000       1. 0000       2. 1000
Terminated after 207 iterations
    Exact        Jacobi
```

```
    3.1996        3.1996
  - 2.7091      - 2.7091
  - 4.2898      - 4.2898
    3.809         3.809
```

Case of matrix

```
  2.0000     1.0000     1.0000          0
  1.0000     3.5000    -1.0000     2.0000
  1.0000          0     2.1000     1.0000
       0     1.0000     1.0000     2.1000
```

Terminated after 10000 iterations

```
    Exact         Jacobi
  -42.808        1.6603e +027
   47.769       -1.8057e +027
   38.846       -1.5345e +027
  -40.769        1.5812e +027
```

我们看到第一种情况比第二种情况的收敛速度快，第三种情况出现了错误。如果检查矩阵的对角占优的程度，出现错误并不奇怪，但我们需要注意，缺乏对角占优不一定意味着将计算出错。我们可以检查三个矩阵 $\boldsymbol{B}$ 的谱半径

$$\rho(\boldsymbol{B}_1) = 0.6489, \quad \rho(\boldsymbol{B}_2) = 0.9257, \quad \rho(\boldsymbol{B}_3) = 1.0059$$

通过画出距离目标解的相对误差的范数，可以观察迭代算法的收敛速度。为达到这个目标，我们修改函数 jacobi 与相关代码，见图 3.5 与图 3.6，得到的图像见图 3.7。

```
function[ x,i] =JacobiBIS( A,b,x0,eps,Maxlter)
TrueSol =A\b;
aux =norm( TrueSol) ;
Error =zeros( Maxlter,1) ;
dA =diag( A) ; % get elements on the diagonal of A
C =A - diag( dA) ;
Dinv =diag(1./dA) ;
B = - Dinv * C;
b1 =Dinv * b;
oldx =x0;
fori =1 :Maxlter
    x =B * oldx +b1;
    Error( i) =norm( x - TrueSol) /aux;
    if norm( x - oldx) < eps * norm( oldx) break; end
    oldx =x;
end
plot(1 :i, Error(1 :i))
```

图 3.5   修正的雅可比方法并绘出残差曲线

```
% ScriptJacobiBIS
A1 =[3 1 1 0; 1 5 -1 2; 1 0 3 1; 0 1 1 4];
A2 =[2.5 1 1 0; 1 4.1 -1 2; 1 0 2.1 1; 0 1 1 2.1];
A3 =[2 1 1 0; 1 3.5 -1 2; 1 0 2.1 1 ; 0 1 1 2.1];
b =[1 4 -2 1]';
hold on
[x1,i1]=JacobiBIS(A1,b,zeros(4,1),1e-08,10000);
pause(3);
[x2,i2]=JacobiBIS(A2,b,zeros(4,1),1e-08,10000);
pause(3);
[x3,i3]=JacobiBIS(A3,b,zeros(4,1),1e-08,10000);
pause(3);
axis([1 100 0 2])
```

图 3.6　测试函数 JacobiBIS

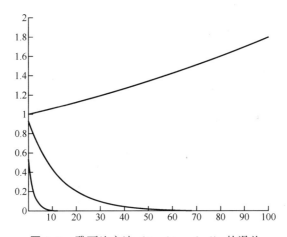

图 3.7　雅可比方法（Jacobi method）的误差

由此可见，矩阵 $\boldsymbol{B}$ 的谱半径对收敛速度非常重要。实际上，后面我们将研究改变矩阵的特征值以加速迭代算法收敛的方法。

高斯 – 赛德尔方法　高斯 – 赛德尔方法（Gauss – Seidel method）是雅可比方法的一种变形。算法的思路为加速 $x_i^{(k+1)}$ 值的计算。迭代策略如下：

$$x_i^{(k+1)} = \frac{b_i - \sum_{j=1}^{i-1} a_{ij}x_j^{(k+1)} - \sum_{j=i+1}^{i-1} a_{ij}x_j^{(k)}}{a_{ii}}, \quad i = 1,\cdots,n \tag{3.5}$$

为分析高斯 – 赛德尔方法的收敛性，需要注意，我们选择矩阵 $\boldsymbol{A}$ 的下三角阵作为矩阵 $\boldsymbol{D}$。

$$D = \begin{pmatrix} a_{11} & 0 & 0 & \cdots & 0 \\ a_{21} & a_{22} & 0 & \cdots & 0 \\ a_{31} & a_{32} & a_{33} & \cdots & 0 \\ \vdots & \vdots & \vdots & & \vdots \\ a_{n1} & a_{n2} & a_{n3} & \cdots & a_{nn} \end{pmatrix}$$

然后，可以得到矩阵的对角占优是收敛的充分条件：

$$\| I - D^{-1}A \|_{\infty} \le \max_{1 \le i \le n} \sum_{\substack{j=1 \\ j \ne i}}^{n} \left| \frac{a_{ij}}{a_{ii}} \right| < 1$$

加速收敛：逐次超松弛　考虑迭代策略：

$$x^{(k+1)} = Bx^{(k)} + d$$

从现在的迭代点 $x^{(k)}$ 更新到迭代点 $x^{(k+1)}$，可以将其看作在原迭代点的一个位移：

$$x^{(k+1)} = x^{(k)} + r^{(k)}$$

如果 $\rho(B) < 1$，这种算法是收敛的，但如果矩阵 B 的谱半径接近 1（参见例 3.13），算法将收敛将非常慢。如果将迭代策略做如下修改，或许可以提高收敛速度：

$$x^{(k+1)} = x^{(k)} + \omega r^{(k)} = \omega x^{(k+1)} + (1 - \omega)x^{(k)}$$

直观而言，如果 $r^{(k)}$ 是一个好的收敛方向，我们或许可以通过设置 $\omega > 1$ 加速收敛，但我们必须保证 ω 的一个较差选择不会导致算法不稳定。如果初始迭代自身不稳定，我们或许认为问题来源于沿着下降方向 $r^{(k)}$ 走得太远了，从而导致震荡（oscillation）与不稳定（instability）。在这种情况下，我们或许认为应该对迭代策略进行适当的调整以抑制（dampening）算法的震荡。为达到这种抑制效果，我们建议一个新迭代点与原来迭代点的凸组合（convex combination）。两个点 x_1 与 x_2 的凸组合，是一种非负权重且权重和为 1 的线性组合，$\lambda x_1 + (1 - \lambda)x_2$ 对于 $\lambda \in [0,1]$。

$$\begin{aligned} \hat{x}^{(k+1)} &= \omega x^{(k+1)} + (1 - \omega)x^{(k)} \\ &= \omega(Bx^{(k)} + d) + (1 - \omega)x^{(k)} = B_{\omega}x^{(k)} + \omega d \end{aligned} \tag{3.6}$$

如果 $\omega \in (0,1)$，上述的确是一个凸组合。值得注意的是，这看来似乎是时间序列分析中普通指数平滑方法（exponential smoothing method），目标就是抑制估计中的震荡。如果 $\rho(B_{\omega}) < 1$，迭代策略是稳定的。此外，通过选择一个合适的 ω，谱半径将会减小，也会相应地提高收敛速度。

上述推理表明，我们可以尝试像先前描述的方式修改完善迭代方法。例如，我们可以在高斯－赛德尔迭代方法上尝试新思路，可以使用如下迭代代替式（3.5），得到：

$$z_i^{(k+1)} = \frac{1}{a_{ii}} \left(b_i - \sum_{j=1}^{i-1} a_{ij}x_j^{(k+1)} - \sum_{j=i+1}^{n} a_{ij}x_j^{(k)} \right)$$

$$x_i^{(k+1)} = \omega z_i^{(k+1)} + (1 - \omega) x_i^{(k)}$$

为分析这种改进的有效性，我们可以将其与高斯 – 赛德尔方法进行比较，基于矩阵 A 分解：

$$A = L + D + U$$

其中

$$L = \begin{pmatrix} 0 & 0 & 0 & \cdots & 0 & 0 \\ a_{21} & 0 & 0 & \cdots & 0 & 0 \\ a_{31} & a_{32} & 0 & \cdots & 0 & 0 \\ \vdots & \vdots & \vdots & & \vdots & \vdots \\ a_{n-1,1} & a_{n-1,2} & a_{n-1,3} & \cdots & 0 & 0 \\ a_{n1} & a_{n2} & a_{n3} & \cdots & a_{n,n-1} & 0 \end{pmatrix}$$

$$D = \begin{pmatrix} a_{11} & 0 & 0 & \cdots & 0 & 0 \\ 0 & a_{22} & 0 & \cdots & 0 & 0 \\ 0 & 0 & a_{33} & \cdots & 0 & 0 \\ \vdots & \vdots & \vdots & & \vdots & \vdots \\ 0 & 0 & 0 & \cdots & a_{n-1,n-1} & 0 \\ 0 & 0 & 0 & \cdots & 0 & a_{nn} \end{pmatrix}$$

$$U = \begin{pmatrix} 0 & a_{12} & a_{13} & \cdots & a_{1,n-1} & a_{1n} \\ 0 & 0 & a_{23} & \cdots & a_{2,n-1} & a_{2n} \\ 0 & 0 & 0 & \cdots & a_{3,n-1} & a_{3n} \\ \vdots & \vdots & \vdots & & \vdots & \vdots \\ 0 & 0 & 0 & \cdots & 0 & a_{n-1,n} \\ 0 & 0 & 0 & \cdots & 0 & 0 \end{pmatrix}$$

改良的高斯 – 赛德尔的矩阵形式如下：

$$z^{(k+1)} = D^{-1}(b - Lx^{(k+1)} - Ux^{(k)})$$
$$x^{(k+1)} = \omega z^{(k+1)} + (1 - \omega) x^{(k)}$$

消除 $z^{(k+1)}$ 重新整理方程得到：

$$(I + \omega D^{-1} L) x^{(k+1)} = [(1 - \omega) I - \omega D^{-1} U] x^{(k)} + \omega D^{-1} b$$

上述迭代策略稳定的条件为：

$$\rho((I + \omega D^{-1} L)^{-1} [(1 - \omega) I - \omega D^{-1} U]) < 1$$

这方法称为 SOR 方法（逐次超松弛迭代法，Successive Over Relaxation），通过事先选择参数 ω，可以减小矩阵的谱半径，由此提高收敛速度。

[例 3.14] 图 3.8 中的代码为基于高斯 – 赛德尔方法的逐次超松弛算法。我们可以测试算法在第二个矩阵示例例 3.13 上的收敛效果，在例 3.13 中，雅可比算法的迭代

次数为207，我们可以画出区间 $[0, 2]$ 不同的 ω 所需的迭代次数，程序代码如图3.9，计算得到的结果见图3.10。图3.10反映了 ω 数值对于收敛速度的影响。事实上，当迭代次数超过了事先设定的最大迭代次数，我们会有疑问，或许是（发挥稳定作用的）松弛参数导致了不稳定性，反之亦然。当 $\omega = 1$ 时，我们得到标准的高斯 – 赛德尔方法，迭代次数为117；最好的结果是迭代次数为49，$\omega = 1.4$。

```
function [x,k]=SORGaussSeidel(A,b,x0,omega,eps,MaxIter)
oldx=x0;
x=x0;
N=length(x0);
omega1=1-omega;
for k=1:MaxIter
    for i=1:N
        z=(b(i)-sum(A(i,(1: i-1))*x(1:(i-1)))...
        -sum(A(i,(i+1):N)*x((i+1):N))))/A(i,i);
        x(i)=omega*z+omega1*oldx(i);
    end
    if norm(x-oldx) < eps*norm(oldx) break; end
    oldx=x;
end
```

图3.8 基于逐次超松弛的高斯 – 赛德尔方法的程序

```
% ScriptSOR
A2=[2.5 1 1 0; 1 4.1 -1 2; 1 0 2.1 1; 0 1 1 2.1];
b=[1 4 -2 1]';
omega=0:0.1:2;
N=length(omega);
NumIterations=zeros(N,1);
for i=1:N
    [x,k]=SORGaussSeidel(A2,b,zeros(4,1),omega(i),1e-08,1000);
    NumIterations(i)=k;
end
plot(omega,NumIterations)
grid on
```

图3.9 测试基于逐次超松弛的高斯 – 赛德尔方法的程序

这个示例显示，寻找一个合适的（超）松弛参数（relaxation parameter）非常烦琐，事实上，这是某些学术论文的课题。对于具体的应用，存在一些寻找适当 ω 的方法。细心的读者或许想知道，在例3.10中，为什么在区间$[0,2]$上选取 ω 的值。事实上，可以证明的是超出区间$[0,2]$的 ω 值，加速方法不能收敛。最后，在方程（3.6）中，当 $\omega < 1$ 时，称为亚松弛（under - relaxation）；当 $\omega > 1$ 时，称为超松弛（overrelaxation）。

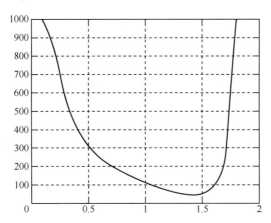

图3.10 基于逐次超松弛高斯 - 赛德尔方法的松弛参数 ω 与迭代次数关系

共轭梯度法 读者在 MATLAB 中或许找不到雅可比算法或高斯 - 赛德尔算法的函数，因为它们是求解线性方程组的基本迭代算法。某些函数与这些求解线性方程组的基础算法相关，例如求解优化问题的算法。事实上，求解 $Ax = b$ 相当于求解优化问题：

$$\min_{x} \| Ax - b \|^2$$

其中，如果使用欧几里德范数，显然目标函数不可能为负，当目标函数为 0 值时，即可获得方程的解（假设解唯一）。我们或许可以使得目标函数更明确：

$$\| Ax - b \|^2 = (Ax - b)'(Ax - x) = (x'A' - b')(Ax - b)$$
$$= x'A'Ax - 2b'Ax + b'b$$

其中，最后参数 $b'b$ 无关，因为其为常数。我们将在第 6 章看到，这是一个二次规划问题（quadratic programming problem，与均值 - 方差投资组合优化模型类似），二次规划问题可以通过多种方法求解。最常用的方法是基于目标函数的梯度，生成一个搜索方向寻找目标函数的最大值或最小值。

通常使用这种方法没有什么优势，但是对于对称正定矩阵的情况，可以证明的是，求解方程与求解下列问题是等价的：

$$\min \frac{1}{2}x'Ax - b'x$$

共轭梯度法（conjugate gradient method）基于非常特别的搜索方向，在理论上算法的迭代次数由目标函数矩阵的阶数决定。因此，算法可以被归类为直接算法。在实际中，由于舍入误差，共轭梯度法的实际迭代次数也是事先不可知的，以至于这种算法被当作迭代算法。随着最近算法的完善，共轭梯度法成为最有效的算法，特别是对于求解偏微分方程（PDEs）这类问题时。

3.3   函数逼近和插值

我们需要用到函数逼近（Function approximation）主要是基于如下几个原因：

● 有时候，我们有一个方程的表达式，但却可能无法计算或者难以计算。一个典型的示例是标准正态分布函数：

$$N(x) = \frac{1}{\sqrt{2\pi}} \int_{-\infty}^{x} e^{-y^2/2}/\mathrm{d}y$$

在布莱克–斯科尔斯定价公式中经常需要计算标准正态分布函数。

● 更普遍情况是我们可以计算函数本身，但是需要计算其他的数值，例如一个函数积分可能其初始函数的一个逼近函数或许更容易积分。

● 最后，有些情况下，函数已知但是只能在某些离散点（节点）上计算，我们希望寻找一个适当的逼近函数，逼近函数在那些离散点上的函数值与已知函数相同（或近似），同时逼近函数在离散点外也可以计算。

在某些情况，在给定的 x_0 处可以找到一个局部逼近函数（local approximation），泰勒展式可作为一个局部逼近函数：

$$f(x) \approx f(x_0) + f'(x_0)(x - x_0) + \frac{1}{2}f''(x_0)(x - x_0)^2 + \cdots$$

在债券投资组合的久期–凸性近似与衍生品价格的 delta–gamma 近似中，我们都见过这个泰勒展式（参见例 2.10 与例 2.24）。在本节，我们感兴趣的是在一个独立变量的值的扩展范围近似有效。

分类逼近方法的另一个标准是基于方法的一般性。在正态分布的累积概率分布函数中，我们寻找某种特别的逼近方法。在其他情况中，我们寻找基于逼近函数种类的更一般的逼近方法。

逼近函数的另外一种分类方法是基于多项式的阶数 m；使用 $P_m(x;\boldsymbol{\alpha})$ 定义这样的多项式，多项式系数的向量为 $\boldsymbol{\alpha}$。这种选择的原因之一是多项式函数是连续函数，多项式函数的导数也是连续函数，这种性质使得多项式函数易于微分与积分。一个最佳逼近的方法是最小二乘近似（least squares approximation），将逼近函数残差平方和最小化，在选定的点 x_i 逼近函数 f 的函数值为 $f(x_i)$。逼近问题可以从残差最小化开始：

$$\min_{\boldsymbol{\alpha}} \sum_{i=1}^{n} \left[f(x_i) - P_m(x_i;\boldsymbol{\alpha}) \right]^2$$

根据逼近误差向量的不同范数，我们可以使用不同的目标函数。另一种常用的方法是"最小最大（min-max）"方法，这种方法基于 $\|\cdot\|_\infty$ 范数：

$$\min_{\boldsymbol{\alpha}} \max_{i=1,\cdots,n} |f(x_i) - P_m(x_i;\boldsymbol{\alpha})|$$

有时候，使用逼近函数更便于问题的理解。给定一个函数 $f(\boldsymbol{x})$，我们通常试图通过一系列基函数的线性组合来找到一个适当的近似表达。如果我们考虑 m 个基函数 $\phi_j(\boldsymbol{x}), j = 1, \cdots, m$ 的集合，我们希望得到：

$$f(\boldsymbol{x}) \approx \hat{f}(\boldsymbol{x}) = \sum_{j=1}^{m} c_j \phi_j(\boldsymbol{x})$$

基函数可以是多项式，也可以是其他形式。寻找逼近函数意味着寻找 m 个线性组合的系数 c_j。通过最小二乘计算逼近函数时，我们已经知道 n 个节点上的函数值，以及 $n > m$，在这种情况下，方程的自由度很低，我们不能苛求一个精确匹配。换句话说，通过求解一系列线性方程可获得逼近函数，线性方程为：

$$\sum_{j=1}^{m} c_j \phi_j(x_i) = f(x_i), \quad i = 1, \cdots, n$$

其矩阵形式为：

$$\boldsymbol{\Phi c} = \boldsymbol{y} \tag{3.7}$$

其中，$y_i = f(x_i)$ 与 $\phi_{ij} = \phi_j(x_i)$，不幸的是，如果 $n > m$，线性方程组将变为超定问题（overdetermined）而无法求解。接下来介绍计算最小二乘逼近的方法。最小二乘逼近需要残差 e_i 平方和最小化，其中：

$$e_i = f(x_i) - \sum_{j=1}^{m} c_j \phi_j(x_i), \quad i = 1, \cdots, n$$

使用相对直接的计算方法，得到的最小二乘解为：

$$\boldsymbol{c} = (\boldsymbol{\Phi'\Phi})^{-1} \boldsymbol{\Phi'y}$$

如果节点的数量与基础方程的数量相等，即 $m = n$，则可以得到一个函数，每一个节点都与目标函数精确匹配。通过插值条件（interpolation condition）得到：

$$\sum_{j=1}^{m} c_j \phi_j(x_i) = f(x_i), \quad i = 1, \cdots, n$$

这种方法称为插值法，使用这种方法可以得到线性方程组的解。接下来的示例展示了逼近（或近似）与插值的区别。

[例 3.15] 我们希望逼近/插值一个递增凹函数，例如 $\log(x)$。给定五个节点，可通过 MATLAB 画图，其代码如下：

```
>>xdata = [1 5 10 30 50];
>>ydata = log(xdata);
>>plot(xdata, ydata, 'o')
>>holdon
```

得到的曲线如图 3.11。我们也可以对一个二次多项式 $ax^2 + bx + c$ 插值。需要注意的是，对应如下基函数：

$$\phi_1(x) = 1, \quad \phi_2(x) = x, \quad \phi_3(x) = x^2$$

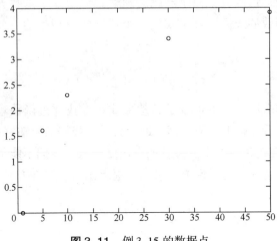

图 3. 11　例 3. 15 的数据点

　　这种选择被称为单类基础函数，但是可以使用不同的多项式集合。在最小二乘的意义下的多项式拟合可以使用 MATLAB 的函数 polyfit 计算：

```
≫p =polyfit( xdata,ydata,2)
p =
      −0. 0022     0. 1802      0. 3544
≫xvet =1 :0. 1 :50;
≫plot( xvet,polyval( p,xvet) )
```

　　这个代码计算出的曲线如图 3. 12 所示。当数据点的数量大于多项式系数的数量时，逼近多形式并不真经过数据点。问题是，即使拟合效果非常好，逼近函数也不是单调递增的。如果算法是实际是一个效用函数，我们或许需要一个满足非饱和性的递增近似。

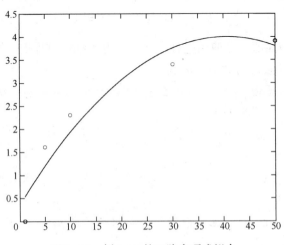

图 3. 12　例 3. 15 的二阶多项式拟合

　　如果使用二阶多项式不能满足需求，我们可以增加多项式的阶数。我们有五个数据点，可以使用一个四阶多项式（或许可以得到精确的多项式插值）。需要注意的是，多项式的阶数比数据点数少一个。为记住这一点，可以认为有一条线（一阶多项式）途经两个数据点。这个计算可以使用 MATLAB 实现：

```
>>p = polyfit(xdata,ydata,4)
p =
    -0.0000    0.0017    -0.0529    0.6705    -0.6192
>>plot(xvet,polyval(p,xvet))
```

得到曲线如图 3.13 所示。

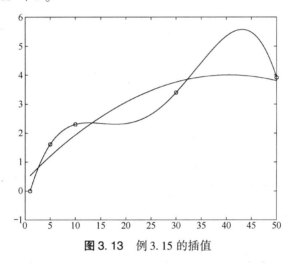

图 3.13　例 3.15 的插值

　　现在，函数过所有数据点，近似效果非常好，但是存在寄生振荡（spurious oscillation），而且近似函数既不是凹的也不是递增的，近似函数是一个非常差的效用函数。在金融计算中，我们可能遇到类似困难，如当我构建一个利率结构拟合一系列债券价格时。因此，我们得明白，多项式近似与插值并不是小事。

　　函数的插值与逼近是数值计算分析的一个巨大子领域。在接下来的章节，我们将概要性介绍：在第 3.3.1 节中，给出一个特殊逼近的示例；在第 3.3.2 节中，主题是简单的多项式插值；在第 3.3.4 节中，在更广泛的领域介绍最小二乘近似。我们还应该注意，在本节中使用的方法可以扩展到多元的情况。

3.3.1　特殊逼近

　　在本节，我们考虑一个使用有理函数特殊逼近（adhoc approximation）的示例。虽然多项式具有很多优点，但使用有理函数的逼近效果更佳。例如，在计算正态分布函数 $N(x)$ 时，存在不同的逼近函数，其中一个如下：$\ominus$

$\ominus$　这个函数可以参见 [9，248 页]。它是基于误差函数的近似，参见第 7.1.26 节。

$$N(x) = \begin{cases} 1 - N'(x)(a_1 k + a_2 k^2 + a_3 k^3 + a_4 k^4 + a_5 k^5), & x \geqslant 0, \\ 1 - N(-x), & x < 0, \end{cases}$$

其中

$$N'(x) = \frac{1}{\sqrt{2\pi}} e^{-x^2/2}, \qquad k = \frac{1}{1 + \gamma x}$$

$$\gamma = 0.2316419, \qquad a_1 = 0.31938153$$

$$a_2 = -0.356563782, \qquad a_3 = 1.781477937$$

$$a_4 = -1.821255978, \qquad a_5 = 1.330274429$$

这个函数的 MATLAB 程序如图 3.14 所示。我们确定程序可以使用向量运算（高效的 MATLAB 函数都可以针对向量或矩阵进行运算）。也许这个函数与 MATLAB 中的函数 normcdf 并不等价，但是我们可以对两个函数进行比较：

```
≫normcdf([ -1.5 -1 -0.5 0.5 1 1.5])
ans =
    0.0668      0.1587      0.3085      0.6915      0.8413      0.9332
≫mynormcdf([ -1.5 -1 -0.5 0.5 1 1.5])
ans =
    0.0668      0.1587      0.3085      0.6915      0.8413      0.9332
```

```
function z = mynormcdf(x)
c = [ 0.31938153 , -0.356563782 , 1.781477937 , ...
       -1.821255978 , 1.330274429 ];
gamma = 0.2316419;
vx = abs(x);
k = 1./(1 + gamma.*vx);
n = exp( -vx.^2./2)./sqrt(2*pi);
matk = ones(5,1) * k;
matexp = (ones(length(x),1) * (1:5))';
matv = matk.^matexp;
z = 1 - n.*(c * matv);
i = find(x < 0);
z(i) = 1 - z(i);
```

图 3.14　累积正态分布函数近似的 MATLAB 程序代码

3.3.2　初等多项式插值

在这里，我们将研究初等多项式插值，仅使用（阶数不限）多项式进行插值。让我们考虑一个数据集合 (x_i, y_i)，$i = 0, 1, \cdots, n$，其中 $y_i = f(x_i)$ 与 $x_i \neq x_j$ 对于 $i \neq j$，可以容易地找到一个（最大）n 阶多项式使得 $P_n(x_i) = y_i$ 对于任意的 i 成立。通常我们使用拉格朗日多项式（Lagrange polynomials）$L_i(x)$。拉格朗日多项式的定义为：

$$L_i(x) = \prod_{\substack{j=0 \\ j \neq 1}}^{n} \frac{x - x_j}{x_i - x_j} \qquad (3.8)$$

需要注意的是，存在一个 n 阶多形式有：

$$L_i(x_k) = \begin{cases} 1, & i = k, \\ 0, & \text{其他。} \end{cases}$$

现在一个插值多项式（interpolatingpolynomial）可以写为：

$$P_n(x) = \sum_{i=0}^{n} y_i L_i(x)$$

在实际中，由于需要一些技巧来提高计算效率，我们不应使用这种形式的计算目标，但这个思路值得借鉴。

[**例3.16**] 我们考虑10个数据点的插值问题，我们或许可以使用一个9阶多项式对这些数据进行插值：

```
≫x =1:10;
≫y =[8 2.5 -2 0 5 2 4 7 4.5 2];
≫plot(x,y,'o')
≫hold on
≫x2 =1:0.05:10;
≫p =polyfit(x,y,9);
Warning:Polynomial is badly conditioned. Remove repeated
        data points or try centering and scaling as described
        in HELP POLYFIT.
≫plot(x2,polyval(p,x2))
```

MATLAB 给出了一些警告（warning），我们可以忽略某些问题，结果如图 3.15 所示。

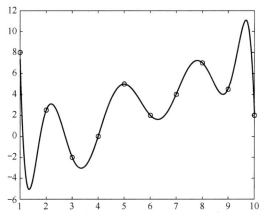

图3.15 使用9阶多项式对给定数据进行插值

　　我们也许会看到多项式通过了数据集合，但不幸的是，我们同时看到插值多项式在最后一个数据点附近存在未预期的振荡。这并不奇怪：一个 n 项多项式应该有 n 个零值，这意味着多项式存在 $n-1$ 个局部最大或最小值，因此存在振荡是正常现象。

　　高阶插值多项式（high-degree interpolating polynomial）的振荡是一个常见问题，不过还是存在一些克服（或阻止）这些震荡的方法，其中之一是，使用更专业的函数逼近或插值。但实际中，在最后一个示例中仍然存在另一个基本问题：我们选择了不适宜的数据集合。在区间 $[a, b]$ 上选取数据集合时，通常的选项是均匀采样：

$$x_i = a + \frac{i-1}{n-1}(b-a), \qquad i=1,2,\cdots,n$$

这种选择方法本身非常有效。但可以证明的是，更优的方法是选择切比雪夫（Cheby shev）节点：

$$x_i = \frac{a+b}{2} + \frac{b-a}{2}\cos\left(\frac{n-i+0.5}{n}\pi\right), \quad i=1,\cdots,n$$

这种特殊选择方法优于均匀选择法的原理研究超出了本书范围，但是我们可以通过一个典型示例来说明这个问题。

[例3.17] 我们考虑对一个著名的函数进行多项式插值，函数称为龙格函数（Runge function）：

$$\frac{1}{1+25x^2}$$

在区间 $[-5, 5]$ 上。如我们所说，一个似乎直观与自然的选择是等间隔的（均匀的）选取插值数据点，如 $x_i = -5, -4, -3, \cdots, 4, 5$。这有 11 个数据点，我们可以使用一个 10 阶的多项式进行插值

　　简单插值方法的 MATLAB 代码如图 3.16 所示。选取了等间隔的数据点的情况

```
% RungeScript. m
% define inline function
runge = inline('1./(1 +25 * x.^2)');
% use equispaced nodes
EquiNodes = -5:5;
peq = polyfit( EquiNodes,runge( EquiNodes),10);
x = -5:0.01:5;
figure
plot( x,runge( x));
hold on
plot( x,polyval( p10,x));
% use Chebyshev nodes
ChebNodes =5 * cos( pi * (11 - (1:11) +0.5)/11);
pcheb = polyfit( ChebNodes,runge( ChebNodes),10);
figure
plot( x,runge( x));
hold on
plot( x,polyval( pcheb,x));
```

图3.16　例3.17 的 MATLAB 程序代码

为第一条曲线，如图 3.17 所示。我们看到在最后一个数据点附近，插值函数出现了震荡，但是这种情况下的震荡是非常病态的。

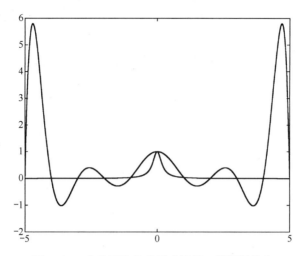

图 3.17　龙格函数的多项式插值：等间距节点

读者可以编程验证，如果增加插值函数的阶数，近似效果将更差。如果我们使用切比雪夫节点，这种方法的程序在后半部分，我们得到的结果如图 3.18 所示。虽然结果并不令人满意，但至少有明显改观。

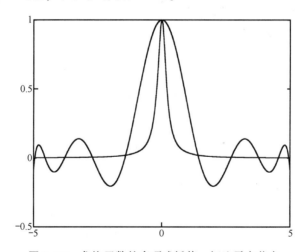

图 3.18　龙格函数的多项式插值：切比雪夫节点

在最后一个示例中，即使选择切比雪夫节点，使用高阶多项式插值近似效果仍然存在某些问题。如果使用适宜的数据点，我们可以尝试增加多项式的阶数，或许存在一个相对简单的方法：利用分段多项式函数（piecewise polynomial function）。如图 3.18 所示，在某些区间函数值基本为零，在那里我们可以使用不同的近似。关于分段多项式插值将在下一节介绍。

要说明的是，在使用初等多项式插值时存在另一个问题。再次考虑基函数的结构，如果我们想要得到一个多项式逼近或插值，单类基函数 $(1, x, \cdots, x^{n-1})$ 是最自然的基函数选择。然而，这种基函数选择将在方程 (3.7) 导致矩阵 ϕ（矩阵的条件数比较大）病态，伴随而来的是一系列的数值计算问题。事实上，存在几种其他类型的多项式可以避免这些问题。我们提到了切比雪夫节点，至少应该提到切比雪夫多项式（Chebyshev polynomials），其定义如下：

$$
\begin{aligned}
T_0(x) &= 1 \\
T_1(x) &= x \\
T_2(x) &= 2x^2 - 1 \\
T_3(x) &= 4x^3 - 3x \\
&\vdots \\
T_n(x) &= 2xT_{j-1}(x) - T_{j-2}(x)
\end{aligned}
\tag{3.9}
$$

3.3.3　三次样条插值

一种避免多项式拟合扰动的方法是，分段使用低阶的多项式对数据进行插值。最简单的思路是分段线性插值（piecewise linear interpolation）。给定 $N+1$ 个数据点 (x_i, y_i)，我们或许可以使用 N 个一阶多项式 $S_i(x)$，每个一阶多项式在一个有效区间 (x_i, x_{i+1}) 上。显然，插值函数的连续性要求 $S_i(x_{i+1}) = S_{i+1}(x_{i+1})$。根据拉格朗日多项式的定义式 (3.8)，我们可以得到：

$$
S_i(x) = y_i \frac{x - x_{i+1}}{x_i - x_{i+1}} + y_{i+1} \frac{x - x_i}{x_{i+1} - x_i} \quad x \in [x_i, x_{i+1}]
$$

这种类型的插值方法称为线性样条插值（linear spline）。虽然插值函数是连续的，但是函数是不可导的，或许这将引发某些不良后果。如果插值数据是作为某个基准因子函数的资产价格，不可导（或不可微）将阻碍函数的敏感性分析。如果我们近似一个函数，这个函数将作为优化问题的目标函数，如动态规划中的价值函数，而不可导（或不可微）在优化计算中也许将引发不良后果。

我们可以通过增加多项式阶数的方法，使得插值函数连续并可导。最普遍的样条是将 N 个三阶多项式 $S_i(x)$ 连接起来，三阶多项式的系数为 s_{i0}，s_{i1}，s_{i2}，s_{i3}，这些系数必须满足如下条件：

$$
\begin{aligned}
S(x) = S_i(x) &= s_{i0} + s_{i1}(x - x_i) + x_{i2}(x - x_i)^2 + s_{i3}(x - x_i)^3 \\
&\quad x \in [x_i, x_{i+1}], \quad i = 0, 1, \cdots, N-1 \\
S(x_i) &= y_i, \quad i = 0, 1, \cdots, N \\
S_i(x_{i+1}) &= S_{i+1}(x_{i+1}), \quad i = 0, 1, \cdots, N-2 \\
S'_i(x_{i+1}) &= S'_{i+1}(x_{i+1}), \quad i = 0, 1, \cdots, N-2
\end{aligned}
$$

$$S''_i(x_{i+1}) = S''_{i+1}(x_{i+1}), \quad i = 0, 1, \cdots, N-2$$

样条函数 $S(x)$ 为称为三次样条插值(cubic spline)。上述条件是三次样条插值连续、一阶、二阶可导的条件。对于一个具体的样条，我们必须给定 $4N$ 个系数。函数过数据点给出 $N+1$ 个条件，样条的连续性与二阶可导给出 $3(N-1)$ 个条件，生成一共 $4N-2$ 个条件。因此，我们还有两个自由度，需要进一步添加条件。通常，这些条件在数据点 x_0 与 x_N 上或附近。在这些最常见的条件中，我们可以选取如下条件：

- $S''(x_0) = S''(x_N) = 0$，从而导致自然样条(natural spline)。

- $S'(x_0) = f'(x_0)$ 与 $S'(x_N) = f'(x_N)$，如果 $f(x)$ 在区间两个端点附近有分段，就可以使用这个条件。

- 无结点(not-a-knot)条件，可以通过在数据点 x_1 与 x_{N-1} 要求样条函数三次可导得到。这意味着 $S(x)$ 可以是节点 $x_0, x_2, x_3, \cdots, x_{N-2}, x_N$ 的样条，它会插值穿过 x_1 与 x_{N-1}（故名三次样条）。

我们需要注意的是，关于区间的两个端点，这些条件都是对称的。实际上对于区间的两个端点，我们可以有不同的选择。有意思的是，在线性样条中自由度为 0；在二次样条中自由度为 1，在区间两个端点不对称。尽管名称很有吸引力，但我们通常避免使用自然样条插值。它们的重要性源于以下定理，但我们在此处不进行定理的证明。[⊖]

定理 3.3 若 f'' 在区间 (a, b) 上连续，$a = x_0 < x_1 < \cdots < x_N = b$。如果 S 是自然的三次样条插值 f，在数据点 x_i，则有

$$\int_a^b [S''(x)]^2 dx \leq \int_a^b [f''(x)]^2 dx$$

这个定理可以通过观察方程 $y = f(x)$ 曲线的曲率来理解，曲率为：

$$|f''(x)| \cdot \{1 + f'(x)^2\}^{-3/2}$$

如果 f' 足够小，我们看到 $|f''(x)|$ 可以近似为曲率；因此在某种意义上，自然样条是区间 (a, b) 上最小曲率的逼近。当我们不知道函数的具体情况时，非扭结(not-a-knot)条件是一个值得推荐的选择；事实上，这是 MATLAB 插值函数的默认选项。

为计算样条插值函数的未知系数，我们必须建立一个线性方程组；这个过程的细节比较烦琐，但我们可以直接使用 MATLAB 函数进行计算。我们需要注意最佳自由度的选择，线性方程组的结果为三对角形式，如在第 3.2.4 节中介绍过的三对角矩阵。此外，线性方程组是对称与对角占优的，因此方程组容易求解。

样条插值是如此重要，以至于在 MATLAB 中专门设置了样条工具箱。在 MAT-LAB 中，我们有两个函数可以用于计算三次样条插值。其中一个是函数 interp1，通过设置"spline"参数选择三次样条插值；另一个是函数 spline。

⊖ 参见 [13，第 380 – 381 页]。

[**例 3.18**] 让我们比较例 3.16 与例 3.17 中的插值案例。执行如下代码，我们得到的结果如图 3.19 所示：

```
x =1:10;
y =[8 2.5 -2 0 5 2 4 7 4.5 2];
plot(x,y,'o')
hold on
x2 =1:0.05:10;
y2 =interp1(x,y,x2,'spline');
plot(x,y,'o',x2,y2);
```

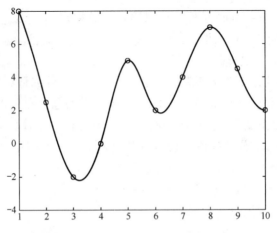

图 3.19   给定数据的三次样条插值

我们看到插值函数的振荡消除了。调用函数 spline 可以得到同样的结果，函数 spline 返回一个插值对象；这个对象可以使用函数 ppval 进行插值函数值的计算：

```
x =1:10;
y =[8 2.5 -2 0 5 2 4 7 4.5 2];
plot(x,y,'o')
hold on
pp =spline(x,y);
x2 =1: 0.05:10;
y2 =ppval(pp,x2);
plot(x,y,'o',x2,y2);
```

我们可以测试龙格函数（Rungefunction）的计算结果。运行图 3.20 中的代码，我们得到图 3.21。需要注意的是，计算中使用了 21 个数据点，而不是 11 个数据点，并且提供了近似效果，然而一个偶数的数据个数将导致匹配效果最差。结果显示近似效果仍然不理想，读者可以尝试将数据点固定在 -5，-3，3，5，同时在 $[-2,2]$ 分布 17 个数据点，看看效果如何。

```
% RungeSpline. m
% define inline function
runge = inline( '1. /(1 + 25 * x.^2)' );
% use 11 equispaced nodes
EquiNodes11 = -5:5;
ppeq11 = spline( EquiNodes11 ,runge( EquiNodes11 ) );
x = -5:0. 01 :5;
subplot(3,1,1)
plot(x,runge(x));
hold on
plot(x,ppval(ppeq11,x));
axis([ -5 5 -0.15 1])
title('11 equispaced points');
% use 20 equispaced nodes
EquiNodes20 = linspace( -5,5,20);
ppeq20 = spline( EquiNodes20 ,runge( EquiNodes20) );
subplot(3,1,2)
plot(x,runge(x));
hold on
plot(x,ppval(ppeq20,x));
axis([ -5 5 -0.15 1])
title('20 equispaced points');
% use 21 equispaced nodes
EquiNodes21 = linspace( -5,5,21);
ppeq21 = spline( EquiNodes21 ,runge( EquiNodes21 ) );
subplot(3,1,3)
plot(x,runge(x));
hold on
plot(x,ppval(ppeq21,x));
axis([ -5 5 -0.15 1])
title('21 equispaced points');
```

图 3. 20　龙格函数的三次样条插值的 MATLAB 程序代码

像我们所指出的，在 MATLAB 中自由度为 2 的三次样条插值的计算函数的默认条件为非扭结(not – a – knot)条件。但是如果函数 spline 拥有一个 y 向量，且 y 向量比 x 多两个元素，那么第一个和最后一个元素被用来确定在区间的极值时的样条函数斜率。

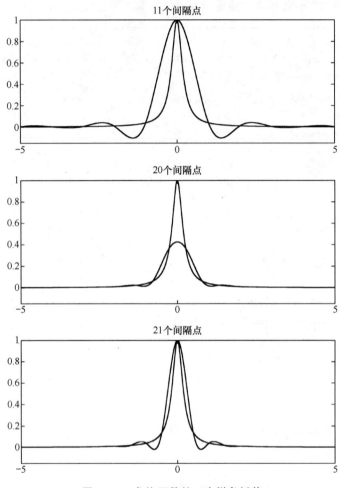

图 3.21   龙格函数的三次样条插值

三次样条插值仅是一种最基础的样条类型，还有其他许多样条类型。在金融中典型的数值计算应用是，通过对给定的一系列债券的市场价格进行插值计算利率期限结构（参见参考文献［3］和［4］）。在经济中，有时候会使用保形样条（shape - preserving spline），保形样条可以确保样条插值的结果保持某些从经济学的角度所必需的特征。

3.3.4   最小二乘的函数逼近理论

本节的内容有些理论化，基本目标是提供更多通用、简单的函数逼近方法。本节的基本概念是一个正交向量的推广或延伸。我们将从最佳函数逼近的普通方法开始。给定一个赋范线性空间(normed linear space)E 与一个 E 的子空间 G。"赋范"

意思为空间有一个关联范数（例如，我们在第3.2.1节研究的向量范数）；"线性"意思为空间 G 或 E 进行任意线性组合，可以得到另一个目标空间。

给定一个范数，我们可以定义空间中任意一对目标向量的距离。两个元素的距离 f, $g \in E$ 可以简单的定义为 $\|f-g\|$。更广泛的，$f \in E$ 与子空间 G 的距离定义为：

$$\text{dist}(f,G) = \inf_{g \in G} \|f-g\|$$

当面对一个内积(inner-product)空间时，基于内积的范数定义在如下空间：

$$\|f\| = \sqrt{<f,f>}$$

内积的典型的示例为：

$$<x,y> = \sum_{i=1}^{n} x_i y_i \tag{3.10}$$

对于 x, $y \in \mathbb{R}^n$，有：

$$<f,g> = \int_a^b f(x)g(x)\,\mathrm{d}x$$

对于 f, $g \in C(a, b)$，例如，在区间 (a, b) 连续函数空间，两个元素 f, $g \in E$ 是正交的，记为 $f \perp g$，如果：

$$<f,g> = 0$$

如果一个有限或无线序列 f_1, f_2, f_3, $\cdots$, $\in E$ 为一个正交系统（orthogonal system），则需满足：

$$<f_i, f_j> = 0 \qquad \forall i \neq j$$

此外，如果子集合中所有的元素有单位范数，我们称这个系统为正交系统。

[例3.19] 如下多项式：

$$p_0(x) = 1$$

$$p_1(x) = x$$

$$p_2(x) = x^2 - \frac{1}{3}$$

$$p_3(x) = x^3 - \frac{3}{5}x$$

$$p_4(x) = x^4 - \frac{6}{7}x^2 + \frac{3}{35}$$

在区间 $[-1, 1]$，形成一个正交系统。如果内积：

$$<f,g> = \int_{-1}^{1} f(x)g(x)\,\mathrm{d}x$$

它们成为勒让德多项式（Legendre polynomial）族中的第一多项式。类似的，关于内积切比雪夫多项式形成一个正交系统：

$$< f,g > = \int_{-1}^{1} f(x)g(x) \frac{\mathrm{d}x}{\sqrt{1-x^2}}$$

实际上，存在一个建立正交系统的通用方法，这种方法将在第4.1.2节中简略介绍。

需要注意的是，随机变量的正交系统正是通过这样的方法建立。这个思路在关于金融的方程中比较简单，即将风险（一个随机变量）分解成互不相关的风险来源的形式，每个风险源（或风险因子）仅携带一条信息，这种方程避免了冗余，从而简化了风险表示。

在一个赋范空间逼近（或近似）的最根本结果是，如果空间配有一个内积，这里的两个条件将是等价的：

（1）在 G 空间 g 是函数 f 最优逼近（或近似）。

（2）子空间 $f-g \perp G$ 的残差是正交的。

这又是一个与欧几里德空间的正交投影（orthogonal projection）概念（参见图3.22）相近的几何概念推广，假设空间 (x, y, z) 中有一个向量，如果想要在平面 (x, y) 上寻找一个最近的向量，我们可以做一个正交映射。接下来的示例将演示如何利用这种等价关系。

[例3.20] 考虑 $(0, 1)$ 区间上的连续函数空间 $E = C(0, 1)$，假设我们希望在子空间 G 找到一个最优逼近或近似（在最小二乘的意义上）的 n 阶多项式，我们可以使用单项式 $g_j(x) = x^j$，$j = 0, 1, \cdots, n$，构建一个线性子空间 G，以此作为基。因此

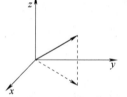

图3.22   正交映射

$g(x) = \sum_{j=0}^{n} a_j g_j(x) = \sum_{j=0}^{n} a_j x^j$ 我们希望尽量减少偏差：

$$\int_0^1 \left[\sum_{j=0}^{n} a_j x^j - f(x) \right]^2 \mathrm{d}x$$

如果 $f-g$ 是正交的，对于 G，则我们必须要求：

$$< g-f, g_i >=0, \quad i=0,\cdots,n$$

或换一种形式：

$$\sum_{j=0}^{n} a_j < g_j(x), g_i(x) > = < f, g_i(x) >, \quad i=0,\cdots,n$$

在这情况下，生成一系列线性方程：

$$\sum_{j=0}^{n} a_j \int_0^1 x^j x^i \mathrm{d}x = \int_0^1 f(x) x^i \mathrm{d}x, \quad i=0,\cdots,n$$

这些方程被统称为正则方程(normal equation)。不幸的是，系数矩阵含有积分计算：

$$\left. \frac{x^{i+j+1}}{i+j+1} \right|_0^1 = \frac{1}{i+j+1}$$

但是，这不是（令人恐惧的）希尔伯特矩阵，关于希尔伯特矩阵我们已经在第16页的例1.3中见识过了。

示例显示，一个简单的方法或将引发一个病态条件数的数值问题。从数值计算的角度，选择合适的基础函数是非常重要的，这就是为什么需要经常使用正交多项式函数族。

为引进正交多项式，我们已经研究了连续的最小二乘问题。通常，在数值应用中，我们必须求解包含 n 个数据点的集合 (x_i, y_i)，$i = 1, \cdots, n$ 的离散问题，其中 $y_i = f(x_i)$。我们想寻找一个逼近，逼近的形式为 m 个基础函数（例如，多项式的线性组合）。基于欧几里德范数，我们得到普通的最小二乘问题：

$$\min \| e \|_2^2 = \sum_{i=1}^n \left| f(x_i) - \sum_{j=1}^m c_j \phi_j(x_i) \right|^2$$

在这种情况下，由正则方程（或普通微分）得到：

$$c = (\Phi'\Phi)^{-1}\Phi'y$$

同样在这种情况下，选择适当的基本函数将简化正则方程的求解。在第10.4节"美式期权定价的蒙特卡罗模拟"中，我们将看到多项式线性回归的应用。

3.4 非线性方程组求解

在金融数值计算中，经常遇到非线性方程（组）的求解；最简单的示例是内部收益率的计算（参见例2.8），需要求解多项式的根。一个多项式方程是非线性方程的特殊形式，多项式方程易于求解，使用某种特定方法我们可以计算出多项式方程的全部根。例如，我们考虑：

$$x^3 + 3x^2 - 2x^2 + 4 = 0$$

调用 MATLAB 的函数 roots 得到：

```
>>roots([1 3 -2 4])
ans =
  -3.8026
   0.4013 +0.9439i
   0.4013 -0.9439i
```

通常，我们在预先设定的点附近寻找方程的根。或许你希望获得一个单变量方程的解，例如：

$$f(x)=0$$

或一个多变量的线性方程组，例如：

$$F(x)=0$$

MATLAB 提供了求解非线性方程的多个函数。我们首先讲解非线性方程的数值方法的基本特征，仅限于二分法（bisection）与牛顿法（Newton method）。

3.4.1　二分法

二分法是求解标量方程（scalar equation）的最简单方法：

$$f(x)=0$$

二分法没有任何要求，除了计算或估计给定数值 f 的函数值。这是二分法的一个重要特征，因此在有些情况下，我们没有函数 f 的解析表达式，以至于我们不能使用更专业的方法，例如牛顿法，这些方法要求计算函数 f 的导数。假设我们已知两点 a，b（$a<b$）使得 $f(a)<0$ 与 $f(b)>0$，如果函数是连续的，显然在区间 $[a,b]$ 函数必将与零轴相交。（参见图 3.23）

同样的结果，如果函数在 a 与 b 的函数值 "+−符号" 相反，则在 $[a,b]$ 上存在一个方程的根。那么，我们可任意通过判断区间中点 f 函数值的正负号的方法减少搜索次数：

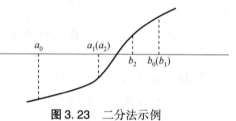

图 3.23　二分法示例

$$c = \frac{a+b}{2}$$

如果 $f(c)=0$，可能在预先设定误差范围内，我们找到了函数的根。如果 $f(c)<0$，我们可以得到在区间 $[c,b]$ 一定存在一个点使得函数值为零，否则我们检查区间 $[a,c]$。在形式上，生成一个非递减序列（non−decreasing sequence）a_n 与一个非递增序列（non−increasing sequence）b_n 使得：

$$|r-c_n| \leqslant \frac{b_0+a_0}{2^{n+1}}$$

其中，r 为（未知）根与 $c_n=(b_n+a_n)/2$。可以证明的是，二分法是线性收敛的。这种方法，通常并不能找到精确的根，而是得到一个合适的近似解。此外，我们应该定义某些停止准则，以使得算法停止迭代。可能的选择为：

- $b_n-a_n<\delta$
- $|f(c_n)|<\varepsilon$
- 最大迭代次数

对于稳定的算法（robust algorithm）可能不存在最优的准则，我们必须使用上述所有停止准则。事实上，第二个条件取决于对测量单位的选择：放缩这个方程，或许任何一点可满足标准。根据目标函数的形式，可以重新设定停止准则。

[例 3.21] 考虑一个微观经济学中的典型问题。我们希望寻找某种商品的价格 p 使得商品的供给 $S(p)$ 与需求 $D(p)$ 相等。我们需确定的是超额需求函数 $f(p)=$

$D(p) - S(p)$ 的零值。如我们所说要求 $|f(p)| < \varepsilon$ 或许有些不合适。一个更好的停止准则是 $|D(p) - S(p)| < \delta D(p)$，例如需求减供给相对需求足够小。这是一个"相对"而不是"绝对"条件的示例。

一个二分法可能面临的困难是，在开始时你需要一个区间而且函数值在区间两端的正负号相反。数值计算函数 fzero 或许可以解决这个问题，因为该函数要求一个初始区间或一个初始点，在这种情况下函数可以寻找到附近的根；寻找区间并确保函数值在区间两端的正负号相反的任务可以由函数自动运行。在接下来的示例中，我们将展示二分法也会出现的错误。

[例 3.22] 考虑非线性方程：

$$\frac{1}{x} = 0$$

在 MATLAB 中，要求函数定义的句柄：

```
>>fzero(@(x)1/x,3)
ans =
    -2.7776e -016
```

我们得到一个非常小的值，近似为零，但是这并不是真实的根：

```
>>1/ans
ans =
  -3.6003e +015
```

在这种情况下我得到一个"假"零值。当然这是我们的错，我们将二分法用在了一个不连续的函数上，如图 3.24 所示。

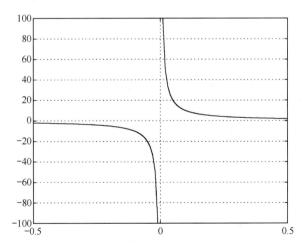

图 3.24 二分法不适应于不连续函数

但是二分法其实就是一个改变符号，并不断缩小间隔以满足第一个而不是终止判据的函数。在其他案例（如 $x^2 = 0$）中，采用二分法无法得到任何根。

```
≫fzero(@(x)x^2,3)
```

Exiting fzero:aborting search for an interval containing a

　　sign change because NaN or Inf function value encountered

　　during search.

(Function value at −1.8203e +154 is Inf.)

Check function or try again with a different starting value.

ans =

　　NaN

问题是，我们能够计算出一个解，但其图像是 x 轴的切线，初始函数明显不能够找到一个使得符号变化的间隔。

出现这个问题的原因在于我们在曲线与 x-轴正切的地方存在一个根，初始化函数很显然无法找到一个符号变化的间隔。

尽管存在这些缺点，但两分法仍有很多显著特点，如在给定点时很容易对函数 f 进行估计或者求值。为说明这点，考虑定义为一个具有复杂期望值的函数或者由最优化问题隐含定义的函数：

$$f(x) = E_\omega [F(x,\omega)] \quad \text{或} \quad g(x) = \min_{y \in S} G(x,y)$$

在这两种情况下，想要从 f 与 g 上了解更多的信息（例如导数的函数值，如果导数存在）似乎不是件容易的事情。此外，二分法并不要求函数可导（或可微），二分法也只能用于仅含有一个未知变量的问题。

3.4.2　牛顿法

与二分法不同，牛顿法（Newton's method）使用了函数 f 的更多信息；特别地，牛顿法需要计算函数 f 的一阶导数。牛顿法可以用于求解非线性方程，但是让我们先考虑如何使用牛顿法处理标量方程：

$$f(x) = 0$$

假设 $f \in C^2$，这个函数连续可微。考虑一个点 $x^{(0)}$，这并不是方程的解，因为 $ef(x^{(0)}) \neq 0$。我们或许可以向前移动一步 Δx，得到新的 $x = x^{(0)} + \Delta x$ 为方程的解：

$$f(x^{(0)} + \Delta x) = 0$$

为得到位移 Δx，我们可以使用泰勒展式：

$$f(x^{(0)} + \Delta x) \approx f(x^{(0)}) + f'(x^{(0)})\Delta x$$

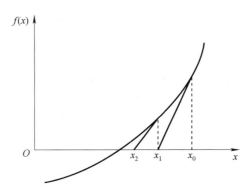

图 3.25 牛顿法的几何展示

求解 Δx 的方程，我们得到：

$$\Delta x = -\frac{f(x^{(0)})}{f'(x^{(0)})}$$

因为泰勒展式存在截断误差，我们或许无法通过一步位移获取方程的根，但是我们可以使用这个思路定义一系列点：

$$x^{(k+1)} = x^{(k)} - \frac{f(x^{(k)})}{f'(x^{(k)})}$$

从几何的角度，牛顿法使用函数 f 在点 $x^{(k)}$ 的切线改善求解方法，如图 3.25 所示。与其他算法类似，牛顿算法也有优点与缺点：

- 优点是与二分法不同，该方法的收敛速度是二次的。

- 缺点是收敛是局部的：这意味着，除非初始点在方程根附近，否则牛顿法将失效，不过连续同伦法（homotopy continuation methods）（参见第 3.4.5 节）可以轻松地处理这个困难。

- 在很多情况下算法将会出错，可能导致计算延迟；在实际中，为稳定执行牛顿法需要做出很多调整。⊖

[例 3.23] 如我们在第 2.6.5 节所指出的，有时布莱克 – 斯科尔斯公式被用于反算市场波动率，以使得理论预测价格与市场观测价格相匹配。反复的市场波动率称为隐含波动率（implied volatility）。估计市场参与者所接受的波动率，而不是使用历史数据计算波动率，可能是有用的；的确，这种方法可以用于计算 VaR。

这些都可以使用 MATLAB 计算。考虑一个欧式买入期权执行价格为 54 美元，在五个月后到期，标的资产现价为 54 美元，波动率为 30%，无风险利率为 7%，期权价格的计算如下：

⊖ MATLAB 程序中包含对于牛顿法的改进与调整，参见文献 [12]。

```
≫c =blsprice(50,54,0.07,5/12,0.3)
c =

    2.8466
```

现在我们尝试另外一种方法，测试这个买入期权价格对应的波动率是多少。定义一个匿名函数句柄，使用函数 fzero 计算目标函数的根：

```
≫fzero(@(x)blsprice(50,54,0.07,5/12,x)-2.8466,1)
ans =

    0.3000
```

同样的，我们可以使用 M 文件（M-file）定义这个函数。

因为期权定价的布莱克-斯科尔斯公式具有解析形式，我们会思考使用牛顿法是否优于简单方法，例如二分法。牛顿法需要计算非线性函数的导数，计算导数虽然需要更多计算，但是这些计算或许可以提高求解效率。事实上，MATLAB 中的金融工具箱中函数 blsimpv，可以通过牛顿法计算欧式买入期权的隐含波动率。我们可以将函数 blsimpv 与函数 fzero 进行对比：

```
≫tic,blsimpv(50,54,0.07,5/12,2.8466),toc
ans =

    0.3000

Elapsed time is 0.030920 seconds.
≫tic,fzero(@(x)blsprice(50,54,0.07,5/12,x)-2.8466,1),toc
ans =

    0.3000

Elapsed time is 0.039830 seconds.
```

相对而言，牛顿法具有一定优势。

牛顿法的显著优势是可以立即得到向量方程，例如：

$$\boldsymbol{F}(\boldsymbol{x}) = 0$$

其中，$\boldsymbol{F} = (f_1, f_2, \cdots, f_n)'$。给出一个近似函数 $\boldsymbol{x}^{(k)} = (x_1^{(k)} x_2^{(k)} \cdots x_n^{(k)})'$，函数的根 $\boldsymbol{x}^* = (x_1^*, x_2^*, \cdots, x_n^*)'$，我们可以写为：

$$f_1(\boldsymbol{x}^{(k)}) + (x_1^* - x_1^{(k)})\left(\frac{\partial f_1}{\partial x_1}\right)_{\boldsymbol{x}=\boldsymbol{x}^{(k)}} + \cdots + (x_n^* - x_n^{(k)})\left(\frac{\partial f_1}{\partial x_n}\right)_{\boldsymbol{x}=\boldsymbol{x}^{(k)}} \approx 0$$

$$f_2(\boldsymbol{x}^{(k)}) + (x_1^* - x_1^{(k)})\left(\frac{\partial f_2}{\partial x_1}\right)_{\boldsymbol{x}=\boldsymbol{x}^{(k)}} + \cdots + (x_n^* - x_n^{(k)})\left(\frac{\partial f_2}{\partial x_n}\right)_{\boldsymbol{x}=\boldsymbol{x}^{(k)}} \approx 0$$

$$\vdots$$

$$f_n(\boldsymbol{x}^{(k)}) + (x_1^* - x_1^{(k)})\left(\frac{\partial f_n}{\partial x_1}\right)_{\boldsymbol{x}=\boldsymbol{x}^{(k)}} + \cdots + (x_n^* - x_n^{(k)})\left(\frac{\partial f_n}{\partial x_n}\right)_{\boldsymbol{x}=\boldsymbol{x}^{(k)}} \approx 0$$

这是一个简单线性方程，系数矩阵为雅可比矩阵（Jacobian matrix）：

$$J^{(k)} = J(\boldsymbol{x}^{(k)}) = \begin{pmatrix} \left(\dfrac{\partial f_1}{\partial x_1}\right)_{\boldsymbol{x}=\boldsymbol{x}^{(k)}} & \left(\dfrac{\partial f_1}{\partial x_2}\right)_{\boldsymbol{x}=\boldsymbol{x}^{(k)}} & \cdots & \left(\dfrac{\partial f_1}{\partial x_n}\right)_{\boldsymbol{x}=\boldsymbol{x}^{(k)}} \\ \left(\dfrac{\partial f_2}{\partial x_1}\right)_{\boldsymbol{x}=\boldsymbol{x}^{(k)}} & \left(\dfrac{\partial f_2}{\partial x_2}\right)_{\boldsymbol{x}=\boldsymbol{x}^{(k)}} & \cdots & \left(\dfrac{\partial f_2}{\partial x_n}\right)_{\boldsymbol{x}=\boldsymbol{x}^{(k)}} \\ \vdots & \vdots & \ddots & \vdots \\ \left(\dfrac{\partial f_n}{\partial x_1}\right)_{\boldsymbol{x}=\boldsymbol{x}^{(k)}} & \left(\dfrac{\partial f_n}{\partial x_2}\right)_{\boldsymbol{x}=\boldsymbol{x}^{(k)}} & \cdots & \left(\dfrac{\partial f_n}{\partial x_n}\right)_{\boldsymbol{x}=\boldsymbol{x}^{(k)}} \end{pmatrix}$$

可以通过求解下列方程，获得近似解序列：

$$J^{(k)} \Delta \boldsymbol{x}^{(k)} = -\boldsymbol{F}(\boldsymbol{x}^{(k)})$$

设定

$$\boldsymbol{x}^{(k+1)} = \boldsymbol{x}^{(k)} + \Delta \boldsymbol{x}^{(k)}$$

这种方法的缺点是每一步计算都需要计算雅可比矩阵。而雅可比矩阵的计算比较麻烦且容易出错。

3.4.3　基于优化的非线性方程求解

牛顿法与其变种方法是求解非线性方程组的可行方法。然而，还存在其他基于优化的方法。通过在第 3.2.5 节中的共轭梯度方法（the conjugate gradient method），我们已经建立了优化方法与方程组求解之间的关系。在求解线性方程组中，如前面章节介绍的那样，我们可以将求解线性方程组的问题转化为如下形式：

$$\min \|\boldsymbol{F}(\boldsymbol{x})\|_2^2 = \sum_{i=1}^n f_i^2(\boldsymbol{x})$$

图 3.26 形象地展示了这个想法。

由于平方范数非负，上述函数最小化相当于求解函数的零值，函数最小值的变量值为方程的根。这种方法可以使用 MATLAB 中的 fsolve 函数；函数 fsolve 与函数 fzero 不同，功能为求解线性方程组，且其为优化工具箱（Optimization Toolbox）的一部分，而不是 MATLAB 的基函数。通过图 3.26 可以说明原因，对于一个非凸优化问题，通常情况下求解出全部的根或局部极值是非常困难的，但我们可以求解一些局部极值。我们计算出方程的根依赖于初始迭代点。此外，需要注意某些数值问题，例如接下来的示例。

[例 3.24] 求解方程：

$$x^3 e^{-x^2} = 0$$

我们可以使用函数 fsolve 求解，具体如下：首先，我们定义函数（或可以画出函数曲线，如图 3.27 所示）：

```
≫f =@(x)(x.^3).*exp(-x.^2);
≫vx = -4:0.05:4;
≫plot(vx,f(vx))
```

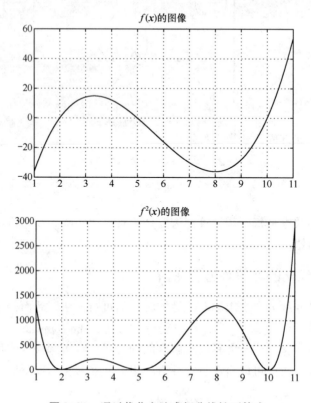

图 3.26　通过优化方法求解非线性不等式

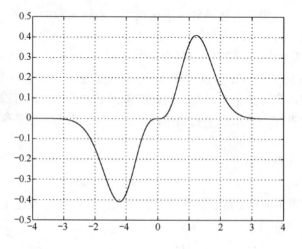

图 3.27　例 3.24 的函数

然后，给定初始迭代点，调用函数 fsolve：

≫fsolve(f,1)

Optimization terminated：

first−order optimality is less than options. TolFun.

ans =

    0

≫fsolve(f,2)

Optimization terminated：

first−order optimality is less than options. TolFun.

ans =

    3.4891

我们看到，方程的根取决于初始迭代点。不幸的是，第二个点不是方程的根。由函数的图像知，当→ ±∞ 时，函数值趋向于 0。这意味着，当函数值小于预先设定的误差阈值时，我们得到一个伪零值。

[例3.25] 为展示拟牛顿法（quasi−Newton methods）的优势，我们考虑一个微观经济中的示例。双寡头（duopoly）古诺均衡（Cournot equilibrium）的计算。（古诺模型假定一种产品市场只有两个卖者，并且相互间没有任何勾结行为，但相互间都知道对方将怎样行动，从而各自确定最优的产量来实现利润最大化，因此，古诺模型又称为双寡头垄断理论。）每个生产企业面临的问题是，如何增加产量以提高收入（企业可以卖出的商品更多），但是这将导致价格的下降（因为供给多了）。因此，我们需要寻找一个使净利润（net prot）最大化的产量。

两个企业的成本函数为：

$$C_i(q_i) = \frac{1}{2}c_iq_i^2, \qquad i = 1,2$$

函数形式表示边界成本递增。我们假设整个市场的逆需求函数（inverse demand function）为：

$$P(q) = q^{-1/\eta}$$

结合供给函数 $q = q_1 + q_2$，可以得到商品的市场价格。企业 i 的净利率为收入减成本：

$$\pi_i(q_1,q_2) = P(q_1 + q_2)q_i - C_i(q_i), \qquad i = 1,2$$

为计算出古诺均衡，得到企业 1 的产出 q_1 的函数，企业 2 产出为 q_2 的函数。根据平衡条件⊖得到如下的两个非线性方程组：

$$f_i(q) = (q_1 + q_2)^{-1/\eta} - (1/\eta)(q_1 + q_2)^{-1/\eta-1} q_i - c_iq_i = 0, \qquad i = 1,2$$

我们需要计算雅可比矩阵，为便于理解，函数可以改写为：

⊖ 见第6章。

$$f_i(q) = q^e + eq^{e-1}q_i - c_iq_i$$

其中，$e = -1/\eta$。则可直接计算得到：

$$\frac{\partial f_i}{\partial q_i} = 2eq^{e-1} + e(e-1)q^{e-2}q_i - c_i$$

$$\frac{\partial f_i}{\partial q_i} = eq^{e-1} + e(e-1)q^{e-2}q_i, \qquad i \neq j$$

假设 $\eta = 1.6$，$c_1 = 0.6$，$c_2 = 0.8$。为使用牛顿法求解方程，我们需要计算函数值与雅可比矩阵，计算可以通过图 3.28 中的代码完成，代码中包含调用函数的程序。通过设置函数 optimset，函数将提供雅可比矩阵，我们可以检查函数导数（一种有限差分近似）。运行代码得到：

```
function[fval,fjac] = cournotJac(q,c,eta)
e = -1/eta;
qtot = sum(q);
fval = qtot^e + e * qtot^(e-1) * q - c. * q;
fjac = zeros(2,2);
fjac(1,1) = 2 * e * qtot^(e-1) + e * (e-1) * qtot^(e-2) * q(1) - c(1);
fjac(1,2) = e * qtot^(e-1) + e * (e-1) * qtot^(e-2) * q(2);
fjac(2,1) = e * qtot^(e-1) + e * (e-1) * qtot^(e-2) * q(1);
fjac(2,2) = 2 * e * qtot^(e-1) + e * (e-1) * qtot^(e-2) * q(2) - c(2);
```

```
% CournotJacScript
c = [0.6; 0.8];
eta = 1.6;
q0 = [1; 1];
options = optimset('Jacobian', 'on', 'DerivativeCheck', 'on');
[q,fval,exitflag,output] = fsolve(@(q)cournotJac(q,c,eta), q0, options);
fprintf(1,' q1 =%f \n q2 =%f\n', q(1), q(2));
fprintf(1,' number of iterations =%d \n', output. iterations);
```

图 3.28　古诺均衡的程序代码

```
>>CournotJacScript
Maximum discrepancy between derivatives = 3.12648e - 009
Optimization terminated：
first - order optimality is less than options. TolFun.
q1 = 0.839568
q2 = 0.688796
number of iterations = 5
```

值得注意的是，如果我们在计算雅可比矩阵中出现误差将会怎样？例如，如果将函

数 cournotJac 中的最后一行修改为:

fjac(2,2) = e * qtot^(e-1) + e * (e-1) * qtot^(e-2) * q(2) - c(2);

我们将得到错误提示:

>>CournotJacScript

Maximum discrepancy between derivatives = 0.202631

Warning: Derivatives do not match within tolerance

Derivative from finite difference calculation:

-0.8406	-0.0380
-0.0380	-1.0406

User-supplied derivative, @(q)cournotJac(q,c,eta):

-0.8406	-0.0380
-0.0380	-0.8380

Difference:

0.0000	0.0000
0.0000	0.2026

Strike any key to continue or Ctrl-C to abort

为避免这种潜在问题的发生，我们需要一个导数的数值近似。这可以简单地通过定义一个函数来实现。该函数不需要计算雅可比矩阵，并使用（默认选项）函数 fsolve 实现。具体程序如图 3.29，该程序相对不容易出错。运行代码得到:

```
function [fval,fjac] = cournotNoJac(q,c,eta)
e = -1/eta;
qtot = sum(q);
fval = qtot^e + e * qtot^(e-1) * q - c. * q;
```

```
% CournotNoJacScript
c = [0.6; 0.8];
eta = 1.6;
q0 = [1; 1];
[q, fval, exitflag, output] = fsolve(@(q) cournotNoJac(q,c,eta), q0);
fprintf(1,' q1 = %f\n q2 = %f\n', q(1), q(2));
fprintf(1,' number of iterations = %d\n', output. iterations);
```

图 3.29　通过拟牛顿法求解古诺均衡的程序代码

>>CournotNo JacScript

Optimization terminated.

first-order optimality is less than options. TolFun.

q1 = 0.839568

q2 = 0.688796

number of iterations = 3

我们得到相同的解，奇怪的是计算的迭代次数减少了。或许我们直觉认为，因为雅可比矩阵提供了更多信息，所以计算迭代次数减少了；然而直觉或许是错的，因为我们并没有对非线性方程组使用牛顿法。事实上，算法的表现取决于多种因素，函数 fsolve 基于三种优化算法，且有多个参数选项，这些都将对函数的迭代速度与次数产生影响。

3.4.4   求解方程组的复合方法

假设我们必须求解下列方程：

$$g(x, f(x)) = 0 \qquad \forall x \in [a, b]$$

其中，g 为给定函数，f 为未知函数。需要注意的是，我们希望寻找到一个定义在实数区间的函数，这是一个无限维度（innite‐dimensional）问题。处理这类数值问题的第一步是寻找一个合适的方法将其离散化。一种可行的方式是选择一个由实数区间上 n 个点 x_i 构成的离散集合，然后求解非线性方程：

$$g(x_i, y_i) = 0, \qquad i = 1, \cdots, n$$

其中，$y_i = f(x_i)$ 是未知。我们可以使用插值方法在实数区间上"重构"函数。

然而存在一种更好的方法，称为配置方法（collocation method）。该方法的思路为：固定一个 n 点的集合，称为配置节点（collocation nodes），通过 n 个基础方程的组合逼近函数 f：

$$f(x) \approx \sum_{i=1} c_i \phi_i(x)$$

因此，通过求解非线性方程的方法，我们的问题归结为计算系数 c_i：

$$g\left(x_i, \sum_{j=1}^{n} c_j \phi_j(x_i)\right) = 0, \qquad i = 1, \cdots, n$$

我们也将遇见其他形式函数的方程，例如偏微分方程或与动态规划相关的递归方程（recursive equation）。配置方法是求解偏微分方程的（PDEs）有限元方法（nite element method），以及随机规划问题的动态规划方法的核心算法。

3.4.5   同伦连续法

因为牛顿法并不是全局收敛的（globally convergen），该方法的计算需要估计一个优质的初始迭代点。为解决这个问题，提高算法的全局收敛性（global convergence），我们可以将问题嵌入到某类参数化模型中。假设我们想求解方程 $f(x; t) = 0$，对于变量 t 的某个具体值。如果我们知道当 $t = t^0$ 时，方程的一个解为 x^0，我们可以生成一系列问题，其参数分别为 t^0，t^1，t^2，$\cdots$，问题 i 初始迭代点为 x^{i-1}。通常情况下，如果我们知道方程 $g(x) = 0$ 的一个解，为求

解 $f(x)=0$，我们可以定义：

$$h(t,x) = tf(x) + (1-t)g(x) \tag{3.11}$$

将 t 从 0 移动到 1。事实上，我们将一个简单问题"转化"为一个复杂的问题。这种思路可以通过同伦（homotopy），（两个拓扑空间如果可以通过一系列连续的形变从一个变到另一个，那么就称这两个拓扑空间同伦）的方法标准化。给定两个函数 f，g：$X \to Y$，函数 f 与 g 之间的同伦为一个连续映射：

$$h : [0,1] \times X \to Y$$

使得 $h(0, x)=g(x)$ 与 $h(1, x)=f(x)$ 方程（3.11）为线性同伦。牛顿同伦为：

$$h(t,x) = tf(x) + (1-t)[f(x) - f(x_0)] = f(x) + (t-1)f(x_0)$$

其中 x_0 为 $t=0$ 时方程的解。

我们有一类参数化问题，使得方程存在一个解的路径 $x(t)$。严格地讲，这意味着，如果 $h(t,x)=0$，对于任意的 $t \in [0,1]$ 都有一个根。假设拥有这种性质，我们可以找到一种方法得到解的路径，得到我们所需的解。接下来的示例，基于 [13，第 140–141 页]，我们给出一个获得解路径的方法。

[例3.26] 假设问题所涉及的函数可微，我们可以分解方程：

$$h(t,x(t)) = 0$$

得到：

$$\frac{\partial h}{\partial t}(t,x(t)) + \frac{\partial h}{\partial x}(t,x(t)) \cdot x'(t) = 0$$

生成如下微分方程：

$$x'(t) = -[h_x(t,x(t))]^{-1} h_t(t,x(t))$$

其中，我们可以使用 h_x 与 h_t 标记偏微分方程。我们对这个方程积分，通过初始边界条件 $x(0)$，计算得到解 $x(1)$。

例如如下问题，其中 $X = Y = \mathbb{R}^2$：

$$\boldsymbol{F}(\boldsymbol{x}) = \begin{pmatrix} x_1^2 - 3x_2^2 + 3 \\ x_1 x_2 + 6 \end{pmatrix} = 0$$

使用牛顿同伦 $\boldsymbol{x}^0 = (1, 1)$，得到：

$$h_x = \frac{\partial \boldsymbol{F}}{\partial \boldsymbol{x}} = \begin{pmatrix} \partial f_1/\partial x_1 & \partial f_1/\partial x_2 \\ \partial f_2/\partial x_1 & \partial f_2/\partial x_2 \end{pmatrix} = \begin{pmatrix} 2x_1 & -6x_2 \\ x_2 & x_1 \end{pmatrix}$$

$$h_t = \boldsymbol{F}(x^0) = \begin{pmatrix} f_1(x^0) \\ f_2(x^0) \end{pmatrix} = \begin{pmatrix} 1 \\ 7 \end{pmatrix}$$

可以对 h_x 求逆：

$$h_x^{-1} = \frac{1}{\Delta}\begin{pmatrix} x_1 & 6x_2 \\ -x_2 & 2x_1 \end{pmatrix}, \qquad \Delta = 2x_1^2 + 6x_2^2$$

最后，得到普通的微分方程：

$$\begin{pmatrix} x'_1 \\ x'_2 \end{pmatrix} = -\frac{1}{\Delta}\begin{pmatrix} x_1 & 6x_2 \\ -x_2 & 2x_1 \end{pmatrix}\begin{pmatrix} 1 \\ 7 \end{pmatrix} = -\frac{1}{\Delta}\begin{pmatrix} x_1 + 42x_2 \\ x_2 + 14x_1 \end{pmatrix}$$

通过数值积分，我们得到 $x(1) = (-2.961, 1.978)$。

现在，我们得到初始方程解的范围，为得到更精确的解，可以进行几次牛顿迭代，得到解（-3, 2）。

我们在上述示例中展示了思路的全部内容，但是存在很多种计算方程解路径的方法，同样的方法可以用于优化问题。事实上，我们将再次遇到这种路径，因为它是优质优化算法的基础，例如求解线形规划的内点法（第6.4.4节）。在经济学的高级应用中，同伦连续方法（homotopy continuation method）是非常专业且有效的方法，参见 [7] 与 [10]。

进阶阅读

书籍推荐

- 关于数值计算方法的文章的分类目标，参见文献 [18]；其他相关文献参见文献 [2]，[13] 与 [17]。
- 一本从经济学的角度介绍数值计算方法的书籍，参见文献 [10]。
- 关于样条插值更详细的介绍，参见文献 [5]；样条插值非常有效的方法，广泛应用于工业工程（例如，计算机辅助设计）与经济学。关于样条插值在经济学领域的应用，参见文献 [11]。
- 关于特殊函数计算的相关介绍，参见文献 [1]。
- 关于近似（或逼近）理论，参见文献 [15] 与 [19]。
- 关于数值算法的算法大全与代码，参见文献 [16]。
- 基于 MATLAB 编写的数值分析的书籍，参见文献 [6] 与 [14]。

网络资源

- 关于各种数值分析软件的介绍，参见 http://www.netlib.org。
- 关于 MATLAB 编程相关的书籍，包括数值分析教材，参见 http://www.mathworks.com/support/books。

参 考 文 献

1. M. Abramowitz and I. A. Stegun, editors. *Handbook of Mathematical Functions.* Dover Publications, New York, 1972.

2. K. E. Atkinson. *An Introduction to Numerical Analysis (2nd ed.)* . Wiley, Chichester, West Sussex, England, 1989.

3. L. Barzanti and C. Corradi. A Note on Interest Rate Term Structure Estimation Using Tension Splines. *Insurance Mathematics and Economics*, 22: 139 – 143, 1998.

4. J. F. Carriere. Nonparametric Condence Intervals of Instantaneous Forward Rates. *Insurance Mathematics and Economics*, 26: 193 – 202, 2000.

5. C. de Boor. *A Practical Guide to Splines.* Springer – Verlag, New York, 1978.

6. L. V. Fausett. *Applied Numerical Analysis Using MATLAB.* Prentice Hall, Upper Saddle River, NJ, 1999.

7. C. B. Garcia and W. I. Zangwill. *Pathways to Solutions, Fixed Points, and Equilibria.* Prentice Hall, Englewood Clis, NJ, 1981.

8. C. Hastings. *Approximations for Digital Computers.* Princeton University Press, Princeton, NJ, 1955.

9. J. C. Hull. *Options, Futures, and Other Derivatives* (5th ed.) . Prentice Hall, Upper Saddle River, NJ, 2003.

10. K. L. Judd. *Numerical Methods in Economics.* MIT Press, Cambridge, MA, 1998.

11. K. L. Judd, F. Kubler, and K. Schmedders. Computing Equilibria in Innite – Horizon Finance Economies: The Case of One Asset. *Journal of Economic Dynamics and Control*, 24: 1047 – 1078, 2000.

12. C. T. Kelley. *Solving Nonlinear Equations with Newton's Method.* SIAM, Philadelphia, PA, 2003.

13. D. Kincaid and W. Cheney. *Numerical Analysis: Mathematics of Scientic Computing.* Brooks/Cole Publishing Company, Pacic Grove, CA, 1991.

14. J. H. Mathews and K. D. Fink. *Numerical Methods Using MATLAB* (3rd ed.) . Prentice Hall, Upper Saddle River, NJ, 1999.

15. M. J. D. Powell. *Approximation Theory and Methods.* Cambridge University Press, Cambridge, 1981.

16. W. H. Press, S. A. Teukolsky, W. T. Vetterling, and B. P. Flannery. *Numerical Recipes in C* (2nd ed.) . Cambridge University Press, Cambridge, 1992.

17. H. R. Schwarz. *Numerical Analysis: A Comprehensive Introduction.* Wiley, Chichester, West Sussex, England, 1989.

18. J. Stoer and R. Burlisch. *Introduction to Numerical Analysis.* Springer Verlag, New York, 1980.

19. G. A. Watson. *Approximation Theory and Numerical Methods.* Wiley, Chichester, West Sussex, England, 1980.

20. P. Wilmott. *Quantitative Finance* (*vols. I and II*) . Wiley, Chichester, West Sussex, England, 2000.

第4章

数值积分：定性分析与蒙特卡罗模拟

数值积分是数值分析中的标准（必有的）内容。我们之所以将数值积分单列一章进行讲解，是因为数值计算在金融计算中非常重要。此外，本章还包括蒙特卡罗积分（Monte Carlo integration），在其他教科书中并不都含有此部分内容。该积分通常称为蒙特卡罗模拟（Monte Carlo simulation），或许这个名称在某些方面更有吸引力，为了给学习拟蒙特卡罗方法（quasi – Monte Carlo method）做准备，在数值模拟框架内掌握这种积分是非常重要的。经典数值积分方法的求积公式都是确定的，就如拟蒙特卡罗方法。蒙特卡罗方法基于随机抽样，至少在概念上是这样，所以算法与概率统计相关。

我们知道，期权定价需要计算一个基于风险中性测度的期望值，期望值实际上是一个积分。一个服从概率密度函数 $f_X(x)$ 分布的函数 $g(\cdot)$ 的期望值为：

$$E[g(X)] = \int_{-\infty}^{+\infty} g(x) f_X(x) \, \mathrm{d}x$$

在一维情况下，我们可以找到一个解析解（analytical solution），例如布莱克－斯科尔斯公式，但是获得积分的解析解通常非常困难。如果随机变量 X 为一个具体数值，可以使用简单定性积分方法，但是，当计算一个随机向量的期望值时，我们必须在一个高维度空间进行积分，随机抽样（Random sampling）是非常必要的。随机抽样是模拟动态不确定性的首选方法。例如用随机微分方程来模拟价格，它的应用范围除了期权定价，还有投资组合优化、风险管理、在险价值的计算等。

值得注意的是，数值积分可以隐含地用于估计概率。如果事件 A 的发生与否取决于随机变量 X，则：

$$P(A) = \int_{-\infty}^{+\infty} \mathcal{I}_A(x) f_X(x) \, \mathrm{d}x$$

式中，$\mathcal{I}_A(x)$ 为事件 A 的示性函数（indicator function），如果事件 A 发生则 $\mathcal{I}_A(x)$ 值为 1，否则为 0。当 A 为小概率事件时，需要通过一个高效算法的合理计算得到精准估计。

最后，在有些情况下，我们或许会使用积分定义函数。一个典型的情况是基于一个控制变量（表示决策因素）与一个随机变量（表示非决策因素，是无法控制的因素）的一个函数的期望值：

$$H(z) = E_X[g(X,z)] = \int_{-\infty}^{+\infty} g(x,z)f_X(x)\,\mathrm{d}x$$

这是一个非常普通的随机优化与动态规划问题，我们希望计算函数 $H(z)$ 的最大（或最小）值，这需要使用合适且离散的连续分布逼近函数 H。换句话说，我们希望生成离散情境集合来模拟潜在的不确定性。数值方法，例如高斯求积法（Gaussian quadrature）为非常有效的方法。事实上，借由整齐的网格或其他方式，所有数值积分方法都需要某种形式的离散化（包括抽样、网格等）。我们需要注意的是，我们对于 $H(z)$ 的微分感兴趣，不仅因为微分与优化算法相关，而且因为微分与计算敏感性相关。类似的情况如期权的金融风险计算。

第 4.1 节概述了定性分析，同时介绍基础的定性分析方法。为了说明 MATLAB 中可用的求积函数的基础概念，我们仅介绍非常基本的方法，本节还介绍高斯求积法，高斯求积法在动态规划计算中是十分重要的。

第 4.2 节介绍蒙特卡罗积分方法。蒙特卡罗模拟是基于随机数计算的。事实上，我们必须将它称为伪随机数（pseudo - random number），因为在计算机上没有什么是随机的。

第 4.3 节介绍在 MATLAB 中生成随机数的方法。

如果将随机数设为一个模拟程序，程序的输出也将为随机数序列。给定这个输出，我们可以使用统计方法估计数量。我们可以通过某种方法评估这种估计的稳定性，如置信区间，或其他方式，我们希望执行的模型试验的估计误差是可控的。第 4.4 节讨论模拟（重复）计算次数的设置问题。直观上，模拟的重复次数越多，我们的估计越可靠。遗憾的是，为达到合适的精度，或许需要非常多的计算次数。为了减少漫长的 CPU 运行时间，我们需要降低方差的技术以提高估计的质量。这些降低方差技术为第 4.5 节的主要内容。

在计算中使用伪随机数，然后使用统计技术有可能引发某些哲学讨论；毕竟，我们使用的数值序列是确定的。可以说，蒙特卡罗模拟方法的成功仅意味着某些数值序列的效果很好，但是或许存在效果更好的数值序列。这种想法引出了拟蒙特卡罗模拟，我们将在第 4.6 节介绍相关内容。

最后一个需要考虑的问题是，模拟可以用来评估某个策略的效果，但是模拟不能自己生成策略。为此，我们将使用优化算法。优化算法将在第 6 章进行介绍。遗憾的是，大多数的优化技术都需要解析形式的模型，这样的模型不是太复杂就是根本无法得到，这就是为什么我们会经常使用模拟的原因。将模拟与优化技术相结合的方法将在第 6.6 节介绍。

为了更好地展示相关内容，我们将使用简单示例介绍基础积分与普通期权定价。我们应该记住普通期权定价的解析公式与相关示例。第 8 章将介绍与实际相关的案例。

4.1　确定性求积

考虑逼近定积分的值的问题，比如在有界区间 $[a,b]$ 上的单变量函数 f

$$I[f] = \int_a^b f(x)\,dx$$

因为积分为线性运算，所以有必要寻找一种近似方法来保持这种性质。可以在区间 $[a,b]$ 抽取 x_j 构成一个元素数量有限的集合：

$$a = x_0 < x_1 < \cdots < x_N = b$$

我们可定义求积公式为：

$$Q[f] = \sum_{j=0}^n w_j f(x_j)$$

一个求积公式的特征由权重 w_j 与节点 x_j 决定。为准确起见，因为在计算函数值时用到区间的两个端点，因此类似我们上面提到的求积公式称为封闭式公式（closed formula）。有时候，当函数在接近区间边界 a 或 b 不稳定时，或在一个无限区间上积分时，我们常使用开放式公式（open formula）。

任何求积公式都存在截断误差：

$$E = I[f] - Q[f]$$

一个合理的要求是，对于像多项式这样足够简单的函数，求积公式的截断误差应该为零。我们可以定义求积公式的阶数，如最大阶数为 m，使得对于阶数为 m 或小于 m 的多项式的求积公式截断误差为零。换句话说，如果初始方程可以使用多项式插值代替，则在多项式积分中我们无须考虑截断误差。截断误差的通常表达式为：

$$E = \gamma f^{(k)}(\xi)$$

式中，γ 为取决于 a 与 b 的某个常量；ξ 为区间 (a,b) 上的某些未知点；k 为导数的阶数。因为一个阶数不超过 $k-1$ 的多项式的 k 阶导数为零，所以求积公式的阶数与 k 存在明显关系。如果函数 f 足够光滑（即 n 阶可导），我们可以认为高阶的求积公式可以得到高精度的结果。

4.1.1　经典插值公式

一种获得求积公式的方法为等距节点（equally spaced node）：

$$x_j = a + jh, \quad j = 0,1,2,\cdots,n$$

式中，$h = (b-a)/n$；假设 $f_j = f(x_j)$。我们在函数插值中讲过，这种方法并不是最优方法，但这是一个必然的选择。等距节点可以得到牛顿 – 柯特斯（Newton – Cotes）求积公式。

给定 $n+1$ 个节点，我们可以考虑使用 n 阶拉格朗日多项式插值多项式 $P_n(x)$：

$$f(x) \approx P_n(x) = \sum_{j=0}^{n} f_j L_j(x)$$

然后，我们可以计算相关权重：

$$\int_a^b f(x)\,\mathrm{d}x \approx \int_a^b P_n(x)\,\mathrm{d}x = \int_a^b \left[\sum_{j=0}^{n} f_j L_j(x) \right] \mathrm{d}x$$

$$= \sum_{j=0}^{n} f_j \left[\int_a^b L_j(x)\,\mathrm{d}x \right] = \sum_{j=0}^{n} w_j f_j$$

考虑只有两个节点的情况，$x_0 = a$ 与 $x_1 = b$。这里我们使用一条直线对 f 进行插值：

$$P_1(x) = f_0 \frac{x - x_1}{x_0 - x_1} + f_1 \frac{x - x_0}{x_1 - x_0}$$

通过简单计算得到：

$$\int_{x_0}^{x_1} P_1(x)\,\mathrm{d}x = h \frac{f_1 + f_0}{2}$$

事实上，我们可以使用梯形元素 (trapezoidal element) 在区间上对函数进行插值，如图 4.1 所示，上面的公式给出了一种元素形式。将这个思路用于更多的子区间，我们得到梯形法则 (trapezoidal rule)：

$$Q[f] = h \left[\frac{1}{2} f_0 + \sum_{j=1}^{n-1} f_j + \frac{1}{2} f_n \right]$$

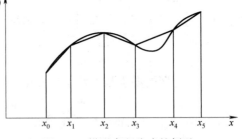

图 4.1　梯形求积公式的例子

给定任意区间的求积公式，我们可以通过将一个大区间分成小区间的方式，得到一个复合公式 (composite formula)。

基于 $n+1$ 个节点的求积公式，可以通过 $\leq n$ 阶的多项式精确地构造出来。我们也可以使用其他的方法，通过特定阶数的多项式构造求积公式。考虑下面的式子：

$$\int_0^1 f(x)\,\mathrm{d}x \approx w_0 f(0) + w_1 f(0.5) + w_2 f(1)$$

我们需要一个求积公式，以对 ≤ 2 阶多项式能够精确计算。通过固定节点，我们可以通过求解线性方程组确定权重：

$$1 = \int_0^1 \mathrm{d}x = w_0 + w_1 + w_2$$

$$\frac{1}{2} = \int_0^1 x\,\mathrm{d}x = \frac{1}{2} w_1 + w_2$$

$$\frac{1}{3} = \int_0^1 x^2 \mathrm{d}x = \frac{1}{4}w_1 + w_2$$

得到 $w_0 = 1/6$，$w_1 = 2/3$，$w_2 = 1/6$。在区间 $[a, b]$ 利用同样的思路，得到辛普森法则（Simpson's rule）：

$$\int_a^b f(x)\,\mathrm{d}x \approx \frac{b-a}{6}\left[f(a) + 4f\left(\frac{b+a}{2}\right) + f(b) \right]$$

显而易见，这个公式对于 ≤3 阶的多项式：

$$\int_a^b x^3 \mathrm{d}x = \frac{b^4 - a^4}{4}$$

通过简单的代数计算，应用辛普森法则，我们得到：

$$\frac{b-a}{6}\left[a^3 + 4\left(\frac{b+a}{2}\right)^3 + b^3 \right]$$

$$= \frac{b-a}{6}\left[a^3 + \frac{1}{2}(a^3 + 3a^2 b + 3ab^2 + b^3) + b^3 \right] = \frac{b^4 - a^4}{4}$$

辛普森法则可以应用于区间 (a, b) 的子区间，以便得到复合求积公式。

非常重要的是由于得到的方法与概率中的时间匹配相关，我们可以将一个连续的概率分布离散化，通过这种方法得到的离散分布与连续分布是与时间相匹配的，如期望与方差。这种思路可以用于逼近或近似随机过程，例如通过二叉树或三叉树近似几何布朗运动，相关内容我们将在第 7 章讲解。对于给定的节点，可以通过计算权重的方法获得一个理想阶数的求积公式。但等间距节点的函数插值或许并不是最优的选择。我们或许会想，是否存在一种将权重与节点相结合的方法，可以得到最大阶数的求积公式。这种思路引出了高斯求积公式。

4.1.2　高斯求积法

在牛顿 - 柯特斯（Newton-Cotes）公式中，我们固定节点，然后计算合适的权重，使得公式的阶数尽可能高。高斯求积公式背后的逻辑为，如果不能事先确定节点，我们使自由度倍增，在这种情况下，求积公式的阶数差不多也倍增（增加一倍）。此外，高斯求积公式的推导基础为一个非负的权重函数 $w(x)$。高斯求积公式如：

$$\int_a^b w(x)f(x)\,\mathrm{d}x \approx \sum_{i=1}^n w_i f(x_i) \tag{4.1}$$

当函数 f 为多项式时，积分公式为精确公式。需要注意的是，不同于以往的公式，考虑 n 个节点 $x_i, i = 1, 2, \cdots, n$，权重函数 $w(x)$ 可以用于封装奇异的积分函数。在我们的假设中，$w(x)$ 可以视作一个概率密度函数。事实上，我们将概述高斯 - 埃尔米特求积（Gauss-Hermite quadrature）公式的构造过程，其中 $w(x) = \mathrm{e}^{-x^2}$，明显这与计算正态随机变量的函数的期望值相关。

设 Y 为服从标准正态分布 $N(\mu, \sigma^2)$ 的随机变量，则：

$$E[f(Y)] = \int_{-\infty}^{+\infty} \frac{1}{\sqrt{2\pi}\sigma} e^{-\frac{1}{2}\left(\frac{y-\mu}{\sigma}\right)^2} f(y)\,\mathrm{d}y$$

为使用高斯-埃尔米特求积公式的权重与节点，我们需要如下变量转换：

$$-x^2 = -\frac{1}{2}\left(\frac{y-\mu}{\sigma}\right)^2 \Rightarrow y = \sqrt{2}\sigma x + \mu \Rightarrow \frac{\mathrm{d}y}{\sqrt{2}\sigma} = \mathrm{d}x$$

因此，

$$E[f(Y)] \approx \frac{1}{\sqrt{\pi}} \sum_{i=1}^{n} w_i f(\sqrt{2}\sigma x_i + \mu)$$

在式（4.1）中，我们应该如何选择节点与权重，以便得到最高阶的求积公式？我们应该在一个对应着内积概念（参见第3.3.4节）的正交多项式（orthogonal polynomial）族中选择 n 阶多项式的 n 个根作为节点：

$$<f,g> = \int_a^b w(x)f(x)g(x)\,\mathrm{d}x$$

可以证明，正交多项式集合族中，k 阶多项式存在 k 个不同的实数根。此外，这些根都是相互交错的（interleaved），在这种情况下，区间上的任意 $k-1$ 阶多项式的 $k-1$ 个根，都可以通过 k 阶多项式的一对相邻根（consecutive root）表示。利用选择的节点并选择一个合适的权重，使得公式为 $2n-1$ 阶。考虑 n 阶多项式 $q \in \Pi_n$，那么它的正交多项式在 Π_{n-1} 中。

$$\int_a^b w(x)q(x)p(x)\,\mathrm{d}x = 0 \qquad \forall p \in \Pi_{n-1}$$

任意多项式 $f \in \Pi_{2n-1}$ 可以被 q 除，得到一个商 p 和一个余数 r：

$$f = qp + r$$

式中，$p, r \in \Pi_{n-1}$。现在，在 n 个节点 $x_i, i = 1, \cdots, n$ 上，通过求积公式对函数 wf 进行积分，其中 x_i 是函数 q 的零值：

$$\int_a^b w(x)f(x)\,\mathrm{d}x$$

$$= \int_a^b w(x)p(x)q(x)\,\mathrm{d}x + \int_a^b w(x)r(x)\,\mathrm{d}x \quad （分项）$$

$$= 0 + \int_a^b w(x)r(x)\,\mathrm{d}x \quad （q \text{ 与 } p \text{ 正交}）$$

$$= \sum_{i=1}^{n} w_i r(x_i) \quad （对 r \in \Pi_{n-1} \text{求积分}）$$

$$= \sum_{i=1}^{n} w_i f(x_i) \quad （x_i \text{ 是 } q = 0 \text{ 的一个解}）$$

通过下列方法，构建正交多项式组 $p_j(x)$：

$$p_{-1}(x) = 0$$

$$p_0(x) = 1$$

$$p_{j+1}(x) = (x - a_j)p_j(x) - b_j\, p_{j-1}(x), \quad j = 0,1,2,3,\cdots$$

其中

$$a_j = \frac{< xp_j, p_j >}{< p_j, p_j >}, \quad j = 0,1,2,\cdots$$

$$b_j = \frac{< p_j, p_j >}{< p_{j-1}, p_{j-1} >}, \quad j = 1,2,\cdots$$

这里系数 b_0 为任意值，可以被设为 0。在每一步中，这种方法都生成一个新的多项式，阶数为前一个多项式阶数加 1。最后得到正交多项式族。事实上，生成不同的多项式族有不同的规范化的方法。

在高斯—埃尔米特情况下，基于 $w(x) = \mathrm{e}^{-x^2}$，应用上述方法，使如下递归过程生成一个埃尔米特多项式 H_j 序列：

$$H_{j+1} = 2xH_j - 2jH_{j-1}$$

值得注意的是，利用这种方法进行数值计算不可行，因为它意味着对于较大的 n，计算乘阶往往溢出。这就是为什么需要不同的规范化的方法生成正交多项式族[^1]：

$$\widetilde{H}_{-1} = 0$$

$$\widetilde{H}_0 = \frac{1}{\pi^{1/4}}$$

$$\widetilde{H}_{j+1} = x\sqrt{\frac{2}{j+1}}\widetilde{H}_j - \sqrt{\frac{j}{j+1}}\widetilde{H}_{j-1} \quad j = 0,1,2,3,\cdots \tag{4.2}$$

为计算求积公式的权重，我们需要在正交多项式族中获得 n 阶多项式（包括 0 阶多项式）的精确积分。$p_0(x) \equiv 1$，这意味着，$p_j(x)(j = 1,\cdots,n-1)$ 的加权积分应该为零，因为它们都与函数 $p_0(x)$ 正交。通过这些条件生成如下线性方程组：

$$
\begin{pmatrix}
p_0(x_1) & \cdots & p_0(x_n) \\
p_1(x_1) & \cdots & p_1(x_n) \\
\vdots & & \vdots \\
p_{n-1}(x_1) & \cdots & p_{n-1}(x_n)
\end{pmatrix}
\cdot
\begin{pmatrix}
w_1 \\
w_2 \\
\vdots \\
w_n
\end{pmatrix}
=
\begin{pmatrix}
\int_a^b w(x)\,\mathrm{d}x \\
0 \\
\vdots \\
0
\end{pmatrix}
$$

可以看出，计算权重的更简便方法是采用如下递归算法：

$$w_j = \frac{< p_{n-1}, p_{n-1} >}{p_{n-1}(x_j)p_n'(x_j)}$$

式中，$p_n'(x_j)$ 为多项式的导数。在高斯—埃尔米特情况下使用多项式集合的正交，递归公式归结为：

$$w_j = \frac{2}{\left(\widetilde{H}_n'(x_j)\right)^2}$$

---

[^1]: 参见参考文献 [137 的第 150 ~ 154 页]。

式中，第 j 个多项式的导数为：

$$\widetilde{H}_j' = \sqrt{2j}\,\widetilde{H}_{j-1}$$

得到高斯–埃尔米特求积的 MATLAB 代码如图 4.2 所示。多项式以向量的形式存储；HPoly1、HPoly2 和 HPoly3 分别表示在递归式（4.2）中多项式 $\widetilde{H}_{j-1}$、$\widetilde{H}_j$ 与 $\widetilde{H}_{j+1}$。在 for 循环中，我们必须注意 i，因为在 MATLAB 的循环计算中，指标值将变化（循环指标从 1 开始）。在循环结束时，HPoly3 为 $\widetilde{H}_n$，HPoly1 为 $\widetilde{H}_{n-1}$。

```
function [x,w] = GaussHermite(mu,sigma2,N)
HPoly1 = [1/pi^0.25];
HPoly2 = [sqrt(2) / pi^0.25, 0];
for j = 1:N-1
    HPoly3 = [sqrt(2/(j+1)) * HPoly2 , 0] - [0, 0, sqrt(j/(j+1) * HPoly1];
    HPoly1 = HPoly2;
    HPoly2 = HPoly3;
end
x1 = roots(HPoly3);
w1 = zeros(N,1);
for i = 1:N
    w1(i) = 1/(N)/(polyval(HPoly1, x1(i)))^2;
end
[x, index] = sort(x1 * sqrt(2 * sigma2) + mu);
w = w1(index)/sqrt(pi);
```

图 4.2　高斯–埃尔米特正交方法代码

在计算多项式根时，我们使用标准的函数 roots。因为利用交错性质，这不一定是最好的方法，我们可以使用先前初始函数的根，通过牛顿算法计算每个多项式的根。[⊖] MATLAB 代码的最后两行是用来将节点按递增方式排序，向量 index 是用来对相应的权重排序。

我们可以检查该程序计算出的节点与权重。例如，我们假设一个正态随机变量服从均值 $\mu = 10$、方差 $\sigma^2 = 20$ 的正态分布，基于 5 个节点应用积分公式计算积分：

```
>> [x,w] = GaussHermite(10,20,5)
x =
    -2.7768
     3.9375
```

⊖　这种方法参见文献［13］。MATLAB 可以使用这种方法计算多维积分，相关函数可在本章参考文献［10］介绍的计算经济学工具箱中（Computational Economics Toolbox）找到。

　　10.0000

　　16.0625

　　22.7768

w =

　　0.0113

　　0.2221

　　0.5333

　　0.2221

　　0.0113

≫ sum(w)

ans =

　　1.0000

　　节点，像预想的一样，渐近收敛在期望值附近，更进一步，权重之和为 1 是很方便的，因为是将连续分布离散化，举一个完整的例子。我们处理一个指数函数的积分，从对数正态分布的性质我们知道，如果 X 服从 $N(\mu,\sigma^2)$，那么

$$E[e^X] = e^{\mu+\sigma^2/2}$$

　　图 4.3 给出了对如上进行验证所需的代码。运行这段代码，我们发现在计算节点不是太多的情况下，得到了非常精确的结果。

```
% GHScript.m
N = [5, 10, 15, 20];
mu = 4;
sigma2 = 4;
TrueValue = exp(mu + 0.5 * sigma2);
for i = 1:length(N)
    [x,w] = GaussHermite(mu,sigma2,N(i));
    ApproxValue = dot(w,exp(x));
    fprintf(1,'N = %2d True = %g Approx = %g PercError = %g \n', N(i), ...
    TrueValue, ApproxValue, abs(TrueValue - ApproxValue)/TrueValue);
end
```

图 4.3　高斯-埃尔米特正交化脚本

≫ GHScript

N = 5 True = 403.429 Approx = 398.657 PercError = 0.0118287

N = 10 True = 403.429 Approx = 403.429 PercError = 5.53771e−007

N = 15 True = 403.429 Approx = 403.429 PercError = 1.90343e−012

N = 20 True = 403.429 Approx = 403.429 PercError = 3.95931e−014

　　实际上，根据方差情况，需要适当调整节点的数量。读者或许可以使用高斯-埃尔米特求积公式，建立新的普通欧式买入期权定价函数，然后与函数 blsprice 进行对比。

4.1.3　扩展与乘法法则

第4.1.1节中的插值法则可以通过多种方法扩展。第一步，节点的数量应该可以动态增加，直到达到预期精度的要求。这个过程可以通过明确策略设定来避免函数不必要的重复计算来实现。这将推导出递归求积公式（recursive quadrature formula）与龙贝格积分（Romberg integration）。下一步，可以根据积分函数的性质改进节点的选择方法：函数的变化越多，需要的节点数量越多；函数相对越固定，需要的节点数量越少。这种方法将得到自适应求积公式（adaptive quadrature formula）。所有这些改进与完善都已经应用到科学计算程序库中，包括MATLAB中的函数。

当将求积公式扩展到多维积分时，需要应用乘法法则（product rule）。假设我们要计算一个单位超立方体（unit hypercube）的积分：

$$\int_{[0,1]^d}^{d} f(x)\,\mathrm{d}x$$

其中 $[0,1]^d = [0,1] \times [0,1] \times \cdots \times [0,1]$，我们有权重和节点，根据牛顿求积公式，对每一维，更准确的对 k 维，$k = 1,2,\cdots,d$，有权重 w_i^k 和节点 x_i^k，由乘积法则可将积分近似成

$$\sum_{i_1=1}^{m_1} \sum_{i_2=1}^{m_2} \cdots \sum_{i_d=1}^{m_d} w_{i_1}^1 w_{i_2}^2 \cdots w_{i_d}^d f(x_{i_1}^1, x_{i_2}^2, \cdots, x_{i_d}^d)$$

乘法法则应用沿每个维度的笛卡儿积（Cartesian product）构建多维节点，得到新的多维节点集合。可以发现，对于较大的多维积分，构建这样规则的网格是不切实际的，这就是要建立基于随机抽样的蒙特卡罗积分方法的原因。

4.1.4　MATLAB中的数值积分

在MATLAB中有一些函数用于计算一维积分。它们都是应用改进的基本算法，例如辛普森法则的自适应功能（adaptive extensions of Simpson's rule）。

[例4.1] 考虑积分：

$$I = \int_0^{2\pi} \mathrm{e}^{-x} \sin(10x)\,\mathrm{d}x$$

分部积分得到：

$$I = -\frac{1}{101}\mathrm{e}^{-x}[\sin(10x) + 10\cos(10x)]\Big|_0^{2\pi} \approx 0.0988$$

使用函数 quad 计算，得到：

```
>> f =@(x) exp( -x). * sin(10 * x)
f =

    @(x) exp( -x). * sin(10 * x)
```

```
≫ quad(f,0,2*pi)
ans =
    0.0987
```

通过指定误差控制参数，可以提高函数的计算精度：

```
≫ quad(f,0,2*pi,10e-6)
ans =
    0.0987
≫ quad(f,0,2*pi,10e-8)
ans =
    0.0988
```

基于自适应的罗巴托求积，我们也可以使用自适应策略：

```
≫ quadl(f,0,2*pi)
ans =
    0.0988
```

MATLAB 为我们提供了计算多维积分的函数。在二维条件下，可以使用函数 dblquad；在三维条件下，可以使用函数 triplequad。事实上，最近的 MATLAB 版本中含有函数 triplequad，早期的 MATLAB 中未含这个函数。可以看到，函数的积分不能超过三维。这是因为在高维度积分中，生成规则的网格非常困难，为避免这种问题，一种典型的方法是随机抽样。

4.2 蒙特卡罗积分

函数的有限积分为一个数值，数值的计算是一个确定的问题，不涉及随机相关问题。对于涉及随机变量的问题，我们可以使用插值的方法将随机积分变为一个期望值。考虑在一个单位区间 $[0,1]$ 上的积分：

$$I = \int_0^1 g(x)\,\mathrm{d}x$$

我们可以将这个积分视作 $E[g(U)]$ 的期望值，其中 U 为区间 $(0,1)$ 服从均匀分布的随机变量 $U \sim (0,1)$。我们可以通过计算样本均值（一个随机变量）方式估计期望值（一个数值）。我们首先生成一个相互独立服从均匀分布的随机样本序列 $\{U_i\}$，然后计算样本的均值：

$$\hat{I}_m = \frac{1}{m}\sum_{i=1}^{m} g(U_i)$$

从强大数律，100% 可以得出：

$$\lim_{m \to \infty} \hat{I}_m = I$$

计算机不能真正实现蒙特卡罗积分中的随机抽样，但我们可以使用编程语言生成伪随机数。

[**例**4.2] 考虑下面简单的例子：

$$I = \int_0^1 e^x dx = e - 1 \approx 1.7183$$

我们可以使用 MATLAB 中的函数 rand 生成区间[0,1]上服从均匀分布的随机数；执行 rand(m,n)可以生成一个 $m \times n$ 的均匀分布随机数的矩阵。需要注意的是，参数 m 与 n 不影响随机数的分布函数，分布函数为 $U(0,1)$。我们可以通过样本规模为 m 的函数来检验估计的可靠性：

```
>> rand('state', 0)
>> mean(exp(rand(1,10)))
ans =
    1.8318
>> mean(exp(rand(1,10)))
ans =
    2.0358
>> mean(exp(rand(1,10)))
ans =
    1.3703
>> mean(exp(rand(1,1000000)))
ans =
    1.7189
>> mean(exp(rand(1,1000000)))
ans =
    1.7178
>> mean(exp(rand(1,1000000)))
ans =
    1.7174
```

为理解命令 rand('state',0)的作用，我们可以考虑在计算机上是如何生成随机数的。利用这个命令重设生成器，使得测试可以被重复，获得相同的结果。我们看到对于 $m = 10$，估计结果非常不稳定，当 $m = 1000000$ 时，估计的方差将变得非常小，几乎接近正确的结果。实际上，我们不知道真正的精确解，我们将思考评价计算结果的质量与稳定性的方法，并改进算法。

对于一维积分，蒙特卡罗算法很难与确定的求积公式相比，但在计算多维积分中，蒙特卡罗方法或许是唯一的选择。通常如果我们有一个积分计算，如：

$$I = \int_A \phi(x) dx \tag{4.3}$$

式中，$A \subset \mathbb{R}^n$，我们可以通过随机抽取一系列点 $\boldsymbol{x}^i \in A, (i=1,2,\cdots,m)$ 估计 I，建立估计公式：

$$\hat{I}_m = \frac{\mathrm{vol}(A)}{m} \sum_{i=1}^{m} \phi(\boldsymbol{x}_i) \tag{4.4}$$

式中，$\mathrm{vol}(A)$ 为区间 A 的大小。为理解这个公式，我们可以认为，用比例 $(1/m) \sum_{i=1}^{m} \phi(\boldsymbol{x}_i)$ 估计函数的平均值，函数平均值乘以积分区间大小可以得到积分值。

在实际中，我们需要在单位超立方体上进行积分，例如：

$$A = [0,1] \times [0,1] \times \cdots \times [0,1]$$

因此 $\mathrm{vol}(A) = 1$。考虑单位超立方体，通常我们会得到一个随机变量：

$$\boldsymbol{X} = \begin{pmatrix} X_1 \\ X_2 \\ \vdots \\ X_n \end{pmatrix}$$

根据联合密度函数 $f(x_1, \cdots, x_n)$，我们使用蒙特卡罗积分估计任意函数 $\boldsymbol{X}$ 的期望值：

$$E[g(\boldsymbol{X})] = \iint \cdots \int g(x_1, \cdots, x_n) f(x_1, \cdots, x_n) \, \mathrm{d}x_1 \cdots \mathrm{d}x_n$$

MATLAB 为我们提供了许多生成随机数的函数，但是我们将看到，这些函数的基本输入参数为服从均匀分布的随机数 $U \sim U(0,1)$。这些随机数生成器为统计工具箱的一部分，但是核心的 MATLAB 平台上还提供了函数 randn，可以生成服从标准正态分布的随机数。我们可以使用这个函数应用蒙特卡罗方法计算普通买入期权的价格。

[**例 4.3**] 我们知道在风险中性测度下，欧式期权价格为期权价值期望（根据市场利率）的贴现：

$$f = \mathrm{e}^{-rT} \hat{E}[f_T]$$

式中，f_T 为期权到期日 T 时刻的收益。假设无风险收益率为常数 r，符号 $\hat{E}[\cdot]$ 用来强调期望值的计算基于风险中性测度。如果我们假设价格为几何布朗运动，这就意味着资产价格的位移 μ 将被无风险利率 r 代替（参见第 2.6 节）。根据期权的性质，我们需要生成全样本路径来简化到期日标的资产的价格。关于样本路径的生成方法，我们将在第 8 章进行介绍，但是对于普通的欧式买入期权，我们需要对期权收益 $\max\{0, S(T) - K\}$ 进行采样，其中 $S(T)$ 为到期日标的资产的价格，K 为期权的执行价格。在例 2.20 中，我们可以通过生成一个服从标准正态分布的随机变量 $\varepsilon \sim N(0,1)$ 来解决这个问题：

$$f_T = \max\left\{0, S(0)\mathrm{e}^{(r-\sigma^2/2)T + \sigma\sqrt{T}\varepsilon} - K\right\}$$

　　计算买入期权价格的 MATLAB 函数程序，如图4.4所示。函数的前五个输入参数无须解释，它们同样都是布莱克—斯科尔斯公式的函数 blsprice 所需的参数，最后一个参数 NRepl 为重复计算的次数，即我们需要的样本数量。我们可以测试函数参数对计算结果的影响：

```
>> S0 =50;
>> K =60;
>> r =0.05;
>> T =1;
>> sigma =0.2;
>> randn('state',0)
>> BlsMC1(S0,K,r,T,sigma,1000)
ans =
    1.2562
>> BlsMC1(S0,K,r,T,sigma,1000)
ans =
    1.8783
>> BlsMC1(S0,K,r,T,sigma,1000)
ans =
    1.7864
>> BlsMC1(S0,K,r,T,sigma,1000000)
ans =
    1.6295
>> BlsMC1(S0,K,r,T,sigma,1000000)
ans =
    1.6164
>> BlsMC1(S0,K,r,T,sigma,1000000)
ans =
    1.6141
```

```
% BlsMC1.m
function Price = BlsMC1(S0,K,r,T,sigma,NRepl)
nuT = (r -0.5 * sigma^2) * T;
siT = sigma * sqrt(T);
DiscPayoff = exp(-r * T) * max(0, S0 * exp(nuT +siT * randn(NRepl,1)) -K);
Price = mean(DiscPayoff);
```

图4.4　蒙特卡罗模拟计算欧式看涨期权的代码

和以前一样，我们首先重新设置随机数生成器 randn 的状态，以便读者可以重复试验。在样本数量仅为 1000 时，我们看到估计结果存在很大的变动，随着样本数量的增大，估计结果越来越稳定。显然，我们不能只计算一个估计值，我们应该计算估计的置信区间。或许我们应该知道需要多少个样本，估计值才可以满足预先给定的精度要求。另一个问题是如果需要太多的样本，计算结果可能会更糟，对于复杂的路径依赖期权，我们不能抽取大量的样品路径。因此，我们需要一种有效的方法以降低估计方差。

这里不再重复普通欧式买入期权的蒙特卡罗模拟。我们需要的是针对服从标准正态分布的随机变量，其累积概率分布函数的积分数值的近似计算方法。此外，我们将看到期权的"简单"模拟定价在控制变量降低方差技术中非常有用。

4.3 生成伪随机变量

生成伪随机变量都是从生成伪随机数开始的，这些伪随机数是在区间(0,1)上服从均匀分布的随机数。然后，通过适当的转换以得到服从给定概率分布的随机数。我们简要地研究一下最常见的转换：逆变换方法（the inverse transform method）、取舍法（acceptance – rejection approach）和特定方法，例如那些用于生成标准正态变量的方法。MATLAB 的统计工具箱提供了丰富的随机数生成函数，使得用户无须自己编程便可得到所期望的随机数。尽管如此，为了正确使用函数降低估计误差、提高估值质量，了解随机数生成函数输入输出与内部基本逻辑是重要的。

4.3.1 生成伪随机数

在标准的教科书中生成 $U(0,1)$ 变量的方法，基于线性同余发生器（LCG, linear congruential generator）。一个 LCG 生成一系列非负整数 Z_i 的流程如下：给定一个整数 Z_{i-1}，通过计算：

$$Z_i = (aZ_{i-1} + c) \bmod m$$

式中 a（乘数），c（位移），m（模数）都为预先设定参数，而 mod 定义了整除的余数（如 15 mod 6 = 3），我们可以生成序列中的下一个整数，然后，为生成单位区间上的均匀随机变量，我们计算 (Z_i/m)。

[例4.4] 图4.5 所示为应用一个 LCG 的 MATLAB 代码，程序的运行需要设置 a、c 与 m 等参数：

```
>> a =5;
>> c =3;
>> m =16;
```

```
>> seed =7;
>> N =20;
>> [USeq, ZSeq]=LCG(a,c,m,seed,N);
>> fprintf(1,'%2d %2d %6.4f \n',[(1: N)', ZSeq, USeq]')
    1    6 0.3750
    2    1 0.0625
    3    8 0.5000
    4   11 0.6875
    5   10 0.6250
    6    5 0.3125
    7   12 0.7500
    8   15 0.9375
    9   14 0.8750
   10    9 0.5625
   11    0 0.0000
   12    3 0.1875
   13    2 0.1250
   14   13 0.8125
   15    4 0.2500
   16    7 0.4375
   17    6 0.3750
   18    1 0.0625
   19    8 0.5000
   20   11 0.6875
```

```
function [USeq, ZSeq]=LCG(a,c,m,seed,N)
ZSeq =zeros(N,1);
USeq =zeros(N,1);
for i =1:N
    seed =mod(a * seed +c, m);
    ZSeq(i)=seed;
    USeq(i)=seed/m;
end
```

图 4.5 通过线性同余生成器生成随机数的代码

很显然，一个 LCG 生成的序列并不是随机的，必须从一个初始值 Z_0 开始，这个初始值称为序列的"种子"。相同的种子总是可以生成一样的序列。事实上，在任意时间，在 MATLAB 上输入 rand，都将得到相同的数。如果你连续输入 rand，你将看到一个看上去随机和均匀分布的数的序列。然而，这个序列从头到尾是一样的，因为 MATLAB 开始时设置的种子为一个精确值。这看起来比较枯燥，可以运行类似下面的命令：

rand('seed',sum(100 * clock)),

这个命令将当时计算机的时钟值设为随机数生成器的"种子"。这似乎是一个精妙的思路。但实际上，这根本不是一个好主意。一方面，这使得程序纠错变得困难；另一方面，在接下来我们将讲到的降低方差技术中，需要对随机数生成器的"种子"进行控制⊖。

关于随机数生成器问题的讨论如下：首先，在一个 LCG 中，我们生成的是有理数而不是实数；当 m 足够大时，这并不是一个严重的问题。但是，关于 m 为什么选取较大的值有另外的原因——随机数生成器是周期性的。实际上，我们生成的离散整数 Z_i 的最大值为 m，Z_i 的范围为 0 到 $m-1$，无论何时我们重复上述计算时，数值序列都可能重复（这根本不是随机的）。我们可以从前面的示例中看到，在第 16 次计算后，我们再次得到初始种子 $Z_0 = 7$。这并不是最坏的，因为对于 $m = 16$，最大可能的周期为 16。如果选择 $a = 11$、$c = 5$ 与 $m = 16$，则情况会更糟。在这种情况下，从 $Z_0 = 3$ 开始，我们将得到如下整数序列 Z_i：

$$6, \quad 7, \quad 2, \quad 11, \quad 14, \quad 15, \quad 10, \quad 3$$

它的周期只有最大周期的一半。由于最大可能的周期为 m，我们应该将 m 设为一个非常大的数值，以便有一个较大的周期。a 与 c 的正确选择，可以保证周期的最大化并使得数值序列看起来像随机序列。一个序列如：

$$U_i = \frac{i}{m}, \quad i = 0,1,\cdots,m-1$$

如果 $a = c = 1$，则得到的序列拥有最多周期，在某种意义上为区间$(0,1)$上的均匀分布，但是序列并不能令人满意。序列的样本点看起来似乎是互相独立；更精确地说，序列可以"骗过"统计检验从而证明序列是相互独立且服从均匀分布的随机数序列。这就是为什么设计一个优质的随机数生成器如此困难。幸运的是，如果你购买了高效的数值计算软件，那么这些软件会为你解决这一问题。

[**例 4.5**]　考虑随机数生成器 $Z_i = (aZ_{i-1}) \bmod m$，其中 $a = 2^{16} + 3$，$m = 2^{31}$。显然，对于序列 $U_i = Z_i/m$，表达式 $U_{i+2} - 6U_{i+1} + 9U_i$ 的取值为整数。⊜事实上，给定 Z_i（整数）我们得到：

$$Z_{i+1} = aZ_i \bmod m = aZ_i - k_1 m$$

⊖　实际上，我们面对多维度不确定性复杂模拟时，需要控制随机数生成器的"种子"。

⊜　示例来源于参考文献［14］第 22~25 页。

对于某些整数 k_1，我们也可以得到：

$$Z_{i+2} = aZ_{i+1} \bmod m = a(aZ_i \bmod m) \bmod m = a(aZ_i - k_1 m) - k_2 m$$

$$= a^2 Z_i - (ak_1 + k_2)m = a^2 Z_i \bmod m$$

对于某些整数 k_2，这意味着：

$$Z_{i+2} - 6Z_{i+1} + 9Z_i = (2^{16} + 3)^2 Z_i \bmod m - 6(2^{16} + 3)Z_i \bmod m + 9Z_i$$

$$= \left[(2^{16} + 3)^2 Z_i - 6(2^{16} + 3)Z_i + 9Z_i \right] - km$$

$$= (2^{32} + 6 \times 2^{16} + 9 - 6 \times 2^{16} - 18 + 9)Z_i - km$$

$$= 2^{32} Z_i - km$$

因此

$$U_{i+2} - 6U_{i+1} + 9U_i = \frac{2^{32} Z_i - k2^{31}}{2^{31}}$$

为整数，这意味着点 (U_i, U_{i+1}, U_{i+2}) 落在有限数量的超平面上。

示例中展现的现象是由于线性同余发生器的单元结构造成的。这种概念我们将在图 4.6 中所示的 MATLAB 程序代码中展示，执行程序生成的曲线如图 4.7 与图 4.8 所示。图 4.7 中的上图所示是一个单位正方形被形式为 (U_i, U_{i+1}) 的随机点非常均匀地填满，参数设置为 $a = 65$、$c = 1$ 与 $m = 2048$。这可能表明，分布为均匀分布与连续采样就如这些采样是"统计上相互独立"的。然而图 4.7 中的下图显示，序列的第一部分服从某种特定的模式。在第二种情况中这可能更糟（当 $a = 1365$），如图 4.8 所示。我们看到，线性同余发生器的参数选择并不简单，过去的许多商用的随机数生成器确实有缺陷。

```
% RipleyLCG.m
m = 2048;
a = 65;
c = 1;
seed = 0;
U = LCG(a,c,m,seed, 2048);
subplot(2,1,1)
plot(U(1:m-1), U(2:m), '.');
subplot(2,1,2)
plot(U(1:511), U(2:512), '.');
%
a = 1365;
c = 1;
U = LCG(a,c,m,seed, 2048);
figure
plot(U(1:m-1), U(2:m), '.');
```

图 4.6   展示 LCG 网格结构的代码

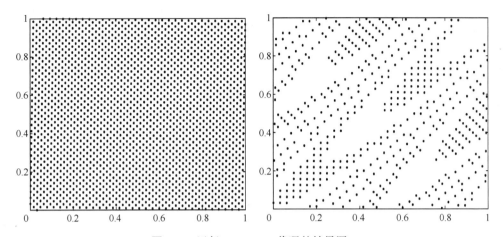

图 4.7　运行 RipleyLCG 代码的结果图 1

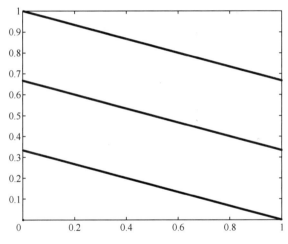

图 4.8　运行 RipleyLCG 代码的结果图 2

前面的示例表明线性同余发生器或许有某些局限性。事实上，线性同余方法曾是生成随机数的最好方法，在 MATLAB 的 4.X 版本中就是使用的这种方法。现在有不同的方法可以选择，我们不想过多地陷入细节的研究，但是必须说明的是，新的随机数生成器是基于一个 35 维向量（更多信息参见文献 [11]）。使用命令 rand（'state',0），我们可以使得 MATLAB 重置随机数生成器的状态向量。另一个重要的问题是，当生成正态随机变量时，MATLAB 使用函数 randn，这个函数生成服从标准正态分布的随机变量，这个函数的状态向量与生成均匀分布随机数生成器的状态向量是分离的。函数 randn 状态机制与函数 rand 状态机制类似。重要的是，我们需要记住两个函数的状态向量是分离的，重置一个生成均匀分布函数的状态向量，对生成正态分布变量的状态向量没有作用（在期权定价中，我们需要重置函数 randn 的状态向量）。

4.3.2   逆变换方法

假设给定分布函数 $F(x) = P\{X \leq x\}$，生成服从 F 的随机变量。如果函数 F（相对简单）可逆，那么我们可以应用逆变换方法（inverse transform method）：

(1) 生成一个随机数 $U \sim U(0, 1)$。

(2) 得到 $X = F^{-1}(U)$。

可以看到，通过这种方法生成随机变量 X 具有分布函数 F 的特征：

$$P\{X \leq x\} = P\{F^{-1}(U) \leq x\} = P\{U \leq F(x)\} = F(x)$$

其中，我们使用了函数 F 的单调性与函数 U 为均匀分布的特点。

[**例4.6**] 指数分布函数是一个使用逆变换方法进行仿真时的经典分布。如果 $X \sim \exp(\mu)$，其中 $1/\mu$ 为 X 的期望值，则它的分布函数为：

$$F(x) = 1 - e^{-\mu x}$$

直接使用逆变换方法得到：

$$x = -\frac{1}{\mu}\ln(1 - U)$$

因为分布函数 U 与 $(1-U)$ 本质上是一样的，这种方法通常使用随机数 U，并通过 $-\ln(U)/\mu$ 计算生成指数随机变量。我们可以发现这和在统计工具箱中通过 *exprand* 函数来模拟指数随机变量所使用的方法是相同的：

```
>> rand('state',0)
>> exprand(1)
ans =
    0.0512
>> rand('state',0)
>> -log(rand)
ans =
    0.0512
```

我们通常使用泊松过程为资产价格或信用等级变换建模。模拟泊松过程时，生成指数随机变量非常有用。

逆变换方法非常简单，当无法获得理论分布模型或仅有经验数据时，也可以使用这种方法，只需要根据数据集合建立一个合适的分布函数即可（参见本章参考文献[9]）。在这种情况下，使用线性插值的方法建立新的分布函数，对于两阶段的线性函数求逆相对简单。然而，若函数 F 不可逆，我们就不能使用逆变换方法，如离散函数（分布函数为分段常数，在概率密度集中跳跃部分）。不过，我们可以选择适合的方法。考虑一个离散的经验分布，经验数据（支持数据）有限：

$$P\{X = x_j\} = p_j, \quad j = 1, 2, \cdots, n$$

然后，应该生成一个均匀分布随机变量 U，根据如下逻辑返回 X：

$$X = \begin{cases} x_1, & U < p_1 \\ x_2, & p_1 \leqslant U < p_1 + p_2 \\ \vdots \\ x_j, & \sum_{k=1}^{j-1} p_k \leqslant U < \sum_{k=1}^{j} p_k \\ \vdots \end{cases}$$

可以直观地知道这个代码如何以一种简单的方式（但不是最有效的方式）执行是有益的。假设我们定义概率分布为：

$$0.1 \quad 0.2 \quad 0.4 \quad 0.2 \quad 0.1$$

对应的值为 1、2、3、4、5。我们定义累积概率分布：

$$0.1 \quad 0.3 \quad 0.7 \quad 0.9 \quad 1.0$$

则，生成均匀随机数 $U = 0.82$。对于每一个累积概率函数 P，如果 $U > P$，则生成一个向量：

$$1 \quad 1 \quad 1 \quad 0 \quad 0$$

其中，1 对应"真"，0 对应"假"。为选择正确的返回值，我们将向量中的 1 相加（这里和为 3）后再加 1；在这种情况下，我们的返回值为 4。使用 MATLAB，此过程可以通过向量运算实现；相应的代码如图 4.9 所示（我们希望的样本数量是多少）。对这个例子，我们可以通过直方图的方法检查函数：

```
>> rand('state',0)
>> values =1: 5;
>> probs =[0.1 0.2 0.4 0.2 0.1];
>> samples =EmpiricalDrnd(values,probs,10000);
>> hist(samples,5)
```

　　检测结果的直方图如图 4.10 所示。

```
function samples =EmpiricalDrnd(values, probs, howmany)
% get cumulative probabilities
cumprobs =cumsum(probs);
N =length(probs);
samples =zeros(howmany,1);
for k =1:howmany
    loc =sum(rand * cumprobs(N) > cumprobs) +1;
    samples(k) =values(loc);
end
```

图 4.9　经验离散分布中抽样

　　大多数分布函数是可逆的，但是函数的求逆并不容易。在这种情况下，一个可行的方法是采用取舍法（acceptance – rejection method）。

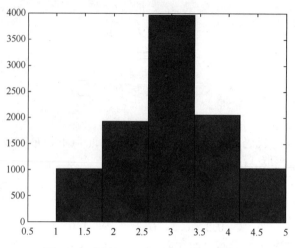

图 4.10　运行 EmpiricalDrnd 得到直方图

4.3.3　取舍法

假设我们根据概率密度函数 $f(x)$ 生成随机变量，但是在概率分布函数求逆方面存在某些困难，使得逆变换方法无法使用。假设已知函数 $t(x)$ 满足：

$$t(x) \geq f(x) \quad \forall x \in I$$

其中 I 为函数 f 的可行域。函数 $t(x)$ 不是一个概率密度函数，但是相关函数 $r(x) = t(x)/c$ 为概率密度函数，只要我们选择：

$$c = \int_I t(x)\,\mathrm{d}x$$

如果可以简单模拟函数 $r(x)$，通过取舍法生成随机变量 X，并根据概率密度函数 f：

（1）生成 $Y \sim r$。

（2）生成 $U \sim U(0,1)$，独立于 Y。

（3）如果 $U \leq f(Y)/t(Y)$，返回 $X = Y$；否则，重复这种方法。

如果可行域 I 有界，对于 $r(x)$，一个必然的选择为在 I 上服从均匀分布，且我们可以选择：

$$t(x) = \max_{x \in I} f(x)$$

我们将不对方法的正确性进行证明，但是一个直观的理解可以从图 4.11 中获得。在图中，函数 $f(x)$ 的可行域为单位区间。与 f 相像的一个典型分布为 beta 分布：

$$f(x) = \frac{x^{\alpha_1 - 1}(1 - x)^{\alpha_2 - 1}}{B(\alpha_1, \alpha_2)} \quad x \in [0, 1]$$

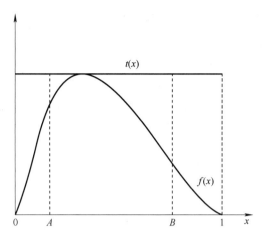

图 4.11 取舍法图例

只要参数满足 $\alpha_1, \alpha_2 > 1$（beta 分布不需要这个条件，但是它的图形与图 4.11 中所示不同）。beta 函数的定义为：

$$B(\alpha_1, \alpha_2) = \int_0^1 x^{\alpha_1-1}(1-x)^{\alpha_2-1}\,\mathrm{d}x$$

变量 Y 服从均匀分布并且均匀分布在单位区间上。考虑点 A，因为点 A 邻近 $t(A)$，当比值 $f(A)/t(A)$ 接近 1，A 似乎可以被接受。当我们考虑点 B，概率密度函数 f 在该点的值很小，我们看到比值 $f(B)/t(B)$ 很小。因此，如我们所期望的，B 似乎不能被接受。还可以看到，终止获得了一个可接受值的程序所需的平均迭代次数为 c。

[**例 4.7**] 考虑如下概率密度函数：

$$f(x) = 30(x^2 - 2x^3 + x^4), \quad x \in [0, 1]$$

读者或许希望检查这个函数到底是不是概率密度函数（事实上，这是 beta 密度函数，其中 $\alpha_1 = \alpha_2 = 3$）。如果我们使用逆变换法，我们每次计算都必须对一个五阶矩阵求逆，而求逆往往要采用取舍法。通过计算，我们看到，对于 $x^* = 0.5$：多项式或矩阵

$$\max_{x \in [0,1]} f(x) = 30/16$$

使用均匀密度函数作为 r 的密度函数，得到如下算法：

（1）生成两个独立并服从均匀分布的随机变量 U_1 与 U_2。

（2）如果 $U_2 \le 16(U_1^2 - 2U_1^3 + U_1^4)$，则接受 $X = U_1$；否则，重复并返回步骤 1。生成一个随机变量的平均迭代次数为 30/16。

4.3.4 通过极坐标方法生成正态随机变量

逆变换法与取舍法的目标相同，但它们并不总是适用。在生成正态随机变量中，对累积概率分布函数求逆非常复杂，或许我们可以寻找一种针对正态密度函数

的强函数（majorant function）。正态密度函数的可行域区间是无限的。事实上，正态分布函数的近似逆函数在 MATLAB 中为：

x = norminv(p,mu,sigma)

　　该函数可以返回期望值为 mu、标准差为 sigma、概率分位数为 p 的正态分布值。这个函数可以用于生成服从标准正态分布的随机抽样。但这或许不是最有效的方法：

≫ tic, Z = norminv(rand(1000000,1)) ;, toc

Elapsed time is 1. 279080 seconds.

≫ tic, Z = randn(1000000,1) ;, toc

Elapsed time is 0. 048054 seconds.

　　其中，函数 randn 使用最新的极坐标法生成正态随机变量。这里，我们仅对极坐标方法进行概述，或许未来极坐标方法会"过时"，但是目前这是一种非常有效的方法。

　　如果 $X \sim N(0,1)$，则 $\mu + \sigma X \sim N(\mu, \sigma^2)$。因此，我们仅需要一种生成标准正态随机变量的方法即可。一些教科书仍在讲授的传统的方法是利用中心极限定理和生成适当数量均匀分布随机数求和的方法。这种方法为极限形式，使得其计算的有效性受我们使用的均匀随机变量数量的限制。结果是，我们得到的随机变量足以满足一般模拟（即仅关心样本均值的模拟）的需求，但是，如果模拟计算关系尾部分布时，这种生成随机数的方法或许不可行，例如在险价值（VaR）的计算。

　　另一种方法为鲍克斯—穆勒方法（Box – Muller approach）。考虑两个相互独立的变量 $X,Y \sim N(0,1)$，假设 (R,θ) 为直角坐标点 (X,Y) 的极坐标，使得：

$$d = R^2 = X^2 + Y^2 \qquad \theta = \arctan(Y/X)$$

X 与 Y 的联合密度函数为：

$$f(x,y) = \frac{1}{\sqrt{2\pi}} e^{-x^2/2} \frac{1}{\sqrt{2\pi}} e^{-y^2/2} = \frac{1}{2\pi} e^{-(x^2+y^2)/2} = \frac{1}{2\pi} e^{-d/2}$$

　　最后一个表达式似乎是一个 d 的指数密度函数与均匀分布函数的乘积；符合 $1/2\pi$ 可以解释为角度坐标 $\theta \in (0, 2\pi)$ 上的均匀分布。然而，要得到指数密度函数，我们缺少某些常数项。为表达 (d, θ) 的密度函数，我们或许应该使用从 (x,y) 到 (d, θ) 转换的雅可比均值。[○] 通过计算得到：

$$J = \begin{vmatrix} \dfrac{\partial d}{\partial x} & \dfrac{\partial d}{\partial y} \\ \dfrac{\partial \theta}{\partial x} & \dfrac{\partial \theta}{\partial y} \end{vmatrix} = 2$$

在替代的坐标中，正确的密度为：

$$f(d,\theta) = \frac{1}{2} \cdot \frac{1}{2\pi} e^{-d/2}$$

○　参见本章参考文献 [16]。

因此，我们可以生成 R^2 作为指数变量，均值为 2，角坐标 θ 服从均匀分布，然后将其转换到直角坐标系，得到两个相互独立的标准正态变量。鲍克斯—穆勒方法的算法结构为：

（1）生成两个相互独立的服从均匀分布的变量 U_1，$U_2 \sim U(0,1)$。

（2）计算 $R^2 = -2 \log U_1$ 和 $\theta = 2\pi U_2$。

（3）计算 $X = R \cos \theta$，$Y = R \sin \theta$。

实际上，这个算法可以通过避免三角函数巨大的计算量，将鲍克斯—穆勒方法与取舍法相结合的方法提高算法计算效率。这个思路生成如下的极坐标拒绝（polar – rejection）方法：

（1）生成两个相互独立的且服从均匀分布的变量 $U_1, U_2 \sim U(0,1)$。

（2）计算 $V_1 = 2U_1 - 1$，$V_2 = 2U_2 - 1$，$S = V_1^2 + V_2^2$。

（3）如果 $S > 1$，返回步骤 1；否则，返回相互独立的标准正态变量：

$$X = \sqrt{\frac{-2 \ln S}{S}} V_1, \quad Y = \sqrt{\frac{-2 \ln S}{S}} V_2$$

读者可以参考 [15，第 5.3 节]，获得关于极坐标拒绝方法的相关理论。

[**例 4.8**] 我们已经看到，线性同余方法可以生成一个格子结构。由于鲍克斯—穆勒方法为非线性转换，令人惊奇的是，如果将这两种方法组合会产生奇妙的效果。我们可以在特殊情况下（参见 [14]）测试这种效果，MATLAB 程序代码如图 4.12 所示。运行程序，根据系数 $m = 2048$，生成均匀分布的 2046 个元素的随机

```
% Ripley2.m
m = 2048;
a = 1229;
c = 1;
N = m - 2;
seed = 0;
U = LCG(a,c,m,seed,N);
U1 = U(1:2:N-1);
U2 = U(2:2:N);
X = sqrt( -2*log(U1) ).* cos(2*pi*U2);
Y = sqrt( -2*log(U1) ).* sin(2*pi*U2);
figure
subplot(2,1,1)
plot(X,Y,'.');
X = sqrt( -2*log(U2) ).* cos(2*pi*U1);
Y = sqrt( -2*log(U2) ).* sin(2*pi*U1);
subplot(2,1,2)
plot(X,Y,'.');
```

图 4.12 验证 Box – Muller 法的代码

序列；我们放弃最后两个随机数，因为随机数生成器在最大周期后将返回初始"种子"，如果其为0将引发对数计算的错误。向量 U1 与 U2 分别包含随机数序列的奇数项与偶数项元素。

　　结果如图 4.13 所示，图形的第一部分显示平面的覆盖效果较差。第二部分显示，将随机数互换可能有显著的效果，但是对于真正的随机数效果与是否互换是不相关的。当然，如果使用更好的线性同余发生器，或更好的随机数生成算法可以避免这种病态现象的发生。然而有时使用逆变换方法的确是理想选择。

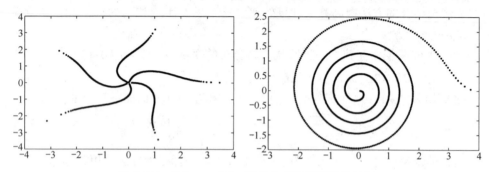

图 4.13　在 Box – Muller 转换中对换随机数的效果

　　在很多金融计算中，需要生成多维随机变量，服从多维正态分布，均值为向量 μ，协方差矩阵为 Σ。可以使用矩阵 Σ 的楚列斯基因子（Cholesky factor）生成多维正态随机数，例如一个上三角矩阵 U 使得 $\Sigma = U^{\mathrm{T}}U$（参见第 3.2.3 节）。我们可以得到如下算法：

　　（1）生成 n 个互相独立的服从标准正态分布的变量 $Z_1, \cdots, Z_n \sim N(0,1)$。

　　（2）返回 $X = \mu + U^{\mathrm{T}}Z$，其中 $Z = [Z_1, \cdots, Z_n]^{\mathrm{T}}$。

[例4.9] 在图 4.14 中，展示的是一个简单的多维正态随机数的模拟。程序建立一个矩阵，矩阵列数为随机向量的维度，矩阵行数为所需的随机向量的个数。假设参数如下：

```
function Z = MultiNormrnd( mu, sigma, howmany)
n = length( mu);
Z = zeros( howmany, n);
mu = mu( :); % make sure it's a column vector
U = chol( sigma);
for i = 1:howmany
    Z(i,:) = mu' + randn(1,n) * U;
end
```

图 4.14　模拟多元正态变量的代码

```
>> Sigma = [4 1 -2 ; 1 3 1 ; -2 1 5];
>> mu = [ 8 ; 6 ; 10];
```

```
>> eig( Sigma )
ans =

    1.2855

    4.1433

    6.5712
```

需要注意的是，我们应该为通过检查特征值以确保矩阵 $\sum$ 为正定矩阵。

现在，我们生成随机数并验证结果：

```
>> rand( 'state', 0 );
>> Z = MultiNormrnd( mu, Sigma, 10000 );
>> mean( Z )
ans =

     8.0266    6.0234    9.9703

>> cov( Z )
ans =

     4.0159    1.0193   -1.9671

     1.0193    3.0011    1.0171

    -1.9671    1.0171    5.0060
```

我们给读者提供了一些提高程序质量的练习，检查输入向量与输入参数的矩阵大小一致；检查矩阵 Sigma 是对称正定矩阵，并避免使用 for 循环。函数 mvnrnd 为统计工具箱中的函数。

4.4　设置重复次数

蒙特卡罗模拟需要生成一段数量的样本，然后计算估计相关参数。如我们预期的那样，样本数量越大、重复次数越多，估计的质量越好。根据附录 B，给定一个相互独立且服从同样的分布函数的样本序列 X_i，我们可以建立样本：

$$\overline{X}(n) = \frac{1}{n} \sum_{i=1}^{n} X_i$$

上述方程为参数 $\mu = E[X_i]$ 的无偏估计，样本方差为：

$$S^2(n) = \frac{1}{n-1} \sum_{i=1}^{n} [X_i - \overline{X}(n)]^2$$

我们或许可以通过估计误差平方期望值的方法来量化估计效果：

$$E[(\overline{X}(n) - \mu)^2] = \text{Var}[\overline{X}(n)] = \frac{\sigma^2}{n}$$

其中，σ^2 可以通过样本的方差估计。显然，随着重复次数 n 的增加可以提高估计的效果；但是我们如何设置 n 以得到理想的估计效果？在置信水平 $(1-\alpha)$ 的置信区间，可以通过如下方法计算：

$$\overline{X}(n) \pm z_{1-\alpha/2}\sqrt{S^2(n)/n} \tag{4.5}$$

其中，$z_{1-\alpha/2}$为标准正态分布概率$1-\alpha$对应的分位数。严格意义上讲，这仅为一个近似值，如果n越多，近似效果越好。因为$\overline{X}(n)$更接近正态分布（中心极限定理），对于自由度$n-1$的t分布，$t_{n-1,1-\alpha/2}$的分位数趋向于$z_{1-\alpha}$。

假设我们以概率$(1-\alpha)$控制绝对误差，使得：

$$|\overline{X}(n) - \mu| \leq \beta$$

其中，β为可接受的最大误差范围。通过这种方法建立式（4.5）的置信区间：

$$P\{\overline{X}(n) - H \leq \mu \leq \overline{X}(n) + H\} \approx 1-\alpha$$

其中，我们定义置信区间的半径为：

$$H = z_{1-\alpha/2}\sqrt{S^2(n)/n}$$

这意味着，以概率$1-\alpha$，我们有：

$$\overline{X}(n) - \mu \leq H, \quad \mu - \overline{X}(n) \leq H \quad \Rightarrow \quad |\overline{X}(n) - \mu| \leq H$$

因此，我们可以将H与β相关联，反复计算直到H小于或等于误差范围β，同时迭代次数n满足：

$$z_{1-\alpha/2}\sqrt{S^2(n)/n} \leq \beta \tag{4.6}$$

事实上，除非我们设置n的具体数值，否则无法估计样本方差$S^2(n)$，这就如同追赶自己的影子。一种可行的方法为计算适当的次数，如$k=30$次重复试验，以完成一个$S^2(k)$的估计。然后，我们可以根据$S^2(k)$应用式（4.6）确定n。在n次重复试验后，检查式（4.6）与新估计$S^2(n)$是否一致。另外，我们可以简单地增加重复次数，更新样本方法，直到满足标准；然而，这种方法不能控制计算次数。

如果我们有意控制相对误差，使得：

$$\frac{|\overline{X}(n) - \mu|}{|\mu|} \leq \gamma$$

以概率$(1-\alpha)$成立。问题是，我们将重复计算直到误差半径H满足：

$$\frac{H}{|\overline{X}(n)|} \leq \gamma$$

但是，在这个不等式中，我们使用已知数量$\overline{X}(n)$，而未知参数为μ。此外，如果上述不等式成立，我们可以得到：

$$
\begin{aligned}
1-\alpha &\approx P\left\{\frac{|\overline{X}(n) - \mu|}{|\overline{X}(n)|} \leq \frac{H}{|\overline{X}(n)|}\right\} \\
&\leq P\{|\overline{X}(n) - \mu| \leq \gamma|\overline{X}(n)|\} \\
&= P\{|\overline{X}(n) - \mu| \leq \gamma|\overline{X}(n) - \mu + \mu|\} \\
&\leq P\{|\overline{X}(n) - \mu| \leq \gamma|\overline{X}(n) - \mu| + \gamma|\mu|\} \\
&= P\left\{\frac{|\overline{X}(n) - \mu|}{\mu} \leq \frac{\gamma}{1-\gamma}\right\}
\end{aligned}
\tag{4.7}
$$

其中，不等式 (4.7) 为三角不等式，最后一个等式可以通过重新排列获得。如果处理不谨慎，实际相对误差界限为 $\gamma/(1-\gamma)$，大于我们所期待的界限 γ；因此，我们应该选择满足如下条件的 n：

$$\frac{z_{1-\alpha/2}\sqrt{S^2(n)/n}}{|\bar{X}(n)|} \leqslant \gamma' \tag{4.8}$$

其中

$$\gamma' = \frac{\gamma}{1+\gamma} < \gamma$$

我们应该再进行一些重复计算，以得到样本方差的第一个估计 $S^2(n)$。在 MATLAB 中可以使用函数 normfit 计算置信区间。这个函数为统计工具箱的一部分。函数假设为我们基于正态分布的随机抽样来拟合一个正态分布，这个拟合并不精确；但是，函数置信区间的计算符合我们的需求。函数 normfit 默认返回一个 95% 的置信区间，通过参数设置可以计算不同概率的置信区间。

[例 4.10] 我们可以对普通欧式买入期权定价程序进行修改，以便计算价格的置信区间，程序代码如图 4.15 所示。需要注意的是，我们必须在程序最后一行采集函数 normfit 的三个输出；其中第二个输出为样本方差，被函数舍弃。我们可以测试一下函数 BlsMC2，以便设置（适当）重复次数使得结果达到目标的精确度。

```
function [Price, CI] = BlsMC2(S0,K,r,T,sigma,NRepl)
nuT = (r - 0.5 * sigma^2) * T;
siT = sigma * sqrt(T);
DiscPayoff = exp( - r * T) * max(0, S0 * exp(nuT + siT * randn(NRepl,1)) - K);
[Price, VarPrice, CI] = normfit(DiscPayoff);
```

图 4.15　蒙特卡罗模拟计算欧式看涨期权的修正代码

```
>> randn('state', 0)
>> S0 = 50;
>> K = 55;
>> r = 0.05;
>> T = 5/12;
>> sigma = 0.2;
>> Call = blsprice(S0,K,r,T,sigma)
Call =
    1.1718
>> [CallMC, CI] = BlsMC2(S0,K,r,T,sigma,50000)
CallMC =
    1.1953
CI =
```

```
    1.1704
    1.2201
≫ ( CI( 2 ) − CI( 1 ) )/CallMC
ans =
    0.0416
```

我们注意到，50000 个样本的估计结果并不令人非常满意；然而，真实值在置信区间内，即使它可能接近区间的左端点。在实际情况中，我们注意到置信区间相当宽泛，这意味着可能需要大量的重复计算以便获得可靠的估计。

```
≫ [ CallMC, CI ] = BIsMC2(S0,K,r,T,sigma,1000000)
CallMC =
    1.1749
CI =
    1.1694
    1.1804
≫ ( CI( 2 ) − CI( 1 ) )/CallMC
ans =
    0.0094
```

在方程（4.5）中，我们得到估计质量提高的比例（速度）公式，例如误差降低的比例（速度）似乎为 $O(1/\sqrt{n})$。在实际中，这意味着样本数量越多，得到的估计质量越好，但是随着样本数量的增加，估值质量提高的比例（速度）越来越慢。因此，一个"蛮力"的蒙特卡罗模拟或许将花费大量的时间方可获得理想的结果。解决这种问题的一种方法为采用有效的采样策略，以便降低样本方差 σ^2；另一种方法为采用拟蒙特卡罗方法。

4.5　降低方差技术

在第 4.4 节中，我们看到提高估计质量的方法为增加重复计算次数 n，因为 $\text{Var}(\overline{X}(n)) = \text{Var}(X_i)/n$。然而，这种"蛮力"的方法需要大量的计算时间。一种替代方式是计算因子数，并直接降低样本 X_i 的方差。这可以通过多种方法实现，这些方法或多或少都有点复杂，但也是值得的。

4.5.1　对偶抽样

第一种方法相对容易实现，不需要高深的对偶抽样（Antithetic sampling）知识。在普通的蒙特卡罗模拟中，我们生成相互独立的样本序列。然而，通过某种精妙的方法获取某些相关性对降低估计方程有帮助。考虑生成配对序列思路（$X_1^{(i)}$，$X_2^{(i)}$），$i = 1, \cdots, n$

$$X_1^{(1)}, X_1^{(2)}, \cdots, X_1^{(n)}$$
$$X_2^{(1)}, X_2^{(2)}, \cdots, X_2^{(n)}$$

这些样本"水平"相互独立，意味着如果我们选择 j, $k = 1,2$ 且 $i_1 \neq i_2$，$X_j^{(i_1)}$ 与 $X_k^{(i_2)}$ 相互独立的。因此，配对样本均值 $X^{(i)} = (X_1^{(i)} + X_2^{(i)})/2$ 是相互独立的，我们或许可以均匀建立置信区间。然而，我们不要取"垂直"相互独立，因为对于固定的 i，$X_1^{(i)}$ 与 $X_2^{(i)}$ 可能是相互依赖的。如果我们基于样本 $X^{(i)}$ 计算样本均值 $\overline{X}(n)$，可得：

$$\begin{aligned}
\mathrm{Var}[\overline{X}(n)] &= \frac{\mathrm{Var}(X^{(i)})}{n} \\
&= \frac{\mathrm{Var}(X_1^{(i)}) + \mathrm{Var}(X_2^{(i)}) + 2\mathrm{Cov}(X_1^{(i)}, X_2^{(i)})}{4n} \\
&= \frac{\mathrm{Var}(X)}{2n}(1 + \rho(X_1, X_2))
\end{aligned}$$

为降低样本方差的均值，我们应该使得每对样本负相关。通过前面介绍的方法可以生成随机变量的每对样本 $X_{1,2}^{(i)}$；但是这些方法都利用一个服从均匀分布的随机序列。因此，为添加负相关性，每对样本的第一次样本可以应用一个随机序列 $\{U_k\}$，然后应用 $\{1 - U_k\}$ 作为每对样本中的第二个样本。因此，输入序列为负相关，我们期望输出序列也如此。

[例 4.11] 让我们重复例 4.2，使用蒙特卡罗积分：

$$I = \int_0^1 e^x \mathrm{d}x = e - 1 \approx 1.7183$$

使用 100 个样本，我们没有得到可靠估计：

```
>> randn('state',0)
>> X = exp(rand(100,1));
>> [I,dummy,CI] = normfit(X);
>> I
I =
    1.7631
>> (CI(2) - CI(1))/I
ans =
    0.1089
```

对偶采样实现起来相对简单。我们必须保存随机数并抽取其对偶的样本，为得到一个相对公平的比较，我们考虑 50 个对偶抽样，这意味着会有 100 个函数样本：

```
>> randn('state',0)
>> U1 = rand(50,1);
>> U2 = 1 - U1;
>> X = 0.5*(exp(U1) + exp(U2));
```

```
>> [I,dummy,CI] =normfit(X);
>> I
I =
    1.7021
>> (CI(2) -CI(1))/I
ans =
    0.0200
```

现在，置信区间非常小，尽管样本数量有限，但估计是相当可靠的。

在上面的示例中，对偶抽样似乎非常简单实用并且效果不错。我们是否可以总是期望一个类似的结果呢？当然不能。首先，如果我们在区间[0,1]对指数函数进行积分，由于函数在区间[0,1]上几乎是线性的，因此 U 与 e^U 之间会存在很强的正相关性。我们不应该指望在复杂的情况下获得同样的结果。此外，接下来的反例说明，这种方法实际上可能适得其反，导致方差增加。

[例4.12] 考虑函数 $h(x)$，定义为：

$$h(x) = \begin{cases} 0, & x < 0 \\ 2x, & 0 \leq x \leq 0.5 \\ 2 - 2x, & 0.5 \leq x \leq 1 \\ 0, & x > 1 \end{cases}$$

假设我们使用蒙特卡罗方法估计：

$$\int_0^1 h(x)\,\mathrm{d}x$$

我们要积分的函数，显然为一个三角形，底边与高都为1。需要注意的是，与例中4.11的指数函数不同，这不是关于变量 x 的单调函数；而单调函数很容易在三角区域上积分。

$$\int_0^1 h(x)\,\mathrm{d}x \Rightarrow E \mid h(U) \mid = \int_0^1 h(u) \cdot 1\mathrm{d}u = 1/2$$

现在设：

$$X_I = \frac{h(U_1) + h(U_2)}{2}$$

其中 U_1 与 U_2 为相互独立的均匀随机变量，可以简单地从独立抽样中产生：

$$X_A = \frac{h(U) + h(1 - U)}{2}$$

上述公式可被假定为对偶抽样的配对平均样本。我们比较两个方差：

$$\mathrm{Var}(X_I) = \frac{\mathrm{Var}[h(U)]}{2}$$

$$\mathrm{Var}(X_A) = \frac{\mathrm{Var}[h(U)]}{2} + \frac{\mathrm{Cov}[h(U),h(1 - U)]}{2}$$

两个方差的区别为：

$$\Delta = \mathrm{Var}(X_A) - \mathrm{Var}(X_I) = \frac{\mathrm{Cov}[h(U),h(1-U)]}{2}$$

$$= \frac{1}{2}\{E[h(U)h(1-U)] - E[h(U)]E[h(1-U)]\}$$

在这种情况下，由于 h 的形状，我们有：

$$E[h(U)] = E[h(1-U)] = 1/2$$

则

$$E[h(U)h(1-U)] = \int_0^{1/2} 2u \cdot (2-2(1-u))\,\mathrm{d}u + \int_{1/2}^1 2(1-u) \cdot (2-2u)\,\mathrm{d}u$$

$$= \int_0^{1/2} 4u^2\,\mathrm{d}u + \int_{1/2}^1 (2-2u)^2\,\mathrm{d}u = 1/3$$

因此 $\mathrm{Cov}[h(U),h(1-U)] = 1/3 - 1/4 = 1/12$ 与 $\Delta = 1/24 > 0$，在这个示例中，对偶抽样方法实际上增加了方差。

事实上，这种情况存在烦琐的理论解释。两个对偶抽样有同样的值 $h(U) = h(1-U)$，使得 $\mathrm{Cov}[h(U),h(1-U)] = \mathrm{Cov}[h(U),h(U)] = \mathrm{Var}[h(U)]$，在这种（病态）情况下，应用对偶抽样将使得抽样的方差倍增。

例 4.12 的问题是什么？对偶采样使得方差增长的原因是函数 $h(x)$ 的非单调性。事实上，随机数 $\{U_i\}$ 与 $\{1-U_i\}$ 的确为负相关，但是不能保证 $X_i^{(1)}$ 与 $X_i^{(2)}$ 仍为负相关。为确保"输入随机数为负相关，则输出的随机数应同为负相关"，我们必须要求它们的关系为单调函数。指数函数为单调函数，而三角函数并不是单调函数。

我们还需要注意随机数是如何生成的。逆变换方法是基于分布函数的，分布函数为单调函数；因此，输入随机数与生成的随机数之间为单调关系。但是在取舍法或鲍克斯—穆勒方法中未必是这样。幸运的是，当我们需要正态变量时，我们可以生成简单的序列 Z_i，其中 $Z_i \sim N(0,1)$，在对偶抽样中使用序列 $-Z_i$。要展示这种思路，最适合的方法为将对偶抽样应用在期权定价中。

我们可以在欧式买入期权定价函数 BlsMC2 中引入对偶抽样方法。MATLAB 程序代码如图 4.16 所示。我们简单地生成标准正态随机变量，改变"+""−"符号的方式获得同样的序列。需要注意的是，最后的出入参数 NPairs 为对偶样本的数量，而不是样本数量；我们可以与原始的蒙特卡罗方法比对方差降低的程度：

```
function[ Price,CI ] = BlsMCAV( S0,K,r,T,sigma,NRepl)
nuT = ( r − 0.5 * sigma^2) * T;
siT = sigma * sqrt( T);
Veps = randn( NRepl,1);
Payoff1 = max( 0,S0 * exp( nuT + siT * Veps) − K);
Payoff2 = max( 0,S0 * exp( nuT + siT * ( − Veps)) − K);
DiscPayoff = exp( − r * T) * 0.5 * ( Payoff1 + Payoff2);
[ Price,VarPrice,CI ] = normfit( DiscPayoff);
```

图 4.16　蒙特卡罗模拟使用对偶变量法计算欧式看涨期权

```
>> randn('state',0)
>> [Price, CI] = BlsMC2(50,50,0.05,1,0.4,200000)
Price =
    9.0843
CI =
    9.0154
    9.1532
>> (CI(2) - CI(1))/Price
ans =
    0.0152
>> randn('state',0)
>> [Price, CI] = BlsMCAV(50,50,0.05,1,0.4,100000)
Price =
    9.0553
CI =
    8.9987
    9.1118
>> (CI(2) - CI(1))/Price
ans =
    0.0125
```

　　我们看到对偶抽样法提高了估计质量，但在这个示例中，效果并不明显。显然，对于一个示例的测试不能说明任何结论，但是对偶抽样法的确是简单有效的方法并且不需要太多理论知识。

　　在普通欧式买入期权的示例中，满足对偶抽样所需的单调条件：标准正态分布的样本越多，期权到期标的资产的价格越高，期权收益越高。如果期权收益为非单调，对偶抽样可能就不适用于这个示例。我们可以在收益函数类似与例4.12中的三角函数情况下对比对偶抽样的效果。

　　蝶式套利（butterfly spread）[⊖]为一种涉及相同标的资产的期权交易策略，而且期权的到期日相同，但是它们的执行价格不同。这种期权组合的收益图形如图4.17所示。蝶式套利期权组合可以通过购买一个执行价格为 K_1 的买入期权和一个执行价格为 K_3 （$K_1 < K_3$）的买入期权，同时卖出两个执行价格为 K_2 的买入期权来实现，

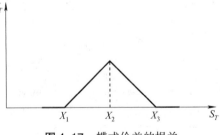

图4.17　蝶式价差的损益

――――――――
[⊖] 更多的期权交易策略可以参见 [6，第8章]。

$2K_2 = K_1 + K_3$。蝶式套利为一个简单的欧式期权组合，欧式期权可以直接使用布莱克—斯科尔斯定价公式。

蝶式套利期权组合的收益函数为非单调，而且可以计算出期权组合的价格，我们可以测试对偶抽样方法在蝶式套利期权组合定价中是否有效。相应的蒙特卡罗方法的程序代码如图 4.18 所示。函数 MCButterfly 的输入参数为通用的期权定价的参数，外加三个期权的执行价格。在蒙特卡罗模拟的重复计算中，使用向量 In1 与 In2 分别存储标的资产价格落入组合收益递增区间（$K_1 < S_T < K_2$）或落入组合收益递减区间（$K_2 \leqslant S_T < K_3$）的模拟索引（例如第几次模拟）。如果标的资产的价格落到两个区间外，则收益率为零。上述使用两个向量可以避免 for 循环。如图 4.19 所示的函数 MCAVButterfly 的代码是基于对偶抽样代码修改的。向量 Veps 含有标准

```
function [P, CI] =MCButterfly(S0,r,T,sigma,NRepl,K1,K2,K3)
nuT = (r - 0.5 * sigma^2) * T;
siT = sigma * sqrt(T);
Veps = randn(NRepl,1);
Stocks = S0 * exp(nuT + siT * Veps);
In1 = find((Stocks > K1) & (Stocks < K2));
In2 = find((Stocks >= K2) & (Stocks < K3));
Payoff = exp(-r * T) * [(Stocks(In1) - K1);(K3 - Stocks(In2));...
        zeros(NRepl - length(In1) - length(In2),1)];
[P, V, CI] = normfit(Payoff);
```

图 4.18 定价蝶式价差组合的原始蒙特卡罗代码

```
function [P, CI] =MCAVButterfly(S0,r,T,sigma,NPairs,K1,K2,K3)
nuT = (r - 0.5 * sigma^2) * T;
siT = sigma * sqrt(T);
Veps = randn(NPairs,1);
Stocks1 = S0 * exp(nuT + siT * Veps);
Stocks2 = S0 * exp(nuT - siT * Veps);
Payoff1 = zeros(NPairs,1);
Payoff2 = zeros(NPairs,1);
In = find((Stocks1 > K1) & (Stocks1 < K2));
Payoff1(In) = (Stocks1(In) - K1);
In = find((Stocks1 >= K2) & (Stocks1 < K3));
Payoff1(In) = (K3 - Stocks1(In));
In = find((Stocks2 > K1) & (Stocks2 < K2));
Payoff2(In) = (Stocks2(In) - K1);
In = find((Stocks2 >= K2) & (Stocks2 < K3));
Payoff2(In) = (K3 - Stocks2(In));
Payoff = 0.5 * exp(-r * T) * (Payoff1 + Payoff2);
[P,V,CI] = normfit(Payoff);
```

图 4.19 对偶抽样计算蝶式价差组合

正态分布的随机样本，改变样本"+""-"号可以获得对偶的股票价格样本 Stocks2。需要注意的是，在这种情况下，我们必须保持样本的顺序，以对应相应的收益；使用函数 find 可寻找落入收益零区间、收益递增区间或收益递减区间的样本。

通常选择执行价格 K_2 接近标的资产现价 S_0 的期权（作为卖出期权），因为蝶式套利策略基于标的资产的未来价格变化不大。我们可以通过函数 blsprice 计算组合的理论价格，通过价格比较来检测函数 MCAVButterfly 的计算效果。

```
>> S0 =60;
>> K1 =55;
>> K2 =60;
>> K3 =65;
>> T =5/12;
>> r =0.1;
>> sigma =0.4;
>> calls =blsprice(S0, [K1, K2, K3], r, T, sigma);
>> Price =calls(1) -2 * calls(2) +calls(3)
Price =
    0.6124
```

接下来，我们可以对两种蒙特卡罗方法进行比较：

```
>> randn('state',0)
[P, CI] =MCButterfly(S0,r,T,sigma,100000,K1,K2,K3);
>> P
P =
    0.6095
>> (CI(2) -CI(1))/P
ans =
    0.0256
>> randn('state',0)
>> [P, CI] =MCAVButterfly(S0,r,T,sigma,50000,K1,K2,K3);
>> P
P =
    0.6090
>> (CI(2) -CI(1))/P
ans =
    0.0355
```

我们看到，在这个示例中，样本方差的确降低了。但这并不意味着总是可以降低样本方差，因为这取决于输入的数据（可以调整执行价格测试实际效果）。总之，一次测试或模拟并不能说明问题，更好的方法是比较估计的标准差，标准差可以根据理论价格（期望值）计算得出。

```
>> randn('state',0)
>> V1 =zeros(100,1);
>> for i =1:100, V1(i) =MCButterfly(S0,r,T,sigma,100000,K1,K2,K3);, end
>> V2=zeros(100,1);
>> for i =1:100, V2(i) =MCAVButterfly(S0,r,T,sigma,50000,K1,K2,K3);, end
>> sqrt(mean((V1 - Price).^2))
ans =

    0.0040
>> sqrt(mean((V2 - Price).^2))
ans =

    0.0055
```

的确，我们看到，对偶抽样方法使得估计的标准差增加了。

4.5.2 公共随机数技术

公共随机数（CRN，Common Random Numbers）技术与对偶抽样非常相似，但是公共随机数技术适用于不同的情况。假设我们使用蒙特卡罗方法估计一个数值，这个数值取决于参数 α。例如，我们试图进行某些估计，公式如下：

$$h(\alpha) = E_\omega[f(\alpha;\omega)]$$

其中，我们通过变量 ω 强调随机性。我们还有关于参数 α 敏感性的估计函数值：

$$\frac{\mathrm{d}h(\alpha)}{\mathrm{d}\alpha}$$

通过非布莱克—斯科尔斯模型估计期权敏感度值得尝试。显然，我们不能得到公式导数的解析形式；否则，就不需要使用模拟的方法对 h 进行估计。一个简单的思路是，通过模拟的方法估计函数的有限差分：

$$\frac{h(\alpha + \delta\alpha) - h(\alpha)}{\delta\alpha}$$

首先，我们将生成参数 $\delta\alpha$ 微小的增量的差分样本：

$$\frac{f(\alpha + \delta\alpha;\omega) - f(\alpha;\omega)}{\delta\alpha}$$

然后估计它们的期望值。不幸的是，当增量 $\delta\alpha$ 非常小的时候，随机扰动或参数波动使得很难通过模拟的方法获取差分样本。基于一系列情形，比较两个投资组合策略时也将面临同样的问题。在这种情况下，我们需要两个随机变量差的期望值。

我们以抽象形式考虑两个随机变量的差：

$$Z = X_1 - X_2$$

其中，$E[X_1] \neq E[X_2]$，因此它们可以来自两个不同的随机系统，也可能它们的分布函数只有一个参数不同。通过蒙特卡罗方法，我们可以得到相互独立的样本序列：

$$Z_j = X_{1,j} - X_{2,j}$$

使用统计技术为 $E[X_1 - X_2]$ 建立一个置信区间。为提高估计质量，降低样本 Z_j 的方差是非常有效的方法：

$$\mathrm{Var}(X_{1j} - X_{2j}) = \mathrm{Var}(X_{1j}) + \mathrm{Var}(X_{2j}) - 2\mathrm{Cov}(X_{1j}, X_{2j})$$

为达到这个效果，我们可以在变量 X_{1j} 与 X_{2j} 之间引入某些正相关性。在模拟 X_1 与 X_2 时使用相同的随机数，可以使得变量 X_{1j} 与 X_{2j} 之间具有一定的正相关性。公共随机数技术与对偶抽样法非常类似，需要相同的单调假设以确保这个方法正常有效。在第 8.5 节中我们将看到这些概念的应用，如公共随机数技术在估计期权价格敏感度方面的应用。

4.5.3　控制变量

对偶采样与公共随机数技术是两种非常有效的（几乎万无一失）算法，仅要求目标函数为单调，不需要更多的与模拟相关的理论知识。但是具备更多的知识可能会获得更好的结果。假设我们想要估计 $\theta = E[X]$，已知另一个随机变量 Y 的期望为 ν，而且变量 Y 与变量 X 具有一定的相关性。例如，当我们使用蒙特卡罗模拟为期权定价的时候，期权价格分析公式未知：期权价格 θ 未知，而 ν 为相应或类似的普通期权的价格。

变量 Y 称为控制变量。关于变量 Y 的更多信息，可以通过分析相应的控制估计获得：

$$X_C = X + c(Y - \nu)$$

其中，我们必须选择或设定参数 c。直观而言，当运行一个模拟过程，我们会观察到估计值如下：

$$\hat{E}[Y] > v$$

我们或许认为，估计 $\hat{E}[X]$ 为递增或递减，取决于变量 X 与变量 Y 相关性的正负。的确，我们可以看到：

$$E[X_C] = \theta$$

$$\mathrm{Var}(X_C) = \mathrm{Var}(X) + c^2\mathrm{Var}(Y) + 2c\,\mathrm{Cov}(X, Y)$$

第一个公式表示，对于控制参数 c 的任意选择，控制估值为变量 θ 的无偏估计。第二个公式表示，通过适当的选择参数 c，可以降低估计的方差。通过选择最优的参数 c，我们甚至可以将估值方差最小化：

$$c^* = \frac{\mathrm{Cov}(X,Y)}{\mathrm{Var}(Y)}$$

在这种情况下，我们得到：

$$\frac{\mathrm{Var}(X_C^*)}{\mathrm{Var}(X)} = 1 - \rho_{XY}^2$$

其中，ρ_{XY} 为变量 X 与变量 Y 的相关性。需要注意的是，c 的正负号取决于相关性的正负号。例如，如果 $\mathrm{Cov}(X,Y) > 0$，则 $c < 0$。这意味着，如果 $\hat{E}[Y] > \nu$，我们可以降低 $\hat{E}[X]$，因为变量 Y 的样本值大于均值，变量 X 的样本值可能同样如此。

实际上，因为 $\mathrm{Cov}(X,Y)$ 与 $\mathrm{Var}(Y)$ 可能是未知的，参数 c 的最优值必须通过估计的方式获得。这可以通过一系列重复试验实现。通过这些重复计算可以获得适当 c^* 与 θ 的估计；然而，这样做将在 θ 估计中引入某些偏差，在这种情况下，c^* 为取决于 X 自身的随机变量。所以，除非使用适当的统计技术，这种重复实验或许应该被丢弃，这些技术超出本书的范围。

控制变量方法可以根据我们的需要扩展到更多的控制变量，从而在某种概率上提高估值质量。当然，这需要关于模拟对象更多的相关信息以提高控制参数的效果。我们通过普通期权定价的示例展示了控制变量的方法。在这个示例中，标的资产的价格显然为控制变量，因为在到期日标的资产价格的期望与方差已知。为应用这种方法，我们必须计算期权价值与标的资产价格之间协方差的估值。相关的 MATLAB 程序代码如图 4.20 所示。函数 BlsMCCV 需要额外的输出参数 NPilot，参

```
function[ Price,CI] = BlsMCCV( S0,K,r,T,sigma,NRepl,NPilot)
nuT = ( r − 0.5 * sigma^2) * T;
siT = sigma * sqrt( T);
% compute parameters first
StockVals = S0 * exp( nuT + siT * randn( NPilot,1));
OptionVals = exp( − r * T) * max( 0,StockVals − K);
MatCov = cov( StockVals,OptionVals);
VarY = S0^2 * exp( 2 * r * T) * ( exp( T * sigma^2) −1);
c = − MatCov( 1,2)/VarY;
ExpY = S0 * exp( r * T);
%
NewStockVals = S0 * exp( nuT + siT * randn( NRepl,1));
NewOptionVals = exp( − r * T) * max( 0,NewStockVals − K);
ControlVars = NewOptionVals + c * ( NewStockVals − ExpY);
[ Price,VarPrice,CI] = normfit( ControlVars);
```

图 4.20 蒙特卡罗模拟使用控制变量法定价欧式看涨期权

数 NPilot 为计算协方差矩阵估计所需的重复计算次数。需要注意的是为避免估计偏差，第一组重复试验应该被舍弃。

```
>> randn('state',0)
>> [P,CI] = BlsMC2(50,52,0.1,5/12,0.4,200000);
>> P
P =
    5.2328
>> (CI(2) - CI(1))/P
ans =
    0.0149
>> randn('state',0)
>> [P,CI] = BlsMCCV(50,52,0.1,5/12,0.4,195000,5000);
>> P
P =
    5.2008
>> (CI(2) - CI(1))/P
ans =
    0.0066
```

从这些计算中可以看到，通过控制变量技术可以降低方差。或许我们应该编写一个可以系统检测控制变量技术效果的程序，这可以作为留给读者的一个练习。

4.5.4　通过条件降低方差

在概率论理论中，通过条件计算期望是一种常见的技术。当我们需要计算或估计 $E[X]$ 时，变量 X 与另一个随机变量条件 Y 对期望的计算非常有帮助，如下公式：

$$E[X] = E[E[X \mid Y]] \tag{4.9}$$

方差也可以通过条件期望计算。条件方差的公式为：[参见附录 B 中的方程 (B.2)]

$$\text{Var}(X) = E[\text{Var}(X \mid Y)] + \text{Var}(E[X \mid Y])$$

在本书中，我们不直接使用条件方差（conditional variance）计算公式，因为所有涉及的数量均为非负。我们看到，这个公式意味着两个结论：

(1) $\text{Var}(X) \geq E[\text{Var}(X \mid Y)]$。

(2) $\text{Var}(X) \geq \text{Var}(E[X \mid Y])$。

利用第一个不等式，可以降低估计的方差，从而导致降低分层抽样方差，关于分层抽样将在下一节中进行介绍。第二个不等式使得条件方差降低。

当需要进行 $\theta = E[X]$ 估计时，存在另一个随机变量 Y，并已知 $E[X|Y=y]$ 的值，条件是非常有帮助的。从公式（4.9）看到，$E[X|Y]$ 为 θ 的一个无偏估计，条件方差公式意味着，$E[X|Y]$ 或许为一个更优的估计。在实际中，为使用条件期望降低方差，我们通常模拟变量 Y 而不是变量 X。与对偶抽样不同，因为这涉及强相关性，通过条件期望降低方法需要格外谨慎。

作为条件的一个示例，我们考虑任选期权（as-you-like-it option），又称选择期权（chooser option）。期权为欧式期权，到期日为 T_2。在时间 $T_1 < T_2$，你可以选择期权种类：买入期权或卖出期权；执行价格 K 在期初 $t = 0$ 时已经确定。在时间 T_1，我们将比较两种期权的价值并选择更具投资价值的期权种类。基于标的资产价格 $S(T_1)$ 与期权剩余期限 $T_2 - T_1$，可以通过布莱克－斯科尔斯公式计算买入期权与卖出期权的价格。这意味着，通过条件 $S(T_1)$，我们或许可以在风险中性测度下，获得期权在到期日 T_2 收益期望的精确估计。然而，编写一个纯粹的蒙特卡罗模拟程序或许非常有意义，因为我们只需使用样本得到估计值。在这种情况下并不烦琐，因为在 T_1 时刻我们必须做出一个决策，这与美式期权类似，在期权到期日前需要做出是否行权的决定。为得到一个直观的感觉，参见图 4.21。从初始节点开始，标的资产在起点的价格为 S_0，我们生成标的资产价格 $S(T_1)$ 的四个样本，对于每个样本，我们生成三个关于价格 $S(T_2)$ 的样本。我们的树结构有

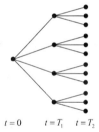

图 4.21　后来决定选择权的情景树

$4 \times 3 = 12$ 种情形。我们需要这样的树结构，因为在 T_1 时刻的决策（我们喜欢买入期权或卖出期权）必须对于所有的（起源于 T_1 节点的）情景都是一样的。如果没有这种结构，我们的决策将基于未来时刻 T_2 价格的预测。但是未来的价格为非可预测的，而且非可预测概念是动态随机优化与美式期权定价的基础。

一个简单的蒙特卡罗期权定价的程序代码如图 4.22。其中 NRepl 1 为在 T_1 时刻样本（重复计算）的数量，NRepl 2 为对于 T_1 时刻的每个节点在 T_2 时刻样本数量；因此，总的样本数量或情景数量为 NRepl 1 与 NRepl 2 的乘积。向量 DiscountedPayoffs 的长度或元素个数对应着情景数量。对于 T_1 时刻每个节点，这些节点通过几何布朗运动生成，同样我们可以生成 T_2 的节点，比较买入期权或卖出期权的收益期望。然后，我们根据收益情况设定 T_1 时刻期权的类型，并计算 T_2 时刻节点期权的收益并将其贴现获得期权价格。最后，我们计算平均值与置信区间，并检查这种方差方法是否正确。

```
function [Price, CI] =AYLIMC(S0,K,r,T1,T2,sigma,NRepl1,NRepl2)
% compute auxiliary quantities outside the loop
DeltaT =T2 −T1;
muT1 =(r −sigma^2/2) * T1;
muT2 =(r −sigma^2/2) * (T2−T1);
siT1 =sigma * sqrt(T1);
siT2 =sigma * sqrt(T2−T1);
% vector to contain payoffs
DiscountedPayoffs =zeros(NRepl1 * NRepl2, 1);
% sample at time T1
Samples1 =randn(NRepl1,1);
PriceT1 =S0 * exp(muT1 +siT1 * Samples1);
for k =1:NRepl1
    Samples2 =randn(NRepl2,1);
    PriceT2 =PriceT1(k) * exp(muT2 +siT2 * Samples2);
    ValueCall =exp(−r * DeltaT) * mean(max(PriceT2−K, 0));
    ValuePut =exp(−r * DeltaT) * mean(max(K −PriceT2, 0));
    if ValueCall > ValuePut
      DiscountedPayoffs(1 +(k −1) * NRepl2:k * NRepl2) =...
        exp(−r * T2) * max(PriceT2−K, 0);
    else
      DiscountedPayoffs(1 +(k −1) * NRepl2:  k * NRepl2) =...
        exp(−r * T2) * max(K −PriceT2, 0);
    end
end
[Price, dummy, CI] =normfit(DiscountedPayoffs);
```

图4.22   定价后来决定选择权的原始蒙特卡罗代码

显然，相比蒙特卡罗模拟程序，我们可以进行更多工作。根据价格条件 $S(T_1)$ 与布莱克—斯科尔斯期权定价公式，我们知道如何从两种期权类型中进行选择。相关程序如图4.23所示，程序非常简单：在 $S(T_1)$ 时刻对于每个节点，我们选取最大价值的期权类型。在计算期权价格时，初始标的资产价格为 $S(T_1)$，剩余到期时间为 $T_2 - T_1$，并将计算结果从 T_1 贴现到 $t = 0$ 时刻。

```
function [Price, CI] =AYLIMCCond(S0,K,r,T1,T2,sigma,NRepl)
muT1 =(r −sigma^2/2) * T1;
siT1 =sigma * sqrt(T1);
Samples =randn(NRepl,1);
PriceT1 =S0 * exp(muT1 +siT1 * Samples);
[calls, puts] =blsprice(PriceT1,K,r,T2−T1,sigma);
Values =exp(−r * T1) * max(calls, puts);
[Price, dummy, CI] =normfit(Values);
```

图4.23   使用条件期望法定价后来决定选择权

比较普通蒙特卡罗模拟与条件蒙特卡罗模拟的程序如图 4.24 所示，运行程序代码，我们得到：

$\gg$ AYLIScript

Call $=6.728749$ Put $=5.291478$

MC $->$ Price $=8.698173$ CI $=(8.489842, 8.906504)$

Ratio $=4.7902\%$

MC $+$ Cond $->$ Price $=9.298894$ CI $=(9.218362, 9.379426)$

Ratio $=1.7321\%$

```
% AYLIScript.m
S0 =50；
K =50；
r =0.05；
T1 =2/12；
T2 =7/12；
sigma =0.4；
NRepl1 =100；
NRepl2 =100；
[Call, Put] =blsprice(S0,K,r,T2,sigma)；
randn('state',0)；
[Price, CI] =AYLIMC(S0,K,r,T1,T2,sigma,NRepl1,NRepl2)；
rand('state',0)；
[PriceCond, CICond] =AYLIMCCond(S0,K,r,T1,T2,sigma,NRepl1 * NRepl2)；
fprintf(1,'Call =%f Put =%f\n', Call, Put)；
fprintf(1,'MC ->    Price =%f   CI =(%f, %f) \n', ...
    Price, CI(1), CI(2))；
fprintf(1,'       Price =%6.4f%% \n', ...
    100 * (CI(2) -CI(1))/Price)；
fprintf(1,'MC +Cond - > Price =%f   CI =(%f, %f) \n', ...
    PriceCond, CICond(1), CICond(2))；
fprintf(1,'       Price =%6.4f%% \n', ...
    100 * (CICond(2) -CICond(1))/PriceCond)；
```

图 4.24 后来决定选择权的不同定价模型的比较

注意事项：

（1）任选期权的价值大于买入期权与卖出期权，延迟选择具有重大的价值。

（2）在上述两个示例中，使用同样的样本或情况数量，条件方法似乎可降低方差。

（3）条件蒙特卡罗模拟计算出的期权价值较大。

最后一点非常关键。使用条件蒙特卡罗算法，我们不仅可以降低方差，而且我们可以真实地实现最优决策；而在简单的蒙特卡罗模拟中因为我们没有比较两种期权的价值，从而在 T_1 时刻可能进行错误的选择。即使我们在 T_2 时刻利用同样的价格样本估计期权收益，仍有可能出现这种情况。因此，我们存在一个变差。简单的蒙特卡罗模拟的估计为有偏（偏低）估计（biased low estimator），可能使得我们选择一个次优的策略并获得较少的收益。增加样本数量或计算次数无法消除这种偏差，读者可以将程序代码中的 NRepl1 与 NRepl2 设置为 1000，比较两种方法的计算结果：

```
>> AYLIScript
Call =6. 728749 Put =5. 291478
MC ->           Price =8. 930494      CI = (8. 909643, 8. 951345)
                Ratio =0. 4670%
MC +Cond ->  Price =9. 259405      CI = (9. 251437, 9. 267372)
                Ratio =0. 1721%
```

我们看到，偏差仍然存在，在美式期权的蒙特卡罗模拟定价（参见本章参考文献 [10]）中我们必须考虑这一问题。如果我们使用次优策略，期权的价格将被低估。值得注意的是，这种定价问题本质上是一维积分问题，或许可以通过其他更有效的方法解决。

在本节结束时，我们或许应该自问我们所使用的方法是否真实、正确。假设样本为相互独立的，我们可以使用标准方法计算置信区间，但这符合实际的情况吗？考虑情景数在 T_1 时刻的一个中间节点与其在 T_2 时刻的后继节点。期权收益的这些后继节点是相互独立的？可以说，它们不是相互独立的，因为我们使用了 T_1 时间期权类型决策选择的信息。关键是，我们混淆了两个问题：第一个问题是，通过采样得到最优决策规则；第二个问题是，对通过该规则获得的收益进行估计。一个完善的过程应该具有两个独立的采样阶段。这样做，我们将确保第二阶段抽样收益是相互独立的，我们得到的估计是偏低的（由于我们使用了一个次优决策规则）。在第 10.4 节，我们将使用蒙特卡罗抽样方法为美式期权定价，将再次遇到这样的问题。

4.5.5　分层抽样

假设，我们需要估计 $E[X]$，随机变量 X 在某种程度上依赖另一个随机变量 Y，随机变量 Y 存在一个有限样本集合，并已知 y_j 的概率。因此，随机变量 Y 有一个离散的概率分布函数并已知其概率密度函数为：

$$P\{Y = y_j\} = p_j, \quad j = 1, \cdots, m$$

通过条件概率，我们得到：

$$E[X] = \sum_{j=1}^{m} E[X \mid Y = y_j] p_j$$

因此，我们或许可以使用模拟方法估计 $E[X|\ Y=y_j]$ ，$j=1,\cdots,m$ 的值，使用上述公式计算结果。条件方差公式意味着，与简单抽样方法相比，这种方法可能会降低方差。通过条件的方法似乎可以降低方差，关键的不同是我们先选择 Y 的值，再进行 X 的抽样，条件为事件 $Y=y_j$ ，这个事件是分层的。通过条件降低方差，只需要对变量 Y 进行抽样，而不是变量 X 。接下来的示例将说明，这种方法被称为分层抽样（Stratified sampling）的原因。

[**例 4.13**] 作为一个简单的分层抽样示例，考虑使用模拟的方法计算：

$$\theta = \int_0^1 h(x)\,\mathrm{d}x = E[h(U)]$$

在简单的蒙特卡罗模拟中，我们只需抽取 n 个服从均匀分布的变量 $U_i \sim U(0,1)$ 并计算样本的均值：

$$\frac{1}{n}\sum_{i=1}^n h(U_i)$$

基于普通抽样的一种改进的估计方法为，将积分区间 $(0,1)$ 划分为 m 个子区间 $((j-1)/m, j/m)$ ，$j=1,\cdots,m$ 。每一个事件 $Y=y_j$ 对应一个随机数落到第 j 个子区间；在这种情况下，我们有 $p_j = 1/m$ 。对于每个分层 $j=1,\cdots,m$ ，我们可以生成 n_j 个随机数 $U_k \sim U(0,1)$ 用以估计：

$$\hat{\theta}_j = \frac{1}{n_j}\sum_{k=1}^{n_j} h\left(\frac{U_k + j - 1}{m}\right)$$

然后，我们可以建立总体估计：

$$\hat{\theta} = \sum_{j=1}^m \hat{\theta}_j p_j$$

我们如何确定每个分层样本的数量 n_j？在例 4.13 中，一种均匀配置确保我们的抽样来源于整个积分区间 $(0,1)$ ，但是这或许不是最优的解决方案。考虑 $\hat{\theta}$ 估计的方差，定义 X_j 为每层随机变量的抽样。如果分层是相互独立的，我们有

$$\mathrm{Var}(\hat{\theta}) = \sum_{j=1}^m p_j^2 \mathrm{Var}(\hat{\theta}_j) = \sum_{j=1}^m \frac{p_j^2}{n_j}\mathrm{Var}(X_j)$$

为最小化整体方差，我们需要在方差 $\mathrm{Var}(X_j)$ 较大的区间抽取更多的样本。所以我们进行一组重复实验通过样本的方差 S_j^2 估计 $\mathrm{Var}(X_j)$ ，通过求解非线性规划的方法获取每一分层区间所需的抽样数量：

$$\min \quad \sum_{j=1}^m \frac{p_j^2 S_j^2}{n_j}$$

$$\text{s. t.} \quad \sum_{j=1}^m n_j = n$$

$$n_j \geqslant 0$$

4.5.6　重要性抽样

与其他的方差降低技术不同，重要性抽样（importance sampling）基于"扭曲（distorting）"基础概率测度的思路。当模拟罕见事件或尾部抽样时，重要性抽样非常有效。考虑估计问题：

$$\theta = E[h(X)] = \int h(x)f(x)\,\mathrm{d}x$$

其中，X 为一个随机向量，其联合密度函数为 $f(x)$。如果我们知道另一个密度函数 g，使得每当 $g(x)=0$ 时有 $f(x)=0$，我们可以写：

$$\theta = \int \frac{h(x)f(x)}{g(x)}g(x)\,\mathrm{d}x = E_g\left[\frac{h(X)f(X)}{g(X)}\right] \tag{4.10}$$

其中，符合 E_g 用于强调事实，最后期望值对应另外一个测度。比例 $f(x)/g(x)$ 用于纠正概率测度的变化，这通常被称为似然比（likelihood ratio）：当使用随机抽样时，这个比例为一个随机变量。[⊖]改变基础概率测度或许非常有效，这对于金融背景的读者并不陌生；风险中性估值就是如此。然而，这种方法可以用于降低方差的原理并不明显。的确，如果函数 g 选择不当，将适得其反。直观而言，我们可能会认为，当寻找罕见并重要的事件时，例如在计算在险价值时，我们应该打乱概率测度顺序，以便从关键区域进行采样用于弥补估计偏差，如方程（4.10）中那样。

为进一步研究如何选取合适的密度函数 g，我们引入符号

$$\theta = E_f[h(X)]$$

为了简单起见，假设 $h(x) \geqslant 0$。如上面我们所指出的，存在两种方法估计 θ：

$$E_f[h(X)] = \int h(x)f(x)\,\mathrm{d}x = \int \frac{h(x)f(x)}{g(x)}g(x)\,\mathrm{d}x$$

$$= \int h^*(x)g(x)\,\mathrm{d}x = E_g[h^*(X)]$$

其中，$h^*(X) = h(x)f(x)/g(x)$。需要注意的是，在定义 h^* 中，为避免关于 $g(x)=0$ 的麻烦，函数 f 与 g 的可行域（或支撑集）条件是必要的；我们可以认真在可行域（或支撑集）上进行积分。

两个估计变量具有相同的期望，但是它们的方差是什么？通过方差性质，我们得到：

$$\mathrm{Var}_f[h(X)] = \int h^2(x)f(x)\,\mathrm{d}x - \theta^2$$

$$\mathrm{Var}_g[h^*(X)] = \int h^2(x)\frac{f(x)}{g(x)}f(x)\,\mathrm{d}x - \theta^2$$

从第二个等式，我们得到函数 g 的选择：

⊖　具有随机积分知识的读者或许将其称为拉东-尼古丁"（Radon – Nikodym）"导数。

$$g(\pmb{x}) = \frac{h(\pmb{x})f(\pmb{x})}{\theta}$$

导出理想条件 $\mathrm{Var}_g[h^*(\pmb{X})] \equiv 0$。不幸的是，这的确是"理想"，因为使用这个密度函数要求 θ 的信息，我们至少可以尝试使用近似理想的密度（参见接下来的示例）。需要注意的是，需要条件 $h(\pmb{x}) \geqslant 0$ 以确保 g 为一个密度函数；如何处理几何函数 h，参见本章文献 [17] 的122页。

$$\Delta \mathrm{Var} = \mathrm{Var}_f[h(\pmb{X})] - \mathrm{Var}_g[h^*(\pmb{X})] = \int h^2(\pmb{x})\left[1 - \frac{f(\pmb{x})}{g(\pmb{x})}\right]f(\pmb{x})\,\mathrm{d}\pmb{x}$$

从这个表达式我们看到，为确保降低方差，我们选择一个新的密度函数 g 使得：

$$\begin{cases} g(\pmb{x}) > f(\pmb{x}) & \text{当} \quad h^2(\pmb{x})f(\pmb{x}) \text{ 大时} \\ g(\pmb{x}) < f(\pmb{x}) & \text{当} \quad h^2(\pmb{x})f(\pmb{x}) \text{ 小时} \end{cases}$$

方法的名称"重要性抽样"来源于此。

[例4.14] 我们可以使用复杂的积分示例展示这种思路。让我们考虑一个计算 π 的方法。我们知道：⊖

$$\theta \equiv \int_0^1 \sqrt{1 - x^2}\,\mathrm{d}x = \frac{\pi}{4}$$

这是一个单位圆面积的1/4；因此，估计这个函数的积分相对于估计 π 值。相关的程序代码如图4.25所示，其中输入参数 m 为我们抽样点的数量。在如下程序中我们将看到1000次样本，结果显示估计值或许不那么可靠。

```
function out = estpi(m)
z = sqrt(1 - rand(1,m).^2);
out = 4 * sum(z)/m;
```

图4.25　估计 π 的常规代码

```
≫ rand('state',0)
≫ estpi(1000)
ans =
    3.1378
≫ estpi(1000)
ans =
    3.1311
≫ estpi(1000)
ans =
    3.0971
≫ estpi(1000)
```

⊖ 这个示例基于 [2]。

ans =

3.1529

所以，让我们通过重要性抽样来提高估值质量。一个可行的思路为逼近（或近似）理想概率分布函数，通过将积分区间$[0,1]$分为等长度$1/L$的子区间。第k个子区间的两端为$(k-1)/L$与$k/L(k=1,\cdots,L)$，这个区间的中点为$s_k=(k-1)/L+1/(2L)$。积分的简单估计可以通过计算下列公式获得：

$$\frac{\sum_{k=1}^{L}h(s_k)}{L}=\tilde{\theta}\approx\theta$$

然后，我们可以使用理想密度函数$g(x)$的一个逼近（或近似），如：

$$\tilde{g}(x)=\frac{h(x)f(x)}{\tilde{\theta}}=\frac{h(x)L}{\sum_{k=1}^{L}h(s_k)}$$

因为$f(x)=1$（均匀分布）。不幸的是，在整个单位区间上密度函数积分不一定为1。为避免这种问题并简化抽样，我们可以定义一个子区间的抽样概率，并在每个子区间使用均匀密度函数。为实现这个目标，考虑数量：

$$q_k=\frac{h(s_k)}{\sum_{j=1}^{L}h(s_j)},\quad k=1,\cdots,L$$

显然，$\sum_k q_k=1$与$q_k\geq 0$，因为我们的函数h为非负函数；因此，数值q_k可以视作概率。在我们的示例中，它们可以用作从第k个子区间选取样本的概率。总之，在总体框架内处理这个问题，我们有：

$$h(x)=\sqrt{1-x^2}$$
$$f(x)=1$$
$$g(x)=Lq_k,\quad (k-1)/L\leq x<k/L$$

这里，函数$g(x)$为分段的常数密度函数，L乘以$g(x)$中的q_k以获得在长度为$1/L$上均匀密度函数。

相关的程序代码如图4.26所示，其中m为样本数量，L为子区间数量。程序代码相当简单，子区间的选择如第4.3.2节最后部分描述的那样，在那里我们将看到如何使用离散经验分布函数EmpiricalDrnd进行采样：

```
>> rand('state',0)
>> estpiIS(1000,10)
ans =
    3.1491
>> estpiIS(1000,10)
ans =
    3.1434
```

```
>> estpiIS(1000,10)
ans =
    3.1311
>> estpiIS(1000,100)
ans =
    3.1403
>> estpiIS(1000,100)
ans =
    3.1416
>> estpiIS(1000,100)
ans =
    3.1411
```

```
function z = estpiIS(m,L)
% define left end - points of sub - intervals
s = (0:(1/L):(1 -1/L)) +1/(2 * L);
hvals = sqrt(1 - s.^2);
% get cumulative probabilities
cs = cumsum(hvals);
for j =1:m
    % locate sub - interval
    loc = sum(rand * cs(L) > cs) +1;
    % sample uniformly within sub - interval
    x = (loc -1)/L +rand/L;
    p = hvals(loc)/cs(L);
    est(j) = sqrt(1 - x.^2)/(p * L);
end
z = 4 * sum(est)/m;
```

图 4.26　基于重要性抽样以估计 π 的代码

　　我们看到一个改进了的程序代码，虽然不是一个非常明智的方式来计算 π，但显著地降低了方差。

　　刚才使用的方法看起来有点像分层抽样方差。事实上，两者存在某些差别。在分层抽样中我们定义了一系列分层，分层对应着已知概率的事件；这里，我们没有使用已知概率的分层，因为我们将使用采样的方法估计概率 q_k。

　　当涉及低概率事件时，我们经常使用重要性采样方法。考虑，例如，一个随机向量 $\boldsymbol{X}$ 的联合密度函数为 f，假设我们需要估计：

$$\theta = E[h(\boldsymbol{X}) \mid \boldsymbol{X} \in A]$$

　　其中，$\{\boldsymbol{X} \in A\}$ 为罕见事件，发生概率较低，而且概率 $P\{\boldsymbol{X} \in A\}$ 未知。这样的事件一旦发生，损失将超过在险价值（VaR）。条件密度函数为：

$$f(\boldsymbol{x} \mid \boldsymbol{X} \in A) = \frac{f(\boldsymbol{x})}{P\{\boldsymbol{X} \in A\}}$$

对于 $\boldsymbol{X} \in A$。定义示性函数 $I_A(\boldsymbol{X})$ 如:

$$I_A(\boldsymbol{X}) = \begin{cases} 1, & \boldsymbol{X} \in A, \\ 0, & \boldsymbol{X} \notin A, \end{cases}$$

我们可以改写 θ 为:

$$\theta = \frac{\displaystyle\int_{\boldsymbol{x} \in A} h(\boldsymbol{x})f(\boldsymbol{x})\,\mathrm{d}\boldsymbol{x}}{P\{\boldsymbol{X} \in A\}} = \frac{E\{h(\boldsymbol{X})I_A(\boldsymbol{X})\}}{E\{I_A(\boldsymbol{X})\}}$$

如果我们使用简单的蒙特卡罗模拟,许多样本将被浪费,意味着事件 $\{\boldsymbol{X} \in A\}$ 极少发生。现在,假设存在一个密度函数 g 使得这个事件的可能性增大,基于相应的概率测度,然后,我们根据函数 g 生成样本 $\boldsymbol{X}_i$,并估计:

$$\hat{\theta} = \frac{\displaystyle\sum_{i=1}^{k} h(\boldsymbol{X}_i)I_A(\boldsymbol{X}_i)f(\boldsymbol{X}_i)/g(\boldsymbol{X}_i)}{\displaystyle\sum_{i=1}^{k} I_A(\boldsymbol{X}_i)f(\boldsymbol{X}_i)/g(\boldsymbol{X}_i)}$$

重要性抽样相对于对偶抽样方法或控制变量方法更难应用。它需要更多的模拟对象的信息,因为,我们必须寻找一个合适的"扭曲"概率测度。

作为一个示例,让我们考虑普通深度价外(deep out-of-the-money)买入期权。如果 S_0 为标的资产的初始价格,标的资产期望到期价格 $S_0 \mathrm{e}^{rT}$ 基于风险中性测度的几何布朗运动,如果价格期望小于相应的执行价格 K,在到期日它不太可能成为价内(in-the-money)期权。如果我们使用简单的蒙特卡罗模拟,许多重复实验是无意义的,因为大多数模拟的期权收益为零。我们应该改变"位移"以增加期权收益为正的概率。这样很容易找到一个"位移"使得 S_T 的期望值为期权的执行价格:

$$S_0 \mathrm{e}^{\mu T} = K \quad \Rightarrow \quad \mu = \frac{1}{T}\log\left(\frac{K}{S_0}\right)$$

在风险中性测度下,我们通过生成正态变量的方法对 $S_T = S_0 \mathrm{e}^Z$ 进行采样:

$$Z \sim N\left(\left(r - \frac{\sigma^2}{2}\right)T, \sigma\sqrt{T}\right)$$

生成样本

$$Y \sim N\left(\log\left(\frac{K}{S_0}\right) - \frac{\sigma^2 T}{2}, \sigma\sqrt{T}\right)$$

在转化中需要生成标准正态随机变量 ε,然后使用:

$$Y = \log\left(\frac{K}{S_0}\right) - \frac{\sigma^2 T}{2} + \sigma\sqrt{T}\varepsilon$$

$$\frac{\dfrac{1}{\sqrt{2\pi}\xi}\mathrm{e}^{-\frac{(Y-\alpha)^2}{2\xi^2}}}{\dfrac{1}{\sqrt{2\pi}\xi}\mathrm{e}^{-\frac{(Y-\beta)^2}{2\xi^2}}} = \mathrm{e}^{-[(Y-\alpha)^2 - (Y-\beta)^2]/2\xi^2} = \mathrm{e}^{-[2(\alpha-\beta)Y - \alpha^2 + \beta^2]/2\xi^2}$$

现在，我们简单的将函数 BlsMC2 扩展为函数 BlsMCIS，相关程序代码如图 4.27 所示。通过运行函数 CheckBlsMCIS，程序代码如图 4.28 所示，检查重要性抽样的有效性。对于一个深度价外期权，我们使用重要性抽样方法与简单蒙特卡罗模拟，根据精确结果比较两种方法的误差比例。我们需要两次重新设置随机数生成器函数 randn 的状态，以便使用相同的正态随机变量序列。运行程序代码，我们得到：

```
function[ Price,CI ] = BlsMCIS( S0,K,r,T,sigma,NRepl)
nuT = ( r − 0.5 * sigma^2 ) * T;
siT = sigma * sqrt( T ) ;
ISnuT = log( K/S0) − 0.5 * sigma^2 * T;
Veps = randn( NRepl,1) ;
VY = ISnuT + siT * Veps;
ISRatios = exp(( 2 * ( nuT − ISnuT ) * VY − nuT^2 + ISnuT^2)/2/siT^2) ;
DiscPayoff = exp( − r * T ) * max(0,( S0 * exp( VY ) − K)) ;
[ Price,VarPrice,CI ] = normfit( DiscPayoff. * ISRatios) ;
```

图 4.27 基于重要性抽样以定义一个价外看涨期权

```
% CheckBlsMCIS. m
S0 = 50;
K = 80;
r = 0.05;
sigma = 0.4;
T = 5/12;
NRepl = 100000;
MCError = zeros( NRepl,1) ;
MCISError = zeros( NRepl,1) ;
TruePrice = blsprice( S0,K,r,sigma,T) ;
randn( 'state',0) ;
for k = 1:100
    MCPrice = BlsMC2( S0,K,r,sigma,T,NRepl) ;
    MCError = abs( MCPrice − TruePrice)/TruePrice;
end
randn( 'state',0) ;
for k = 1:100
    MCISPrice = BlsMCIS( S0,K,r,sigma,T,NRepl) ;
    MCISError = abs( MCISPrice − TruePrice)/TruePrice;
end
fprintf(1,'Average Percentage Error: \n') ;
fprintf(1,' MC = %6.3f%% \n', 100 * mean( MCError)) ;
fprintf(1,' MC + IS = %6.3f%% \n', 100 * mean( MCISError)) ;
```

图 4.28 验证重要性抽样效率的代码

```
>> CheckBIsMCIS
Average Percentage Error:
    MC =3.060%
    MC +IS =1.155%
```
应该注意的是，这种改进方法对平价期权（at-the-money option）无效。

4.6　拟蒙特卡罗模拟

在前面几节，我们研究了几种降低方差的技术，这些方法基于随机抽样为真正随机的思路。然而，线性同余发生器（LCG）生成的随机数或通过其他专业算法生成的随机数并不是真正随机的。因此，我们可以从专业的角度，研究各种降低方差技术的有效性，报告蒙特卡罗方法自身的有效性。更务实的观点是，蒙特卡罗方法已经通过多年的实践证明了其算法的有效性，我们可以得出这样的结论，存在某些确定的数值序列或生成样本使得算法有效。因此，可以尝试制定确定的可选数值序列，使得这些序列服从某种均匀分布。通过定义一个数值序列的差异，可以使这个思路更精确。

假设我们需要生成 N 个随机向量序列 $X^1, X^2, \cdots, X^N$，在 m 维超立方体（dimensional hypercube）中 $I^m = [0,1]^m \subset \mathbb{R}^m$。现在，给定一个这样向量的序列，如果它们分布适当，在任意 I^m 的子集 G，样本点数量大致与子集的体积 $\mathrm{vol}(G)$ 成比例。给定一个向量 $X = (x_1, x_2, \cdots, x_m)$，它的长方形的子集（rectangular subset）G_x 的定义为：
$$G_X = [0, x_1) \times [0, x_2) \times \cdots \times [0, x_m)$$
其体积为 $x_1 x_2 \cdots x_m$。如果我们通过函数 $S_N(G)$ 表示在子空间 $G \subset I^m$ 中样本点的数量，差异的一个可行定义为：
$$D(x^1, \cdots, x^N) = \sup_{X \in I^m} | S_N(G_X) - N x_1 x_2 \cdots x_m |$$
在一个单位超立方体上计算多维积分时，需要寻找一个低差异序列（low – discrepancy sequence）；低差异序列又被称为拟随机序列（quasi – random sequence），这就是拟蒙特卡罗模拟名称的由来。事实上，拟随机名称或许有些误导，因为根本不存在真正的随机。有些理论结果指出，低差异序列的效果优于线性同余发生器生成的随机序列。这个观点来自第 4.4 节，我们知道蒙特卡罗模拟的估计误差类似于 $O(1/\sqrt{N})$，其中 N 为样本的数量。

低差异序列的估计误差类似于 $O(\ln N)^m/N$，其中 m 为积分空间的维度。关于更细节、更严谨的理论分析，我们为读者推荐综合性著作 [12]。文献中已经提出了不同的序列。接下来，我们将通过两种低差异序列介绍基本的思路——哈尔顿（Halton）与索博尔（Sobol）序列及其应用。差异序列为在单位区间 $(0,1)$ 上的序列，根据服从普通分布的随机序列的生成方法，我们需要的是根据任何分布进行随机模型的应用。

4.6.1 生成哈尔顿低差异序列

哈尔顿低差异序列（Halton low – discrepancy sequences）基于一个简单算法：

- 基于 b 生成一个整数 n，其中 b 为一个素数：

$$n = (\cdots d_4 d_3 d_2 d_1 d_0)_b$$

- 计算位数并添加一个小数点，得到一个单位区间上的数值：

$$h = (0.\, d_0 d_1 d_2 d_3 d_4 \cdots)_b$$

更严格的是，如果我们将一个整数 n 表示为：

$$n = \sum_{k=0}^{m} d_k b^k,$$

基于 b 的哈尔顿序列的第 n 个数值为：

$$h(n,b) = \sum_{k=0}^{m} d_k b^{-(k+1)}$$

我们把序列称为 Van der Corput 序列。Van der Corput 生成器与每一个 dimensalton sequenion 相关联时，可以在多维空间中得到 Hces，确保每个基（与每个维度相关）使用不同的素数。为简单起见，我们称其为哈尔顿序列。

在第 3.1.1 节，计算机上的二进制模式使用过这种方法，我们可以较容易地生成哈尔顿序列中基于 b 的第 n 个数值，相关程序如图 4.29 所示。让我们基于 2 生成序列的前 10 个数。

```
function h = Halton(n,b)
n0 = n;
h = 0;
f = 1/b;
while (n0 > 0)
    n1 = floor(n0/b);
    r = n0 - n1 * b;
    h = h + f * r;
    f = f/b;
    n0 = n1;
end
```

图 4.29 生成哈尔顿序列的第 n 个元素的 MATLAB 代码

```
>> seq = zeros(10,1);
>> for i = 1:10, seq(i) = Halton(i,2);, end
>> seq
seq =
    0.5000
```

0. 2500

0. 7500

0. 1250

0. 6250

0. 3750

0. 8750

0. 0625

0. 5625

0. 3125

我们看到哈尔顿序列是如何运行的；通过转换与添加更多位数，我们可以越来越紧密地填满 0 与 1 之间的区间。一个生成这样序列的程序如图 4.30 所示；输入参数 HowMany 表示序列的长度，参数 Base 表示序列的基数。我们并不是一次生成序列中的每个数值，而是通过递增显示位数的方法生成基于 b 序列 $1, \cdots , n$，这样的序列可以直接转换为 $H(n, b)$。

```
function Seq = GetHalton( HowMany, Base)
Seq = zeros( HowMany,1) ;
NumBits = 1 + ceil( log( HowMany) /log( Base) ) ;
VetBase = Base.^( -(1:NumBits) ) ;
WorkVet = zeros(1, NumBits) ;
for i = 1 : HowMany
    % increment last bit and carry over if necessary
    j = 1;
    ok = 0;
    while ok == 0
        WorkVet( j) = WorkVet( j) +1;
        if WorkVet( j) < Base
            ok = 1;
        else
            WorkVet( j) = 0;
            j = j +1;
        end
    end
    Seq( i) = dot( WorkVet, VetBase) ;
end
```

图 4.30   生成哈尔顿低差异序列的 MATLAB 代码

[例 4.15] 可以直观地比较伪随机样本在二维空间覆盖方形 $(0,1) \times (0,1)$ 的情况。通过 MATLAB 的随机数生成器，我们得到的结果如图 4.31 所示。

>> plot(rand(100,1) , rand(100,1) , 'o')

>> grid on

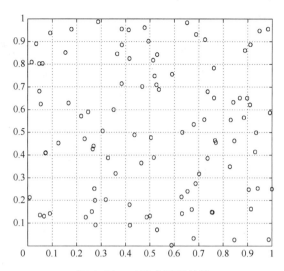

图 4.31   二维中随机抽样

为与哈尔顿序列处理相同，我们必须使用不同的基数，且为素数。让我们试试 2 与 7：

```
>> plot(GetHalton(100,2),GetHalton(100,7),'o')
>> grid on
```

计算结果如图 4.32 所示。这里的判断是有点主观，但是可以说，它比哈尔顿序列覆盖更均匀。另外，使用非素数作为基数，例如：

```
>> plot(GetHalton(100,2), GetHalton(100,4), 'o')
>> grid on
```

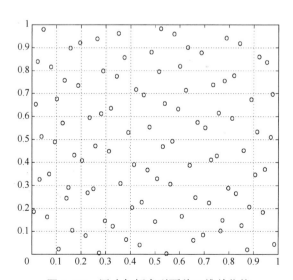

图 4.32   用哈尔顿序列覆盖二维单位格

可能导致相当不理想的结果，如图 4.33 中所示。

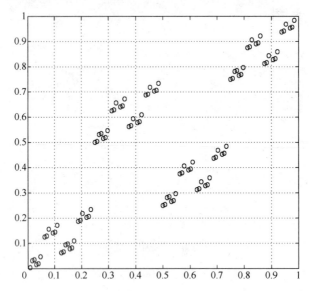

图 4.33   哈尔顿序列中对基数的错误选择

[**例 4.16**]   让我们来探讨哈尔顿低差异序列在二维积分背景下的应用。假设我们要计算：

$$\int_0^1\int_0^1 e^{-xy}(\sin 6\pi x + \cos 8\pi y)\,\mathrm{d}x\mathrm{d}y$$

首先，让我们建立函数，以便绘制积分曲线与调用 MATLAB 函数 dblquad，使用传统的求积公式方法计算估计值：

```
≫ f = @(x,y) exp( -x.*y).*(sin(6*pi*x) +cos(8*pi*y));
≫ dblquad( f,0,1,0,1)
ans =
    0.0199
≫ [X,Y] =meshgrid(0:0.01:1 , 0:0.01:1);
≫ Z =f(X,Y);
≫ surf(X,Y,Z)
```

需要注意的是，如何通过"."运算定义函数，以便接收向量或矩阵参数，并计算相应函数值的矢量或矩阵。结果曲面如图 4.34 所示。显然，10000 个样本点的蒙特卡罗计算效果并不可靠：

```
≫ rand('state',0);
≫ mean( f( rand(1,10000) ,rand(1,10000)))
ans =
    0.0276
```

```
>> mean(f(rand(1,10000),rand(1,10000)))
ans =
    0.0332
>> mean(f(rand(1,10000),rand(1,10000)))
ans =
    0.0098
```

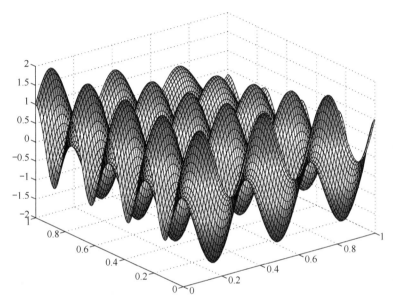

图 4.34 案例 4.16 中的被积函数图

所以，我们可以使用哈尔顿序列，改变基数的同时保持样本数量相同：

```
>> seq2 = GetHalton(10000,2);
>> seq4 = GetHalton(10000,4);
>> seq5 = GetHalton(10000,5);
>> seq7 = GetHalton(10000,7);
>> mean(f(seq2,seq5))
ans =
    0.0200
>> mean(f(seq2,seq4))
ans =
    0.0224
>> mean(f(seq2,seq7))
ans =
    0.0199
```

```
>> mean(f(seq5,seq7))
ans =
    0.0198
```

可以看到使用素数作为基数,结果变得准确得多,也可以直观地比较小样本数量的结果。

```
>> rand('state',0)
>> mean(f(rand(1,100),rand(1,100)))
ans =
   -0.0032
>> mean(f(rand(1,500),rand(1,500)))
ans =
    0.0197
>> mean(f(rand(1,1000),rand(1,1000)))
ans =
    0.0577
>> mean(f(rand(1,1500),rand(1,1500)))
ans =
    0.0461
>> mean(f(rand(1,2000),rand(1,2000)))
ans =
    0.0311
>> mean(f(seq2(1:100),seq7(1:100)))
ans =
    0.0267
>> mean(f(seq2(1:500),seq7(1:500)))
ans =
    0.0197
>> mean(f(seq2(1:1000),seq7(1:1000)))
ans =
    0.0210
>> mean(f(seq2(1:1500),seq7(1:1500)))
ans =
    0.0190
>> mean(f(seq2(1:2000),seq7(1:2000)))
ans =
    0.0197
```

即使基数的最优选择仍是个问题, 低差异序列的潜在优势依旧非常明显。

[**例 4.17**] 作为实际测试，我们或许可以使用低差异序列为普通欧式买入期权进行定价。这里我们使用简单的哈尔顿序列。为产生正态随机变量，我们可以使用鲍克斯—穆勒（Box – Muller）方法（参见第 4.3.4 节中描述的具体方法）或逆变换方法。我们不能使用极坐标映射方法，因为低差异序列必须在性质优良的维度中进行积分。我们必须精确地知道在极坐标映射方法下需要多少个拟随机数，而这并非我们能预料的。在复杂期权定价中，这是非常重要的，我们必须铭记这一点。

我们在这里可以回顾一下鲍克斯—穆勒方法。为生成两个相互独立的标准正态随机变量，首先将收益定义为两个相互独立的随机数 U_1 与 U_2，然后设：

$$X = \sqrt{-2\ln U_1}\cos(2\pi U_2)$$

$$Y = \sqrt{-2\ln U_1}\sin(2\pi U_2)$$

我们可以使用以两个素数作为基数的两个哈尔顿序列，而不是生成伪随机数。相关的程度代码如图 4.35 所示。

```
function Price = BlsHaltonBM(S0,K,r,T,sigma,NPoints,Base1,Base2)
nuT = (r -0.5 * sigma^2) * T;
siT = sigma * sqrt(T);
% Use Box Muller to generate standard normals
H1 = GetHalton(ceil(NPoints/2),Base1);
H2 = GetHalton(ceil(NPoints/2),Base2);
VLog = sqrt(-2 * log(H1));
Norm1 = VLog. * cos(2 * pi * H2);
Norm2 = VLog. * sin(2 * pi * H2);
Norm = [Norm1;Norm2];
%
DiscPayoff = exp(-r * T) * max(0,S0 * exp(nuT +siT * Norm) -K);
Price = mean(DiscPayoff);
```

图 4.35　使用哈尔顿序列和鲍克斯—穆勒算法定价欧式看涨期权

另一个替代方法基于逆变换方法。考虑图 4.12 所展示的鲍克斯—穆勒转换的奇异效果，逆变换方法为一种更安全的方法，相关程序代码如图 4.36 所示。

```
function Price = BlsHaltonINV(S0,K,r,T,sigma,NPoints,Base)
nuT = (r -0.5 * sigma^2) * T;
siT = sigma * sqrt(T);
% Use inverse transform to generate standard normals
H = GetHalton(NPoints,Base);
Veps = norminv(H);
%
DiscPayoff = exp(-r * T) * max(0,S0 * exp(nuT +siT * Veps) -K);
Price = mean(DiscPayoff);
```

图 4.36　使用哈尔顿序列和逆变换运算定价欧式看涨期权

让我们先测试基于鲍克斯—穆勒转换的哈尔顿序列：

```
>> blsprice(50,52,0.1,5/12,0.4)

ans =

    5.1911
>> BlsHaltonBM(50,52,0.1,5/12,0.4,5000,2,7)

ans =

    5.1970
>> BlsHaltonBM(50,52,0.1,5/12,0.4,5000,11,7)

ans =

    5.2173
>> BlsHaltonBM(50,52,0.1,5/12,0.4,5000,2,4)

ans =

    6.2485
```

第一个程序运行，显示了低差异序列的潜力；通过有限的样本我们得到期权的一个高质量估计。可以直观地看到，5000个样本的蒙特卡罗模拟的变换：

```
>> randn('state',0)
>> BlsMC2(50,52,0.1,5/12,0.4,5000)

ans =

    5.2549
>> BlsMC2(50,52,0.1,5/12,0.4,5000)

ans =

    5.1090
>> BlsMC2(50,52,0.1,5/12,0.4,5000)

ans =

    5.2777
```

第二个程序使用哈尔顿序列，我们同样看到，估计质量取决于基数的选择；第三个程序使用非素数的基数，得到一个非常差的效果。

当使用拟变换方法，一个有趣的现象出现了：

```
>> BlsHaltonINV(50,52,0.1,5/12,0.4,1000,2)

ans =

    5.1094
>> BlsHaltonINV(50,52,0.1,5/12,0.4,2000,2)

ans =

    5.1469
>> BlsHaltonINV(50,52,0.1,5/12,0.4,5000,2)

ans =
```

5.1688
```
>> BlsHaltonINV(50,52,0.1,5/12,0.4,10000,2)
ans =
```
    5.1789
```
>> BlsHaltonINV(50,52,0.1,5/12,0.4,50000,2)
ans =
```
    5.1879

我们看到,价格随着样本数量的增加单调递增。真实情况或许不是这样,随着样本数量的增长,价格曲线存在某种扰动,但是仍存在上升的趋势。我们尝试寻找这种趋势的原因:使用基数为2的哈尔顿序列,我们根据如下机制从单位区间的左端点到右端点填满区间:

0.5

0.25 0.75

0.125 0.625 0.375 0.875

0.0625 0.5625 0.3125 0.8125 0.1875 0.6875 0.4375 0.9375

0.0313 …

每个序列通过新的最低点与新的最高点分隔开来。我们看到,当前最大值点根据某种规律增长;这些数值的高值对应着标的资产的最大价格,这些最大价格在某种程度上提高了期权的价值。

如果使用17作为基数,我们得到一个单调递增的序列:
```
>> GetHalton(17,17)
ans =
```
    0.0588

    0.1176

    0.1765

    0.2353

    0.2941

    0.3529

    0.4118

    0.4706

    0.5294

    0.5882

    0.6471

    0.7059

    0.7647

    0.8235

      0.8824

      0.9412

      0.0035

因此，如果使用一个较大的素数作为基数，我们得到的价格在某种程度上"更低偏"。

```
>> BlsHaltonINV(50,52,0.1,5/12,0.4,1000,499)
ans =
      5.1139
>> BlsHaltonINV(50,52,0.1,5/12,0.4,2000,499)
ans =
      5.1141
>> BlsHaltonINV(50,52,0.1,5/12,0.4,5000,499)
ans =
      5.1148
>> BlsHaltonINV(50,52,0.1,5/12,0.4,10000,499)
ans =
      5.1159
>> BlsHaltonINV(50,52,0.1,5/12,0.4,50000,499)
ans =
      5.1252
```

如果使用鲍克斯—穆勒转换方法，使用更大的基数，即使它为一个素数，仍可能会得到一个不理想的结果。

```
>> BlsHaltonBM(50,52,0.1,5/12,0.4,5000,59,83)
ans =
      5.3232
>> BlsHaltonBM(50,52,0.1,5/12,0.4,5000,101,103)
ans =
      6.0244
```

为了帮助理解为什么大基数会生产这样不良的结果，我们可以画出当使用109与113时二维序列的前1000个点：

```
>> plot (GetHalton (1000, 109), GetHalton (1000, 113), 'o')
```

生成的点如图4.37所示。这个结果可以与图4.32进行对比。

因为期权的定价是一个高维问题，直接应用哈尔顿序列或许不合适，因为这需要一个较大的基数。作为一个替代方法，Faure 序列被提出来。Faure 序列的基本思路为，仅使用一个基数，基数为素数而且要大于问题的维度；通过对 Van der Corput 序列合适的排列得到坐标序列。这种方法的效果相当于哈尔顿序列使用一个较小的基数而不是最大的基数。另一个代替方法为索博尔序列，我们将在下一节介绍索博尔序列。在索博尔序列中仅使用 2 作为基数。为生成多维序列，基数为 2 的 Van der Corput 序列通过某种置换机制与二进制算术中的多项式相关联。

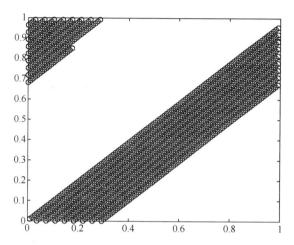

图 4.37　哈尔顿序列中较大基数的单位格收敛效果较差

4.6.2　生成索博尔低差异序列

在本节中，我们将研究一种比哈尔顿序列更专业的序列——索博尔序列。为了清楚起见，考虑在区间 $[0,1]$ 上生成一维序列。索博尔序列的生成基于一系列"方向数" $v_1, v_2, \cdots$ 稍后我们将看到如何选择这些方向数，但是现在我们将其视作小于 1 的数。为得到序列的第 n 个数值，考虑整数 n 的二进制表达式：

$$n = (\cdots b_3 b_2 b_1)_2$$

通过按位求异的计算或对于 $b_i \neq 0$ 的方向数 v_i 的计算得到结果：

$$x^n = b_1 v_1 \oplus b_2 v_2 \oplus \cdots \tag{4.11}$$

如果事先确定方向数，可以生成一个低差异序列，参见 [18]。一个方向数可以视作一个二进制数：

$$v_i = (0. v_{i1} v_{i2} v_{i3} \cdots)_2$$

或为

$$v_i = \frac{m_i}{2^i}$$

其中，$m_i < 2^i$ 为一个奇数。为生成方向数，我们可以利用可行域 $\mathbb{Z}_2$ 上的本原多项式（primitive polynomial），例如多项式的二进制系数：

$$P = x^d + a_1 x^{d-1} + \cdots + a_{d-1} x + 1, \quad \alpha_k \in \{0,1\}$$

不可约多项式（Irreducible polynomial）是那些不能被分解的多项式；本原多项式为不可以约多项式的子集，并与纠错编码理论相关，错编码理论超出本书范围。在可行域 $\mathbb{Z}_2$ 上的，某些本原多项式已被列出，具体参见文献［13，第7章］。给定一个 d 阶段本原多项式，生成方向数的方法基于递推公式（recurrence formula）：

$$v_i = \alpha_1 v_{i-1} \oplus \alpha_2 v_{i-2} \oplus \cdots \oplus \alpha_{d-1} v_{i-d+1} \oplus v_{i-d} \oplus [v_{i-d}/2^d], \quad i > d$$

如以整数运算，执行效果会更好：

$$m_i = 2a_1 m_{i-1} \oplus 2^2 a_2 m_{i-2} \oplus \cdots \oplus 2^{d-1} a_{d-1} m_{i-d+1} \oplus 2^d m_{i-d} \oplus m_{i-d}$$

某些数值 $m_1, \cdots, m_d$ 需要初始化递推，只要每一个 m_i 为奇数且 $m_i < 2^i$，这些数值可以被任意选择。

［例4.18］ 作为一个示例，让我们基于本原多项式建立方向数集合：

$$x^3 + x + 1$$

递推机制的运行如下：

$$m_1 = 4m_{i-2} \oplus 8m_{i-3} \oplus m_{i-3},$$

其中，使用 $m_1 = 1$，$m_2 = 3$，$m_3 = 7$ 进行初始化。[⊖]通过函数 bitxor，我们一步一步根据需要进行计算：

```
>> m =[1 3 7];
>> i=4;
>> m(i) =bitxor( 4 * m(i-2) , bitxor(8 * m(i-3) , m(i-3)));
>> i=5;
>> m(i) =bitxor( 4 * m(i-2) , bitxor(8 * m(i-3) , m(i-3)));
>> i=6;
>> m(i) =bitxor( 4 * m(i-2) , bitxor(8 * m(i-3) , m(i-3)));
>> m

m =

    1    3    7    5    7    43
```

给定整数 m_i，我们可以建立方向数 v_i。为生成方向数，我们使用函数 GetDirNumbers，函数的代码如图 4.38 所示。函数需要一个本原多项式 p，一个初始值向量 m，以及所需方向数的数量 n，函数得到初始方向数 v 与整数 m。

```
>> p =[1 0 1 1];
>> m0 =[1 3 7];
>> [v,m] =GetDirNumbers(p,m0,6)

v =

    0.5000   0.7500   0.8750   0.3125   0.2188   0.6719

m =

    1    3    7    5    7    43
```

⊖ 为什么这些是一个较好的选择？具体原因参见文献［13］。

```
function [v, m] = GetDirNumbers(p,m0,n)
degree = length(p) - 1;
p = p(2:degree);
m = [m0, zeros(1,n - degree)];
for i = (degree +1):n
    m(i) = bitxor(m(i - degree), 2^degree * m(i - degree));
    for j = 1:(degree - 1)
        m(i) = bitxor(m(i), 2^j * p(j) * m(i - j));
    end
end
v = m./(2.^(1:length(m)));
```

图 4.38　生成索博尔序列的方向数的 MATLAB 代码

这些代码不是最优的；例如多项式的第一个与最后一个系数应该默认为 1，而且还没有检查输入向量的大小。

在方向数计算完成后，我们可以根据式（4.11）生成索博尔序列。然而，Antonov 与 Saleev 提出了一种改进方法，Antonov 与 Saleev 证明了，通过使用 n 的格雷码（Gray code）形式，序列的差异不变。我们所需的信息如下：

（1）一个格雷码为一个映射函数，将一个整数 i 转换为二进制表达形式 $G(i)$；对于给定的整数 N，函数对于 $0 \leqslant i \leqslant 2^N - 1$ 是一一对应的。

（2）对于整数 n 的一个格雷码表示，可以通过计算其二进制表示形式获得

$$\cdots g_3 g_2 g_1 = (\cdots b_3 b_2 b_1)_2 \oplus (\cdots b_4 b_3 b_2)_2$$

（3）这样编码的主要特征为相邻的整数 n 和 $n+1$ 的编码只有一位不同。

[例 4.19] 通过 MATLAB 计算格雷码相对容易。例如，我们定义一个内联函数（inline function），计算数值 $i = 0,1,\cdots,15$ 的格雷码，如下：

```
>> gray = inline('bitxor(x,bitshift(x,-1))');
>> codes = zeros(16,4);
>> for i=1:16, codes(i,:)=bitget(gray(i-1),[4 3 2 1]);, end
>> codes
codes =
     0     0     0     0
     0     0     0     1
     0     0     1     1
     0     0     1     0
     0     1     1     0
     0     1     1     1
     0     1     0     1
     0     1     0     0
```

1	1	0	0
1	1	0	1
1	1	1	1
1	1	1	0
1	0	1	0
1	0	1	1
1	0	0	1
1	0	0	0

我们使用了 bitshift 将 x 的二进制形式向右平移了一位, 函数 bitget 可以获得一个具体数值的二进制表达形式。我们看到相邻数值 i 与 $i+1$ 的格雷码仅有一位不同; 在 i 二进制表达式中 (如有必要, 添加前导零), 该位置对应着最右面的 0 位。

应用格雷码的特征, 我们可以流水线似的生成一个索博尔序列, 给定 x^n 我们有:

$$x^{n+1} = x^n \oplus v_c$$

其中, c 为 n 的二进制表示最右面的数字零 b_c 的位置。

[例 4.20] 为在 MATLAB 上执行这个算法, 我们需要一种方法来找到一个数值二进制形式的最右面的零数字。我们可以通过下面的函数实现这个目标 (假设 x 的二进制表示最多需要 8 位数字):

```
rightbit = inline('min(find( bitget(x,1:8) = = 0))')
```

现在, 我们可以将所有的程序放在一起。首先, 我们生成方向数; 然后, 以某种方法获得初始序列, 例如 $x^0 = 0$, 相关程序如图 4.39 所示, 可以直接使用。在理论上, 我们需要单独计算二进制小数; 然而, 函数 bitxor 仅适用于整数值。这就是为什么需要二进制位置左移 Nbits 位。为确保我们得到 "异或" 整数, 我们需要对初始数值进行截断:

```
>> p = [1 0 1 1];
>> m0 = [1 3 7];
>> [v,m] = GetDirNumbers(p,m0,6);
>> GetSobol(v,0,10)
ans =
    0
    0.5000
    0.2500
    0.7500
    0.1250
    0.6250
    0.3750
    0.8750
```

0.6875

0.1875

0.9375

```
function SobSeq = GetSobol(GenNumbers, x0, HowMany)
Nbits = 20;
factor = 2^Nbits;
BitNumbers = GenNumbers * factor;
SobSeq = zeros(HowMany +1, 1);
SobSeq(1) = fix(x0 * factor);
for i = 1:HowMany
    c = min(find( bitget(i-1,1:16) == 0));
    SobSeq(i+1) = bitxor(SobSeq(i), BitNumbers(c));
end
SobSeq = SobSeq / factor;
```

图 4.39 基于 Antonov–Saleev 法生成索博尔序列的 MATLAB 代码

使用一个不同的生成数集合和一个不同的初始点，我们可以生成不同的序列：

```
>> p = [1 0 1 1 1 1];
>> m0 = [1 3 5 9 11];
>> [v,m] = GetDirNumbers(p,m0,8);
>> GetSobol(v,0.124,10)
ans =
    0.1240
    0.6240
    0.3740
    0.8740
    0.4990
    0.9990
    0.2490
    0.7490
    0.1865
    0.6865
    0.4365
```

需要注意的是，为生成更长的序列，需要生成更多的数值。

进阶阅读

书籍推荐

• 关于模拟方法整体详细的介绍，参见文献 [9] 或 [15]，这两本书对本章节的编写有着重要的影响；文献［14］为另一本相关经典教材。

- 关于蒙特卡罗方法与随机数生成的方法，更多理论推导参见文献［4］；MATLAB 中随机数生成的函数的介绍参见文献［11］。
- 关于低差异序列的处理，参见文献［12］，这是一本高质量的书籍。
- 关于金融计算中蒙特卡罗与拟蒙特卡罗方法，详细介绍参见文献［5］。
- 关于索博尔序列的本原多项式的选择，参见文献［5］，［7］给出了一个本原多形式的列表。
- 关于低差异序列在金融工程中早期应用，参见文献［8］。

网络资源

- 关于蒙特卡罗与拟蒙特卡罗模拟的资源列表，参见 http://www. mcqmc. org。
- 也可参见 http://www. mat. sbg. ac. at/ ~ schmidw/links. html。

参 考 文 献

1. I. A. Antonov and V. M. Saleev. An Economic Method of Computing LP_τ Sequences. *USSR Computational Mathematics and Mathematical Physics*, 19: 252 – 256, 1979.

2. I. Beichl and F. Sullivan. The Importance of Importance Sampling. *Computing in Science and Engineering*, 1: 71 – 73, March – April 1999.

3. P. Bratley and B. L. Fox. Algorithm 659: Implementing Sobol's Quasirandom Sequence Generator. *ACM Transactions on Mathematical Software*, 14: 88 – 100, 1988.

4. G. S. Fishman. *Monte Carlo: Concepts, Algorithms, and Applications*. Springer – Verlag, Berlin, 1996.

5. P. Glasserman. *Monte Carlo Methods in Financial Engineering*. Springer – Verlag, New York, NY, 2004.

6. J. C. Hull. *Options, Futures, and Other Derivatives* (5th ed.). Prentice Hall, Upper Saddle River, NJ, 2003.

7. P. Jaeckel. *Monte Carlo Methods in Finance*. Wiley, Chichester, 2002.

8. C. Joy, P. P. Boyle, and K. S. Tan. Quasi – Monte Carlo Methods in Numerical Finance. *Management Science*, 42: 926 – 938, 1996.

9. A. M. Law and W. D. Kelton. *Simulation Modeling and Analysis* (3rd ed.). McGraw – Hill, New York, 1999.

10. M. J. Miranda and P. L. Fackler. *Applied Computational Economics and Finance*. MIT Press, Cambridge, MA, 2002.

11. C. Moler. Random Thoughts. *Matlab News & Notes*, pages 2 – 3, Fall 1995. This paper may be downloaded from The Mathworks' Web site at http: //www. mathworks. com/company/newsletter/pdf/Cleve. pdf.

12. H. Niederreiter. *Random Number Generation and Quasi – Monte Carlo Methods*. Society for Industrial and Applied Mathematics, Philadelphia, PA, 1992.

13. W. H. Press, S. A. Teukolsky, W. T. Vetterling, and B. P. Flannery. *Numerical Recipes in C* (2nd ed.). Cambridge University Press, Cambridge, 1992.

14. B. D. Ripley. *Stochastic Simulation*. Wiley, New York, 1987.

15. S. Ross. *Simulation*. Academic Press, San Diego, CA, 1997.

16. S. Ross. *Introduction to Probability Models* (8th ed.). Academic Press, San Diego, CA, 2002.

17. R. Y. Rubinstein. *Simulation and the Monte Carlo Method*. Wiley, Chichester, 1981.

18. I. M. Sobol. On the Distribution of Points in a Cube and the Approximate Evaluation of Integrals. *USSR Computational Mathematics and Mathematical Physics*, 7: 86 – 112, 1967.

第5章

偏微分方程的有限差分法

　　偏微分方程（PDEs）在金融工程中发挥了重要作用。正是偏微分方程开创性的成果导致了布莱克—斯科尔斯（Black - Scholes）方程的出现（这一部分我们已在第2.6.2节中介绍），偏微分方程已经成为期权定价的一个重要工具。事实证明，偏微分方程为复杂衍生品的定价提供了一个强大且一致的框架。然而在一般情况下，像布莱克—斯科尔斯公式那样的解析解是无法得到的，必须经常求助于数值方法。

　　偏微分方程的数值解是数学物理和工程中的常用工具，就连相当复杂的方法也都已经发展很成熟，当然方法的复杂性也取决于待解决的偏微分方程的特定类型。一般情况非线性方程组比线性方程组更加难解，而且方程有时候会具有数值参数的敏感依赖性，可能系数一点的变化会大大地改变一个方程的特性。在金融工程中，很多情况下十分简单的方法就足以获得合理准确的解。事实上，我们在这里处理的相对简单的有限差分方法，是基于自然想法的偏导数的差商逼近。即便如此，这个方法也并不是不平凡到想当然的程度，因为不小心使用有限差分方法可能会导致不合理的结果。事实上，有些作者建议把偏微分方程作为一个最有用的工具在衍生品定价中使用 [9，第615页]，另一些作者承认有限差分方法的作用，但他们认为偏微分方程的数值解求解难度大并建议尽可能使用基于网格的方法（参见例子，[2，第365页]）。实际上，当我们对一个方法有信心时，总是想最大限度地利用它。幸运的是，在解决金融问题的偏微分方程的数值困难发生时，通常我们从算法得到的答案是明显没有意义的，所以我们很容易地发现问题；但在其他情况下，不可靠的答案会有恶劣的影响。在本章中，我们还介绍了有关收敛性、一致性和稳定性的概念，以便了解与偏微分方程数值解相关的基本问题。应当强调的是偏微分方程实际上是一个困难的课题，需要采用先进的数学概念进行严格的处理，但我们也会依靠相对非正式的论点和直觉。

　　首先在第5.1节我们会对偏微分方程进行分类，然后在第5.2节介绍不同的使用有限差分近似偏导数的方法，不同的解决方法会产生数值稳定和不稳定的差异性。在第5.3节中，我们对于热传导方程投入了特别的关注，因为布莱克—斯科尔斯偏微分方程和扩散过程密切相关。在第5.4节中，我们推广到多维情况，考虑二维热传导方程，并介绍交替方向隐式法（Alternating Direction Implicit）。最后在第5.5节中，我们简要地介绍几个关于有限差分法收敛性的理论概念。

5.1　偏微分方程的介绍和分类

在第2.6.2节中，我们介绍过布莱克—斯科尔斯偏微分方程，用来给出某个衍生证券的理论价格 $f(S,t)$，其价格依赖于某一标的资产在时刻 t 的价格 S。使用一个随机微分方程对标的资产价格的动态过程进行建模，并利用无套利参数，我们发现 f 必须满足的偏微分方程如下：

$$\frac{\partial f}{\partial t} + \frac{1}{2}\sigma^2 S^2 \frac{\partial^2 f}{\partial S^2} + rS\frac{\partial f}{\partial S} - rf = 0 \tag{5.1}$$

式中，r 是无风险利率；σ 是资产价格的波动率。根据我们考虑的期权类型，必须加上适当的边界条件才能找到一个具体解。这个方程有许多特色：

- 二阶的
- 线性的
- 一个抛物型方程

所有这些特点涉及偏微分方程是如何分类的，这里的分类与处理偏微分方程的数值方法的选择相关，而数值方法的选择一般依赖于偏微分方程的特征。

为了对偏微分方程进行分类，让我们从所涉及变量的金融解释中提炼，并参考一个未知函数 $\phi(x,y)$，该函数依赖于变量 x 和变量 y。为了简单起见，我们仅处理有两个独立变量的函数，但这里的分类方法可以应用在更宽泛的条件下。一个偏微分方程的阶是方程中的导数的最高次数。例如，一个标准的一阶方程具有如下形式：

$$a(x,y)\frac{\partial \phi}{\partial x} + b(x,y)\frac{\partial \phi}{\partial y} + c(x,y)\phi + d(x,y) = 0$$

其中 a，b，c，d 是关于独立变量的给定函数。这个方程是一阶的，因为方程仅有一次导数。此外，它是线性的，因为函数 a，b，c 和 d 仅依赖自变量 x 和 y，而不依赖 ϕ 本身。使用类似的记号，线性二阶方程的标准形式为：

$$a\frac{\partial^2 \phi}{\partial x^2} + b\frac{\partial^2 \phi}{\partial x \partial y} + c\frac{\partial^2 \phi}{\partial y^2} + d\frac{\partial \phi}{\partial x} + e\frac{\partial \phi}{\partial y} + f\phi + g = 0$$

其中，所有给定的函数 a 到 g，仅依赖于 x 和 y。一个一阶非线性方程的例子为：

$$\left(\frac{\partial \phi}{\partial x}\right)^2 + \left(\frac{\partial \phi}{\partial y}\right)^2 = 1 \tag{5.2}$$

一个二阶非线性方程的例子为：

$$a\left(x,y,\frac{\partial \phi}{\partial y}\right)\frac{\partial^2 \phi}{\partial x^2} + d(x,y,\phi)\frac{\partial \phi}{\partial x} + e(x,y)\frac{\partial \phi}{\partial y} + f(x,y)\phi = 0 \tag{5.3}$$

方程（5.3）是非线性的，但其方式与式（5.2）不同。在这个方程中，最高

次导数的系数 a 仅依赖于一阶导数。当一个方程的最高次导数的系数仅依赖于独立变量、位置函数 ϕ 和它的低阶导数时，此时最高次导数是线性的，此时得到的方程为拟线性方程。为了简单起见，我们只处理线性方程组。应该指出，虽然金融中的大部分模型都是线性的，但当放开一些布莱克—斯科尔斯模型背后的假设可能就会得到非线性方程，如当引入交易成本的时候就会出现非线性方程，见本章文献 [9] 的第 21 章。

我们可以非常自然的依据表达式 $b^2 - 4ac$ 的符号来对拟线性二阶方程进行分类：

- 如果 $b^2 - 4ac > 0$，则方程是双曲型的。
- 如果 $b^2 - 4ac = 0$，则方程是抛物型的。
- 如果 $b^2 - 4ac < 0$，则方程是椭圆型的。

很容易看出判别式 $b^2 - 4ac$ 与二次代数方程中的判别式相同。椭圆型方程会在均衡模型中出现（不涉及时间）。一个典型的例子是拉普拉斯方程：

$$\frac{\partial^2 \phi}{\partial x^2} + \frac{\partial^2 \phi}{\partial y^2} = 0$$

这里 $a = c = 1$ 并且 $b = 0$，所以 $b^2 - 4ac = -4\frac{\partial^2 \phi}{\partial t^2} - \rho^2 \frac{\partial^2 \phi}{\partial x^2} = 0, t, 4\rho^2 > 0$。抛物型方程的原型是热传导（或者扩散）方程：

$$\frac{\partial \phi}{\partial t} = k\frac{\partial^2 \phi}{\partial x^2}$$

其中 t 是时间，ϕ 是一条线上坐标为 x 的点的温度。在这种情况下，$b^2 - 4ac = 0$。如果改变变量，方程可以转换成一个无量纲的形式：

$$\frac{\partial \phi}{\partial t} = \frac{\partial^2 \phi}{\partial x^2} \tag{5.4}$$

现在考虑布莱克—斯科尔斯方程，其中 $b = c = 0$，所以方程是抛物型的。这并不是偶然，因为通过坐标变换，布莱克—斯科尔斯方程实际上可以归结为热传导方程。

像式 (5.4) 这样的方程必须结合适当的条件才能得到一个有意义的解。例如，假设 $\phi(x,t)$ 是一根单位长度的棒子 t 时间在点 $x \in [0,1]$ 处的"温度"，棒子末端的温度设为恒定温度 u_0，棒子的所有位置给定同样的初始温度；然后我们必须增加初始条件：

$$\phi(x,0) = u(x), \quad 0 \leqslant x \leqslant 1$$

和边界条件：

$$\phi(0,t) = \phi(1,t) = u_0, \quad t > 0$$

这里的域在空间上是有界的，在时间上是无界的。在金融问题中，初始条件经常是终止条件，因为期权的收益只有在到期日才能知道，因此，时域上是有界的，而相对于标的资产的价格域可能是无界的。从计算的角度来看，域必须以一些明智的方式进行限制。边界条件的添加便于标准欧式期权的计算。对于奇异期权，强制添加边界条件有时会使问题变得更复杂（如当边界条件本身需要使用某些数值方法进行估计时）。在其他情况下，边界条件实际上会使得问题简化，如障碍期权。美式期权边界条件的选择会更不一样，对于到期日前的每个时刻，有一个标的资产价格的罚值，该罚值是行权的最佳价格（见图2.22），根据期权的类型（看涨或看跌），可以选择高于或低于罚值价格进行行权。[⊖]所以对于美式期权我们应该处理一个自由边界，即它是域中的一个边界，可以分离行权和不行权区域。我们会在第9章处理这些问题。

热传导方程的一个显著特点是：任何不连续的初始条件都是某种平滑，因此$t > 0$的解处处可微。与此相反，在波动方程中，不规则的解会沿着特征线[⊖]传播。抛物型方程的另一个特点是：从数值角度来看，它们比较容易求解。

最后一个注记是方程的形式和边界条件可以决定一个涉及偏微分方程的给定问题是否具有适定性。一个问题是适定的要求满足如下特点：

- 存在一个解。
- 解是唯一的（至少在关注的一类函数下是唯一的）。
- 解对于数据的依赖程度不敏感（即求解问题的数据的一个小变动仅导致解的一个小扰动）。

我们相信方程都是有意义的，并假设所有的问题都是具有适定性的。

5.2 有限差分法的数值解

求解偏微分方程的有限差分法是基于对每个偏导数进行差商近似的想法。这就将函数方程转化成一组代数方程。正如许多数值算法，初始点是一个有限级数的逼近。在适当的连续和可微的假设下，泰勒定理表明一个函数$f(x)$可以表示为如下形式：

$$f(x + h) = f(x) + hf'(x) + \frac{1}{2}h^2f''(x) + \frac{1}{6}h^3f'''(x) + \cdots \tag{5.5}$$

如果忽略h^2项和高阶项，我们有：

$$f'(x) = \frac{f(x + h) - f(x)}{h} + O(h) \tag{5.6}$$

这就是对导数的前向估计，实际上，导数定义为上述的差分在$h \to 0$时的极限，还有其他一些方法近似一阶导数。通过类似的推理，可以有：

⊖ 回忆一下，标准美式看涨期权在股票支付股息前不应该行权。

⊖ 在双曲型方程中存在两条特征线，这实际上是与判别式$b^2 - 4ac$为正的属性有关，因为此时的二阶代数方程存在两个根。

$$f(x-h) = f(x) - hf'(x) + \frac{1}{2}h^2 f''(x) - \frac{1}{6}h^3 f'''(x) + \cdots \tag{5.7}$$

这样可以得到导数的后向估计：

$$f'(x) = \frac{f(x) - f(x-h)}{h} + O(h) \tag{5.8}$$

在两种情况下，我们都得到 $O(h)$ 阶的截断误差。从式（5.5）中抽取式（5.7）并重新整理可以得到一个更好的估计：

$$f'(x) = \frac{f(x+h) - f(x-h)}{2h} + O(h^2) \tag{5.9}$$

这就是中心或对称估计，因为截断误差为 $O(h^2)$，对于很小的 h 这是一个更好的估计。从图 5.1 中可以看到为什么是这样。然而，这并不意味着可以忽略前向和后向估计，根据边界条件的类型，基于前向和后向估计可能会产生高效的数值方法。

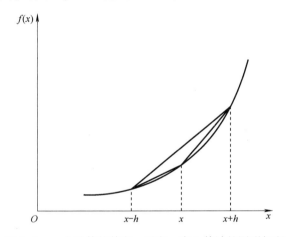

图 5.1 一个导数的前向、后向、中心估计的图形解释

这里的方法可以扩展到高阶导数。为了处理布莱克—斯科尔斯方程，必须估计二阶导数。这个估计可以通过将式（5.5）与式（5.7）相加得到，产生：

$$f(x+h) + f(x-h) = 2f(x) + h^2 f''(x) + O(h^4)$$

重新整理可得：

$$f''(x) = \frac{f(x+h) - 2f(x) + f(x-h)}{h^2} + O(h^2) \tag{5.10}$$

为了将上面的思想应用到包含 $\phi(x,y)$ 函数的偏微分方程中，很自然的想法是建立离散的网格点形式（$i\delta x, j\delta y$），其中 δx 和 δy 是离散化的步长大小，寻找此网格上 ϕ 的值。习惯上使用网格表示法：

$$\phi_{ij} = \phi(i\delta x, j\delta y)$$

根据方程的类型和近似导数，我们得到一组或多或少容易解决的代数方程。一个可能的困难是边界条件，如果方程是定义在 (x,y) 空间中的一个矩形区域，那么很容易建立网格使得边界点也在这个网格上。其他情况就不是那么容易，我们必须设计一个有效的估计边界条件的方法。然而，我们希望当 $\delta x, \delta y \to 0$ 时，这组方程的解会收敛（在某种意义下）到偏微分方程的解。事实上，这是有一定困难的，因为存在各种复杂情况。

5.2.1　一个有限差分法的错误例子

考虑如下的一阶线性方程[⊖]：

$$\frac{\partial \phi}{\partial t} + c\,\frac{\partial \phi}{\partial x} = 0 \tag{5.11}$$

其中 $\phi = \phi(x, t)$，$c > 0$，并且初始条件：

$$\phi(x, 0) = f(x) \qquad \forall x$$

很容验证解为如下的形式：

$$\phi(x, t) = f(x - ct)$$

换句话说，该解可以由传播速度 c 的 $f(x)$ 简单解释。事实上，这种类型的方程叫做传递方程。一个真正的传递方程通常涉及函数 $c(x)$ 而不是一个恒定的速度 c。我们这里假定该问题是适定的，不做解的唯一性检查（一个详细的讨论参见本章参考文献 [1] 的第 21–25 页）。现在，忽略我们对这个解的了解并尝试使用基于前向估计的有限差分方法。方程（5.11）可以使用下式进行估计：

$$\frac{\phi(x, t + \delta t) - \phi(x, t)}{\delta t} + c\,\frac{\phi(x + \delta x, t) - \phi(x, t)}{\delta x} + O(\delta t) + O(\delta x) = 0$$

其中忽略截断误差，使用网格标记法 $x = i\delta x$，$t = j\delta t$，有：

$$\frac{\phi_{i, j+1} - \phi_{ij}}{\delta t} + c\,\frac{\phi_{i+1, j} - \phi_{ij}}{\delta x} = 0 \tag{5.12}$$

伴随初始条件

$$\phi_{i0} = f(i\delta x) = f_i \qquad \forall i$$

在实际操作中，为了在计算机上解决这个问题，我们应该以某种方式限制域，在 i 和 j 上强加一些限制。目前，我们简单地假设仅关注 $t > 0$ 时的解，因此 $j = 1, 2, 3, \cdots$现在我们可以用一种系统的方法求解方程（5.12）吗？如果我们考虑 $j = 0$ 时的方程（5.12），可以看到涉及的 $\phi_{i+1,0}$ 和 ϕ_{i0} 的值可以从初始条件得到，唯一不知道的值是 $\phi_{i,1}$，该值可以被当做是已知值的显函数而获得。事实上通过求解未知值，得到：

$$\phi_{i, j+1} = \left(1 + \frac{c}{\rho}\right)\phi_{ij} - \frac{c}{\rho}\phi_{i+1, j} \tag{5.13}$$

其中 $\rho = \delta x/\delta t$。这个计算方法可用计算图来表示，见图 5.2，而且很容易理解和实现。不幸的是，它不必收敛至方程的解。

图 5.2　代表一个有限差分格式的计算图

⊖　这个例子是从参考文献 [1] 中第 2 章摘取的。

考虑如下的初始条件：

$$f(x) = \begin{cases} 0, & x < -1 \\ x+1, & -1 \leqslant x \leqslant 0 \\ 1, & x > 0 \end{cases} \tag{5.14}$$

条件暗含：

$$\phi_{i0} = f(i\delta x) = 1 \qquad \forall i \geqslant 0$$

现在使用式（5.13）的计算方法，对于 $j = 0$，有：

$$\phi_{i,1} = \left(1 + \frac{c}{\rho}\right)\phi_{i0} - \frac{c}{\rho}\phi_{i+1,0} = 1 \qquad \forall i \geqslant 0$$

对于任何时刻($j = 2, 3, \cdots$)重复上式，很容易看到，无论取多小的离散化步长值，都有

$$\phi_{ij} = 1 \qquad i, j \geqslant 0$$

显然这不是正确的解。有些读者可能会想这是否和初始值的某些不规则有关。事实上，$f(x)$ 的导数在某些点处是不连续的，而且很容易看到即使使用该函数的平滑版本也不能改变这点。这个例子也说明非可微函数可能看起来像偏微分方程的可接受解，但还是有一点比较奇怪，因为这样函数的导数并不是处处有定义，对这个问题的深入研究会引出偏微分方程的弱解这个概念 [1]。

5.2.2　有限差分法的不稳定性

在前面小节中讲解的例子说明一个合理的数值方法，当离散步长越来越小截断误差趋于 0 时，可能无法收敛。从数学的观点来看，在一致性、稳定性和收敛性等概念之间有一个显而易见的相互关系。一个全面的研究需要深入的探讨，我们只是在第 5.5 节中简单介绍这个概念。从一个更加直观的观点来看，前面的有限差分方法失败的原因在于它并没有反映物理的传播过程，其中相对于空间而言初始条件被转化成"向右"。因此，我们尝试使用图 5.3 描述的计算方法来解决这个问题，该方法通过后向差分对 x 求偏导而得到。这会产生：

图 5.3　传递方程改进方法的计算图

$$\frac{\phi_{i,j+1} - \phi_{ij}}{\delta t} + c\frac{\phi_{ij} - \phi_{i-1,j}}{\delta x} = 0 \tag{5.15}$$

为了求解 $\phi_{i,j+1}$，我们得到：

$$\phi_{i,j+1} = \left(1 - \frac{c}{\rho}\right)\phi_{ij} + \frac{c}{\rho}\phi_{i-1,j} \tag{5.16}$$

注意这里的 $\phi_{i,j+1}$ 仍然依赖于前面时刻的数据，但相对于空间"向右"了。让我们尝试使用 MATLAB 解决该问题。

[**例5.1**] 为了应用式（5.16）的计算方法，其初始条件为式（5.14），我们必须写一些 M 文件。在图5.4 中，展示了用来求解在 $t=0$ 时刻在给定点 x 处的初始值的代码。在图5.5 中，可以看到用来求解方程的 MATLAB 代码。需要注意的是，我们必须截断域空间使其范围在 x 的最小值和最大值之间，相应的时间也要进行截取。我们使用一个固定值赋予空间中最左边的值，假设比 x 小的初始值是恒定的。最后，图5.6 展示的 TransportPlot 函数是用来画出不同时刻的数值解，四个时间坐标作为参数进行传递，相应地可以获得四个图形。首先，我们求解在域 $-2 \leqslant x \leqslant 3$，$0 \leqslant t \leqslant 2$ 上的方程，步长大小 $\delta x = 0.05$，$\delta t = 0.01$：

```
% f0transp. m
function y =f0transp( x)
if( x <−1)
    y =0;
elseif( x <=0)
    y =x +1;
else
    y =1;
end
```

图5.4 用来求出传递方程初始值的函数

```
% transport. m
function [solution, N, M] =transport(xmin, dx, xmax, dt, tmax, c, f0)
N =ceil( (xmax −xmin) / dx);
xmax =xmin +N * dx;
M =ceil( tmax/dt) ;
k1 =1 −dt * c/dx;
k2 =dt * c/dx;
solution =zeros( N +1,M +1);
vetx =xmin:dx:xmax;
for i =1:N +1
    solution( i,1) =feval( f0,vetx( i) );
end
fixedvalue =solution( 1,1);
% this is needed because of finite domain
for j =1:M
    solution( :,j +1) =k1 * solution( :,j) +k2 * [fixedvalue ; solution( 1:N,j) ];
end
```

图5.5 传递方程的有限差分法的代码实现

```
% TransportPlot. m
function TransportPlot(xmin, dx, xmax, times, sol)
subplot(2,2,1)
plot(xmin:dx:xmax, sol(:,times(1)))
axis([xmin xmax -0.1 1.1])
subplot(2,2,2)
plot(xmin:dx:xmax, sol(:,times(2)))
axis([xmin xmax -0.1 1.1])
subplot(2,2,3)
plot(xmin:dxmax, sol(:,times(3)))
axis([xmin xmax -0.1 1.1])
subplot(2,2,4)
plot(xmin:dx:xmax, sol(:,times(4)))
axis([xmin xmax -0.1 1.1])
```

图 5.6　传递方程的数值解的绘图函数

$\gg$ xmin = -2;

$\gg$ xmax = 3;

$\gg$ dx = 0.05;

$\gg$ tmax = 2;

$\gg$ dt = 0.01;

$\gg$ c = 1;

$\gg$ sol = transport(xmin, dx, xmax, dt, tmax, c, 'f0transp');

$\gg$ TransportPlot(xmin, dx, xmax, [1 51 101 201], sol)

应该注意的是，因为 MATLAB 中的数组索引从 1 开始，所以 $t = 2$ 时的解在矩阵的第 201 列。在图 5.7 中画出的解，被逐步转换成我们所希望的，但它看起来也逐步被"平滑"，这可能是由沿 x 轴的粗离散化造成的，所以我们尝试用 $\delta x = 0.01$:

$\gg$ dx = 0.01;

$\gg$ sol = transport(xmin, dx, xmax, dt, tmax, c, 'f0transp');

$\gg$ TransportPlot(xmin, dx, xmax, [1 51 101 201], sol)

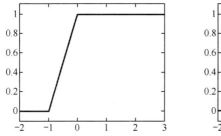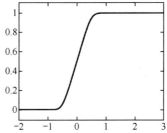

图 5.7　传递方程的数值解（$\delta x = 0.05, \delta t = 0.01; t = 0, t = 0.5, t = 1$ 和 $t = 2$）

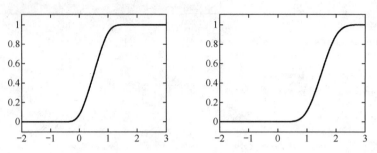

图 5.7   传递方程的数值解（$\delta x = 0.05, \delta t = 0.01; t = 0, t = 0.5, t = 1$ 和 $t = 2$）（续）

上面的解在图 5.8 中进行展示，看起来改进不少。所以，我们尝试使用一个更细的离散化，如 $\delta x = 0.005$：

```
>> dx =0.005;
>> sol =transport( xmin, dx, xmax, dt, tmax, c, 'f0transp');
>> TransportPlot( xmin, dx, xmax, [ 1 6 7 8], sol)
```

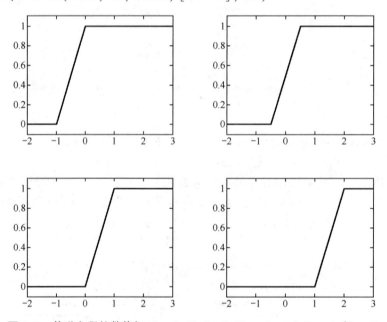

图 5.8   传递方程的数值解（$\delta x = 0.01, \delta t = 0.01; t = 0, t = 0.5, t = 1$ 和 $t = 2$）

在图 5.9 中的解事实上并不令人满意，其中一定出现了某些问题。

正如我们看到的，对于离散化的某些设定，有限差分法会受制于数值的稳定性。观察方程（5.16），可以看到我们所做的和与将两个值进行凸组合类似，事实上，由于 $c/\rho \geqslant 0$，这是一个凸组合，之所以是这种情况，因为我们假定 $c > 0$，并且 $c/\rho \leqslant 1$，即：

$$c\delta t \leqslant \delta x \tag{5.17}$$

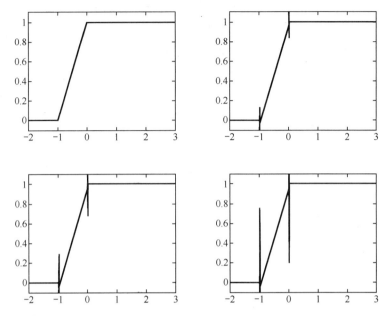

图 5.9　传递方程的数值解（$\delta x = 0.005$，$\delta t = 0.01$；$t = 0$，$t = 0.05$，$t = 0.06$ 和 $t = 0.07$）

如果这个条件不满足，在式（5.16）线性组合中我们就有一个负系数，但是如果初始数据是正的，我们并不期望负值结果。

在域的影响方面，对于稳定性条件（5.17）可以给出一个更加实际的理解，参见图 5.10。由于数值方法（5.16）的结构，$\phi_{i+1,1}$ 的值依赖于 ϕ_{i0} 和 $\phi_{i+1,0}$。传递方程的精确解是这样的，在点 $i\delta x$ 处的初始值应该只影响特征线$^{\ominus}$上的值，特征线在图 5.10 中用虚线表示。特征线的斜率是 $1/c$，连接点（$i\delta x$，0）和（$(i+1)\delta x$，δt）线的斜率明显是 $\delta t/\delta x$。图中第二条线比第一条的斜率大，并且稳定性条件（5.17）被破坏了，因为：

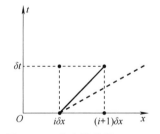

图 5.10　稳定性条件（5.17）的物理解释

$$\frac{\delta t}{\delta x} > \frac{1}{c}$$

从物理的角度来看，这是没有意义的，因为在这种情况下，该数值方法是这样的，在点 $i\delta x$ 处的初始值会影响在特征线上面的点。换句话说，为了保证稳定性，数值方法的"速度"$\delta x/\delta t$ 应该不能比传递速度 c 小。

这里所有的这些考虑只不过是一些直观理解的讨论。稳定性问题可以用不同的方式进行严格分析。一个被称为冯诺·伊曼（Von Neumann）稳定性分析的方法会在下一个例子中进行解释，该方法与傅里叶分析相关。另一个基于矩阵论的方法会

$\ominus$　特征线也是这样一种曲线，在特征线上解的奇异性会传播。

在第5.3节中介绍，届时我们考虑热传导方程。值得注意的是，在某些情况下稳定性的金融解释是给出的（见第9.2.1节）。

[例5.2] 再次考虑传递方程，但使用不同的初始值：

$$\phi(x,0) = f(x) = \varepsilon \cos\left(\frac{\pi x}{\delta x}\right)$$

因为我们知道精确解为 $\phi(x,t) = f(x - ct)$，由此可知该解是处处有界的，就像初始值。另外注意，在离散化后，网格上有一个初始值的特殊集合：

$$\phi_{i,0} = \varepsilon \cos\left(\frac{\pi i \delta x}{\delta x}\right) = \varepsilon(-1)^i$$

向前一时间节点层退一步，应用式（5.16）可得：

$$\phi_{i,1} = \left(1 - \frac{c}{\rho}\right)\varepsilon(-1)^i + \frac{c}{\rho}\varepsilon(-1)^{i-1} = \left(1 - \frac{c}{\rho}\right)\varepsilon(-1)^i - \frac{c}{\rho}\varepsilon(-1)^i$$

$$= \varepsilon(-1)^i\left(1 - 2\frac{c}{\rho}\right)$$

同样地，

$$\phi_{i,2} = \left(1 - \frac{c}{\rho}\right)\varepsilon(-1)^i\left(1 - 2\frac{c}{\rho}\right) + \frac{c}{\rho}\varepsilon(-1)^{i-1}\left(1 - 2\frac{c}{\rho}\right)$$

$$= \varepsilon(-1)^i\left(1 - 2\frac{c}{\rho}\right)^2$$

一般而言我们会得到：

$$\phi_{i,j} = \varepsilon(-1)^i\left(1 - 2\frac{c}{\rho}\right)^j$$

如果稳定性条件（5.17）被破坏，即如果 $c/\rho > 1$，我们有：

$$\left|1 - \frac{2c}{\rho}\right| > 1$$

并且初始数据被一个因子放大，当 j 增加时，该因子趋于无穷大。

5.3　热传导方程的显式和隐式方法

让我们考虑热传导方程的无量纲形式：

$$\frac{\partial \phi}{\partial t} = \frac{\partial^2 \phi}{\partial x^2}$$

布莱克—斯科尔斯模型可以转换成这种形式，所以很值得在细节上研究一下这种方程。我们也假设域的范围是 $x \in (0,1)$ 和 $t \in (0,\infty)$，在实际操作中，将时间域限制为 $t \in (0,T)$。初始条件 $t = 0$ 和边界初始条件为 $x = 0$ 和 $x = 1$，对于任何 $t > 0$。使用步长 δx 离散化 x，使得 $N \delta x = 1$，使用步长 δt 离散化 t，使得 $M \delta t = T$。注意这样的结果是一个 $(N+1) \times (M+1)$ 的点阵网格。

在使用标准方法处理热传导方程前，对于热传导方程的物理意义有一个直观感受可能会有帮助，查看图 5.11。图中左侧显示的温度曲线（至少）在点 x 处是局部凸的。在这种情况下，热会从更加温暖的点 $x - \delta x$ 处和 $x + \delta x$ 处向中心传播，点 x 处的温度应当变高。事实上，时间的二阶导数是正值，时间的一阶导数也是正值。如果温度曲线是局部凹的，在这种情况下，二阶导数是负值，热会从中心向左右传播，点 x 处的温度应当下降，它相对于时间的导数是负值。

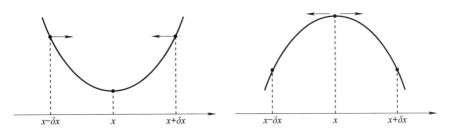

图 5.11　热传导方程的直观解释：热从温度高的点向温度低的点传导

一般地，一个偏微分方程中类似 $\partial^2 \phi / \partial x^2$ 的项被称作扩散项。在方程（5.11）中，我们已经看到 $\partial \phi / \partial x$ 项与传递或对流现象有关。事实上，类似如下的方程：

$$\frac{\partial \phi}{\partial t} + a \frac{\partial \phi}{\partial x} = b \frac{\partial^2 \phi}{\partial x^2} \tag{5.18}$$

被称作对流扩散方程。

5.3.1　使用显式方法求解热传导方程

处理这种方程的第一种可能是使用前向估计法来近似时间的导数，以及使用估计式（5.10）来估计二阶导数。这就产生了：

$$\frac{\phi_{i,j+1} - \phi_{ij}}{\delta t} = \frac{\phi_{i+1,j} - 2\phi_{ij} + \phi_{i-1,j}}{(\delta x)^2}$$

很容看出我们可以通过求解未知值 $\phi_{i,j+1}$ 来重新整理这个方程：

$$\phi_{i,j+1} = \rho \phi_{i-1,j} + (1 - 2\rho) \phi_{ij} + \rho \phi_{i+1,j} \tag{5.19}$$

其中 $\rho = \delta t / (\delta x)^2$。

从初始条件 $(j = 0)$ 开始，对于递增的 $j = 1, \cdots, M$，我们可以求解这个方程。注意对于任意的 j，即对于任意的时间层，因为剩下的两个值边界条件已经给出，我们必须使用方程（5.19）来找出 $N - 1$ 个值对 $i = 1, \cdots, N - 1$。由于未知值是通过明确的表达式给出的，所以这种方法称为显式。我们可以通过如图 5.12 所示的计算图表示。

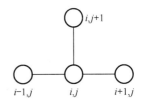

图 5.12　热传导方程的显式方法的计算图

[例 5.3] 考虑如下初始数据：

$$\phi(x,0) = f(x) = \begin{cases} 2x, & 0 \leqslant x \leqslant 0.5 \\ 2(1-x), & 0.5 \leqslant x \leqslant 1 \end{cases}$$

和边界条件：

$$\phi(0,t) = \phi(1,t) = 0 \quad \forall t$$

　　求解这个初始条件下的热传导方程的 MATLAB 代码在图 5.13 中展示。需要注意的是我们可以将结果存储在一个矩阵里，也可以只存储时间点的两个连续层，但是保存全部结果集合将更容易描绘解。对于 $\delta x = 0.1$ 和 $\delta t = 0.001$，我们求解方程，并且画出 $t = 0, 0.01, 0.05, 0.1$ 时的结果。如图 5.14 所示。

```
% HeatExpl.m
function sol = HeatExpl( deltax, deltat, tmax)
N = round(1/deltax);
M = round( tmax/deltat);
sol = zeros( N +1,M +1);
rho = deltat / ( deltax)^2;
rho2 = 1 - 2 * rho;
vetx = 0: deltax:1;
for i = 2: ceil(( N +1)/2)
    sol( i,1) = 2 * vetx( i);
    sol( N +2 - i,1) = sol( i,1);
end
for j = 1:M
    for i = 2:N
        sol( i,j +1) = rho * sol( i -1,j) +...
            rho2 * sol( i,j) + rho * sol( i +1,j);
    end
end
```

图 5.13　通过显式方法求解热传导方程的 MATLAB 代码

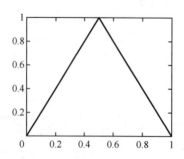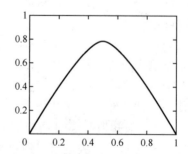

图 5.14　通过显式方法，热传导方程的数值解

$(\delta x = 0.1, \delta t = 0.001, t = 0, t = 0.01, t = 0.05, t = 0.1)$

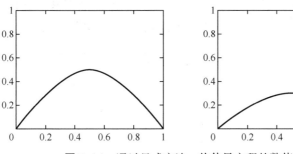

图 5.14 通过显式方法，热传导方程的数值解

$(\delta x = 0.1, \delta t = 0.001, t = 0, t = 0.01, t = 0.05, t = 0.1)$（续）

```
>> dx =0.1;
>> dt =0.001;
>> tmax =dt *100;
>> sol =HeatExpl(dx, dt, tmax);
>> subplot(2,2,1);
>> plot(0:dx:1,sol(:,1))
>> axis([0 1 0 1])
>> subplot(2,2,2);
>> plot(0:dx:1,sol(:,11))
>> axis([0 1 0 1])
>> subplot(2,2,3);
>> plot(0:dx:1,sol(:,51))
>> axis([0 1 0 1])
>> subplot(2,2,4);
>> plot(0:dx:1,sol(:,101))
>> axis([0 1 0 1])
```

图 5.14 中画出的结果看起来是合理的，因为热量逐渐扩散，至端点处消失。在这点上，读者不妨返回参考一下图 2.21，它描述了一个看涨期权在接近到期日时的价值。图 5.14 和图 2.21 唯一的区别是，热传导方程的时间是向前推进，而布莱克—斯科尔斯方程的时间是向后倒退的，事实上，对于期权我们有一个最终条件而不是一个初始条件。除了这个差别，这两个方程的解性质相似，因为边界条件是一个已在时间轴上向前或向后平滑的卷曲函数。这是抛物型方程的一个特征，可以平滑边界条件的不规则。相反，这些会被双曲型方程传播，正如我们已经在传递方程中看到的。

然而，注意到对于空间的离散化有点粗糙：我们应当提高精度让 $\delta x = 0.01$。我们可以重复上面的 MATLAB 代码集合并画出在时刻 $t = \delta t, 2\delta t, 3\delta t, 4\delta t$ 处的解，结果展示在图 5.15 中。我们看到解并不合理：一是，它为负值，对于直观物理解释并不是这样的；二是，它展示了一个明显的不稳定性，关键是我们选择的离散步长使得 $\rho = 10$。在下面我们会展示为了保证稳定性需要条件 $0 < \rho \leqslant 0.5$。

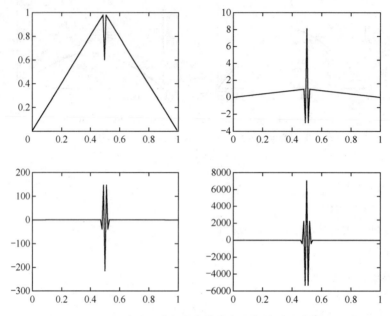

图5.15　通过显式方法热传导方程解的不稳定性

如何才能想出一个方法理解离散化步长需要满足什么条件才能保证数值稳定性呢？在传递方程情况下，我们使用过一个基于傅里叶变换的方法，这里我们介绍一个矩阵论方法。伴随边界条件方程（5.19）的显式形式为：

$$\phi_{0,j} = f_0(j\delta t) = f_{0j}, \quad \phi_{1,j} = f_N(j\delta t) = f_{Nj}$$

可以用一个矩阵形式表示：

$$\boldsymbol{\Phi}_{j+1} = \boldsymbol{A}\boldsymbol{\Phi}_j + \rho\boldsymbol{g}_j, \quad j = 0,1,2,\cdots$$

其中

$$\boldsymbol{A} = \begin{pmatrix} 1-2\rho & \rho & 0 & \cdots & 0 & 0 \\ \rho & 1-2\rho & \rho & \cdots & 0 & 0 \\ 0 & \rho & 1-2\rho & \cdots & 0 & 0 \\ \vdots & \vdots & \vdots & \ddots & \vdots & \vdots \\ 0 & 0 & 0 & \cdots & \rho & 1-2\rho \end{pmatrix}$$

$$\boldsymbol{\Phi}_j = \begin{pmatrix} \phi_{1,j} \\ \phi_{2,j} \\ \vdots \\ \phi_{N-1,j} \end{pmatrix}, \boldsymbol{g}_j = \begin{pmatrix} f_{0,j} \\ 0 \\ \vdots \\ 0 \\ f_{N,j} \end{pmatrix}$$

注意 $A \in \mathbb{R}^{N-1, N-1}$ 是一个三对角矩阵。回想我们在第 3.2.5 节中进行的迭代算法的收敛性分析，很容易看出这种方法是稳定的，当：

$$\| A \|_\infty \leqslant 1$$

现在，当 $0 < \rho \leqslant 1/2$，则 $1 - 2\rho \geqslant 0$ 并且：

$$\| A \|_\infty = \rho + (1 - 2\rho) + \rho = 1$$

但是如果 $\rho > 1/2$，则 $|1 - 2\rho| = 2\rho - 1$ 并且：

$$\| A \|_\infty = \rho + 2\rho - 1 + \rho = 4\rho - 1 > 1$$

稳定性是不能够被保证的。

为了得到一个对稳定性条件更加直观的感受，我们从图 5.12 中可以看到，显式方法是一个基于前面时间层的三个值的线性组合。由于热传导方程是一个扩散方程，我们应该采取这三个值的平均值。但是，平均必须是一个正权重的凸组合，事实上，稳定性条件保证权重 $1 - 2\rho$ 是正的。在金融框架下，也会有类似的解释，其中权重被解释为风险中性概率，这也必须是正值。

为了避免不稳定，我们可以强制 δt 保持很小，因为它必须满足条件 $\delta t \leqslant 0.5(\delta x)^2$。如果我们想要更高的精确度，必须采取一个小的 δx，平方后会变得更小，由此会给 δt 一个非常严格的限制。由于这需要非常多的计算量，我们可以探索另一种隐式方法。

5.3.2 使用全隐式方法求解热传导方程

使用前向估计来近似对时间的导数，会得到一个求解热传导方程的显式方法。使用后向估计，则会得到一个完全不同的方法：

$$\frac{\phi_{ij} - \phi_{i,j-1}}{\delta t} = \frac{\phi_{i+1,j} - 2\phi_{ij} + \phi_{i-1,j}}{(\delta x)^2}$$

在这种情况下我们将时间层 $j - 1$ 中的一个已知值与时间层 j 中的三个未知值相关联：

$$-\rho\phi_{i-1,j} + (1 + 2\rho)\phi_{ij} - \rho\phi_{i+1,j} = \phi_{i,j-1} \qquad (5.20)$$

其中 $\rho = \delta t / (\delta x)^2$，见图 5.16 中的计算图。因此，未知值是隐含地给定，这也是隐式方法名字的由来，像这里的方法通常被称为全隐式。我们需要求解线性系统的每一个时间层。因为边界条件已经给定，我们有 $N - 1$ 个方程，$N - 1$ 个未知数。采用矩阵形式，我们需要求解如下的一系列方程：

$$B\Phi_{j+1} = \Phi_j + \rho g_j, \quad j = 0, 1, 2 \cdots \qquad (5.21)$$

其中 $B \in \mathbb{R}^{N-1, N-1}$ 是一个三对角矩阵：

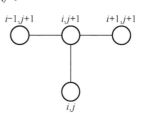

图 5.16　热传导方程的隐式方法的计算图

$$
\boldsymbol{B} = \begin{pmatrix}
1+2\rho & -\rho & 0 & \cdots & 0 & 0 \\
-\rho & 1+2\rho & -\rho & \cdots & 0 & 0 \\
0 & -\rho & 1+2\rho & \cdots & 0 & 0 \\
\vdots & \vdots & \vdots & & \vdots & \vdots \\
0 & 0 & 0 & \cdots & -\rho & 1+2\rho
\end{pmatrix}
$$

[**例5.4**] 求解热传导方程隐式方法的 MATLAB 代码在图 5.17 中展示（这里 $g_j = 0$）。注意我们并没有利用矩阵 $\boldsymbol{B}$ 是三对角矩阵这个事实，因为我们仅简单地把线性方程组的解传递给 MATLAB，在第 3.2.4 节中描述的技术可以并应当在这里使用。此外，类似 LU 矩阵分解也将是有用的，因为我们正在求解的系统共享相同的矩阵。

```
% HeatImpl. m
function sol = HeatImpl( deltax, deltat, tmax)
N = round(1/deltax);
M = round( tmax/deltat);
sol = zeros( N +1,M +1);
rho = deltat / ( deltax)^2;
B = diag( (1 +2 * rho) * ones( N −1,1)) −...
    diag( rho * ones( N −2,1),1) −diag( rho * ones( N −2,1), −1);
vetx =0: deltax: 1;
for i =2: ceil( ( N +1)/2)
    sol( i,1) =2 * vetx( i);
    sol( N +2 −i,1) =sol( i,1);
end
for j =1;M
    sol( 2;N,J +1) =B \ sol( 2;N,J);
end
```

图 5.17　隐式方法的 MATLAB 代码

我们可以证实在 $\delta x = 0.1$ 和 $\delta t = 0.001$ 的情况下，这种处理方式不会造成任何问题：

```
>> dx =0.01;
>> dt =0.001;
>> tmax =dt * 100;
>> sol =HeatImpl( dx,dt,tmax);
>> subplot( 2,2,1);
>> plot( 0:dx:1,sol( :,1))
>> axis( [0 1 0 1])
>> subplot( 2,2,2);
>> plot( 0:dx:1,sol( :,11))
>> axis( [0 1 0 1])
```

```
>> subplot(2,2,3);
>> plot(0:dx:1,sol(:,51))
>> axis([0 1 0 1])
>> subplot(2,2,4);
>> plot(0:dx:1,sol(:,101))
>> axis([0 1 0 1])
```

图 5.18 中的曲线看起来比图 5.14 中的曲线锯齿状更小，因为前者在空间的离散步长更小。事实上，我们可以证明隐式方法是无条件稳定的。

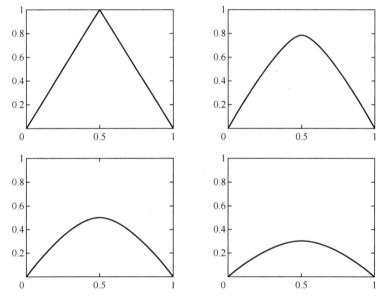

图 5.18 通过隐式方法，热传导方程的数值解

$(\delta x = 0.1, \delta t = 0.001, t = 0, t = 0.01, t = 0.05, t = 0.1)$

为了证明隐式方法中的方程（5.21）是稳定的，我们可以重写该式为：

$$\Phi_{j+1} = B^{-1}(\Phi_j + \rho g_j)$$

从这里很容易看出稳定性依赖于谱半径 $\rho(B^{-1})$。在这种情况下，我们可以直接在谱半径上研究，而不是研究矩阵范数。当 B^{-1} 的特征值的绝对值比 1 小，该方法是稳定的。为了检验事实是否如此，我们可以重写矩阵如下：

$$B = I + \rho T$$

其中

$$T = \begin{pmatrix} 2 & -1 & 0 & \cdots & 0 & 0 \\ -1 & 2 & -1 & \cdots & 0 & 0 \\ 0 & -1 & 2 & \cdots & 0 & 0 \\ \vdots & \vdots & \vdots & \ddots & \vdots & \vdots \\ 0 & 0 & 0 & \cdots & -1 & 2 \end{pmatrix} \quad (5.22)$$

可以求出 $T \in \mathbb{R}^{N-1,N-1}$ 的特征值是：

$$\lambda_k = 4 \sin^2 \left(\frac{k\pi}{2N} \right), \quad k = 1, 2, \cdots, N-1$$

我们不打算证明这个结论，但是可以使用 MATLAB 进行一个快速的非正式检查：

```
>> N = 6;
>> T = diag(2 * ones(N - 1,1)) - diag(ones(N - 2,1),1) - ...
     diag(ones(N - 2,1), -1);
>> sort(eig(T))
ans =
    0.2679
    1.0000
    2.0000
    3.0000
    3.7321
>> sort(4 * sin((1: N - 1) * pi/(2 * N)).^2)
ans =
    0.2679    1.0000    2.0000    3.0000    3.7321
```

现在我们回想一些矩阵代数中很容易证明的事实：

- 如果 λ 是矩阵 T 的一个特征值，则 $1 + \rho\lambda$ 是矩阵 $I + \rho T$ 的特征值。
- 如果 β 是矩阵 B 的一个特征值，则 β^{-1} 是 B^{-1} 的一个特征值。

将这些事实放在一起，我们得出这样的结论：B^{-1} 的特征值是：

$$\alpha_k = \frac{1}{1 + 4\rho \, \sin^2 \left(\dfrac{k\pi}{2N} \right)} < 1, \quad k = 1, 2, \cdots, N-1$$

则全隐式方法是无条件稳定的。

5.3.3　热传导方程的克兰克 – 尼科尔森（Crank – Nicolson）方法

到目前为止，我们所看到的方法涉及在一个时间层的三个点和在临近层的一个点。很自然地会想到如果考虑这两个层上的三个点是否会获得一个更好的方法。实现方法之一是考虑点 $(x_i, t_{j+1/2}) = (x_i, t_j + \delta t/2)$，这个点实际上在网格外面，现在使用网格上的邻域点来估计该点的导数。如我们在第 5.2 节所做的一样，使用泰勒展开，可以得到：

$$\frac{\partial^2 \phi}{\partial x^2}(x_i, t_{j+1/2}) = \frac{1}{2}\left[\frac{\partial^2 \phi}{\partial x^2}(x_i, t_{j+1}) + \frac{\partial^2 \phi}{\partial x^2}(x_i, t_j) \right] + O(\delta x^2)$$

在 $(x_i, t_{j+1/2})$ 处相对于时间的导数的一个中心差分估计为：

$$\frac{\partial \phi}{\partial t}(x_i, t_{j+1/2}) = \frac{\phi(x_i, t_{j+1}) - \phi(x_i, t_j)}{\delta t} + O(\delta t^2)$$

基于这两个估计式与一些常用的式子, 我们得到克兰克 – 尼科尔森方法:

$$-\rho \phi_{i-1,j+1} + 2(1+\rho) \phi_{i,j+1} - \rho \phi_{i+1,j+1} = \rho \phi_{i-1,j} + 2(1-\rho) \phi_{ij} + \rho \phi_{i+1,j}$$

$$(5.23)$$

克兰克 – 尼科尔森方法的代码如图 5.19 所示。这种方法的基本特点是它的误差是 $O(\delta x^2)$ 和 $O(\delta t^2)$, 意味着只需付出较少的计算量就可以获得满意精确度的数值解。

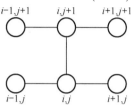

图 5.19 热传导方程的克兰克 – 尼科尔森方法

克兰克 – 尼科尔森方法可以在一个更一般的框架下进行分析。对于 $0 \leqslant \lambda \leqslant 1$, 考虑用两个二阶导数有限差分估计凸组合:

$$\frac{\phi_{i,j+1} - \phi_{ij}}{\delta t} = \frac{1}{(\sigma x)^2} [\lambda(\phi_{i-1,j+1} - 2\phi_{i,j+1} + \phi_{i+1,j+1}) +$$

$$(5.24)$$

$$(1-\lambda)(\phi_{i-1,j} - 2\phi_{ij} + \phi_{i+1,j})]$$

需要注意的是, $\lambda = 0$ 时, 我们得到隐式方法, $\lambda = 1$ 时, 我们得到全隐式方法, $\lambda = 1/2$ 时, 我们得到克兰克 – 尼科尔森方法。

为了检验克兰克 – 尼科尔森方法是否是无条件稳定, 我们仅继续处理第一个隐式方程。可以用矩阵形式改写方程 (5.23):

$$\boldsymbol{C\Phi}_{j+1} = \boldsymbol{D\Phi}_j + \rho(\boldsymbol{g}_{j+1} + \boldsymbol{g}_j)$$

其中

$$\boldsymbol{C} = \begin{pmatrix} 2(1+\rho) & -\rho & 0 & \cdots & 0 & 0 \\ -\rho & 2(1+\rho) & -\rho & \cdots & 0 & 0 \\ 0 & -\rho & 2(1+\rho) & \cdots & 0 & 0 \\ \vdots & \vdots & \vdots & \ddots & \vdots & \vdots \\ 0 & 0 & 0 & \cdots & -\rho & 2(1+\rho) \end{pmatrix}$$

$$\boldsymbol{D} = \begin{pmatrix} 2(1-\rho) & \rho & 0 & \cdots & 0 & 0 \\ \rho & 2(1-\rho) & \rho & \cdots & 0 & 0 \\ 0 & \rho & 2(1-\rho) & \cdots & 0 & 0 \\ \vdots & \vdots & \vdots & \ddots & \vdots & \vdots \\ 0 & 0 & 0 & \cdots & \rho & 2(1-p) \end{pmatrix}$$

然后, 使用与方程 (5.22) 中相同的矩阵 $\boldsymbol{T}$, 我们可以看出 $\boldsymbol{C}^{-1}\boldsymbol{D}$ 的特征值为:

$$\alpha_k = \frac{2 - 4\sin^2\left(\frac{k\pi}{2N}\right)}{2 + 4\sin^2\left(\frac{k\pi}{2N}\right)}, \quad k = 1, 2, \cdots, N-1$$

由于这些特征值的绝对值小于1，所以我们得到克兰克－尼科尔森方法是无条件稳定的。

5.4 求解二维热传导方程

有时金融工程中出现的偏微分方程涉及两个不确定量，它们是多维期权中两种资产的价格，可能是一个价格和一个利率，也可能是一个价格和一个波动率。在这些情况下，我们需要处理很复杂的偏微分方程。当方程的维数超出了一定的限度时，我们必须采用蒙特卡罗方法，但在两个或三个维度（加上时间）时，仍然可以应用有限差分方法。为了对所涉及的问题有个直观的感觉，我们在这里考虑最简单的一般化热传导方程，即二维热传导方程：

$$\frac{\partial \phi}{\partial t} = \frac{\partial^2 \phi}{\partial x^2} + \frac{\partial^2 \phi}{\partial y^2} \tag{5.25}$$

其中未知函数 $\phi(t, x, y)$ 在平面中为点 (x, y) 在时间 t 的温度。通过引入离散步长值 δx，δy 和 δt，我们可以扩展标准网格符号：

$$\phi(k\delta t, i\delta x, j\delta y) \Rightarrow \phi_{ij}^k$$

其中时间指标 k 表示为上标，不会与功率混淆。为了简单起见，假设给定初始值和边界条件，我们关注以下单位面积上的解：

$$\{(x, y) \mid 0 \leqslant x \leqslant 1, 0 \leqslant y \leqslant 1\}$$

类似一维的情况，对于二阶空间导数，我们可以运用中心差分方法。如果我们用前向差分求解对时间的导数，会得到有限差分的近似：

$$\frac{\phi_{ij}^{k+1} - \phi_{ij}^k}{\delta t} = \frac{\phi_{i+1,j}^k - 2\phi_{ij}^k + \phi_{i-1,j}^k}{(\delta x)^2} + \frac{\phi_{i,j+1}^k - 2\phi_{ij}^k + \phi_{i,j-1}^k}{(\delta y)^2}$$

这直接导致了一个现实方案：

$$\phi_{ij}^{k+1} = (1 - 2\rho_x - 2\rho_y)\phi_{ij}^k + \rho_x(\phi_{i+1,j}^k + \phi_{i-1,j}^k) + \rho_y(\phi_{i,j+1}^k + \phi_{i,j-1}^k) \tag{5.26}$$

其中

$$\rho_x = \frac{\delta t}{(\delta x)^2}, \quad \rho_y = \frac{\delta t}{(\delta x)^2}$$

这种方法实现起来比较简单，但是它具有不稳定性。可以证明，一个稳定性条件为：

$$\rho_x + \rho_y \leqslant \frac{1}{2}$$

该条件通常可以直观地解释为：这是确保我们得到前一时间层的五个相邻值的凸组合以得到 ϕ_{ij}^{k+1} 值。这意味着是一个对 δt 相当严格的条件，就像一维的情况。然而，在这种情况下，显示算法更费时，并需要更多的内存。事实上，在一维的情况下，我们将所有解存储在一个矩阵中，现在我们必须求解方程，并避免存储三维数组。我们选择时间层，并跟踪两个连续的时间层，并随着时间的向前推移交换它们的位置。

图5.20给出了实现该显示方法的代码，在此给出几点意见：

```
function U = Heat2D(dt, dx, dy, Tmax, Tsnap, value, bounds)
% make sure steps are consistent
Nx = round(1/dx);
dx = 1/Nx;
Ny = round(1/dy);
dy = 1/Ny;
Nt = round(Tmax/dt);
dt = Tmax/Nt;
rhox = dt/dx^2;
rhoy = dt/dy^2;
if    rhox + rhoy > 0.5
    fprintf(1,'Warning: bad selection of steps \n');
end
C1 = 1 - 2 * rhox - 2 * rhoy;
Layers = zeros(2, 1 + Nx, 1 + Ny);
tpast = 1;
tnow = 2;
iTsnap = Tsnap/dt;
[X, Y] = meshgrid(0:dx:1, 0:dy:1);
% set up initial conditions and plot
Layers(tpast, (1 + round(bounds(1)/dx)):(1 + round(bounds(2)/dx)), ...
    (1 + round(bounds(3)/dy)):(1 + round(bounds(4)/dy))) = value;
U =   shiftdim(Layers(tpast,:,:));
figure;
surf(X,Y,U);
title('t = 0','Fontsize',12);
% Carry out iterations
for t = 1:Nt
    for i = 2:Nx
      for j = 2:Ny
        Layers(tnow,i,j) = C1 * Layers(tpast,i,j) + ...
          rhox * (Layers(tpast,i+1,j) + Layers(tpast,i-1,j)) + ...
          rhoy * (Layers(tpast,i,j+1) + Layers(tpast,i,j-1));
      end
    end
    if find(iTsnap == t)      % Plot if required
      U = shiftdim(Layers(tnow,:,:));
      figure;
      surf(X,Y,U);
      title(['t=', num2str(Tsnap(1))],'Fontsize',12);
      Tsnap(1) = [];
    end
    tnow = 1 + mod(t+1,2);      % Swap layers
    tpast = 1 + mod(t,2);
end
```

图 5.20   隐式方法求解二维热传导方程的代码

- 输入参数为：
  - ——dt，dx，dy，三个离散步长值。
  - ——Tmax，表示停止求解进程的时间。
  - ——Tsnap，表示希望展示解的图形的时刻的向量。
  - ——储存初始条件的一个值 value 和一个四维向量边界 bounds。我们可以假设其为以下形式：

$$\phi(x,y,0) = \begin{cases} V, 0 < b_1 \leqslant x \leqslant b_2 < 1 \text{ 且 } 0 < b_3 \leqslant y \leqslant b_4 < 1 \\ 0, \text{其他} \end{cases}$$

- 在前几行，我们在区域边界内检查离散步长的一致性，如果有必要，可以稍微改变离散步长。然后我们预先计算程序主循环外的固定量（如果离散步长可能导致不稳定，则发出警告信息）。

- 解被存储在两个连续的大小为$(1 + N_x) \times (1 + N_y)$的层，它们形成了三维数组层。这两个层相互交替，因为一个由当前时间 tnow 索引，另一个由过去时间 tpast 索引；在主循环的末尾，这两个索引值增加了 2 个模数，所以没有必要复制矩阵。

- 在时间 $t = 0$ 和需要的时候，图形显示在单独的图中（带有一些标题）。为此目的，我们必须使用 meshgrid 在平面上设置坐标矩阵，使用 shiftdim 将三维数组层中的一个层转换为二维数组 U。

- 最后，在数学中，下标从 0 开始，而在 MATLAB 中，数组指标从 1 开始。

运行图 5.21 中的脚本，我们得到一组曲面，其中三个都显示在图 5.22。

```
dt = 0.0001;
dx = 0.05;
dy = 0.05;
value = 10;
bounds = [0.7, 0.9, 0.1, 0.9];
Tmax = 0.1;
Tsnap = [0.01, 0.02, 0.03, 0.04, 0.05, 0.06];
U = Heat2D(dt, dx, dy, Tmax, Tsnap, value, bounds);
```

图 5.21　测试 Heat2D 的脚本

可以证明，由于时间步长的限制，显式方法很耗时，并且我们希望隐式方法在稳定方面能有所保证。通过采取对时间导数的后向近似，很容易得到一个全隐式方法，但在二维的情况下，我们得到一个线性方程组，因为没有简单的结构可用，求解这个线性方程组是费时的。

替代的方法已经被提出，其中包括交替方向隐式（ADI）方法。这一主题有几个变化，我们将只描述归功于 Peaceman 和 Rachford 的方法，也是最简单的方法。该方案要求详细分析有限差分算子和它们的截断误差，这和稳定性分析一起，将被证明是收敛的。由于此方法较难，我们将在本章末尾为读者列出参考文献。⊖直观

⊖　具体而言，我们建议参见文献 [7] 的第 7.3 节，或者文献 [4] 的第 3 章。

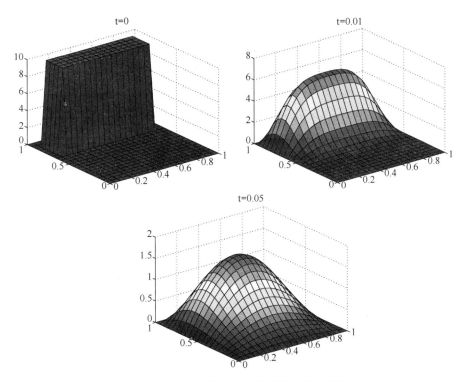

图 5.22 显式方法求解二维热传导方程的数值解

的想法是在求解过程中引入的中间时间层，步长从 t 到 $t+\delta t$，并且使用近似方法，该方法相对于二维空间中的一个维度是隐式的，相对于另一个维度是显式的。

我们可以首先运用基于点 (x,y,t) 和 $(x,y,t+\delta t/2)$ 的差分方法详细说明这个方法：

$$\frac{\phi_{ij}^{k+\frac{1}{2}} - \phi_{ij}^{k}}{\delta t/2} = \frac{\phi_{i+1,j}^{k+\frac{1}{2}} - 2\phi_{ij}^{k+\frac{1}{2}} + \phi_{i-1,j}^{k+\frac{1}{2}}}{(\delta x)^2} + \frac{\phi_{i,j+1}^{k} - 2\phi_{ij}^{k} + \phi_{i,j-1}^{k}}{(\delta y)^2} \qquad (5.27)$$

该方法对于 x 是隐式的，对于 y 是显示的，因为对于 x 的二阶导数是通过对时间层 $k+1/2$ 的中心差分近似的而不是对时间层 k。这可能看起来有点武断，但它引入了一个截断误差，这与其他项是可比较的。方程（5.27）可以改写为：

$$\phi_{ij}^{k+\frac{1}{2}} - \phi_{ij}^{k} = \frac{\rho_x}{2}(\phi_{i+1,j}^{k+\frac{1}{2}} - 2\phi_{ij}^{k+\frac{1}{2}} + \phi_{i-1,j}^{k+\frac{1}{2}}) + \frac{\rho_y}{2}(\phi_{i,j+1}^{k} - 2\phi_{ij}^{k} + \phi_{i,j-1}^{k})$$

该式可以通过分离已知项和未知项被重新排列：

$$-\frac{\rho_x}{2}\phi_{i-1,j}^{k+\frac{1}{2}} + (1+\rho_x)\phi_{ij}^{k+\frac{1}{2}} - \frac{\rho_x}{2}\phi_{i+1,j}^{k+\frac{1}{2}} = \frac{\rho_y}{2}\phi_{i,j-1}^{k} + (1-\rho_y)\phi_{ij}^{k} + \frac{\rho_y}{2}\phi_{i,j+1}^{k}$$

$$(5.28)$$

我们应该注意到右边每一项都是已知的，而左边下标 j 是固定的；因此对每个 j，我们可以求解一个三对角系统，如给定的 y。事实上，我们可以看到，一个二维问题可以分解成一维问题的序列。同样的道理，我们可以向前一步到 $k+1$，扭转 i 和 j 的角色，其出发点为有限差分方法：

$$\frac{\phi_{ij}^{k+1} - \phi_{ij}^{k+\frac{1}{2}}}{\delta t/2} = \frac{\phi_{i+1,j}^{k+\frac{1}{2}} - 2\phi_{ij}^{k+\frac{1}{2}} + \phi_{i-1,j}^{k+\frac{1}{2}}}{(\delta x)^2} + \frac{\phi_{i,j+1}^{k+1} - 2\phi_{ij}^{k+1} + \phi_{i,j-1}^{k+1}}{(\delta y)^2} \quad (5.29)$$

这对 x 是显示的，对 y 是隐式的，并且可以被重新排序为：

$$-\frac{\rho_y}{2}\phi_{i,j-1}^{k+1} + (1 + \rho_y)\phi_{ij}^{k+1} - \frac{\rho_y}{2}\phi_{i,j+1}^{k+1} = \frac{\rho_x}{2}\phi_{i-1,j}^{k+\frac{1}{2}} + (1 - \rho_x)\phi_{ij}^{k+\frac{1}{2}} + \frac{\rho_x}{2}\phi_{i+1,j}^{k+\frac{1}{2}} \quad (5.30)$$

这种情况下，在时间层中，我们对每一个 x 值求解了一个三对角系统。

这个想法在图 5.23 和图 5.24 展示的 MATLAB 代码中已经实现了。我们为执行显示方法所做的标记在这里也适用，需要加入一些额外的条件：

```
function U = Heat2DADI(dt, dx, dy, Tmax, Tsnap, value, bounds)
% make sure steps are consistent
Nx = round(1/dx);
dx = 1/Nx;
Ny = round(1/dy);
dy = 1/Ny;
Nt = round(Tmax/dt);
dt = Tmax/Nt;
rhox = dt/dx^2;
rhoy = dt/dy^2;

Layers = zeros(2, 1 + Nx, 1 + Ny);
Auxlayer = zeros(1 + Nx, 1 + Ny);
tpast = 1;
tnow = 2;
iTsnap = Tsnap/dt;
[X, Y] = meshgrid(0:dx:1, 0:dy:1);
% set up initial conditions
Layers(tpast, (1 + round(bounds(1)/dx)):(1 + round(bounds(2)/dx)), ...
    (1 + round(bounds(3)/dy)):(1 + round(bounds(4)/dy))) = value;
U = shiftdim(Layers(tpast,:,:));
figure;
surf(X,Y,U);
title('t = 0','Fontsize',12);
% Prepare matrices and LU decomposition
Matrix1 = diag((1 + rhox) * ones(Nx - 1,1)) + ...
    diag(-rhox/2 * ones(Nx - 2,1),1) + ...
    diag(-rhox/2 * ones(Nx - 2,1), -1);
[L1, U1] = lu(Matrix1);
Matrix2 = diag((1 + rhoy) * ones(Ny - 1,1)) + ...
    diag(-rhoy/2 * ones(Ny - 2,1),1) + ...
    diag(-rhoy/2 * ones(Ny - 2,1), -1);
[L2, U2] = lu(Matrix2);
Rhs1 = zeros(Nx - 1,1);
Rhs2 = zeros(Ny - 1,1);
```

图 5.23 ADI 方法求解二维热传导方程的代码（图 5.24 继续）

```
% Carry out iterations
for t = 1:Nt
    % first half step
    for j = 1:Ny −1
        % set up right hand side
        for i = 1:Nx −1
            Rhs1(i) = rhoy/2 * Layers(tpast,i +1,j) +...
                (1 −rhoy) * Layers(tpast,i +1,j +1) +...
                rhoy/2 * Layers(tpast,i +1,j +2);
        end
        % solve
        Auxlayer(2:Nx,j +1) = U1 \ (L1 \ Rhs1);
    end
    % second half step
    for i = 1:Nx −1
        % set up right hand side
        for j = 1:Ny −1
            Rhs2(j) = rhox/2 * Auxlayer(i,j +1) +...
                (1 −rhox) * Auxlayer(i +1,j +1) +...
                rhox/2 * Auxlayer(i +2,j +1);
        end
        % solve
        Layers(tnow,i +1,2:Ny) = (U2 \ (L2 \ Rhs2))';
    end
    % plot if necessary
    if find(lTsnap = =t)
        U = shiftdim(Layers(tnow,:,:));
        figure;
        surf(X,Y,U);
        title(['t =', num2str(Tsnap(1))],'Fontsize',12);
        Tsnap(1) = [];
    end
    % swap layers
    tnow = 1 +mod(t +1,2);
    tpast = 1 +mod(t,2);
end
```

图 5.24 ADI 方法求解二维热传导方程的代码

- 我们使用两个矩阵的 LU 分解，因为它们对于时间是常数，产生矩阵 L1，U1，L2 和 U2；系统的右边存储在向量 Rhs1 和 Rhs2 中。

- 时间 $t +\delta t/2$ 的中间层被存储在二维数组 Auxlayer 中，该数组在第一个系统中是未知的，在第二个系统中组成右边的项。

- 检查代码时要注意从数学下标到 MATLAB 数组指标的转换。

通过调整图 5.21 中的脚本，很容易能够测试该代码。

5.5 收敛性、一致性和稳定性

我们已经开发了有限差分方法，并且指出随着离散步长趋于零，某些截断误差趋于零，我们预计这将确保差分方程解的收敛性。然而，第5.2.1节的反例显示，这件事并不是那么微不足道，因为我们应该仔细考虑三个概念的相互作用：收敛性、稳定性和一致性。问题的关键是有限差分方程的解对于离散步长 $\delta x, \delta t \to 0$ 可以收敛到一个函数，该函数不是偏微分方程的解。这些概念和它们之间关系的严谨分析超出了本书的范围，但我们至少可以一窥这些主题。

一个初始值问题，如大家熟悉的热传导方程，被定义在空间/时间域上：

$$D \times (0 < t < \infty)$$

问题可以以一种更抽象的方式表达为：

$$L\phi = f$$

其中 L 是一个差分算子，f 是一个已知函数，ϕ 是我们要寻求确定的未知函数。当建立了一个离散网格 $\mathcal{G}_\Delta$，我们也通过算子 L_Δ 离散化算子 L。考虑函数 ψ 和点 $(\boldsymbol{P}_i, t_j) \in \mathcal{G}_\Delta$，我们可以考虑截断误差：

$$t_\psi(\boldsymbol{P}_i, t_j) = L\psi(\boldsymbol{P}_i, t_j) - L_\Delta\psi(\boldsymbol{P}_i, t_j)$$

如果网格加细，离散步长趋于零，则截断误差趋于零[⊖]，数值方法被认为是一致的。从本质上说，我们所使用的有限差分表达趋向于我们感兴趣的偏微分方程。

稳定性问题基本上涉及数值解和精确解之间的差异是否随着时间的推移而保持有界。为更具体理解，考虑第5.3节中的热传导方程。令 ϕ_{ij} 为有限差分法的解，$\phi(x,t)$ 为偏微分方程的精确解。我们可以探讨：

- 对于固定的离散步长 δx 和 δt，当 $j \to \infty$ 时 $|\phi_{ij} - \phi(i\delta x, j\delta t)|$ 的行为。
- 或者对于固定的 $j\delta t$ 值，当 $\delta x, \delta t \to 0$ 时 $|\phi_{ij} - \phi(i\delta x, j\delta t)|$ 的行为。

第一个问题与稳定性相关；第二个问题与收敛性相关。为了确保从数值解到精确解的收敛性，一致性条件是不够的。但是，可以证明（Lax 等价定理；参见本章文献 [5]）：对于一个具有适定性的线性初始值问题，稳定性是一致数值方法收敛的一个充分必要条件。如例5.5所示，第5.2.1节的数值方法并不稳定，这就是它不能收敛的原因。

[例5.5] 为方便起见，让我们回想一下第5.2.1节中，带有恒定速度 c 的传递方程：

$$\phi_{i,j+1} = \left(1 + \frac{c}{\rho}\right)\phi_{ij} - \frac{c}{\rho}\phi_{i+1,j}$$

其中 $\rho = \delta x/\delta t$。我们应用曾在例5.2中使用过的冯诺·伊曼稳定性分析。可以看

⊖ 这个应该弄得更精细一些，因为空间和时间的离散化步长可以以任何方式趋向于零，或者以它们之间的某些关系趋于零。

到，在这种情况下：

$$\phi_{ij} = \varepsilon(-1)^i \left(1 + 2\frac{c}{\rho}\right)^j$$

由于 c 和 ρ 都是正的，我们得到：当 $j \to \infty$ 时，ϕ_{ij} 趋于无穷。因此，这个式子是无条件不稳定的，且收敛性无法保证，即使离散化步长趋于零。具体细节分析留作练习。

进阶阅读

书籍推荐

- 偏微分方程是一个庞大而且复杂的课题。相关基本和高级的概念介绍，请参见文献 [3]。[⊖]

- 另一本覆盖相对通用的偏微分方程的书籍是文献 [1]，其中还包括很多 MATLAB 代码。

- 偏微分方程的有限差分方法的经典文献请参考文献 [6]，也可参见文献 [4] 和 [8]。

- 最近的有关有限差分方法的相关文献附录请参见文献 [7]。

- 高级的偏微分方程问题，如重要的 Lax 定理，请参见文献 [5]。

- 想要查看偏微分方程在金融工程中应用的例子，请参见文献 [9] 或者 [10]。

参 考 文 献

1. J. Cooper. *Introduction to Partial Differential Equations with MATLAB*. Birkhäuser, Berlin, 1998.

2. D. G. Luenberger. *Investment Science*. Oxford University Press, New York. 1998.

3. R. McOwen. *Partial Differential Equations*: *Methods and Applications*. Prentice Hall, Upper Saddle River, NJ, 1996.

4. K. W. Morton and D. F. Mayers. *Numerical Solution of Partial Differential Equations* (2nd ed.). Cambridge University Press, Cambridge, 2005.

5. R. D. Richtmyer and K. W. Morton. *Difference Methods for Initial Value Problems* (2nd ed.). Wiley, New York, 1967. Reprinted in 1994 by Krieger, New York.

6. G. D. Smith. *Numerical Solution of Partial Differential Equations*: *Finite Difference Methods* (3rd ed.). Oxford University Press, Oxford, 1985.

7. J. C. Strickwerda. *Finite Difference Schemes and Partial Difference Equations*. SIAM, Philadelphia, PA, 2004.

8. J. W. Thomas. *Numerical Partial Differential Equations*: *Finite Difference Methods*. Springer - Verlag, New York, 1995.

9. P. Wilmott. *Derivatives*: *The Theory and Practice of Financial Engineering*. Wiley, Chichester, West Sussex, England, 1999.

10. P. Wilmott. *Quantitative Finance* (vols. I and II). Wiley, Chichester, West Sussex, England, 2000.

⊖ 这本书的勘误表可在这里下载：www. math. neu. edu/ ~ mcowen/mathindex. html。

第6章

凸优化

优化方法在金融中扮演着重要角色。如在第 2 章提到的优化模型可以用于投资组合管理，在这种情况下，优化模型可以视作决策支持方法；在某些情况下，优化方法非常有效，如解决模型的校准问题。如果想要深度覆盖所有金融相关的优化方法，需要研究很多专业书籍。本章的目标并不是详细介绍所有金融相关的优化方法，我们只是希望为读者提供使用 MATLAB 优化工具箱（Optimization toolbox）所需的相关优化理论的背景知识；尤其是在面对相同类型的问题时，如何从多种备选方法中选取相对合适的方法。

为了简化问题，在本章中我们只研究基础的优化问题，特别是具有凸性与确定性的优化问题。关于凸性的基本概念在本章附录进行总结。从理论上而言，凸性可以保证局部最优为全局最优，这简化了优化问题的求解，并为求解算法奠定了理论基础。关于非凸优化模型与理论方法，我们将在第 12 章中进行介绍。当数据是不确定的，我们应该使用随机优化模型，在动态决策情况下，随机优化模型非常重要。

关于不确定性动态决策求解有两种基本方法：动态规划与随机规划。动态规划（Dynamic programming）将在第 10 章中进行介绍，美式期权定价的蒙特卡罗模拟中会应用动态规划方法；随机规划（stochastic programming）将在第 11 章中进行介绍。事实上，这两种方法在很多方面是相同的，但是第一种方法多应用于经济学方面，第二种方法多应用于工程方面，我们将在本章最后解释其中的原因。

在第 6.1 节，我们首先建立一个优化模型的分类模型。事实上，优化模型可以通过很多维度分类，包括约束与非约束问题。在第 6.2 节介绍非约束优化问题。不同非约束优化方法的要求不同；许多方法都基于梯度（导数），要求计算或近似计算目标函数的导数；其他方法无须导数信息，在这种情况下，这些方法是基于函数值的进化⊖。约束优化将在第 6.3 节介绍，同时我们讲解一些基础理论，例如库恩－塔克（Kuhn－Tucke）条件（或 KT 条件）与对偶理论（duality theory）。

约束优化的一种特殊形式是线性规划，这是第 6.4 节的内容；很多时候，简单

⊖ 无须导数信息的优化方法是新版 MATLAB 工具箱的核心内容，称为遗传算法（Genetic Algorithm）与直接搜索（Direct Search）。我们将在第 12.4 节对遗传算法进行概要介绍。

的问题都可以解释为线性规划模型，线性规划方法可以有效求解规模较大的线性优化问题。我们将在第 6.5 节展示如何使用 MATLAB 求解线性优化问题，并进行详细的示例演示。

最后，我们应该牢记优化方法通常都假设在封闭的可行域内可以找到函数的最优值，但是解析模型可能太复杂，或根本得到不解析模型，我们可能需要采用模拟工具使得目标函数值有所进化（更优）。相关的模拟方法与优化技术在第 6.6 节进行介绍。

6.1 优化问题的分类

在金融应用中，存在种类繁多的优化模型，这些模型可以通过同样种类繁多的方法求解。因此，在本章的开始，我们将根据优化模型性质归纳出优化模型的基本特征。

6.1.1 有限维与无限维问题

在本章我们关注的问题可以抽象为：

$$\begin{aligned}
&\min && f(\boldsymbol{x}) \\
&\text{s.t.} && \boldsymbol{x} \in S \subseteq \mathbb{R}^n
\end{aligned}$$

(6.1)

目标函数 f 为一个标量函数，用以量化一个解 $\boldsymbol{x}$ 的适合度（suitability），$\boldsymbol{x}$ 为一个决策变量的向量，这些决策变量属于可行解集合 S，S 为 n 维空间的一个子集。由于问题的解可以表示为一个有限维向量，我们将其称为有限维问题（finite – dimensional problem）。不失一般性我们仅考虑最小化问题，因为一个最大化问题可以通过改变目标函数符号的方式转换为最小化问题：

$$\max f(x) \Rightarrow -\min[-f(x)]$$

在实际中，MATLAB 优化工具箱中所有函数都假设优化目标为最小问题。求解例如式（6.1）的优化问题，意味着寻找一个可行解 $\boldsymbol{x}^* \in S$ 使得：

$$f(\boldsymbol{x}^*) \leqslant f(\boldsymbol{x}) \qquad \forall \boldsymbol{x} \in S \tag{6.2}$$

则这个可行解 $\boldsymbol{x}^*$ 被称为全局最优解（global optimum，记为 optimizer 或 minimizer）。全局最优解的唯一性与存在性需要进一步的理论与实证分析。首先，这个问题可能是无界，例如，可行解序列 $\boldsymbol{x}^{(k)} \in S$ 使得：

$$\lim_{k \to \infty} f(\boldsymbol{x}^{(k)}) = -\infty$$

此外，优化问题可能不可行或无解，例如，可行解集合 S 为空集。最后，优化问题的解可能不唯一，例如，存在一系列其他的最优解，这些解满足条件（6.2）可以是有限的离散集合或无限电离散集合。如果条件（6.2）仅在 $\boldsymbol{x}^*$ 的一个邻域内成立，则我们称其为局部最优解。

[**例6.1**] 典型的存在局部最优解的目标函数为多项式函数；回想一下，高阶多项式不易被插值的根源为高阶多项式的波动性（参见例3.16，第152页）。可以通过一个简单的MATLAB程序展示高阶多项式的局部最优现象。考虑如下多形式：

$$f(x) = x^4 - 10.5x^3 + 39x^2 - 59.5x + 30$$

使用MATLAB画出函数曲线：

```
≫ g =@(x)polyval([1 -10.5 39 -59.5 30],x);
≫ xvet =1:0.05:4;
≫ plot(xvet,g(xvet))
```

函数曲线如图6.1所示，在图中清晰的可以看出存在两个局部最优点。在MATLAB中，求解最小化问题的函数为fminunc；其中"unc"表示"unconstrained"无约束，表示我们对决策变量没有任何约束与要求。函数的参数之一为初始搜索点（搜索过程的起点）。

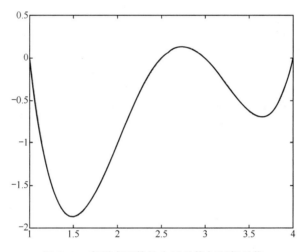

图6.1 多项式函数的全局最优与局部最优

```
≫[x,fval] =fminunc(g,0)
```
Warning:Gradient must be provided for trust –region method；
    using line –search method instead.
```
x =
    1.4878
fval =
    −1.8757
```
```
≫[x,fval] =fminunc(g,5)
```
Warning:Gradient must be provided for trust –region method；
    using line –search method instead.

x =

    3.6437

fval =

    −0.6935

我们看到，优化函数计算出的最优解为全局最优还是局部最优依赖于初始迭代点。在 MATLAB 的计算输出结果中，我们看到一些关于信赖域与线性搜索的提示信息；关于信赖域与线性搜索的相关内容，将在接下来的章节中介绍。一个不同的情况将发生在如下示例中：

```
≫ f =@(x)polyval([1 −8  22 −2  41],x);
≫ xvet =0:0.05:4;
≫ plot(xvet,f(xvet))
```

函数曲线如图6.2所示。在图中可以看到目标函数有两个全局最优解。

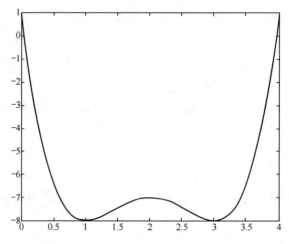

图6.2 存在两个全局最优解的目标函数

[**例6.2**] 相对简单的构建优化问题：

(1) 无边界的：

$$\max \quad x_1^2 + x_2^2$$
$$\text{s. t.} \quad x_1 + x_2 \geq 4$$
$$x_1, x_2 \geq 0$$

(2) 不可行的：

$$\max \quad 2x_1 + 3x_2$$
$$\text{s. t.} \quad x_1 + x_2 \geq 4$$
$$0 \leq x_1, x_2 \leq 1$$

(3) 最优解集合为无限的：

$$\max \quad x_1 + x_2$$
$$\text{s. t.} \quad x_1 + x_2 \leqslant 4$$
$$x_1, x_2 \geqslant 0$$

读者可以通过画出可行解集合与目标函数曲线的方式，得到优化问题的性质。

另一个重要的问题是，某些优化问题可能无解。考虑一个看似平常的示例：

$$\min \quad x$$
$$\text{s. t.} \quad x > 2$$

这个优化问题无解，因为可行域为一个开集，显然最优解为 $x = 2$，但其在不可行域内，因此这里没有最小，而只存在一个下确界。这就是在任一款优化软件中约束只能为 ≥ 或 ≤ 的原因，显而易见，如果这样设置的话可行域都为闭区间。

目前为止，我们已经研究了可行域为 n 维实数空间的优化问题。在无限维优化问题（infinite - dimensional problems）中，可行解为决策变量组成的一个无限集合。当我们寻找的是一个连续区间上的时间函数时，例如，由一个向量微分方程代表的连续时间动力系统（continuous - time dynamic system）：

$$\boldsymbol{x}(t) = \boldsymbol{h}[\boldsymbol{x}(t), \boldsymbol{u}(t)]$$

其中 $\boldsymbol{x}$ 为状态变量向量，$\boldsymbol{u}$ 为控制输入向量。对于这个系统的一个优化控制 $\boldsymbol{u}(t)$，$t \in [0, T]$，可以通过求解下列优化模型获得：

$$\min \quad \int_0^T f[\boldsymbol{x}(t), \boldsymbol{u}(t)] \mathrm{d}t + g[\boldsymbol{x}(T)]$$
$$\text{s. t.} \quad \boldsymbol{x}(t) = \boldsymbol{h}[\boldsymbol{x}(t), \boldsymbol{u}(t)] \quad \forall t \in [0, T]$$
$$\boldsymbol{x}(0) = \boldsymbol{x}_0$$
$$\boldsymbol{u}(t) \in \Omega \quad \forall t \in [0, T]$$

其中 $[0, T]$ 为我们所关心的时间轴，$\boldsymbol{x}_0$ 为（已知）系统的初始状态，Ω 为可行控制集合。目标函数包含的轨迹成本（trajectory cost）取决于系统的状态与控制；一个终端成本（terminal cost）取决于终端状态 $\boldsymbol{x}(T)$。另外，我们可以指定终端状态的某些约束。

关于金融方面的优化控制模型已发表了大量研究文献。这些优化模型通过随机参数（收益是随机变量并通过随机微分方程建模，关于随机微分方程介绍参见第 2 章）并通过动态规划（参见文献 [13]）的方法求解。对于分析相对简单的模型或从理论与量化的角度挖掘有价值的信息，优化控制方法是一种有效的工具；但是，有人可能会说，在一般情况下，解决复杂的现实问题的方法是建立并求解有限维模型。这是一个值得商榷的问题，因为很多人都不同意这种观点，尤其是当它涉及到金融随机模型时（其他观点可以参见文献 [12]）。由于本书篇幅限制，不再过多研究这类金融模型。需要注意的是，离散连续时间模型的方法是用有限维模型近似无限维模型。例如，前面的无限维问题可以转换为有限维问题：

$$\min \quad \sum_{k=1}^{K} f(\boldsymbol{x}_k, \boldsymbol{u}_k) + g(\boldsymbol{x}_k)$$

$$\text{s.t.} \quad \boldsymbol{x}_k = \boldsymbol{h}(\boldsymbol{x}_{k-1}, \boldsymbol{u}_k) \quad k = 1, \cdots, K$$

$$\boldsymbol{u}_k \in \Omega \qquad k = 1, \cdots, K$$

其中，时间轴被离散为宽度为 δt 的区间，$\boldsymbol{x}_k = \boldsymbol{x}(k\delta t)$。需要注意的是，$\boldsymbol{x}_k$ 为第 k 个区间末端状态（例如，在区间 $(k-1)\,\delta t$ 与 $k\delta t$），而且 $\boldsymbol{u}_k$ 是应用于第 k 个区间的控制参数。

6.1.2　无约束与约束问题

如果 $S \equiv \mathbb{R}^n$，我们得到一个无约束问题（unconstrained problem）；否则我们得到一个约束问题（constrained problem）。不用说，实际生活中的问题很少是无约束的；然而，对于大多数约束优化方法而言，其基础都为无约束优化方法。对于可行解集合 S，通常使用以下方式约束决策变量：

- 等式约束：

$$h_i(\boldsymbol{x}) = 0, \qquad i \in E,$$

或向量形式：

$$\boldsymbol{h}(\boldsymbol{x}) = \boldsymbol{0}$$

- 不等式约束：

$$g_i(\boldsymbol{x}) \leqslant 0, \quad i \in I$$

或向量形式：

$$\boldsymbol{g}(\boldsymbol{x}) \leqslant \boldsymbol{0}$$

一个向量不等式约束被解释为多个不等式约束。在可行解 $\hat{\boldsymbol{x}}$，如果 $g_i(\hat{\boldsymbol{x}}) = 0$，则称约束 $g_i(\boldsymbol{x}) \leqslant 0$ 有效；如果 $g_i(\hat{\boldsymbol{x}}) < 0$，则称约束 $g_i(\boldsymbol{x}) \leqslant 0$ 非有效。一个"大于"约束，如 $g_k(\boldsymbol{x}) \geqslant 0$，可以改写为 $-g_k(\boldsymbol{x}) \leqslant 0$。在 MATLAB 中，不等式约束被假设为"小于"形式。非负约束，如 $x \geqslant 0$，可以重新定义为 $x \in \mathbb{R}_+$，可以被视作不等式约束。但是，通常简单的边界约束条件可以通过特殊的算法处理，因此优化算法经常使用不同的方法处理不等式约束与边界约束。

6.1.3　凸问题与非凸问题

根据目标函数与可行域 S 的性质问题（6.1）可能容易解决也可能难以解决。特别地，当优化问题仅存在一个局部最优解，同时当局部最优也是全局最优时，优化问题的求解相对简单。这里的关键，同时也是大多数优化问题的理论基础，就是凸性。关于凸分析的背景知识可以参考本章的附录。

如果 f 为凸函数，可行域 S 为一个凸集，则优化问题为凸优化。如果 f 为凹函数，可行域 S 为一个凸集，则优化问题为凹优化。假设最优化问题的可行解有限，则可以推导出如下性质。

性质6.1 在一个凸优化问题中，一个局部最优解同时为一个全局最优解。

性质6.2 在一个凹优化问题中，全局最优解在可行域 S 的边界上。

为深刻理解优化问题的第二个特性，读者可以通过图形的方法求解下列问题：

$$\min \quad -(x-2)^2 + 3$$
$$\text{s. t.} \quad 1 \leqslant x \leqslant 4$$

理想情况下，我们可以找到全局最优的充分必要条件。但遗憾的是，在一般情况下，我们仅能得到局部最优或全局最优的充分条件或必要条件。当优化问题无约束且目标函数为凸函数时，可以相对容易地得到全局最优的特性。

定理6.3 如果实数域 $\mathbb{R}^n$ 上的函数 f 为凸函数而且可微（或可导），x^* 为 f 的全局最优解，当且仅当其满足如下平稳条件：

$$\nabla f(x^*) = \mathbf{0}$$

证明：

如果 f 为凸函数而且可微，则：

$$f(x) \geqslant f(x_0) + \nabla f'(x_0)(x - x_0) \quad \forall x, x_0$$

如果函数在 x^* 满足：

$$f(x) \geqslant f(x^*) + \nabla f'(x^*)(x - x^*) = f(x^*) + \mathbf{0}'(x - x^*) = f(x^*) \quad \forall x$$

简单而言，x^* 为全局最优点。

这个平稳性条件为一阶条件；对于一般函数，二阶条件涉及黑塞（Hessian）矩阵，以确保平稳点确实为一个（局部）最优。

定理6.4 如果实数域 $\mathbb{R}^n$ 上的函数 f 为凸函数，可行解 x^* 为函数 f 的全局最优，当且仅当函数 f 在可行解 x^* 的次微分（subdifferential）为零向量：

$$\mathbf{0} \in \partial f(x^*)$$

证明：

关于凸函数 f 在任意点⊖的次可微性的分析补充在第 S6.1 节；在任意点 x_0，存在一个梯度集合，称为次微分。在 x_0 点的一个梯度为向量 γ 并使得：

$$f(x) \geqslant f(x_0) + \gamma'(x - x_0) \quad \forall x$$

可以得到，如果 $\mathbf{0}$ 属于可行解 x^* 的次微分，则对于任意 x，$f(x) \geqslant f(x^*)$ 成立。值得注意的是，这个定理是定理6.3的推广，如函数在可行解 x^* 可微，则次可微仅包含一个梯度，在这种情况下达到平稳状态。

需要注意的是，如果函数 g_i 为凸函数，集合 $S = \{x \in \mathbb{R}^n | g_i(x) \leqslant 0, i \in I\}$ 为凸集。对于单个函数 $g(x)$，假设 x_1，$x_2 \in S$。函数 g 的凸性意味着：

$$g[\lambda x_1 + (1 - \lambda)x_2] \leqslant \lambda g(x_1) + (1 - \lambda)g(x_2) \leqslant 0 \quad \forall \lambda \in [0, 1]$$

由于凸集的交集为凸集合，这个结果对于任意凸函数均有效。等式约束的情

⊖ 严格意义上讲，这仅对凸函数可行域上的内点有效。

况稍微复杂些，因为等式约束 $h_i(\boldsymbol{x}) = 0$ 可以分解为两个不等式约束：

$$h_i(\boldsymbol{x}) \leqslant 0, \; -h_i(\boldsymbol{x}) \leqslant 0$$

只有当函数 h_i 同为凸函数和凹函数时，我们得到一个凸集合。只有当函数 h_i 为仿射时，这个结论才成立，例如：

$$\boldsymbol{a}_i' \boldsymbol{x} = b_i$$

6.1.4 线性与非线性问题

当一个有限维优化问题的约束与目标函数都用仿射函数表示时，则称其为线性规划（LP, linear programming）问题。线性规划问题的一般形式为：

$$\min \quad \sum_{j=1}^{n} c_j x_j$$

$$\text{s. t.} \quad \sum_{j=1}^{n} a_{ij} x_j = b_i \qquad \forall i \in E$$

$$\sum_{j=1}^{n} d_{ij} x_j \leqslant e_i \qquad \forall i \in I$$

改写为矩阵形式为：

$$\min \quad \boldsymbol{c}' \boldsymbol{x}$$

$$\text{s. t.} \quad \boldsymbol{A}\boldsymbol{x} = \boldsymbol{b}$$

$$\boldsymbol{D}\boldsymbol{x} \leqslant \boldsymbol{e}$$

线性规划问题有两个重要的特性；它们都为凸与凹问题。因此，一个局部最优同时为全局最优，最优解在可行域的边界上；事实上，已经证明线性规划的可行域为多面体，而且最优解对应着多面体的一个顶点。

[例 6.3] 一个线性规模（LP）问题示例如下：

$$\min \quad 2x_1 + 3x_2 + 3x_3$$

$$\text{s. t.} \quad x_1 + 2x_2 = 3$$

$$x_1 + x_3 \geqslant 3$$

$$x_1, x_2, x_3 \geqslant 0$$

如果没有满足其中一个条件，例如，如果目标函数或约束中含有一个非线性函数，则称其为一个非线性规划问题。

[例 6.4] 如下为非线性规划问题的示例：

$$\min \quad 2x_1 + 3x_2 + 3x_3$$

$$\text{s. t.} \quad x_1 + x_2^2 = 3$$

$$x_1 + x_3 \geqslant 3$$

$$x_1, x_2, x_3 \geqslant 0$$

$$\min \quad 2x_1 + 3x_2x_3$$

$$\text{s. t.} \quad x_1 + 2x_2 = 3$$

$$x_1x_3 \geqslant 3$$

$$x_1, x_2, x_3 \geqslant 0$$

$$\min \quad 2x_1^2 + 3x_2^2 + 3x_1x_3$$

$$\text{s. t.} \quad x_1 + 2x_2 = 3$$

$$x_1 + x_3 \geqslant 3$$

$$x_1, x_2, x_3 \geqslant 0$$

上述最后一个优化问题的目标函数为二次函数，约束为线性函数。这种类型的优化问题称为二次规划问题。二次规划问题为最简单的非线性规划问题，并且目标函数为凸函数。如果二次规划目标函数的二次部分与一个协方差矩阵相关，例如均值方差投资组合优化模型，则目标函数为凸函数，正如协方差矩阵是半正定矩阵（在本章附录参见定理 6.11）。

6.1.5　连续与离散问题

线性规划与二次规划问题的求解相对简单，因为它们都是凸优化问题。在某些决策问题中，可能要求的某些决策变量为整数，即整数约束：

$$x \in \mathbb{Z}_+^n$$

其中，$\mathbb{Z}_+ = \{0, 1, 2, \cdots\}$ 为非负整数集合（涉及负整数变量的模型非常少见）。如果整数约束应用于所有的决策变量，我们得到一个纯整数规划问题（pure integer program）；否则我们得到一个混合整数规划问题（mixed – integer program）。这样的限制使得优化问题更难求解，主要原因是离散化使得可行域可能不再是凸集。虽然非线性整数求解理论方法与计算方法已经成型，但是成熟的商业软件只适用于线性混合规划的问题⊖。

当我们建立取舍决策模型时，$x \in \{0, 1\}$ 为一种常见的整数约束形式。一个典型的案例为背包问题（knapsack problem）。在第 12.1.1 节，我们将介绍一些基于逻辑变量的建模技巧。另外需要说明的是，早期版本的优化工具箱不能用来求解离散最优化模型。在本书编写时，函数 bintprog 可以用来求解纯二元优化问题，例如，决策变量约束全为 $\{0, 1\}$ 的连续规划问题。这是一个功能有限的函数，但是其可以进一步改进用于求解混合整数规划问题。此外需要说明的是，大规模混合整数规划是一个棘手的问题，需要专门的优化求解工具包。

⊖　然而，最近新版本的 ILOG CPLEX 已经可以用来求解混合的二次规划问题。

6.1.6   确定性与随机性问题

到目前为止，我们已经介绍了全部的优化模型的分类。一方面，数据具有确定性；另一方面，我们可以建立适当的解析模型。在某些情况下，由于问题的随机性与复杂性，可能无法建立解析模型。例如，考虑一系列投资组合再平衡规则；这些规则依赖于一系列参数，你可能希望能够找到这些参数的最优取值。它可能是这种情况，通过随机模拟的方法对投资组合再平衡规则进行测试。这意味着，模拟过程类似一个黑箱映射（black box mapping），将一个决策变量向量 x 映射到一个目标函数 $f(x) = E[U(x)]$ 的估计，可能涉及期望效用（expected utility）。在这种情况下，你必须将随机模型与优化方法相结合，相关介绍参见第 6.6 节。

在其他情况下，我们或许可以建立一个优化模型，但是数据的不确定性使得无法使用标准的优化方法。这种问题在处理不确定数据时尤为明显，同时存在一个更微妙的问题。当涉及不确定性时，我们应该考虑如何与何时发现问题数据的"真实"值。事实上，时间与信息起到关键的作用，基于不确定性的决策涉及一个动态过程，随着接受的信息越来越多，决策是不断调整的。处理这种的动态决策过程所需的方法参见第 10 章与第 11 章。

6.2   无约束优化的数值方法

从理论上讲，无约束优化问题可以通过寻找一个平稳点的方法求解。但是，在非凸情况下需要谨慎处理，还要检查二阶导数的信息。此外，一般情况下我们得到一个局部最优解；基本所有商业非线性规划软件包求解的结果均为局部最优。平稳条件生成一系列非线性方程，通过求解这些方向获取近似最优解；事实上，无约束最优与非线性方程数值解之间存在一定的联系。在优化模型中，需要避免直接求解非线性方程组。优化模型数值算法大多基于生产一系列可行解 $x^{(k)}$，可行解序列收敛于局部最优点 x^*。为使得搜索过程在正确的方向上进行，对于序列中每一个可行解 $x^{(k)}$，需要寻找一个下降方向（descent direction），例如，一个向量 $s^{(k)} \in \mathbb{R}^n$，使得：

$$f(x^{(k)} + \alpha s^{(k)}) < f(x^{(k)})$$

对于某个 $\alpha > 0$ 成立。如果我们考虑方程 $h(\alpha) = f(x + \alpha s)$，下降方向的特性为：

$$\left. \frac{\mathrm{d}h}{\mathrm{d}\alpha} \right|_{\alpha=0} = [\nabla f(x)]'s < 0$$

相对计算下降真正的方法，这种方法（从计算便捷性角度）更高效，例如，一个单位向量 $\|s\| = 1$，迭代算法模型为以 $x^{(0)}$ 为初始迭代点：

(1) 寻找下降方向 $s^{(k)}$。

(2) 寻找步长 长度 $\alpha^{(k)} \in \mathbb{R}_+$。

（3）更新 $\boldsymbol{x}^{(k+1)} = \boldsymbol{x}^{(k)} + \alpha^{(k)}\boldsymbol{s}^{(k)}$。

直到满足某些收敛条件后迭代过程停止。在迭代过程中有多种选择，不同的选择会引出不同的数值算法，接下来我们将简要介绍其中某些数值算法。需要注意的是，可以将这些方法扩展到约束优化问题的求解中。接下来我们展示一个简单示例，求解：

$$\min_{\boldsymbol{x}\in\mathbb{R}^n_+} f(\boldsymbol{x})$$

更新规则（或更新策略）进行略微的修改可以得到：

$$\boldsymbol{x}^{(k+1)} = \max\{\boldsymbol{0},\boldsymbol{x}^{(k)} + \alpha^{(k)}\boldsymbol{s}^{(k)}\}$$

更新规则可以分别计算；如果某些函数值为负，则设置其为 0。此更新规则本质上相当于将 $\boldsymbol{x}^{(k+1)}$ 映射到可行域 $\mathbb{R}^n_+$（映射可以用于更一般的可行集，计算复杂度取决于映射的特性）。

6.2.1 最速下降法

下降方向的一个明显选择为：

$$\boldsymbol{s}^{(k)} = -\frac{\nabla f^{(k)}}{\|\nabla f^{(k)}\|}$$

得到最速下降方法或梯度方法。步长 α 可以通过求解一维搜索问题获得：

$$\min_{\alpha\geq 0} h(\alpha) = f(\boldsymbol{x}^{(k)} + \alpha\boldsymbol{s}^{(k)})$$

这个一维搜索问题相对于初始问题更简单，一维搜索问题仅为标量优化问题，它可以通过多种线性搜索方法求解。如果利用线性搜索方法处理凸函数，可以使用二次拟合方法。假设我们有三个可行解 $0\leq\alpha_1 < \alpha_2 < \alpha_3$，使得：

$$h(\alpha_1) > h(\alpha_2), h(\alpha_2) < h(\alpha_3)$$

通过某些搜索方法可以找到一个满足这些条件的初始可行解集合。然后我们使用一个二次曲线过这三点，基于凸性前提，通过设置导数为零的方式，我们可以简单得到二次曲线的最小值。这将产生另一个点 α^*。假设 $\alpha^* > \alpha_2$，如果 $h(\alpha^*)\geq h(\alpha_2)$，我们得到新的可行解集合 $(\alpha_1,\alpha_2,\alpha^*)$；否则，我们得到 $(\alpha_2,\alpha^*,\alpha_3)$。事实上，存在多种线性搜索方法，包括三次插值与其他的搜索技术；其中某些方法可以通过设置 MATLAB 参数的方式选择线性搜索方法。尽管最速下降方法具有明显的下降效果，但是在最优值附近的收敛效果较差。在某些情形下，可以观察到搜索的病态现象（称为"zig – zagging"）。"zig – zagging" 现象如图 6.3 所示[⊖]。此外，截断误差也可能直接导致下降方向可靠性降低。

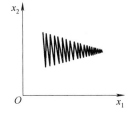

图 6.3 最速下降过程中 zig – zagging 现象的图像

⊖ 图像仅为展示 "zig – zagging" 现象，连续下降方向之间的角度可能并不是真实的情况。为观察到真实的 "zig – zagging" 现象，读者可以尝试运行 MATLAB 优化工具箱中的示例，在命令窗口输入 demo，将出现一个示例展示页面，从中选取优化工具箱，然后选择 "minimization of the banana function" 示例。

6.2.2　梯度法

显然，梯度方法不适用于不可微函数。在本章附录中，我们将介绍适用于非光滑函数的次梯度，次梯度为广义梯度概念。因此，假设对于一个凸函数 f 在任意点 $x^{(k)}$，我们可以计算一个次梯度 $\gamma^{(k)}$，我们可能会问：

$$x^{(k+1)} = x^{(k)} - \alpha^{(k)} \gamma^{(k)}$$

是否成立。

答案并不简单，因为通过改变次梯度的符号，并不能保证我们可以获得下降方向。然而，如果在某些条件下执行的步长为 $\alpha^{(k)}$，可以得到次梯度收敛于最优解。一个直观的理由如下：

考虑一个可行解 x_0，γ_0 为函数 f 在 x_0 的次梯度。根据次梯度的定义：

$$f(x) \geq f(x_0) + \gamma'_0 (x - x_0) \quad \forall x$$

将不等式用于最优解 x^* 并改写公式，我们得到：

$$-\gamma'_0 (x^* - x_0) \geq f(x_0) - f(x^*) \geq 0$$

需要注意的是，我们应当从可行解 x_0 沿着向量 $x^* - x_0$ 方向寻找最优解。根据上述不等式，向量与 $-\gamma_0$ 形成的角度小于 $90°$。因此，改变符号的次梯度不一定沿着下降方向，但是至少它指向了最优解所在的"右"半空间。

6.2.3　牛顿法与信赖域法

梯度方法的收敛问题源于梯度方法在忽略曲率信息的情况下，使用了函数 f 局部一阶近似。在这种情况下，可以通过使用二阶近似方法，替代向量 δ：

$$f(x + \delta) \approx f(x) + [\nabla f(x)]' \delta + \frac{1}{2} \delta' H(x) \delta$$

其中，H 为黑塞矩阵。如果 H 正定，则函数具有局部严格凸性，对于通过求解线性方程组得到的二次近似，我们可以找到二次近似的最小点：

$$H(x)\delta = -\nabla f(x)$$

这种方法被称为牛顿法（Newton's method），牛顿法的收敛性质更好，但其计算成本也更高。此外，如果黑塞矩阵非正，我们将陷入困难。

另外一种方法通过限制梯度方法搜索步长 α。基本原理为一阶近似仅适用于在当前迭代点 $x^{(k)}$ 的领域内。为寻找移位 δ，我们需要考虑约束最小化的问题：

$$\min_{\delta} \quad f(x^{(k)}) + [\nabla f(x^{(k)})]' \delta$$

$$\text{s.t.} \quad \|\delta\| \leq h^{(k)}$$

扩展这个思路可以推导出信赖域算法（trust region methods），在 MATLAB 中，信赖域算法可以用于大规模优化问题的求解。根据参数 $h^{(k)}$ 对信赖域进行分割，参数 $h^{(k)}$ 控制步长，同时可以对参数 $h^{(k)}$ 进行动态调整。我们可以将目标函数根据近似函数的预期改善与实际改善进行比较。如果差异较大，表明近似函数并不可靠，并且应该缩小步长；否则，步长可以增加。

6.2.4 非导数算法：拟牛顿法与单纯形搜索

牛顿算法的一个问题是需要计算黑塞矩阵。由于黑塞矩阵计算需要大量的数值计算，而且这些计算容易出问题，另一种方法是基于仅通过函数计算方式近似黑塞矩阵。这种思路引出拟牛顿算法（quasi – Newton methods），在非线性方程组示例（第172页例3.25）中我们已经遇见过拟牛顿算法。同样的方法可以适用于近似计算目标函数的梯度。例如我们在第5章中介绍的，通过有限微分的方式近似（或逼近）梯度的方法。

$$\left.\frac{\partial f(\boldsymbol{x})}{\partial x_i}\right|_{x=\hat{x}} \approx \frac{f(\hat{\boldsymbol{x}} + h_i\boldsymbol{1}_i) - f(\hat{\boldsymbol{x}})}{h_i}$$

或

$$\left.\frac{\partial f(\boldsymbol{x})}{\partial x_i}\right|_{x=\hat{x}} \approx \frac{f(\hat{\boldsymbol{x}} + h_i\boldsymbol{1}_i) - f(\hat{\boldsymbol{x}} - h_i\boldsymbol{1}_i)}{2h_i}$$

其中，$\boldsymbol{1}_i$ 为第 i 个单位向量。采用同样方法，我们可以计算得到一个适当的近似黑塞矩阵。

在某些情况下，可能根本无法计算梯度。一种情况为：当目标函数形式未知，但可以通过简单模拟方法计算目标函数值；另一种情况为：当目标函数存在不连续性，仅依靠函数值方法计算近似梯度或近似黑塞矩阵的方法是非常有效的；其中一种这样的方法为 Nelder 与 Mead 开发的单纯形搜索方法（Nelder – Mead method）⊖。算法背后的基本原理可以以 $\mathbb{R}^2$ 上的最小化问题为例，如图 6.4 所示，在 $\mathbb{R}^n$ 的一个单纯形为 $n+1$ 仿射独立点 $\boldsymbol{x}_1,\cdots,\boldsymbol{x}_{n+1}$⊖集合的凸包（convex hull）。在二维空间中，一个单纯形为一个三角形，在三维空间中，一个单纯形为一个四面体。单纯形搜索算法通过构建并优化 $n+1$ 点集合方法进行搜索，而不是通过生成一系列单独点的方法；目标函数值最差的点将被剔除并被另外一个点替代。例如，考虑一个三角形的三个顶点，如图 6.4 所示，假设 $f(\boldsymbol{x}_3)$ 为目标函数值最差；这意味着，将 $\boldsymbol{x}_3$ 剔除并通过平面中心的反射点代替 $\boldsymbol{x}_3$。

这个方法可以简单地利用代数方法实现。假设 $\boldsymbol{x}_{n+1}$ 为最差点；然后，我们可以计算出 n 的质心：

$$\boldsymbol{c} = \frac{1}{n}\sum_{i=1}^{n}\boldsymbol{x}_i$$

并生成新的点：

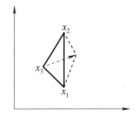

图 6.4 在"Nelder-Mead"单纯形搜索过程中最差值点的反射

⊖ 这个"单纯形"搜索方法与另外一个著名的（求解线性规划的）"单纯形"算法不是同一个算法。

⊖ 仿射独立意味着向量 $(\boldsymbol{x}_2 - \boldsymbol{x}_1),\cdots,(\boldsymbol{x}_{n+1} - \boldsymbol{x}_1)$ 为线性相互独立。对于 $n=2$ 意味着三个点不在同一条直线线；对于 $n=3$ 意味着四个点不在同一个平面上。

$$x_r = c + \alpha(c - x_{n+1})$$

反射系数 $\alpha > 0$ 可以根据情况进行调整。如果 x_r 比 x_{n+1} 更差，我们可以怀疑步长是否太长，单纯形应该被缩小。如果 x_r 为新的最优点，即我们发现了一个优质方向，单纯形应该被扩展。为提高算法的收敛速度，许多不同的数值技术已被开发出来。

6.2.5   非约束问题的 MATLAB 编程

考虑无约束优化问题：

$$\min \quad f(x_1, x_2) = (x_1 - 2)^4 + (x_1 - 2x_2)^2$$

显然，$f(x_1, x_2) \geqslant 0$ 和 $f(2,1) = 0$；因此 $(2,1)$ 为一个全局最优解。函数 f 的梯度为：

$$\nabla f(x_1, x_2) = \begin{pmatrix} 4(x_1 - 2)^3 + 2(x_1 - 2x_2) \\ -4(x_1 - 2x_2) \end{pmatrix}$$

可以容易得到 $\nabla f(2,1) = \mathbf{0}$。

在 MATLAB 的优化工具箱中，我们有两个函数可以用于求解无约束最优化：

- 函数 fminsearch，其算法为一种变形的单纯形搜索算法。
- 函数 fminunc，包含多种算法，可以通过设置函数参数的方法选择不同算法。

两个函数需要一个 M 文件，一个函数句柄，或一个内联函数以计算目标函数值，还有一个初始可行解。优化算法选择参数可以通过函数 optimset 设置。

让我们来尝试一下单纯形搜索算法，给定一个初始可行解 $x_0 = \mathbf{0}$：

```
>> f =@(x) (x(1) −2)^4 +(x(1) −2 * x(2))^2;
>> x =fminsearch(f,[0 0])
x =
    2.0000    1.0000
>> f(x)
ans =
    2.9563e −017
>>
```

现在我们尝试一下函数 fminunc：

```
>> x =fminunc(f,[0 0])
Warning: Gradient must be provided for trust −region method;
    using line −search method instead.
Optimization terminated: relative infinity −norm of gradient less
    than options. TolFun.
x =
    1.9897    0.9948
>> f(x)
```

ans =

    1.1274e−008

计算结果并不精确。问题是在最小值附近函数并不是"平"的；事实上，用MATLAB 计算出的目标函数值接近于零。我们可以通过改变松弛变量（tolerance parameters）的方法提高解的精度，但是这在实际中没有任何意义。我们应该注意，MATLAB 提示缺少梯度信息，以至于无法使用信赖域算法。这并不是太大的麻烦，因为可以通过数值方法估算出梯度。然而，我们可以让 MATLAB 并不使用默认的"大规模（large−scale）"算法，这种算法为信赖域算法，而采用一个"中等规模（medium−scale）"算法：

```
>> options = optimset('largescale','off');
x = fminunc(f,[0 0], options)
```

Optimization terminated: relative infinity−norm of gradient less
    than options.TolFun.

x =

    1.9897　0.9948

另外，我们可以提供一个函数用来计算梯度，MATLAB 在大规模算法中可以利用梯度信息，并设置了一个严格松弛参数（1e−13）：

```
>> f = @(x) (x(1)−2)^4+(x(1)−2*x(2))^2;
>> gradf = @(x) [4*(x(1)−2)^3+2*(x(1)−2*x(2)), −4*(x(1)−2*x(2))];
>> options = optimset('gradobj','on', 'largescale','on', 'tolfun',1e−13);
>> x = fminunc({f, gradf}, [0 0], options)
```

Optimization terminated: relative function value changing by less
    than OPTIONS.TolFun.

x =

    1.9997　0.9998

计算解析梯度公式是一件容易出错的事情。为提高计算准确性，我们可以将梯度公式计算值与数值估计值进行对比。我们需要做的仅为设置相关参数，设置 derivativecheck参数为 on[⊖]。在这里我们为测试这个功能，提供了一个错误的梯度公式，如函数 gradf1 所示：

```
>> options = optimset;
>> options = optimset('gradobj', 'on', 'largescale','off', ...
'derivativecheck', 'on');
>> gradf1 = @(x) [6*(x(1)−2)^3+2*(x(1)−2*x(2)), −4*(x(1)−2*x(2))];
>> x = fminunc({f, gradf1}, [0 0], options)
```

Maximum discrepancy between derivatives =16

⊖　程序代码如图 3.29 所示。

Warning: Derivatives do not match within tolerance

Derivative from finite difference calculation:

    -32.0000

              0

User-supplied derivative,

  @(x) [6*(x(1)-2)^3+2*(x(1)-2*x(2)), -4*(x(1)-2*x(2))]:

    -48

         0

Difference:

    -16.0000

              0

Strike any key to continue or Ctrl-C to abort

Optimization terminated:

    relative infinity-norm of gradient less than options.TolFun.

x =

    1.9841   0.9921

确实，我们看到系统提示一个警告，指出梯度计算公式可能有误。

6.3　约束问题的优化方法

考虑一般形式的约束优化问题，例如：

$$\min \quad f(\boldsymbol{x})$$
$$\text{s.t.} \quad h_i(\boldsymbol{x}) = 0 \qquad i \in E$$
$$\qquad g_i(\boldsymbol{x}) \leqslant 0 \qquad i \in I$$

在这节中，我们假设所有函数都具有合适的可微性。对于约束优化问题，平稳性不再是一个必要条件，因为最优解可能在可行域的边界上，可行域边界上的可行解可能不具有平稳性（这意味着在边界点上存在下降方向，但是所有的下降方向都指向可行域外）。处理这种问题的一个可行方法为对原优化问题进行改进，以使得可以再次应用平稳性条件；依照这种思路引出罚函数方法（penalty function approach，第6.3.1节）。另一种可行方法为改进最优条件，包含某种形式的稳定性条件与某些附加条件；依照这种思路引出库恩–塔克条件（KT条件，第6.3.2节）。

根据库恩–塔克条件，等式约束问题引出拉格朗日乘子法（Lagrange multiplier method），而拉格朗日乘子法涉及被称为对偶理论（第6.3.3节）的优化理论，对偶理论容易推演至理论推导与实际算法应用。另一个重要的现象，当目标函数与约束函数都为线性时，约束优化问题相当简单；事实上，线性优化理论非常完善（第6.4节）。因此，开发新的算法，在某种程度上将一个非线性问题转化为线性优化问题，是非常有意义的。

如果优化问题约束为线性而且目标函数为凸函数，这种转换相对容易实现；凯利切平面算法（cutting planes algorithm，第6.3.4节）就是以这种思路为基础的，同时这种思路也是某些随机规划方法的基础。基本上，合理的假设线性约束问题具有某些特殊的性质，可能被用于数值计算算法。有效集法（active set method）就是基于这种策略；需要注意的是，在早期版本的优化工具箱中，有效集法是线性规划与二次规划的基础。

由于本书定位为算法概述介绍，在编写时忽略了数学的严谨性，尤其是本章节内容主要为优化算法理论，某些简化或许会造成理解困难或不严谨。因此，高级读者请不要在意这些偏差。简单的概述性介绍对于初学者是一个很好的起点，但是如果想深入学习或研究优化算法，可以参考本章结尾列出的参考文献。

6.3.1 罚函数法

罚函数法（Penalty functions）基于松弛约束的思路，通过某种形式将约束添加到目标函数中。考虑一个等式约束问题：

$$\min \quad f(\boldsymbol{x})$$
$$\text{s. t.} \quad h_i(\boldsymbol{x}) = 0, \quad i \in E$$

可以通过一个无约束优化问题近似这个约束优化问题：

$$\min \quad \varPhi(\boldsymbol{x}, \sigma) = f(\boldsymbol{x}) + \sigma \sum_{i \in E} h_i^2(\boldsymbol{x})$$

罚函数对于约束函数值 h_i 正负均有效。在某种意义上如果 σ 足够大，优化算法首先将使得优化问题解满足罚函数最小化；然后再使得优化问题满足目标函数 f 最小化。实际上，如果求解无约束优化问题的罚值 σ 太大，这将引起优化算法收敛问题。因此，建议采用求解一系列无约束优化问题的方式求解，用前一个无约束优化问题的解作为下一个无约束优化问题的初始可行解（搜索起点）：

（1）选择一个序列 $\{\sigma^{(k)}\} \rightarrow \infty$ 。

（2）寻找 $\varPhi(\boldsymbol{x}, \sigma)$ 最优解 $\boldsymbol{x}^*(\sigma^{(k)})$ 。

（3）如果 $h_i(\boldsymbol{x}^*)$ 对于所有 i 足够小，则停止循环。

我们可以看到连续策略的示例（参见第3.4.5节）。

$$\min \quad f(\boldsymbol{x})$$
$$\text{s. t.} \quad g_i(\boldsymbol{x}) \leqslant 0 \quad i \in I$$

不等式约束的问题可以采用相似的方法处理。在这种情况下，我们必须仅对约束函数 g_i 的正值进行惩罚。通过 $[y]^+ = \max\{y, 0\}$ 的函数形式，随着 σ 值的增加，我们可以构造一个罚函数：

$$f(\boldsymbol{x}) + \sigma \sum_{i \in I} [g_i^+(\boldsymbol{x})]^2$$

或

$$f(\boldsymbol{x}) + \sigma \sum_{i \in I} g_i^+(\boldsymbol{x})$$

第一个罚函数可微，第二个函数不可微，如图 6.5a 所示。但是，从数值计算的角度，第二个函数更优，因为无须使用巨大的惩罚系数。事实上，在非平滑优化算法的发展中，主要驱动因素之一为精确罚函数的应用。在这两种情况下，我们都可以使用外部罚函数（exterior penalty function）。"外部罚函数"名称来源于随着 σ 的增加，搜索点从外部接近可行域的现象，如图 6.5a 所示。如果优化问题的最优解在边界上（对于某些不等式约束，这种情况经常出现），则只能在极限情况下得到一个可行解。在某些情况下，这很正常，由于约束比较"软"或"松"，即这些约束是理想需求并不是严格的限制。在其他情况下，直到我们找到一个严格意义的可行解时，才停止优化搜索算法。为解决这个问题，我们可以通过引出一个适当的障碍函数（barrier function）的方法得到内部罚函数（interior penalty approach）。一个示例如：

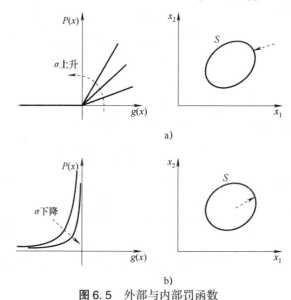

图 6.5   外部与内部罚函数

$$B(\boldsymbol{x}) = - \sum_{i \in I} \frac{1}{g_i(\boldsymbol{x})}$$

当 $\boldsymbol{x}$ 从可行域内部趋向可行域边界时，障碍函数趋向无穷大。然后，随着 σ 的值减小，求解一个无约束优化问题：

$$\min f(\boldsymbol{x}) + \sigma B(\boldsymbol{x})$$

直到 $\sigma B(\boldsymbol{x})$ 足够小。如图 6.5b 所示，在这种情况下，我们可以在可行域边界上寻找最优解；这可能是一个进步，只要我们从一个可行点开始近似迭代搜索。如图 6.5 所示，外部罚函数与内部罚函数都为近似理想罚函数的数值方法：

$$P_i(x) = \begin{cases} 0, & g_i(\boldsymbol{x}) \leqslant 0 \\ +\infty, & g_i(\boldsymbol{x}) > 0 \end{cases}$$

[例6.5] 考虑优化问题：

$$\min \quad (x-1.5)^2 + (y-0.5)^2$$
$$\text{s. t.} \quad x, y \leqslant 1$$

显然其最优解为 $x^* = 1$，$y^* = 0.5$。一个内部罚函数可以为：

$$(x-1.5)^2 + (y-0.5)^2 + \frac{\sigma}{1-x} + \frac{\sigma}{1-y}$$

使用 MATLAB 绘图功能，我们可以简单地画出对于不同 σ 参数的罚函数曲线。我们需要定义一个函数并使用 meshgrid 函数，定义网格点并计算网格点上的函数值，再使用 contour 函数画出一系列曲线：

```
>> f =@(sigma,x,y)(x-1.5).^2+(y-0.5).^2+sigma./(1-x)+sigma./(1-y);
>> [xy] =meshgrid(0.01:0.01:0.99);
>> subplot(2,2,1)
>> contour(f(0.1,x,y),30)
>> subplot(2,2,2)
>> contour(f(0.01,x,y),30)
>> subplot(2,2,3)
>> contour(f(0.001,x,y),30)
>> subplot(2,2,4)
>> contour(f(0.0001,x,y),30)
```

三条曲线如图 6.6 所示。我们看到无约束问题的最优解从内部趋向初始问题的最优解。

罚函数方法在理念上比较简单，并且可以证明其收敛性质。然而，对于外部罚函数，如果 σ 增长得非常大，优化问题的求解将遇到数值问题。此外，罚函数方法对于某些专业优化算法在获取一个初始可行解方面非常有帮助。将罚函数方法与拉格朗日方法结合起来可以获得广义拉格朗日方法（augmented Lagrangian method），广义拉格朗日方法是一种求解线性规划时常用的内点法。

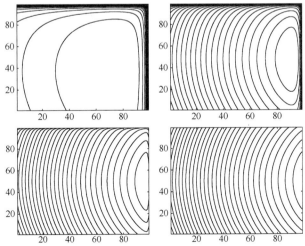

图 6.6 示例函数 6.5 分别对 $\sigma = 0.1$，$\sigma = 0.01$，$\sigma = 0.001$，$\sigma = 0.0001$ 的内部罚函数曲线

6.3.2　库恩–塔克（Kuhn–Tucker）条件

考虑一般约束问题（P_{EI}）：

$$\min \quad f(\boldsymbol{x})$$
$$\text{s.t.} \quad h_i(\boldsymbol{x}) = 0, \quad i \in E$$
$$g_i(\boldsymbol{x}) \leqslant 0, \quad i \in I$$

函数 f 的平稳性在优化算法中意义不大，但是一个相关函数的平稳性或许可以在优化算法中发挥重要作用，考虑拉格朗日函数（Lagrangian function）：

$$\mathcal{L}(\boldsymbol{x}, \boldsymbol{\lambda}, \boldsymbol{\mu}) = f(\boldsymbol{x}) + \sum_{i \in E} \lambda_i h_i(\boldsymbol{x}) + \sum_{i \in I} \mu_i g_i(\boldsymbol{x}) \tag{6.3}$$

函数 $\mathcal{L}$ 的平稳性在下列条件下发挥着重要作用。

定理6.5　库恩–塔克假设约束问题（P_{EI}）中的函数 f，h_i，g_i 连续可微，$\boldsymbol{x}^*$ 为可行解并满足约束条件，则 $\boldsymbol{x}^*$ 是局部最优的必要条件为：存在一个数 $\lambda_i^*(i \in E)$ 与 $\mu_i^* \geqslant 0 (i \in I)$ 使得：

$$\nabla f(\boldsymbol{x}^*) + \sum_{i \in E} \lambda_i^* \nabla h_i(\boldsymbol{x}^*) + \sum_{i \in I} \mu_i^* \nabla g_i(\boldsymbol{x}^*) = \boldsymbol{0}$$
$$\mu_i^* g_i(\boldsymbol{x}^*) = 0 \qquad \forall i \in I$$

第一个条件为拉格朗日乘子的稳定条件；如果不等式约束集合为空，这些条件归结为原有拉格朗日乘子法求解等式约束问题。参数 λ_i 与 μ_i 称为拉格朗日乘子；需要注意的是，不等式约束的乘子是限制符号的，在下一节中，我们将详细介绍其原因。乘子也被称为对偶变量（dual variables，相对于原有变量 $\boldsymbol{x}$）。在一定意义上，库恩–塔克条件比较弱，由于其仅为局部最优的必要条件，可能还需要可微性与某些关于约束的附加条件（详见例6.7），但是存在凸优化问题的全局最优解的充分必要条件。

［例6.6］ 作为第一个例子，我们可以求解先前在25页研究过的优化问题示例2.3，这是含有一个等式约束的非线性规划问题：

$$\max \quad x_1^\alpha x_2^{1-\alpha}$$
$$\text{s.t.} \quad p_1 x_1 + p_2 x_2 = W$$

我们引入一个拉格朗日乘子 λ 并建立拉格朗日函数：

$$\mathcal{L}(x_1, x_2, \lambda) = x_1^\alpha x_2^{1-\alpha} + \lambda(p_1 x_1 + p_2 x_2 - W)$$

由于这里不存在不等式约束，我们仅需要满足一阶最优性条件：

$$\frac{\partial \mathcal{L}}{\partial x_1} = \alpha x_1^{\alpha-1} x_2^{1-\alpha} + \lambda p_1 = \alpha \left(\frac{x_1}{x_2}\right)^{\alpha-1} + \lambda p_1 = 0$$

$$\frac{\partial \mathcal{L}}{\partial x_2} = (1-\alpha) x_1^\alpha x_2^{-\alpha} + \lambda p_2 = (1-\alpha) \left(\frac{x_1}{x_2}\right)^\alpha + \lambda p_2 = 0$$

$$\frac{\partial \mathcal{L}}{\partial \lambda} = p_1 x_1 + p_2 x_2 - W = 0$$

将前面两个等式逐项分解，然后整理得到：

$$\frac{\alpha}{1-\alpha} \cdot \frac{x_2}{x_1} = \frac{p_1}{p_2} \quad \Rightarrow \quad (1-\alpha)p_1x_1 - \alpha p_2 x_2 = 0 \tag{6.4}$$

根据预算方程，我们可以得到 x_2：

$$x_2 = \frac{W - p_1 x_1}{p_2}$$

方程 (6.4) 可以被替代为：

$$(1-\alpha)p_1x_1 - \alpha(W - p_1x_1) = 0$$

得到

$$x_1 = \alpha \frac{W}{p_1} \quad \Rightarrow \quad x_2 = (1-\alpha)\frac{W}{p_2}$$

我们看到每种商品的消费与其价格呈反比关系，这种关系取决于偏好参数 α。

　　由于内容限制，在本书中我们不对库恩 – 塔克条件进行推导与证明；对于局部最优解的概念可以粗略地理解为：更优的目标函数只能在可行域外得到，即局部最优解对于目标函数值在可行域中为最优（这种理解存在一定偏差）。需要注意的是平稳性条件意味着目标函数的梯度可以表示为目标梯度的线性组合；这就是我们所说的约束性质（constraint qualification）；如果可行解 $\boldsymbol{x}^*$ 约束的梯度并非线性独立，即我们不能以它们为基表示 ∇f，可能出现实际的局部最优解并不满足库恩 – 塔克条件的情况。

[例6.7] 为理解问题背后的约束条件，考虑问题：

$$\begin{aligned} \min \quad & x_1 + x_2 \\ \text{s.t.} \quad & h_1(\boldsymbol{x}) = x_2 - x_1^3 = 0 \\ & h_2(\boldsymbol{x}) = x_2 = 0 \end{aligned}$$

显然，可行域为一个点 $(0,0)$，并为最优解。如果尝试应用库恩 – 塔克条件，首先需要建立拉格朗日函数：

$$\mathcal{L}(x_1, x_2, \lambda_1, \lambda_2) = x_1 + x_2 + \lambda_1(x_2 - x_1^3) + \lambda_2 x_2$$

根据平稳条件得到方程组：

$$\frac{\partial \mathcal{L}}{\partial x_1} = 1 - 3\lambda_1 x_1^2 = 0$$

$$\frac{\partial \mathcal{L}}{\partial x_2} = 1 + \lambda_1 + \lambda_2 = 0$$

$$\frac{\partial \mathcal{L}}{\partial \lambda_1} = x_2 - x_1^3 = 0$$

$$\frac{\partial \mathcal{L}}{\partial \lambda_2} = x_2 = 0$$

方程组无解（第一个等式要求 $x_1 \neq 0$，并与其他两个方程不兼容），这是因为两个约束的梯度是平行的：

$$\nabla h_1(0,0) = \begin{pmatrix} -3x_1^2 \\ 1 \end{pmatrix}_{x=0} = \begin{pmatrix} 0 \\ 1 \end{pmatrix}$$

$$\nabla h_2(0,0) = \begin{pmatrix} 0 \\ 1 \end{pmatrix}_{x=0} = \begin{pmatrix} 0 \\ 1 \end{pmatrix}$$

而且并不能以它们为基表示函数 f 的梯度：

$$\nabla f(0,0) = \begin{pmatrix} 1 \\ 1 \end{pmatrix}_{x=0} = \begin{pmatrix} 1 \\ 1 \end{pmatrix}$$

文献中已经提出了不同约束性质条件，具有充足的条件可以避免有效约束的梯度线性独立问题。我们并不需要过深地研究这个问题，如果读者喜欢进一步学习或研究，可以参见本章文献 [18]。

库恩-塔克理论还包含第二组条件，称为互补松弛条件（complementary slackness conditions），可理解为：如果一个约束在可行解 $\boldsymbol{x}^*$ 非有效，例如，$g_i(\boldsymbol{x}^*) < 0$，对应的乘子必须为零；同理，如果乘子 μ_i^* 严格为正，对应的约束必须为有效约束（简略的意思为，在不改变最优解的前提下，可以通过等式约束替代不等式约束）。

[例6.8] 考虑凸问题：

$$\begin{aligned}
\min \quad & x_1^2 + x_2^2 \\
\text{s. t.} \quad & x_1 \geqslant 0 \\
& x_2 \geqslant 3 \\
& x_1 + x_2 = 4
\end{aligned}$$

首先写出拉格朗日函数：

$$\mathcal{L}(\boldsymbol{x},\boldsymbol{\mu},\lambda) = x_1^2 + x_2^2 - \mu_1 x_1 - \mu_2(x_2 - 3) + \lambda(x_1 + x_2 - 4)$$

求解下列方程组，可以得到一组满足库恩-塔克条件的可行解集合：

$$\begin{aligned}
2x_1 - \mu_1 + \lambda &= 0 \\
2x_2 - \mu_2 + \lambda &= 0 \\
x_1 \geqslant 0, \quad x_2 &\geqslant 3 \\
x_1 + x_2 &= 4 \\
\mu_1 x_1 = 0, \quad \mu_1 &\geqslant 0 \\
\mu_2(x_2 - 3) = 0, \quad \mu_2 &\geqslant 0
\end{aligned}$$

我们可以利用互补松弛条件，对这些可行解进行逐个分析。如果乘子严格为正，则相应的不等式约束有效，这有助于我们找到的一个决策变量的值。

情况 1（$\mu_1 = \mu_2 = 0$）。在这种情况下，可以将不等式约束从拉格朗日函数中剔除。根据稳定性条件，我们得到方程组：

$$\begin{aligned}
2x_1 + \lambda &= 0 \\
2x_2 + \lambda &= 0
\end{aligned}$$

$$x_1 + x_2 - 4 = 0$$

得到一个可行解 $x_1 = x_2 = 2$，但其不满足第二不等式约束：

情况2 (μ_1，$\mu_2 \neq 0$)。根据互补松弛条件，得到 $x_1 = 0$，$x_2 = 3$，但其不满足等式约束条件。

情况3 ($\mu_1 \neq 0$，$\mu_2 = 0$)。得到：

$$x_1 = 0$$
$$x_2 = 4$$
$$\lambda = -2x_2 = -8$$
$$\mu_1 = \lambda = -8$$

由于 μ_1 的值为负，这些可行解不满足库恩－塔克条件。

情况4 ($\mu_1 = 0$，$\mu_2 \neq 0$)。得到：

$$x_2 = 3$$
$$x_1 = 1$$
$$\lambda = -2$$
$$\mu_2 = 4$$

满足所有必要条件。

由于这是一个凸问题，我们可以得到全局最优解。非零乘子对应有效约束，非有效约束 $x_1 \geq 0$ 对应的乘子 $\mu_1 = 0$。通过 MATLAB 可以简单地得到相同结果。可以用 quadprog 函数求解二次规划问题，例如：

$$\min \quad \frac{1}{2}x'Hx + f'x$$
$$\text{s. t.} \quad Ax \leq b$$
$$A_{ep}x = b_{ep}$$
$$1 \leq x \leq u$$

在我们的例子中，某些项为空。需要注意的是，简单的边界约束处理与目标函数的二次形式必须写为特殊形式，因为其涉及 1/2 因子并假设一个对称黑塞矩阵 H。

```
>> H = 2 * eye(2);
>> f = [0 0];
>> Aeq = [1 1];
>> beq = 4;
>> lb = [0; 3];
>> options = optimset('LargeScale', 'off');
>> [x,fval,exitflag,output,lambda] = quadprog(H,f,[ ],[ ],Aeq,beq,...
        lb,[ ],[ ],options);
Optimization terminated.
```

```
>> x
x =
    1.0000
    3.0000
>> lambda.eqlin
ans =
    -2.0000
>> lambda.lower
ans =
        0
    4.0000
```

在函数输出中包含最优决策变量、目标函数的最优值、算法的终止信息,用其他输出信息、拉格朗日乘子存储在结构变量 lambda 中。在我们的案例中,乘子对应线性等式约束与决策变量的下限。

显然,在本例中我们采取的方法似乎有些不切实际,用其他某些方法可以寻找最佳乘子,这将引出对偶理论。对偶理论为下一章节的主要内容。我们提前直观地理解拉格朗日乘子的意义是非常有意义的。

[例6.9]考虑参数问题:

$$\min \quad x_1^2 + x_2^2$$
$$\text{s.t.} \quad x_1 + x_2 = b$$

由拉格朗日函数的平稳条件:

$$\mathcal{L}(x_1, x_2, \lambda) = x_1^2 + x_2^2 + \lambda(x_1 + x_2 - b)$$

立即可以得到 $x_1^* = x_2^* = b/2$ 与 $\lambda^* = -b$。现在,轻微调整参数 b 将如何影响最优值 $f^* = b^2/2$:

$$\frac{\mathrm{d}f^*}{\mathrm{d}b} = b = -\lambda^*$$

这表明如果忽略符号,对偶变量与右侧约束扰动的最优值的灵敏度相关。

如果我们假设导数是有意义的,则示例中的直觉是正确的。考虑一个等式约束问题,在约束上添加一个扰动:

$$h_i(\boldsymbol{x}) = \varepsilon_i, \qquad i \in E$$

将拉格朗日法应用于扰动问题,我们得到一个新可行解 $\boldsymbol{x}^*(\varepsilon)$ 与一个新的依赖于 ε 乘子向量 $\boldsymbol{\lambda}^*(\varepsilon)$。扰动问题的拉格朗日函数为:

$$\mathcal{L}(\boldsymbol{x}, \boldsymbol{\lambda}, \boldsymbol{\varepsilon}) = f(\boldsymbol{x}) + \sum_{i \in E} \lambda_i(h_i(\boldsymbol{x}) - \varepsilon_i) \tag{6.5}$$

扰动问题的最优解必须满足等式约束:

$$f^* = f(\boldsymbol{x}^*(\varepsilon)) = \mathcal{L}(\boldsymbol{x}^*(\varepsilon), \boldsymbol{\lambda}^*(\varepsilon), \varepsilon) \tag{6.6}$$

我们可以计算最优解每个元素对于 ε 的导数:

$$\frac{\mathrm{d}f^*}{\mathrm{d}\varepsilon_i} = \frac{\mathrm{d}\mathcal{L}}{\mathrm{d}\varepsilon_i} = \underbrace{\left[\nabla_x\mathcal{L}\right]'\frac{\partial x}{\partial\varepsilon_i} + \left[\nabla_\lambda\mathcal{L}\right]'\frac{\partial\boldsymbol{\lambda}}{\partial\varepsilon_i}}_{=0} + \frac{\partial\mathcal{L}}{\partial\varepsilon_i} = \frac{\partial\mathcal{L}}{\partial\varepsilon_i} = -\lambda_i \qquad (6.7)$$

其中我们应用了 $\mathcal{L}$ 的平稳性条件。对于不等式约束,其对于可行解 $\boldsymbol{x}^*$ 可能非有效或有效:在第一种情况,不等式约束较小的扰动不起任何作用;在第二种情况,不等式约束等价于等式约束。这可能是很诱人的结论,如果一个约束对应一个空乘子,则这个约束可以从原问题中提出,而且并不改变最优解。如图6.7所示的反例,就不是这种情况。这里我们有一个凸二次目标函数,对应两个同心的变化曲线;在约束 $g(\boldsymbol{x})\leq0$ 下,可行域为半"豆"形,这实际上是 x_2 一个上限。最优解为点 A,约束 $g(\boldsymbol{x})\leq0$ 在此点无效;但如果我们删除此约束,则最优解为 B(点 A 仍为局部最优解)。这里的问题是,整个问题为非凸。

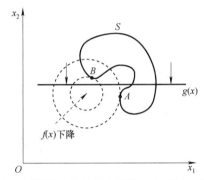

图6.7 一个反例说明,某种约束即使有空乘子,但仍可能相关

6.3.3 对偶理论

在前几个章节,我们介绍拉格朗日函数的平稳性在约束优化问题中发挥着核心作用。无论对于最小化问题或最大化问题,平稳性都对应着一个最优化条件。这是相当直观的,应当尽量减少拉格朗日函数的初始变量,但是关于对偶问题呢?重要的一点是:我们希望设计一个数值算法求解原问题与其对偶问题的最优解。在本节,我们将通过最大化对偶变量的对偶问题得到有意义的结果,并由此引出对偶理论。

考虑不等式约束问题:

$$(P) \quad \begin{aligned} &\min \quad f(\boldsymbol{x}) \\ &\text{s. t.} \quad g_i(\boldsymbol{x})\leq0 \quad\quad i\in I \\ &\quad\quad \boldsymbol{x}\in S\subseteq\mathbb{R}^n \end{aligned} \qquad (6.8)$$

这个问题称为初始问题(primal problem)。S 为 $\mathbb{R}^n$ 的任意子集,可以为一个离散集合;此外,在本节我们不假设目标函数可微或为凸,因此,我们得到的结果具有一般性。

考虑通过对偶约束式(6.8)得到的拉格朗日函数:

$$\mathcal{L}(\boldsymbol{x},\boldsymbol{\mu}) = f(\boldsymbol{x}) + \sum_{i \in I} \mu_i g_i(\boldsymbol{x})$$

给定一个乘子向量 $\boldsymbol{\mu}$，关于 $x \in S$ 最小化拉格朗日函数称为松弛问题（relaxed problem）；松弛问题的解定义一个函数 $w(\boldsymbol{\mu})$，称为对偶函数（dual function）：

$$\omega(\boldsymbol{\mu}) = \min_{x \in S} \mathcal{L}(\boldsymbol{x},\boldsymbol{\mu})$$

考虑对偶问题：

$$(D) \qquad \max_{\boldsymbol{\mu} \geq 0} w(\boldsymbol{\mu}) = \max_{\boldsymbol{\mu} \geq 0} \left\{ \min_{x \in S} \mathcal{L}(\boldsymbol{x},\boldsymbol{\mu}) \right\} \qquad (6.9)$$

定理 6.6 成立。

定理 6.6 对于任意 $\boldsymbol{\mu} \geq 0$ 弱对偶定理，对偶函数为初始问题 (P) 的最优解 $f(\boldsymbol{x}^*)$ 的下界，例如：

$$\omega(\boldsymbol{\mu}) \leq f(\boldsymbol{x}^*) \qquad \forall \boldsymbol{\mu} \geq 0$$

证明：

对于一个优化问题 P，符号 $v(P)$ 定义目标函数的最优值。在 $\boldsymbol{\mu} \geq 0$ 的假设下，可以得到：

$$v(P) \geq v \begin{pmatrix} \min & f(\boldsymbol{x}) \\ \text{s. t.} & \boldsymbol{x} \in S \\ & \boldsymbol{\mu}'\boldsymbol{g}(\boldsymbol{x}) \leq 0 \end{pmatrix} \qquad (6.10)$$

$$\geq v \begin{pmatrix} \min & f(\boldsymbol{x}) + \boldsymbol{\mu}'\boldsymbol{g}(\boldsymbol{x}) \\ \text{s. t.} & \boldsymbol{x} \in S \\ & \boldsymbol{\mu}'\boldsymbol{g}(\boldsymbol{x}) \leq 0 \end{pmatrix} \qquad (6.11)$$

$$\geq v \begin{pmatrix} \min & f(\boldsymbol{x}) + \boldsymbol{\mu}'\boldsymbol{g}(\boldsymbol{x}) \\ \text{s. t.} & \boldsymbol{x} \in S \end{pmatrix} \qquad (6.12)$$

不等式（6.10）成立的条件为可行解对于所有 i 满足约束 $g_i(\boldsymbol{x}) \leq 0$，同时满足"如果 $\boldsymbol{\mu} \geq 0$ 则 $\boldsymbol{\mu}'\boldsymbol{g}(\boldsymbol{x}) \leq 0$"，但反之不成立。换句话说，第一个问题可行解集为第二个问题可行解集的子集。显然，当我们松弛可行集时，最优值不能增加。由于第三个问题与第二个问题具有相同的可行解集，不等式（6.11）成立，但是我们已经给目标函数增加了一个非正项。最后，不等式（6.12）成立是因为第四个问题为第三个问题的松弛形式（删除约束）。

我们得到一个非常一般性同时也比较弱的关系。在适当的条件（凸性）下，一个更强的特性称为强对偶（strong duality）：

$$v(D) = \omega(\boldsymbol{\mu}^*) = f(\boldsymbol{x}^*) = v(P)$$

尤其是对于离散集合，凸性假设不成立；因此，在一般情况下，对偶只能得到离散优化问题的下界。当对偶问题生成初始问题最优解时，可以建立定理 6.7。

定理 6.7 如果存在一对 $(\boldsymbol{x}^*, \boldsymbol{\mu}^*)$，其中 $\boldsymbol{x}^* \in S$ 与 $\boldsymbol{\mu}^* \geq 0$，满足如下条件：

(1) $f(\boldsymbol{x}^*) + (\boldsymbol{\mu}^*)'\boldsymbol{g}(\boldsymbol{x}^*) = \min_{x \in S}\{f(\boldsymbol{x}) + (\boldsymbol{\mu}^*)'\boldsymbol{g}(\boldsymbol{x})\}$。

(2) $(\boldsymbol{\mu}^*)'\boldsymbol{g}(\boldsymbol{x}^*) = 0$。

(3) $\boldsymbol{g}(\boldsymbol{x}^*) \leq \boldsymbol{0}$。

则 x^* 为初始问题（P）的全局最优解。

换句话说，乘子向量 μ^* 的松弛问题的最优解 x^* 为初始问题的全局最优解。如果 (x^*, μ^*) 为初始可行解、对偶可行解，并且满足互补松弛条件：

$$\min \quad f(x)$$
$$\text{s. t.} \quad h_i(x) = 0, \quad i \in E$$
$$x \in S$$

松弛问题：

$$\min_{x \in S} \{f(x) + \lambda' h(x)\}$$

的最优解 $\bar{x}$，对于任意乘子向量 λ（不限符号），可以得到：

$$f(\bar{x}) + \lambda' h(\bar{x}) \leq f(x^*) + \lambda' h(x^*) = f(x^*)$$

遗憾的是，等式约束不容易保持凸性。事实上，只有线性约束可以保持凸性，例如 $a_i'x = b_i$。因此，带有等式约束的强对偶仅在个别情况下成立；其中重要的一类为线性规划（参见第 6.4.3 节）。

[例 6.10] 考虑问题：

$$\min \quad x_1^2 + x_2^2$$
$$\text{s. t.} \quad x_1 + x_2 \geq 4$$
$$x_1, x_2 \geq 0$$

最优值为 8，对应的最优解为 $(2, 2)$。因此，这是一个凸问题，我们可以应用强对偶性，对偶函数为：

$$\omega(\mu) = \min_{x_1, x_2} \{x_1^2 + x_2^2 + \mu(-x_1 - x_2 + 4); \text{s. t.} \ x_1, x_2 \geq 0\}$$
$$= \min_{x_1} \{x_1^2 - \mu x_1; \text{s. t.} \ x_1 \geq 0\} + \min_{x_2} \{x_2^2 - \mu x_2; \text{s. t.} \ x_2 \geq 0\} + 4\mu$$

因为 $\mu \geq 0$，最优解 x_1, x_2 为：

$$x_1^* = x_2^* = \frac{\mu}{2}$$

因此，

$$\omega(\mu) = -\frac{1}{2}\mu^2 + 4\mu$$

对偶函数的最大值为 $\mu^* = 4$，我们得到 $\omega(4) = f^* = 8$。

在例 6.10 中，我们找到了对偶函数的明确表达式。一般地，对偶函数的最大值可以通过数值方法获得。实际上，可以使用如下迭代过程获得（假设不等式约束的情况）：

（1）设定初始值 $\mu^{(0)} \geq 0$；设置 $k \leftarrow 0$。

（2）求解乘子为 $\mu^{(k)}$ 的松弛问题。

（3）给定松弛问题的解 $\hat{x}^{(k)}$，计算一个搜索方向 $s^{(k)}$ 与步长 $\alpha^{(k)}$，更新计算新的乘子（并确保乘子非负）：

$$\mu^{(k+1)} = \max \{0, \mu^{(k)} + \alpha^{(k)} s^{(k)}\}$$

然后设置 $k \leftarrow k+1$，并转步骤 2。

为寻找一个搜索方法，我们需要计算对偶函数的梯度。遗憾的是，对偶函数可能并非连续可微，例如例 6.11。

[例 6.11] 考虑一个离散优化问题：

$$\min \quad c'x$$
$$\text{s. t.} \quad a'x \geq b \tag{6.13}$$
$$x \in S = \{x^1, x^2, \cdots, x^m\} \tag{6.14}$$

其中 $c, a, x \in \mathbb{R}^n$，$b \in \mathbb{R}$ 并且 S 为一个离散集合。双重约束（6.13）的乘子为 $\mu \geq 0$，得到对偶函数：

$$w(\mu) = \min_{j=1,\cdots,m} \{(b - a'x^j)\mu + c'x^j\}$$

对偶函数为一组仿射函数的下包络（lower envelope），如图 6.8 所示。当松弛问题存在多个最优解时，我们有一个不可微点。

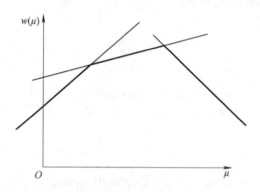

图 6.8　不可微对偶函数

根据例 6.11，我们可以得到对偶函数并不一定可微的结论；然而，这个示例的对偶函数为凹。事实上，我们可以证明对偶函数一定为凹。

定理 6.8　对偶函数 $\omega(\mu)$ 为一个凹函数。

证明：对于任意乘子向量 μ_1 与 μ_2，我们得到：

$$\omega[\lambda\mu_1 + (1-\lambda)\mu_2] \geq \lambda\omega(\mu_1) + (1-\lambda)\omega(\mu_2), \lambda \in [0,1]$$

使用 $\hat{x}_1$ 与 $\hat{x}_2$ 定义乘子为 μ_1 与 μ_2 松弛问题的最优解。

$$\omega(\mu_1) = f(\hat{x}_1) + \mu'_1 g(\hat{x}_1) \leq f(x_\lambda) + \mu'_1 g(x_\lambda)$$
$$\omega(\mu_2) = f(\hat{x}_2) + \mu'_2 g(\hat{x}_2) \leq f(x_\lambda) + \mu'_2 g(x_\lambda),$$

其中，x_λ 为对应乘子向量 $\lambda\mu_1 + (1-\lambda)\mu_2$ 的最优解。结果可以通过第一个不等式乘 λ，第二个不等式乘 $1-\lambda$，再求和得到。

由于最大化一个凹函数等价于最小化一个凸函数，这是一个非常有意义的结果。实际上，我们可以应用一个梯度算法（参见第 6.2.2 节）证明对于乘子的任意取值，我们都可以找到一个对偶函数的梯度。

定理 6.9 对于乘子向量 $\hat{\boldsymbol{\mu}}$，设 $\hat{\boldsymbol{x}}$ 为松弛问题的最优解。然后 $\boldsymbol{g}(\hat{\boldsymbol{x}})$ 为对偶函数在 $\hat{\boldsymbol{\mu}}$ 的梯度。

证明：

要说明的是 $\boldsymbol{g}(\hat{\boldsymbol{x}}) \in \partial w(\hat{\boldsymbol{\mu}})$，对于任意的 $\boldsymbol{\mu}$，我们得到

$$\omega(\hat{\boldsymbol{\mu}}) \leqslant \omega(\hat{\boldsymbol{\mu}}) + \boldsymbol{g}(\hat{\boldsymbol{x}})'(\boldsymbol{\mu} - \hat{\boldsymbol{\mu}})$$

由于 ω 为凹，这里不等式与定义一个凸函数的梯度是相反的。我们知道，$\hat{\boldsymbol{x}}$ 是对于 $\hat{\boldsymbol{\mu}}$ 松弛问题的最优解：

$$\omega(\hat{\boldsymbol{\mu}}) = f(\hat{\boldsymbol{x}}) + \hat{\boldsymbol{\mu}}'\boldsymbol{g}(\hat{\boldsymbol{x}}) \tag{6.15}$$

但并非为一个通用的 $\boldsymbol{\mu}$：

$$\omega(\boldsymbol{\mu}) = \min_{\boldsymbol{x} \in S}\{f(\boldsymbol{x}) + \boldsymbol{\mu}'\boldsymbol{g}(\boldsymbol{x})\} \leqslant f(\hat{\boldsymbol{x}}) + \boldsymbol{\mu}'\boldsymbol{g}(\hat{\boldsymbol{x}}) \tag{6.16}$$

从不等式（6.16）减去等式（6.15），我们得到如下公式并顺其自然地得到结果：

$$\omega(\boldsymbol{\mu}) - w(\hat{\boldsymbol{\mu}}) \leqslant \boldsymbol{g}'(\hat{\boldsymbol{x}})(\boldsymbol{\mu} - \hat{\boldsymbol{\mu}})$$

根据定理 6.9，我们可以使用一个梯度算法求解对偶问题（6.9）。即使函数的解析形式未知，我们也可以对函数进行优化计算，并知道如何找到一个梯度；这个结论适用于（优化问题）隐式定义的对偶函数，同时适用于追索函数，例如我们在随机规划中所见的（参见第 11 章）：

$$\boldsymbol{\mu}^{(k+1)} = \max\{\boldsymbol{0}, \boldsymbol{\mu}^{(k)} + \alpha^{(k)}\boldsymbol{g}(\hat{\boldsymbol{x}}^{(k)})\}$$

其中，$\hat{\boldsymbol{x}}^{(k)}$ 为第 k 松弛问题的解。需要注意的是，这个解可能不是初始问题的可行解。如果强对偶成立，算法收敛于初始问题的最优解。当仅适用于弱对偶时，我们得到初始问题最优解的下界与可行解域，根据某些相关方法或许可以从中获得一个近似最优解。需要注意的是，对偶定理本身并不能直接产生一种高效的数值算法。

此外，对偶定理可以有效地用于某些特殊的结构化问题；实际中，如我们在例 6.10 所见，二重化约束可以将一个优化问题分解为两个相互独立的子问题；某些模型公式可以通过二元化的相互约束将其分解。此外，对偶定理是实用的基本理论工具，为优化算法的发展奠定了理论基础。

6.3.4 凯利（Kelley）切平面法

在上一节中，我们可以最大化对偶函数，即使不确定对偶函数明确的解析公式。根据对偶函数为凹的性质，我们可以计算出函数值并计算出给定点的梯度。一个类似的思路可以引出最小化凸函数的凯利切平面法（Kelley's cutting plane method）。

假设我们求解一个凸问题 $\min_{\boldsymbol{x} \in S} f(\boldsymbol{x})$，其中目标函数 f 的解析公式未知。如果函数在可行域 S 上为凸且可微，对于任意给定点 $\boldsymbol{x}^k$，我们不仅可以计算函数值 $f(\boldsymbol{x}^k) = \alpha_k$，也可以计算梯度 $\boldsymbol{\gamma}_k$。换句话说，我们可以找到一个仿射函数使得：

$$f(\boldsymbol{x}^k) = \alpha_k + \boldsymbol{\gamma}_k'\boldsymbol{x}^k \tag{6.17}$$

$$f(\boldsymbol{x}) \geqslant \alpha_k + \boldsymbol{\gamma}'_k\boldsymbol{x} \quad \forall \boldsymbol{x} \in S \tag{6.18}$$

支持超平面的可得性表明，通过如图6.9所示支持超平面的上包络，我们可以在接下来得到近似函数 f 的概率。凯利切平面算法正是利用这个思路，通过构建并不断改进函数下界直到满足某种收敛条件。

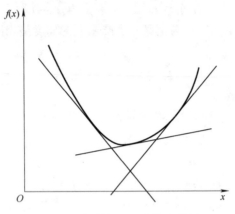

图6.9   凯利切平面法算法示例

步骤1：给定 $\boldsymbol{x}^1 \in S$ 为初始可行解；初始化迭代计数参数 $k \leftarrow 0$，上界 $u_0 = f(\boldsymbol{x}^1)$，下界 $l_0 = -\infty$，然后设置下界函数 $\beta_0(\boldsymbol{x}) = -\infty$。

步骤2：增加迭代计数参数 $k \leftarrow k+1$。寻找在 $\boldsymbol{x}^k$ 函数 f 的一个梯度，使得方程（6.17）与条件（6.18）成立。

步骤3：更新上界函数：

$$u_k = \min\{u_{k-1}, f(\boldsymbol{x}^k)\}$$

与下界函数：

$$\beta_k(\boldsymbol{x}) = \max\{\beta_{k-1}(\boldsymbol{x}), \alpha_k + \boldsymbol{\gamma}'_k\boldsymbol{x}\}$$

步骤4：求解问题：

$$l_k = \min_{\boldsymbol{x} \in S}\beta_k(\boldsymbol{x})$$

并得到 $\boldsymbol{x}^{k+1}$ 为最优解。

步骤5：如果 $u_k - l_k < \varepsilon$，停止计算，得到结果：$\boldsymbol{x}^{k+1}$ 为满意的最优解近似；否则，转步骤1。

需要注意的是，如果可行域 S 为多面体，则我们所求解的子问题为 LP 问题。凯利切平面算法为某些随机规划算法的基础，例如随机规划的 L 形分解，参见第 11.4 节。

6.3.5 有效集法

虽然对偶理论在算法理论与算法实践中都是一个非常强大的工具，但是对偶算法有一个缺陷，即仅在极限形式可以获得一个可行解。许多优化算法的目标是将搜索路径保持在可行域内。如果问题为线性约束，这相对容易实现。考虑问题：

$$\min \quad f(x)$$
$$\text{s.t.} \quad Ax = b$$

其中矩阵 $A \in \mathbb{R}^{m,n}$，$m < n$，为简单起见，假定矩阵行满秩。给定一个可行解 $\hat{x}$，我们如何获得下降方向 δ 使得新的解 $\hat{x} + \alpha\delta$ 对于某些 $\alpha > 0$ 保持可行，由于这两种解决方案都必须可行，有：

$$A(\hat{x} + \alpha\delta) = b + \alpha A\delta = b \Rightarrow A\delta = 0$$

从技术上讲，向量 δ 必须在矩阵 A 的零空间上；由于这是一个线性空间，必定存在一组基。假设 $Z \in \mathbb{R}^{n,(n-m)}$ 为一个矩阵，其列向量为这个空间的基；则我们有：

$$AZ = 0$$

方向 δ 为矩阵 Z 列的线性组合：

$$\delta = Zd$$

基包含 $(n-m)$ 个向量，考虑 m 个等式约束以消除 n 个决策变量的 m 个自由度。接着，我们仅能在一个具有 $(n-m)$ 自由度的空间内移动。沿着可行方向一个扰动点的一阶泰勒展开式为：

$$f(\hat{x} + \varepsilon Zd) \approx f(\hat{x}) + \varepsilon d' Z' \nabla f(\hat{x})$$

当 $d' Z' \nabla f(\hat{x}) < 0$ 时，可以得到一个下降方法；此外，一阶最优必要条件为：

$$Z' \nabla f(x^*) = 0 \tag{6.19}$$

向量 $Z' \nabla f$ 称为约化梯度（reduced gradient），我们看到约化梯度需要一个稳定性条件。同时，条件（6.19）意味着梯度 ∇f 为矩阵 A 行向量的线性组合。这意味着：

$$\nabla f(x^*) = A'\lambda$$

其同样可以通过拉格朗日乘子法获得。

若我们可以找到一个合适的矩阵 Z，可以容易地设计出一个算法，我们必须简化下降方法并选择合适步长 α 以便减少目标函数并保持迭代可行。一个可行的方法是通过 QR 分解获得矩阵 Z。在 MATLAB 中实现 QR 分解，可以通过 QR 函数实现，例如：

$$A' = Q\begin{pmatrix} R \\ 0 \end{pmatrix} = (Q_1 \quad Q_2)\begin{pmatrix} R \\ 0 \end{pmatrix} = Q_1 R$$

其中 $Q \in \mathbb{R}^{n,n}$ 为一个正交矩阵（orthogonal matrix，列为正交向量），$R \in \mathbb{R}^{n,n-m}$ 为上三角矩阵。因为 Q 的正交性意味着，$Z = Q_2$ 满足要求：

$$A = R' Q'_1 \Rightarrow AZ = R' Q'_1 Q_2 = 0$$

矩阵 Z、下降方向与步长计算都有不同的方法，这些方法参见文献。还应该提到的是，如果函数 f 非凸则需要检查二阶条件。

这种方法可以扩展到线性不等式。处理如下问题：

$$\min \quad f(x)$$
$$\text{s.t.} \quad Ax \leq b$$

一个可行的思路为仅关注有效约束，例如，等式约束。实际上，如果知道哪些最优解约束是有效的，我们便可以采用处理等式约束问题的方法求解问题。有效集策略（active set strategy）是基于一组有效的，并试图识别将哪些约束纳入或剔出有效集的策略。简单而言，如果我们发现沿着可行方向多移动一些违反某一个松弛约束，则应该将这个约束纳入有效集。同样，将提出一个非有效约束。算法的细节或许比较复杂，我们仅需知道算法逻辑与在 MATLAB 使用有效集法求解二次规划与线性规划的方法即可（参见第 6.5.1 节）。

6.4　线性规划

一个普通线性规划（LP）问题可以描述为：

$$\min \quad c'x$$
$$\text{s. t.} \quad a_i'x = b_i, \quad i \in E$$
$$a_i'x \geqslant b_i, \quad i \in I$$

其中 c，a_i，$x \in \mathbb{R}^n$，$b_i \in \mathbb{R}$。当求解 LP 问题时，假设其具有一个特殊形式。如果一个 LP 问题仅涉及不等式约束，而且所有变量具有符号限制，这个 LP 问题被称为规范形式。最小化线性规划问题的规范形式为：

$$\max \quad c'x$$
$$\text{s. t.} \quad Ax \leqslant b$$
$$x \geqslant 0$$

其中 $c, x \in \mathbb{R}^n$，$b \in \mathbb{R}^m$，$A \in \mathbb{R}^{m,n}$。矩阵 A 第 i 行 a_i'（对应第 i 约束），矩阵 A 第 j 列 A^j（对应第 j 个变量）。如果仅涉及等式约束，LP 问题称为标准形式（standard form）：

$$\min. \quad c'x$$
$$\text{s. t.} \quad Ax = b$$
$$x \geqslant 0$$

标准形式与规范形式有同样的表示方法。显然，我们必须有 $m < n$，否则线性方程组存在多个解。

读者可能会认为，规范形式和标准形式或许存在某些约束；实际并不是这样，因为一般 LP 问题可以通过如下变化简化为规范形式或标准形式：

- 如果一个变量 x_j 没有符号约束，其可以重新定义为 $x_j = x_j^+ - x_j^-$，其中 x_j^+，$x_j^- \geqslant 0$。
- 一个不等式约束：

$$a_i'x \geqslant b_i$$

可以通过引入一个松弛变量 $s_i \geqslant 0$，可以转化为一个等式约束：

$$a_i'x - s_i = b_i$$

- 一个等式约束：

$$\boldsymbol{a}_i' \boldsymbol{x} = b_i$$

也可以转化为两个不等式约束：

$$\boldsymbol{a}_i' \boldsymbol{x} \geq b_i, \quad -\boldsymbol{a}_i' \boldsymbol{x} \geq -b_i$$

根据"凸分析基础"，我们知道一个 LP 问题的可行域为凸并且为多面体。此外，线性规划问题同时具有凸性与凹性。这意味着在可行域的边界上可以发现（如果存在）一个最优解；更具体地，最优解为可行集（多面体）的一个顶点。简单可以发现，可行域 S 为极值点 $\boldsymbol{X}^k$, $k = 1, \cdots, I$ 的凸包。严格意义上如果 S 无界，我们可以考虑其极射线。但是，如果我们假设最优值为有限，则不存在沿一个射线趋向无穷大的可能。极点 $\boldsymbol{X}^k$ 的成本用 C^k 表示，我们可以将 LP 问题转化为：

$$\min \quad \boldsymbol{c}' \boldsymbol{x}$$
$$\text{s.t.} \quad \boldsymbol{x} \in S$$

转化为等价问题：

$$\min \quad \sum_{k=1}^{I} \lambda_k C^k \boldsymbol{X}^k$$

$$\text{s.t.} \quad \sum_{i=1}^{I} \lambda_k = 1$$

$$\lambda_k \geq 0$$

这个问题仅有一个约束，但变量数量可能十分庞大；此外，最小成本极值点可以找到一个最优解。

如果问题为标准形式，极值点对应线性方程组 $\boldsymbol{Ax} = \boldsymbol{b}$ 的特解；这些将在第 6.4.1 节中介绍，同时这为单纯形法（simplex algorithm）的基础，参见第 6.4.2 节。

将对偶原理用于 LP 问题将得到一个有趣的理论，例如在第 6.4.3 节介绍的。单纯形法无疑是求解 LP 问题最著名的算法，但是其并不是 MATLAB 中求解线性规划的唯一方法。优化工具箱为用户提供两种算法：对于中等规模问题，可使用有效集法；对于大规模问题，可使用内点法。内点法的算法思路将在第 6.4.4 节中介绍。需要说明的是，在最坏情况下，单纯形法并不是一个多项式复杂度算法，而内点法已被证明为一个多项式复杂度算法。事实上，内点法相比大多数算法计算速度要快，但也不总是这样。

6.4.1 线性规划的几何与代数特征

给定一个 LP 问题，会有以下三种情况之一发生：

（1）可行解集为空，问题无解。

（2）非严格意义上讲，最优解为"无界"。这种情况发生仅当可行解集为无界多面体，并且我们可以沿着一个无限极射线增加目标函数值。

（3）问题存在一个有限最优解，并对应可行解集的一个极点；需要注意的是，如果目标函数曲线与多面体的一个面平行，则我们有无限个最优解（参见例6.2）。

$$Ax = (A^1 A^2 \cdots A^n) \begin{pmatrix} x_1 \\ x_2 \\ \vdots \\ x_n \end{pmatrix} = \sum_{j=1}^{n} x_j A^j = b$$

这个方程组有无限个解，但是并非其全部满足约束 $x \geqslant 0$。此外，我们希望获得某些可行解，这些可行解为可行域上的极值点。如果考虑在最多 m 个元素 x_j 构成的解严格为正，其余 $n-m$ 个元素为零的可行解内，上述想法是很容易实现的。这类解称为基本解（basic solution）；名字源于 m 个列向量对应 m 个非空变量足以表达 m 维向量 b。任意基本解都对应由 A 的 m 个列向量构成空间 $\mathbb{R}^m$ 的一个基。m 个变量对应选中的列向量，称为基础变量（basic variable）；其他变量称为非基础变量（non-basic variable），具有非零元素一个基础解称为基本可行解（basic feasible solution）。

[**例6.12**] 考虑如下线性方程组：

$$\begin{pmatrix} -1 & 1 & 1 & -1 & 0 \\ 0 & 1 & 0 & 4 & 0 \\ 0 & 0 & 2 & 2 & 1 \end{pmatrix} \begin{pmatrix} x_1 \\ x_2 \\ x_3 \\ x_4 \\ x_5 \end{pmatrix} = \begin{pmatrix} 1 \\ 3 \\ 1 \end{pmatrix}$$

一个基础解为：

$$x_1 = 2, x_2 = 3, x_3 = x_4 = 0, x_5 = 1$$

这个解可行，其对应的基可以由列向量 A^1，A^2，A^5 构成。如果基由 A^2，A^3，A^5 构成，我们得到基解：

$$x_1 = 0, x_2 = 3, x_3 = -2, x_4 = 0, x_5 = 5$$

其不可行，因为 $x_3 < 0$。

基可行解对于可行解集的极值非常重要，因此基可行解是基础。此外，给定一个当前极值点，相邻的极值点可以通过将一个基变量换为一个非基变量获得。这意味着，通过将一个基变量从基中剔除并加入一个非基变量的方法，我们可以从可行域的一个顶点移动到另一个顶点。

6.4.2　单纯形法

单纯形法为一个迭代算法；给定一个当前极点（或基可行解，或基），利用它寻找一个相邻极点以提高目标函数值，当无法找到可以提高目标函数值的相邻点时迭代停止。

假设我们有一个基可行解 x；关于如何获得一个初始基可行解，我们将在后面介绍。我们可以将向量 x 分为两个子向量：基变量的子向量 $x_B \in \mathbb{R}^m$ 与非基变量的子向量 $x_N \in \mathbb{R}^{n-m}$。通过一个适当的变量位置变换，我们可以将线性方程组写为：

$$Ax = b$$

如

$$(A_B A_N) \begin{pmatrix} x_B \\ x_N \end{pmatrix} = A_B x_B + A_N x_N = b \tag{6.20}$$

如果 x 有解，则可写作：其中 $A_B \in \mathbb{R}^{m,m}$，$A_N \in \mathbb{R}^{m,n-m}$ 为非奇异矩阵。如果 x 为基础可行解，其可以表示为：

$$x = \begin{pmatrix} x_B \\ x_N \end{pmatrix} = \begin{pmatrix} \hat{b} \\ 0 \end{pmatrix}$$

其中：

$$\hat{b} = A_B^{-1} b \geq 0$$

对应 x 的目标函数值为：

$$\hat{f} = (c'_B c'_N) \begin{pmatrix} \hat{b} \\ 0 \end{pmatrix} = c'_B \hat{b} \tag{6.21}$$

现在我们必须证明，如果简单改变基，例如，使用非基变量代替基变量，是否可以改进目前的可行解。为评估将非基变量引入基中的潜在益处，我们或许可以在等式（6.21）中消除基变量。使用等式（6.20），我们可以将基变量解释为：

$$x_B = A_B^{-1}(b - A_N x_N) = \hat{b} - A_B^{-1} A_N x_N \tag{6.22}$$

然后，我们将目标函数值重写为：

$$c'x = c'_B x_B + c'_N x_N = c'_B(\hat{b} - A_B^{-1} A_N x_N) + c'_N = \hat{f} + \hat{c}'_N x_N$$

其中：

$$\hat{c}'_N = c'_N - c'_B A_B^{-1} A_N \tag{6.23}$$

数值 $\hat{c}'_N$ 称为降低的成本，它们测量目标函数相对于非基本变量的边际变化。如果 $\hat{c}_N \geq 0$，即不可能再改进目标函数；在这种情况下，将一个非基变量引入基中将无法降低整体成本。因此，目前基为最优，如果 $\hat{c}_N \geq 0$。如果反之，存在一个 $q \in N$ 使得 $\hat{c}_q < 0$，则可以通过将 x_q 引入基从而改进目标函数值。一个简单的策略是选择 q 使得：

$$\hat{c}_q = \min_{j \in N} \hat{c}_j$$

这个选择并不一定在算法上达到最优效果；我们应该不仅考虑目标函数值的变化，而且考虑新基变量所能达到的效果。此外，可能会发生输入变量趋向于零并不改变目标函数值的情况。在这种情况下，一组基上可能存在循环风险；关于如何避免这种问题的方法，可以查阅参考文献。当 x_q 被引入基，一个基础变量必须"离开"以保持 $Ax = b$。如何选择"离开"变量推理如下。给定目前基，我们可以用其解释 b 与列向量 A^q 所对应的输入变量：

$$b = \sum_{i=1}^{m} x_{B(i)} \boldsymbol{A}^{B(i)} \tag{6.24}$$

$$\boldsymbol{A}^q = \sum_{i=1}^{m} d_i \boldsymbol{A}^{B(i)} \tag{6.25}$$

其中 $B(i)$ 为第 i 个基变量的序数 $(i=1, \cdots m)$：

$$\boldsymbol{d} = \boldsymbol{A}_B^{-1} \boldsymbol{A}^q$$

如果方程（6.25）乘一个数 θ，并从方程（6.24）减掉它，我们得到：

$$b = \sum_{i=1}^{m} (x_{B(i)} - \theta d_i) \boldsymbol{A}^{B(i)} + \theta \boldsymbol{A}^q \tag{6.26}$$

根据方程（6.26），我们看到 θ 为新解中引入的变量值，影响当前基值的方式取决于 d_i 的符号。如果 $d_i \leq 0$，当 x_q 增加时，$x_{B(i)}$ 仍为非负。但是，如果存在一个序数 i 使得 $d_i > 0$，则我们无法增加 x_q，因为存在一个极值而且一个当前基变量变为零。这个极值通过输入变量 x_q 获得，并剔除第一个变为零的基变量。

$$x_q = \min_{\substack{i=1,\cdots,m \\ d_i > 0}} \frac{b_i}{d_i}$$

如果 $\boldsymbol{d} \leq \boldsymbol{0}$，则 x_q 的增长无限，最优解无界。

为方便开始迭代，需要一个初始基，一种可行方法为在以下约束中引入辅助人工变量 $\boldsymbol{z}$：

$$\boldsymbol{A}\boldsymbol{x} + \boldsymbol{z} = \boldsymbol{b}$$

$$\boldsymbol{x}, \boldsymbol{z} \geq \boldsymbol{0}$$

假设重排方程以使得 $\boldsymbol{b} \geq \boldsymbol{0}$；则一个基可行解为 $\boldsymbol{z} = \boldsymbol{b}$。将不成立的形式最小化，有：

$$\phi = \min \sum_{i=1}^{m} z_i$$

根据单纯形法，如果 $\phi = 0$，我们可以找到一个基可行解；否则，初始问题可行。

或许我们希望知道在 LP 问题的单纯形法与先前在第 6.2.4 节中提到的单纯形之间有什么联系。事实上，两种算法是求解不同问题的不同算法。单纯形法称谓是根据算法基于减少的非基变量空间的一个单纯形而来。在这个空间，初始对应当前基可行解，因为非基变量数为零；单纯形的极值点对应着相邻基。单纯形法将在已经减少的空间中检查是否存在极值点可以改进目标函数。

6.4.3 线性规划的对偶性

在第 6.3.3 节中，我们介绍了非线性规划的对偶性。LP 问题的对偶性无需考虑更一般的非线性情况，但是我们还是将其放在一般模型下进行研究。需要注意的是，线性规划具有凸性，所以线性规划具有强对偶性。我们以 LP 问题 (P_1) 的规

范形式开始:

$$(P_1) \quad \min \quad c'x$$
$$\text{s. t.} \quad Ax \geq b$$

如果我们使用对偶变量 $\mu \in \mathbb{R}_+^m$ 的向量将不等式约束对偶化,我们得到对偶问题:

$$\max_{\mu \geq 0} \min_x \{c'x + \mu'(b - Ax)\} = \max_{\mu \geq 0} \{\mu'b + \min_x(c' - \mu'A)x\}$$

由于 x 不限制符号,内部最优化问题有一个有限解当且仅当:

$$c' - \mu'A = 0$$

否则,依赖于对应成本系数的符号,x 的每个元素为 $\pm\infty$,而对于对偶函数这个结果值为 $-\infty$。由于我们希望最大化对偶问题,我们可以利用上述条件,则对偶问题 (D_1) 转化为:

$$(D_1) \quad \max \quad \mu'b$$
$$\text{s. t.} \quad A'\mu = c$$
$$\mu \geq 0$$

将 b 与 c 交换并转化 A 得到的对偶问题仍为一个 LP 问题。(P_1) 与 (D_1) 之间的对偶关系可以解释为另外一种近似:

$$\begin{pmatrix} \max & x'c \\ \text{s. t.} & Ax = b \\ & x \geq 0 \end{pmatrix} \Leftrightarrow \begin{pmatrix} \min & b'\nu \\ \text{s. t.} & A'\nu \geq c \end{pmatrix}$$

给定一个 LP 问题 (P_2) 的标准形式:

$$(P_2) \quad \min \quad c'x$$
$$\text{s. t.} \quad Ax = b$$
$$x \geq 0$$

我们根据上述关系,找到其对偶问题:

$$\begin{pmatrix} \min & c'x \\ \text{s. t.} & Ax = b \\ & x \geq 0 \end{pmatrix} \Leftrightarrow \begin{pmatrix} \max & x'(-c) \\ \text{s. t.} & (A')'x = b \\ & x \geq 0 \end{pmatrix}$$

$$\Leftrightarrow \begin{pmatrix} \min & b'\nu \\ \text{s. t.} & A'\nu \geq -c \end{pmatrix} \Leftrightarrow \begin{pmatrix} \min & -b'\mu \\ \text{s. t.} & -A'\mu \geq -c \end{pmatrix}$$

$$\Leftrightarrow \begin{pmatrix} \max & b'\mu \\ \text{s. t.} & A'\mu \leq c \end{pmatrix}$$

其中,我们引入 $\mu = -\nu$,得到问题 (P_2) 的对偶问题 (D_2)。

需要注意两种对偶形式的相同与不同。当原问题的约束为不等式时,对偶变量具有符号限制;当原问题的约束为其他情况时,对偶变量没有符号限制(这符合库恩-塔克条件)。当原问题的变量具有符号限制时,在对偶问题中有不等式约束,如果没有符号限制时,对偶问题中有等式约束。我们在表6.1中总结了建立一般 LP 问题的对偶问题的"法则"。

表6.1　对偶关系

原问题	对偶问题
min　$c'x$	max　$\mu'b$
$a'_i x = b_i$	μ_i 无约束
$a'_i x \geqslant b_i$	$\mu^i \geqslant 0$
$x_j \geqslant 0$	$\mu'A^j \leqslant c_j$
x_j 无约束	$\mu'A^j = c_j$

给定一对原问题与对偶问题，将发生下列情况：

• 两个问题都有一个有限最优解，在这种情况下，两个目标函数在最优解的值相同。

• 两个问题都不可行。

• 一个问题无界，在这种情况下，另外一个问题不可行。

需要指出的是，标准形式问题的对偶可行约束 $A'\mu \leqslant c$，可以视作降低成本的非负条件，等同于 $\mu' = c'A_B^{-1}$。根据全局最优充分条件（6.7），它们相当于：

• 原问题可行。

• 对偶问题可行。

• 互补松弛。

事实上，单纯形法通过保持原问题可行与互补松弛进行寻优搜索，并直到得到对偶可行解其迭代过程才停止。通过原问题与对偶问题之间的角色转换，可以看出对偶单纯形法对原问题可行。对偶单纯形法在某些时候比原单纯形方法更有效。但是，还存在第三种可能：我们可以保持对原问题与对偶问题都有可行解并且满足互补松弛性。这引出原—对偶算法，这种方法被应用于内点法中，在下一节我们将介绍内点法。

6.4.4　内点法

单纯形法仅沿着可行解集的极值点进行搜索。内点法的搜索路径在可行域内。存在多种类型的内点法；我们仅介绍最基本的内点法，称为原始—对偶障碍方法（primal – dual barrier method），因为它揭示了原问题与对偶问题的直接关系以及一个内部惩罚函数。为简单起见，我们以最大化 LP 问题的规划形式为例⊖：

$$\max \quad c'x$$
$$\text{s. t.} \quad Ax \leqslant b$$
$$x \geqslant 0$$

通过添加松弛变量 w 将其转换为标准形式：

⊖　该表述基于 [19]。

$$\max \quad \boldsymbol{c'x}$$

$$\text{s. t.} \quad \boldsymbol{Ax} + \boldsymbol{w} = \boldsymbol{b}$$

$$\boldsymbol{x}, \boldsymbol{w} \geq \boldsymbol{0}$$

在假设我们对于单纯形法一无所知，但可以利用约束优化理论的相关知识；一个思路为通过引入一个适当的罚函数处理非负约束并使用拉格朗日乘子法。基于对数障碍函数使用内部罚函数法，得到问题：

$$(PP) \quad \max \quad \boldsymbol{c'x} + \sigma \sum_j \log x_j + \sigma \sum_i \log w_i$$

$$\text{s. t.} \quad \boldsymbol{Ax} + \boldsymbol{w} = \boldsymbol{b}$$

由于这个问题仅有一个等式约束，我们可以通过引出一个拉格朗日乘子向量，生成拉格朗日函数：

$$\mathcal{L}(\boldsymbol{x}, \boldsymbol{w}, \boldsymbol{y}) = \boldsymbol{c'x} + \sigma \sum_j \log x_j + \sigma \sum_i \log w_i + \boldsymbol{y'}(\boldsymbol{b} - \boldsymbol{Ax} - \boldsymbol{w})$$

一阶稳定条件为：

$$\frac{\partial \mathcal{L}}{\partial x_j} = c_j + \sigma \frac{1}{x_j} - \sum_i y_i a_{ij} = 0 \qquad \forall j$$

$$\frac{\partial \mathcal{L}}{\partial w_i} = \sigma \frac{1}{w_i} - y_i = 0 \qquad \forall i$$

$$\frac{\partial \mathcal{L}}{\partial y_i} = b_i - \sum_j a_{ij} x_j - w_i = 0 \qquad \forall i$$

使用符合

$$\boldsymbol{X} = \begin{pmatrix} x_1 & & & \\ & x_2 & & \\ & & \ddots & \\ & & & x_n \end{pmatrix}, \quad \boldsymbol{e} = \begin{pmatrix} 1 \\ 1 \\ \vdots \\ 1 \end{pmatrix}$$

最优化方程可以写为矩阵形式：

$$\boldsymbol{A'y} - \sigma \boldsymbol{X}^{-1} \boldsymbol{e} = \boldsymbol{c}$$

$$\boldsymbol{y} = \sigma \boldsymbol{W}^{-1} \boldsymbol{e}$$

$$\boldsymbol{Ax} + \boldsymbol{w} = \boldsymbol{b}$$

添加辅助向量：

$$\boldsymbol{z} = \sigma \boldsymbol{X}^{-1} \boldsymbol{e}$$

通过简单改变方程得到如下优化方程组：

$$\boldsymbol{Ax} + \boldsymbol{w} = \boldsymbol{b}$$

$$\boldsymbol{A'y} - \boldsymbol{z} = \boldsymbol{c}$$

$$\boldsymbol{XZe} = \sigma \boldsymbol{e}$$

$$\boldsymbol{YWe} = \sigma \boldsymbol{e}$$

这些方程有一个很好的解释。我们可以回想最初的线性问题与对偶问题：

$$
\begin{aligned}
\min \quad & \boldsymbol{b'y} \\
\text{s. t.} \quad & \boldsymbol{A'y} \geqslant \boldsymbol{c} \\
& \boldsymbol{y} \geqslant \boldsymbol{0}
\end{aligned}
$$

添加松弛变量 z：

$$
\begin{aligned}
\min \quad & \boldsymbol{b'y} \\
\text{s. t.} \quad & \boldsymbol{A'y} - \boldsymbol{z} = \boldsymbol{c} \\
& \boldsymbol{y}, \boldsymbol{z} \geqslant \boldsymbol{0}
\end{aligned}
$$

我们得到的方程组很简单，即原问题可行，对偶可行，并且（如果 $\sigma = 0$）互补松弛的简单条件（参见定理6.7）。对应 $\sigma > 0$，它们为非线性方程组：

$$
\boldsymbol{F}(\boldsymbol{\xi}) = \boldsymbol{0}
$$

其中

$$
\boldsymbol{\xi} = \begin{pmatrix} \boldsymbol{x} \\ \boldsymbol{y} \\ \boldsymbol{w} \\ \boldsymbol{z} \end{pmatrix}
$$

其可以通过牛顿法（第3.4.2节）求解。

基本上，对于 σ 的不同值求解这个非线性方程组，我们获得一个路径（$\boldsymbol{x}_\sigma$，$\boldsymbol{y}_\sigma$，$\boldsymbol{w}_\sigma$，$\boldsymbol{z}_\sigma$）。这条路径称为中心路径（central path），随着 $\sigma \to 0$，这条路径通往原LP问题的最优解。从数值计算的角度，以值小的 σ 为初值，也许对每个 σ 精确求解非线性方程组都不太方便。一个思路为在牛顿法的迭代过程中减少罚参数值，以使得中心路径穿过可行集内部通向最优解。值得注意的是，这种中心路径与同伦延拓方法（参见第3.4.5节）有相似性。在两种情况下，我们通过求解一系列简单问题获得收敛于原问题解的方式来求解复杂问题。

内点法具有一个多项式的计算复杂度。在某些病态情况下单纯形法的计算复杂并且都为指数形式，所以理论上，内点法在计算复杂度方面优于单纯形法。[一]需要强调的是，高效执行单纯形法与内点法都需要很多数值计算技巧。这些技巧超出了本书范围，但是必须清楚的是，虽然两种方法都可以得到相同的解，但是两种算法存在本质的不同。

6.5　约束优化问题的 MATLAB 编程

在这节，我们将简要介绍优化工具箱中求解约束优化问题的函数，尤其是求解线性规划的 linprog 函数，求解二次规划的 quadprog 函数，求解一般约束优化的 fmincon 函数。尽管无法覆盖所有的优化问题，但是我们可以介绍一些与金融相关

的优化问题处理函数。

6.5.1 线性规划的 MATLAB 编程

优化工具箱包含一个函数 linprog，其用来求解如下形式的 LP 问题：

$$\min \quad c'x$$
$$\text{s. t.} \quad Ax \leqslant b$$
$$A_{eq}x = b_{eq}$$
$$1 \leqslant x \leqslant u$$

我们看到求解线性规划存在多种算法。那在 MATLAB 中是如何求解线性规划的？考虑如下简单的 LP 问题：

$$\max \quad x_1 + x_2$$
$$\text{s. t.} \quad x_1 + x_2 \leqslant 1$$
$$x_1, x_2 \geqslant 0$$

显然，线性规划问题的两个基础最优解为 (1, 0) 与 (0, 1)。这两个极值点之间的解同为等效与最优。我们预计单纯形算法可以得到两个极值点中的一个。使用 linprog 函数，我们需要改变目标函数系数符号，并将不需要的参数赋以空值：

```
≫x = linprog([ -1 -1 ],[ 1 1 ],1,[ ],[ ],[ 0 0 ])
Optimization terminated successfully.

x =

    0.5000

    0.5000
```

可以看到 MATLAB 计算得到的解为等效解平面上的中心点，并非基础最优解。这是因为 MATLAB 求解线性规划的默认算法为内点法。实际上，linprog 函数可以选择三种算法进行优化计算：

● 如果 LargeScale 参数设置为 on，则 MATLAB 使用一种内点法进行计算。

● 如果 LargeScale 参数设置为 off，则 MATLAB 使用一种有效集法进行计算，quadprog 的默认算法也为有效集法。

● 当 LargeScale 参数设置为 off，我们可以通过设置 Simplex 参数选择单纯形法。

这三种方法在初始可行解的形式上不同，有的算法无需初始可行解。为测试这点，我们可以选取不同参数进行计算。

```
≫options = optimset('LargeScale','off');
≫x = linprog([ -1 -1 ],[ 1 1 ],1,[ ],[ ],[ 0 0 ],[ ],[ ],options)
Optimization terminated successfully.

x =

    0.5000

    0.5000
```

```
>>x = linprog([ -1 -1],[1 1],1,[ ],[ ],[0 0],[ ],[0 0.5],options)
```

Optimization terminated successfully.

x =

    0.2500

    0.7500

　　需要注意的是：为设置参数，我们必须输入对应变量下界与初始可行解（可能为空）的向量。我们看到，从初始可行解开始，算法沿着梯度方向搜索，直到接触到可行域的边界，即约束转为有效搜索过程停止。使用有效集法时，计算得到的最优解依赖于初始可行解。如果我们选择单纯形法，我们将得到一个不同的搜索过程：

```
>>options = optimset('LargeScale','off','Simplex','on');
>>x = linprog([ -1 -1],[1 1],1,[ ],[ ],[0 0],[ ],[ ],options)
```

Optimization terminated.

x =

    1

    0

```
>>x = linprog([ -1 -1],[1 1],1,[ ],[ ],[0 0],[ ],[0 0.5],options)
```

Warning:Simplex method uses a built-in starting point;

    ignoring user-supplied X0.

>In linprog at 215

Optimization terminated.

x =

    1

    0

　　我们看到,通过计算得到一个基础解,单纯形法忽略了给定的初始可行解,内点法也忽略了给定的初始可行解。

```
>>options = optimset('LargeScale','on');
>>x = linprog([ -1 -1],[1 1],1,[ ],[ ],[0 0],[ ],[0 0.5],options)
```

Warning:Large scale(interior point)method uses

a built-instarting point;ignoring user-supplied X0.

>In linprog at 205

Optimization terminated.

x =

    0.5000

    0.5000

需要记住的是，除非选择了单纯形法，否则得到的最优解可能不是基础解。如果 linprog 函数被嵌入一个要求获得基础最优解的算法，可能将产生严重后果。例如，在某些具有特殊结构的问题中，用单纯形法计算得到一个整数解；正如当可行解集为一个多面体且多面体的顶点为整数坐标。事实上，在使用分支定界法（参见第 12 章）求解混合整数规划问题（mixed-integer programming problem）时，必须使用单纯形法。

6.5.2 债券投资组合管理的 LP 模型

在第 2 章，我们对债券投资组合免疫策略进行研究（参见例 2.12，第 49 页）。我们考虑三个债券，根据给定久期、凸性构建投资组合，构建优化问题并使得其仅存在唯一解（并要求卖空一个债券）。

当存在很多债券可供选择时，问题的解不再唯一。在这种情况下，这需要在可行解中寻找"最优"解，定义"最优"并不是件容易的事情。我们或许需要某些能够明确表现利率不确定性的特征，这将涉及随机规划问题（参见第 11 章）。此外，由于这类似资产—负债管理问题，而不是一个简单投资组合管理问题，我们还需要描述负债的不确定性。但是，为进行 MATLAB 的编程测试，我们以一个简单线性规划模型为示例[⊖]。一个可行的思路为给定投资组合的久期 D 与凸性 C，最大化投资组合的平均收益率；我们或许还可以添加某些约束，例如不允许卖空。结果如下面线性规划（LP）模型所示：

$$\max \quad \sum_{i=1}^{N} Y_i w_i$$

$$\text{s. t.} \quad \sum_{i=1}^{N} d_i w_i = D$$

$$\sum_{i=1}^{N} c_i w_i = C$$

$$\sum_{i=1}^{N} w_i = 1$$

$$w_i \geq 0 \qquad \forall i$$

需要注意的是，如果权重变量 w_i 没有非负约束，我们可以简单得到一个无界解[⊖]。编写一个 MATLAB 函数求解这个线性规划问题，程序如图 6.10 所示。

⊖ 我们或许应该说"简化的"而非简单的。该模型受本章文献 [14] 中（出于不同的目的）模型启发。

⊖ 关于确保解的有线性与模型的一般性，参见本章文献 [14]。

```
% SCRIPT LPBonds1.m
% BOND CHARACTERISTICS FOR SET 1
settle      = '19 - Mar - 2006' ;
maturity1 = [ '15 - Jun - 2021' ; '02 - Oct - 2016' ; '01 - Mar - 2031' ; ...
        '01 - Mar - 2026' ; '01 - Mar - 2011' ] ;
Face1        = [ 500 ; 1000 ; 250 ; 100 ; 100 ] ;
couponRate1 = [ 0.07 ; 0.066 ; 0.08 ; 0.06 ; 0.05 ] ;
cleanPrice1  = [ 549.42 ; 970.49 ; 264.00 ; 112.53 ; 87.93 ] ;
% COMPUTE YIELDS AND SENSITIVITIES
yields1 = bndyield( cleanPrice1 , couponRate1 , settle , maturity1 , ...
        2 , 0 , [ ] , [ ] , [ ] , [ ] , [ ] , Face1 ) ;
durations1 = bnddury( yields1 , couponRate1 , settle , maturity1 , ...
            2 , 0 , [ ] , [ ] , [ ] , [ ] , [ ] , Face1 ) ;
convexities1 = bndconvy( yields1 , couponRate1 , settle , maturity1 , ...
            2 , 0 , [ ] , [ ] , [ ] , [ ] , [ ] , Face1 ) ;
% SET UP AND SOLVE LP PROBLEM
A1 = [ durations1'
    convexities1'
    ones(1,5) ] ;
b = [ 10.3181 ; 157.6346 ; 1 ] ;
weights1 = linprog( - yields1 , [ ] , [ ] , A1 , b , zeros(1,5) )
% BOND CHARACTERISTICS FOR SET 2
maturity2 = [ maturity1 ; ...
    '15 - Jan - 2019' ; '10 - Sep - 2010' ;
    '01 - Aug - 2023' ; ... '01 - Mar - 2016' ; '01 - May - 2013' ] ;
Face2        = [ Face1 ; 100 ; 500 ; 200 ; 1000 ; 100 ] ;
couponRate2 = [ couponRate1 ; 0.08 ; 0.07 ; 0.075 ; 0.07 ; 0.06 ] ;
cleanPrice2 = [ cleanPrice1 ; ...
        108.36 ; 519.36 ; 232.07 ; 1155.26 ; 89.29 ] ;
% COMPUTE YIELDS AND SENSITIVITIES
yields2 = bndyield( cleanPrice2 , couponRate2 , settle , maturity2 , ...
            2 , 0 , [ ] , [ ] , [ ] , [ ] , [ ] , Face2 ) ;
durations2 = bnddury( yields2 , couponRate2 , settle , maturity2 , ...
            2 , 0 , [ ] , [ ] , [ ] , [ ] , [ ] , Face2 ) ;
convexities2 = bndconvy( yields2 , couponRate2 , settle , maturity2 , ...
            2 , 0 , [ ] , [ ] , [ ] , [ ] , [ ] , Face2 ) ;
% SET UP AND SOLVE LP PROBLEM
A2 = [ durations2'
    convexities2'
    ones(1,10) ] ;
weights2 = linprog( - yields2 , [ ] , [ ] , A2 , b , zeros(1,10) )
```

图 6.10   建立债券投资组合线性优化模型并求解

MATLAB 中关于债券的函数进行数值计算时候都以向量参数的形式进行，所以我们需要将债券特征参数写为向量的形式$^{\ominus}$。假设，我们已知每个债券的净价（clean price），并使用 bndyield 函数计算相应的收益率，使用 bnddury 函数与 bndconvy 函数分别计算债券的久期与凸性。需要注意的是，当调用 linprog 函数时，由于我们希望用最大化函数，所以必须改变目标函数系数的符号；其余的四个参数包含系数矩阵、等式约束与不等式约束右面的向量（由于在这个模型中仅含有等式约束，前两个参数为空）；我们用一个零向量代表决策变量的下界。首先，我们考虑一组五个债券，然后我们再向组合中添加五个债券。运行程序，我们得到如下结果：

```
>>LPbonds1

Optimization terminated.

weights1 =

      0.4955

      0.0000

      0.4361

      0.0684

      0.0000

Optimization terminated.

weights2 =

      0.0000

      0.0000

      0.3813

      0.0000

      0.0000

      0.0800

      0.0000

      0.5387

      0.0000

      0.0000
```

你或许注意到，在两种情况下，投资组合中仅有三个债券。这可能有点奇怪，因为通常情况下我们会认为投资组合中债券数量越多越可以更好地分散风险。事实上，这个结果并不是偶然发生的，它取决于线性规划问题最优解的结构。如果我们在线性规划中仅有 M 个等式约束，（只要问题为有界与可行的）则存在一个最优解，其至少有 M 个变量为非零值。由于这里 $M = 3$，最优投资组合将总是仅含三个债券，即使存在更多备选债券，除非存在其他最优解（在这种情况下，MATLAB

$\ominus$ 关于处理简单债券的 MATLAB 函数介绍，读者可以参见第 2.3.4 节。

计算出的最优解取决于 linprog 函数的算法选择；以这个问题为例，不存在其他最优解，内点法与单纯形法计算的结果相同）。如果我们仅考虑久期约束，我们将仅得到两个债券，两个债券的久期在目标久期的两侧。

6.5.3　使用二次规划构建投资组合的有效前沿

在第 2.4.3 节，我们将介绍 MATLAB 绘制均值—方差有效前沿。为实现目标，我们必须求解一系列式（2.13）的优化问题，为方便起见，我们在这里回顾：

$$\min \quad w'\Sigma w$$

$$\text{s. t.} \quad w'\bar{r} = \bar{r}_T$$

$$\sum_{i=1}^{n} w_i = 1$$

$$w_i \geq 0$$

对于不同的目标期望值 $\bar{r}_T$。我们看到，这是一个二次规划问题，可以使用 quadprog 函数求解。编写一个函数执行这些计算是非常有必要的，即一个简化版的 frontcon 函数。函数 NaiveMV 程序代码如图 6.11 所示，函数的输入参数为：ERet 是资产的期望收益向量，ECov 是资产的协方差矩阵，NPts 是投资组合有效前沿点的（我们希望计算的）个数。输出函数为：PRisk 是生成的投资组合的风险（投资收益率的标准差），PRoR 是组合收益率，PWts 是投资组合权重矩阵（矩阵每一行代表一个投资组合）。

```
function [PRisk, PRoR, PWts] = NaiveMV(ERet, ECov, NPts)
ERet = ERet(:); % makes sure it is a column vector
NAssets = length(ERet); % get number of assets
% vector of lower bounds on weights
V0 = zeros(NAssets, 1);
% row vector of ones
V1 = ones(1, NAssets);
% set medium scale option
options = optimset('LargeScale', 'off');
% Find the maximum expected return
MaxReturnWeights = linprog(-ERet, [], [], V1, 1, V0);
MaxReturn = MaxReturnWeights' * ERet;
% Find the minimum variance return
MinVarWeights = quadprog(ECov, V0, [], [], V1, 1, V0, [], [], options);
MinVarReturn = MinVarWeights' * ERet;
MinVarStd = sqrt(MinVarWeights' * ECov * MinVarWeights);
% check if there is only one efficient portfolio
if MaxReturn > MinVarReturn
```

图 6.11　绘制均值—方差有效前沿面的简单 MATLAB 程序

```
    RTarget = linspace( MinVarReturn, MaxReturn, NPts);
    NumFrontPoints = NPts;
else
    RTarget = MaxReturn;
    NumFrontPoints = 1;
end
% Store first portfolio
PRoR = zeros( NumFrontPoints,1);
PRisk = zeros( NumFrontPoints,1);
PWts = zeros( NumFrontPoints, NAssets);
PRoR(1) = MinVarReturn;
PRisk(1) = MinVarStd;
PWts(1,:) = MinVarWeights( :)';
% trace frontier by changing target return
VConstr = ERet';
A = [ V1 ; VConstr ];
B = [ 1 ; 0];
for point =2: NumFrontPoints
    B(2) = RTarget( point);
    Weights = quadprog( ECov,V0,[ ],[ ],A,B,V0,[ ],[ ],options);
    PRoR( point) = dot( Weights, ERet);
    PRisk( point) = sqrt( Weights' * ECov * Weights);
    PWts( point, :) = Weights( :)';
end
```

图 6.11　绘制均值—方差有效前沿面的简单 MATLAB 程序（续）

　　为设置目标收益率，我们必须计算出可以达到的最大收益率和收益率对应的最小风险的投资组合，第一个目标收益率可以通过求解如下问题获得：

$$\max \quad w'\bar{r}$$

$$\sum_{i=1}^{n} w_i = 1$$

$$w_i \geqslant 0$$

　　实际上，这是一个简单的 LP 问题，其最优值为最大期望收益。此外，如果给投资组合添加约束，我们必须求解另一个 LP 问题。这就是我们在程序中使用 linprog 函数计算 MaxReturn 的原因。第二目标为找到可以达到目标收益的最小风险投资组合：

$$\min \quad w'\Sigma w$$

$$\sum_{i=1}^{n} w_i = 1$$

$$w_i \geqslant 0$$

并计算这个收益率（假设这个优化问题的解唯一）。假设存在两个极端的有效投资组合，如果它们相等，则存在唯一的最大投资组合收益率与最小风险；但是在实际中不可能发生，函数已经考虑到这一点（在这种情况下，有效前沿点的个数 Num-FrontPoints 为 1；否则其为输入参数 NPts）。为寻找其他有效前沿投资组合，我们使用 linspace 函数获得两个极值间 NPts 个目标收益的向量。然后，我们求解一系列风险最小化问题，获得每个投资组合的风险/收益性质。为了实现这个目标，在二次规划问题线性等式约束右边向量 B 中，我们仅需对应目标收益，简单地改变一个元素即可。

对于同一简单问题，我们可以测试 NaiveMV 函数与 frontcon 函数的结果是否相同：

```
>> ExpRet = [0.15  0.2  0.08];
>> CovMat = [0.2  0.05  -0.01 ; 0.05  0.3  0.015; ...
      -0.01 0.015 0.1];
>> [PRisk, PRoR, PWts] = naiveMV(ExpRet, CovMat, 10);
>> [PRoR , PRisk]
ans =
    0.1143    0.2411
    0.1238    0.2456
    0.1333    0.2588
    0.1428    0.2794
    0.1524    0.3060
    0.1619    0.3370
    0.1714    0.3714
    0.1809    0.4093
    0.1905    0.4682
    0.2000    0.5477
```

6.5.4　非线性规划的 MATLAB 编程

求解最一般非线性规划的函数为 fmincon。如何调用函数取决于目标问题的形式，约束分为线性约束与非线性约束，如下所示：

$$
\begin{aligned}
\min \quad & f(\boldsymbol{x}) \\
\text{s. t.} \quad & \boldsymbol{A}\boldsymbol{x} \leqslant \boldsymbol{b} \\
& \boldsymbol{A}_{\text{eq}}\boldsymbol{x} = \boldsymbol{b}_{\text{eq}} \\
& \boldsymbol{g}(\boldsymbol{x}) \leqslant 0 \\
& \boldsymbol{g}_{\text{eq}}(\boldsymbol{x}) = 0 \\
& 1 \leqslant \boldsymbol{x} \leqslant \boldsymbol{u}
\end{aligned}
$$

矩阵、变量上下界为向量参数，而非线性等式约束与不等式约束必须写为 M 文件格式或匿名函数。例如，求解：

$$\min \quad e^{x_1}(4x_1^2 + 2x_2^2 + 4x_1x_2 + 2x_2 + 1)$$
$$\text{s. t.} \quad x_1x_2 - x_1 - x_2 \leqslant -1.5$$
$$x_1x_2 \geqslant 10$$

我们可以写两个 M 文件，第一个文件必须返回两个向量，对于（不等式与等式）非线性约束：

```
function[c,ceq]=confun(x)
%non-linear inequality constraints
c=[1.5+x(1)*x(2)-x(1)-x(2);
    -x(1)*x(2)-10];
% non-linear equality constraints
ceq=[];
```

因为没有等式约束，这里第二个向量为空。同样需要注意第二个约束的"正负"号变化。另外一个文件为目标函数：

```
function fval=objfun(x)
fval=exp(x(1))*(4*x(1)^2+2*x(2)^2+4*x(1)*x(2)+2*x(2)+1);
```

这些 M 文件可以返回相关函数梯度的解析值。然后，我们再调用 fmincon 函数：

```
>> x0=[-1,1];
>> options=optimset('LargeScale','off');
>> [x, fval]=fmincon(@objfun,x0,[],[],[],[],[],[],@confun,options)
Optimization terminated: first-order optimality measure less
than options. TolFun and maximum constraint violation is less
than options. TolCon.
Active inequalities (to within options. TolCon=1e-006):
lower        upper        ineqlin        ineqnonlin
                                              1
                                              2
x =
    -9.5474       1.0474
fval =
    0.0236
```

应该注意的是，fmincon 函数并不总是最好的选择。例如，模型校准（模型参数拟合）可以涉及如下形式的优化模型：

$$\min \sum_{i=1}^{m} f_i^2(\boldsymbol{x})$$

解决这种非线性最小二乘问题的方法为 lsqnonlin 函数。

6.6　模拟与优化

用解析模型或许很难处理复杂的随机系统，而模拟模型（或仿真模型）是处理这类问题的一种简单有效的方法。然而，模拟模型仅能根据给定的一组输入参数计算模型值。在期权定价中，这或许是我们需要的，但同时，我们希望寻找最优的参数组合；换句话说，在许多参数设置中，例如投资组合优化，我们们希望可以将模拟方法与优化方法结合起来（参见本章［5］）。这样的整合一定是有意义的，因为它可以为我们提供一种针对复杂且随机的系统的优化方法，而这些复杂且随机的系统无法使用确定或者随机规划方法处理。但是，我们必须面对至少一种或多种类似如下的问题：

- 目标函数可能为非凸函数。
- 某些输入参数为离散变量而非连续变量。
- 目标函数值的计算可能受某些噪声干扰。
- 无法计算函数梯度，致使基于梯度算法无效。

让我们从最后一点开始，为简单起见，假设我们需要求解一个无约束优化问题，目标函数为某种随机指标的期望，随机指标依赖于一个向量参数 $x \in \mathbb{R}^n$：

$$\min f(x) = E_\omega[h(x, \omega)]$$

为实现优化计算，需要计算目标函数在任意点的梯度 $\nabla f(x)$。如在第 4.5.2 节所指出的，可以通过有效差分的方法计算估计函数的梯度，但是如果估计中存在干扰，这种方法或许不可行。但我们至少可以使用公共随机数降低估计方差；另一种可行方法为使用某种回归形式。

$$g(x) = \alpha + \sum_{i=1}^{n} \beta_i x_i = \alpha + \beta' x$$

我们可以用通过计算一系列测试值 x^j 的函数值 f 并最小化回归残差函数的方法估计出 α 与 β。假设 $\hat{f}_j$ 为对应测试点 $x^j(j=1, \cdots, m)$ 的 f 函数值，我们可以得到：

$$\hat{f}_j = \alpha + \beta' x^j + \varepsilon_j$$

其中 ε_j 为一个误差项（或残差，参见第 3.3 节）。使用最小二乘法，我们可以找到 α 与 β 使得 $\sum_j \varepsilon_j^2$ 最小化。让我们定义矩阵：

$$X = \begin{pmatrix} 1 & x_1^1 & x_2^1 & \cdots & x_n^1 \\ 1 & x_1^2 & x_2^2 & \cdots & x_n^2 \\ \vdots & \vdots & \vdots & \ddots & \vdots \\ 1 & x_1^m & x_2^m & \cdots & x_n^m \end{pmatrix}$$

其中 x_i^j 为变量 x_i 的第 j 个参数。可以证明的是：使得残差平方和最小的解为：

$$\begin{pmatrix} \hat{\alpha} \\ \hat{\beta} \end{pmatrix} = (X'X)^{-1}X'\hat{f}$$

其中 $\hat{f}$ 为函数 f 中 m 的估计值向量。然后，我们可以设 $\hat{\nabla}\hat{f}^{(k)} = \beta$，并使用一个梯度优化算法。当我们没有找到最优解时，使用一阶拟合方法；当我们趋近最小值点时，可以用一个二阶函数进行拟合：

$$f(x) = \alpha + \beta'x + \frac{1}{2}x'\Gamma x$$

其中 Γ 为一个方阵，可以使用二次规划方法计算原模型的最优参数，并可以依次更新原模型直到满足某种收敛条件（参见 [7]）。这种方法类似于求解非线性规划的拟牛顿方法（quasi – Newton method）。基于响应面（response surface）方法的一个显著缺陷为计算量极大。另外一些方法，例如扰动分析（perturbation analysis）已经开发出来通过简单模拟方法估计期权的敏感性。关于估计期权敏感性的示例可以参见 [4]；在第 8.5 节我们将考虑一个简单的示例。这些方法需要比较专业的数学理论，如果希望深入研究这些方法可以参见 [15]。我们仅需要指出使用梯度方法处理模拟优化的一些问题。在实际中，我们应该计算：

$$\nabla f(x) = \nabla E_\omega[h(x,\omega)]$$

但模拟实际上得到某种结果为：

$$E_\omega[\nabla h(x,\omega)]$$

期望值根本无法计算梯度。关于这个问题的深入研究可以参见 [8]；关于金融工程方面的研究可以参见 [9]。

根据所有上述的原因，对于模拟优化问题，那些不利于梯度信息的非线性规划方法非常有用。一种这样的方法为（已经在第 6.2.4 节介绍过的）单纯形搜索方法（simplex search procedure）；关于这个问题最新的研究成果参见 [11]⊖。

虽然单纯形搜索法具有某些优势，但还是无法解决由于目标函数非凸或由于具有离散形式的决策变量所导致的问题。对于这些情况，可以将模拟方法与超启发式算法（metaheuristic）相结合，例如禁忌搜索（tabu search）或遗传算法（genetic algorithms），相关算法介绍参见第 12.4 节，或许这可能是唯一可行的方法。事实上，一些商业用的随机模拟工具包含这些算法。以种群为基础的方法应用，例如遗传算法或其变种算法，在处理（约束较少）噪声函数方法时具有明显优势。

附录 凸分析基础

凸性可以说是优化理论中最重要的概念。在接下来的两节中，我们将首先介绍凸集与凸函数的概念，然后简略介绍凸多面体理论的概念，这些概念对于线性规划

⊖ 值得注意的是，在 MATLAB 的动态模拟器 SIMULINK 中允许将单纯形搜索与其他非导数方法整合在一起。

与混合整数规划非常重要。

附录6.1　优化问题中的凸性

凸性是优化问题中可行集 S 的某种性质。定义一个集合 $S \subseteq \mathbb{R}^n$ 为凸集合（convex set），如果满足：

$$x, y \in S \Rightarrow \lambda x + (1 - \lambda)y \in S \qquad \forall \lambda \in [0, 1]$$

[例6.13] 凸性概念直观的理解：对于 $\lambda x + (1 - \lambda)y$ 形式的点，其中 $0 \leqslant \lambda \leqslant 1$，即连接 x 与 y 直线上的点，如果任意一对点 $x, y \in S$ 连接线上的点都属于 S，则集合 S 为凸集。考虑 $\mathbb{R}^2$ 的三个子集，如图6.12所示。S_1 为凸集，但 S_2 不是凸集，S_3 为离散集合并不是凸集合，这是离散最优化问题的一个关键结论。

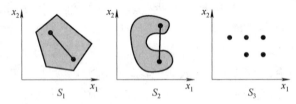

图6.12　凸与非凸集合

凸集的性质为：

定理6.10　凸集与凸集的交集为凸集。

需要注意的是，凸集的并集并不一定为凸集。p 个点 $x_1, x_2, \cdots, x_p \in \mathbb{R}^n$ 的凸组合定义为：

$$x = \sum_{i=1}^{p} \mu_i x_i, \qquad \mu_1, \cdots, \mu_p \geqslant 0, \sum_{i=1}^{p} \mu_i = 1$$

给定一个集合 $S \subseteq \mathbb{R}^n$，集合 S 点的凸组合构成的集合称为集合 S 的凸包（convex hull，记为 $[S]$）。如果 S 为凸集合，则 $S \equiv [S]$。一个普通集合 S 的凸包为包含 S 的最小凸集；它也可以视为包含 S 的集合的交集。两个非凸集合与它们的凸包如图6.13所示。

定义一个标量函数 $f : \mathbb{R}^n \to \mathbb{R}$（定义在一个凸集上 $S \subseteq \mathbb{R}^n$）称为 S 上的凸函数，在集合 S 中如果对于任意 x 与 y，对于任意 $\lambda \in [0,1]$，我们有：

$$f(\lambda x + (1 - \lambda)y) \leqslant \lambda f(x) + (1 - \lambda)f(y)$$

如果对于所有的 $x \neq y$ 严格满足不等式，则函数为严格凸（strictly convex）。

定义一个函数 f 为凹，如果 $(-f)$ 为凸。

凸函数概念如图6.14所示。

第一个函数为凸，而第二函数并不为凸，第三个函数为凸；凸函数并不需要处处可微。凸函数的定义解释如下：给定任意两点 x 与 y，考虑另外一点为 x 与 y 的凸组合；该点的函数值小于 $f(x)$ 与 $f(y)$ 的凸组合，因为连接 $(x, f(x))$ 与 $(y,$

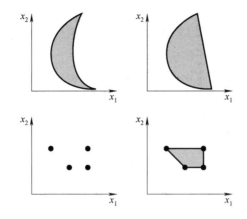

图6.13　非凸集合与它们的凸包

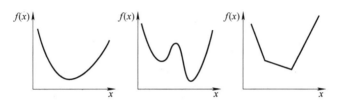

图6.14　凸与非凸函数

$f(\boldsymbol{y})$）的线高于 $\boldsymbol{x}$ 与 $\boldsymbol{y}$ 之间的函数曲线。换句话说，一个函数为凸是指如果其 epigraph，比如函数图像之上的区域，为凸集。关于凸集与凸函数直接的联系为，如果 g 为凸函数，则集合 $S = \{x \in \mathbb{R}^n \mid g(\boldsymbol{x}) \leqslant 0\}$ 为凸。某些运算可以保持函数凸性；特别是，如果对于任意 i，$\lambda_i \geqslant 0$，凸函数 f_i 的线性组合：

$$f(\boldsymbol{x}) = \sum_{i=1}^{n} \lambda_i f_i(\boldsymbol{x})$$

仍然为一个凸函数。

对我们而言，凸函数最重要的其他性质如下：如果 f 为一个可微函数，其为（集合 S 上的）凸集合，当且仅当

$$f(\boldsymbol{x}) \geqslant f(\boldsymbol{x}_0) + \nabla f'(\boldsymbol{x}_0)(\boldsymbol{x} - \boldsymbol{x}_0) \qquad \forall \boldsymbol{x}, \boldsymbol{x}_0 \in S \qquad (6.27)$$

注意如下超平面是一个常规的切平面，例如 f 在点 $\boldsymbol{x}_0$ 的一阶泰勒展式。

$$z = f(\boldsymbol{x}_0) + \nabla f'(\boldsymbol{x}_0)(\boldsymbol{x} - \boldsymbol{x}_0)$$

对于一个可微函数，凸性意味着在中心点 $\boldsymbol{x}_0$ 的一阶导数近似值小于其他点 $\boldsymbol{x} \in S$ 的函数值。切平面的概念仅适用于可微的凸函数，但是这可以通过支撑超平面（support hyperplane）的概念对切平面进行扩展。

定义：给定一个凸函数 f 与一个点 $\boldsymbol{x}^0$，超平面（在 $\mathbb{R}^{n+1}$ 中）由 $z = f(\boldsymbol{x}^0) + \boldsymbol{\gamma}'(\boldsymbol{x} - \boldsymbol{x}^0)$ 定义，该方程与函数 f 在 $(\boldsymbol{x}^0, f(\boldsymbol{x}^0))$ 上的 epigraph 相切，低于 epigraph

的超平面称为函数 f 在点 $\boldsymbol{x}^0$ 的支撑超平面。

支撑超平面的概念如图 6.15 所示。在点 $\boldsymbol{x}_0$ 的一个超平面可以通过一个向量 $\boldsymbol{\gamma}$ 定义：

$$f(\boldsymbol{x}) \geq f(\boldsymbol{x}_0) + \boldsymbol{\gamma}'(\boldsymbol{x} - \boldsymbol{x}_0) \qquad \forall \boldsymbol{x} \in S \qquad (6.28)$$

不等式（6.28）中向量 $\boldsymbol{\gamma}$ 与不等式（6.27）中梯度的作用相同。如果函数 f 在点 $\boldsymbol{x}_0$ 可微，支撑超平面为普通切平面并且 $\boldsymbol{\gamma} = \nabla f(\boldsymbol{x}_0)$。这就是为什么一个使得不等式（6.28）成立的向量 $\boldsymbol{\gamma}$ 称为函数 f 在点 $\boldsymbol{x}_0$ 的梯度的原因。

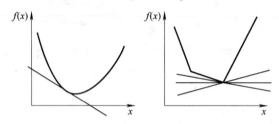

图 6.15　凸函数的支持超平面

如果函数 f 不可微，则支撑超平面不一定唯一，即存在一系列下降梯度。点 $\boldsymbol{x}_0$ 的下降梯度集合称为函数 f 在点 $\boldsymbol{x}_0$ 的次微分（subdifferential），定义为 $\partial f(\boldsymbol{x}_0)$。可以证明的是，凸函数在集合 S 中内点次可微，即我们总可以寻找到一个梯度（在集合 S 的边界上，由于不连续性或许存在某些问题，但是接下来我们无需关系这个技术细节）。对于二次可微凸函数而言，具有如下性质。

定理 6.11　如果 f 为二次可微函数，并且定义在一个非空的开凸集合 S 上，则当且仅当（充分必要条件）函数 f 的黑塞矩阵在集合 S 的任意点是半正定的，那么函数 f 是凸的。

黑塞矩阵 $\boldsymbol{H}(\boldsymbol{x})$ 为函数 $f(\boldsymbol{x})$ 的二阶微分（对称）矩阵：

$$H_{ij} = \frac{\partial^2 f}{\partial x_i \partial x_j}$$

一个对称（方）矩阵 $\boldsymbol{A}(\boldsymbol{x})$ 在集合 S 上为正定，如果：

$$\boldsymbol{x}'\boldsymbol{A}(\boldsymbol{x})\boldsymbol{x} \geq 0 \qquad \forall \boldsymbol{x} \in S$$

如果上述不等式对于所有 $\boldsymbol{x} \neq \boldsymbol{0}$ 严格成立，则矩阵为正定。如果函数的黑塞矩阵为正定，则函数为严格凸；但是，反之则不一定成立。

附录6.2　凸多面体

考虑一个 $\mathbb{R}^n$ 中的超平面 $\boldsymbol{a}_i'\boldsymbol{x} = b_i$，其中 $b_i \in \mathbb{R}$ 与 $\boldsymbol{a}_i$，$\boldsymbol{x} \in \mathbb{R}^n$ 为列向量[⊖]。一个超平面将 $\mathbb{R}^n$ 分为两半空间，表示为线性不等式 $\boldsymbol{a}'\boldsymbol{x} \leq b_i$ 与 $\boldsymbol{a}'\boldsymbol{x} \geq b_i$。

定义：一个多面体 $P \subseteq \mathbb{R}^n$ 为点集合，这些点满足一系列线性不等式，例如：

⊖　除非特别说明，我们假设所有向量都为列向量。

$$P = \{x \in \mathbb{R}^n \mid Ax \geqslant b\}$$

因此，多面体是一个有限半空间集合的交集。

定理6.12 一个多面体为凸（由于其为凸集合的交集）。

定义：一个多面体为有界，如果存一个正数 M 使得：

$$P \subseteq \{x \in \mathbb{R}^n \mid -M \leqslant x_j \leqslant M j = 1, \cdots, n\}$$

一个有界的多面体（polyhedron）称为"多胞形"（polytope）。一个多胞形与一个无界多面体如图6.16所示。定义一个点 x 为多面体 P 的极值点，如果 $x \in P$ 并且 x 不能表示为 $x = \frac{1}{2}x' + \frac{1}{2}x''$，其中 x'，$x'' \in P$ 与 $x' \neq x''$一个多面体 P 存在一个有限数量的极值 $x^1, \cdots, x^J$。在一个多面体 P 中任意点 x 可以表示为其极值点的一个凸组合：

$$x = \sum_{j=1}^{J} \lambda_j x^j \qquad \sum_{j=1}^{J} \lambda_j = 1, \lambda_j \geqslant 0$$

换句话说，一个多面体为极值点的凸包。但在无界多面体中，这并不成立，我们必须引入另外一个概念。

定义：一个向量 $r \in \mathbb{R}^n$ 称为多面体的一个射线，如果满足：

$$P = \{x \in \mathbb{R}^n \mid Ax \geqslant b\}$$

且 $Ar \geqslant 0$。

如果 x_0 为多面体 P 内的一个点，r 为多面体 P 的一个射线，则

$$y = x_0 + \lambda r \in P \qquad \forall \lambda \geqslant 0$$

显然，只有无界多面体有射线。

定义：一个多面体 P 可以用极射线与极值点的形式描述，对于任意点 $x \in P$ 可以表述为极值点与极射线的凸组合：

$$x = \sum_{j=1}^{J} \lambda_j x^j + \sum_{k=1}^{K} \mu_k r^k \sum_{j=1}^{J} \lambda_j = 1, \lambda_j, \mu_k \geqslant 0$$

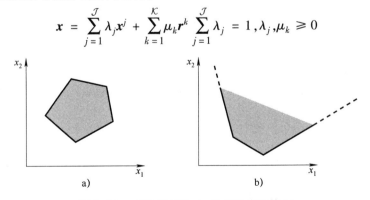

图6.16 二维多面体 a）与无界多面体 b）

进阶阅读

书籍推荐

- 关于总体介绍优化理论的书籍参见文献 [18]。
- 关于非线性规划参见文献 [3] 与关于线性规划参见文献 [19]。
- 关于内点法介绍参见文献 [20]。
- 关于凸优化的背景理论参见文献 [10] 或 [16]；关于优化方面的数值算法参见文献 [6]。
- 关于介绍非线性规划在金融应用方面的书参见文献 [1]。
- 关于投资组合管理方面的知识参见文献 [17]。
- 关于模拟方法与优化方法相结合的教材参见文献 [7]，相对比较专业的数学方法的介绍参见文献 [15]。
- 关于单纯形搜索方法在模拟中应用的相关介绍参见文献 [2] 与 [11]。

网络资源

- 一个关于优化方法在各种问题中实际应用的网站为 http://e-OPTIMIZATION. COM。
- 该领域的相关学术组织：
    - ——运筹学与管理科学研究学会 http://www.informs.org
    - ——工业与应用数学学会 http://www.siam.org
    - ——数学规划学会 http://www.caam.rice.edu/~mathprog
- 一个关于内点法优化的网站为 http://www-unix.mcs.anl.gov/otc/InteriorPoint。
- Michael Trick 的网页，其中列出一些有帮助的期刊、学会、学者等：http://mat.gsia.cmu.edu。

参 考 文 献

1. M. Bartholomew – Biggs. *Nonlinear Optimization woith Financial Applications.* Kluwer Academic Publishers, New York, 2005.

2. R. R. Barton and J. S. Ivey, Jr. Nelder – Mead Simplex Modifications for Simulation Optimization. *Management Science*, 42: 954 – 973, 1996.

3. M. S. Bazaraa, H. D. Sherali, and C. M. Shetty. *Nonlinear Programming. Theory and Algorithms* (2nd ed.). Wiley, Chichester, West Sussex, England, 1993.

4. M. Broadie and P. Glasserman. Estimating Security Price Derivatives Using Simulation. *Management Science*, 42: 269 – 285, 1996.

5. A. Consiglio and S. A. Zenios. Designing Portfolios of Financial Products via Integrated Simulation and Optimization Models. *Operations Research*, 47: 195 – 208, 1999.

6. R. Fletcher. *Practical Methods of Optimization* (2nd ed.). Wiley, Chichester, West Sussex, England, 1987.

7. M. C. Fu. Optimization by Simulation: A Review. *Annals of Operations Research*, 53: 199 – 247, 1994.

8. P. Glasserman. *Gradient Estimation via Perturbation Analysis*. Kluwer Academic, Boston, MA, 1991.

9. P. Glasserman. *Monte Carlo Methods in Financial Engineering*. Springer – Verlag, New York, NY, 2004.

10. J. – B. Hiriart – Urruty and Claude Lemarkhal. *Convex Analysis and Minimization Algorithms* (*vols.1 and 2*) . Springer – Verlag, Berlin, 1993.

11. D. G. Humphrey and J. R. Wilson. A Revised Simplex Search Procedure for Stochastic Simulation Response Surface Optimization. *INFORMS Journal on Computing*, 12: 272 – 283, 2000.

12. R. Korn. *Optimal Portfolios: Stochastic Models for Optimal Investment and Risk Mangement in Continuous Time*. World Scientific Publishing, Singapore, 1997.

13. R. C. Merton. *Continuous – Time Finance*. Black well Publishers, Malden, MA, 1990.

14. J. Paroush and E. Z. Prisman. On the Relative Importance of Duration Constraints. *Management Science*, 43: 198 – 205, 1997.

15. G. C. Pflug. *Optimization of Stochastic Models: The Interface Between Simulation and Optimization*. Kluwer Academic, Dordrecht, The Netherlands, 1996.

16. R. T. Rockafellar. *Convex Analysis*. Princeton University Press, Princeton, NJ, 1970.

17. B. Scherer and D. Martin. *Introduction to Modern Portfolio Optimization with NuOPT, S – Plus, and S+ Bayes*. Springer, New York, 2005.

18. R. K. Sundaram. *A First Course in Optimization Theory*. Cambdridge University Press, Cambridge, 1996.

19. R. J. Vanderbei. *Linear Programming: Foundations and Extensions*. Kluwer Academic, Dordrecht, The Netherlands, 1996.

20. S. J. Wright *Primal – Dual, Interior – Point Methods*. Society for Industrial and Applied Mathematics, Philadelphia, 1997.

第 3 部分

权益期权定价

第7章

期权定价的二叉树与三叉树模型

本章我们将讲解期权定价的二叉树与三叉树模型（Binomial and Trinomial Lattices）。在第 2.1 节介绍到二叉树模型是一种为标的资产价格不确定性建模的基本方法。二叉树模型将标的资产价格的随机过程离散化，并利用节点的重组使得模型的计算量与存储量控制在可以操作的范围内。在第 2.6.1 节中，我们学习了基于无套利原理的简单期权的一阶二叉树定价模型。为得到一种实际可用的期权定价方法，我们必须将一阶二叉树的思想扩展到多阶段二叉树模型中，但是，我们首先需要寻找一种建立树结构的方法，以使得树结构代表标准资产价格模型，这个模型为连续时间、连续状态的随机微分方程。然后，我们可以将这种多阶段的二叉树模型扩展为三叉树模型。在第 7.1 节，我们从简单的二叉树模型开始，通过与标的资产价格（由价格随机过程的位移与方差决定）的离散概率分布矩匹配的方法建立二叉树模型。从这一点而言，理解二叉树的校准技术与蒙特卡罗模拟的关系似乎是非常重要的；矩匹配技术（Moment matching）是一种方差降低策略，它可以视作为一种有效的采样技术。然后，我们将研究高效储存管理技术的运作原理。

第 7.2 节的主要内容是研究美式期权的定价。值得注意的是，我们需要理解美式期权与其他期权的关系。美式期权定价方法，显然是一种简单的动态规划方法（dynamic programming）。第 10 章将详细地研究动态规划方法。在第 7.3 节，我们将研究依赖于两个标的资产的期权；这仅是最简单的多标的资产期权示例。显然，有效的内存管理是解决这类问题的基础。在第 7.4 节中，二叉树模型将扩展为三叉树模型，三叉树模型可以视作更普通的有限差分方法的一种特殊情况（我们将在第 9.2.1 节介绍有限差分方法）。最后，在第 7.5 节我们将归纳总结树结构的优点与缺点。

7.1 二叉树定价模型

在第 2.6.1 节，我们已经研究了基于无套利原理的一阶二叉树期权定价模型，模型结构如图 7.1 所示。该方法的思路为使用两种资产即无风险资产与期权的标的资产复制期权。使用这两种资产，我们可以复制期权在任意两种状态下的收益。如果使用两个概率参数 u 与 d，我们看到期权的公允价格 f_0 为：

$$f_0 = e^{-r \cdot \delta t}[pf_u + (1 - p)f_d] \tag{7.1}$$

其中，f_u 与 f_d 分别为标的资产价格上升与下降时的期权收益，严格地讲，p 为标的资产价格上升的风险中性概率：

$$p = \frac{e^{r \cdot \delta t} - d}{u - d}$$

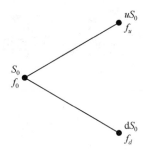

为更好地建立不确定性的模型，我们应该增加二叉树模型的阶数；为复制期权的收益，我们可以使用更多的资产或允许在到期日前进行交易。第二种方法更符合实际，尤其对于美式期权，因为美式期权允许在到期日前的任何时刻行权。在某种程度上，这种方法引出了一个连续时间模型布莱克－斯科尔斯模型。

图7.1　简单的一阶二叉树模型

当布莱克－斯科尔斯模型无法得出分析解（或解析解）时，我们必须重新建立某些离散化方法，这些离散化方法基于蒙特卡罗采样，为估计风险中性测度，可以建立一个网格结构并应用有限差分方程求解相关的偏微分方程（PDE）。一个多阶段的二叉树模型，为一种可行的离散化方法，如图7.2所示；我们也可以考虑树结构，但是节点重组必须保证计算的复杂度在可控的范围内。这里，我们应用方便方法 $u = 1/d$。或许这是没有必要的，我们后面会讲到，但是，这种方法使得一个价格上升阶段接一个价格下降阶段的初始价格相同：

$$S_0 ud = S_0 du = S_0$$

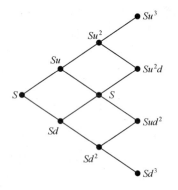

如我们从图中所看到的，这种方法不仅可以重组节点，而且仅使用有限数量的价格。在执行计算这种方法时，这种结构具有优势。为给 u 与 d 选择

图7.2　重组二叉树模型

合理的值，我们应该校准结构，以使得价格树结构近似（或逼近）标的资产的连续时间过程。

7.1.1　校准二叉树模型

二叉树结构为如下风险中性过程的有效近似（或逼近）：

$$dS = rS \, dt + \sigma S \, dW$$

因此，我们需要寻找合适的参数建立模型，以这样一种方式，保持连续时间模型的某些基本性质，这个过程称为校准（calibration）。以 S_t 为初始，经过一个小的时间间隔 δt，根据第 2.5 节的内容，新的价格为随机变量 $S_{t+\delta t}$，以使得：

$$\log(S_{t+\delta t}/S_t) \sim N((r - \sigma^2/2)\delta t, \sigma^2 \delta t)$$

根据对数正态分布的性质（参见附录 B），有：

$$E[S_{t+\delta t}/S_t] = e^{r\delta t} \tag{7.2}$$

则

$$\text{Var}[S_{t+\delta t}/S_t] = e^{2r\delta t}(e^{\sigma^2 \delta t} - 1) \tag{7.3}$$

离散动态（discretized dynamics）的一个适当要求为时间匹配。需要注意的是：它只有两个条件，但是我们有三个参数：p、u 与 d。所以，我们只有一个自由度，并选择 $u = 1/d$。从计算的角度而言，这样的选择有利于计算，但这不是唯一的可行方法。

我们有如下结构：

$$E[S_{t+\delta t}] = pu \cdot S_t + (1-p)d \cdot S_t$$

其中，结合式（7.2）生成：

$$pu \cdot S_t + (1-p)d \cdot S_t = e^{r\delta t}S_t \Rightarrow p = \frac{e^{r\delta t} - d}{u - d}$$

需要注意的是：p 为风险中性测度，而测度不取决于实际的漂移。为匹配方差，有等式

$$\text{Var}(S_{t+\delta t}) = E[S_{t+\delta t}^2] - E^2[S_{t+\delta t}] = S_t^2(pu^2 + (1-p)d^2) - S_t^2 e^{2r\delta t}$$

根据式（7.3）得到：

$$\text{Var}[S_{t+\delta t}] = S_t^2 e^{2r\delta t}(e^{\sigma^2 \delta t} - 1)$$

将最后将两个方程放在一起，得到：

$$S_t^2 e^{2r\delta t}(e^{\sigma^2 \delta t} - 1) = S_t^2(pu^2 + (1-p)d^2) - S_t^2 e^{2r\delta t}$$

归结为：

$$e^{2r\delta t + \sigma^2 \delta t} = pu^2 + (1-p)d^2$$

在最后一个方程右面，代替 p 并简化得到：

$$\frac{e^{r\delta t} - d}{u - d}u^2 + \frac{u - e^{r\delta t}}{u - d}d^2 = \frac{u^2 e^{r\delta t} - u^2 d + ud^2 - d^2 e^{r\delta t}}{u - d}$$

$$= \frac{(u^2 - d^2)e^{r\delta t} - (u - d)}{u - d}$$

$$= (u + d)e^{r\delta t} - 1,$$

最终的方程为：

$$e^{2r\delta t + \sigma^2 \delta t} = (u + d)e^{r\delta t} - 1$$

其中，使用 $u = 1/d$，可以将方程转换为二次方程：

$$u^2 e^{r\delta t} - u(1 + e^{2r\delta t + \sigma^2 \delta t}) + e^{r\delta t} = 0$$

方程的根为：

$$u = \frac{(1 + e^{2r\delta t + \sigma^2 \delta t}) + \sqrt{(1 + e^{2r\delta t + \sigma^2 \delta t})^2 - 4e^{2r\delta t}}}{2e^{r\delta t}}$$

使用一阶扩展，限于 δt 的阶数，我们可以简化表达式。以平方根形式表示，我们

得到：

$$(1 + e^{2r\,\delta t + \sigma^2 \delta t})^2 - 4e^{2r\,\delta t} \approx (2 + (2r + \sigma^2)\delta t)^2 - 4(1 + 2r\delta t) \approx 4\sigma^2 \delta t$$

因此：

$$u \approx \frac{2 + (2r + \sigma^2)\delta t + 2\sigma\sqrt{\delta t}}{2e^{r\delta t}}$$

$$\approx \left(1 + r\delta t + \frac{\sigma^2}{2}\delta t + \sigma\sqrt{\delta t}\right)(1 - r\delta t)$$

$$\approx 1 + r\delta t + \frac{\sigma^2}{2}\delta t + \sigma\sqrt{\delta t} - r\delta t$$

$$= 1 + \sigma\sqrt{\delta t} + \frac{\sigma^2}{2}\delta t$$

但是对于二阶形式，这是 $e^{\sigma\sqrt{\delta t}}$ 的表达式。最后得到参数：

$$u = e^{\sigma\sqrt{\delta t}}, d = e^{-\sigma\sqrt{\delta t}}, p = \frac{e^{r\,\delta t} - d}{u - d} \tag{7.4}$$

这被称为 CRR 模型（Cox，Ross，and Rubinstein）。

应当说明的是，这不是唯一可行的方法，还存在其他可行的参数方法，详见本章参考文献。例如，我们可以随意选择 $p = 0.5$，经过某些积分可以导出：

$$p = \frac{1}{2}, u = e^{(r - \frac{\sigma^2}{2})\delta t + \sigma\sqrt{\delta t}}, d = e^{(r - \frac{\sigma^2}{2})\delta t - \sigma\sqrt{\delta t}}$$

这被称为 Jarrow – Rudd 参数化模型。此外，我们一直在努力解决相当复杂的计算，这些计算涉及非线性方程组。基于对数价格的计算方法，我们可以避免这些困难。接下来将介绍具体的方法。

假设在较短时间内，无风险收益率与价格的波动率为常数，而且我们可以将这些参数应用到模型结构中。对于期权的定价，我们应该建立（显式或隐式）标的资产价格的结构。事实上，到期日期权的价值已知，为期权的收益。然后，我们应该递归应用公式（7.1），每次向后反推一步，直到到达初始节点。对于普通欧式期权，二叉树结构非常好地展示了标的资产价格构造方法的应用。

[例7.1] 假设需要计算一个普通欧式买入期权的价格，$S_0 = K = 50$、$r = 0.1$、$\sigma = 0.4$ 到期日为五个月后。根据布莱克——斯科尔斯模型，我们知道其解为

```
>>call = blsprice(50,50,0.1,5/12,0.4)
call =
     6.1165
```

如果使用二叉树模型近似（或逼近）结果，首先必须建立结构参数，假设每一个阶段的时间期限为一个月，则有：

$$\delta t = 1/12 = 0.0833$$

$$u = \mathrm{e}^{\sigma\sqrt{\delta t}} = 1.1224$$

$$d = 1/u = 0.8909$$

$$p = \frac{\mathrm{e}^{r\delta t} - d}{u - d} = 0.5073$$

股票价格的二叉树结构与期权的价值如图7.3所示。二叉树结构的最右面买入期权的价格可以通过计算期权的收益获得。为演示计算过程，我们考虑如果计算倒数第二个阶段最上面那个节点的期权价格：

$$\mathrm{e}^{-r \cdot \delta t}[p \cdot 39.07 + (1 - p) \cdot 20.77]$$
$$= \mathrm{e}^{-0.1 \cdot 0.0833}[0.5073 \cdot 39.07 + 0.4927 \cdot 20.77]$$
$$\approx 29.77$$

根据递归计算，我们看到期权的价格约为6.36，不太接近准确的价格；为得到更精确的近似，我们需要每个阶段的时间步长更短。

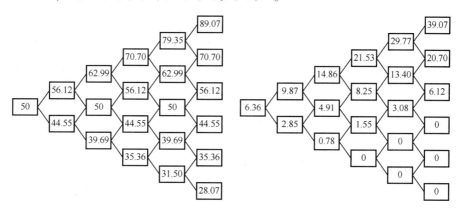

图7.3 例7.1中欧式买入期权的二叉树结构

为在MATLAB中执行这种方法，我们需要一个向后推导计算的代数表达式。假设f_{ij}为期权在节点(i,j)的价值，其中j对应时间点$j\delta t\,(j=0,\cdots,N)$，$i$表示第$i$个时间段的第$i$个节点（在二叉树中，随着$i=0,\cdots,j$，节点数量不断增加）。$N$为时间阶段的数量；所以树结构有$N+1$层，其中$N\delta t = T$（期权到期日）。根据这些假设，标的资产的价格在节点(i,j)为$Su^i d^{j-i}$，在到期日我们有：

$$f_{i,N} = \max\{0, Su^i d^{N-i} - K\}, i = 0,1,\cdots,N$$

随着时间向后推（随着j的减少），得到：

$$f_{ij} = \mathrm{e}^{-r\delta t}[pf_{i+1,j+1} + (1 - p)f_{i,j+1}] \tag{7.5}$$

使用MATLAB直接实现这种方法的相关代码如图7.4所示。函数LatticeEurCall的输入参数为通用参数，如标的资产现价、执行价格、无风险利率与剩余期限等，外加时间的阶段数N。随着最后一个参数的增加，我们得到更精确的价格（同时增加了计算时间）：

```
>> call = LatticeEurCall(50,50,0.1,5/12,0.4,5)
call =
    6.3595
>> call = LatticeEurCall(50,50,0.1,5/12,0.4,500)
call =
    6.1140
```

```
function [price, lattice] = LatticeEurCall(S0,K,r,T,sigma,N)
deltaT = T/N;
u = exp(sigma * sqrt(deltaT));
d = 1/u;
p = (exp(r * deltaT) - d)/(u - d);
lattice = zeros(N + 1, N + 1);
for i = 0:N
    lattice(i + 1, N + 1) = max(0, S0 * (u^i) * (d^(N - i)) - K);
end
for j = N - 1: -1:0
    for i = 0:j
        lattice(i + 1, j + 1) = exp(-r * deltaT) * ...
          (p * lattice(i + 2, j + 2) + (1 - p) * lattice(i + 1, j + 2));
    end
end
price = lattice(1,1);
```

图7.4　基于二叉树模型的欧式买入期权定价的 MATLAB 程序代码

　　二叉树模型收敛到现在价格的相关程序如图7.5 所示，程序的计算结果如图7.6所示。在这种情况下，误差（一种随机扰动）随着阶段数量的增加而增大。

```
% CompLatticeBLS.m
S0 = 50;
K = 50;
r = 0.1;
sigma = 0.4;
T = 5/12;
N = 50;
BlsC = blsprice(S0,K,r,T,sigma);
LatticeC = zeros(1,N);
for i = (1:N)
LatticeC(i) = LatticeEurCall(S0,K,r,T,sigma,i);
end
plot(1:N, ones(1,N) * BlsC);
hold on;
plot(1:N, LatticeC);
```

图7.5　通过减小 δt 测试二叉树模型的准确性

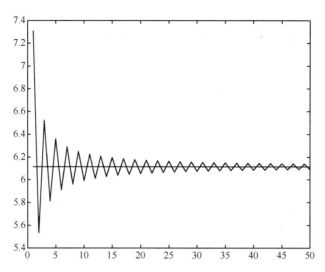

图7.6 随着二叉树模型阶段的增加，比较期权价格的精确值与近似值

要实现上述方法或许存在某些问题。起初，使用一个较大的矩阵存储二叉树结构，几乎矩阵的一半都是空的。我们也需要输出整个二叉树结构，或许在检查模型结构时二叉树结构是有帮助的，但是在实际计算中或许并不需要整个二叉树结构图。事实上，我们只需要存储两个连续的时间阶段所需的信息，因此我们有必要改进程序。此外，在循环结构中，每个阶段都乘以贴现因子以保持风险中性概率；可以将这个计算在循环外进行，以节省程序运行时间。在第 7.1.3 节，我们将继续进行这些改进；在下一节中，我们将展示二叉树在非标准期权（non – standard option）定价中的应用。

7.1.2 后付期权的定价

我们在这里考虑一个后付买入期权（pay – later call option），并假设标的股票不分红[⊖]。后付期权的特征为在期初无须支付期权溢价（期权成本），但是当期权到期时，或许需要支付期权溢价。在到期日，如果期权为价内期权，期权需要行权并支付期权溢价给期权卖出者。否则，期权到期没有价值并无须支付期权溢价给期权卖出者。需要注意的是，期权持有人的净收益可能为负，当期权并不是深度价内期权时，以至于期权的收益小于期权溢价；可简单地看到，根据无套利原理，如果期权净收益总是为非负，则在起初 $t = 0$，我们持有的期权合约价值为非负。那么如何计算合理的期权溢价呢？

给定一个期权溢价，期权收益为：

$$f(S_T, P) = \begin{cases} S_T - K - P & \text{如果 } S_T \geq K \\ 0 & \text{其他} \end{cases}$$

对于一个给定的 P，我们或许可以通过二叉树模型为期权定价。现在我们需要寻找一个合适的 P 获得期权的风险中性测度的期望，对应标的资产价格 S_T，该期望值为零：

$$\hat{E}[f(S_T; P)] = 0$$

在这里需要注意的是贴现因子，我们假设在整个计算过程中利率为常数。为求解关于 P 的方程，我们需要将二叉树模型与二分法相结合，求解非线性方程（参见第 3.4.1 节）。首先，我们构建一个函数计算给定 P 的期望值；相关 MATLAB 程序代码如图 7.7 所示。让我们考虑一个股票期权，标的股票的现在价格为 $12，波动率为 20%；无风险收益率为 10%；期权的执行价格为 $14；期权的剩余期限为 10 个月。此处我们使用二叉树模型，模型的每个阶段对应的时间为一个月；因此，二叉树的阶段数为 10。我们可以建立一个匿名函数，计算给定 P 的期权收益的贴现，然后使用二分法函数 fzero 与一个初始迭代点计算：

```
% exercise 11 chapter 13 from Luenberger, Investment Science
function ExpPayoff = L11(premium,S0,K,r,sigma,T,N)
deltaT = T/N;
u = exp(sigma * sqrt(deltaT));
d = 1/u;
p = (exp(r * deltaT) - d)/(u - d);
lattice = zeros(N + 1, N + 1);
for i = 0:N
    if (S0 * (u^i) * (d^(N - i)) >= K)
        lattice(i + 1, N + 1) = S0 * (u^i) * (d^(N - i)) - K - premium;
    end
end
for j = N - 1: -1 :0
    for i = 0:j
        lattice(i + 1, j + 1) = p * lattice(i + 2, j + 2) + (1 - p) * lattice(i + 1, j + 2);
    end
end
ExpPayoff = lattice(1, 1);
```

图 7.7　基于二叉树模型后付期权定价的 MATLAB 程序代码

```
>> f = @(P) L11(P,12,14,0.1, 0.2, 10/12, 10)
f =
    @(P) L11(P,12,14,0.1, 0.2, 10/12, 10)
>> fzero(f,2)
ans =
    2.0432
```

我们看到，在期权定价的解析公式未知并在没有导数信息的情况下，使用函数fzero可以得到近似值（使用二叉树模型或许存在某种计算困难，但二叉树模型可以视作一个数值近似）。

7.1.3　一种二叉树模型的改进

从 CPU 计算时间与内存管理的角度，至今我们所使用的二叉树模型仍然可以改进。首先，不需要在 for 循环结构中重复进行贴现概率计算；我们可以使用多维贴现因子与概率一次性计算。此外，还会使用 CRR 结构校准，其中 $ud=1$，我们可以通过使用向量存储标的资产价格的方法，这相对于使用一个二维矩阵的方法更节省内存。例如，如图 7.3 所示，标的资产价格仅有 11 个不同的数值。根据这种结构校准方法，如果存在 N 个时间阶段，则我们有 $2N+1$ 个不同的价值。因此，通过合适方式，这些数值可以被存储在一个向量中。如果为得到更精确的结果，我们需要 1000 个时间阶段，1000×1000 个元素的矩阵与 2001 个元素的向量之间存在巨大的区别。一个存储价格数据的可行方法如图 7.8 所示。图中所示的数值存储在向量中。在向量元素 1 中存储价格的最小值，结果向量为一个递减序列。向量的奇数位对应最后一个阶段的价格数值，偶数位对应倒数第二个阶段的数值。二叉树结构根的价格为奇数或偶数取决于树结构的阶数。

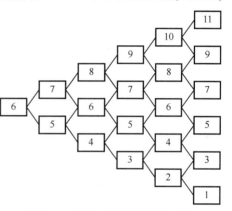

图 7.8　节省二叉树模型的内存

同样的方法适用于存储期权价格。原则上，我们应该使用两个向量对应两个时间阶段；然而，我们可以利用向量的奇数位存储一个阶段的数值，偶数位存储另一个阶段的数值，使用一个含有 $2N+1$ 元素的向量即可存储这些数据。相关程序代码如图 7.9 所示。相关注释如下：

- 第一部分的代码预先计算相关常量，包括贴现率。
- 当计算标的资产价格向量 SVals 时，我们从最小的元素开始计算，最小的元素为 $S_0 d^N$；然后乘以 u；为保持计算的精确度，最好将 S_0 存储在 SVals $(N+1)$ 中，其为向量的中间元素，然后继续向上和向下进行计算。
- 需要注意的是，当计算买入期权价值 CVals 时，我们需要根据两个指标进行，这相当于对应二叉树的相邻两个阶段，交替计算奇数位与偶数位的期权价值。
- 在到期日 τ，我们仅需要考虑数组 CVals 最里面的元素 $2(N-\tau)+1$。期权的价格存储在树结构的根部，对应的位置为 $N+1$。

```
function price = SmartEurLattice( S0,K,r,T,sigma,N)
% Precompute invariant quantities
deltaT = T/N;
u = exp( sigma * sqrt( deltaT) ) ;
d = 1/u;
p = ( exp( r * deltaT) - d)/( u - d) ;
discount = exp( - r * deltaT) ;
p_ u = discount * p;
p_ d = discount * ( 1 - p) ;
% set up S values
SVals = zeros( 2 * N + 1,1) ;
SVals( 1) = S0 * d^N;
for i = 2:2 * N + 1
    SVals( i) = u * SVals( i - 1) ;
end
% set up terminal CALL values
CVals = zeros( 2 * N + 1,1) ;
for i = 1:2:2 * N + 1
CVals( i) = max( SVals( i) - K,0) ;
end
% work backwards
for tau = 1:N
    for i = ( tau + 1) :2:( 2 * N + 1 - tau)
        CVals( i) = p_ u * CVals( i + 1) + p_ d * CVals( i - 1) ;
    end
end
price = CVals( N + 1) ;
```

图 7.9　改进的基于二叉树模型的欧式买入期权定价程序

我们可以测试一下，现在这种计算方法或许比原先那种计算方法更有效：

```
>> blsprice( 50,50,0.1,5/12,0.4)
ans =
    6.1165
>> tic,LatticeEurCall( 50,50,0.1,5/12,0.4,2000) ,toc
ans =
    6.1159
Elapsed time is 0.262408 seconds.
>> tic,SmartEurLattice( 50,50,0.1,5/12,0.4,2000) ,toc
ans =
    6.1159
Elapsed time is 0.069647 seconds.
```

我们可以尝试通过向量化编程或其他方法提高算法效率。在本书中，由于向量化编程方法可能使得程序不易理解，所以我们不介绍这些编程方法。在目前看来，节省的 CPU 时间可能不再显得那样重要，但是当我们处理多维期权时，这种节省内存的方法还是非常有效的。

7.2 美式期权的二叉树定价方法

在上节中，我们讲解了欧式期权的二叉树定价方法。美式期权烦琐的一点是需要考虑早期行权的问题。本节我们研究一个普通的美式卖出期权，假设标的股票不进行分红[⊖]。在期权定价的二叉树模型中，考虑最后一个阶段的 (i, N) 节点。如果在到期日期权为价内期权，显然最优策略为行权。因此，在最后一个阶段有：

$$f_{iN} = \max\left\{K - S_{iN}, 0\right\}$$

其中，$S_{iN} = Su^i d^{N-i}$ 为在这个节点时标的资产的价格。现在考虑倒数第二个阶段中的一个点，如果期权为非价内期权，那么我们不需要行权，例如 $S_{i,N-1} > K$。但是，如果期权为价内期权，那么我们需要考虑现在是否行权获得收益 $K - S_{i,N-1}$，或等待未来潜在的更好的行权机会。换句话说，我们需要解决一个最优停时（optimal stopping）问题，在每一个时间阶段，我们都需要观测市场价格，并决定是否应该提前行权、立即获利或者应该继续等待。

我们可以通过期权的内在价值（intrinsic value）（即立即行权的收益）与期权的持有价值（continuation value）进行比较，决定当前是否行权。如果我们继续持有期权，期权的持有价值为：

$$f_{i,N-1}^c = e^{-r\delta t}(p_u f_{i+1,N} + p_d f_{i,N})$$

其中，p_u 与 p_d 为风险中性概率。如果期权的内在价格大于期权的持有价值，我们立即行权。因此，在倒数第二个阶段的每个节点的期权价值为：

$$f_{i,N-1} = \max\left\{K - S_{i,N-1}, e^{-r\delta t}(p_u f_{i+1,N} + p_d f_{i,N})\right\}$$

在递归计算方式中，每个一时间阶段我们都需要重复同样的比较。这意味着，我们应该从最后一个时间阶段开始，在那个阶段期权价值为期权收益，然后通过对普通贴现期望方程（7.5）修正进行反向计算：

$$f_{i,j} = \max\left\{K - S_{ij}, e^{-r\delta t}(p f_{i+1,j+1} + (1-p) f_{i,j+1})\right\} \tag{7.6}$$

这个方法看似简单，但却有着非常广泛的应用，它被称为动态规划。在第 10 章我们将看到，动态规划原理在理论上非常有用，但是在实际应用中存在某些"维数灾难（curse of dimensionality）"。在二叉树模型中，我们应用一个

⊖ 这里我们没有选美式买入期权，因为可以证明，美式买入期权早期行权都不是最佳的选择，除非标的股票支付股息。

可计算标的资产价格随机过程的离散化方法。然而，这种方法需要沿着第
2.6.6节的研究方向谨慎应用。事实上，我们进行的推理或许存在某些误导，
因为我们应该站在期权持有人的角度，他们希望以最优的方式行权。但是，我
们或许会问，为什么我们仅考虑期望值，而忽略风险厌恶？一个谨慎的判断并
不复杂，尽管这或许涉及无套利原理，从期权卖出（创设期权并卖出）者的
角度，他们应该关心最坏的情况，即期权持有人以最优的策略正确地行使期
权。将理论问题放在一边，我们可以将先前编写的欧式买入期权的程序应用于
美式卖出期权，相关的程序代码如图7.10所示。我们使用一个稍微不同的方
式构建二叉树结构，该方法仅在向后倒算中存在明显的区别，即需要比较期权
的内在价值与持有价值。

```
function price = AmPutLattice(S0,K,r,T,sigma,N)
% Precompute invariant quantities
deltaT = T/N;
u = exp(sigma * sqrt(deltaT));
d = 1/u;
p = (exp(r * deltaT) - d)/(u - d);
discount = exp(-r * deltaT);
p_u = discount * p;
p_d = discount * (1 - p);
% set up S values
SVals = zeros(2 * N + 1,1);
SVals(N + 1) = S0;
for i = 1:N
    SVals(N + 1 + i) = u * SVals(N + i);
    SVals(N + 1 - i) = d * SVals(N + 2 - i);
end
% set up terminal values
PVals = zeros(2 * N + 1,1);
for i = 1:2:2 * N + 1
    PVals(i) = max(K - SVals(i),0);
end
% work backwards
for tau = 1:N
    for i = (tau + 1):2:(2 * N + 1 - tau)
        hold = p_u * PVals(i + 1) + p_d * PVals(i - 1);
        PVals(i) = max(hold, K - SVals(i));
    end
end
price = PVals(N + 1);
```

图 7.10　基于二叉树模型的美式卖出期权定价的 MATLAB 程序代码

金融工具箱（Financial toolbox）提供了函数 binprice，函数 binprice 功能为计算普通美式买入或卖出期权的价格，并允许标的资产连续分红或集中分红。我们可以通过运行函数 binprice 与函数 AmPutLattice 来比较两者的异同：

```
>> S0 =50;
>> K =50;
>> r =0.05;
>> T =5/12;
>> sigma =0.4;
>> N =1000;
>> price =AmPutLattice(S0,K,r,T,sigma,N)
price =
    4.6739
>> [p, o] =binprice (S0, K, r, T, T/N, sigma, 0);
>> o (1, 1)
ans =
    4.6739
```

函数 binprice 需要一个指示标识，如果计算卖出期权，则将 flag 设置为 0；计算买入期权，则将 flag 设置为 1。这个参数为上面程序的最后一个参数。同样需要注意的是，函数 binprice 需要期权的期限 T，时间步长 dt；我们需要设定 dt = T/N。我们可以省略选择参数，这些选择参数可以用于标的股票分红期权的定价。函数 binprice 的输出参数为两个二叉树结构，一个为标的资产价格的二叉树，另一个为期权价格的二叉树；重要的是，当时间步长 dt 较小时，使用分号";"进行二叉树结构的分段输出。

7.3　二维期权的二叉树定价方法

为将二叉树模型的技术扩展到多维期权（multidimensional options），我们考虑一个基于两个标的资产的美式价差期权（American spread option）。期权的收益为：

$$\max\left\{S_1 - S_2 - K, 0\right\}$$

假设我们不涉及复杂的路径依赖，基本方法可以扩展到广义期权。作为更进一步地扩展，我们同样可以考虑连续股息收益率 q_1 与 q_2。事实上，这并不改变问题的本质，我们只需调整风险中性动态系统，风险中性的公式为 [参见公式（2.42）]：

$$dS_1 = (r - q_1)S_1 dt + \sigma_1 S_1 dW_1$$

$$dS_2 = (r - q_2)S_2 dt + \sigma_2 S_2 dW_2$$

其中，涉及两个相关的维纳过程与形式规则 $dW_1 dW_2 = \rho dt$ 的应用（参见第2.5.5节）。

在校准过程中为避免非线性问题的复杂性，可以使用对数价格进行建模。设 $x_i = \log S_i$，根据伊藤引理（Ito's lemma），得到两个随机微分方程：

$$dX_1 = \nu_1 S_1 dt + \sigma_1 dW_1$$
$$dX_2 = \nu_2 S_2 dt + \sigma_2 dW_2$$

其中，$\nu_i = r - q_i - \sigma_i^2/2, i = 1, 2$。

作为一个典型的二叉树模型，我们假设两个资产价格可能以对数价格的形式上升或下降 δx_i。为校准模型结构，我们需要将一阶矩和二阶矩相匹配。我们有两只股票，股票价格可能上涨或下降。因此，在模型中每个节点有四个后继节点，四个后继阶段的概率标识为：p_{uu}，p_{ud}，p_{du} 与 p_{dd}。首先，我们需要一个预期值的增量 δX_i 的匹配条件：

$$E[\delta X_1] = (p_{uu} + p_{ud})\delta x_1 - (p_{du} + p_{dd})\delta x_1 = \nu_1 \delta t$$
$$E[\delta X_2] = (p_{uu} + p_{du})\delta x_2 - (p_{ud} + p_{dd})\delta x_2 = \nu_2 \delta t$$

其中，我们使用 δX_i 与 $\pm \delta x_i$ 表示随机变量与实际变量。然后，我们需要一个类似的二阶矩（second-order moments）条件：

$$E[(\delta X_1)^2] = (p_{uu} + p_{ud} + p_{du} + p_{dd})(\delta x_1)^2 = \sigma_1^2 \delta t + \nu_1^2(\delta t)^2 \approx \delta_1^2 \delta t$$
$$E[(\delta X_2)^2] = (p_{uu} + p_{ud} + p_{du} + p_{dd})(\delta x_2)^2 = \sigma_2^2 \delta t + \nu_2^2(\delta t)^2 \approx \delta_2^2 \delta t$$

这里我们使用了公式 $\text{Var}(X) = E[X^2] - E^2[X]$，其中忽略 δt 的高阶项。因为概率和为1，简化这些公式为：

$$\delta x_1 = \sigma_1 \sqrt{\delta t}, \delta x_2 = \sigma_2 \sqrt{\delta t}$$

对于叉积或矢量积，我们同样应该考虑协方差或类似的统计量：

$$E[\delta X_1 \cdot \delta X_2] = (p_{uu} - p_{ud} - p_{du} + p_{dd})\delta x_1 \delta x_2$$
$$= \rho \sigma_1 \sigma_2 \delta t + \nu_1 \nu_2 (\delta t)^2$$
$$\approx \rho \sigma_1 \rho \sigma_2 \delta t$$

现在，我们有一个含有四个方程与四个未知概率构成的方程组：

$$p_{uu} + p_{ud} - p_{du} - p_{dd} = \frac{\nu_1 \sqrt{\delta t}}{\sigma_1}$$

$$p_{uu} - p_{ud} + p_{du} - p_{dd} = \frac{\nu_2 \sqrt{\delta t}}{\sigma_2}$$

$$p_{uu} - p_{ud} - p_{du} + p_{dd} = \rho$$

$$p_{uu} + p_{ud} + p_{du} + p_{dd} = 1$$

方程组可以通过矩阵求逆计算或适当的线性组合求解：

$$\begin{pmatrix} 1 & 1 & -1 & -1 \\ 1 & -1 & 1 & -1 \\ 1 & -1 & -1 & 1 \\ 1 & 1 & 1 & 1 \end{pmatrix}^{-1} = \frac{1}{4} \begin{pmatrix} 1 & 1 & 1 & 1 \\ 1 & -1 & -1 & 1 \\ -1 & 1 & -1 & 1 \\ -1 & -1 & 1 & 1 \end{pmatrix}$$

得到：

$$p_{uu} = \frac{1}{4} \left\{ 1 + \sqrt{\delta t} \left(\frac{\mu_1}{\sigma_1} + \frac{\mu_2}{\sigma_2} \right) + \rho \right\}$$

$$p_{ud} = \frac{1}{4} \left\{ 1 + \sqrt{\delta t} \left(\frac{\mu_1}{\sigma_1} - \frac{\mu_2}{\sigma_2} \right) - \rho \right\}$$

$$p_{du} = \frac{1}{4} \left\{ 1 + \sqrt{\delta t} \left(-\frac{\mu_1}{\sigma_1} + \frac{\mu_2}{\sigma_2} \right) - \rho \right\}$$

$$p_{dd} = \frac{1}{4} \left\{ 1 + \sqrt{\delta t} \left(-\frac{\mu_1}{\sigma_1} - \frac{\mu_2}{\sigma_2} \right) + \rho \right\}$$

这些条件有一个直观的解释。当两个价格的随机过程"位移"较大（相对于相关的波动率）且相关系数为正时，两个价格上涨的概率较大。价格上涨的概率为 S_1，价格下跌的概率为 S_2，若"位移"μ_2 为负号（"位移越大"，下降的概率越小），负相关性将使得这种交叉运用更加明显。类似的思路适用于 p_{du}，而当"位移"较大时 p_{dd} 较小，当相关系数为正时 p_{dd} 较大。

计算这样的二维结构，需要谨慎的内存管理；我们不能简单地存储如此巨大的三维矩阵。由于两个资产的价格上升或下降增量的绝对值相同，我们可以借鉴在第7.1.3 节的思路，相关的程序代码如图 7.11 所示。此处无须过多解释函数的输入参数。首先，我们计算不变的常量。需要注意的是，在价格结构中显示的并非价格的对数形式。因此，价格的上涨可以定义为：

$$u_i = e^{\delta x_i} = e^{\sigma_i \sqrt{\delta t}}$$

其中，$d_i = 1/u_i$，$i = 1, 2$。概率贴现计算在主循环外进行。两个标的资产的价格存储在向量 S1vals 与 S2vals 中，这两个向量的运行原理与普通欧式期权的计算中单一标的资产的价格向量类似。期权的价格存储在二维矩阵 Cvals 中，矩阵 Cvals 使用期权收益进行初始化；这里下标 i 对应标的资产 1，j 对应标的资产 2。对于两个相邻的时间阶段，我们可以使用一个矩阵存储，因为奇数与偶数位可以用于相邻的两个时间阶段。由于示例中的期权为美式期权，我们需要计算期权的持有价值，并将其视作风险中性期望。然后，我们将期权的持有价值与内在价值进行比较。

为测试程序，我们使用如下示例[⊖]：

⊖ 同样的示例用于参考文献 [1]，第 47－51 页。

```
function price = AmSpreadLattice( S10,S20,K,r,T,sigma1,sigma2,rho,q1,q2,N)
% Precompute invariant quantities
deltaT = T/N;
nu1 = r - q1 - 0.5 * sigma1^2;
nu2 = r - q2 - 0.5 * sigma2^2;
u1 = exp( sigma1 * sqrt( deltaT ) );
d1 = 1/u1;
u2 = exp( sigma2 * sqrt( deltaT ) );
d2 = 1/u2;
discount = exp( - r * deltaT );
p_uu = discount * 0.25 * ( 1 + sqrt( deltaT ) * ( nu1/sigma1 + nu2/sigma2 ) + rho );
p_ud = discount * 0.25 * ( 1 + sqrt( deltaT ) * ( nu1/sigma1 - nu2/sigma2 ) - rho );
p_du = discount * 0.25 * ( 1 + sqrt( deltaT ) * ( - nu1/sigma1 + nu2/sigma2 ) - rho );
p_dd = discount * 0.25 * ( 1 + sqrt( deltaT ) * ( - nu1/sigma1 - nu2/sigma2 ) + rho );
% set up S values
S1vals = zeros( 2 * N + 1,1 );
S2vals = zeros( 2 * N + 1,1 );
S1vals( 1 ) = S10 * d1^N;
S2vals( 1 ) = S20 * d2^N;
for i = 2:2 * N + 1
        S1vals( i ) = u1 * S1vals( i - 1 );
        S2vals( i ) = u2 * S2vals( i - 1 );
end
% set up terminal values
Cvals = zeros( 2 * N + 1,2 * N + 1 );
for i = 1:2:2 * N + 1
    for j = 1:2:2 * N + 1
        Cvals( i,j ) = max( S1vals( i ) - S2vals( j ) - K,0 );
    end
end
% roll back
for tau = 1:N
    for i = ( tau + 1 ):2:( 2 * N + 1 - tau )
        for j = ( tau + 1 ):2:( 2 * N + 1 - tau )
            hold = p_uu * Cvals( i + 1,j + 1 ) + p_ud * Cvals( i + 1,j - 1 ) + ...
                p_du * Cvals( i - 1,j + 1 ) + p_dd * Cvals( i - 1,j - 1 );
            Cvals( i,j ) = max( hold,S1vals( i ) - S2vals( j ) - K );
        end
    end
end
price = Cvals( N + 1,N + 1 );
```

图 7.11　基于二维二叉树模型的美式价差期权定价的 MATLAB 程序代码

```
>> S10 =100;
>> S20 =100;
>> K =1;
>> r =0.06;
>> T =1;
>> sigma1 =0.2;
>> sigma2 =0.3;
>> rho =0.5;
>> q1 =0.03;
>> q2 =0.04;
>> N =3;
>> AmSpreadLattice(S10,S20,K,r,T,sigma1,sigma2,rho,q1,q2,N)
ans =

    10.0448
```

显然，三阶段的树结构不足以获得一个可以接受的近似解，但是，通过对这个简单示例的初步计算，我们可以理解矩阵 Cvals 是如何存储节点信息的。在 MATLAB 中可以通过逐步调试器实现，在这里，我们显示得到的基本信息。矩阵的初始结构如下：为清楚起见，我们使用星号 * 表示非相关数据（当使用调试器显示矩阵 Cvals 时，你会看到一些数字）：

10.2473	*	0	*	0	*	0
*	*	*	*	*	*	*
28.6198	*	3.9982	*	0	*	0
*	*	*	*	*	*	*
51.7652	*	27.1436	*	0	*	0
*	*	*	*	*	*	*
80.9233	*	50.3017	*	21.4873	*	0

在初始迭代后，在到期日的前一个阶段，相关数据为

*	*	*	*	*	*	*
*	9.3123	*	0.5653	*	0	*
*	*	*	*	*	*	*
*	28.2778	*	5.3263	*	0	*
*	*	*	*	*	*	*
*	54.2561	*	25.8626	*	3.0381	*
*	*	*	*	*	*	*

需要注意的是，新的数据值通过平均四个相邻的存储数据获得，其中四个相邻数节点为下一个阶段的存储数据。然后，倒算一步，我们得到：

*	*	*	*	*	*	*
*	*	*	*	*	*	*
*	9.4563		*	0.9635	*	*
*	*	*	*	*	*	*
*	28.1353		*	6.7420	*	*
*	*	*	*	*	*	*
*	*	*	*	*	*	*

最后的结果，即树结构的根部为：

*	*	*	*	*	*	*
*	*	*	*	*	*	*
*	*	*	*	*	*	*
*	*	*	10.0448	*	*	*
*	*	*	*	*	*	*
*	*	*	*	*	*	*
*	*	*	*	*	*	*

我们看到，程序计算对象为一个系列递归金字塔结构，这种结构存在部分但仍可接受的内存浪费。

7.4　三叉树定价期权

三叉树结构（trinomial lattice）同样为二叉树结构的扩展。在三叉树结构中，每一个节点有三个后继节点，对应的价格上涨、价格下跌或价格不变（实际上，价格不变是一种可能）。结构校准的方式允许节点的重组，并与潜在连续随机变量的最初两个矩相一致。额外的自由度可以用来提高序列的收敛性或者增加附加条件。三叉树结构对于障碍式期权定价非常有效。在这种情况下，我们可以要求三叉树结构中包含期权的障碍价格。

三叉树结构同样有利于随机过程 $X(t) = \log S(t)$ 的描述。在一个较小的时间步长 δt，我们可以在三个方向移动，对应的价格（对数价格形式）增量分别为 $+\delta x$，0 与 $-\delta x$。三个情况发生的风险中性概率分别为 p_u，p_m 与 p_d，分枝结构如图 7.12 所示。给定一般方程：

图 7.12　单阶段三叉树模型

$$\mathrm{d}X = \nu\mathrm{d}t + \sigma\mathrm{d}W$$

其中，$\nu = r - \sigma^2/2$，矩匹配方程：

$$E[\delta X] = p_u\delta x + p_m 0 - p_d\delta x = \nu\delta t$$

$$E[(\delta X)^2] = p_u(\delta x)^2 + p_m 0 + p_d(\delta x)^2 = \sigma^2\delta t + \nu^2(\delta t)^2$$

$$p_u + p_m + p_d = 1$$

求解方程组，得到：

$$p_u = \frac{1}{2}\left(\frac{\sigma^2 \delta t + \nu^2 (\delta t)^2}{(\delta x)^2} + \frac{\nu \delta t}{\delta x}\right)$$

$$p_u = 1 - \frac{\sigma^2 \delta t + \nu^2 (\delta t)^2}{(\delta x)^2} \tag{7.7}$$

$$p_u = \frac{1}{2}\left(\frac{\sigma^2 \delta t + \nu^2 (\delta t)^2}{(\delta t)^2} - \frac{\nu \delta t}{\delta x}\right)$$

我们看到，增加的一个自由度用于选择 δx。事实上，不能相互独立的选择 δx 与 δt，一个通用的经验法则为 $\delta x = 3\sqrt{\delta t}$ 。当我们处理有限差分方法稳定性时，这个法则非常有用。我们还需要注意，一个不适当的选择可能导致概率为负。作为一个示例，考虑一个欧式买入期权的定价，假设期权的标的资产不分红：$S_0 = 100$，$K = 100$，$r = 0.06$，$T = 1$ 与 $\sigma = 0.3$。如果我们建立一个三阶段的树结构，并设定 $\delta x = 0.2$，我们得到的三叉树结构如图 7.13 所示，其中：

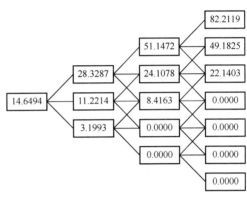

图 7.13 三叉树模型

$$p_u = 0.3878, \quad p_m = 0.2494, \quad p_d = 0.3628$$

实现三叉树计算的 MATLAB 程序代码如图 7.14 所示。通常，贴现概率在主 for 循环外进行计算。在这里我们只需一个观测对象：与二叉树模型不同，我们必须存储至少两个相邻阶段，因为这里没有向量的奇数与偶数位选择；因此，我们必须使用两列、$2N+1$ 行的矩阵，矩阵的两列分别存储"现在"和"未来"两个阶段。我们使用指标增量模 2 的方式交换两个阶段的角色（"现在"或"未来"），使用指示变量 know 与 kthen，两个变量取值分别为 1 或 2。这里计算先前的结构：

```
>> S0 =100;
>> K =100;
>> r =0.06;
>> T =1;
>> sigma =0.3;
>> N =3;
>> deltaX =0.2;
>> EuCallTrinomial(S0,K,r,T,sigma,N,deltaX)
ans =
    14.6494
```

```
function price = EuCallTrinomial(S0,K,r,T,sigma,N,deltaX)
% Precompute invariant quantities
deltaT = T/N;
nu = r - 0.5 * sigma^2;
discount = exp( - r * deltaT);
p_u = discount * 0.5 * ((sigma^2 * deltaT + nu^2 * deltaT^2)/deltaX^2 +...
    nu * deltaT/deltaX);
p_m = discount * (1 - (sigma^2 * deltaT + nu^2 * deltaT^2)/deltaX^2);
p_d = discount * 0.5 * ((sigma^2 * deltaT + nu^2 * deltaT^2)/deltaX^2 -...
    nu * deltaT/deltaX);
% set up S values (at maturity)
Svals = zeros(2 * N + 1,1);
Svals(1) = S0 * exp( - N * deltaX);
exp_dX = exp(deltaX);
for j = 2:2 * N + 1
    Svals(j) = exp_dX * Svals(j-1);
end
% set up lattice and terminal values
Cvals = zeros(2 * N + 1,2);
t = mod(N,2) + 1;
for j = 1:2 * N + 1
    Cvals(j,t) = max(Svals(j) - K,0);
end
for t = N - 1: - 1:0;
    know = mod(t,2) + 1;
    knext = mod(t + 1,2) + 1;
    for j = N - t + 1:N + t + 1
        Cvals(j,know) = p_d * Cvals(j-1,knext) + p_m * Cvals(j,knext) +...
                        p_u * Cvals(j+1,knext);
    end
end
price = Cvals(N + 1,1);
```

图 7.14　基于三叉树模型的欧式买入期权定价的 MATLAB 程序代码

　　之前提到，关于参数 δx 选择是个问题，根据经验法则 $\delta x = \sigma \sqrt{\delta t}$，我们选择 δx 参数：

```
>> blsprice(S0,K,r,T,sigma)
ans =
    14.7171
>> N = 100;
>> deltaX = 0.2;
>> EuCallTrinomial(S0,K,r,T,sigma,N,deltaX)
ans =
```

```
      14.0715
>> deltaX =0.5;
>> EuCallTrinomial(S0,K,r,T,sigma,N,deltaX)
ans =
      10.9345
>> deltaX =sigma * sqrt(T/N);
>> EuCallTrinomial(S0,K,r,T,sigma,N,deltaX)
ans =
      14.6869
>> N =1000;
>> deltaX =sigma * sqrt(T/N);
>> EuCallTrinomial(S0,K,r,T,sigma,N,deltaX)
ans =
      14.7141
```

7.5 总结

在期权定价中，二叉树模型是我们遇见的第一个经典的数值方法，而且二叉树结构原理简单、计算简便。我们将在后面部分再次描述此方法，以便将其放在一个更为通用的框架内进行研究。结构方法实际与蒙特卡罗方法、有限差分方法相关。

关于蒙特卡罗方法，二叉树模型与三叉树模型代表一种基于矩匹配的离散抽样方法。矩匹配方法为一种多变量降方差方法，已被开发出来多年。

相对于蒙特卡罗方法，结构化技术的优点有两方面。一方面，面对低维度问题时，计算速度快。当计算复杂路径依赖期权时，结构化方法并不适用。例如在处理回望期权（lookback options）定价方面，专业人士已开发了有效方法，但是这些方法存在收敛性较弱的问题。因此，对于复杂的或高维期权，蒙特卡罗模拟方法或许是唯一实际可行的方法。另一方面，利用结构化方法处理早期行权问题相对简单有效。有些作者认为，显式的有限差分格式（explicit finite difference schemes）可以作为三叉树结构的一个扩展。事实上，在第 9.2.1 节中这是显而易见的，非有效的离散化方法容易造成结构中数值计算不稳定，从而可能导致三叉树模型中出现负概率的问题。因此，读者可能会认为，更灵活的网格或隐性的准确格式的方法可能会取代结构化技术（lattice techniques）。但事实上，有时候这是一个习惯问题。基于高效的校准方法（我们这里只涉及冰山的一角），通过结构化技术在很多实践案例中都可以获得精确的定价结果。应该指出，我们的计算都是基于完全市场的、确定的波动率等理想假设。此外，我们的工作大多都是基于历史波动率，而且我们知道隐含波动率经常作为一个市场情况的参考指标。使用市场价格校准结构的方法已经被推出，称为隐含结构（implied lattices）。更多的方法可以参考有关文献；但是我们应该记住，结构化方法因概念简单、计算有效等特点，在期权定价方面优于布莱克斯—科尔斯方法。

进阶阅读

书籍推荐

- 关于结构化方法一个非常好的资源为本章文献［1］，其中有关于有限差分与三叉树模型关系的细致分析。

- 经典文献［3］包括多种基本方法的扩展方法，障碍式期权与回望期权的定价方法，自适应节点方法等。在数值方法章节，同样可以发现基于二叉树模型的离散分红股票期权的定价方法。MATLAB金融工具箱中提供这种方法的实现函数 binprice。

- 读者可以参考［4］，其中包含隐性结构方法与提高计算效率的方法。

- 如果读者希望更深入地研究二叉树模型的 MATLAB 实现问题，可以参看［2］。

参 考 文 献

1. L. Clewlow and C. Strickland. *Implementing Derivatives Models*. Wiley, Chichester, West Sussex, England, 1998.

2. D. J. Higham. Nine Ways to Implement the Binomial Method for Option Valuation in MATLAB. *SIAM Review*, 44: 661–677, 2002.

3. J. C. Hull. *Options, Futures, and Other Derivatives* (5th ed.). Prentice Hall, Upper Saddle River, NJ, 2003.

4. G. Levy. *Computational Finance. Numerical Methods for Pricing Financial Instruments*. Elsevier Butterworth – Heinemann, Oxford, 2004.

5. D. G. Luenberger. *Investment Science*. Oxford University Press, New York, 1998.

第8章

期权定价的蒙特卡罗方法

在金融计算中，蒙特卡罗模拟是一个非常重要的工具：它可以用于投资组合管理、期权定价、对冲策略模拟以及在险价值 VaR 的估计。蒙特卡罗方法的主要优点为：通用性、易用性与灵活性。在蒙特卡罗模拟中，我们可以使用随机波动率，根据奇异期权条款设置复杂条件。蒙特卡罗模型在处理高维问题时具有先天的优势，而结构化方法与随机微分方法通常不适用于高维问题。蒙特卡罗模拟的潜在缺陷为计算量较大。为得到令人满意的置信度区间，常常需要大量的重复计算，而这样的问题可以通过方差技术或低差异序列解决。本章的目的是展示蒙特卡罗方法在几个示例中的应用，包括某种路径依赖期权的定价。在第 4 章中我们介绍了蒙特卡罗方法在积分计算中的应用，本章为其延伸。必须强调的是，即使我们使用更优的"模拟"或"抽样"，蒙特卡罗算法在概念上都是一种数值积分工具。我们需要记住的是，在蒙特卡罗模拟中低差异序列的效果优于伪随机数的效果。在适当的时候，我们将模拟的结果与公式的结果进行对比，显然，我们这样做的目的是纯粹的理论分析。如果我们需要计算一个长方形的面积，仅需将长方形的长乘以宽即可。然而，我们首先应该将新学到的方法用于简单的示例，以便检查不同方法的结果一致性。此外，我们还将看到，对于存在解析定价公式的期权，根据定价公式可以得到有效降低方差的控制变量方法。

在蒙特卡罗模拟应用中，给定一个描述动态价格（或市场利率）的随机微分方程与初始点，可以生成一个样本路径。在第 8.1 节中，我们将介绍几何布朗运动路径的生成方法，并模拟两个对冲策略作为具体示例，我们还将应用布朗桥（Brownian bridge）方法，这是一种生成模拟样本路径替代方法。在第 8.2 节中，将介绍外汇期权（exchange option），并通过一个简单示例展示蒙特卡罗方法是如何扩展至多维随机过程（multidimensional processes）的。在第 8.3 节，我们将介绍弱路径依赖期权（weakly path - dependent option）、向下敲出式卖出期权（down - and - out put option），以及将条件蒙特卡罗方法与重要性抽样方法相结合用于降低估计方差。在第 8.4 节，我们将处理一个强路径依赖期权（strongly path - dependent - option），在那里我们将展示如何应用控制变量方法与低差异序列方法为一个算数平均亚式期权定价。在本章结束时，我们将展示如何使用蒙特卡罗方法进行期权敏感性分析，在第 8.5 节，我们将以普通买入期权的 Δ 计算作为示例。

第 10.4 节将介绍随机模拟在期权定价的另外一种应用，即美式期权的定价。早期行权的特征将使得简单的模拟方法失效，因此我们必须考虑随机动态优化问题。

8.1 路径生成

在期权定价的蒙特卡罗应用中，首先需要生成标的资产价格的样本路径。在普通欧式期权定价中，不需要生成样本路径，如我们在第 4 章所见：欧式期权定价仅关心标的资产在到期日的价格。但是，如果期权是路径依赖的，那么我们需要标的资产的整个价格样本路径，或给定一系列时间点上的标的资产价格。如果标的资产的价格基于几何布朗运动，我们将面临一个易于处理的情况。事实上，样本路径生成存在两个潜在的误差源：

- 抽样误差（sampling error）
- 离散化误差（discretization error）

抽样误差源于蒙特卡罗方法的随机性，可以通过降低方差策略解决这个问题。为了便于理解什么是离散化误差，让我们考虑如何离散一个典型的连续时间模型，例如伊藤随机微分方程：

$$dS_t = a(S_t, t)dt + b(S_t, t)dW_t$$

最简单的离散化方法为欧拉模式（Euler scheme），生成如下离散时间模型：

$$\delta S_t = S_{t+\delta t} - S_t = a(S_t, t)\delta t + b(S_t, t)\sqrt{\delta t}\,\varepsilon$$

其中，δt 为离散化步长，$\varepsilon \sim N(0, 1)$。这种方法在概念上与有限差分方法相关，在确定的微分方程中使用这种方法将产生截断误差，当离散化步长较小的时候，这些截断误差是可以忽略不计的[⊖]。在我们处理随机过程时，随机微分方程中的收敛性是一个非常重要的概念。但是，我们或许会认为，通过在标准正态分布中对随机变量 ε 进行抽样，我们可以模拟一个离散时间随机过程，而这与连续时间方程的解相关。随着样本路径的增加，或重复次数的增加，我们应该可以降低抽样误差。

上面的推理证明可以更规范化。我们应该认识到，离散化误差或许可以改变问题解的概率分布特征。例如，考虑一个几何布朗运动模型：

$$dS_t = \mu S_t dt + \sigma S_t dW_t \tag{8.1}$$

根据欧拉模式，得到：

$$S_{t+\delta t} = (1 + \mu\delta t)S_t + \sigma S_t\sqrt{\delta t}\,\varepsilon$$

这种方法很容易掌握和计算，但是每个值 $S_i = S(i\delta t)$ 的边界分布为正态分布，而不是对数正态分布。事实上，取一个非常小的 δt 可以降低误差，但是这样将大幅增加计算量。在这个具体示例中，我们可以通过直接应用伊藤引理的方式消除离散化误差，但是在一般情况下，这是不可能的。对于复杂的随机微分方程，为降低

⊖ 在第 5 章中，我们已经看到离散化方法的收敛性分析并不简单。

离散化误差，即使我们仅需要到期日的资产值，我们还是需要生成整个样本路径。在这种情况下，我们需要更精确的离散化方法，具体可以查阅本章参考文献。

8.1.1 模拟几何布朗运动

根据伊藤引理，我们可以将式（8.1）转化为如下形式：

$$\mathrm{d}\log S_t = \left(\mu - \frac{1}{2}\sigma^2\right)\mathrm{d}t + \sigma\,\mathrm{d}W_t \tag{8.2}$$

再根据对数正态分布性质$^\ominus$，并设 $\nu = \mu - \sigma^2/2$，我们得到：

$$E[\log(S(t)/S(0))] = \nu t$$
$$\mathrm{Var}[\log(S(t)/S(0))] = \sigma^2 t$$
$$E[S(t)/S(0)] = e^{\mu t} \tag{8.3}$$
$$\mathrm{Var}[S(t)/S(0)] = e^{2\mu t}(e^{\sigma^2 t} - 1) \tag{8.4}$$

式（8.2）非常有用，因为它可以被精确积分，得到：

$$S_t = S_0 \exp\left(\nu t + \sigma\int_0^t \mathrm{d}W(\tau)\right)$$

为模拟区间$(0,T)$上的资产价格路径，我们必须根据时间步长 δt 将时间离散化。根据最后一个方程与标准维纳过程的性质（参见第2.5节），我们得到：

$$S_{t+\delta t} = S_t \exp(\nu\delta t + \sigma\sqrt{\delta t}\,\varepsilon) \tag{8.5}$$

式中，$\varepsilon \sim N(0,1)$为服从标准正态分布的随机变量。基于式（8.5），可以简单地生成资产价格的样本路径。

一个基于几何布朗运动生成资产价格样本路径的程序代码如图8.1所示：函数AssetPaths 生成一个样本路径矩阵，其中矩阵的每一行为一个样本路径，每一列对应一个时间点。对于所有的样本路径，矩阵的第一列值相同，均为初始价格；根据初始价格 S0、位移（或漂移）mu、波动率 sigma、时间长度 T、时间阶段数量 NSteps，

```
function SPaths =AssetPaths(S0,mu,sigma,T,NSteps,NRepl)
SPaths =zeros(NRepl, 1 +NSteps);
SPaths(:,1)=S0;
dt =T/NSteps;
nudt =(mu −0.5 * sigma^2) * dt;
sidt =sigma * sqrt(dt);
for i =1:NRepl
    for j =1:NSteps
        SPaths(i,j+1)=SPaths(i,j) * exp(nudt +sidt * randn);
    end
end
```

图8.1 基于蒙特卡罗算法生成资产价格样本路径的 MATLAB 程序代码

$\ominus$ 参见附录 B。

以及重复计算次数 NRepl，我们可以给出价格函数。需要注意的是，参数 μ 为函数的输入参数，然后再计算参数 ν。

　　例如，让我们生成三条一年期样本路径的资产价格，并画出这三条样本路径[⊖]。初始价格为 50 美元、位移为 0.1、波动率为 0.3（年化），假设时间步长为一天。

```
>> randn('state',0);
>> paths = AssetPaths(50,0.1,0.3,1,365,3);
>> plot(1:length(paths),paths(1,:))
>> hold on
>> plot(1:length(paths),paths(2,:))
>> hold on
>> plot(1:length(paths),paths(3,:))
```

结果如图 8.2 所示。

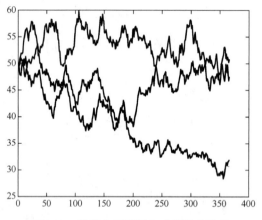

图 8.2　蒙特卡罗模拟生成的样本路径

　　当使用函数 randn 生成服从标准正态分布的随机数时，如果初始种子不同，将得到不同的随机数序列。

　　在图 8.1 中的程序代码基于两个内嵌的 for 循环。在 MATLAB 中，有时可以使用向量化编程（vectorizing code）提高计算效率。为便于向量化编程，我们可以将式（8.5）改写为：

$$\log S_{t+\delta t} - \log S_t = \nu\delta t + \sigma\sqrt{\delta t}\varepsilon$$

　　我们可以生成不同对数形式的资产价格，然后使用函数 cumsum 并设置参数为 2 来计算矩阵每行的累积和（默认参数为计算矩阵每列的累积和）。函数 AssetPathsV 的结果如图 8.3 所示。需要注意的是，在最后一行，我们将初始价格存储在矩阵的第一列。

⊖　在这里我们假设一年有 365 个交易日，关于如何处理非交易日存在某些争论（参见本章参考文献 [11] 第 251－252 页）。

```
function SPaths = AssetPathsV(S0,mu,sigma,T,NSteps,NRepl)
dt = T/NSteps;
nudt = (mu - 0.5 * sigma^2) * dt;
sidt = sigma * sqrt(dt);
Increments = nudt + sidt * randn(NRepl, NSteps);
LogPaths = cumsum([log(S0) * ones(NRepl,1), Increments], 2);
SPaths = exp(LogPaths);
Spaths(:,1) = S0;
```

图8.3 生成样本路径的向量化编程

若要知道原因，可以测试如下代码：

```
>> format long
>> exp(log(50))
ans =
   49.99999999999999
```

这种误差最好避免（虽然这是微不足道的，在后面将看到），我们可以比较这两种形式的计算速度：

```
>> tic, paths = AssetPaths(50,0.1,0.3,1,100,1000);, toc
Elapsed time is 0.029226 seconds.
>> tic, paths = AssetPathsV(50,0.1,0.3,1,100,1000);, toc
Elapsed time is 0.034177 seconds.
```

在这种情况下，向量化编程的优势会失效。我们需要知道的是，由于操作系统在后台运行任务，从命令 tic 与命令 toc 返回所经过的时间或存在某些波动。但在编写本书的第 1 版时，向量化编程具有明显的优势。事实上，在很多情况下，向量化编程都具有较高的计算效率。问题是，随着计算机硬件与软件的发展（在这种情况下，MATLAB 的解释器的效率也提高了）使得某种编程方法的优势不复存在。有时候，向量化编程需要巨大的矩阵，而这种方法受到计算机内存的限制。在这种情况下，使用硬盘空间作为虚拟内存会由于内存与硬盘的数据交换过程而增加程序的计算时间。因此，我们应该注意在这种情形下的所有问题，但以实验为依据的效率测试最终具有决定权。

8.1.2 模拟对冲策略

有了生成随机样本路径的函数，我们可以尝试第一个实验，比较普通欧式买入期权的对冲策略。根据第 2 章内容我们知道，期权价格本质上是一种 delta - 对冲策略的成本，而且对于看涨期权的连续时间对冲策略需要持有 Δ 数量的标的资产。一个较简单的策略为止损对冲策略（stop - loss hedging strategy）[⊖]。该策略的思路为：当期权处于价内状态时，我们应该持有可覆盖风险敞口的仓位（一股标的股票），当期权处于价外状态时，我们应该保持空仓。实际上，当股票价格上涨并趋

⊖ 参见本章参考文献 [11] 第 300 - 302 页。

向执行价格 K 时，我们应该买入股票；当股票价格下跌并远离执行价格 K 时，应该卖出股票。这种策略非常直观，但不便于进行连续时间分析[⊖]。尽管这样，我们仍可以通过蒙特卡罗模拟评估该策略在离散时间上的收益情况。在离散时间上运用该策略的问题是，我们的买入、卖出价格不可能是真实的期权执行价格：当检测到的价格高于临界值时，买入标的股票的价格高于 K，当检测到的价格低于临界值时，卖出标的股票的价格低于 K。即便不考虑交易成本，这同样会影响 delta – 对冲效果，可见止损对冲策略存在潜在问题。

一个估计止损对冲策略平均成本的 MATLAB 程序代码如图 8.4 所示。函数

```
function P = StopLoss(S0,K,mu,sigma,r,T,Paths)
[NRepl,NSteps] = size(Paths);
NSteps = NSteps −1; % true number of steps
Cost = zeros(NRepl,1);
dt = T/NSteps;
DiscountFactors = exp( −r * (0:1:NSteps) * dt);
for k = 1:NRepl
    CashFlows = zeros(NSteps +1,1);
    if (Paths(k,1) >= K)
        Covered = 1;
        CashFlows(1) = −Paths(k,1);
    else
        Covered = 0;
    end
    for t = 2:NSteps +1
        if (Covered == 1) & (Paths(k,t) < K)
            % Sell
            Covered = 0;
            CashFlows(t) = Paths(k,t);
        elseif (Covered == 0) & (Paths(k,t) > K)
            % Buy
            Covered = 1;
            CashFlows(t) = −Paths(k,t);
        end
    end
    if Paths(k,NSteps +1) >= K
        % Option is exercised
        CashFlows(NSteps +1) = ...
            CashFlows(NSteps +1) + K;
    end
    Cost(k) = −dot(DiscountFactors, CashFlows);
end
P = mean(Cost);
```

图 8.4 估计止损对冲策略平均成本的 MATLAB 程序代码

⊖ 参见本章参考文献 [5]。

输入参数为一个样本路径矩阵，这可以由函数 AssetPaths 生成。需要注意的是，这种情况不同于期权定价，情景模拟中必须考虑真实漂移 mu。在程序测试时，我们应该注意到真实的阶段数（时间区间）比样本路径矩阵列数少1。我们还应当考虑到，如果需要买入标的资产的股票，我们或许需要借入资金。

但是，由于我们假设市场利率为确定且固定的常数，故将不考虑借入资金；由于我们能将预先计算的贴现因子存储在向量 DiscountFactors 中，故可以很容易地将交易现金流贴现到 $t=0$ 时刻。我们使用一个状态变量去发现何时向上或向下穿过执行价格。由于我们买入股票时现金流为负，卖出股票时现金流为正，因此期权价格可以通过伴随着"＋""－"符号改变的平均总现金流贴现值来获得。我们同样应该关注到期日的情况：如果期权为价内状态，期权持有者将行权，同时我们将获得包含在现金流中的行权价格。我们知道，有时向量化编程非常有效，相关的向量化编程代码如图8.5所示。这里主要的技巧是使用了向量 OldPrice，这是样本路径的一个漂移副本，此处价格将向上或向下穿过临界水平。价格上升超过执行价格的时间点记录在向量 UpTimes 中，在此时间点存在一个负现金流；向量 DownTimes 同理。

```
function P = StopLossV( S0,K,mu,sigma,r,T,Paths)
[ NRepl,NSteps] = size( Paths) ;
NSteps = NSteps -1;
Cost = zeros( NRepl,1) ;
CashFlows = zeros( NRepl,NSteps +1) ;
dt = T/NSteps;
DiscountFactors = exp( -r * (0:1:NSteps) * dt) ;
OldPrice = [ zeros( NRepl,1) , Paths( :,1:NSteps) ];
UpTimes = find( OldPrice < K & Paths >=K) ;
DownTimes = find( OldPrice >=K & Paths < K) ;
CashFlows( UpTimes) = -Paths( UpTimes) ;
CashFlows( DownTimes) = Paths( DownTimes) ;
ExPaths = find( Paths( :,NSteps +1) >=K) ;
CashFlows( ExPaths,NSteps +1) = CashFlows( ExPaths,NSteps +1) +K;
Cost = -CashFlows * DiscountFactors';
P = mean( Cost) ;
```

图8.5 止损对冲策略的向量化编程代码

现在，我们可以测试两个函数结果是否一致，以及向量化编程是否具有较高的计算效率：

```
>> S0 =50;
>> K =50;
>> mu =0.1;
>> sigma =0.4;
>> r =0.05;
>> T =5/12;
```

```
>> NRepl =100000;
>> NSteps =10;
>> randn('state',0);
>> Paths =AssetPaths(S0,mu,sigma,T,NSteps,NRepl);
>> tic, StopLoss(S0,K,mu,sigma,r,T,Paths), toc
ans =
    5.5780
Elapsed time is 3.100619 seconds.
>> tic, StopLossV(S0,K,mu,sigma,r,T,Paths), toc
ans =
    5.5780
Elapsed time is 0.735455 seconds.
```

这里与生成资产样本路径不同，我们看到向量化编程在计算效率方面的优势。我们很重视这点的原因在于，通过向量化函数生成资产的样本路径，正确设置初始资产价格非常重要，如图 8.3 中代码的最后一行所示。在这种情况下，期权为平价，我们总是在初期买入股票；但是，如果初始价格为 49.9999 美元，我们不会买入，显然，分析中一个微不足道的误差造成了严重后果。现在，我们需要将止损对冲策略、delta - 对冲策略的成本与期权的理论价格进行比较。一个计算 delta - 对冲策略对冲平均成本的程序代码如图 8.6 所示。这个程序代码与止损对冲策略代码

```
function P =DeltaHedging(S0,K,mu,sigma,r,T,Paths)
[NRepl,NSteps] =size(Paths);
NSteps =NSteps −1;
Cost =zeros(NRepl,1);
CashFlows =zeros(1,NSteps +1);
dt =T/NSteps;
DiscountFactors =exp(−r*(0:1:NSteps)*dt);
for i =1:NRepl
    Path =Paths(i,:);
    Position =0;
    Deltas =blsdelta(Path(1:NSteps),K,r,T−(0:NSteps −1)*dt,sigma);
    for j =1:NSteps;
        CashFlows(j) =(Position −Deltas(j))*Path(j);
        Position =Deltas(j);
    end
    if Path(NSteps +1) > K
        CashFlows(NSteps +1) =K −(1 −Position)*Path(NSteps +1);
    else
        CashFlows(NSteps +1) =Position*Path(NSteps +1);
    end
    Cost(i) =−CashFlows*DiscountFactors';
end
P =mean(Cost);
```

图 8.6   delta - 对冲策略效果的估计

类似，但不是向量化编程的。唯一的向量化为调用函数 blsdelta，以计算期权在样本路径上每个时间点的 Δ 值。需要注意的是，Δ 的计算必须使用标的资产的现价与实际剩余时间。函数 blsdelta 为 MATLAB 金融工具箱中的函数。现阶段股票的参数由新给定的 Δ 值进行更新，由此计算贴现现金流。

比较两种对冲策略的表现的代码如图 8.7 所示。执行程序，我们得到：

```
>> HedgingScript
true price =4.732837
cost of stop/loss (S) =4.826756
cost of delta - hedging =4.736975
cost of stop/loss (S) =4.828571
cost of delta - hedging =4.735174
```

```
% HedgingScript. m
S0 =50;
K =52;
mu =0.1;
sigma =0.4;
r =0.05;
T =5/12;
NRepl =10000;
NSteps =10;
%
C =blsprice(S0,K,r,T, sigma);
fprintf(1, '%s %f\n', 'true price =', C);
%
randn('state',0);
Paths =AssetPaths(S0,mu,sigma,T,NSteps,NRepl);
SL =StopLossV(S0,K,mu,sigma,r,T,Paths);
fprintf(1, 'cost of stop/loss (S) =%f\n', SL);
DC =DeltaHedging(S0,K,mu,sigma,r,T,Paths);
fprintf(1, 'cost of delta - hedging =%f\n', DC);
%
NSteps =100;
randn('state',0);
Paths =AssetPaths(S0,mu,sigma,T,NSteps,NRepl);
SL =StopLossV(S0,K,mu,sigma,r,T,Paths);
fprintf(1, 'cost of stop/loss (S) =%f\n', SL);
DC =DeltaHedging(S0,K,mu,sigma,r,T,Paths);
fprintf(1, 'cost of delta - hedging =%f\n', DC);
```

图 8.7　比较两种对冲策略的程序代码

第一组（两个）程序运行了10个对冲阶段，第二组（两个）程序运行了100个对冲阶段。我们看到，与 delta – 对冲策略的成本不同，止损对冲策略模拟似乎并没有收敛到真正的期权价格。事实上，应该使用不同的方法比较两种策略，并且应该考虑对冲成本的波动性。

8.1.3 布朗桥

在前面的章节中，我们介绍了根据自然过程生成资产价格的路径的方法。事实上，维纳过程有某些特殊的性质，这些性质使我们可以用不同的方法生成样本路径。考虑在一个时间区间内，区间的左、右端点分别为 t_l 与 t_r，在区间内的一个时刻 s，有 $t_l < s < t_r$。利用标准的样本路径生成方法，维纳过程的样本路径的顺序为 $W(t_l)$、$W(s)$，最后为 $W(t_r)$。使用布朗桥（Brownian bridge），我们可以根据 $w_l = W(t_l)$ 与 $w_r = W(t_r)$ 的条件生成 $W(s)$。可以证明 $W(s)$ 是以 $w_l = W(t_l)$ 与 $w_r = W(t_r)$ 为条件的，且服从正态分布，其期望值为：

$$\frac{(t_r - s)w_l + (s - t_l)w_r}{t_r - t_l}$$

方差为：

$$\frac{(t_r - s)(s - t_l)}{t_r - t_l}$$

这个序列具有多元正态分布的条件分布的某种性质。我们并不对上述公式进行证明[⊖]，但是，显然 $W(s)$ 的条件期望值可以通过 w_l 与 w_r 的线性插值获得；方差在两个端点 t_l 与 t_r 附近较小，在区间中点最大。

使用布朗桥方法，我们可以通过一系列分割策略（bisection strategy）生成样本路径。给定 $W(0) = 0$，可以抽样获得 $W(T)$；然后，我们可以抽样获得 $W(T/2)$。给定 $W(0)$ 与 $W(T/2)$，我们可以抽样获得 $W(T/4)$；给定 $W(T/2)$ 与 $W(T)$，我们可以抽样获得 $W(3T/4)$，以此类推。事实上，通过非均匀的时间方法，我们可以根据任何顺序生成样本路径。这样复杂的方法之所以有效，至少存在以下两个原因：

（1）分层抽样的方法可以降低样本方差。分层抽样方法不适用于多维问题，但是，我们可以仅对到期日或期间某一时刻的资产价格采用分层抽样方法，然后通过布朗桥生成中间值。

（2）在结合使用低差异序列时，布朗桥方法非常有效。我们看到，在第4.6节中，低差异序列并不适于高维问题，因为有些维度不能被很好地覆盖。通过将采样点作为计数点并应用布朗桥方法，我们可以使用高质量的序列描述维纳过程路径；然后，我们可以使用其他序列或者用蒙特卡罗抽样填满这个轨迹。

⊖ 一个简易证明参见本章参考文献 [8]，第82 – 84页。

使用布朗桥方法生成标准维纳过程的样本路径的 MATLAB 代码如图 8.8 所示，根据具体问题对时间区间 $[0, T]$ 进行分割（例如，区间分割数为 2 的指数）；这种技术可以应用在更广泛的情形中。在这种情况下，我们可以简化上述公式进行 $W(s)$ 采样。如果设 $\delta t = t_l - t_r$，我们得到：

$$W(S) = \frac{w_r + w_l}{2} + \frac{1}{2}\sqrt{\delta t}\, Z$$

式中，Z 是标准正态随机变量。函数输入参数为时间区间的长度 T 与被分割成的子区间数量 NSteps，输出参数为一个样本路径向量。假设时间子区间数量为 8（必须为 2 的指数）个，即进行 3 次划分：

- 给定初始条件 $W(t_0) = 0$，我们必须首先抽样获得 $W(t_8)$，这意味着"跨越"一个长度为 T 的区间，这在程序中标识为 TJump。因为我们将其存储在一个含有 9 个元素的向量中（从位置 1 开始，包括 $W(t_0)$），为存储新的数值，我们必须在这个向量中跳跃 8 个地方，跳跃位置的数量存储在 IJump 中。

- 然后，开始第一个 for 循环。在第一个阶段，给定 $W(t_0)$ 与 $W(t_8)$，我们采样获取 $W(t_4)$。给定位置 left = 1 与 right = IJump + 1，可以生成新的样本值并将其存储在位置 i = IJump/2 + 1 中，在这种情况下 4 + 1 = 5。在这里我们仅生成一个值，然后将两个跳跃都除以 2。

- 在第二个迭代中，给定 $W(t_0)$ 与 $W(t_4)$，采样获取 $W(t_2)$；给定 $W(t_4)$ 与 $W(t_8)$，采样获取 $W(t_6)$。执行两次嵌套循环，位置指标 left、right 与 i 增加 4。

- 在第三次与最后一次迭代中，我们生成剩余的 4 个值。

读者可以进一步通过函数测试与调整，以验证我们刚才所描述的方法。同时，我们给出了一个计算随机过程边界分布的程序代码，如图 8.8 所示。期望值应为零，标准差应为时间的平方根：

```
>> CheckBridge
m =
    0.0025   0.0015   0.0028   0.0030
sdev =
    0.5004   0.7077   0.8646   0.9964
ans =
    0.5000   0.7071   0.8660   1.0000
```

我们看到，除了抽样误差，结果看似正确。给定一种生成标准维纳过程的方法，可以简单地模拟几何布朗运动。相关程序代码如图 8.9 所示，类似方法的向量化编程函数为 AssetPathsV。我们需要注意的是，使用函数 diff 在对数资产价格中生成函数 Increments 的向量。事实上，在标准的蒙特卡罗模拟中，我们通过连续增量的方式生成标的资产的维纳过程；基于布朗桥方法，我们可以直接获得随机序列中不同时间点的值，为获得结果的相对差异，我们需要使用函数 diff。在某种情况下，函数 diff 的效果与函数 cumsum 相反，如下面示例所示：

```
function WSamples = WienerBridge(T, NSteps)
NBisections = log2(NSteps);
if round(NBisections) ~= NBisections
    fprintf('ERROR in WienerBridge: NSteps must be a power of 2\n');
    return
end
WSamples = zeros(NSteps +1,1);
WSamples(1) = 0;
WSamples(NSteps +1) = sqrt(T) * randn;
TJump = T;
IJump = NSteps;
for k =1:NBisections
    left = 1;
    i = IJump/2 +1;
    right = IJump +1;
    for j = 1:2^(k -1)
        a = 0.5 * (WSamples(left) + WSamples(right));
        b = 0.5 * sqrt(TJump);
        WSamples(i) = a + b * randn;
        right = right + IJump;
        left = left + IJump;
        i = i + IJump;
    end
    IJump = IJump/2;
    TJump = TJump/2;
end
```

```
% CheckBridge. m
randn('state',0);
NRepl = 100000;
T = 1;
NSteps = 4;
WSamples = zeros(NRepl, 1 + NSteps);
for i = 1:NRepl
    WSamples(i,:) = WienerBridge(T, NSteps);
end
m = mean(WSamples(:,2:(1 + NSteps)))
sdev = sqrt(var(WSamples(:,2:(1 + NSteps))))
sqrt((1:NSteps). * T/NSteps)
```

图8.8　基于布朗桥方法生成标准维纳过程随机样本路径的程序代码

```
>> diff([1 5 7 10 20])
ans =
     4    2    3    10
```

```
function SPaths = GBMBridge(S0, mu, sigma, T, NSteps, NRepl)
if round(log2(NSteps)) ~= log2(NSteps)
    fprintf('ERROR in GBMBridge: NSteps must be a power of 2\n');
    return
end
dt = T/NSteps;
nudt = (mu - 0.5 * sigma^2) * dt;
SPaths = zeros(NRepl, NSteps + 1);
for k = 1:NRepl
    W = WienerBridge(T,NSteps);
    Increments = nudt + sigma * diff(W');
    LogPath = cumsum([log(S0), Increments]);
    SPaths(k,:) = exp(LogPath);
end
Spaths(:,1) = S0;
```

图8.9　基于布朗桥方法生成服从几何布朗运动的样本路径

8.2　交换期权定价

本节将展示如何将蒙特卡罗方法用于多维期权。我们将使用一个非常简单的示例，比较蒙特卡罗算法与期权的精确值。并将为一个欧式交换期权定价，期权标的为两个资产的价格。在风险中性测度下，两个标的资产的价格可以通过二维几何布朗运动建模：

$$\mathrm{d}U(t) = rU(t)\mathrm{d}t + \sigma_U U(t)\mathrm{d}W_U(t)$$
$$\mathrm{d}V(t) = rV(t)\mathrm{d}t + \sigma_V V(t)\mathrm{d}W_V(t)$$

其中，相关维纳过程的瞬时相关系数为 ρ。在到期日 T，期权的收益为 $\max(V_T - U_T, 0)$。这个期权为价差期权（spread option）的特殊形式。价差期权的收益取决于两个标的资产的价格差（在第7.3节我们研究过一个美式价差期权）。之所以被称为"交换"期权，是因为这种期权允许我们在到期日用一个标的资产交换另外一个标的资产。例如，如果持有资产 U 与一个交换期权，那么到期日的收益为：

$$U_T + \max(V_T - U_T, 0) = \max(V_T, U_T)$$

对于这个期权，存在一个定价分析公式，这个定价公式可以直接由布莱克 – 斯科尔斯公式推广而来：

$$P = V_0 N(d_1) - U_0 N(d_2)$$
$$d_1 = \frac{\ln(V_0/U_0) + \hat{\sigma}^2 T/2}{\hat{\sigma}\sqrt{T}}$$

$$d_2 = d_1 - \hat{\sigma}\sqrt{T}$$

$$\hat{\sigma} = \sqrt{\sigma_V^2 + \sigma_U^2 - 2\rho\sigma_V\sigma_U}$$

我们得到这类公式的原因是期权收益具有齐次形式，即可以通过两个价格的比值 V/U 对相应的偏微分方程进行简化。⊖运算这个公式的 MATLAB 代码如图 8.10 所示。

```
function p = Exchange(V0,U0,sigmaV,sigmaU,rho,T,r)
sigmahat = sqrt(sigmaU^2 + sigmaV^2 - 2 * rho * sigmaU * sigmaV);
d1 = (log(V0/U0) + 0.5 * T * sigmahat^2)/(sigmahat * sqrt(T));
d2 = d1 - sigmahat * sqrt(T);
p = V0 * normcdf(d1) - U0 * normcdf(d2);
```

图 8.10   计算交换期权定价公式的程序代码

我们唯一需要分析的是，在蒙特卡罗模拟中如何生成两个具有一定相关性的维纳过程的样本路径。在第 4.3.4 节，关于多元正态分布中，我们使用了同样的思路。我们应该找到两个标准正态变量协方差矩阵的两个相关系数为 ρ 的楚列斯基因子，且两个变量的相关系数为 ρ：

$$\Sigma = \begin{pmatrix} 1 & \rho \\ \rho & 1 \end{pmatrix}$$

通过简单的乘法 $\Sigma = LL'$，得到：

$$L = \begin{pmatrix} 1 & 0 \\ \rho & \sqrt{1-\rho^2} \end{pmatrix}$$

因此，为模拟二维相关的维纳过程，我们需要生成两个相互独立的标准正态变量 Z_1 与 Z_2，并使用如下公式生成样本路径：

$$\varepsilon_1 = Z_1$$

$$\varepsilon_2 = \rho Z_1 + \sqrt{1-\rho^2 Z_2}$$

在这种情况下，只需生成两个资产在到期日的联合样本。相关 MATLAB 代码如图 8.11 所示，测试结果为：

```
function[p,ci] = ExchangeMC(V0,U0,sigmaV,sigmaU,rho,T,r,NRepl)
eps1 = randn(1,NRepl);
eps2 = rho * eps1 + sqrt(1 - rho^2) * randn(1,NRepl);
VT = V0 * exp((r - 0.5 * sigmaV^2) * T + sigmaV * sqrt(T) * eps1);
UT = U0 * exp((r - 0.5 * sigmaU^2) * T + sigmaU * sqrt(T) * eps2);
DiscPayoff = exp(-r * T) * max(VT - UT,0);
[p,s,ci] = normfit(DiscPayoff);
```

图 8.11   交换期权的蒙特卡罗模拟定价程序

⊖   相关证明参见本章参考文献 [2] 的第 184 – 188 页。

```
>> V0 = 50;
>> U0 = 60;
>> sigmaV = 0.3;
>> sigmaU = 0.4;
>> rho = 0.7;
>> T = 5/12;
>> r = 0.05;
>> Exchange(V0,U0,sigmaV,sigmaU,rho,T,r)
ans =
    0.8633
>> NRepl = 200000;
>> randn('state', 0)
>> [p,ci] = ExchangeMC(V0,U0,sigmaV,sigmaU,rho,T,r,NRepl)
p =
    0.8552
ci =
    0.8444
    0.8660
```

8.3　向下敲出式看跌期权的定价

在本节中，我们将研究一个弱路径依赖的期权，即向下敲出看跌期权，假设在每个交易收盘时进行障碍价格监测。在第 2.7.1 节中，我们分析了将一个连续监测的解析公式转换为离散监测的公式；在蒙特卡罗模拟中，我们使用函数 DOPut 监测障碍价格。重要的一点是，实际上障碍期权对于随机波动率非常敏感，在障碍式期权定价中，可以将蒙特卡罗模拟与随机波动模型结合使用。

8.3.1　简单蒙特卡罗模拟

一个简单的蒙特卡罗模拟程序的代码如图 8.12 所示。参数 NSteps 为股票价格与障碍价格 S_b 进行的比较的次数。当价格下跌到低于障碍价格时，期权的价值为零。需要注意的是，即使在期权存续期间价格下跌到低于障碍价格，我们也要生成完整的路径；路径的某些部分的确没什么价值，但是我们可以通过调用 AssetPaths 与 any 向量运算批量的生成抽样路径。函数 DOPutMC 的输出参数 NCrossed 为跌穿障碍价格的样本路径的数量。

假设对一个剩余期限为 2 个月的期权进行定价，每个月的天数都为 30 天，障碍价格为 40 美元，模拟每天的监测价格是否跌穿障碍价格：

```
% DOPutMC. m
function [P,CI,NCrossed] = DOPutMC(S0,K,r,T,sigma,Sb,NSteps,NRepl)
% Generate asset paths
[Call,Put] = blsprice(S0,K,r,T,sigma);
Payoff = zeros(NRepl,1);
NCrossed = 0;
for i = 1:NRepl
  Path = AssetPaths(S0,r,sigma,T,NSteps,1);
  crossed = any(Path <= Sb);
  if crossed == 0
    Payoff(i) = max(0, K - Path(NSteps + 1));
  else
    Payoff(i) = 0;
    NCrossed = NCrossed + 1;
  end
end
[P,aux,CI] = normfit( exp( -r * T) * Payoff);
```

图 8.12　离散障碍期权的简单蒙特卡罗模拟

```
>> DOPut(50,50,0.1,2/12,0.4,40 * exp( -0.5826 * 0.4 * sqrt(1/12/30)))
ans =
    1.3629
>> randn('seed',0)
>> [P,CI,NCrossed] = DOPutMC(50,50,0.1,2/12,0.4,40,60,50000)
P =
    1.3600
CI =
    1.3393
    1.3808
NCrossed =
        7392
```

8.3.2　条件蒙特卡罗模拟

在第 4.5.1 节中，我们知道在那一节所介绍的情况下，对偶抽样或许并非有效，因为在到期日期权收益（对应标的的资产价格的变化）并不是单调的。在这里或许更复杂，因为与完整的资产价格路径相关。控制变量方法或许可以在这里使用。控制变量方法最适合对普通卖出期权定价，普通卖出期权同样可以使用布莱克-斯科尔斯公式计算。然而，两个期权的相关性强度或许存在问题。因此，我们可以尝试不同的方法，例如通过条件方法降低方差，关于条件方法降低方差具体可以参见第4.5.4节。在本节末，我们将看到，条件方法非常适用于向下敲入式卖出期权的定价。因为我们知道：

$$P_{do} = P - P_{di}$$

所以给这个敲入式期权定价等价于给相应的敲出式期权定价。假设我们将期权存续期分割成长度为 δt 的 M 个区间（在我们的示例中，离散区间的长度为 1 天），则 $T = M\delta t$。考虑资产价格路径：

$$S = \{S_1, S_2, \cdots, S_M\}$$

基于这条路径，我们估计期权的价格为：

$$P_{di} = e^{-rT} E[I(S)(K - S_M)^+]$$

其中示性函数 I 为：

$$I(S) = \begin{cases} 1 & \text{当 } S_j < S_b \\ 0 & \text{其他} \end{cases}$$

现在假设 j^* 为资产价格跌穿（或跨越）障碍价格的时间。因此，如果在期权存续期内，资产价格并未跌穿障碍价格，则 $j^* = M + 1$。在 $j^*\delta t$ 时期权被激活，即敲入式卖出期权转化为普通卖出期权。在时间 $t^* = j^*\delta t$ 与价格 S_{j^*}，我们发现期权障碍价格被跌穿（或跨越）$^\ominus$。我们可以使用布莱克 – 斯科尔斯公式计算期权收益的期望值。因此，对在到期日前被激活的期权，我们有：

$$E[I(S)(K - S_M)^+ | j^*, S_{j*}] = e^{r(T - t^*)} B_p(S_{j*}, K, T - t^*)$$

其中 $B_p(S_{j*}, K, T - t^*)$ 为普通卖出期权的布莱克 – 斯科尔斯定价，期权执行价格为 K，标的资产的初始价格为 S_{j*}，剩余期限为 $T - t^*$。根据期权触发时点与到期日之间的时间，进行指数形式的贴现计算。给定一个模拟路径 S，通过如下估计：

$$I(S)e^{-rt^*} B_p(S_{j*}, K, T - t^*)$$

与对偶抽样方法不同，条件蒙特卡罗方法根据问题的具体情况而定；我们知道的信息越多，越不离开数值积分。使用降低方差技术函数 DOPutMCCond 的代码如图 8.13 所示。唯一值得注意的是，由于效率的原因，需要根据向量参数调用一次函数 blsprice，而不是每次都重复计算。所以，当跌穿障碍价格时，我们需要记录向下敲入式期权被激活的时间 Times，与当时的股票价格 StockVals。当没有跌穿障碍价格时，期权的价值为 0。同样需要注意的是，传递给函数 blsprice 的向量参数中包含 NCrossed 个元素，存储估计值的向量 Payoff 长度为 NRepl：

```
>> DOPut(50,52,0.1,2/12,0.4,30 * exp( -0.5826 * 0.4 * sqrt(1/12/30)))
ans =
    3.8645
>> randn('seed',0)
>> [P,CI,NCrossed] = DOPutMC(50,52,0.1,2/12,0.4,30,60,200000)
P =
```

$\ominus$ 连续监测中，当 $S(t^*) = S_b$ 时，我们发现障碍价格被击穿（或跨越），但离散监测中却不是这样。

3. 8751

CI =

3. 8545

3. 8957

NCrossed =

249

>> randn('seed',0)

>> [P,CI,NCrossed] = DOPutMCCond(50,52,0.1,2/12,0.4,30,60,200000)

P =

3. 8651

CI =

3. 8617

3. 8684

NCrossed =

249

```
% DOPutMCCond. m
function [Pdo,CI,NCrossed] =...
    DOPutMCCond(S0,K,r,T,sigma,Sb,NSteps,NRepl)
dt = T/NSteps;
[Call,Put] = blsprice(S0,K,r,T,sigma);
% Generate asset paths and payoffs for the down and in option
NCrossed =0;
Payoff = zeros(NRepl,1);
Times = zeros(NRepl,1);
StockVals = zeros(NRepl,1);
for i=1: NRepl
  Path = AssetPaths(S0,r,sigma,T,NSteps,1);
  tcrossed = min(find( Path <=Sb ));
  if not(isempty(tcrossed))
    NCrossed = NCrossed +1;
    Times(NCrossed) = (tcrossed -1) * dt;
    StockVals(NCrossed) = Path(tcrossed);
  end
end
if (NCrossed > 0)
    [Caux, Paux] = blsprice(StockVals(1: NCrossed),K,r,...
      T - Times(1: NCrossed),sigma);
    Payoff(1: NCrossed) = exp(-r * Times(1: NCrossed)) . * Paux;
end
[Pdo, aux, CI] = normfit(Put - Payoff);
```

图 8.13   离散障碍期权的条件蒙特卡罗模拟

8.3.3 重要性抽样

上一小节的内容，显示通过条件方法降低方差的效果的确非常有效，但是我们不应过于乐观。获得一个有效的结果开始并不能证明什么。更糟的是，我们进行了200000次重复计算，但是跌穿障碍价格的次数仅有249次。这意味着，绝大多数路径的计算是无效的[○]。换句话说，基于期权的数据，跌穿障碍价格的概率极低。在这个典型的案例中，重要性抽样方法或许非常有效（参见第4.5.6节）。一个可行的方法为改变资产价格的位移，以便提高跌穿障碍价格的概率[○]。我们应该退一步考虑应该怎样生成资产价格路径 S。对于每一个时间阶段，我们生成正态变量 Z_j，期望值为：

$$\nu = \left(r - \frac{\sigma^2}{2}\right)\delta t$$

方差为 $\sigma^2 \delta t$。这些变量都相互独立，通过如下设置生成价格：

$$\log S_j - \log S_{j-1} = Z_j$$

设 Z 为正态随机变量向量，$f(Z)$ 为联合密度。如果我们使用修正期望值：

$$\nu - b$$

我们可以预计到跌穿障碍价格的次数将上升。设 $g(Z)$ 为基于修正期望值的正态变量的联合密度函数。然后，我们必须找出一个修正项与重要性抽样估计相匹配，如似然比（likelihood ratio）。将重要性抽样方法与条件期望相结合，我们得到（如果在到期日前跌穿障碍价格）：

$$E_g\left[\frac{f(Z)I(S)(K-S_M)^+}{g(Z)}\bigg|j^*,S_{j^*}\right]$$

$$= \frac{f(z_1,\cdots,z_{j^*})}{g(z_1,\cdots,z_{j^*})}E_g\left[\frac{f(Z_{j^*+1},\cdots,Z_M)}{g(Z_{j^*+1},\cdots,Z_M)}I(S)(K-S_M)^+\bigg|j^*,S_{j^*}\right]$$

$$= \frac{f(z_1,\cdots,z_{j^*})}{g(z_1,\cdots,z_{j^*})}E_f\left[I(S)(K-S_M)^+\big|j^*,S_{j^*}\right]$$

$$= \frac{f(z_1,\cdots,z_{j^*})}{g(z_1,\cdots,z_{j^*})}e^{r(T-t^*)}B_p(S_{j^*},K,T-t^*)$$

在上述表达式中，我们需要注意 z 与 Z 之间的不同，给定条件信息，第一个样本为超过期望值的数据值。在实际上，我们应该生成期望值为 $(\nu - b)$ 的正态变量，然后将条件估计与似然比相乘，从抽样的角度，似然比为一个随机变量[○]。现在，唯一的问题是如何计算似然比。在附录 B 中，我们将研究多元正态变量的联合密度，其中多元正态变量的期望值为 μ，协方差矩阵为 Σ：

○ 也可以认为，在这种情况下，我们或许会得到一个较好的结果，因为期权价格仅略低布莱克－斯科尔斯模型的理论价格，我们使用条件致使跌穿障碍价格的概率较低。

○ 方法参见本章参考文献［18］。

○ 具有随机积分知识的读者知道拉东－尼古丁（Radon－Nikodym）微分为一个随机变量。

$$f(\mathbf{z}) = \frac{1}{(2\pi)^{n/2}|\Sigma|^{1/2}}e^{-\frac{1}{2}(\mathbf{Z}-\mu)^{\mathrm{T}}\Sigma^{-1}(\mathbf{z}-\mu)}$$

在我们的例子中，由于随机变量 Z_j 相互独立，协方差矩阵为对角矩阵，对角元素为 $\sigma^2\delta t$，期望向量为：

$$\mu = \left(r - \frac{\sigma^2}{2}\right)\delta t$$

密度函数 f 的期望为 μ；密度函数 g 的期望为 $\mu - b$。所以，我们有：

$$\frac{f(z_1,\cdots,z_{j^*})}{g(z_1,\cdots,z_{j^*})}$$

$$= \exp\left\{-\frac{1}{2}\sum_{k=1}^{j^*}\left(\frac{z_k-\mu}{\sigma\sqrt{\delta t}}\right)^2\right\}\exp\left\{\frac{1}{2}\sum_{k=1}^{j^*}\left(\frac{z_k-\mu+b}{\sigma\sqrt{\delta t}}\right)^2\right\}$$

$$= \exp\left\{-\frac{1}{2\sigma^2\delta t}\sum_{k=1}^{j^*}\left[(z_k-\mu)^2-(z_k-\mu+b)^2\right]\right\}$$

$$= \exp\left\{-\frac{1}{2\sigma^2\delta t}\sum_{k=1}^{j^*}\left[-2(z_k-\mu)b-b^2\right]\right\}$$

$$= \exp\left\{-\frac{1}{2\sigma^2\delta t}\left[-2b\sum_{k=1}^{j^*}z_k+2j^*\mu b-j^*b^2\right]\right\}$$

$$= \exp\left\{\frac{b}{\sigma^2\delta t}\sum_{k=1}^{j^*}z_k-\frac{j^*b}{\sigma^2}\left(r-\frac{\sigma^2}{2}\right)+\frac{j^*b^2}{2\sigma^2\delta t}\right\}$$

运行程序的结果如图 8.14 所示。函数 DOPutMCCondIS 与函数 DOPutMCCond 类似；其区别为我们必须生成资产价格路径并在向量 vetZ 中存储正态变量。因此，我们可以计算似然比，并将其存储在向量 ISRatio 中。我们仅在主循环的最后根据布莱克－斯科尔斯公式计算期权价格。参数 b 的计算或许存在误差。在函数 DOPutMCCondIS 中，假设用户提供一个比例 bp，然后根据如下方式计算修正期望值：

(1−bp)(r−0.5 ∗ sigma^2) ∗ dt

因此，根据正确期望值的百分比确定参数 b。需要注意的是，bp 的值可以大于 1，以降低位移。现在我们可以测试一下重要性抽样：

$\gg$ randn('seed',0)

$\gg$ [P,CI,NCrossed]=DOPutMC(50,52,0.1,2/12,0.4,30,60,10000)

P =

    3.8698

CI =

    3.7778

    3.9618

NCrossed =

```
% DOPutMCCondIS. m
function [ Pdo,CI,NCrossed ] =...
        DOPutMCCondIS( S0,K,r,T,sigma,Sb,NSteps,NRepl,bp )
dt =T/NSteps;
nudt = ( r −0.5 * sigma^2 ) * dt;
b =bp * nudt;
sidt =sigma * sqrt( dt );
[ Call,Put ] =blsprice( S0,K,r,T,sigma );
% Generate asset paths and payoffs for the down and in option
NCrossed =0;
Payoff =zeros( NRepl,1 );
Times =zeros( NRepl,1 );
StockVals =zeros( NRepl,1 );
ISRatio =zeros( NRepl,1 );
for i =1:NRepl
    % generate normals
    vetZ =nudt −b +sidt * randn( 1,NSteps );
    LogPath =cumsum( [ log( S0 ), vetZ ] );
    Path =exp( LogPath );
    jcrossed =min( find( Path <=Sb ) );
    if not( isempty( jcrossed ) )
      NCrossed =NCrossed +1;
      TBreach =jcrossed −1;
      Times( NCrossed ) =TBreach * dt;
      StockVals( NCrossed ) =Path( jcrossed );
      ISRatio( NCrossed ) =exp( TBreach * b^2/2/sigma^2/dt +...
      b/sigma^2/dt * sum( vetZ( 1: TBreach ) ) −...
      TBreach * b/sigma^2 * ( r −sigma^2/2 ) );
    end
end
if( NCrossed >0 )
    [ Caux, Paux ] =blsprice( StockVals( 1: NCrossed ),K,r,...
                    T −Times( 1: NCrossed ),sigma );
    Payoff( 1: NCrossed ) =exp( −r * Times( 1: NCrossed ) ) . * Paux ...
                    . * ISRatio( 1: NCrossed );
end
[ Pdo, aux, CI ] =normfit( Put −Payoff );
```

图 8.14　基于条件蒙特卡罗模拟与重要性抽样方法的离散障碍期权定价的程序代码

```
12
>> randn( 'seed',0 )
>> [ P,CI,NCrossed ] =DOPutMCCondIS( 50,52,0.1,2/12,0.4,30,60,10000,0 )
```

```
P =
    3.8661
CI =
    3.8513
    3.8810
NCrossed =
    12
>> randn('seed',0)
>> [P,CI,NCrossed]=DOPutMCCondIS(50,52,0.1,2/12,0.4,30,60,10000,20)
P =
    3.8651
CI =
    3.8570
    3.8733
NCrossed =
    43
>> randn('seed',0)
>> [P,CI,NCrossed]=DOPutMCCondIS(50,52,0.1,2/12,0.4,30,60,10000,50)
P =
    3.8634
CI =
    3.8596
    3.8671
NCrossed =
    225
>> randn('seed',0)
>> [P,CI,NCrossed]=DOPutMCCondIS(50,52,0.1,2/12,0.4,30,60,10000,200)
P =
    3.8637
CI =
    3.8629
    3.8645
NCrossed =
    8469
```

调用函数 DOPutMCCondIS, 并将参数 bp 设置为 0, 就类似于调用函数 DOPut-MCCond; 随着 bp 的增加, 我们看到跌穿障碍价格的概率越来越高, 且估计质量同时提高。需要注意的是，这并不一定意味着 b 越大结果越好。设置此参数的建议参见本章参考文献［18］。

8.4 算术平均亚式期权的定价

这里我们将研究亚式平均利率买入期权（Asian average rate call option），平均利率的计算方式为离散算术平均。期权收益为：

$$\max\left\{\frac{1}{N}\sum_{i=1}^{N}S(t_i) - K,0\right\}$$

其中，期权的期限为 T 年，$t_i = i\delta t$ 与 $\delta t = T/N$。为了简单起见，我们假设合同约定价格采样为等距时刻采样。在简单的蒙特卡罗算法中，我们需要简化资产价格路径并计算贴现价格的均值。相关程序代码如图 8.15 所示。唯一值得注意的是，参数 NSamples 为计算算术平均值所需的样本点数量，以免与重复计算次数 NRepl 相混淆。在这种情况下，我们需要生成整个样本路径；虽然仅需要在期权合同规定的时间点进行数据抽样，但是我们仍需要生成大量的数据。这就是为什么没有使用向量化编程的原因——避免处理大型矩阵的麻烦。在后续章节中，我们将研究通过控制变量或低差异序列的方法降低方差。

```
function [P,CI] = AsianMC(S0,K,r,T,sigma,NSamples,NRepl)
Payoff = zeros(NRepl,1);
for i = 1:NRepl
    Path = AssetPaths(S0,r,sigma,T,NSamples,1);
    Payoff(i) = max(0, mean(Path(2:(NSamples +1))) - K);
end
[P,aux,CI] = normfit( exp(-r*T) * Payoff);
```

图 8.15 基于蒙特卡罗模拟的亚式期权定价

8.4.1 控制变量法

通过控制变量方法可以提高蒙特卡罗模拟的估计质量。在这个示例中，我们有多种控制变量供选择：

* 第一种方法，我们可以使用资产价格的和，作为第一个控制变量。$^\ominus$

$$Y = \sum_{i=0}^{N}S(t_i) \tag{8.6}$$

这是一个合理的控制变量，因为我们可以计算它的期望值，而且 Y 与期权收益关系明确。需要注意的是，求和包括 S_0，而 S_0 并不是随机数。我们可以将其从

$\ominus$ 具体方法参见本章参考文献［17］的第9章。

求和中剔除，但是我们并不这样做，是为了缓解如下情形：

- 第二种方法，概率可能用于普通买入期权的定价，普通买入期权具有解析的定价公式。然而，这个控制变量的期权收益仅取决于到期日资产的价格。
- 第三种方法，更复杂的控制变量为几何平均期权的收益。几何平均期权存在解析的定价公式，相比普通期权的定价公式，其效果或许更优。

我们将讲解第一种与第三种方法的应用。

在式(8.6)中定义的股票价格之和 Y 的期望值，定义为（基于风险中性测度）：

$$E[Y] = E\left[\sum_{i=0}^{N} S(t_i)\right] = \sum_{i=0}^{N} E[S(i\delta t)]$$

$$= \sum_{i=0}^{N} S(0)e^{ri\delta t} = S(0)\sum_{i=0}^{N}[e^{r\delta t}]^i = S(0)\frac{1-e^{r(N+1)\delta t}}{1-e^{r\delta t}}$$

其中，我们用到如下公式：

$$\sum_{i=0}^{N} \alpha^i = \frac{1-\alpha^{N+1}}{1-\alpha}$$

降低方差策略的 MATLAB 程序代码如图 8.16 所示。用户需要设置实验性重复计算的次数 NPilot 与控制变量方法中的控制参数 c。通过尝试下面的改进方法，我们得到：

```
function [P,CI] = AsianMCCV(S0,K,r,T,sigma,NSamples,NRepl,NPilot)
% pilot replications to set control parameter
TryPath = AssetPaths(S0,r,sigma,T,NSamples,NPilot);
StockSum = sum(TryPath,2);
PP = mean(TryPath(:,2:(NSamples+1)),2);
TryPayoff = exp(-r*T) * max(0, PP-K);
MatCov = cov(StockSum, TryPayoff);
c = -MatCov(1,2) / var(StockSum);
dt = T / NSamples;
ExpSum = S0*(1-exp((NSamples+1)*r*dt))/(1-exp(r*dt));
% MC run
ControlVars = zeros(NRepl,1);
for i=1:NRepl
    StockPath = AssetPaths(S0,r,sigma,T,NSamples,1);
    Payoff = exp(-r*T) * max(0,mean(StockPath(2:(NSamples+1)))-K);
    ControlVars(i) = Payoff +c * (sum(StockPath) - ExpSum);
end
[P,aux,CI] = normfit(ControlVars);
```

图 8.16 基于控制变量法的亚式期权的蒙特卡罗模拟定价

```
>> randn('state',0)
[P,CI] = AsianMC(50,50,0.1,5/12,0.4,5,50000)
P =

    3.9939
CI =

    3.9418

    4.0460
>> CI(2) - CI(1)
ans =

    0.1042
>> [P,CI] = AsianMCCV(50,50,0.1,5/12,0.4,5,45000,5000)
P =

    3.9562
CI =

    3.9336

    3.9789
>> CI(2) - CI(1)
ans =

    0.0453
```

替代控制变量需要利用更深入的知识。离散时间、几何平均亚式期权的收益为：

$$\max\left\{\left(\prod_{i=1}^{N} S(t_i)\right)^{1/N} - K, 0\right\}$$

由于对数正态变量的乘积仍为对数正态，或许可以找到一个几何平均期权定价的解析公式，它看起来类似一个修改的布莱克－斯科尔斯公式。公式来源于本章参考文献［6］第118、119页，其中 m 为可观察到的最后时刻的标的资产价格，q 为连续分红率，G_t 为现在几何平均值：

$$P_{GA} = e^{-rT}\left[e^{a+\frac{1}{2}b}N(x) - KN(x - \sqrt{b})\right]$$

式中：

$$a = \frac{m}{N}\log(G_t) + \frac{N-m}{N}\left[\log(S_0) + \nu(t_{m+1} - t) + \frac{1}{2}\nu(T - t_{m+1})\right]$$

$$b = \frac{(N-m)^2}{N^2}\sigma^2(t_{m+1} - t) + \frac{\sigma^2(T - t_{m+1})}{6N^2}(N-m)\left[2(N-m) - 1\right]$$

$$\nu = r - q - \frac{1}{2}\sigma^2$$

$$x = \frac{a - \log(K) + b}{\sqrt{b}}$$

如果我们仅考虑 $t = 0$ 时刻的期权价格，上述公式可以简化。在这种情况下，$m = 0$，MATLAB 程序的运行结果如图 8.17 所示。

```
function P = GeometricAsian(S0,K,r,T,sigma,delta,NSamples)
dT = T/NSamples;
nu = r - sigma^2/2 - delta;
a = log(S0) + nu * dT + 0.5 * nu * (T - dT);
b = sigma^2 * dT + sigma^2 * (T - dT) * (2 * NSamples - 1)/6/NSamples;
x = (a - log(K) + b)/sqrt(b);
P = exp(-r * T) * (exp(a + b/2) * normcdf(x) - K * normcdf(x - sqrt(b)));
```

图 8.17 　几何平均亚式期权的分析定价公式计算的 MATLAB 程序代码

若将几何平均期权作为一个控制变量，我们需要修改图 8.16 中所示的代码，得到的程序代码如图 8.18 所示。图 8.18 中还包括简单蒙特卡罗算法与两个控制变量方法比较的程序代码：

```
>> CompareAsian

P1 =

    3.6276

CI1 =

    3.4814

    3.7738

P2 =

    3.4694

CI2 =

    3.3907

    3.5480

P3 =

    3.4452

CI3 =

    3.4356

    3.4549
```

控制变量可以进行相关问题的更深入的研究，这个优势非常明显。

```
function [P,CI] = AsianMCGeoCV(S0,K,r,T,sigma,NSamples,NRepl,NPilot)
% precompute quantities
DF = exp(-r*T);
GeoExact = GeometricAsian(S0,K,r,T,sigma,0,NSamples);
% pilot replications to set control parameter
GeoPrices = zeros(NPilot,1);
AriPrices = zeros(NPilot,1);
for i = 1:NPilot
    Path = AssetPaths(S0,r,sigma,T,NSamples,1);
    GeoPrices(i) = DF * max(0,(prod(Path(2:(NSamples+1))))^(1/NSamples)-K);
    AriPrices(i) = DF * max(0,mean(Path(2:(NSamples+1)))-K);
end
MatCov = cov(GeoPrices, AriPrices);
c = -MatCov(1,2) / var(GeoPrices);
% MC run
ControlVars = zeros(NRepl,1);
for i = 1:NRepl
    Path = AssetPaths(S0,r,sigma,T,NSamples,1);
    GeoPrice = DF * max(0,(prod(Path(2:(NSamples+1))))^(1/NSamples)-K);
    AriPrice = DF * max(0,mean(Path(2:(NSamples+1)))-K);
    ControlVars(i) = AriPrice + c * (GeoPrice-GeoExact);
end
[P,aux,CI] = normfit(ControlVars);
```

```
% CompareAsian.m
randn('state',0)
S0 = 50;
K = 55;
r = 0.05;
sigma = 0.4;
T = 1;
NSamples = 12;
NRepl = 9000;
NPilot = 1000;
[P1,CI1] = AsianMC(S0,K,r,T,sigma,NSamples,NRepl+NPilot)
[P2,CI2] = AsianMCCV(S0,K,r,T,sigma,NSamples,NRepl,NPilot)
[P3,CI3] = AsianMCGeoCV(S0,K,r,T,sigma,NSamples,NRepl,NPilot)
```

图 8.18 基于控制变量法的几何平均亚式期权定价

8.4.2 哈尔顿序列的应用

提高亚式期权定价质量的另一种工具为基于低差异序列的伪蒙特卡罗模拟。我们将使用哈尔顿序列（Halton sequence）生成均匀分布的"伪随机"数，并使用逆变换方法将标准均匀分布转换为符合要求的样本。这只是最简单的方法，我们可以使用索博尔序列或其他序列，及鲍克斯－穆勒（Box－Muller）转换方法生成正态变量。第一个需要解决的问题为，通过哈尔顿序列生成几何布朗运动的样本路径。如果需要对一个剩余期限为一年的亚式期权定价，我们需要月度的价格采样数据。需要积分空间的维度是什么？对于 12 维空间进行积分，我们需要基于 12 维的 Van der Corput 序列的哈尔顿序列。理解每个序列必须有一个实时时间是非常重要的。这些序列是不相关的样本路径。我们应该使用鲍克斯－穆勒（Box－Muller）方法将均匀分布转换为标准正态变量，我们将需要两个这样的序列。还需要注意的是，我们不能使用取舍法生成随机变量，在这种情况下，不容易定义空间的维数。对于每一维度，我们需要一个素数作为基数。为生成的第一批 N 个素数，我们可以使用函数 myprimes，参见附录第 A.3 节。函数 HaltonPaths 的程序代码如图 8.19 所示，该函数是向量化函数 AssetPathsV 的扩展，可以生成随机样本路径。这种方法通过一维哈尔顿序列（对于一个素数）生成矩阵 NormMat 的每一列。我们看到矩阵沿行重复计算，每一列对应一个时间点。结合这些，我们可以计算资产对数价格的增量，然后将这些累积转化为资产价格。

```
function SPaths = HaltonPaths(S0,mu,sigma,T,NSteps,NRepl)
dt = T/NSteps;
nudt = (mu - 0.5 * sigma^2) * dt;
sidt = sigma * sqrt(dt);
% Use inverse transform to generate standard normals
NormMat = zeros(NRepl, NSteps);
Bases = myprimes(NSteps);
for i = 1:NSteps
    H = GetHalton(NRepl,Bases(i));
    RandMat(:,i) = norminv(H);
end
Increments = nudt + sidt * RandMat;
LogPaths = cumsum([log(S0) * ones(NRepl,1), Increments], 2);
SPaths = exp(LogPaths);
SPaths(:,1) = S0;
```

图 8.19   基于哈尔顿序列生成的资产价格样本路径

通过函数 HaltonPaths 生成样本路径，我们可以简单地编写一个算术平均亚式期权的定价程序，如图 8.20 所示。在随后的程序计算中，我们可以看到低差异序列的潜能，基于这种方法并通过大量的重复计算我们可以获得一个非常精确的期权价格。蒙特卡罗模拟有一个可靠的基准（benchmark）：

```
function P = AsianHalton(S0,K,r,T,sigma,NSamples,NRepl)
Payoff = zeros(NRepl,1);
Path = HaltonPaths(S0,r,sigma,T,NSamples,NRepl);
Payoff = max(0, mean(Path(:,2:(NSamples +1)),2) - K);
P = mean( exp( - r * T) * Payoff);
```

图 8.20 基于哈尔顿序列方法的亚式期权定价

```
>> randn('state',0)
>> [P,CI] = AsianMC(50,50,0.1,5/12,0.4,5,500000)
P =
    3.9639
CI =
    3.9474
    3.9803
>> AsianHalton(50,50,0.1,5/12,0.4,5,1000)
ans =
    3.8450
>> AsianHalton(50,50,0.1,5/12,0.4,5,3000)
ans =
    3.9103
>> AsianHalton(50,50,0.1,5/12,0.4,5,10000)
ans =
    3.9461
>> AsianHalton(50,50,0.1,5/12,0.4,5,50000)
ans =
    3.9605
```

我们不能通过伪随机数的方法获得估计值的置信区间[^1]，但是，我们通过有限的重复计算可以得到一个可接受的结果。这里，我们基于月度采样研究一个剩余期限为五个月的期权。如果我们将剩余期限增加到两年，相应的月度采样数量增加，计算结果将会怎样？

```
>> randn('state',0)
>> [P,CI] = AsianMC(50,50,0.1,2,0.4,24,500000)
P =
    8.3859
CI =
    8.3495
```

---

[^1] 当使用低差异序列方法时，可以得到蒙特卡罗方法估计值的置信区间。

```
    8.4222
>> AsianHalton(50,50,0.1,2,0.4,24,1000)
ans =

    6.6219
>> AsianHalton(50,50,0.1,2,0.4,24,5000)
ans =

    7.9257
>> AsianHalton(50,50,0.1,2,0.4,24,50000)
ans =

    8.3424
```

我们看到，在这个示例中，哈尔顿序列的表现非常糟糕，这是因为我们需要 24 个基数，且基数为非常大的素数，参见第 4.6 节。在那里，我使用较大的素数得到非常差的结果。我们可以预计，如果期权合约需要更多的采样数据，哈尔顿序列的情况或许更差。

一个可行的方法是用更专业的方法，例如索博尔序列。另外一个思路，是使用布朗桥结构，将"优质"较小的基数与时间点采样结合获得布朗桥方法所需的标杆。较大的基数用于填充样本路径，但我们不希望发生不利的影响。在下文中，为了简单起见，我们将使用基于哈尔顿序列的布朗桥方法，同样的方法可以用于任何低差异序列。我们同样需要研究使用低差异序列作为时间点的标杆，并通过伪随机数方法填充样本路径。

第一步，通过哈尔顿序列方法与布朗桥方法模拟标准维纳过程。我们扩展图 8.8 中的函数 WienerBridge 以获得图 8.21 所示的代码。函数 WienerHaltonBridge 与函数 WienerBridge 区别为：

- 由于生成每一层所有采样点的数据很容易，我们部分采用向量化编程以使得哈尔顿序列更加紧凑和可读，函数将输出一个包含多次试验的矩阵。

- 矩阵 NormMat 含有标准正态分布的样本，就像在函数 HaltonPaths 中一样，每一列对应一个素数和一个时刻。

- 输入参数同样包括重复次数 NRepl 与限制哈尔顿序列维度的参数 Limit；注意随着素数增加，主 for 循环中的变量 HUse 如何增加以选出接下来的维度；当参数 HUse 超过参数 Limit 时，我们转为随机采样（正好填补已标记的样本路径）。

需要注意的是，我们的函数非常有限，当时间点数量为 2 的指数时，我们只能使用布朗桥方法。这是由于程序计算的限制，而不是技术本身的限制。

第二步为将标准维纳过程转换为几何布朗运动。图 8.22 中的函数 GBMHalton-Bridge 运行方式与图 8.9 中的函数 GBMBridge 类似。我们仅需要注意，它为向量化编程需要使用函数 diff 基于矩阵行计算。为计算参数 Increments，矩阵 W 调用 diff(W,1,2)，矩阵 W 包含标准的维纳过程路径；参数 1 意味着我们需要计算一阶微分，参数 2 意味着需要沿着矩阵行计算，而默认值为沿着矩阵列计算（类似函数

```
function WSamples = WienerHaltonBridge(T, NSteps, NRepl, Limit)
NBisections = log2(NSteps);
if round(NBisections) ~= NBisections
    fprintf('ERROR in WienerHB: NSteps must be a power of 2\n');
    return
end
% Generate standard normal samples
NormMat = zeros(NRepl, NSteps);
Bases = myprimes(NSteps);
for i=1:NSteps
    H = GetHalton(NRepl,Bases(i));
    NormMat(:,i) = norminv(H);
end
% Initialize extreme points of paths
WSamples = zeros(NRepl,NSteps+1);
WSamples(:,1) = 0;
WSamples(:,NSteps+1) = sqrt(T) * NormMat(:,1);
% Fill paths
HUse = 2;
TJump = T;
IJump = NSteps;
for k=1: NBisections
    left = 1;
    i = IJump/2+1;
    right = IJump+1;
    for j=1:2^(k-1)
        a = 0.5 * (WSamples(:,left) + WSamples(:,right));
        b = 0.5 * sqrt(TJump);
        if HUse <= Limit;
            WSamples(:,i) = a + b * NormMat(:,HUse);
        else
            WSamples(:,i) = a + b * randn(NRepl,1);
        end
        right = right + IJump;
        left = left + IJump;
        i = i + IJump;
    end
    IJump = IJump/2;
    TJump = TJump/2;
    HUse = HUse + 1;
end
```

图 8.21 基于哈尔顿序列与布朗桥方法模拟标准维纳过程

mean 或函数 cumsum）。

```
function Paths = GBMHaltonBridge(S0,mu,sigma,T,NSteps,NRepl,Limit)
if round(log2(NSteps)) ~= log2(NSteps)
    fprintf('ERROR in GBMBridge: NSteps must be a power of 2\n');
    return
end
dt = T/NSteps;
nudt = (mu - 0.5 * sigma^2) * dt;
W = WienerHaltonBridge(T,NSteps,NRepl,Limit);
Increments = nudt + sigma * diff(W,1,2);
LogPath = cumsum([log(S0) * ones(NRepl,1), Increments], 2);
Paths = exp(LogPath);
Paths(:,1) = S0;
```

图 8.22   基于哈尔顿序列与布朗桥方法模拟标准维纳过程几何布朗运动

现在，我们需要暂停一下，基于我们关于几何布朗运动的知识，如方程（8.3）与方程（8.4）所示，检查在不同时间点，我们是否生成正确期望与方差的序列。尤其是，我们希望检查通过蒙特卡罗与哈尔顿序列结合布朗桥方法生成的序列、序列的样本均值或样本方差以及相关的误差。为了做到这一点，我们需要使用图 8.23 中的函数。给定一个样本路径矩阵，函数返回一个两列的矩阵；第一列为对于每个时间点（包含在向量 Tvet 中），关于均值的误差百分比，第二列为方差的误差。在同一个图中，我们为读者提供比较两个结果的程序代码。代码输出一个 6 列 16 行的矩阵。

```
>> CheckHaltonScript
ans =
    0.2510    0.0269    0.0927    0.9473    0.4045    1.0480
    0.4838    0.0701    0.0983    0.9765    0.8147    1.1005
    0.5893    0.1042    0.1685    0.4233    1.1434    1.9098
    0.3609    0.1651    0.1235    1.0490    1.9696    1.4138
    0.5580    0.2644    0.2351    0.9005    3.1095    2.7626
    0.4847    0.3787    0.2251    1.0232    4.2511    2.8336
    0.5960    0.4814    0.2826    3.7522    5.4619    3.3645
    0.8787    0.6607    0.2053    4.4059    7.5672    2.5914
    1.2209    0.8061    0.3353    5.3788    9.6047    4.1374
    1.1240    1.0044    0.3299    2.8125   11.1005    4.4781
    0.8548    1.2322    0.3945    0.0401   12.3976    5.2199
    1.0240    1.4891    0.2976    1.0730   14.0780    4.1875
    0.9923    1.6941    0.4268    0.7693   14.5632    5.9899
    1.2271    1.9678    0.3922    3.2472   15.2210    5.8546
    1.1193    2.2621    0.4274    0.8804   16.4125    6.2836
    1.5650    2.6552    0.3018    0.1313   18.6872    4.9231
```

前三列为在 16 个时间点的估计期望的相关误差，分别为蒙特卡罗方法、哈尔顿序列方法未结合布朗桥方法、哈尔顿序列方法结合布朗桥方法。在第二列，我们看到，如果没有结合布朗桥方法，误差随着时间的推移而增大。这是有道理的，因为我们在后面的时间段上使用较大"坏"基数。如果比较第一列与第三列，可知相对于蒙特卡罗方法，哈尔顿序列方法结合布朗桥方法的误差较小。

```
function PercErrors = CheckGBMPaths(S0,mu,sigma,T,Paths);
[NRepl,NTimes] = size(Paths);
NSteps = NTimes - 1;
Tvet = (1:NSteps). * T/NSteps;
SampleMean = mean(Paths(:,2:NTimes));
TrueMean = S0 * exp(mu * Tvet);
RelErrorM = abs((SampleMean - TrueMean)./TrueMean);
SampleVar = var(Paths(:,2:(1 + NSteps)));
TrueVar = S0^2 * exp(2 * mu * Tvet). * (exp((sigma^2) * Tvet) - 1);
RelErrorV = abs((SampleVar - TrueVar)./TrueVar);
PercErrors = 100 * [RelErrorM', RelErrorV'];
```

```
% CheckHaltonScript. m
randn('state',0)
NRepl = 10000;
T = 5;
NSteps = 16;
Limit = NSteps;
S0 = 50;
mu = 0.1;
sigma = 0.4;
Paths = AssetPaths(S0, mu, sigma, T, NSteps, NRepl);
PercErrors1 = CheckGBMPaths(S0, mu, sigma, T, Paths);
Paths = HaltonPaths(S0, mu, sigma, T, NSteps, NRepl);
PercErrors2 = CheckGBMPaths(S0, mu, sigma, T, Paths);
Paths = GBMHaltonBridge(S0, mu, sigma, T, NSteps, NRepl, Limit);
PercErrors3 = CheckGBMPaths(S0, mu, sigma, T, Paths);
[PercErrors1(:,1), PercErrors2(:,1), PercErrors3(:,1), ...
    PercErrors1(:,2), PercErrors2(:,2), PercErrors3(:,2)]
```

图 8.23 估计几何布朗运动样本误差的 MATLAB 程序代码

后三列显示了类似的方差误差，如果我们使用未结合布朗桥的哈尔顿序列方法，随着时间推移误差显著增加。蒙特卡罗方法的误差并没有明显的模式。我们看到，结合布朗桥方法的哈尔顿序列方法并未明显地优于蒙特卡罗方法。或许因为我们仅使用了简单哈尔顿序列方法。此外，读者可以验证，增加样本路径的数量是否可以显著地提高估计质量。在完成这些工作后，可以编写一个基于哈尔顿序列与布朗桥方法的算术平均亚式期权的定价函数程序。相关程度代码如图 8.24 所示。我们有必要检查这种方法相对于单一低差异序列方法的优势。为达到这个目的，我们可以使用图 8.25 所示的程序代码。思路如下：

```
function P =AsianHaltonBridge( S0,K,r,T,sigma,NSamples,NRepl,Limit)
Payoff =zeros( NRepl,1) ;
Path =GBMHaltonBridge( S0,r,sigma,T,NSamples,NRepl,Limit) ;
Payoff =max( 0, mean( Path( :,2:( NSamples +1) ) ,2) −K) ;
P =mean( exp( −r * T) * Payoff) ;
```

图 8.24　基于哈尔顿序列与布朗桥方法的算术平均亚式期权

```
% CompareAsianH. m
randn( 'state' ,0)
S0 =50;
K =55;
r =0.05;
sigma =0.4;
T =4;
NSamples =16;
NRepl =500000;
aux =AsianMC( S0,K,r,T,sigma,NSamples,NRepl) ;
fprintf( 1,'Extended MC %f \n' , aux) ;
NRepl =10000;
aux =AsianHalton( S0,K,r,T,sigma,NSamples,NRepl) ;
fprintf( 1,'Halton %f \n' , aux) ;
for i =1: 20
    aux( i) =AsianMC( S0,K,r,T,sigma,NSamples,NRepl) ;
end
fprintf( 1,'MC mean %f st. dev %f \n' , mean( aux) , sqrt( var( aux) ) ) ;
Limit =1;
for i =1:20
    aux( i) =AsianHaltonBridge( S0,K,r,T,sigma,NSamples,NRepl,Limit) ;
end
fprintf( 1,'HB ( limit: %d) mean %f st. dev %f \n' , ...
    Limit, mean( aux) , sqrt( var( aux) ) ) ;
Limit =2;
for i =1:20
    aux( i) =AsianHaltonBridge( S0,K,r,T,sigma,NSamples,NRepl,Limit) ;
end
fprintf( 1,'HB ( limit: %d) mean %f st. dev %f \n' , ...
    Limit, mean( aux) , sqrt( var( aux) ) ) ;
Limit =4;
for i =1:20
    aux( i) =AsianHaltonBridge( S0,K,r,T,sigma,NSamples,NRepl,Limit) ;
end
fprintf( 1,'HB ( limit: %d) mean %f st. dev %f \n' , ...
    Limit, mean( aux) , sqrt( var( aux) ) ) ;
Limit =16;
aux =AsianHaltonBridge( S0,K,r,T,sigma,NSamples,NRepl,Limit) ;
fprintf( 1,'HB ( limit: %d) %f \n' , Limit, aux) ;
```

图 8.25　蒙特卡罗方法与基于布朗桥的哈尔顿序列的比较

（1）首先，使用普通的蒙特卡罗算法，设置重复次数为500000，计算期权的价格。

（2）然后，直接使用哈尔顿序列方法，设置重复次数为10000，计算期权的价格。

（3）检查计算次数较少的普通蒙特卡罗算法的结果，并重复计算20次得到20个计算结果，计算这些结果的均值与方差。

（4）通过结合布朗桥的哈尔顿序列方法，计算期权价格并与上述结果进行比较；当仅使用哈尔顿序列方法时，不进行重复计算，因为在这种情况下计算结果没有变化，所以不需要呈现标准差。

结果如下：

```
>> CompareAsianH
Extended MC 9.068486
Halton 8.800511
MC mean 9.135870 st. dev 0.135540
HB（limit：1）mean 9.074675 st. dev 0.077153
HB（limit：2）mean 9.017819 st. dev 0.035962
HB（limit：4）mean 9.307306 st. dev 0.010279
HB（limit：16）9.367783
```

我们看到，直接使用哈尔顿序列方法并不能获得一个令人满意的结果，较少重复次数的蒙特卡罗方法能够得到可以接受的结果。我们应该注意，收益的定义为平均值，这与普通期权收益仅取决于到期日标的资产价格不同。哈尔顿序列仅适用于到期日标的资产的价格，通过布朗桥与随机数的方法填充样本路径，可以有效地控制样本方差以获得较好的估计结果。通过更多的哈尔顿序列可以消除波动，当然，它也倾向于引入偏差。事实上，仅使用结合布朗桥的哈尔顿序列方法并非有效，而且会高估期权的价格。为获取其中原因，我们可以更细致地分析通过布朗桥和哈尔顿序列方法生成的标的资产的平均价格，但这里不进行详细说明。通过简单的蒙特卡罗方法获得平均价格并不复杂，但是或许存在某些右偏（right - skewed），这意味着，当期权处于价内状态时，在分布尾部往往趋向生成一个较大的收益。

总之，哈尔顿序列并不非常令人满意，或许应该寻找其他方法。此外，布朗桥方法似乎是一个不错的方法，在最后一次计算中产生最优的结果，因为布朗桥可以使得资产价格在到期日出现一定的分层效应。

8.5　蒙特卡罗抽样法计算期权 Greeks

到目前为止，我们仅研究了期权定价问题。然而，期权敏感性的估计是另外一个重要问题。为了简单起见，在本节我们将研究普通期权 Δ 的计算。这与第6.6节的内容相关，在那里我们分析模拟与优化之间的相互作用。我们将在这里回顾模拟与优化的算法框架。假设函数 $f(S_0)$，即期权价格取决于标的资产的初始价格 S_0，期权的敏感性为：

$$\Delta \equiv \frac{\mathrm{d}f(S_0)}{\mathrm{d}S_0} = \lim_{\delta S_0 \to 0} \frac{f(S_0 + \delta S_0) - f(S_0)}{\delta S_0}$$

如果我们使用蒙特卡罗模拟计算期权价格，第一步需要生成样本路径，通过计算贴现收益有限差分的样本均值的方法估计 Δ。相关程序代码如图 8.26 所示。然而，这种方法似乎太简单了。在起初，需要谨慎分析问题，因为我们使用期望代替极限。事实上，我们需要的是：

$$\lim_{\delta S_0 \to 0} \frac{E_\omega[C(S_0 + \delta S_0, \omega)] - E_\omega[C(S_0, \omega)]}{\delta S_0}$$

```
function[Delta,CI] = BlsDeltaMCNaive(S0,K,r,T,sigma,dS,NRepl)
nuT = (r - 0.5 * sigma^2) * T;
siT = sigma * sqrt(T);
Payoff1 = max(0,S0 * exp(nuT + siT * randn(NRepl,1)) - K);
Payoff2 = max(0,(S0 + dS) * exp(nuT + siT * randn(NRepl,1)) - K);
SampleDiff = exp(-r * T) * (Payoff2 - Payoff1)/dS;
[Delta,dummy,CI] = normfit(SampleDiff);
```

图 8.26 基于蒙特卡罗方法估计期权的 Δ 的程序代码

其中，$C(S_0, \omega)$ 为买入期权的贴现价格，标的资产的初始价格为 S_0，一个样本路径对应事件 ω。但是，我们实际计算的为：

$$E_\omega\left[\frac{C(S_0 + \delta S_0, \omega) - C(S_0, \omega)}{\delta S_0}\right]$$

即使接受利用有限差分近似（或逼近）极限，但我们不应该认为有限差分与极限完全等效。为更直观认识潜在的问题，我们对一个由积分（期望值）定义的函数进行微分。然而，如果我们对微分进行积分，我们将陷入困境。在统计意义上，两种运算（极限与差分）相互替代可能使得估计结果存在一定偏差[○]。即使我们无视这些微妙的问题，仍可以很容易地看到，上述函数很难令人满意。如果我们将估计结果与用布莱克 - 斯科尔斯公式计算的精确结果进行对比，[○]将发现估计结果非常差：

```
>> S0 = 50; K = 52; r = 0.05; T = 5/12; sigma = 0.4;
>> blsdelta(S0,K,r,T,sigma)
ans =
```

○ 具体参见参考文献 [8]，第7章。
○ MATLAB 的金融工具箱含有计算 Δ 的函数 blsdelta。

```
    0.5231
>> randn('state',0)
>> NRepl =50000;
>> dS =0.5;
>> [Delta, CI] =BlsDeltaMCNaive(S0,K,r,T,sigma,dS,NRepl)
Delta =
    0.3588
CI =
    0.1447
    0.5729
```

实际上，我们可以提高估计结果的质量。在有限差分理论中（第5.2节），我们知道中心差分的计算效果最好：

$$\frac{C(S_0 + \delta S_0, \omega) - C(S_0 - \delta S_0, \omega)}{2\delta S_0}$$

在我们的示例中，随机抽样的噪声或许会降低估计的效果。另一个问题是，为降低方差，我们可以使用公共随机数方法（comm on random numbers）（参见第4.5.2节）。换句话说，当计算两个期权收益时，我们应该使用服从标准正态分布的相同样本，相关的程序代码如图8.27所示。我们可以验证，使用这两个技巧，无疑可以提高 Δ 的估值质量：

```
function[Delta,CI] =BlsDeltaMCNaive(S0,K,r,T,sigma,dS,NRepl)
nuT =(r −0.5 * sigma^2) * T;
siT =sigma * sqrt(T);
Payoff1 =max(0,S0 * exp(nuT +siT * randn(NRepl,1)) −K);
Payoff2 =max(0,(S0 +dS) * exp(nuT +siT * randn(NRepl,1)) −K);
SampleDiff =exp(−r * T) * (Payoff2 −Payoff1)/dS;
[Delta,dummy,CI] =normfit(SampleDiff);
```

图8.27 通过公共随机数方法提高期权 Δ 的估值质量

```
>> randn('state',0)
>> [Delta, CI] =BlsDeltaMC(S0,K,r,T,sigma,dS,NRepl)
Delta =
    0.5296
CI =
    0.5241
    0.5350
```

我们看到，应该使用中心差分方法与公共随机数方法估计期权的敏感性。然而，如果还需要计算期权的价格，我们基本上需要有三次重复计算，分别计算 S_0

与 $S_0 \pm \delta S_0$。期权敏感性的计算量非常大，因为我们需要计算其他的敏感性指标，同时我们需要选取正确的步长 δS_0。如果仅通过一次计算便可以估计出期权价格与 Δ，将可以大幅提高计算效率。事实上，在很多情况下，如果我们更进一步分析相关的计算步骤[⊖]，我们可以实现这样的目标。

贴现的期权收益为一个随机变量：

$$C = e^{-rT} \max\{S_T - K, 0\}$$

其中

$$S_T = S_0 e^{(r - \sigma^2/2)T + \sigma\sqrt{T}Z}$$

Z 为标准正态变量。根据微分的链式法则，我们得到：

$$\frac{\mathrm{d}C}{\mathrm{d}S_0} = \frac{\mathrm{d}C}{\mathrm{d}S_T}\frac{\mathrm{d}S_T}{\mathrm{d}S_0}$$

最终微分形式为：

$$\frac{\mathrm{d}S_T}{\mathrm{d}S_0} = \frac{S_T}{S_0}$$

一阶微分或许存在某些问题，但是我们看到：

$$\frac{\mathrm{d}}{\mathrm{d}x}\max\{x - K, 0\} = \begin{cases} 0, & \text{当 } x < K \\ 1, & \text{当 } x > K \end{cases}$$

当 $x = K$ 时，或将存在某些问题，因为函数在该点不可计算。但事实证明，发生这样事件（$x = K$）的概率为 0，因此这个问题可以忽略不计。于是，我们可以得到：

$$\frac{\mathrm{d}C}{\mathrm{d}S_T} = e^{-rT}\mathbf{I}\{S_T > K\}$$

其中，$\mathbf{I}$ 为示性函数。将所有函数结合在一起，我们得到如下的 Δ 估计：

$$e^{-rT}\frac{S_T}{S_0}\mathbf{I}\{S_T > K\}$$

根据其构造方法，这种类型的估计被称为路径估计（pathwise estimator）。我们要强调的是，这并不是唯一的方法。在路径估计的表达式中，我们已经剔除了一些细节内容，相关的程序代码如图 8.28 所示。

```
function [Delta, CI] = BlsDeltaMCPath(S0, K, r, T, sigma, NRepl)
nuT = (r - 0.5 * sigma^2) * T;
siT = sigma * sqrt(T);
VLogn = exp(nuT + siT * randn(NRepl,1));
SampleDelta = exp(-r * T) .* VLogn .* (S0 * VLogn > K);
[Delta, dummy, CI] = normfit(SampleDelta);
```

图 8.28 通过路径估计的方法估计期权 Δ

⊖   具体参见本章参考文献，第 388–389 页。

```
>> randn('state',0)
>> [Delta, CI] = BlsDeltaMCPath(S0,K,r,T,sigma,NRepl)
Delta =
    0.5297
CI =
    0.5241
    0.5352
```

这个程序代码展示的是实际的估计过程。细心的读者或许注意到，在计算中真实的值落在置信区间外的情况实际上可能发生。读者可以多运行几次程序，以便检测真实值是否以较高概率落入置信区间内。

进阶阅读

书籍推荐

• 关于样本路径的生成与随机微分方程的数值解，详细介绍参见文献[14]；相关度 MATLAB 代码参见文献[10]。

• 关于金融中的蒙特卡罗方法，主要参考文献参见文献 [8]，以及文献 [6] 与 [12]。

• 关于期权定价蒙特卡罗方法，早期论文参见文献 [3]，最近的概述参见文献 [4]。

• 关于蒙特卡罗方法，一个非常有价值的文献汇编，参见文献 [7]。

• 关于衍生品定价中低差异序列方法，相关资源参见文献 [15] 与文献 [16]。高维问题的样本路径生成方法与估计误差，相关的介绍参见文献 [1] 与文献 [9]。

• 关于金融中的拟蒙特卡罗方法，相关论文参见文献 [9]，其中 Faure 低差异序列相关内容参见本章文献 [9]，在本书中未涉及 Faure 低差异序列。

• 在本章中，我们仅研究期权定价的蒙特卡罗方法，蒙特卡罗方法在其他领域的应用，例如在险价值（VaR）计算相关文献参见文献 [9]，在其中，你可以发现降低方差计算可以加速在险价值（VaR）的计算。

网络资源

• 关于蒙特卡罗方法与拟蒙特卡罗模拟，相关的网页为 http://www.mcqmc.org。

• 关于金融中低差异序列方法，相关网页为 http://www.cs.columbia.edu/~traub，http://www.cs.columbia.edu/~ap/html/information.html。

参 考 文 献

1. F. Åkesson and J. P. Lehoczky. Path Generation for Quasi – Monte Carlo Simulation of Mortgage – Backed Securities. *Management Science*, 46: 1171 – 1187, 2000.

2. T. Björk. *Arbitrage Theory in Continuous Time* (2nd ed.). Oxford University Press, Oxford, 2004.

3. P. Boyle. Options: A Monte Carlo Approach. *Journal of Financial Economics*, 4: 323 – 338, 1977.

4. P. Boyle, M. Broadie, and P. Glasserman. Monte Carlo Methods for Security Pricing. *Journal of Economics Dynamics and Control*, 21: 1267 – 1321. 1997.

5. P. P. Carr and R. A. Jarrow. The Stop – Loss Start – Gain Paradox and Option Valuation: a New Decomposition into Intrinsic and Time Value. *The Review of Financial Studies*, 3: 469 – 492, 1990.

6. L. Clewlow and C. Strickland. *Implementing Derivatives Models*. Wiley, Chichester, West Sussex, England, 1998.

7. B. Dupire, editor. *Monte Carlo. Methodologies and Applications for Pricing and Risk Management*. Risk Books, London, 1998.

8. P. Glasserman. *Monte Carlo Methods in Financial Engineering*. Springer – Verlag, New York, NY, 2004.

9. P. Glasserman, P. Heidelberger, and P. Shahabuddin. Variance Reduction Techniques for Estimating Value – at-Risk. *Management Science*, 46: 1349 – 1364, 2000.

10. D. J. Higham. An Algorithmic Introduction to Numerical Simulation of Stochastic Differential Equations. *SIAM Review*, 43: 525 – 546, 2001.

11. J. C. Hull. *Options, Futures, and Other Derivatives* (5th ed.). Prentice Hall, Upper Saddle River, NJ, 2003.

12. P. Jaeckel. *Monte Carlo Methods in Finance*. Wiley, Chichester, 2002.

13. C. Joy, P. P. Boyle, and K. S. Tan. Quasi – Monte Carlo Methods in Numerical Finance. *Management Science*, 42: 926 – 938, 1996.

14. P. E. Kloeden and E. Platen. *Numerical Solution of Stochastic Differential Equations*. Springer – Verlag, Berlin, 1992.

15. S. H. Paskov. New Methodologies for Valuing Derivatives. In S. R. Pliska and M. A. H. Dempster, editors, *Mathematics of Derivative Securities*, pages 545 – 582. Cambridge University Press, Cambridge, 1997.

16. S. H. Paskov and J. F. Traub. Faster Valuation of Financial Derivatives. *Journal of Portfolio Management*, 22: 113 – 120, Fall 1995.

17. S. Ross. *An Introduction to Mathematical Finance: Options and Other Topics*. Cambridge University Press, Cambridge, 1999.

18. S. M. Ross and J. G. Shanthikumar. Monotonicity in Volatility and Effcient Simulation. *Probability in the Engineering and Informational Sciences*, 14: 317 – 326, 2000.

19. K. S. Tan and P. P. Boyle. Applications of Randomized Low Discrepancy Sequences to the Valuation of Complex Securities. *Journal of Economic Dynamics and Control*, 24: 1747 – 1782, 2000.

第9章

期权定价的有限差分法

在本章，我们将给出几个简单的例子来说明偏微分方程如何应用于期权定价。其主要思想是运用第 5 章介绍的有限差分法来解布莱克 – 斯科尔斯（Black – Scholes）偏微分方程。首先，我们在第 9.1 节回顾导数估计方法，并且指出对特定的期权建模需要建立适合的边界条件。在第 9.2 节中，我们运用一个直接显式方案为普通欧式期权定价。我们已经知道，这个方法容易产生数值不稳定，这一点也可以从金融角度解释。在第 9.3 节中，我们明确了一个全隐式的方法如何克服不稳定的问题。克兰克 – 尼科尔森（Crank – Nicolson）方法在第 9.4 节应用于障碍期权，该方法可以认为是显式和全隐式方法的一种混合。最后，在第 9.5 节，我们明确了迭代超松弛方法如何用全隐式方法解决美式期权问题，由于提前行权的可能性造成边界不存在使得该方法不同于其他方法。

9.1 有限差分法在布莱克 – 斯科尔斯方程中的应用

在第 2.6.2 节我们已经了解标的资产价格 $S(t)$ 为函数 $f(S,t)$ 的期权在 t 时刻的价值满足下述偏微分方程：

$$\frac{\partial f}{\partial t} + rS\frac{\partial f}{\partial S} + \frac{1}{2}\sigma^2 S^2 \frac{\partial^2 f}{\partial S^2} = rf \tag{9.1}$$

及其可以刻画这类期权特征的边界条件。如果假设改变，或者引入路径依赖，方程将会改变，但是上述公式是学习如何将基于有限差分的数值方法应用于期权定价的起点。

正如我们在第 5 章了解到的，为了用有限差分法求解偏微分方程，我们必须建立离散网格，在这个例子中是指时间和资产价格。设 T 为期权到期日，$S_{\max}$ 为一个适当大的资产价格以至于 $S(t)$ 无法在时间范围内达到。我们需要 $S_{\max}$ 是因为偏微分方程的区域对于资产价格是无边界的，但为了计算可行与方便，我们必须在某种程度上限制它，$S_{\max}$ 扮演了 $+\infty$ 的角色。网格由如下的点 (S,t) 组成：

$$S = 0, \delta S, 2\delta S, \cdots M\delta S \equiv S_{\max}$$

$$t = 0, \delta t, 2\delta t, \cdots N\delta t \equiv T$$

我们将使用网格记号 $f_{i,j} = f(i\delta S, j\delta t)$。

让我们回顾一下近似方程（9.1）偏导的不同方法：

- 前向差分：

$$\frac{\partial f}{\partial S} = \frac{f_{i+1,j} - f_{i,j}}{\delta S}, \quad \frac{\partial f}{\partial t} = \frac{f_{i,j+1} - f_{i,j}}{\delta t}$$

- 后向差分：

$$\frac{\partial f}{\partial S} = \frac{f_{i,j} - f_{i-1,j}}{\delta S}, \quad \frac{\partial f}{\partial t} = \frac{f_{i,j} - f_{i,j-1}}{\delta t}$$

- 中心（或对称）差分：

$$\frac{\partial f}{\partial S} = \frac{f_{i+1,j} - f_{i-1,j}}{2\delta S}, \quad \frac{\partial f}{\partial t} = \frac{f_{i,j+1} - f_{i,j-1}}{2\delta t}$$

- 至于二阶导数，我们有：

$$\frac{\partial^2 f}{\partial S^2} = \left(\frac{f_{i+1,j} - f_{i,j}}{\delta S} - \frac{f_{i,j} - f_{i-1,j}}{\delta S} \right) \Big/ \delta S$$

$$= \frac{f_{i+1,j} - 2f_{i,j} + f_{i-1,j}}{\delta S^2}$$

由于我们在离散化方程中使用方法的组合不同，我们会得到不同的显式或隐式方法，在下面的章节将对它们进行测试。

我们必须要注意的另一个问题是设定边界条件。对于执行价格为 K 的看涨期权合约到期的最终条件为：

$$f(S,T) = \max\{S - K, 0\} \quad \forall S$$

对于看跌期权，合约到期的最终条件为：

$$f(S,T) = \max\{K - S, 0\} \quad \forall S$$

当我们考虑资产价格的边界条件时，这个问题并不是微不足道的，因为我们要在边界区域内采用数值方法求解方程，而这个区域对于资产价格是无限的。我们可以用几个例子来阐明这个问题。

[例9.1] 让我们首先考虑一个普通欧式看跌期权。当资产价格 $S(t)$ 很大时，期权没有价值，因为我们几乎可以肯定此时期权为虚值期权：

$$f(S_{\max}, t) = 0$$

为了使边界条件发挥作用，$S_{\max}$ 的值必须相对较大。当资产价格 $S(t) = 0$ 时，我们可以说，鉴于资产的几何布朗运动模型，资产价格将保持为 0。因此，在合约到期时的收益将是 K；如果折现到时间 t，我们得到：

$$f(0,t) = Ke^{-r(T-t)}$$

使用网格记号：

$$f_{i,N} = \max[K - i\delta S, 0], \quad i = 0, 1, \cdots, M$$

$$f_{0,j} = Ke^{-r(N-j)\delta t}, \quad j = 0, 1, \cdots, N$$

$$f_{M,j} = 0, \quad j = 0, 1, \cdots, N$$

[**例 9.2**] 我们可以按照类似例 9.1 中的方式处理普通欧式看涨期权。当资产价格 $S(t)=0$ 时，在任何时刻 t，期权到期时将没有价值：

$$f(0,t) = 0$$

对于较高的资产价格 $S(t)$，我们可以肯定在到期时其为实值期权，我们将得到收益 $S(T) - K$。t 时刻的期权价值需要将 K 折现，并且简单地认为 t 时刻标的资产的无套利价格为 $S(t)$。那么一个合理的边界条件为：

$$f(S_{max}, t) = S_{max} - Ke^{-r(T-t)}$$

使用网格记号：

$$f_{i,N} = \max[i\delta S - K, 0], \quad i = 0, 1, \cdots, M$$

$$f_{0,j} = 0, \quad j = 0, 1, \cdots, N$$

$$f_{M,j} = M\delta S - Ke^{-r(N-j)\alpha t}, \quad j = 0, 1, \cdots, N$$

一个较大 S 值的替代边界条件需要期权的 Δ 为 1；在这种情况下，未知函数的导数而不是对函数本身存在边界条件。这称为冯·诺伊曼边界条件，在数学物理中很普遍。我们不会采取这种方法，因为它使数值解变得有点复杂。

当处理障碍期权时，事情就变得简单了。在敲出期权的情形下，例如一个向下敲出看跌期权，在边界上期权价值为 0。向上敲出看涨期权的情形类似，额外优势是我们必须要考虑的区域是自然有界的。由于提前行权的边界，美式期权更难处理。我们应该考虑以什么价格在什么时间（如果有）行权是最优的。因此，在求解过程中我们必须找到一个自由边界。奇异期权必须有各种边界条件；找出正确的边界条件，并用数值方法近似它，是一个基于期权依赖的问题。

9.2 普通欧式期权的显式方法定价

作为求解方程（9.1）的首次尝试，让我们考虑一个普通欧式看跌期权。我们用中心差分来近似对 S 的导数，用后向差分来近似对时间的导数。这不是唯一的可能，但是任何选择必须以某种方式与边界条件兼容。结果为用例 9.1 中的边界条件求解下列方程：

$$\frac{f_{i,j} - f_{i,j-1}}{\delta t} + ri\delta S \frac{f_{i+1,j} - f_{i-1,j}}{2\delta S} + $$

$$\frac{1}{2}\sigma^2 i^2 \delta S^2 \frac{f_{i+1,j} - 2f_{i,j} + f_{i-1,j}}{\delta S^2} = rf_{i,j} \tag{9.2}$$

应该注意到，既然我们有一组终端条件，就必须在时间上后向求解方程。在方程（9.2）中，令 $j = N$，给定终端条件，我们有一个未知量 $f_{i,N-1}$，表示为三个已知量的函数。如果我们想象时间回推，在每一个时间层要有同样的考虑。重建方程，我们得到一个显式方案：

$$f_{i,j-1} = a_i^* f_{i-1,j} + b_j^* f_{i,j} + c_j^* f_{i+1,j}$$

$$j = N - 1, N - 2, \cdots, 1, 0; i = 1, 2, \cdots, M - 1 \qquad (9.3)$$

其中

$$a_i^* = \frac{1}{2}\delta t(\sigma^2 i^2 - ri)$$

$$b_i^* = 1 - \delta t(\sigma^2 i^2 + r)$$

$$c_i^* = \frac{1}{2}\delta t(\sigma^2 i^2 + ri)$$

这个方法很容易在 MATLAB 中实现，代码已经在图 9.1 中说明，并且需要 $S_{\max}$ 的值以及两个离散步骤。唯一需要注意的一点是在数学符号中，用从 0 开始的指标是较方便的，而在 MATLAB 中矩阵指标是从 1 开始的。此外，如果初始资产价格不在网格上，我们必须在两个相邻点之间插值。在这里使用粗略的线性插值；更复杂的样条线可能是一个更好的选择，特别是如果我们对近似计算期权价格敏感性有兴趣（在实践中正是如此）。

```matlab
function price = EuPutExpl(S0,K,r,T,sigma,Smax,dS,dt)
% set up grid and adjust increments if necessary
M = round(Smax/dS);
dS = Smax/M;
N = round(T/dt);
dt = T/N;
matval = zeros(M+1,N+1);
vetS = linspace(0,Smax,M+1)';
veti = 0:M;
vetj = 0:N;
% set up boundary conditions
matval(:,N+1) = max(K-vetS,0);
matval(1,:) = K*exp(-r*dt*(N-vetj));
matval(M+1,:) = 0;
% set up coefficients
a = 0.5*dt*(sigma^2*veti-r).*veti;
b = 1-dt*(sigma^2*veti.^2+r);
c = 0.5*dt*(sigma^2*veti+r).*veti;
% solve backward in time
for j = N:-1:1
    for i = 2:M
        matval(i,j) = a(i)*matval(i-1,j+1)+b(i)*matval(i,j+1)+...
            c(i)*matval(i+1,j+1);
    end
end
% return price, possibly by linear interpolation outside the grid
price = interp1(vetS, matval(:,1), S0);
```

图 9.1　普通欧式看跌期权直接显式方案定价的 MATLAB 代码

```
≫[c,p]=blsprice(50,50,0.1,5/12,0.4);
≫p
p =
    4.0760
≫EuPutExpl(50,50,0.1,5/12,0.4,100,2,5/1200)
ans =
    4.0669
≫[c,p]=blsprice(50,50,0.1,5/12,0.3);
≫p
p =
    2.8446
≫EuPutExpl(50,50,0.1,5/12,0.3,100,2,5/1200)
ans =
    2.8288
```

可以看到，数值计算方法给出了相当准确的结果，我们可以尝试使用更精细的网格来提高结果：

```
≫EuPutExpl(50,50,0.1,5/12,0.3,100,1.5,5/1200)
ans =
    2.8597
≫EuPutExpl1(50,50,0.1,5/12,0.3,100,1,5/1200)
ans =
-2.8271e+022
```

在这里我们看到的是另一个数值不稳定的例子，这个例子我们已经在第 5 章分析过了。避免麻烦的一种可能就是采用隐式方法，另一种可能就是进行稳定性分析，并且推导出离散步骤的边界。我们不会在这里采用第二种方式，这和我们在第 5 章对简单的传递方程和热传导方程所做的非常类似。相反，下面我们将描述不稳定性的金融解释。这表明还有另一种可能：用另外的变量重建方程。

显示方法不稳定的金融解释

在显式方案中，我们得到期权价值 $f(S,t)$，其为 $f(S+\delta S, t+\delta t)$，$f(S,t+\delta t)$ 和 $f(S-\delta S, t+\delta t)$ 的组合。这看起来有点像三叉点阵方法，该方法我们在第 7.4 节已经介绍过（见图 9.2a）。我们可以通过推导出显式方法的一个替代说法来使这个解释更清楚。根据 [1，第 18 章]，我们可以假设 S 的一阶和二阶导数在点 (i,j) 与在点 $(i,j+1)$ 相等：

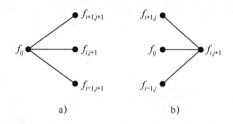

图9.2 显式 a）和隐式 b）方法求解布莱克—斯科尔斯偏微分方程

$$\frac{\partial f}{\partial S} = \frac{f_{i+1,j+1} - f_{i-1,j+1}}{2\delta S}$$

$$\frac{\partial^2 f}{\partial S^2} = \frac{f_{i+1,j+1} - 2f_{i,j+1} + f_{i-1,j+1}}{\delta S^2}$$

另一种获得同样方案的方法是用$f_{i,j-1}$取代式（9.2）右侧的$f_{i,j}$。这就引入了一个误差，这个误差是有限的，并随着网格的细化趋向于0。[⊖]

现在有限差分方程为：

$$\frac{f_{i,j+1} - f_{i,j}}{\delta t} + ri\delta S \frac{f_{i+1,j+1} - f_{i-1,j+1}}{2\delta S}$$

$$+ \frac{1}{2}\sigma^2 i^2 \, \delta S^2 \frac{f_{i+1,j+1} - 2f_{i,j+1} + f_{i-1,j+1}}{\delta S^2} = rf_{i,j}$$

该方程还可以表达为（对于$i = 1, 2, \cdots, M-1$和$j = 0, 1, \cdots, N-1$）：

$$f_{i,j} = \hat{a}_i f_{i-1,j+1} + \hat{b}_i f_{i,j+1} + \hat{c}_i f_{i+1,j+1}$$

其中：

$$\hat{a}_i = \frac{1}{1+r\delta t}\left(-\frac{1}{2}ri\delta t + \frac{1}{2}\sigma^2 i^2 \delta t\right) = \frac{1}{1+r\delta t}\pi_d$$

$$\hat{b}_i = \frac{1}{1+r\delta t}(1 - \sigma^2 i^2 \, \delta t) = \frac{1}{1+r\delta t}\pi_0$$

$$\hat{c}_i = \frac{1}{1+r\delta t}\left(\frac{1}{2}ri\delta t + \frac{1}{2}\sigma^2 i^2 \, \delta t\right) = \frac{1}{1+r\delta t}\pi_u$$

这个方案同样是显式的以及数值不稳定的。然而，系数$\hat{a}_i$，$\hat{b}_i$和$\hat{c}_i$给出了一个很好的解释，在二项式或三项式点阵中，每个节点得到一个期权价值，该期权价值为后续节点值贴现的期望，此处期望由风险中性概率测度求得。事实上，上述系数包括一个$1/(1+r\delta t)$项，该项可以理解为时间区间长度为δt的贴现因子。此外，我们还有：

$$\pi_d + \pi_0 + \pi_u = 1$$

⊖ 在第5.4节中推导 ADI 方法时，使用了类似的推理方法。

这意味着可以把系数解释为概率乘以贴现因子。它们是否为风险中性概率？我们应该首先检验在时间区间 δt 资产价格增量的期望值：

$$E[\Delta] = -\delta S\pi_d + 0\pi_0 + \delta S\pi_u = ri\delta S\delta t = rS\delta t$$

这正是我们在风险中性世界中所期望的。增量的方差为：

$$E[\Delta^2] = (-\delta S)^2\pi_d + 0\pi_0 + (\delta S)^2\pi_u = \sigma^2 i^2(\delta S)^2\delta t$$

因此，对于较小的 δt：

$$\text{Var}[\Delta] = E[\Delta^2] - E^2[\Delta] = \sigma^2 S^2\delta t - r^2 S^2(\delta t)^2 \approx \sigma^2 S^2\delta t$$

在风险中性的世界，这与几何布朗运动相一致。因此，我们看到，除了一个小问题，显式方法的确可以作为三叉点阵法。"概率" π_d 和 π_0 可能为负值。细心的读者会发现一个重复的模式，因为在第 5 章，对于线性组合的系数已达到稳定的条件；对于传递方程和热传导方程，我们必须保证这种组合是凸的，例如，系数为正且相加为 1，正如离散概率分布。

一种避免麻烦的方法是改变变量，这一点在［1］中已说明。通过对 $Z = \ln S$ 改写布莱克 - 斯科尔斯方程，可能得到对稳定的简单条件。然而，改变变量对于某些奇异期权未必是好主意。在下一节中，我们实现了完全避免稳定性问题的全隐式方法。

9.3 普通欧式期权的全隐式方法定价

为了克服显式方法的稳定性问题，我们可以采用隐式方法，这是通过用前向差分近似对时间的偏导数得到的。我们可以得到网格方程：

$$\frac{f_{i,j+1} - f_{i,j}}{\delta t} + ri\delta S\frac{f_{i+1,j} - f_{i-1,j}}{2\delta S} +$$

$$\frac{1}{2}\sigma^2 i^2\, \delta S^2\frac{f_{i+1,j} - 2f_{i,j} + f_{i-1,j}}{\delta S^2} = rf_{i,j}$$

该方程还可以表达为（对于 $i = 1, 2, \cdots, M-1$ 和 $j = 0, 1, \cdots, N-1$）

$$a_i f_{i-1,j} + b_i f_{i,j} + c_i f_{i+1,j} = f_{i,j+1} \tag{9.4}$$

其中，对每一个 i：

$$a_i = \frac{1}{2}ri\delta t - \frac{1}{2}\sigma^2 i^2\delta t$$

$$b_i = 1 + \sigma^2 i^2\delta t + r\delta t$$

$$c_i = -\frac{1}{2}ri\delta t - \frac{1}{2}\sigma^2 i^2\delta t$$

我们有三个未知值与一个已知值（见图 9.2b）。首先要注意的是，对于每个时间层，对 $M-1$ 个未知量我们有 $M-1$ 个方程；边界条件对每个时间层产生两个缺失值，并且会在下一个时间层给出这些值。正如在显式的情况下，我们必须在时间上向后，对 $j = N-1, \cdots, 0$，求解一系列线性方程。时间层 j 的体系为：

$$
\begin{pmatrix}
b_1 & c_1 & & & & & \\
a_2 & b_2 & c_2 & & & & \\
& a_3 & b_3 & c_3 & & & \\
& & \ddots & \ddots & \ddots & & \\
& & & a_{M-2} & b_{M-2} & c_{M-2} & \\
& & & & a_{M-1} & b_{M-1} &
\end{pmatrix}
\cdot
\begin{pmatrix}
f_{1j} \\
f_{2j} \\
f_{3j} \\
\vdots \\
f_{M-2,j} \\
f_{M-1,j}
\end{pmatrix}
=
\begin{pmatrix}
f_{1,j+1} \\
f_{2,j+1} \\
f_{3,j+1} \\
\vdots \\
f_{M-2,j+1} \\
f_{M-1,j+1}
\end{pmatrix}
-
\begin{pmatrix}
a_1 f_{0,j} \\
0 \\
0 \\
\vdots \\
0 \\
c_{M-1} f_{M,j}
\end{pmatrix}
$$

我们可以注意到，上述矩阵为三对角矩阵，并且对每一个时间层 i 都是恒定的。因此，我们可以通过采用 LU 分解加快计算速度[注]。这些都可以通过图 9.3 中的 MAT-LAB 代码实现。

```
function price = EuPutImpl(S0,K,r,T,sigma,Smax,dS,dt)
% set up grid and adjust increments if necessary
M = round(Smax/dS);
dS = Smax/M;
N = round(T/dt);
dt = T/N;
matval = zeros(M+1,N+1);
vetS = linspace(0,Smax,M+1)';
veti = 0:M;
vetj = 0:N;
% set up boundary conditions
matval(:,N+1) = max(K-vetS,0);
matval(1,:) = K * exp(-r * dt * (N-vetj));
matval(M+1,:) = 0;
% set up the tridiagonal coefficients matrix
a = 0.5 * (r * dt * veti - sigma^2 * dt * (veti.^2));
b = 1 + sigma^2 * dt * (veti.^2) + r * dt;
c = -0.5 * (r * dt * veti + sigma^2 * dt * (veti.^2));
coeff = diag(a(3:M),-1) + diag(b(2:M)) + diag(c(2:M-1),1);
[L,U] = lu(coeff);
% solve the sequence of linear systems
aux = zeros(M-1,1);
for j = N:-1:1
    aux(1) = -a(2)  * matval(1,j); % other term from BC is zero
    matval(2:M,j) = U \ (L \ (matval(2:M,j+1) +aux));
end
% return price, possibly by linear interpolation outside the grid
price = interp1(vetS, matval(:,1), S0);
```

图 9.3   普通欧式期权全隐式方案定价的 MATLAB 代码

[注] 由于矩阵的稀疏结构，可以编写一个具体的代码求解线性方程组的序列。这里我们使用了现成的 MAT-LAB 功能。

```
≫ [c,p] =blsprice(50,50,0.1,5/12,0.4);
≫ p
p =
    4.0760
≫ EuPutImpl(50,50,0.1,5/12,0.4,100,0.5,5/2400)
ans =
    4.0718
```

这个结果已经相当准确，并且还可以通过细化网格提高精确度，只要不因运行风险产生数值不稳定性。另一种提高精确性的方法是利用克兰克－尼科尔森方法，下一节我们对障碍期权定价时将使用该方法。

9.4　障碍期权的克兰克－尼科尔森方法定价

在第 5.3.3 节已经介绍过克兰克－尼科尔森方法，它是一种通过结合显式和隐式提高精确性的方法，将这个想法应用于布莱克－斯科尔斯方程，导出以下网格方程：

$$\frac{f_{ij} - f_{i,j-1}}{\delta t} + \frac{ri\delta S}{2}\left(\frac{f_{i+1,j-1} - f_{i-1,j-1}}{2\delta S}\right) + \frac{ri\delta S}{2}\left(\frac{f_{i+1,j} - f_{i-1,j}}{2\delta S}\right) +$$

$$1]\frac{\sigma^2 i^2 (\delta S)^2}{4}\left(\frac{f_{i+1,j-1} - 2f_{i,j-1} + f_{i-1,j-1}}{(\delta S)^2}\right) +$$

$$1]\frac{\sigma^2 i^2 (\delta S)^2}{4}\left(\frac{f_{i+1,j} - 2f_{i,j} + f_{i-1,j}}{(\delta S)^2}\right) = \frac{r}{2}f_{i,j-1} + \frac{r}{2}f_{ij}$$

这些方程还可以表达为：

$$- \alpha_i f_{i-1,j-1} + (1 - \beta_i)f_{i,j-1} - \gamma_i f_{i+1,j-1} = \alpha_i f_{i-1,j} + (1 + \beta_i)f_{ij} + \gamma_i f_{i+1,j} \quad (9.5)$$

其中：

$$\alpha_i = \frac{\delta t}{4}(\sigma^2 i^2 - ri)$$

$$\beta_i = - \frac{\delta t}{2}(\sigma^2 i^2 + r)$$

$$\gamma_i = \frac{\delta t}{4}(\sigma^2 i^2 + ri)$$

在此我们考虑向下敲出看跌期权，该期权我们已经在第 2.7.1 节介绍过。假设连续的障碍监测，在这种情况下，我们只需要考虑区域 $S_b \leqslant S \leqslant S_{max}$，边界条件为：

$$f(S_{max},t) = 0, \qquad f(S_b,t) = 0$$

考虑到这些边界条件，我们可以将方程（9.5）表示为矩阵形式：

$$M_1 f_{j-1} = M_2 f_j \tag{9.6}$$

其中：

$$M_1 = \begin{pmatrix} 1-\beta_1 & -\gamma_1 & & & & \\ -\alpha_2 & 1-\beta_2 & -\gamma_2 & & & \\ & -\alpha_3 & 1-\beta_3 & -\gamma_3 & & \\ & & \ddots & \ddots & \ddots & \\ & & & -\alpha_{M-2} & 1-\beta_{M-2} & -\gamma_{M-2} \\ & & & & -\alpha_{M-1} & 1-\beta_{M-1} \end{pmatrix}$$

$$M_2 = \begin{pmatrix} 1+\beta_1 & \gamma_1 & & & & \\ \alpha_2 & 1+\beta_2 & \gamma_2 & & & \\ & \alpha_3 & 1+\beta_3 & \gamma_3 & & \\ & & \ddots & \ddots & \ddots & \\ & & & \alpha_{M-2} & 1+\beta_{M-2} & \gamma_{M-2} \\ & & & & \alpha_{M-1} & 1+\beta_{M-1} \end{pmatrix}$$

$$f_j = (f_{1j}, f_{2j}, \cdots, f_{M-1,j})^{\mathrm{T}}$$

MATLAB 代码如图 9.4 所示，其结果可能与第 2.7.1 节中解析定价公式得到的结果相匹配：

```
>> DOPut(50,50,0.1,5/12,0.4,40)
ans =
    0.5424
>> DOPutCK(50,50,0.1,5/12,0.4,40,100,0.5,1/1200)
ans =
    0.5414
```

障碍期权表现为各种形式；除了障碍期权的偏微分方程应用外，更多形式将在本章参考文献 [9] 中找到。

```
function price = DOPutCK(S0,K,r,T,sigma,Sb,Smax,dS,dt)
% set up grid and adjust increments if necessary
M = round((Smax-Sb)/dS);
dS = (Smax-Sb)/M;
N = round(T/dt);
dt = T/N;
matval = zeros(M+1,N+1);
```

图 9.4   使用克兰克-尼科尔森方法定价向下敲出看跌期权的 MATLAB 代码

```
vetS = linspace( Sb, Smax, M +1)';
veti = vetS / dS;
vetj = 0:N;
% set up boundary conditions
matval( :, N +1) = max( K - vetS, 0);
matval( 1,:) = 0;
matval( M +1,:) = 0;
% set up the coefficients matrix
alpha = 0.25 * dt * ( sigma^2 * ( veti.^2) - r * veti);
beta = - dt * 0.5 * ( sigma^2 * ( veti.^2) + r);
gamma = 0.25 * dt * ( sigma^2 * ( veti.^2) + r * veti);
M1 = - diag( alpha( 3:M), -1) + diag( 1 - beta( 2:M)) - diag( gamma( 2:M-1), 1);
[ L, U] = lu( M1);
M2 = diag( alpha( 3:M), -1) + diag( 1 + beta( 2:M)) + diag( gamma( 2:M-1), 1);
% solve the sequence of linear systems
for j = N: -1:1
    matval( 2:M, j) = U \ ( L \ ( M2 * matval( 2:M, j +1)));
end
% return price, possibly by linear interpolation outside the grid
price = interp1( vetS, matval( :,1), S0);
```

图 9.4　使用克兰克 – 尼科尔森方法定价向下敲出看跌期权的 MATLAB 代码(续)

9.5　美式期权的处理

　　虽然通过有限差分方法为普通欧式期权定价有一定指导性，但并不是很实用。我们可以将这个想法应用于美式期权，但我们无法得到美式期权的精确公式。美式期权定价的主要困难在于提前行权的可能性导致存在自由边界。为了避免套利，在 (S,t) 空间中每一点上的期权价值不能低于内在价值（例如如果期权行权，内在价值为当下的收益）。对于普通美式期权，意味着：

$$f(S,t) \geq \max\{ K - S(t),0\}$$

从严格的实际角度看，在显式方法中考虑这个条件不是很困难。我们可以简单地应用经过微小调整的第 9.2 节中的过程，计算 f_{ij} 后，我们应该检查提前行权的可能性，并且设定：

$$f_{ij} = \max(f_{ij}, K - i\delta S)$$

就像我们对二项式点阵所做的一样。由于存在不稳定问题，我们更愿意采取隐式方法。在这种情况下会出现一个额外的问题，因为上述关系需要 f_{ij} 已知，而这不符合隐式方法中的情况。为了克服这个困难，我们可能会采取一种迭代方法求解线性方程组，而不是基于 LU 分解的直接方法。在第 3.2.5 节中，我们考虑了带有超松弛

条件的高斯 – 赛德尔方法。为方便起见，在这里我们回顾一下这个思想，考虑如下线性方程组，

$$Ax = b$$

从一个初始点 $x^{(0)}$ 开始，运用下面的迭代方法：

$$x_i^{(k+1)} = x_i^{(k)} + \frac{\omega}{a_{ii}} \left(b_i - \sum_{j=1}^{i-1} a_{ij} x_j^{(k+1)} - \sum_{j=i}^{N} a_{ij} x_j^{(k)} \right), \, i = 1, \cdots, N$$

其中，k 是迭代计数器，ω 是超松弛条件的参数，直到收敛准则被满足，如：

$$\| x^{(k+1)} - x^{(k)} \| < \varepsilon$$

其中，ε 为容忍参数。

现在，假设要运用克兰克 – 尼科尔森方法定价美式看跌期权，我们必须要解类似式（9.6）的方程组，但此处的边界条件不再一样，因为此时期权价值为零没有障碍。我们需要按时间回推求解如下的方程组：

$$M_1 f_{j-1} = r_j$$

其中，右边方程为：

$$r_j = M_2 f_j + \alpha_1 \begin{pmatrix} f_{0,j-1} + f_{0,j} \\ 0 \\ \vdots \\ 0 \end{pmatrix}$$

对于看跌期权，需要额外考虑选取常用的边界条件。超松弛方法应该考虑矩阵 M_1 的三对角矩阵性质，并且它也应该为提前行权调整。令 g_i（$i = 1, \cdots, M-1$）为 $S = i\delta S$ 时的内在价值。对于每一个时间层 j，我们得到迭代方案：

$$f_{1j}^{(k+1)} = \max \left\{ g_1, f_{1j}^{(k)} + \frac{\omega}{1-\beta_1} [r_1 - (1-\beta_1) f_{1j}^{(k)} + \gamma_1 f_{2j}^{(k)}] \right\}$$

$$f_{2j}^{(k+1)} = \max \left\{ g_2, f_{2j}^{(k)} + \frac{\omega}{1-\beta_2} [r_2 + \alpha_2 f_{1j}^{(k+1)} - (1-\beta_2) f_{2j}^{(k)} + \gamma_2 f_{3j}^{(k)}] \right\}$$

$$\vdots$$

$$f_{M-1,j}^{(k+1)} = \max \left\{ g_{M-1}, f_{M-1,j}^{(k)} + \frac{\omega}{1-\beta_{M-1}} [r_{M-1} + \alpha_{M-1} f_{M-2,j}^{(k+1)} - (1-\beta_{M-1}) f_{M-1,j}^{(k)}] \right\}$$

当从一个时间层传递到另一个时间层时，采用与前一时间层的结果相等的起始向量进行初始化迭代也许是合理的，代码显示在图 9.5 中。由于 MATLAB 从 1 开始索引向量，代码有些烦琐。在这种情况下，我们还没有建立起一个包含所有 f_{ij} 值的矩阵，并且稀疏矩阵 M_1 并没有存储；上述迭代最好用向量 α，β 和 γ 直接进行。

这段代码可以和金融工具箱中的 binprice 函数进行比较，该函数通过二项式点阵方法定价美式期权（见第 7.1 节）。

```
function price = AmPutCK( S0,K,r,T,sigma,Smax,dS,dt,omega,tol)
M = round( Smax/dS); dS = Smax/M; % set up grid
N = round( T/dt); dt = T/N;
oldval = zeros( M-1,1); % vectors for Gauss-Seidel update
newval = zeros( M-1,1);
vetS = linspace( 0,Smax,M+1)';
veti = 0:M; vetj = 0:N;
% set up boundary conditions
payoff = max( K-vetS(2:M),0);
pastval = payoff; % values for the last layer
boundval = K * exp( -r * dt * ( N-vetj)); % boundary values
% set up the coefficients and the right hand side matrix
alpha = 0.25 * dt * ( sigma^2 * ( veti.^2) -r * veti);
beta = -dt * 0.5 * ( sigma^2 * ( veti.^2) +r);
gamma = 0.25 * dt * ( sigma^2 * ( veti.^2) +r * veti);
M2 = diag( alpha(3:M), -1) +diag( 1+beta(2:M)) +diag( gamma(2:M-1),1);
% solve the sequence of linear systems by SOR method
aux = zeros( M-1,1);
for j=N: -1:1
    aux(1) = alpha(2) * ( boundval(1,j) +boundval(1,j+1));
    % set up right hand side and initialize
    rhs = M2 * pastval( :) +aux;
    oldval = pastval;
    error = realmax;
    while tol < error
      newval(1) = max( payoff(1), ...
        oldval(1) +omega/(1-beta(2)) * (...
        rhs(1) -(1-beta(2)) * oldval(1) +gamma(2) * oldval(2)));
      for k = 2:M-2
        newval(k) = max( payoff(k), ...
          oldval(k) +omega/(1-beta(k+1)) * (...
          rhs(k) +alpha(k+1) * newval(k-1) -...
          (1-beta(k+1)) * oldval(k) +gamma(k+1) * oldval(k+1)));
      end
      newval(M-1) = max( payoff(M-1),...
        oldval(M-1) +omega/(1-beta(M)) * (...
        rhs(M-1) +alpha(M) * newval(M-2) -...
        (1-beta(M)) * oldval(M-1)));
      error = norm( newval-oldval);
      oldval = newval;
    end
    pastval = newval;
end
newval = [boundval(1); newval; 0]; % add missing values
% return price, possibly by linear interpolation outside the grid
price = interp1( vetS, newval, S0);
```

图 9.5 使用克兰克-尼科尔森方法定价美式看跌期权的 MATLAB 代码

```
>>tic,[pr,opt]=binprice(50,50,0.1,5/12,1/1200,0.4,0);,toc
Elapsed time is 0.408484 seconds.
>> opt(1,1)
ans =
    4.2830
>> tic,AmPutCK(50,50,0.1,5/12,0.4,100,1,1/600,1.5,0.001),toc
ans =
    4.2815
Elapsed time is 0.031174 seconds.
>> tic,AmPutCK(50,50,0.1,5/12,0.4,100,1,1/600,1.8,0.001),toc
ans =
    4.2794
Elapsed time is 0.061365 seconds.
>> tic,AmPutCK(50,50,0.1,5/12,0.4,100,1,1/600,1.2,0.001),toc
ans =
    4.2800
Elapsed time is 0.023053 seconds.
>> tic,AmPutCK(50,50,0.1,5/12,0.4,100,1,1/1200,1.2,0.001),toc
ans =
    4.2828
Elapsed time is 0.036693 seconds.
>> tic,AmPutCK(50,50,0.1,5/12,0.4,100,1,1/100,1.2,0.001),toc
ans =
    4.2778
Elapsed time is 0.009989 seconds.
```

从这些例子中我们可以看到超松弛参数对迭代方法的收敛效果有显著影响。在运算速度方面，有限差分法似乎超过了二项式点阵方法，但我们必须非常小心。比较两个方法的实现发现二者都是可以改善的。此外，两种方法计算对 CPU 的要求可能受到 MATLAB 解释器工作方式的影响⊖。无论如何，拥有整个网格的值，而不是二项式点阵上节点的值，使我们能够获得更好地进行敏感性的部分估计（布莱克 - 斯科尔斯方程中所涉及的敏感性）。此外，处理复杂奇异期权时，有限差分方法可能是更好的选择。

⊖ 本书第一版的读者将发现第一版给出了相当不同的计算结果：binprice 花费 14.17s，首次运行 Am-PutCK 花费 59.48s。我们可以看到有速度的提升，这种提升不能只归功于更快的硬件，MATLAB 解释器改善的功劳也同样十分可观。

进阶阅读

书籍推荐

- 文献［6］或文献［7］中给出了在金融工程中利用偏微分方程方法的许多例子，其中包括有限差分方法的有趣章节；同样，文献［2］也是有一定价值的。
- 我们已经将有限差分方法直接应用于布莱克 - 斯科尔斯方程中；但是，变量变换可能会对分析的稳定性产生帮助，可参见文献［3］的相关章节。在本书中，还可以找到有限元处理方法，这要比简单的有限差分方法精细得多。
- 文献［4］和文献［8］特别针对金融工程中的有限差分方法。
- 如果对有限元方法有兴趣，也可以参考文献［5］。

参 考 文 献

1. J. C. Hall. *Options*, *Futures*, *and Other Derivatives* (5*th ed.*) . Prentice Hall, Upper Saddle River, NJ, 2003.

2. Y. K. Kwok. *Mathematical Models of Financial Derivatives.* Springer – Verlag, Berlin, 1998.

3. R. Seydel. *Tools for Computational Finance.* Springer – Verlag, Berlin, 2002.

4. D. Tavella and C. Randall. *Pricing Financial Instruments*：*The Finite Difference Method.* Wiley, New York, 2000.

5. J. Topper. *Financial Engineering with Finite Elements.* Wiley, New York, 2005.

6. P. Wilmott. *Derivatives*：*The Theory and Practice of Financial Engineering.* Wiley, Chichester, West Sussex, England, 1999.

7. P. Wilmott. *Quantitative Finance* (*vols.* I *and* II) . Wiley, Chichester, West Sussex, England, 2000.

8. Y. – I. Zhu, X. Wu, and I. – L. Chern. *Derivative Securities and Difference Methods.* Springer, New York, 2004.

9. R. Zvan, K. R. Vetzal, and P. A. Forsyth. PDE Methods for Pricing Barrier Options. *Journal of Economic Dynamics and Control*, 24：1563-1590, 2000.

## 第 4 部分

高级优化模型与方法

第10章

动态规划

动态规划可以说是优化中最重要的原理，它可以被广泛地应用于解决截然不同特点的问题。就如"动态规划"这个名字所表明的，这个方法一开始被用于解决动态优化问题。例如它可以应用于离散和连续时间模型，确定性模型以及随机模型，以及有限水平模型和无限水平模型。事实上，它也可以被用于非动态的问题。例如，它可以被用于解决像背包问题这样的组合最优化问题⊖。当然所有的潜在应用都要付出些代价。首先，动态规划是一个原理，而不是一个定义完全的可以直接应用的算法。使用者必须根据问题定制算法。此外，它的计算耗时也很长。但并不完全是这样：在一些情形下，动态规划原理的应用产生了很多有用的数值算法，甚至是解析算法，甚至当动态规划并不产生解本身时，它也能提供宝贵的定性属性，为我们提供非常有价值的解。但是，在很多的实例中，因为被称为"维数灾难"的现象存在，直接应用动态规划原理是不可能的。

一些处理技巧可以用于降低问题的维数，但是动态规划常常仅作学术概念的考察。不管怎么样，我们用一章介绍动态规划还是值得的。

• 对动态规划初步的了解，需要了解最近发展的用蒙特卡罗方法为高维美式期权定价的模型。有限差分及格点方法非常适合美式期权定价，但它在高维情形下并不太管用。另外，蒙特卡罗方法在高维时非常容易计算，但是在早期行权阶段并不容易。扩展早期行权机会需要及时地向后推算，因为在空间的每一点，我们需要和在存续期间行权，也就是期权在某时刻的价值做比较。这似乎是重复工作，因为在向前模拟时，我们或许已经知道期权价格。若干年前人们普遍认为模拟不会被用于美式期权，但是现在情况已经发生改变。

• 虽然动态规划的直接应用可能过于困难，但展示它们能力的近似策略在解决实际问题中慢慢被发展起来。具体地说，硬件计算能力的增长起了很大的作用，但并不是全部。

• 理解动态规划也需要一些随机编程，这是下一章的主题。

用一章对动态规划进行一个完整的介绍是没问题的。我们的主要目标是介绍

⊖ 见例 [16]。

蒙特卡罗方法在美式期权定价中的应用，另一个目标是给出适用于在有限的时间跨度模型的优化组合。第10.1节我们首先用简单的例子——图论中的最短路问题给出动态规划背后的原理。第10.2节我们给出最简单例子和更普遍的确定性连续的决策过程之间的联系。在这一节中，我们还要熟悉确定设置中的动态规划原理。第10.3节我们展示如何把这个原理扩展到随机情形。第10.4节中，将介绍基于回归的蒙特卡罗方法的美式期权定价。

10.1　最短路问题

在开始介绍动态规划时，让我们考虑它最自然的应用——寻找网络中的最短路。图和网络最优化不是金融和经济中的常见话题，但是只要快速地看一下图10.1，就可以理解我们将要讨论的问题。一个网络由节点集（在我们的例子中，用0到7标识）和连接节点路径集组成。路径上标识的数字可以被解释成路径的长度（或费用）。我们的目的是在网络中找到一条从节点0到节点7的路径，使得这条路径的总长度最小。例如，考虑（0，1，4，7）这条路径，计算它的路径长度之和是18，而（0，1，3，5，7）的长度是16。在每一个节点，我们必须选择下一个节点处。这个问题与动态决策有着一些类似之处：给出我们现在所在的状态，我们需要决定如何去做才能使得最后整个路径上的收益最优。每一步的贪心决策，并不带来最优的结果。例如，距开始节点0最近的节点是节点2，但这并不能保证这条边在最短路径中。

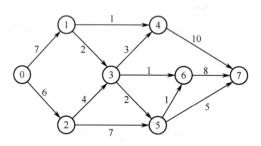

图10.1　最短路问题

当然，我们可以简单地把所有路径列举出来，然后寻找最优的一条。这里我们只有有限种选择，并且不涉及不确定性，所以这是理论上可行的办法。然而，在实际操作中，当网络的规模增加时这种方法马上变得不好用了，所以我们需要想出一个聪明的方法去避免全部的列举。动态规划是达到这个目的的一种选择。这里要注意的是，对最短路问题有其他更高效的算法，但是我们这里介绍的方法适用于无穷维状态空间（可数或不可数）和不确定数据的情形。

令 $N = \{0, 1, 2, \cdots, N\}$ 为节点集，A 为边的集合，起点和终点分别是0和 N。为了简单起见，我们假设网络是无环图，边的长度为 c_{ij}，$i, j \in N$ 是非负的。如果我们有可能被困在一个负长度边构成的回路里，这时的最小费用就是 $-\infty$，我们不考虑这种异常情况。

首先是寻找最优解的特征，换句话说我们需要一个构造性的算法。令 V_i 表示从节点 $i \in N$ 到节点 N 的最短路径（记作 $i \overset{*}{\to} N$），假设对特殊的 $i \in N$，节点 j 在最短路径 $i \overset{*}{\to} N$ 上，那么 $j \overset{*}{\to} N$ 是 $i \overset{*}{\to} N$ 的子路径。换句话说，一个问题的最优解可以通过将子问题的最优解组合起来获得。要理解这样做的原因，我们可以考虑将路径 $i \overset{*}{\to} N$ 分解为 $i \to j$ 和 $j \to N$，这时路径 $i \overset{*}{\to} N$ 的长等于这两个子路径长的和：

$$V_i = L(i \to j) + L(j \to N) \tag{10.1}$$

注意到，第二个子路径并不受我们选择哪条道路到达 j 影响。这与马尔可夫动态系统的状态概念密切相关：我们如何到达 j，对将来发生的事件没有影响。接下来假设，子路径 $j \to N$ 不是从 j 到 N 的最优路径，这样的话我们可以改进式（10.1）的第二个和项，通过考虑路径 $i \to j$ 与 $j \overset{*}{\to} N$ 的组合路径。这时新路径的长度为：

$$L(i \to j) + L(j \overset{*}{\to} N) < L(i \to j) + L(j \to N) = V_i$$

这与我们假设的 V_i 是最短路长度矛盾。

基于上面的观察，我们得到从任意节点 i 到终节点 N 的最短路长度的递归式：

$$V_i = \min_{(i,j) \in A} \{c_{ij} + V_j\} \qquad \forall j \in N \tag{10.2}$$

换句话说，去寻找从节点 i 到节点 N 的最短路径，我们需要考虑从 i 到 i 的所有后继节点 j 的所有即时花费 c_{ij} 与从节点 j 到终节点 N 的最优花费的和。注意到我们不仅是根据贪心原理，只考虑紧接着的下一次花费，而是加上了从每一个我们下次能到达的状态开始到最后的最优花费。这就使得这种方法不是短视的。由式（10.2）递归地给出的 V_i 称为成本或价值函数。在状态空间的每个点的价值函数告诉我们从这点开始采取最优策略将来的最优花费是多少。这种递归式其实是一个函数方程，它取决于具体的问题，是动态规划的核心。在最短路问题中，状态集有限，并且价值函数是一个向量。在连续状态模型中，价值函数是一个无穷维对象。

要解决最短路问题，需要找到初始节点对应的 V_0，这需要我们向后退。⊖ 在上面的递推式中，令最终的条件 $V_N = 0$。这样我们可以通过考虑终节点 N 的所有前导节点 i 来展开上面递归式，对每一个节点 i，可选路径长度就是 c_{iN}。然后我们继续向后标示价值函数中每一个相关的节点。在这个非结构化的网络中，只有当一个节点的所有后继节点都标识了，我们才能标识这个节点。这样我们在这个非周期的网络之中总可以找到正确的顺序。

[例 10.1] 让我们寻找图 10.1 给出的网络中的最短路径。对终节点，我们有终端条件 $V_7 = 0$，下面来看节点 7 的前导节点 4 和 6（我们没有考虑节点 5，因为节点 6 是它的后继节点），可以得到：

⊖ 我们这里只考虑动态规划的向后类型，对最短路问题或其他的确定组合优化问题，我们也可以应用向前方程（见例 [3] 附录 D）。我们只考虑向后类型是因为这种类型适用于随机情形。

$$V_4 = c_{47} + V_7 = 10 + 0 = 10$$
$$V_6 = c_{67} + V_7 = 8 + 0 = 8$$

现在我们考虑标记节点5：

$$V_5 = \min\left\{\begin{array}{c} c_{56} + V_6 \\ c_{57} + V_7 \end{array}\right\} = \min\left\{\begin{array}{c} 1 + 8 \\ 5 + 0 \end{array}\right\} = 5$$

接下来考虑节点3和它的后继节点4，5，6：

$$V_3 = \min\left\{\begin{array}{c} c_{34} + V_4 \\ c_{35} + V_5 \\ c_{36} + V_6 \end{array}\right\} = \min\left\{\begin{array}{c} 3 + 10 \\ 2 + 5 \\ 1 + 8 \end{array}\right\} = 7$$

用同样的方法，我们得到：

$$V_1 = \min\left\{\begin{array}{c} c_{13} + V_3 \\ c_{14} + V_4 \end{array}\right\} = \min\left\{\begin{array}{c} 2 + 7 \\ 1 + 10 \end{array}\right\} = 9$$

$$V_2 = \min\left\{\begin{array}{c} c_{23} + V_3 \\ c_{25} + V_5 \end{array}\right\} = \min\left\{\begin{array}{c} 4 + 7 \\ 7 + 5 \end{array}\right\} = 11$$

$$V_0 = \min\left\{\begin{array}{c} c_{01} + V_1 \\ c_{02} + V_2 \end{array}\right\} = \min\left\{\begin{array}{c} 7 + 9 \\ 6 + 11 \end{array}\right\} = 16$$

除了得到最短路的长度16，我们还可以通过考虑每次单个决定的最短路长度来得到从节点0开始的最短路径：

$$0 \to 1 \to 3 \to 5 \to 7$$

这似乎是一个笨办法，但是即使在这个简单的最短路问题中也可能比详尽地列举全部好。另外，同样的思想可以用于涉及不确定性的情形，这时价值函数被定义成期望值。

10.2 连续的决策过程

在本节中，我们将推广上一节最短路问题得到的函数方程。考虑一个离散时间系统，它的状态方程是：

$$x_{t+1} = h_t(x_t, u_t), \quad t = 0,1,2,\cdots \tag{10.3}$$

其中，x_t 是时间段 t 开始时的状态变量，u_t 是时间段 t 中的控制变量。在这里我们不考虑不确定性。给出状态变量 x_t 的当前值，选择控制变量 u_t，然后我们就可以根据函数 h_t 描述的变化，来完全确定将来的状态。如果系统的演化不随时间变化，我们可以去掉 h_t 的脚标 t。初始状态 x_0 是给出的，然后考虑从 $t=0$ 到 $t=T$ 的时间段。我们想找到最优的控制序列 $(u_0^*, u_1^*, \cdots, u_{T-1}^*)$ 得到的状态序列 $(x_0^*, x_1^*, \cdots, x_T^*)$，能使下面的目标函数最小：

$$\sum_{t=1}^{T-1} f_t(\boldsymbol{x}_t, \boldsymbol{u}_t) + F_T(\boldsymbol{x}_T) \tag{10.4}$$

我们假设目标函数具有求和的形式，这样会使得动态规划的运算变得简单些，但是其他的形式也有相应的分解方法。目标函数包括中间成本和最终成本；最优化必须满足上面的动态约束（10.3），并且尽可能地满足控制变量和状态变量的约束。

[**例 10.2**] 作为一个确定的决定序列过程，考虑一个程式化储蓄消费问题。假设有一笔初始资金 W_0，我们需要决定在时刻 $t=0,1,2\cdots,T-1$ 时，其中多少用于储蓄，多少用于消费。储蓄的部分可以被用于无风险的投资，收益率为 r，此外，我们还有在规划范围内的收入流。状态变量 W_t 表示当前的财富水平。控制变量就是当前的消费 C_t，如果我们把借钱的可能排除在外，这时候 $C_t \leqslant W_t$，前面提到的规划范围内的收入流是 I_t，状态方程可以表示成：

$$W_{t+1} = (W_t - C_t)(1+r) + I_t, \quad t = 0,1,\cdots,T-1$$

我们想使得考虑贴现系数 $\beta < 1$ 的累加效用函数最大：

$$\max \sum_{t=0}^{T-1} \beta^t u(C_t) + \beta^T B(W_T)$$

其中，u 是凹效用函数，$B(\cdot)$ 是最终价值的分红。如果我们不考虑分红的效用的话，最后的决策很明显就是消耗掉所有的资金。在这个模型中没有不确定性，但是效用函数的凹性倾向于加强消费流中的一些规律。⊖

在一些情况下，最终价值函数 B 的选择必须克服由于范围结束效应造成的短视倾向。当我们要把问题变得可控，或者要避免考虑时间周期使得无法描述概率上的不确定性而对计划的范围进行截断时，上面说的情况就会出现。当然，无限的时间范围模型在经济学中经常使用：

$$\max \sum_{t=0}^{\infty} \beta^t u(C_t)$$

在这里，贴现在获得一个有界的目标函数中是必不可少的。平均成本/利润准则也可以使用：

$$\lim_{T \to \infty} \frac{1}{T} \sum_{t=0}^{T-1} u(C_t)$$

但是这个在工程应用中更常见。

这个序贯决策问题可以用第 6 章的传统数学规划方法解决；但是，理解如何用动态规划的办法解决它将有助于形成新的具有更广泛应用的方法。

10.2.1　最优化原理和解函数方程

目标函数（10.4）被称为可分离的，是指对一个给定的数 r，最后 r 次决策的

⊖　实际上可能有人会认为，如此简单的可加性函数无法捕捉习惯形成的影响。

影响只受当前状态 x_{T-r} 和 r 个控制变量的影响。此外，轨线满足一个类似的可分性质（马尔可夫状态性质），在这个意义下状态 x_t 施加控制变量 u_t 变成 x_{i+1} 只决定于 x_t 和 u_t，而和前面的 x_0，$\cdots$，x_{t-1}，没有关系。作为分离性质的一个结果，我们得到了最优化原理。

一个最优决策（u_0^*，u_1^*，$\cdots$，u_{T-1}^*）是，无论初始状态 x_0 和第一个控制变量 u_0^* 怎样选取，通过应用第一个控制变量 u_0^*，随后的控制策略（u_1^*，$\cdots$，u_{T-1}^*）将是初始状态 x_1 的（$T-1$）维的问题的最优策略。

所以，我们可以写出下面的递归函数方程来得到最优策略：

$$V_t(\boldsymbol{x}_t) = \min_{\boldsymbol{u}_t}\{f_t(\boldsymbol{x}_t, \boldsymbol{u}_t) + V_{t+1}(\boldsymbol{h}_t(\boldsymbol{x}_t, \boldsymbol{u}_t))\} \tag{10.5}$$

其中，最小值可以通过考虑控制变量的约束限制而达到。为了纪念动态规划的先驱，上面的方程被称为贝尔曼（Bellman）方程。函数 $V_t(\boldsymbol{x}_t)$ 是我们从 t 时刻的状态 $\boldsymbol{x}_t$ 实施的优化策略所带来的费用和，这又是一个后向的，需求出初始函数值 $V_0(\boldsymbol{x}_0)$ 的函数方程。

这个函数方程有一个边界条件帮助我们展开这个递归式：

$$V_T(\boldsymbol{x}_T) = F_T(\boldsymbol{x}_T)$$

这时我们回到 $t = T-1$ 时的步骤，而对于每一个可能的状态 $\boldsymbol{x}_{T-1}$，我们去解下面的最优化问题：

$$V_{T-1}(\boldsymbol{x}_{T-1}) = \min_{\boldsymbol{u}_{T-1}}\{f_{T-1}(\boldsymbol{x}_{T-1}, \boldsymbol{u}_{T-1}) + F_T(\boldsymbol{h}_{T-1}(\boldsymbol{x}_{T-1}, \boldsymbol{u}_{T-1}))\}$$

对每一个状态变量 $\boldsymbol{x}_{T-1}$ 而言，这是一个可能的约束最优化问题。我们去掉了动态约束（10.3），但是我们有了状态变量和控制变量的约束。假设我们知道价值函数 $V_{T-1}(\cdot)$，那么我们就可以向前，通过下式获得价值函数 $V_{T-2}(\cdot)$：

$$V_{T-2}(\boldsymbol{x}_{T-2}) = \min_{\boldsymbol{u}_{T-2}}\{f_{T-2}(\boldsymbol{x}_{T-2}, \boldsymbol{u}_{T-2}) + V_{T-1}(\boldsymbol{h}_{T-2}(\boldsymbol{x}_{T-2}, \boldsymbol{u}_{T-2}))\}$$

向前一直到初始状态 $\boldsymbol{x}_0$，我们一次前进一步，直到解决整个问题。注意到，如果我们知道所有的最优价值函数，那么给定在做决定之前所观察的当前状态，我们就可以找到每个决策阶段的最优控制。

我们想知道这里的序贯决策问题和前面提到的最短路问题有何不同：

- 序贯决策中状态空间是连续的。
- 序贯决策有一个明确的时间变量。
- 序贯决策控制变量集可以是连续的，而最短路问题中，路径选择集是有限的，就是该节点的所有后继节点。

连续的状态空间意味着，原则上，我们需要在每一个时间段去解一个无穷集的最优化问题。如果要获得解析解，只有一小部分情形能够避免讨论无穷问题，但是这只是个例外而不是规则。一个可能的处理方式是去离散化状态空间。如果我们想象一下在每个时间段都这样做，我们将会在图 10.2 中看到和最短路问题中相似的结构，即一个离散状态的网络。为了强调它与最短路问题中的相同部分，我们画这个网络时，假设最终状态 $\boldsymbol{x}_T$ 是确定的。在这种情形下，因为网络是分层的，我们可以很容易地标记节点，边的长度即相应状态转化带来的耗费。

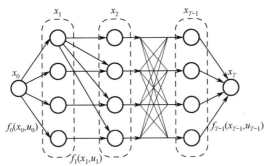

图 10.2　一个有限顺序决策过程最短路的表示（为了简单，没有显示所有的转化），最终状态假设是固定的

很清楚，如果想找到状态空间的一个合适的离散化，我们有一个可行的计算方法。但是从第 4 章我们已经知道，对高维状态空间，如果采取正则格点的方法离散化，会比较困难。这会成为动态规划中的维数灾难。然而，我们也可以看到，真正的问题是价值函数的近似。如果我们知道价值函数的所有可能，或者它们的合理近似，我们可以在状态空间中的每一个点找到最优控制。通过利用第 3.3 节介绍的概念，我们可以将价值函数近似成一个基函数集的线性组合：

$$V_t(\boldsymbol{x}_t) \approx \sum_{k=1}^{M} \alpha_{k,t} \psi_k(\boldsymbol{x}_t) \qquad (10.6)$$

其中，我们可以假设基函数集不随时间改变，但是权重 $\alpha_{k,t}$ 随时间改变。因此，一个无限维的问题就转化成了一个有限维的问题，在这个问题中，通过插值或最小二乘去寻找合适的权重。因此我们找到的解的质量就取决于我们对基函数的选择，以及对状态空间中节点的选择。这些在我们求解函数逼近问题时经常遇到，它的难易由问题决定，有时并不容易，但是上一章我们研究的函数逼近、数值优化等数值方法是数值动态规划的基础。如果我们还考虑不确定情形，这时数值积分就要发挥作用了。

10.3　用动态规划解决随机决策问题

在确定性问题中，我们需要找到最优控制序列以及相应的状态序列，但是对随机性问题，当前状态 $\boldsymbol{x}_t$ 和控制参数 $\boldsymbol{u}_t$ 并不能完全决定下一步的状态，而只能给出它的条件概率分布。在离散状态问题中，我们可以通过引入一个控制转移概率进行设定。为了简化记号，我们假设转移概率不随时间改变：

$$q_{ij}(\boldsymbol{u}) = P\{X_{t+1} = j \mid \boldsymbol{x}_t = j, \boldsymbol{u}_t = \boldsymbol{u}\}$$

其中，X_{t+1} 表示下一个状态（是一个随机变量）。为了方便起见，我们用整数来做状态的指标，在连续状态下，我们将考虑下面的变化方程：

$$X_{t+1} = h(x_t, u_t, \varepsilon_{t+1}) \tag{10.7}$$

其中 ε_{t+1} 是一个随机扰动，随机变量加上下标 $t+1$ 是为了强调它们是在我们决定了控制动作 u_t 后才实现的。我们不能预料由下面递归方程的解隐式确定的控制序列：

$$V_t(x_t) = \min_{u_t}\{f(x_t, u_t) + E_t[V_{t+1}(h(x_t, u_t, \varepsilon_{t+1}))]\} \tag{10.8}$$

这是式（10.5）向前的一种推广，在随机情形中后来的费用值是一个条件期望，E_t 这个记号表明期望是由我们现在知道的当前状态来算出来的。

[**例10.3**] 为了说明式（10.7）和式（10.8），我们将通过在投资机会中包括风险资产来推广例10.2，假设我们有一笔风险资产，在连续时间下，它的价格 S_t 服从类似以 μ 为漂移项，以 σ 为波动项的几何布朗运动。在离散时间下，我们有：

$$\tilde{S}_{t+1} = S_t e^{\tilde{Y}}$$

其中 $\tilde{Y} \sim N((\mu - \sigma^2/2)\delta t, \sigma\sqrt{\delta t})$，$\delta t$ 是时间步长。在这里使用 $\tilde{Y}$ 来指出在 t 时刻，哪些是随机的，哪些不是随机的。如果记 $\alpha_t \in [0, 1]$ 为在风险投资中的保值分数，价值的动态方程是：

$$\tilde{W}_{t+1} = (W_t - C_t)\left[\alpha\frac{\tilde{S}_{t+1}}{S_t} + (1 - \alpha)(1 + r)\right] + I_t$$

在 t 时刻的递归的贝尔曼方程为：

$$V_t(W_t) = \max_{C_t, \alpha_t}\{u(C_t) + \beta E_t[V_{t+1}(\tilde{W}_{t+1})]\}$$

终值条件为：

$$V_T(W_T) = B(W_T)$$

在确定的时序过程中，我们想寻找最优化控制路径，在随机动态规划中，我们真正想要的是在每一个决策阶段价值函数的集合。通过每个决策阶段给出价值函数，然后通过解一阶的最优化问题找出最优控制。我们需要避免短视该价值函数的决定，所以我们隐式地得到了反馈形式下的最优控制：$u_t = \phi_t(x_t)$。

正如我们已经提到的，在连续状态模型中，价值函数是一个无穷维对象，我们需要把它简化为一个有限维对象。常用的方法是通过基函数的插值和逼近。正如我们在第3.3节看到的，选择节点在函数逼近时非常重要。这意味着我们需要在状态空间中打上格子，并且均匀隔开并不是个好办法⊖。在随机情形，一个附加的难度是式（10.8）给出的条件期望。如果随机的扰动是连续分布的随机变量，递归方程将涉及一个数值积分问题。就像在第4章看到的，我们可以运用确定的或随机的方法，如高斯－埃尔米特正交化或蒙特卡罗取样。要特别注意的是，我们需要近似一个由期望定义的函数，而不只是在期权定价中一个预期值。后面紧跟的例子将展示高斯－埃尔米特正交化在条件期望离散化中是极其有价值的。⊖

⊖　见例 [5]，其中有一些有用的数值技巧用来解决离散时间动态规划模型。
⊖　这与有追索权的随机规划密切相关，参见第11.3节。

[例 10.4] 让我们考虑一个非常风格化的资产配置问题。一个投资者目前的财富是 W_0，他以连续复利的无风险利率 r 来投资。在一个时间跨度为 T 的时间内锁定，总有回报 $R = e^{rT}$。作为一种替代方法，他可以考虑一种当前价值为 S_0 的风险股票。T 时刻的风险资产价格是一个随机变量 $\tilde{S}_T$，假设它服从几何布朗运动，我们可以把未来的价格表示为：

$$\tilde{S}_T = S_0 e^{\tilde{Y}}$$

其中，$\tilde{Y}$ 是以 $(\mu - \sigma^2/2) T$ 为均值，$\sigma^2 T$ 为方差的正态分布。在第 4.1.2 节，我们描述了高斯 – 埃尔米特正交化可以用来离散化这样一个随机变量，我们也可以执行 MATLAB 函数 GaussHermite 来达到此目的。作为替代方法，我们将使用纯蒙特卡罗的方法。

我们在这个例子中考虑买入并持有策略，并且没有中间消费。因此，唯一的决策变量是我们的决策者要把资产中的 δ 来购买风险股票，我们同样不考虑借款或卖空，因此 δ 必须落在 $[0, 1]$ 区间中。假设一个凹的效用函数 $u(\cdot)$，这个问题就变为：

$$\max_{0 \leq \delta \leq 1} E[u(\tilde{W}_T)]$$

其中，未来财产 $\tilde{W}_T$ 是：

$$\tilde{W}_T = W_0 \left[\delta \frac{\tilde{S}_T}{S_0} + (1 - \delta)R \right] = W_0 \left[\delta(e^{\tilde{Y}} - R) + R \right]$$

其中，项 $e^{\tilde{Y}} - R$ 可以被解释为无风险资产的超额报酬 R。为了解决离散化这个问题，我们需要生成 K 个方案，由实现 Y_k 与概率 π_k 确定。如果我们使用蒙特卡罗抽样，则有 $\pi_k = 1/K$，如果用高斯 – 埃尔米特正交化，概率就是正交化公式里的权重，随之而来的问题是：

$$\max_{0 \leq \delta \leq 1} \sum_{k=1}^{K} \pi_k u[W_0(\delta(e^{Y_k} - R) + R)]$$

这样简单的最优化问题可以用 MATLAB 中函数 fminbnd 来解决，用来执行蒙特卡罗抽样的 MATLAB 代码如图 10.3 所示。这个函数接受不言自明的参数，包括函数参数 utilf 用来表示效用函数。如果我们假设对数效用，可以得到如下解：

```
function share = OptFolioMC(W0,S0,mu,sigma,r,T,NScen,utilf)
muT = (mu - 0.5 * sigma^2) * T;
sigmaT = sigma * sqrt(T);
R = exp(r * T);
NormSamples = muT + sigmaT * randn(NScen,1);
ExcessRets = exp(NormSamples) - R;
MExpectedUtility = @(x) - mean(utilf(W0 * ((x * ExcessRets) + R)));
share = fminbnd(MExpectedUtility,0,1);
```

图 10.3 简单的不确定性条件下的资产配置问题：蒙特卡罗抽样方法

```
>>randn('state',0)
>>share=OptFolioMC(1000,50,0.1,0.4,0.05,1,10000,@log)
share =
    0.3092
>>share=OptFolioMC(1000,50,0.1,0.4,0.05,1,10000,@log)
share =
    0.3246
>>share=OptFolioMC(1000,50,0.1,0.4,0.05,1,10000,@log)
share =
    0.3112
>>share=OptFolioMC(1000,50,0.1,0.4,0.05,1,10000,@log)
share =
    0.3763
>>share=OptFolioMC(1000,50,0.1,0.4,0.05,1,10000,@log)
share =
    0.3341
>>share=OptFolioMC(1000,50,0.1,0.4,0.05,1,10000,@log)
share =
    0.3436
>>share=OptFolioMC(1000,50,0.1,0.4,0.05,1,10000,@log)
share =
    0.2694
```

结果显示解中有显著的变异，这是由方案生成时的抽样变异性造成的，10000个的样本可能不可靠，但如果我们增加方案的个数，这个解就变得稳定：

```
>> randn('state',0)
>> share=OptFolioMC(1000,50,0.1,0.4,0.05,1,5000000,@log)
share =
    0.3049
>>share=OptFolioMC(1000,50,0.1,0.4,0.05,1,5000000,@log)
share =
    0.3067
>>share=OptFolioMC(1000,50,0.1,0.4,0.05,1,5000000,@log)
share =
    0.3074
```

然而，在复杂问题中，我们不能负担如此大的方案数，在数值动态规划范畴内我们还将反复解决这个问题。所以，我们需要尝试用高斯–埃尔米特正交化方法改进它，利用第4章的GaussHermite函数，得到图10.4中的代码，如果采用先进的情景生成器，我们就仅需要少得多的情景以得到可靠解。

```
function share =OptFolioGauss( W0,S0,mu,sigma,r,T,NScen,utilf)
muT = ( mu − 0.5 * sigma^2) * T;
sigmaT =sigma * sqrt( T) ;
R =exp( r * T) ;
[ x,w] = GaussHermite( muT,sigmaT^2,NScen) ;
ExcessRets =exp( x) − R;
MExpectedUtility =@( x) − dot( w,utilf( W0 * ( ( x * ExcessRets) +R) )) ;
share = fminbnd( MExpectedUtility,0,1) ;
```

图 10.4　简单的不确定性条件下的资产配置问题：高斯 – 埃尔米特积分方法

```
>> share =OptFolioGauss( 1000,50,0.1,0.4,0.05,1,2,@log)
share =
    0.3139
>>share =OptFolioGauss( 1000,50,0.1,0.4,0.05,1,3,@log)
share =
    0.3061
>>share =OptFolioGauss( 1000,50,0.1,0.4,0.05,1,4,@log)
share =
    0.3064
>>share =OptFolioGauss( 1000,50,0.1,0.4,0.05,1,5,@log)
share =
    0.3064
>>share =OptFolioGauss( 1000,50,0.1,0.4,0.05,1,100,@log)
share =
    0.3064
```

一个简单的实验表明高斯 – 埃尔米特正交化在数值动态规划中是非常有价值的工具。当然，除了玩数字游戏，读者应该试着去了解更多最优解分析方法的某些定性性质。举例来说，我们已经在例 2.14 中看到对数效用是相对风险厌恶的函数，所以，我们应该希望解并不依赖于初始的价值 W_0，数值实验验证（但不是证明）了这点：

```
>>share =OptFolioGauss( 100,50,0.1,0.4,0.05,1,5,@log)
share =
    0.3064
>>share =OptFolioGauss( 10,50,0.1,0.4,0.05,1,5,@log)
share =
    0.3064
```

我们也可以利用不同的效用函数，例如指数效用函数 $u(W) = W^{1-\gamma}/(1-\gamma)$，去刻画风险厌恶指数：

```
>> gamma =0.3;, powU =@(W) W.^(1 -gamma)/(1 -gamma);
>> share =OptFolioGauss(1000,50,0.1,0.4,0.05,1,5,powU)
share =

    0.9999
>>gamma =0.4;, powU =@(W) W.^(1 -gamma)/(1 -gamma);
>>share =OptFolioGauss(1000,50,0.1,0.4,0.05,1,5,powU)
share =

    0.7887
>>gamma =0.5;, powU =@(W) W.^(1 -gamma)/(1 -gamma);
>>share =OptFolioGauss(1000,50,0.1,0.4,0.05,1,5,powU)
share =

    0.6295
```

注意 powU 定义中点（.）运算符的运用。事实上，如果我们改变 gamma，需要重新定义函数，因为当函数定义后，函数对当前 gamma 值是有界的。

在前面的例子中，我们刚刚在数值上解决了动态规划中一个可能的子问题。我们同样可以通过分析贝尔曼方程，得到对最优解的结构。举个例子来说，运用动态规划去解决一个类似例 10.3 的消费储蓄问题，可以证明，对数效用将在每一次决策中导出一个固定的消费值。[⊖]

一般化这个例子，如果我们用高斯 – 埃尔米特正交化去离散这个条件期望，等式（10.8）将变成：

$$V_t(\boldsymbol{x}_t) = \min_{\boldsymbol{u}_t}\{f(\boldsymbol{x}_t,\boldsymbol{u}_t) + \sum_{k=1}^{K}\pi_k V_{t+1}(\boldsymbol{h}(\boldsymbol{x}_t,\boldsymbol{u}_t,\varepsilon_k))\}$$

虽然高斯 – 埃尔米特正交化很有用，但是它并不能解决所有问题，在高维问题中，我们还是被迫使用蒙特卡罗抽样。更多地，我们需要去离散化状态空间并解决很困难的最优化问题，但是所有的这些都会变得很简单，如果我们能够找一个很好的离散方法，并且如果决策变量也非常简单，如下例所示。

[例 10.5] 现在我们了解了动态规划，它在重新诠释美式期权定价的二项式点阵方法（参见第 7.2 节）时将会非常有用。当然，对于方程（7.6），为方便起见，在这里表述动态规划递归的简单情形：

$$f_{i,j} = \max\{K - S_{ij}, e^{-r\delta t}(pf_{i+1,j+1} + (1-p)f_{i,j+1})\}$$

因为这是由与离散化的几何布朗运动相匹配的时刻所产生的有限状态空间，并且控制决策集是有限的：要么继续持有，要么行权，所以这非常简单。价值函数 $f_{i,j}$ 是在时刻 j，资产价格为 i 的期权价值。最大化控制权的决定只需要选择我们是行权

⊖ 参见 [8]，第 11 章中对跨期消费和投资组合选择的对数和指数效用的详细分析。

并获得内在价值还是继续持有。对第二种情形，连续价值是在风险中性衡量下，基于当前状态的后续两个状态的预期价值的贴现函数。

我们通过给出一些处理无限范围动态规划问题的线索来结束这一节，假设使用贴现因子[○]，相当自然的猜测是递归方程（10.8）可以被用于去掉时间下标：

$$V(\pmb{x}) = \min_{u}\{f(\pmb{x},\pmb{u}) + E[V(h(\pmb{x},\pmb{u},\tilde{\pmb{\varepsilon}}))]\}\tag{10.9}$$

这里是在无限范围寻找固定解，即使得控制决策对每一个状态相结合的方法。相反的，在有限范围中，当我们在时间范围的最后应用时，政策可以改变。固定最优决策的存在性不是理所当然的[○]，但该方法可以在一定的假设下严格的可行。注意到，在这种情况下，解决贝尔曼方程要求操作者找到一个固定点；迭代方法可用于这一目的。

有限维情况下的贝尔曼方程可归结为非线性方程组：

$$V_i = \min_{u}\left[f(\pmb{x},\pmb{u}) + \beta\sum_{j=1}^{N}q_{ij}(\pmb{u})V_j\right]\tag{10.10}$$

其中，$q_{ij}(\pmb{u})$ 是控制依赖的过渡概率矩阵的一个元素。该系统可以解决的迭代方法，包括牛顿法的变形。在无限维情况下，我们可能会采取在第 3.4.4 节介绍过的搭配方法。这需要选择一组基准函数和与其相符合的节点以近似的价值函数：

$$V(\pmb{x}) \approx \sum_{j=1}^{M}\alpha_j\psi_j(\pmb{x})$$

如果考虑 M 的基础功能，我们应该为 M 搭配节点 $\pmb{x}_1$，$\cdots$，$\pmb{x}_M$。我们还应该离散处理随机冲击。假设我们采用高斯求积，其权重为 π_k，节点为 ε_k，$k = 1, \cdots K$，则贝尔曼方程的每个状态 $\pmb{x}_i$ 为：

$$\sum_{j=1}^{M}\alpha_j\psi_j(\pmb{x}_i) = \min_{u}\left\{f(\pmb{x}_i,x) + \beta\sum_{k=1}^{K}\sum_{j=1}^{M}\pi_k\alpha_j\psi_j(h(\pmb{x}_i,\pmb{u},\varepsilon_k))\right\}$$

这是一组具有未知权重 α_j 的非线性方程，采用譬如牛顿法可以解决此问题。[○]

10.4　美式期权定价的蒙特卡罗模拟

例 10.5 表明如果我们使用格来离散化几何布朗运动，那么动态规划可以归结为一个简单的定价方法。但是，相对于时间的离散意味着我们实际上是在定价一个百慕大期权；因为行权的机会被限制在一组离散时间，我们得到的是期权价格的下限。实际上我们可以在连续时间上应用动态规划框架，但是这基本上是有自由边界的布莱克 - 斯科尔斯偏微分方程。这是可以解决的，如使用有限差分方法。格和有

○ 案例"平均成本/利润"更难，见例 [10.2]。
○ 一个非常奇怪的情况下，可能会出现机会约束的状态。也就是说，当我们需要访问的一个子集的"坏"状态的概率是很低的，它可能发生的最优策略是随机的；也就是说，当在某些状态下，我们应该根据一个概率分布来选择控制行为，参见 [14，第 255－257 页]。
○ 我们建议读者参考 [12] 的更多细节，一组例子和一个基于 MATLAB 工具箱来完成这个任务。

限差分方法处理多随机因素的能力有限，但这是蒙特卡罗模拟所擅长的。因此，很自然会有这样的疑问：是否蒙特卡罗模拟可以应用于带有提早行权特点的期权定价。答案是在随机动态优化框架内我们可以使用蒙特卡罗方法。在这节中，我们描述了一种方法（Longstaff、Schwartz [10]），基于一组基函数使用线性回归来直观解释近似动态规划的价值函数。因为我们要估计价值函数，所期待的是一种次优的解，而且时间是离散的，因此我们得到的是价格的低偏差估计。用本章文献中描述的方法可以得到一个有偏估计，其对价格的约束是有用的。

为了简单起见，我们只考虑一个单一的不支付股息的标准美式看跌期权。显然，这种方法在更复杂的情况也是有用的。像普通蒙特卡罗模拟一样，我们生成样本路径 $(S_0, S_1, \cdots, S_j, \cdots, S_N)$，其中 j 为离散时间的下标，$S_j = S(j\delta t)$，$T = M\delta t$ 是期权的有效期。如果我们用 $I_j(S_j)$ 来表示期权在时间 j 的内在价值，则动态规划值函数 $V_j(S_j)$ 的递归式为：

$$V_j(S_j) = \max\{I_j(S_j), E_j^Q[e^{-r\delta t}V_{j+1}(\tilde{S}_{j+1}) \mid S_j]\} \qquad (10.11)$$

在标准美式看跌期权的情况下，我们有 $I_j(S_j) = \max\{K - S_j, 0\}$。这是例 10.5 中一个连续状态的递归方程模型的泛化。我们这里遇到的困难是需要处理连续的价格，因为时间是离散的而且控制行为的设置是有限的：要么行权要么继续持有。重要的是要认识到，我们不能在个体样本路径上做出这个决定，如果我们是在由蒙特卡罗抽样所产生的路径中一个给定的样本点上，我们无法获得那条路径上未来价格相关的信息⊖。我们可以做的是对于某些选定的基函数 $\psi_k(S_j)$，$k = 1$，$\cdots$，K，使用我们的方案来建立式（10.11）中条件期望的估计。我们能想到的最简单的选择就是对于条件期望和单项式基：$\psi_1(S) = 1$，$\psi_2(S) = S$，$\psi_3(S) = S^2$ 等做回归。在实际操作中，正交多项式也会被用到。这里要注意，对于每个固定的时刻我们使用的基函数是相同的，但线性组合中的权重是依赖于时间的：

$$E_j^Q[e^{-r\delta t}V_{j+1}(\tilde{S}_{j+1}) \mid S_j] \approx \sum_{k=1}^{K} \alpha_{kj}S_j^{k-1}$$

权重 α_{kj} 在时间上是滞后的，可以通过线性回归得到。对 S_j 的估计是非线性的，但它具有线性的权重。

为了说明这种方法，我们应该从过去一段时间开始，假定已经生成 N 个样本路径，用 S_{ji} 表示在时刻 j 样本路径 $i = 1, \cdots, N$ 上的价格，当 $j = M$ 时，即合约到期时，此时值函数是平凡的：

$$V_M(S_{Mi}) = \max\{K - S_{Mi}, 0\}$$

上式对于每一个样本路径 i 成立。这些值是可以使用的，在某种意义上可以当作线性回归中的 Y 值，相应的 X 值是在时刻 $j = M - 1$ 的价格。更加精确地说，我们可以考虑下面这个回归模型：

⊖ 这一点在第 11.2 节中，我们讨论多阶段随机规划中的不可预测性的作用的时候也会进行解释。另请参见第 4.5.4 节中，我们使用蒙特卡罗模拟定价一个选择期权。

$$e^{-r\delta t}\max\{K - S_{Mi}, 0\} = \sum_{k=1}^{K} \alpha_{k,M-1} S_{M-1,i}^{k-1} + e_i, \qquad i = 1, \cdots, N$$

其中 e_i 是每个样本路径上的残差。通过使用常见的最小二乘方法，可以求出权重 $\alpha_{k,M-1}$。需要注意的是我们考虑的是折价回报，这样可以直接将它与内在价值进行比较。

在上面的回归模型中，我们已经考虑了所有生成的样本路径。其实，只考虑样本路径的子集会更好，因为我们只在时刻 $j = M-1$ 上进行操作。这样的子集仅是在时刻 $j = M-1$ 期权处于实值状态的样本路径的集合。事实上，如果期权处于虚值状态我们也没有理由去行权，仅使用期权处于实值状态的样本路径叫做"价值状态"标准，它能提高整体方法的性能。记这个子集为 I_{M-1}，假设 $K = 3$，则需要解决如下的最小二乘问题：

$$\min \sum_{i \in I_{M-1}} e_i^2$$

$$\text{s.t.} \quad \alpha_{1,M-1} + \alpha_{2,M-1} S_{M-1,i} + \alpha_{3,M-1} S_{M-1,i}^2 + e_i$$

$$= e^{-r\delta t}\max\{K - S_{Mi}, 0\}, i \in I_{M-1} \tag{10.12}$$

此问题的输出是一组权重，这使得我们能够近似延拓值。注意权重是和时间区间相关联的，不是和样本路径关联。通过对 I_{M-1} 中的每个样本路径使用同样的估计，我们可以决定是否行权。

先暂停一下。使用一个小数值例子来解释一下我们当下的进展。我们使用与参考文献 [10] 中一样的例子，考虑标准美式看跌期权，行权价格为 $K = 1.1$，表 10.1 给出 8 个样本路径。对于每个样本路径，我们也有一组在到期日的现金流，处于实值状态期权的现金流为正。现金流折现到时刻 $j = 2$ 用于第一个线性回归。假设每期的无风险利率为 6：

$$E[Y \mid X] \approx -1.070 + 2.983X - 1.813X^2$$

现在基于这个估计，我们可以比较在 $j = 2$ 时刻的内在价值和持续价值，见表 10.3。给定行权决策，我们可以更新现金流矩阵，注意这里的行权决策并没有用到未来的信息。考虑样本路径 4：我们在 0.13 美元行权，由于可以在时刻 $j = 3$ 在 0.18 美元行权，所以我们会对 0.13 美元就行权这个决定感到后悔。还应该注意到在某些样本路径上我们是在 $j = 2$ 时刻上行权，这一点也反映在表格中现金流矩阵的更新上。

表 10.1   一个标准美式看跌期权的样本路径和到期日的现金流

路径	$j=0$	$j=1$	$j=2$	$j=3$	路径	$j=1$	$j=2$	$j=3$
1	1.00	1.09	1.08	1.34	1	—	—	0.00
2	1.00	1.16	1.26	1.54	2	—	—	0.00
3	1.00	1.22	1.07	1.03	3	—	—	0.07
4	1.00	0.93	0.97	0.92	4	—	—	0.18
5	1.00	1.11	1.56	1.52	5	—	—	0.00
6	1.00	0.76	0.77	0.90	6	—	—	0.20
7	1.00	0.92	0.84	1.01	7	—	—	0.09
8	1.00	0.88	1.22	1.34	8	—	—	0.00

表 10.2　对于时刻 $j=2$ 的回归数据

路径	Y	X
1	0.00×0.94176	1.08
2	—	—
3	0.07×0.94176	1.07
4	0.18×0.94176	0.97
5	—	—
6	0.20×0.94176	0.77
7	0.09×0.94176	0.84
8		

表 10.3　在时刻 $j=2$ 内在价值和持续价值的比较，以及由此产生的现金流矩阵

路径	练习	连续		路径	$j=1$	$j=2$	$j=3$
1	0.02	0.0369		1	—	0.00	0.00
2	—	—		2	—	0.00	0.00
3	0.03	0.0461		3	—	0.00	0.07
4	0.13	0.1176		4	—	0.13	0.00
5	—	—		5	—	0.00	0.00
6	0.33	0.1520		6	—	0.33	0.00
7	0.26	0.1565		7	—	0.26	0.00
8	—	—		8	—	0.00	0.00

表 10.4　时刻 $j=1$ 时的回归数据

路径	Y	X
1	0.00×0.88692	1.09
2	—	—
3	—	—
4	0.13×0.94176	0.93
5	—	—
6	0.33×0.94176	0.76
7	0.26×0.94176	0.92
8	0.00×0.88692	0.88

　　上面的过程是在逆时间地重复进行。为进行回归计算，我们必须考虑每个路径上提前行权的现金流。比如我们在时刻 j，考虑路径 i，对于每个路径 i，有一个对应的行权时刻 j_e^*，如果这个期权在未来永远不行权，我们照惯例将其行权时刻设为 $M+1$，则问题（10.12）应该被改写，对于通用的时间 j，有如下式子：

$$\min \sum_{i \in I_j} e_i^2$$

$$\text{s. t.}\quad \alpha_{1j} + \alpha_{2j}S_{ji} + \alpha_{3j}S_{ji}^2 + e_i$$

$$= \begin{cases} e^{-r(j_e^*-j)\delta t}\max\{K - S_{j_e^*,i},0\} & \text{当 } j_e^* \leqslant M \\ 0 & \text{当 } j_e^* = M+1 \end{cases} \quad i \in I_j$$

$$(10.13)$$

因为对于每个路径行权时刻至多一个，在比较了内在价值和持续价值后，行权时刻

j_e^* 会被设定到更早的一个时间区间。倒退到 $j=1$，我们有表 10.4 中的回归数据。折现因子 $e^{-2\cdot0.06}=0.88692$ 被应用到路径 1 到 8。因为在时刻 $j=1$ 上，现金流是 0，此时折现是没有意义的，但我们仍采用这种形式来指出从时刻 $j=3$ 将现金流折现。如果在 $j=3$ 有一个正的现金流，在 $j=2$ 现金流为 0，那么就应该使用这个折现因子。由最小二乘法得到的估计如下：

$$E[Y|X] \approx 2.038 - 3.335X + 1.356X^2$$

这个估计看起来似乎不合理，因为我们预计大的资产价格会得到小的回报，但这里高阶多项式却有一个正系数。可以验证，在我们考虑的 X 值范围内，上面的函数是减函数。基于这个持续价值的估计，我们可以得到如表 10.5 中的行权决定。将所有现金流折现到 $j=0$，平均 8 个样本路径，我们得到一个持续价值 0.1144 美元的估计值，比 0.1 美元的内在价值大，因此这个期权不应该马上进行行权。在下一节里，我们将讲解如何使用 MATLAB 来实现这个过程。

表 10.5　在时刻 $j=1$ 时内在价值和持续价值的比较，以及由此产生的现金流矩阵

路径	练习	连续	路径	$j=1$	$j=2$	$j=3$
1	0.01	0.0139	1	0.00	0.00	0.00
2	—	—	2	0.00	0.00	0.00
3	—	—	3	0.00	0.00	0.07
4	0.17	0.1092	4	0.17	0.00	0.00
5	—	—	5	0.00	0.00	0.00
6	0.34	0.2866	6	0.34	0.00	0.00
7	0.18	0.1175	7	0.18	0.00	0.00
8	0.22	0.1533	8	0.22	0.00	0.00

10.4.1　一个用 MATLAB 实现的最小二乘方法

我们有至少两种线性回归方式。一种是使用统计工具箱中的 regress 函数。此功能也输出大量的统计学相关信息；但是，因为我们使用的回归只是作为函数逼近工具，不是所有的读者都有机会获得该工具箱，因此我们将使用熟悉的反斜杠 " \ " 运算符。当使用一个方矩阵 A 和相应大小的向量 b，该运算符能够解决系统 $Ax=b$ 的求解。否则，它将返回一个我们期望的最小二乘解。

第一步是写一个能复制我们之前思考过的玩具的例子的函数。相关的 MATLAB 代码显示在图 10.5 中，它写成函数形式，但实际上它是脚本。例子中的样本路径被存储在矩阵 SPaths 中，但并不包括初始价格 S_0。现金流量矩阵被存储在向量 CashFlows 中。由于可以有至多一个正元素在该矩阵中的每一行上，使用其中一个向量用于存储；使用另一个向量 ExerciseTime 存储期权在每条路径上的行权时间，相应的时间下标是 j_e^*，可以用其在向量 discountVet 中选择合适的折现因子。如果该期权在一条路径上未被行权，我们可以将 j_e^* 设置为步进数目，因为我们在那条路径上折现为 0。主循环在时间上向后进行。向量 InMoney 包含那些处于实值状态的样本路径的索引，这些路径都处于我们考虑的时间点内。对相关数据我们使用最小二乘法进行回归，可以得到系数向量 alpha，

这些系数可以用来计算每一点的值。向量 Index 包含那些我们行权时处于实值状态的样本路径的索引；这些索引和这些样本路径的子集相关（和矩阵 RegrMat 的行是一一对应关系）和原始样本路径的索引不是对应的，这些东西被存储在向量 ExercisePaths 中。执行所有回归之后，我们平均化折现现金流以获得在时间 $j=0$ 处的连续值，这需要与立即行权的内在价值进行核对以产生期权价格。读者可以使用调试器步进观察这个函数来检查玩具例子中的相关计算过程。

现在很容易扩展这个函数使用任意基函数，定价一个美式看跌期权。GenericLS

```
function price = ExampleLS;
% this function replicates example 1 on pages 115 -120 of the
% original paper by Longstaff and Schwartz
S0 =1; K =1.1; r =0.06; T =3;
NSteps =3; dt =T/NSteps;
discountVet =exp( -r * dt * (1: NSteps)');
% generate sample paths
NRepl =8;
SPaths =[
    1.09  1.08  1.34
    1.16  1.26  1.54
    1.22  1.07  1.03
    0.93  0.97  0.92
    1.11  1.56  1.52
    0.76  0.77  0.90
    0.92  0.84  1.01
    0.88  1.22  1.34
];
%
alpha =zeros(3,1); % regression parameters
CashFlows =max(0, K - SPaths(:,NSteps));
ExerciseTime = NSteps * ones( NRepl,1);
for step = NSteps -1: -1:1
    InMoney =find(SPaths(:,step) < K);
    XData =SPaths(InMoney,step);
    RegrMat =[ones(length(XData),1), XData, XData.^2];
    YData =CashFlows(InMoney). * discountVet(ExerciseTime(InMoney) - step);
    alpha = RegrMat \YData;
    IntrinsicValue =K - XData;
    ContinuationValue =RegrMat * alpha;
    Index =find(IntrinsicValue >ContinuationValue);
    ExercisePaths =InMoney(Index);
    CashFlows(ExercisePaths) =IntrinsicValue(Index);
    ExerciseTime(ExercisePaths) =step;
end % for
price =max( K - S0, mean(CashFlows. * discountVet(ExerciseTime)) );
```

图 10.5 一个 MATLAB 函数实现参考文献［10］中的例 1

的实现代码和用二项式格子进行检查的脚本在图 10.6 中给出。从第 8.1.1 节中，可以使用 AssetPaths 函数来生成样本路径，我们可以不用设置初始价格。这个函数与 ExampleLS 很像，唯一的区别是我们使用了元胞矩阵 fhandles 记录包含基函数集合的函数句柄。基函数集合的每一个元素用来计算回归矩阵的每一列。为了达到这个目的，我们使用 MATLAB 函数 feval，这个函数在某种意义上是一个高阶函数，即它的输入参数是另一个函数。函数句柄在脚本中使用@ 运算符嵌入，可以存储在元胞矩阵或者结构体中，并不是存储在普通的矩阵中，我们选择存储在元胞矩阵中。

```
function price = GenericLS(S0,K,r,T,sigma,NSteps,NRepl,fhandles)
dt = T/NSteps;
discountVet = exp(-r*dt*(1:NSteps)');
NBasis = length(fhandles); % number of basis functions
alpha = zeros(NBasis,1); % regression parameters
RegrMat = zeros(NRepl,NBasis);
% generate sample paths
SPaths = AssetPaths(S0,r,sigma,T,NSteps,NRepl);
SPaths(:,1) = []; % get rid of starting prices
%
CashFlows = max(0, K - SPaths(:,NSteps));
ExerciseTime = NSteps * ones(NRepl,1);
for step = NSteps-1:-1:1
    InMoney = find(SPaths(:,step) < K);
    XData = SPaths(InMoney,step);
    RegrMat = zeros(length(XData), NBasis);
    for k =1: NBasis
        RegrMat(:,k) = feval(fhandles{k}, XData);
    end
    YData = CashFlows(InMoney).*discountVet(ExerciseTime(InMoney)-step);
    alpha = RegrMat \ YData;
    IntrinsicValue = K - XData;
    ContinuationValue = RegrMat * alpha;
    Index = find(IntrinsicValue > ContinuationValue);
    ExercisePaths = InMoney(Index);
    CashFlows(ExercisePaths) = IntrinsicValue(Index);
    ExerciseTime(ExercisePaths) = step;
end % for
price = max(K-S0, mean(CashFlows.*discountVet(ExerciseTime)));
```

```
% CheckLS.m
S0 =50; K =50; r =0.05;
sigma =0.4; T =1; NSteps =50;
NRepl =10000;
randn('state',0)
fhandles = {@(x)ones(length(x),1), @(x)x, @(x)x.^2};
priceLS = GenericLS(S0,K,r,T,sigma,NSteps,NRepl,fhandles)
[LatS, LatPrice] = binprice(S0,K,r,T,T/NSteps,sigma,0);
priceBIN = LatPrice(1,1)
```

图 10.6 使用最小二乘蒙特卡罗法对一个标准美式看跌期权定价和一个检查脚本的 MATLAB 函数

现在我们可以将使用最小二乘蒙特卡罗法得到的结果与基于网格的 binprice 函数提供的结果进行对比：

```
>>CheckLS
priceLS =
    6.8074
priceBIN =
    6.8129
```

10.4.2   一些研究与替代方法

在前面的例子中，我们使用了一个简单的二次多项式，对于更加复杂的情况，我们应该注意基函数的选取。在多资产的情况下，比如 S_1 和 S_2，在进行多项式回归时有时需要考虑交叉项，比如 S_1S_2，$S_1^2S_2$，$S_1S_2^2$ 等。因此，我们往往需要在准确性和复杂性之间权衡。

读者或许会注意到我们并没有给出价格的置信区间，事实上，这个能够而且应该做，但我们必须小心考虑估计偏差。当恰当使用最小二乘蒙特卡罗方法时，会产生一个低偏估计。正如我们指出的那样，对于真正的美式期权，偏差的一个来源是我们仅考虑了可行的行权机会的一个子集。这个对于百慕大期权没有影响，理查逊外推法（Richardson extrapolation）的提出能够提高美式期权的精度。偏差的另一个来源是次优化，在第 4.5.4 节中对一个选择期权进行定价时，我们遇到过类似的问题。如果想要得到一个明确的偏差，我们应该使用最小二乘蒙特卡罗法首先生成一个早期的行权方案，然后我们应当模拟那个（次优）策略来估计平均折价收益。更复杂的方法已经被开发出来计算高偏估计。一种方法是模拟提前行权：在每条路径上，如果知道接下来这条样本路径上发生的事，我们就可以提前做出行权决策。但这在实际中不具可行性，如果放宽我们在决策时面临的不可预测性限制，这会产生一个期权价格的上界限制。然而这个限制可能非常的微弱，即上界值可能非常大。有了低偏和高偏估计的置信区间，我们就能够建立价格的整体置信区间。

在最小二乘蒙特卡罗法中，我们建立了一个基于持续价值的行权策略。一个可能的替代方法是尝试直接找到行权边界，比如使用样条函数或者合适的参数化函数。这对于简单期权显然是可行的，对于标准的看跌期权，我们能够得到图 2.22 类似的东西。但这通常并不简单，因为提早行权的区域不可以相邻：我们需要找到多个平面来描述复杂区域。

近些年来，许多通过随机采样来定价美式和百慕大期权的替代方法被提出。在第 4.5.4 节中有一个简单的例子，我们通过生成大量的样本建立了一个"浓密"的树，当行权机会是有限的时候这种方法是可行的。基于网格重组的离散化的替代方法也被提出了，我们建议读者参看这方面所有的相关文献。

进阶阅读

书籍推荐

- 动态规划是优化领域最强大的概念之一，参考文献［1］中有它的许多应用。

- 为了克服维数灾难，大量的工作用来致力于寻找近似解方法［1，2］，其中也包括基于仿真的方法，这些工作奠定了基于仿真的高维美式期权定价方法的基础，具体例子可以参看文献［15］。

- 在文献［10］中，读者可以找到一些处理收敛问题的方法，这一部分在本章中未进行讲解。

- 美式期权的蒙特卡罗最佳处理方法参看文献［6，第 8 章］，以及文献［13，第 6 章］和文献［7］。

- 关于经济学中的数值动态规划的应用可以参看文献［9］和［12］。

- 当模型相对简单且可以找到解析解时，此时连续时间模型是非常有用的，可以洞察相关问题的本质；金融中连续动态规划的优秀文献参看［11］。

- 另一个有价值的文献是［4］，该文献中许多典型模型被用来研究家庭长期存款行为，此外还强调了解析解的估计值的价值。

网络资源

- 参考文献［12］中的 MATLAB 计算工具箱可以在这里下载：http://www4. ncsu. edu/ ~ pfackler/compecon/。

- 一些有关数值动态规划的讲义和 Mathematica 代码，可以在这里下载：http://www. econ. jhu. edu/people/ccarroll/index. html。

参 考 文 献

1. D. P. Bertsekas. *Dynamic Programming and Optimal Control* (2*nd ed.*, *Vols. 1 and 2*). Athena Scientic, Belmont, MA, 2001.

2. D. P. Bertsekas and J. N. Tsitsiklis. *Neuro - Dynamic Programming*. Athena Scientic, Belmont, MA, 1996.

3. P. Brandimarte and A. Villa. *Advanced Models for Manufacturing Systems Management*. CRC Press, Boca Raton, FL, 1995.

4. J. Y. Campbell and L. M. Viceira. *Strategic Asset Allocation*. Oxford University Press, Oxford, 2002.

5. C. Carroll. Solving Microeconomic Dynamic Stochastic Optimization Problems. Lecture Notes downloadable from http：//www. econ. jhu. edu/people/ccarroll/index. html.

6. P. Glasserman. *Monte Carlo Methods in Financial Engineering*. Springer-Verlag, New York, NY, 2004.

7. P. Jaeckel. *Monte Carlo Methods in Finance*. Wiley, Chichester, 2002.

8. J. E. Ingersoll, Jr. *Theory of Financial Decision Making*. Rowman & Littlefield, Totowa, NJ, 1987.

9. K. L. Judd. *Numerical Methods in Economics*. MIT Press, Cambridge, MA, 1998.

10. F. A. Longstaff and E. S. Schwartz. Valuing American Options by Simulation: a Simple Least-Squares Approach. *The*

Review of Financial Studies, 14: 113 – 147, 2001.

11. R. C. Merton. *Continuous – Time Finance*. Blackwell Publishers, Malden, MA, 1990.

12. M. J. Miranda and P. L. Fackler. *Applied Computational Economics and Finance*. MIT Press, Cambridge, MA, 2002.

13. D. Tavella. *Quantitative Methods in Derivatives Pricing*: *Introduction to Computational Finance*. Wiley, NewYork, 2002.

14. H. C. Tijms. *A First Course in Stochastic Models*. Wiley, Chichester, 2003.

15. J. N. Tsitsiklis and B. Van Roy. Optimal Stopping of Markov Processes: Hilbert Space Theory, Approximation Algorithms, and an Application to Pricing High – Dimensional Financial Derivatives. *IEEE Transactions on Automatic Control*, 44: 1840 – 1851, 1999.

16. L. A. Wolsey. *Integer Programming*. Wiley, New York, 1998.

第11章

有追索权的线性随机规划模型

在第 10 章中，我们考虑了用动态规划来处理动态随机优化问题。从理论上讲，动态规划是一个很强大的框架，能够处理各种各样的问题，但是它会受到维数的限制。另一种框架由具有追索权的随机规划模型表示。在经济学家中，随机规划模型的使用远远少于动态规划方法。然而，随机规划模型在金融应用方面有丰富的文献。我们相信至少熟悉一些模型框架是有用的，即使我们不能深入了解随机规划所必须面临的严重计算量挑战。我们将仅考虑线性模型，这虽有所限制，但非线性模型经常能用线性规划模型的方法来近似。

随机规划模型将在第 11.1 节中介绍，作为第 6 章中介绍的线性规划模型的一个延伸。我们将看到有追索权的随机规划是一个可能的模型框架；然而，因为它是最常见的一种，为简洁起见，我们将确定"随机规划模型"的子类。在第 11.2 节，我们将看到一些投资组合管理模型，并显示它的应用潜力。在第 11.3 节中将介绍随机规划中一个基本的问题即方案生成，并利用了一个潜在的大方案树表示不确定性，从而导出一个大规模的优化模型。有时候，特殊目的模型能被应用于依赖随机规划模型的特殊构造来设计分解的方法。我们将在第 11.4 节概述这一基本方法——L 形分解方法。第 11.5 节将简要讨论有追索权的随机规划与动态规划的异同点。

11.1 线性随机规划模型

我们在第 6 章已经介绍了线性（LP）模型。一个线性模型的规范形式是：

$$
\begin{aligned}
\min \quad & c'x \\
\text{s. t.} \quad & Ax \geqslant b \\
& x \geqslant 0.
\end{aligned}
$$

当建立这样一个模型时，我们假设已经精确知道了矩阵 A 和向量 c 和 b 中的所有的模型参数。然而，金融中存在一些不确定性的来源，这个模型框架可能不足以处理一般的优化问题。用延伸的 LP 模型来处理不确定性并不合适，因为它会用随机变量代替给定的参数，并产生如下模型：

$$\min \quad c(\omega)'x$$
$$\text{s. t.} \quad A(\omega)x \geq b(\omega) \tag{11.1}$$
$$x \geq 0$$

这里，数据 $c(\omega)$，$A(\omega)$ 和 $b(\omega)$ 依赖于随机事件 ω。符号 min 用来指出这个问题实际上是没有意义的，因为最小化一个随机变量是没有意义的。我们可以对它取期望来定义一个有意义的目标函数：

$$E[c(\omega)'x] = E[c(\omega)]'x$$

一个反对依据可能涉及风险中性，但真正的麻烦是解的可行性。寻找一个解 x 使得约束条件 (11.1) 总成立是不可能的，或者它可能导致一个差的解。顺便提一下，这就是我们为什么考虑标准型 LP 问题的原因，即只涉及等式约束。一个可能的方法是适当放松约束条件，并且接受事实——在一些情况下，约束条件可能达不到；我们仅约束不合想法的事件是不可能的。这导出了机会约束模型：

$$\min \quad c'x$$
$$\text{s. t.} \quad Ax \geq b$$
$$P\{G(\omega)x \geq h(\omega)\} \geq \alpha$$
$$x \geq 0$$

这里，我们已经从涉及不确定性的约束条件中分离出了确定性的约束。这种模型会在解的成本、可靠性或鲁棒性之间进行权衡。我们将不考虑解这个模型的计算难度。如果上述问题是一个凸模型，这个工作可能是相当简单的，这种情况是可能发生的，它依赖于不确定参数的概率分布。在一般情况下，这个问题是非凸的，这使得它很难处理。

但是，即使我们把计算问题搁置一旁，仍然存在其他潜在困难。在很多实际情况中，机会约束模型能充分捕捉不确定条件下的决策，但是它们缺少模拟一个动态决策过程的能力，在这个过程中，当得到越来越多的信息时，决策将被修改。在一个实际的动态决策过程中，我们采取一组基于有限信息的决策。但是当不确定性得到解决时，我们可能调整决策。当然，调整决策意味着一些额外的成本，我们想采取明智的决策，以最大限度地减少直接成本，以及在未来支付调整成本的期望值。这个想法导出了带有追索权的随机规划模型。作为一个例子，我们考虑二阶段随机线性规划模型，它通常的流程分为两个阶段。第一个阶段必须解决的决策 x：

$$\min \quad c'x + E[h(x,\omega)]$$
$$\text{s. t.} \quad Ax = b$$
$$x \geq 0$$

第一个阶段的问题涉及一组确定性的约束和调整第二个阶段的解的预期成本。附带调整的第二个阶段问题或者追索权变量 y，定义了函数 $h(x,\omega)$：

$$h(x,\omega) \equiv \min \quad q(\omega)'y$$
$$\text{s. t.} \quad W(\omega)y = r(\omega) - T(\omega)x$$
$$y \geq 0$$

对于第二阶段的问题，有几件事情需要指出：

• 我们已经写了问题的最常见形式，允许所有的参数具有随机性，但是这并非需要如此。例如，如果追索权矩阵 W 是确定性的，我们就得到一个固定的追索权问题。有些算法可能只适用于追索权是固定的或者追索权价格向量 q 为确定性的情况；其他解的算法没有这样的限制。

• 整体问题可以被认为是一个包括追索权函数 $H(x) \equiv E[h(x, \omega)]$ 的非线性规划问题。这个函数看起来是棘手的，因为它涉及一个通过优化问题定义的隐函数的多重积分。然而，可以证明，在相关情况下，追索权函数是凸的。所以，即使我们不知道怎么用简单的解析形式表示 $H(x)$，我们仍能够估计它的值，并且在给定点 x 找到一个梯度。相反的，机会约束问题通常不是凸函数。

• 根据其结构，对于任意第一阶段的向量 x 和任意随机事件 ω，第二阶段可能有一个可行解。第二种情况，第二阶段问题隐含定义了 x 的一些进一步的限制。

• 该方法可推广到多个阶段，我们将在下一节中看到如何推广。

原则上，基于不确定参数的连续分布，我们能定义一个随机规划模型。然而，虽然有一些近似解决这些问题的方法，但它们已超出我们介绍的范围。一个自然的选择是，给定蒙特卡罗抽样，用如图 11.1 所示的离散方案树近似连续分布。我们在这里重复这个图，但是在图 2.2 中，我们已经遇到了这个类型的代表。我们知道这个想法能推广到多阶段，正如图 2.3 所示。树的根节点代表世界的现状，这些根节点分支出不同的未来状态，对应于不确定数据的各种可能实现。我们现在处理第一阶段决策，即树的根部；当不确定性出现时，我们将有机会采取第二阶段的决策，以适应环境；每一种可能性由树上的一个叶节点表示。这个整体问题意味着一个良好的第一阶段决策，它应该具有鲁棒性，并为第二阶段修正留有余地。假设我们有一个方案的集合，记为 $s \in S$，p_s 为相应的概率。然后，两阶段随机 LP 问题归结为一个大型 LP 问题。

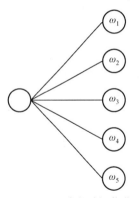

图 11.1　二阶段随机优化问题的方案树

$$\min \quad c'x + \sum_{s \in S} p_s q_s' y_s$$

$$\text{s. t.} \quad Ax = b$$

$$T_s x + W_s y_s = r_s \quad \forall s \in S$$

$$x, y_s \geqslant 0$$

原则上讲，这个问题能用标准 LP 技术来解决；然而，它的大小和其特有的结构暗示应该采用更具体的方法，其中一种方法将在第 11.4 节中介绍。现在，一个自然的问题是：由于解决随机 LP 问题看起来是一个不平凡的任务，那么有必要吗？我们是不是应该取数据的期望值，进而解决一个更简单的确定性问题呢？事实上，在一些情况下，解决一个随机 LP 问题确实是浪费精力。为了描述在何种情况下增加尝试是值得的，我们考虑 VSS（Value of the Stochastic Solution）的概念。

定义单个方案问题：

$$\min \quad z(\boldsymbol{x},\omega) = \boldsymbol{c}'\boldsymbol{x} + \min\{\boldsymbol{q}_\omega \boldsymbol{y} | \boldsymbol{W}_\omega = \boldsymbol{r}_\omega - \boldsymbol{T}_\omega \boldsymbol{x}, \boldsymbol{y} \geqslant 0\}$$

$$\text{s. t.} \quad \boldsymbol{Ax} = \boldsymbol{b}$$

$$\boldsymbol{x} \geqslant \boldsymbol{0}$$

这个方案问题假设未来的事件 ω 已知。我们用考虑过的追索权的问题来解决：

$$\text{RP} = \min_{\boldsymbol{x}} E_\omega [z(\boldsymbol{x},\omega)]$$

基于数据的期望值 $\overline{\omega} = E[\omega]$，解决期望值问题是一个确定性问题：

$$\text{EV} = \min_{\boldsymbol{x}} z(\boldsymbol{x},\overline{\omega})$$

它导出一个解 $\overline{\boldsymbol{x}}(\overline{\omega})$。然而，这个解应该在实际背景中进行检验；这意味着我们应该评估一下使用 EV 的解的期望成本，而这需要进行一些调整：

$$\text{EEV} = E_\omega [z(\overline{\boldsymbol{x}}(\overline{\omega}),\omega)]$$

VSS 定义为：[○]

$$\text{VSS} = \text{EEV} - \text{RP}$$

可以证明 VSS $\geqslant 0$。一个大的 VSS 值意味着解决随机问题是值得的；一个小的值意味着应该采用更简单的确定性方法。果然，事实证明，金融是一个典型的随机性不能被忽视的领域。此外，通过适当的选择追索权函数，可以代表不同的决策者的风险态度。

11.2　投资组合管理的多阶段随机规划模型

介绍多阶段随机模型的最好方法就是利用一个简单的资产负债管理模型。我们用相同的基本问题和数据参见文献［2］的第 20 - 28 页。我们有初始资产 W_0，并且不得不支付一笔款项 L，这是我们唯一的债务。我们应该制定一个投资策略，以满足债务要求；如果可能的话，我们可能以一个大于 L 的财务结束；然而，我们应该适当地考虑规避风险，因为可能存在最终资产不足以支付债务的情形，在这种情况下，我们将不得不借钱支付。最终资产和债务间差异可以用一个非线性、严格凹的效用函数刻画，但这将导致一个非线性规划模型。作为替代方案，我们可以建立一个分段线性效用函数，正如图 11.2 所示。当最终资产恰好等于债务时，效用是 0。如果斜率 r 对于不足的惩罚比 q 大，这个函数是凹的，但不是严格凹的。

投资组合由一个包含 I 个资产的集合构成。简单起见，我们假设它仅是一组离散时间 $t = 1,\cdots,T$ 的重排，且没有交易成本；初始投资组合选在时间 $t = 0$，且债务在时间

○　一个相关但不同的概念是完善信息的期望值（EVPI），见例［2，第 4 章］。

$T+1$ 被支付。时间周期 t 是时刻 $t-1$ 与 t 之间的时间。为了表示不确定性，我们建立一

个如图 11.3 的树，它是如图 11.1 的二阶段树的扩充。
每个 n_k 对应于一个事件，我们将对这些事件做一些决
策。我们用初始节点 n_0 对应于时间 $t=0$。然后，对于
每一个事件的节点，有两个分支；每个分支用条件概
率 $P\{n_k|n_i\}$ 表示，这里 $n_i=a(n_k)$ 是 n_k 的前一个节点。
我们在时刻 $t=1$ 有 2 个节点，$t=2$ 有 4 个节点，我们
基于之前的资产收益来重排我们的投资组合。最后，8
个节点对应于 $t=3$，仅比较最终的资产和债务来评价
我们的效用函数。树的每一个节点对应于相应时间段
内的资产组合的收益。在图 11.3 中有 8 个方案。例如

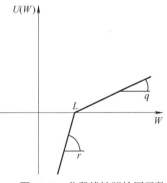

图 11.2　分段线性凹效用函数

方案 2 包含一个节点序列 (n_0, n_1, n_3, n_8)。每个节点的概率依赖于它路径上每个节点的
条件概率。如果每个节点处的分支都是等概率的，即条件概率是 1/2，图中每个方案的
概率是 1/8。分支因子在原则上来讲是任意的；我们使用越多的分支，模拟不确定性的
能力就越好；不幸的是，节点的数目和计算量随着阶段的数目呈指数增长。

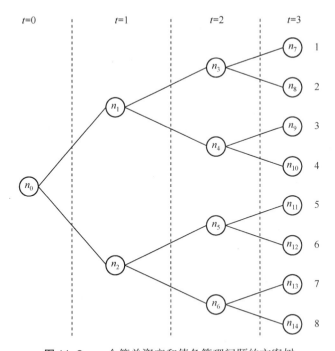

图 11.3　一个简单资产和债务管理问题的方案树

　　树上的每个节点，我们都必须采用一组决策。事实上，我们所感兴趣的是在此
时此刻能实现的那些决策，即那些对应于树的第一个节点；其他决策变量是制定一
个稳健计划的手段，但是它们在实际中不能实现，多节点模型是基于窗口移动的方

式解决。这表明，为了在有限的计算量下尽可能精确地模拟不确定性，一个可能的想法是从初始节点分支出很多道路，并且减少从子节点分支出的道路。每个阶段的每一个节点依赖于到目前为止所得到的信息，但不是将来的信息；这一要求被称为不可预测性条件。有两种方法可以建立多阶段随机规划模型：分离变量和紧模型，这将在下一节中介绍。它们依赖于不可预测性要求的建模方式，每一个模型方法的适用性也依赖于解的算法。

数值参数在两种模型的公式化中很常见，如下所示：

- 初始财富是55。
- 目标债务是80。
- 两个资产——股票和债券。
- 在如图11.3所示的方案树中，有上下两种分支，在向上的分支中，股票的总收益是1.25，债券的是1.14；而在向下的分支中，股票的总收益是1.06，债券的是1.12。
- 多余的财富高于目标债务的奖励是1。
- 低于目标债务的惩罚是4。

11.2.1　分离变量模型

在分离变量的方法中，决策变量定义如下：

- x_{it}^s表示在方案 s 中，时期 t 开始时资产 i 所投资的数值。

同理，R_{it}^s 表示时间段 t 方案中投资 i 的收益。重要的是要认识到，如果这样定义决策变量，我们必须明确地实施不可预测约束，可以从图11.4中理解这个问题。对每个节点，我们有一个决策变量集合；然而，如果两个方案在时刻 t 时是不可区分的，那么这两个方案所对应的决策变量必须是相等的。在图11.4中，这是由虚线表示的。首先，对于所有方案，初始投资组合必须是相同的，因此：

$$x_{i0}^s = x_{i0}^{s'}, \quad i=1,\cdots,I;\ s,s'=1,\cdots,S$$

现在考虑时刻 $t=1$ 和图11.3中所示的原始事件树的节点 n_1；方案 $s=1$，2，3，4通过这个节点，并且在时刻 $t=1$ 不可区分。因此有：

$$x_{i1}^1 = x_{i1}^2 = x_{i1}^3 = x_{i1}^4, \quad i=1,\cdots,I$$

实际上，节点 n_1 对应于4个节点在方案树的分离视图中。同理，在时刻 $t=2$，有约束如下：

$$x_{i2}^5 = x_{i2}^6, \quad i=1,\cdots,I$$

更普遍地，通常用 $\{s\}_t$ 表示从 s 到 t 的不可区分的方案的集合。例如：

$$\{1\}_0 = \{1,2,3,4,5,6,7,8\}$$

$$\{2\}_1 = \{1,2,3,4\}$$

$$\{5\}_2 = \{5,6\}$$

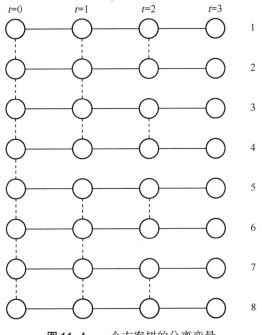

图11.4 一个方案树的分离变量

然后，不可预测约束能写成：

$$x_{it}^s = x_{it}^{s'} \quad \forall\ i,t,s,s' \in \{s\}_t$$

这不是表示不可预测性要求的唯一方法，最好的方法依赖于解的算法选择。现在，对于基本资产负债管理问题，有如下模型：

$$\max \quad \sum_s p^s (q\omega_+^s - r\omega_-^s) \tag{11.2}$$

$$\text{s. t.} \quad \sum_{i=1}^I x_{i0}^s = W_0 \quad \forall s \in S \tag{11.3}$$

$$\sum_{i=1}^I R_{it}^s x_{i,t-1}^s = \sum_{i=1}^I x_{it}^s \quad \forall s \in S; t=1,\cdots,T \tag{11.4}$$

$$\sum_{i=1}^I R_{i,T+1}^s x_{iT}^s = L + \omega_+^s - \omega_-^s \quad \forall s \in S \tag{11.5}$$

$$x_{it}^s = x_{it}^{s'} \quad \forall i,t,s,s' \in \{s\}_t$$

$$x_{it}^s, \omega_+^s, \omega_-^s \geq 0$$

这里，ω_+^s 是规划周期结束的盈余，q 是报酬，ω_-^s 是差额，r 是罚金。目标函数（11.2）是效用函数的期望值；p^s 是每个方案的概率值；如果 $r > q$，则效用函数是凹的。方程（11.3）指出我们的初始资产 W_0 被分配在不同资产。投资组合平衡约束（11.4）意味着在时刻 t，资产被重新分配。在方程（11.5）中，通过比较最后的资产与债务 L，并设定适当的盈余值与差额值。然后，我们加入不可预测性与非负性的约束。注意，因为变量 ω_+^s 和 ω_-^s 被不可预测性限制，所以在最优解中，我们有 $\omega_+^s \cdot \omega_-^s = 0$（即在每个方案中，只能有一个变量不为0）。如果我们允许卖空，则 x_{it}^s 的非负性的要求能被放松。

在这个模拟方法中，我们介绍了变量的一个大集合，它与不可预测性的约束产生联系。因此，有些人可能会怀疑这样是否有意义，这依赖于解的算法。如果想采用诸如 L 形分解的算法，下一节将介绍的简约公式一定能用到。分离变量时可以利用旨在解决随机规划问题的内点法。进一步地，我们用一组拉格朗日乘子来放松对不可预测性的约束，每一个方案就能获得一组独立的子问题（与例6.10相同），基于这个想法产生了聚类算法。

用 AMPL 将分离变量公式化　分离变量法很容易被表示为像 AMPL 的代数语言，作为参考，我们将为感兴趣的读者在附录 C 中介绍。通常要设置两个文件：一个包含模型的结构，这将在图11.5中说明；另一个包含一个特殊模型实例的数据，如图11.6所示。

在 AMPL 中我们用于表达一个模型的方法是不言自明的。在#后面的字符作为对前面的解释；在代数语言中，较之常用的数学符号，人们倾向于更长的名字。通常，在 AMPL 模型中，我们要定义集合、参数、决策变量，目标函数和约束条件。下面的大部分内容反映了我们在附录里描述的一个简单入门模型，但也有一些新的知识。首先让我们检查模型文件（图11.5）：

- 公式中涉及的集合由关键词 set 引入。这里我们有一个简单的集合 assets。
- 数值参数用关键词 param 引入。它们中大多数是标量值，除了方案概率和报酬以外，其中分别包含在向量参数 prob 和三维数组 return 中。
- 一个新元素是集合 ｛links｝ 的索引集合。对于每个时间段，我们有一组数对；每个数对包括两个方案，且这两个方案在这个时间段内没有区别。正如我们所讲，此时我们考虑不可预测性的问题。
- 决策变量用 var 引入，并且对应于模型中数学陈述的变量。
- 然后目标函数被表示，且求解程序最大化目标函数的值。注意和号是如何在一个自然的方式下用来表示超过一个指数的和。
- 约束条件由 subject to 关键字引入。对于每个约束，我们先列出一个名称（在解出模型以后，这个名称能被用来获得每个约束的对偶变量）；然后我们明确需要被复制的限制条件的索引值（对应于普遍量化条件，如在数学符号中的 $\forall s$）；最后，我们表达约束条件本身。

```
set assets;           # set of available assets
param initwealth;     # initial wealth
param scenarios;      # number of scenarios
param T;              # number of time periods
param target;   # target value (liability) at time T
param reward;   # reward for wealth beyond target value
param penalty;  # penalty for not meeting the target
# return of each asset during each period in each scenario
param return{assets, 1..scenarios, 1..T};
param prob{1..scenarios}; # probability of each scenario
# the indexed set points out which scenarios
# are linked at each period t in 0..T-1
set links{0..T-1} within {1..scenarios, 1..scenarios};

# DECISION VARIABLES
# amount invested in each asset at each period of time
# in each scenario
var invest{assets,1..scenarios,0..T-1} >= 0;
var above_target{1..scenarios} >=0; # amount above final target
var below_target{1..scenarios} >=0; # amount below final target

# OBJECTIVE FUNCTION
maximize exp_value:
    sum{i in 1..scenarios} prob[i] * (reward * above_target[i]
    - penalty * below_target[i]);

# CONSTRAINTS
# initial wealth is allocated at time 0
subject to budget{i in 1..scenarios}:
    sum{k in assets} (invest[k,i, 0]) = initwealth;
# portfolio rebalancing at intermediate times
subject to balance{j in 1..scenarios, t in 1..T-1}:
    (sum{k in assets} return[k,j,t] * invest[k,j,t, -1]) =
    sum{k in assets} invest[k,j,t];
# check final wealth against liability
subject to scenario_value{j in 1..scenarios}:
    (sum{k in assets} return[k,j,T] * invest[k,j,T, -1])
    - above_target[j] + below_target[j] = target;
# this makes all investments non-anticipative
subject to linkscenarios
    {k in assets, t in 0..T-1, (s1,s2) in links[t]}:
    invest[k,s1,t] = invest[k,s2,t];
```

图 11.5　关于分离变量公式的 AMPL 模型（Split ALM. mod）

```
set assets : = stocks bonds;
param initwealth : = 55;
param scenarios : = 8;
param T : = 3;
set links[0]:= (1,2) (2,3) (3,4) (4,5) (5,6) (6,7) (7,8);
set links[1]:= (1,2) (2,3) (3,4) (5,6) (6,7) (7,8);
set links[2]:= (1,2) (3,4) (5,6) (7,8);

param target : = 80;
param reward : = 1;
param penalty : = 4;

param return : =
[stocks, 1, *]1  1.25  2  1.25  3  1.25
[stocks, 2, *]1  1.25  2  1.25  3  1.06
[stocks, 3, *]1  1.25  2  1.06  3  1.25
[stocks, 4, *]1  1.25  2  1.06  3  1.06
[stocks, 5, *]1  1.06  2  1.25  3  1.25
[stocks, 6, *]1  1.06  2  1.25  3  1.06
[stocks, 7, *]1  1.06  2  1.06  3  1.25
[stocks, 8, *]1  1.06  2  1.06  3  1.06
[bonds, 1, *]1  1.14  2  1.14  3  1.14
[bonds, 2, *]1  1.14  2  1.14  3  1.12
[bonds, 3, *]1  1.14  2  1.12  3  1.14
[bonds, 4, *]1  1.14  2  1.12  3  1.12
[bonds, 5, *]1  1.12  2  1.14  3  1.14
[bonds, 6, *]1  1.12  2  1.14  3  1.12
[bonds, 7, *]1  1.12  2  1.12  3  1.14
[bonds, 8, *]1  1.12  2  1.12  3  1.12;

param prob default 0.125;
```

图 11.6　关于分离变量公式的 AMPL 数据文件（SplitALM. dat）

　　●一条有趣的语法是最后一个约束条件，我们通过为每个时间段和时间段内的索引集合的每个方案，制定约束来模拟不可预测性。我们能窥见 AMPL 语法在处理这些集合时是多么强大。

　　现在，我们来检查数据文件（见图 11.6）：

　　●资产的集合和标量参数由一个简单的语法来指定。

　　●至于我们在附录中关于 AMPL 的说明，一个新的因素是我们如何指定集合对时间索引集合 links。此外，AMPL 语法非常易于自学。

　　●另一个新的因素是我们如何列出资产的收益，并且由资产、方案和时间段索引。在这种情况下，我们在附录中关于向量和矩阵数据的说明是不够的，因为我们面临的是一个三维数组。我们把三维数组"分裂"为两个矩阵。像 [stocks, 1, *] 这样的符号的意思是通配符对应的第三个索引值将与对应的项列出：给定一个资产和一个方案，我们列出每个时间段的收益。

● 最后一个参数 prob 是指定使用的速记符号，因为所有方案的概率都是 0.125，我们使用 default 关键字来简化符号。

现在，我们下载了两个文件，解这个模型并演示该过程：

```
ampl:model SplitALM.mod;
ampl:data SplitALM.dat;
ampl:solve;
CPLEX9.1.0:optimal solution;objective −1.514084643
20 dual simplex iterations(13 in phase I)
ampl:  display invest;
invest[bonds, *, *]
```

:	0	1	2	:=
1	13.5207	2.16814	0	
2	13.5207	2.16814	0	
3	13.5207	2.16814	71.4286	
4	13.5207	2.16814	71.4286	
5	13.5207	22.368	71.4286	
6	13.5207	22.368	71.4286	
7	13.5207	22.368	0	
8	13.5207	22.368	0	

```
[stocks, *, *]
```

:	0	1	2	:=
1	41.4793	65.0946	83.8399	
2	41.4793	65.0946	83.8399	
3	41.4793	65.0946	0	
4	41.4793	65.0946	0	
5	41.4793	36.7432	0	
6	41.4793	36.7432	0	
7	41.4793	36.7432	64	
8	41.4793	36.7432	64	

```
;
```

我们很清楚地看到非预期解的性质：每个表的第一列显示一个数字，因为在树的根部的初始决策对所有方案通用；第二列显示两个数值，对应于在节点 n_1 和 n_2 的决策；在时间段 2，我们有 4 个节点和 4 个不同的数值。注意到，在最后一个阶段，投资组合不是多样化的，因为整个财富分配给一个资产的意义有限。实际上，它是玩具模型的两个特点的推论：

● 我们用分段线性效用函数近似非线性效用函数，这可能暗示了"局部"的风险中性；我们应该应用一个非线性规划模型或者用更多段、更精确的表示。

- 这个方案树中具有非常低的分支系数，而这并没有准确地表示不确定性。

然而，在最后一个时间段内的投资组合分配不一定是模型的一个关键的输出：关键的是初始投资组合的分配。未来阶段的决策变量具有避免一个缺乏远见的策略的目的，但是它们并不意味着将被实施。然而，应该对最后一个阶段中较差模拟可能产生的影响作出评估；实际上，对于涉及短的时间跨度的问题，最终的影响可能是有害的。不像动态规划，我们不能获得反馈形式的解：我们没有一个好的方法使得在将来能采取最佳的决策，因为每当我们需要采取更多的决策时，一个多阶段随机规划将会以一个滚动的方式重新运行。关于这个问题更多的介绍请见第11.5节。

最后，注意到我们已经利用 CPLEX 作为求解器获得解，但这不是必需的。如果你有 AMPL 的学生试用版本，你也能用 MINOS。顺便提一下，MINOS 应该在你想用一个非线性效用函数时使用，其他线性和非线性求解器可用于使用 AMPL。

11.2.2　紧模型

分离变量法基于大量的变量，这些变量与不可预测性约束条件相联系。这可能对基于分解为独立方案的算法是有用的。这些独立方案能用二元化不可预测约束条件来完成。但是，如果我们想在多阶段随机规划中应用 L 形方法（第11.4节）的一般形式，该模型必须以一种不同的方式写出。通过关联决策变量和树上的节点，我们可以得到一个更简洁的方法。我们介绍如下符号：

N 是事件节点的集合：

$$N = \{n_0, n_1, n_2, \cdots, n_{14}\}$$

除了根部节点 n_0，每个节点 $n \in N$ 有唯一的一个直接的前任节点，用 $a(n)$ 表示：例如，$a(n_3) = n_1$。叶节点（终端节点）的集合 $S \subset N$：

$$S = \{n_7, \cdots, n_{14}\}$$

对于每个节点 $s \in S$，我们有盈余和不足变量 ω^s_+ 和 ω^s_-。中间节点的集合 $T \subset N$，在这里节点 n_0 初始分配后，投资组合出现重新平衡；我们的情况：

$$T = \{n_1, \cdots, n_6\}$$

对于每个节点 $n \in \{n_0\} \cup T$，有一个投资变量 x_{in}，它对应于节点 n 处资产 i 中投资的数值。

有了这些符号，模型能写成如下形式：

$$\max \quad \sum_{s \in S} p^s (q\omega^s_+ - r\omega^s_-)$$

$$\text{s.t.} \quad \sum_{i=1}^{I} x_{i,n0} = W_0$$

$$\sum_{i=1}^{I} R_{i,n} x_{i,a(n)} = \sum_{i=1}^{I} x_{in} \quad \forall n \in T$$

$$\sum_{i=1}^{I} R_{is} x_{i,a(s)} = L + \omega^s_+ - \omega^s_- \quad \forall s \in S$$

$$x_{in}, \omega_+^s, \omega_-^s \geq 0$$

这里，$R_{i,n}$ 表示到达节点 n 这个时期资产 i 的总收益。p^s 表示到达终端节点 $s \in S$ 的概率；这个概率是从节点 n_0 到 s 的路径的所有条件概率的乘积。

在 AMPL 中表示紧模型方法　紧模型方法也容易用 AMPL 表达。模型文件的结构与分离变量法类似，主要的不同点是：

● 我们介绍节点的三个集合：初始节点的集合，init_node，它实际上是一个单点集；中间节点的集合，interm_nodes；最后是终端节点的集合 term_nodes，它们对应于 8 个方案。

● 除了节点 n_0，对于每一个节点，都有一个前任节点；我们用一个单点集的数组 pred 来存储前任节点；如果我们想要将节点作为符号集合来处理，这是必要的，但是我们也能用一个数值的数组来索引节点。

● 收益和决策变量现在用节点来索引，而不是用一个（方案、时间）对，正如我们处理分离变量模型的方法。

● 目标函数和约束条件是数学模型的简单转述。

数据文件仍是不言自明的。我们可以看到三个节点的子集是如何列出的。唯一值得注意的是变换（关键词 tr）到分配收益（return）表的应用；实际上，收益在模型文件中被定义为一个表格，这个表格由资产和节点索引，并且如果我们想要在数据文件中交换两个指标以提高可读性，我们必须调换表格。

现在，我们已经准备好解这个模型了，并且期望得到与另一个模型方法相同的解：

```
ampl:model CompactALM.mod;
ampl:data CompactALM.dat;
ampl:solve;
CPLEX 9.1.0:optimal solution; objective -1.514084643
20 dual simplex iterations (13 in phase 1)
ampl:display invest;
invest:=
bonds    n0   13.5207
bonds    n1    2.16814
bonds    n2   22.368
bonds    n3    0
bonds    n4   71.4286
bonds    n5   71.4286
bonds    n6    0
stocks   n0   41.4793
stocks   n1   65.0946
stocks   n2   36.7432
stocks   n3   83.8399
```

```
stocks  n4   0
stocks  n5   0
stocks  n6   64
;
```

```
set assets;            # available investment options
param initwealth;      # initial wealth
param target;     # target liability at time T
param reward;     # reward for excess wealth beyond target value
param penalty;      # shortfall penalty

# NODE SETS
set init_node;    # initial node
set interm_nodes;        # intermediate nodes
set term_nodes;         # terminal nodes
# immediate predecessor node
set pred{interm_nodes union term_nodes}
                within {init_node union interm_nodes};
param prob{term_nodes}; # probability of each scenario
# return of each investment option at the end of time periods
param return{assets, interm_nodes union term_nodes};

# DECISION VARIABLES
# amount invested in trading nodes
var invest{assets, init_node union interm_nodes} >= 0;
var above_target{term_nodes} >=0;       # amount above final target
var below_target{term_nodes} >=0;       # amount below final target

# OBJECTIVE FUNCTION
maximize exp_value:
    sum{s in term_nodes} prob[s] * (reward * above_target[s]
        - penalty * below_target[s]);

# CONSTRAINTS
# initial wealth is allocated in the root node
subject to budget{n0 in init_node} :
    sum{k in assets} (invest[k,n0]) = initwealth;
# portfolio rebalancing at intermediate nodes
subject to balance{n in interm_nodes, a in pred[n]} :
    (sum{k in assets} return[k,n] * invest[k,a]) =
    sum{k in assets} invest[k,n];
# check final wealth against target
subject to scenario_value{s in term_nodes, a in pred[s]} :
    (sum{k in assets} return[k,s] * invest[k,a])
    - above_target[s] + below_target[s] = target;
```

图 11.7　关于紧方法的 AMPL 模型

```
set assets : = stocks bonds;
param initwealth : = 55;
param target : = 80;
param reward : = 1;
param penalty : = 4;

set init_node : = n0;
set interm_nodes : = n1 n2 n3 n4 n5 n6;
set term_nodes : = n7 n8 n9 n10 n11 n12 n13 n14;

param return (tr):
    stocks bonds : =
n1   1.25   1.14
n2   1.06   1.12
n3   1.25   1.14
n4   1.06   1.12
n5   1.25   1.14
n6   1.06   1.12
n7   1.25   1.14
n8   1.06   1.12
n9   1.25   1.14
n10  1.06   1.12
n11  1.25   1.14
n12  1.06   1.12
n13  1.25   1.14
n14  1.06   1.12 ;

param prob default 0.125;

# immediate predecessors
set pred[n1] : = n0;
set pred[n2] : = n0;
set pred[n3] : = n1;
set pred[n4] : = n1;
set pred[n5] : = n2;
set pred[n6] : = n2;
set pred[n7] : = n3;
set pred[n8] : = n3;
set pred[n9] : = n4;
set pred[n10] : = n4;
set pred[n11] : = n5;
set pred[n12] : = n5;
set pred[n13] : = n6;
set pred[n14] : = n6;
```

图 11.8 关于紧模型方法的 AMPL 数据

值得注意的是，手动输入数据文件没有意义，特别是当表示方案树结构的信息并不涉及显示规模问题时。我们可以写一个 MATLAB 函数来完成录入数据。有关随机规划的以下模拟工具已经得到发展；虽然它们大多是现在研究成果，但目前的情况有可能在未来发生改变。

11.2.3　有交易成本的资产和债务管理

为了让读者了解如何建立一个非平凡的金融规划模型，我们归纳了 11.2.2 节介绍的紧模型方法。该模型的假设和限制条件如下：

- 给定每个资产的一组初始持有量；这是一个更实际的假设，因为我们应该利用模型定期的滚动策略来使投资组合重新平衡。
- 我们采用线性交易成本；无论是买还是卖，交易成本是交易额的 $c\%$。
- 我们想要最大化最终资产的期望效用。
- 我们会遇到一个不确定的债务流。
- 我们不考虑借入钱的可能性；假设在每个重新平衡的时期，所有的可使用财富都被投资在可行的资产中；实际上，在模型中隐含投资一个无风险资产的可能性。
- 我们不考虑在每个重新平衡的日期投资一个新现金的可能性，因为某些机构会出现这种情况，如养老基金。

模型的一些限制可以适当放松。最重要的一点是，当涉及交易成本时，我们要引入新的决策变量来表达在每个重新平衡的日期持有、卖出和买入资产的量。我们用一个与紧模型方法中类似的符号：

- N 是树上的一组节点；n_0 表示初始节点。
- 节点 $n \in N \setminus \{n_0\}$ 的（唯一的）前任节点表示为 $a(n)$；S 表示终端节点的集合；正如前面的方法中介绍的，每个节点与一个方案相对应，这个方案是在概率 p^s 下从 n_0 到 $s \in S$ 的唯一路径。
- $T = N \setminus (\{n_0\} \cup S)$ 是中间交易节点的集合。
- L^n 表示节点 $n \in N$ 中满足的债务。
- c 表示交易成本的百分比。
- $\bar{h}_i^{n_0}$ 表示在初始节点时，资产 $i = 1, \cdots, I$ 的初始财产。
- P_i^n 表示节点 n 处资产 i 的价格。
- z_i^n 表示节点 n 处资产 i 买入的量。
- y_i^n 表示节点 n 处资产 i 卖出的量。
- x_i^n 表示在重新平衡以后，节点 n 处资产 i 所持有的量。
- W^s 表示节点 $s \in S$ 处的财富。
- $U(W)$ 财富 W 的效用。

基于这些符号，我们能写成如下模型：

$$\max \quad \sum_{s \in S} p_s U(W^s) \tag{11.6}$$

$$\text{s. t.} \quad x_i^{n_0} = \bar{h}_i^{n_0} + z_i^{n_0} - y_i^{n_0} \qquad \forall i \tag{11.7}$$

$$x_i^n = x_i^{a(n)} + z_i^n - y_i^n \qquad \forall i, \forall n \in T \tag{11.8}$$

$$(1 - c) \sum_{i=1}^{I} P_i^n y_i^n - (1 + c) \sum_{i=1}^{I} P_i^n z_i^n = L^n \qquad \forall n \in T \cup \{n_0\} \tag{11.9}$$

$$W^s = \sum_{i=1}^{I} P_i^s x_i^{a(s)} - L^s \qquad \forall s \in S \tag{11.10}$$

$$x_i^n, z_i^n, y_i^n, W^s \geq 0 \tag{11.11}$$

目标函数（11.6）是终端财富的期望效用；如果我们用分段线性凹函数来近似这个非线性凹函数，可以得到一个 LP 问题（正如我们在第 12.1.1 节将见到的）。方程（11.7）表示初始资产处于平衡状态，并将现有财产考虑在内；方程（11.8）考虑了在中间交易时间的资产平衡。方程（11.9）可以保证为了满足债务而卖出的资产能产生足够的现金；我们也可以将卖出而所得的收益重新投资。方程（11.10）用来估计最后的资产；注意到，我们没有考虑卖出资产得到现金来满足最后的债务这个需求。如果我们假设在规划周期结束时，整个投资组合将被清算，我们能重写方程（11.10）如下：

$$W^s = (1 - c) \sum_{i=1}^{I} P_i^s x_i^{a(s)} - L^s$$

实际上，我们能在滚动的基础上重复求解模型，所以目标函数的精确表达式是未定的。

这个模型能用一些方法来概括，这作为练习留给读者。最重要的一点是我们已经假设债务必须被满足。这可能是一个非常严格的约束条件；如果极端方案包括在公式中，正如它们应该包含于其中那样，那么上述模型却是不可行的。所以该方法在适当的方式下放松；能考虑借入现金的可能性；能因为满足债务而适当的引入罚金。原则上，我们也能要求未满足债务的概率是足够小的；这会导致机会约束方法，我们将为读者提供相应的文献。

11.3　多阶段随机规划方案的生成

一个多阶段随机规划问题的解的质量，依赖于方案树如何展现影响决策固有的不确定性。为了在金融领域生成一个方案，必要的出发点是一个合理的模型来描述有关数量的演变，如利率、股票价格、通货膨胀等。随机微分方程是一个可能的模型框架，在这种情况下，我们能通过方案树的结构离散化时间。另外，能直接建立起离散时间模型，例如时间序列模型。一类简单的离散时间模型是向量自回归模型（VAR，不要与在险价值混淆）。令 h_t 表示在时间 t 经济和金融变量的一个向量。VAR 模型的一个例子是：

$$h_t = c + \Omega h_{t-1} + \epsilon_t, \qquad t = 1, \cdots, T$$

这里，c 和 Ω 是模型的参数，$\epsilon \sim N(0, \Sigma)$ 是均值为 0、协方差矩阵为 Σ 的联合正态随机变量的向量。

给定某一形式的动态模型，生成一个方案树需要某种形式的抽样。然而，在多阶段问题中存在方案树随指数增大而增大的风险，注意，与处理二项式网格一样，我们不能利用复合方式，因为我们要在每个阶段进行路径依赖决策。因此，必须足够重视方案的生成。这一节中，我们首先回顾已经被提出的，能限制树的大小的巧妙机制。我们应该牢记情景树的目的不是在整个规划范围内产生一个潜在不确定性 100% 的真实代表，因为当使优化模型保持在计算上易于处理的大小时，几乎没有希望实现这一目标；真正的目的是为了获得具有鲁棒性的第一阶段决策。然后，我们将阐述套利，这显然是金融的相关问题。

11.3.1 方案树生成的采样

首先是决定方案树的形状，即在每个节点所提供的分支因素。一个典型的方法是在开始的阶段拥有一个更大的分支因素，因为在获得具有鲁棒性的第一阶段决策时精确地代表不确定性可能更重要。进一步观察发现每个阶段所需的时间步数是不一样的；在以后的时间段中使用更大的时间步数可能是合理的，在这些时间段中将考虑总体决策。

给定一个方案树结构，必须决定我们应该将哪些结果与树上的节点相联系，并且（条件）概率可能与树上的每个分支相联系。这里能用上我们在第 4 章中见过的技术。

- 我们能想到的第一种可能性是简单的蒙特卡罗抽样。在这种情况下，从当前节点分支出来的未来节点的概率分布是一致的。对于二阶段模型，这种方法可能是明智的，但对于多阶段模型，由于我们需要很多节点来捕捉不确定性，因此这种方法不是很可行。方差减少技术可能是有用的，对偶抽样是最简单的选择；重要性抽样在 [5] 和 [3] 中被提出。在最后一种情况中，应调整概率以反映措施的变化。分层抽样也可能有用。

- 数值积分方法是一种替代方法。特别的，高斯积分是一个离散化一个连续的概率分布的恰当方法；我们在例 10.4 中已经看到高斯积分是如何比粗糙的蒙特卡罗抽样更有效地捕捉不确定性。低差异序列也可能是有用的，但是只是对二阶段模型是可行的。例子见 [16]。

- 在对称分布的情况下，对偶抽样导致一个样本与潜在密度的奇数个矩匹配；预期值是相匹配的，并且对称抽样导致零偏度。很自然的考虑一种抽样方式，这种方式下其他矩也相匹配，如方差、协方差和峰度。一般地，在有限样本的情况下，精确匹配所有的矩是不可能的，但是我们试着在最小二乘意义下尽可能好地匹配它们。这导致了一种方法产生一组"优化"方案。为了说明这个想法，考虑一个随机变量 X 服从多元正态分布。假设我们已知每个 X_i 的期望值为 μ_i，方差为 σ_i^2，协方差为 $\sigma_{ij}(\sigma_{ii} = \sigma_i^2)$。进一步，因为我们在处理正态分布，已知偏度 $\xi = E[(\tilde{d} - \mu)^3/\sigma^3]$ 应该为 0，且峰度 $\chi = E[(\tilde{d} - \mu)^4/\sigma^4]$ 应该为 3（这里我们考虑每个随机变量的边缘分布）。

用 x_i^s 表示属于一个大小为 S 的分支的节点 s 中的样本 X_i。为简单起见，假设分支的所有条件期望都相等，但是我们从高斯积分可知，这样设置概率具有潜在的优势。自然的要求是：

$$\frac{1}{S} \sum_s x_i^s \approx \mu_i \qquad \forall i$$

$$\frac{1}{S} \sum_s (x_i^s - \mu_i)(x_j^s - \mu_j) \approx \sigma_{ij} \qquad \forall i,j$$

$$\frac{1}{S} \sum_s \frac{(x_i^s - \mu_i)^3}{\sigma_i^3} \approx 0 \qquad \forall i$$

$$\frac{1}{S} \sum_s \frac{(x_i^s - \mu_i)^4}{\sigma_i^4} \approx 3 \qquad \forall i$$

我们应该指出，例如，有关协方差的第二个要求中，因为参数是先验已知的，而不是从数据估计出来的，我们需要除以样本数量 S，而不是 $S-1$ 作为典型的样本方差。近似矩的匹配是由最小化如下平方误差得到的：

$$\begin{aligned}
&\omega_1 \sum_i \left[\frac{1}{S} \sum_s x_i^s - \mu_i \right]^2 \\
&+ \omega_2 \sum_{i,j} \left[\frac{1}{S} \sum_s (x_i^s - \mu_i)(x_j^s - \mu_j) - \sigma_{ij} \right]^2 \\
&+ \omega_3 \sum_i \left[\frac{1}{S} \sum_s \left(\frac{x_i^s - \mu_i}{\sigma_i} \right)^3 \right]^2 \\
&+ \omega_4 \sum_i \left[\frac{1}{S} \sum_s \left(\frac{x_i^s - \mu_i}{\sigma_i} \right)^4 - 3 \right]^2
\end{aligned} \tag{11.12}$$

目标函数包含 4 个权重 w_k，用来调优性能。应当提到的是，所得的方案优化问题并不需要是凸条件。然而，如果我们能在"错误"的目标函数的一个低值范围找到任何一个解，这可以说是一个满意解，即使它不一定是全局最优解 [12]。

● 矩的匹配方法是灵活的，并且是生成方案的直观的方法。然而，有人认为它缺少坚实的理论背景。事实上，可构造反例表明不同的概率分布能共享第一个矩 [11]。为了找到一个方案生成方法依赖于一个良好的基础，一些研究者已经提出了正式的方法，依靠稳定的概念和概率距离的定义。这些方法需要高水平的数学运算；本书仅限于为读者提供总体思路的一个基本认识（如需全面了解，可参见 [20]）。首先，我们应该尽可能地使稳定性的概念正式化。为了达到这个目的，考虑一个随机优化问题的一个抽象观点：

$$v(P) \equiv \inf_{x \in X} \int_\Xi f_0(x, \xi) P(\mathrm{d}\xi)$$

这里，x 表示决策变量的集合，它包含在集合 X 中。ξ 表示属于集合 Ξ 随机数据，定义 Ξ 上的概率测度为 P。随机规划的最优值依赖于概率测度 P，如式中所示的符号 $v(P)$。如果我们扰乱测度 P，将会发生什么？出现扰乱的一个可能原因是我们有不可信的数据，也就是说我们实际上忽视了"真实的"测度 P 而考虑另一个测度 Q。另外，我们可能被强制使用一个近似的测度 Q，在这个意义上，我们使用一个方案树，近似于真实的测度 P。无论什么原因，我们都要首先定义一个概率距离，来衡量两个概率测度间的距离。

实现这个目的的方法有很多。一种可能性方案根源于蒙日运输问题，它所解决的是运输质量的最优方法（例如建公路时的沙土使用量等）。康托洛维奇（Kantorovich）指出，当我们在概率意义（更多细节见 [19]）上理解质量时，这个问题有一个概率学的解释。为了定义两个概率测度间的距离，我们定义一个运输泛函：

$$\mu_c(P, Q) \equiv \inf\left\{\int_{\Xi \times \Xi} c(\xi, \tilde{\xi}) \eta(\mathrm{d}\xi, \mathrm{d}\tilde{\xi}) : \pi_1 \eta = P, \pi_2 \eta = Q\right\}$$

这里 $c(\cdot, \cdot)$ 表示一个适当选择的成本函数；这个问题要求找到一个在整个联合测度 η 上的积分最小值，η 定义在笛卡儿乘积 $\Xi \times \Xi$ 上，且边缘测度分别是 P 和 Q（π_1 和 π_2 表示投影算子）。在两个离散的测度 P 和 Q 下，这归结为一个线性规划模型的经典运输问题。在一些技术条件下，我们能证明一种形式的利普希茨连续：

$$|v(P) - v(Q)| \leq L\mu_c(P, Q)$$

在实际应用中，为了定义一个概率距离，我们能做的是选择一个成本函数 $c : \Xi \times \Xi \to \mathbb{R}$。然后我们寻找一个近似的分布 P_{tree}，即方案树，使得 $\mu_c(P, P_{tree}) < \epsilon$。这样导出算法，以减少方案树。在 [19] 中介绍了一个方案减少的程序，它基于上面的理论概念。该想法是采用一个大的树，然后减小它的大小到一个可控的水平。

11.3.2 无套利方案的生成

我们已有的考虑可以应用于一个常见的随机规划中。当我们处理一个金融中的应用程序，还是有其他问题：套利。考虑我们在第11.2节中解决玩具问题的数据。它们是有意义的数据吗？要理解这个问题，考虑图11.9所示的两个简单树。第一个对应我们在例子中使用的方案。如果我们假设两个资产的初始价格均为1，我们在玩具问题的事例中采用的全部回报能被视为两个方案中的价格。明智的方案应该不但反映我们拥有的信息，而且应该排除套利机会。一个定义套利机会的方法如下：当存在一个投资组合，任何一个方案中，在持有期的结束时，该组合都是一个非负值，但在开始时，它是一个负值，我们称其为一个套利机会。形式上，令 $p \in \mathbb{R}_+^n$ 为 n 个资产的初始价格向量，$x \in \mathbb{R}^n$ 为每个资产的投资组合持有量，$R \in \mathbb{R}^{m,n}$ 为 m 个方案中每个资产的回报向量（即，R_{ij} 为第 i 个方案中资产 j 的回报）。一个套利机会是投资组合 x，使得：

$$Rx \geq 0 \qquad \text{且} \qquad p'x < 0 \tag{11.13}$$

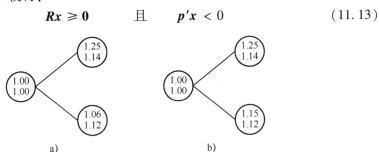

图 11.9　对于资产价格路径的两个简单的方案树

另一个套利机会的形式如下[⊖]：

$$Rx \geq 0 \qquad \text{且} \qquad p'x = 0 \tag{11.14}$$

这里，至少一个不等号是严格的。换句话说，我们确保在任何方案中没有损失任何钱，并且在一个方案中我们有所收获。

为了利用一个套利机会获得无限的利润，我们应该做一些卖空交易；如果优化模型禁止卖空交易，我们将不会看到诸如无界解这样的错误，但是我们所得到的结果可能不是很明智。

易见，图 11.9b 中的方案树导致一个如式（11.14）所示的套利机会。对于这些资产价格，一个初始投资组合的价值为 0，如果：

$$x_1 + x_2 = 0$$

我们利用这个条件表示两个条件中的投资组合价值：

$$1.25x_1 + 1.14x_2 = (1.25 - 1.14)x_1$$
$$1.15x_1 + 1.12x_2 = (1.15 - 1.12)x_1$$

容易看出，我们应该卖空第二个资产，使得 $x_1 > 0$，来得到一个套利机会。图 11.9a 的情况同样不成立。

但是我们如何才能确定一个方案的集合是无套利的？下面的定理给出了一个答案。

定理 11.1　式（11.13）没有套利机会，当且仅当存在一个向量 y 使得：

⊖　关于这两种套利形式之间关系的讨论参见本章文献 [14，第 2 章]。

$$R'y = p \quad 且 \quad y \geq 0$$

证明：考虑下面的线性规划问题：

$$\max \quad 0'y$$
$$\text{s. t.} \quad R'y = p$$
$$y \geq 0$$

如果这个问题是可解的，则它的对偶是：

$$\min \quad p'x$$
$$\text{s. t.} \quad Rx \geq 0$$

但是，在这种情况下，最优目标价值都是0。然后我们将看到，如果存在原问题的一个可行的向量 y，则不存在 $p'x < 0$。

　　一方面，定理给出了一个方法使方案无套利。我们能简单地增加一个节点，使得定理的条件得到满足。这个想法的完整细节见 [6]。注意，寻找产生方案的最好方法仍然有待解决，正如我们能很好地生成一个无套利方案并不满足假设分布。另一方面，沿着定理的推理，我们能得到无套利机会与存在风险中性概率测度之间的关系[⊖]。

　　首先，应该注意到，如果初始价格的一个向量 p 满足定理 11.1，则任何向量 $\lambda p(\lambda > 0)$ 也满足；所以定价有一定的自由。实际上，我们仅考虑了风险资产，如果我们考虑无风险利率 r 下的无风险资产，情况如何？当一个无风险资产可用时，为了描述套利，我们考虑一个两阶段的方案树：初始节点是 0，并且在第二个阶段有 N 个节点。P_{i0} 表示资产 $i(i = 1, \cdots, I)$ 的现有价格，P_{in} 表示如果方案 $n(n = 1, \cdots, N)$ 发生时的价格。对于每个资产，我们能定义关于如下风险中性资产的方案 n 中资产 i 的贴现所得：

$$R_{in}^* = \frac{P_{in}}{1 + r} - P_{i0} \quad \forall i, n$$

注意，如果一个贴现所得是正的，这意味着风险资产较之风险中性资产有更好的表现。给定投资组合持有量 x_i 的一个集合，定义节点 n 的所有贴现所得：

$$g_n^* = \sum_{i=1}^I R_{in}^* x_i$$

它是方案 n 中随机变量 G^* 的一个实现。现在，直观地讲，一个套利机会能被下面条件描述：

$$g_n^* \geq 0 \quad \forall n$$
$$E[G^*] > 0$$

这意味着平均而言，该投资组合比风险中性资产能产生更多的收益，但不会在任何

⊖　本节的其余部分可以忽略不看；这个主题里面我们指出另一个使用线性规划的对偶，但它不是必需的。有关的详细信息，读者可以参见 [17]。

可能的方案中出现更低收益的情况。为了找到一个条件来排除套利,我们能像定理 11.1 中那样推理,重写套利条件:

$$\sum_{n=1}^{N} \sum_{i=1}^{I} R_{in}^* x_i = 1$$

$$\sum_{i=1}^{I} R_{in}^* x_i \geqslant 0 \quad \forall n$$

第一个条件看似有些任意性,但它的目的是为了确保只是有一个 g_n^* 是严格正的;因为一个套利机会可能是随意缩放的,所以将双和的值设为 1 以达到这一目的。现在为了应用线性规划的对偶性,我们应该以如下标准形式重写这些条件:

$$Ax = b$$
$$x \geqslant 0 \tag{11.15}$$

我们能简化每个投资组合的持有量,如果允许卖空交易,它的值可能为负,令:

$$x_i = x_i^+ - x_i^-, \qquad x_i^+, x_i^+ \geqslant 0$$

同时引入一组非负的辅助变量 x_{I+n}, $n = 1, \cdots, N$:

$$x_{I+n} = \sum_{i=1}^{I} R_{in}^* x_i = \sum_{i=1}^{I} (R_{in}^* x_i^+ - R_{in}^* x_i^-) \qquad \forall n$$

所以我们有一个非负决策变量的向量:

$$x = (x_1^+ \ x_1^- \ x_2^+ \cdots \ x_I^- \ x_{I+1} \cdots \ x_{I+N})'$$

现在,一个与式 (11.15) 的解的存在相联系的套利产生了,其中:

$$A = \begin{bmatrix} 0 & 0 & 0 & \cdots & 0 & 1 & 1 & \cdots & 1 \\ R_{11}^* & -R_{11}^* & R_{21}^* & \cdots & -R_{I1}^* & -1 & 0 & \cdots & 0 \\ R_{12}^* & -R_{12}^* & R_{22}^* & \cdots & -R_{I2}^* & 0 & -1 & \cdots & 0 \\ \vdots & \vdots & \vdots & \ddots & \vdots & \vdots & \vdots & \ddots & \vdots \\ R_{1N}^* & -R_{1N}^* & R_{2N}^* & \cdots & -R_{IN}^* & 0 & 0 & \cdots & -1 \end{bmatrix}$$

且

$$b = (1, 0, \cdots, 0)'$$

如果存在式 (11.15) 的一个可行解,如下系统不可能有解:

$$A'y \leqslant 0$$
$$b'y > 0 \tag{11.16}$$

这是线性规划对偶性质的一个直接的结论。实际上,式 (11.16) 的解的一个存在性暗示了存在一个方向 $\hat{y}$,使得在不违背约束条件 $A'y \leqslant c$(对于任意向量 c)的情况下,我们能任意增加目标函数 $b'y$。因此,对偶线性规划可能是无界的,且原问题可能不可行。

　　反观之,如果式 (11.16) 不存在解,则没有套利机会。考虑到 A 和 b 的形式,找到式 (11.16) 的一个重要解释是可能的。用 y_0 表示与第一个原约束条件对应的对偶变量;对应于方案 n,我们有每个原约束条件的对偶变量 y_n。现在我们直接写出对偶约束条件 $A'y \leqslant 0$。对于每个资产 i，有如下不等式：

$$\sum_{n=1}^{N} R_{in}^* y_n \leqslant 0$$

$$-\sum_{n=1}^{N} R_{in}^* y_n \leqslant 0$$

对于所有资产 i，有：

$$\sum_{n=1}^{N} R_{in}^* y_n = 0 \tag{11.17}$$

进一步，考虑矩阵 A 的后 n 列，有：

$$y_0 - y_n \leqslant 0 \qquad \forall n$$

与式（11.6）的第二个条件一起，有如下推论：

$$b'y > 0 \Rightarrow y_0 > 0 \Rightarrow y_n > 0 \qquad \forall n$$

重新调节对偶解如下：

$$\pi_n = \frac{y_n}{\sum_{k=1}^{N} y_k} \qquad \forall n \tag{11.18}$$

我们看到向量 π 能被表示为一个概率测度，因为它的构成值为非负的，且和为 1。另外，它是一个风险中性概率测度，由此，任何一个方案都是可能的（它有严格正的概率），并且任意资产可以在平均的意义上能获得无风险回报。为此，我们将方程（11.18）代入方程（11.17）得到：

$$\sum_{n=1}^{N} R_{in}^* \pi_n = 0$$

这意味着，在这个概率测度下，任何资产的预期贴现所得均为 0，这反过来也表明：

$$E_\pi[P_i] = (1 + r) P_{i0}$$

现在，我们看到在无套利假设或者至少在离散状态的两个时期的经济中，为何风险中性概率测度在期权定价方面起重要作用。严谨地处理连续时间和连续资产价格需要随机积分的工具。

11.4　二阶段线性随机规划的 L 形方法

在本章第一节，我们已经公式化了一些简单的随机 LP 模型，并且我们已经看到它们能用单纯形法处理；内点方法是一个可能的选择。换句话说，通过使用不确定性的一个离散表示，我们得到一个确定的等效程序。然而，给定我们需要生成的方案的数目，所产生的模型可能有非常庞大的规模，并有可能超出通常较好计算机的计算能力。这就是为什么一个好的方案生成是如此重要。另一个不是很明显的困难是，即使中等规模的随机程序也可能是难以解决的，因为它的结构：利用单纯形法所取得的进展是非常缓慢的。内点法在一些情况下可能是适当的选择，另一个可能是依托于随机规划的优势的特定解决方法的发展。这是一个非常积极且技术上具有挑战性的研究领域。我们希望做的是给出一个想法，找出怎样的结构可以被用来设计基于分解算法的解的算法。我们将结束 L 形分解的一个简化版本，它是为处理大规模二阶段随机规划问题的第一个特定算法。

考虑一个有固定的追索权矩阵 W 的二阶段问题：

$$
\begin{aligned}
\min \quad & c'x + \sum_{s \in S} p_s q_s' y^s \\
\text{s. t.} \quad & Ax = b \\
& Wy_s + T_s x = r_s \qquad \forall s \in S \\
& x, y_s \geqslant 0
\end{aligned}
$$

这里，p_s 是方案 s 的概率。可以看出，问题本身导出一个分解方法：实际上，一旦第一阶段决策 x 固定，该问题就被分解为一组对应于每个方案 s 的子问题。通过寻找针对此问题的整体技术矩阵的稀疏结构，这一点可以理解：

$$
\begin{pmatrix}
A & 0 & 0 & \cdots & 0 \\
T_1 & W & 0 & \cdots & 0 \\
T_2 & 0 & W & \cdots & 0 \\
\vdots & \vdots & \vdots & \ddots & \vdots \\
T_S & 0 & 0 & \cdots & W
\end{pmatrix}
$$

这个矩阵几乎是一个块对角矩阵。追索权函数是：

$$
H(x) = \sum_{s \in S} p_s h_s(x)
$$

其中：

$$
\begin{aligned}
h_s(x) \equiv \min \quad & q_s' y^s \\
\text{s. t.} \quad & Wy_s = r_s - T_s x \\
& y_s \geqslant 0
\end{aligned}
\tag{11.19}
$$

评价一个给定第一阶段决策 $\hat{x}$ 的追索权函数，涉及解一组独立的 LP 问题。为简单起见，我们这里假设所有这些问题是可解的，即对任意方案 s，任意关于第一阶段约束条件可行的 $\hat{x}$，有 $h_s(\hat{x}) < +\infty$。在这种情况下，我们说该问题有相当完整的追索权。这在金融问题中是一个合理的假设。例如，考虑一个自称债务管理问题；如果在我们的模型中包含一个极端消极的金融方案，则可能出现一些债务缺口；在这种情况下，我们可以通过适当的缺口罚金来放松约束条件（像第 11.2 节中我们做的）。这些罚金能使追索权完整。如果追索权不完整，我们这里介绍的方法很容易被扩展。

可以证明，追索权函数 $H(x)$ 是凸的；因此我们考虑在第 6.3.4 节中介绍的凯利切平面算法。最后，我们重写二阶段问题如下：

$$
\begin{aligned}
\min \quad & c'x + \theta \\
\text{s.t.} \quad & Ax = b \\
& \theta \geq H(x) \\
& x \geq 0
\end{aligned}
\tag{11.20}
$$

我们能放松约束条件（11.20），得到一个放松后的主问题，然后增加如下形式的切平面：

$$
\theta \geq \alpha'x + \beta
$$

对于第一阶段的决策，每个截面的系数是通过解决方案的子问题得到的。令 $\hat{x}$ 表示初始主问题的最优解，考虑问题（11.19）的对偶：

$$
\begin{aligned}
h_s(\hat{x}) \equiv \max \quad & (r_s - T_s\hat{x})'\pi_s \\
\text{s.t.} \quad & W'\pi_s \leq q_s
\end{aligned}
\tag{11.21}
$$

给定一个最优对偶解 $\hat{\pi}_s$，容易得到：

$$
h_s(\hat{x}) = (r_s - T_s\hat{x})'\hat{\pi}_s
\tag{11.22}
$$

$$
h_s(x) \geq (r_s - T_sx)'\hat{\pi}_s \quad \forall x
\tag{11.23}
$$

不等式（11.23）来自 $\hat{\pi}_s$ 是 $\hat{x}$ 的最优对偶解的事实，而不是因为一个通用的 x。将所有方案的式（11.23）加起来，我们得到：

$$
H(x) = \sum_{s \in S} p_s h_s(x) \geq \sum_{s \in S} p_s(r_s - T_sx)'\pi_s
$$

因此，我们可以增加切平面：

$$
\theta \geq \sum_{s \in S} p_s(r_s - T_sx)'\hat{\pi}_s
$$

L 形分解算法可由迭代放松的主问题的解得到，这就导出 $\hat{\theta}$ 和 $\hat{x}$，以及与之对应的方案的子问题。在每个迭代，截面将被增加到主问题。当主问题的最优解满足如下条件时，算法停止：

$$
\hat{\theta} \leq H(\hat{x})
$$

如果一个接近最优的解对于我们的目的来讲已经足够好了，那么这个条件可以被放松。

如果追索权不完整，一些方案的子问题对于确定的第一阶段决策可能是不可行的。这种情况下，我们能再次利用方案的子问题的对偶。注意到这个对偶问题的可行域并不依赖于第一阶段的决策，因为 $\hat{x}$ 不进入约束条件（11.21）。因此，如果一个对偶问题是不可行的，则它意味着相应方案的第二阶段问题对任何第一阶段决策是不可行的。排除可能出现的模型错误情况，当原问题不可行时，对偶问题将无界。因此，随着最优解趋于无穷，存在对偶可行集的端射线。在这种情况下，我们能容易的将一个不可行性的截面加入到主问题，第一个阶段的决策导致一个不可行的第二阶段问题。因此，在任何迭代，我们发现每个第二阶段子问题的对偶可行集的一个端点或者端直线。该方法的有限收敛导出任何多面体都有有限个端点和端直线这一事实（补充见附录 6.2）。

我们刚刚提出了一个处理随机规划问题的可能方法的基本原则。其他方法也已经获得，但是我们指出，这个想法也可以扩充到多阶段随机规划。进一步，切平面的想法是一些能够处理连续分布的方法的基础。在模拟方法中，我们首先采样一组方案，然后解一个优化模型。另外，也可以集成采样内的优化算法，来产生切割面，以这样的方式解决有连续分布的参数的问题（见 [10]）。

11.5　与动态规划的比较

在最后一章，我们已经考虑了以动态规划为框架来解决不确定性下的动态决策，此外介绍此方法与有追索权的随机规划直接的联系与区别。实际上，追索权函数的概念与动态规划中值函数或者成本的概念是类似的。当然这两种方法有明显关系，它们是相辅相成的。

● 动态规划方法需要找到值函数作为每个决策阶段的状态变量的一个函数。基于 L 形分解的随机规划方法旨在找到追索权函数的唯一局部近似。

● 在计算出值函数后，动态规划方法考虑在规划范围内的整个决策过程的模拟。随机规划方法旨在找到第一阶段的解，尽管下一个节点的决策变量原则上表示一个反馈政策。在这个意义上随机规划是更具可操作性的方法。事实上，使用动态规划模型时要使用最优化模型以获得问题中的信息，可以通过一个程式化的模型，而不是在操作层面上解决它。这在经济学中是常见的，例如，动态规划已经被用于研究对于一个随时间推移具有不同收入的长期投资者关于风险与无风险资产的战略分配。这在养老金经济学中是很重要的，但养老基金的基金经理在经营决策时不太可能使用它。

● 动态规划方法能够解决无限期模型问题，而随机规划方法却不行。再次强调，这是经济学领域中的一个典型动态规划模型。

● 在一些情况下，动态规划模型能被近似地、解析地解出。来自近似解析的解的作用在文献中已经阐述。反之，随机规划方法在本质上是数值的。

● 动态规划模型假设一些潜在不确定性的条件，因为扰动过程具有马尔可夫性（实际上，通过增大状态变量的集合通常能够解决这个困难）。原则上，假如我们能够生成一个方案树，随机规划能解决任何类型的不确定性和跨依赖类型。

由于这些差异，动态规划在经济学界中更常见，而随机规划在运筹学中比较通用。然而，关于方法的正反两方面的知识是最有价值的。例如，基于回归方法和蒙特卡罗模拟的美式期权定价可以更好地理解，如果在不确定性环境下将预测接下来的过程作为表现人们决策时面临的不可预测性的方法。

进阶阅读

书籍推荐

- 早期的关于有追索权的随机规划的参考文献是 [4]。
- 有关随机规划建模相关的可以参见文献 [21] 和 [23]。
- 包括解决方法的教材可以参见文献 [2] 和 [15]。
- 有关解方法的研究介绍可以参见文献 [1]。
- L 形方法的原始文献 [24]。
- 本书仅包含有追索权的随机规划，有关机会约束模型的介绍可以参见文献 [18]。
- 因为方案生成仅是表示不确定性的近似方法，我们应当知道误差对解的影响，相关理论结果可以参见文献 [20]，一个基于"污染"的关于不同方案树之间的敏感性分析可以参见文献 [7]。
- 有关套利和风险中性概率测试的全面讨论，可以参见文献 [14] 和 [17]。
- 关于 AMPL 语言可以参见文献 [8]。
- 关于许多组合优化模型（包括随机规划模型）的参考文献可以参见两卷集文献 [25] 和 [26]。
- 有关组合管理的随机规划也可以参见文献 [22]。

网络资源

- AMPL 的网站是 http://www.ampl.com。
- 关于随机规划的主要参考网站是 http://stoprog.org。
- 关于随机规划的细节应用，包括金融应用，可以浏览 http://mat.gsia.cmu.edu。

参 考 文 献

1. J. R. Birge. Stochastic Programming Computation and Applications. *INFORMS Journal of Computing*, 9: 111 –133, 1997.

2. J. R. Birge and F. Louveaux. *Introduction to Stochastic Programming*. Springer – Verlag, New York, 1997.

3. J. Y. Campbell and L. M. Viceira. *Strategic Asset Allocation*. Oxford University Press, Oxford, 2002.

4. G. B. Dantzig. Linear Programming under Uncertainty. *Management Science*, 1: 197 –206, 1955.

5. M. A. H. Dempster and R. T. Thompson. EVPI – Based Importance Sampling Solution Procedures for Multistage Stochastic Linear Programmes on Parallel MIMD Architectures. *Annals of Operations Research*, 90: 161 –184, 1999.

6. C. Dert. *Asset Liability Management for Pension Funds: A Multistage Chance Constrained Programming Approach*. Ph. D. thesis, Erasmus University, Rotterdam, The Netherlands, 1995.

7. J. Dupačová. Stability and Sensitivity Analysis for Stochastic Programming. *Annals of Operations Research*, 27, 1990.

8. R. Fourer, D. M. Gay, and B. W. Kernighan. *AMPL: A Modeling Language for Mathematical Programming*. Boyd and Fraser, Danvers, MA, 1993.

9. H. Heitsch and W. Roemisch. Scenario Reduction Algorithms in Stochastic Programming. *Computational Optimization*

and Applications, 24: 187 – 206, 2003.

10. J. L. Higle and S. Sen. *Stochastic Decomposition*. Kluwer Academic Publishers, Dordrecht, 1996.

11. R. Hochreiter and G. Ch. Pflug. Scenario Tree Generation as a Multidimensional Facility Location Problem. Aurora Technical Report, University of Wien, 2002 (paper downloadable from http: //www. vcpc. univie. ac. at/aurora/ publications/).

12. K. Hoyland and S. W. Wallace. Generating Scenario Trees for Multistage Decision Problems. *Management Science*, 47: 296 – 307, 2001.

13. G. Infanger. *Planning under Uncertainty: Solving Large – Scale Stochastic Linear Programs*. Boyd and Fraser, Danvers, MA, 1994.

14. J. E. Ingersoll, Jr. *Theory of Financial Decision Making*. Rowman & Littlefield, Totowa, NJ, 1987.

15. P. Kall and S. W. Wallace. *Stochastic Programming*. Wiley, Chichester, 1994.

16. M. Koivu. Variance reduction in sample approximations of stochastic programs. *Mathematical Programming*, 103: 463 – 485, 2005.

17. S. R. Pliska. *Introduction to Mathematical Finance: Discrete Time Models*. Blackwell Publishers, Malden, MA, 1997.

18. A. Prékopa. Probabilistic Programming. In A. Ruszczyński and A. Shapiro, editors, *Stochastic Programming*. Elsevier, Amsterdam, 2003.

19. S. T. Rachev. *Probability Metrics and the Stability of Stochastic Models*. Wiley, Chichester, 1991.

20. W. Roemisch. Stability of Stochastic Programming Problems. In A . Ruszczyński and A. Shapiro, editors, *Stochastic Programming*. Elsevier, Amsterdam, 2003.

21. A. Ruszczyński and A. Shapiro. Stochastic Programming Models. In A. Ruszczyński and A. Shapiro, editors, *Stochastic Programming*. Elsevier, Amsterdam, 2003.

22. B. Scherer and D. Martin. *Introduction to Modern Portfolio Optimization with NuOPT, S – Plus, and S$^+$ Bayes*. Springer, New York, 2005.

23. S. Sen and J. L. Higle. An Introductory Tutorial on Stochastic Programming Models. *Interfaces*, 29: 33 – 61, 1999.

24. R. Van Slyke and R. J – B. Wets. L – Shaped Linear Programs with Application to Optimal Control and Stochastic Programming. *SIAM Journal on Applied Mathematics*, 17: 638 – 663, 1969.

25. S. Zenios, editor. *A Library of Financial Optimization Models*. Blackwell Publishers, Oxford, 2006.

26. S. Zenios. *Practical Financial Optimization*. Blackwell Publishers, Oxford, 2006.

第12章

非凸优化

　　到目前为止我们考虑过的所有优化模型都有一个共同点：它们是凸的，这意味着，我们是在一个凸可行集上最小化一个凸目标函数（或最大化一个凹目标函数）。理论上来说，凸优化问题是很容易的；而在实践中，由于问题的非线性或规模庞大（如大规模随机规划模型），使得进行数值计算相当困难。然而，凸问题的最优结果有一些相对简单的性质。因此，如果有人声称一个结果是最优的，我们通常是很容易检验这个论断的。在非凸问题中，即使检查最优也是一个很难的任务。因此，非凸问题解决方法的效率远远更低而且规范化程度也差很多，许多方法实际上都是探索式的，旨在合理的计算代价下找到一个不错的解，而没有有关最优的任何要求。

　　事实上，非凸优化方法通常是经济和金融领域的人们所习惯工具之外的方法。即便存在这些困难，我们还是有充足的理由对它们有一些掌握。在投资组合管理中，许多问题在经典的均值-方差模型中被忽略了，但却可以在整数规划的框架中被很好的解决，比如：

- 有限多元投资组合。
- 资产的最小投资组合权重。
- 最小交易手数。
- 固定或分段线性交易成本。

　　相关的模型在以前是非常难解决的，但随着计算机硬件和商业求解器的惊人发展使得实际应用成为可能。

　　非凸性可能是由可行域非凸引起的，最常见的情况是由于某些决策变量只限于整数值，比如集合{0,1}，这种情况发生在决策变量模型是逻辑决定时，其本质是离散的：要么做要么不做。在第12.1节中，我们将引入混合整数规划模型。首先，我们将展示基于逻辑的决策变量最常见的"建模技巧"；然后我们将概述包含逻辑变量的投资组合优化模型。

　　另一种可能引起非凸性的原因在目标函数里。例如，一个用多项式表示的目标函数很可能有很多局部极小值。这就是为什么这样的问题被称为全局优化问题。在第12.2节中，我们将展示基于固定组合的投资组合优化模型，这就上升到了连续决策变量上的非凸问题。

然后我们考虑非凸模型的解决方法。实际上在第 12.3 节我们只考虑分支定界方法。分支和定界是混合整数模型的标准方法，它可用在大多数商业求解上。目前，MATLAB 应付这种模型的能力有限，这是我们将主要使用 AMPL 和 CPLEX 来展示解决这些模型的原因。分支和定界也可以应用于一些连续的全局优化模型。然而，全局优化方法远没有形成规范。我们有许多方法处理全局最优化模型的特定子类。除从概念上理解困难外，大部分不可在商业软件中实现，因此我们不会在细节上处理它们。

最后，在第 12.4 节中我们将介绍一些可用于设计启发式的通用原则。事实上，非凸问题可能非常难解决。在极端情况下，实际的选择是放弃最优而寻找一个合理的不错的解。我们将考虑局部的启发式搜索，如模拟退火、禁忌搜索、遗传算法，它们是相当普遍和灵活的办法，也确实被整合到商业求解仿真工具包中，并被广泛且成功地应用于优化问题，其中复杂性使得以数学公式表达目标函数很困难。

12.1　混合整数规划模型

我们已经在例 1.2 中遇到过整数规划模型，在那里我们把背包问题作为一个很粗略的资本预算表示：

$$\max \quad \sum_{i=1}^{n} R_i x_i$$
$$\text{s.t.} \quad \sum_{i=1}^{N} C_i x_i \leqslant W$$
$$x_i \in \{0,1\}$$

这实际上是一个对决策变量有额外限制的线性规划模型，决策变量只能在一组离散值中取值；这就使得这个问题变成了一个非凸问题。

混合整数线性规划模型的一般形式是：

$$\min \quad c'x + d'y$$
$$\text{s.t.} \quad Ax + Dy \geqslant b$$
$$x \geqslant 0, \ y \in \mathbb{Z}_+ = \{0,1,2,3,\cdots\}$$

这个名字源于我们混合了连续变量 x 和整数变量 y 这一事实。当所有的决策变量必须取整数值时，我们把它称为纯整数规划模型。一个非常常见的情况是，决策变量是二值的，即它必须从集合 $\{0,1\}$ 内取值，这是典型的逻辑决策变量，我们将在下一节说明。此外，使用二值变量是一种非常强大的代表非平凡约束的建模技巧。当所有的决定变量均为二值时，我们就有了一个纯二值规划模型，背包问题是这种情况。

常规整数变量可能产生，例如购买的资产必须是基数的倍数时。如果这个倍数很大，则连续近似是合理的，否则投资的离散性就被恰当地反映在优化模型里。然而，最常见的模型是在一个线性混合整数规划模型中所有的整数变量都是逻辑变量。非线性混合整数规划模型可以用公式表达，但有效的求解还没有广泛的商业解决方案。一个例外是二次混合整数规划，最近发布的 ILOG CPLEX 能够解决这一类模型，这让我们能够一般化均值—方差组合优化模型。

12.1.1 逻辑变量建模

现在指出一些需要引进二值决策变量的情况是很有用的。

逻辑约束 考虑一组 N 个活动，也许是投资机会，一个活动是否启动取决于相应的二值决策变量 x_i, $i = 1, \cdots, N$。您可能希望定义一些逻辑约束条件涉及活动的子集。下面是几个例子：

- 子集 S 内恰好有一个活动必须启动（不包括"或"）：

$$\sum_{j \in S} x_j = 1$$

- 子集 S 中至少一个活动必须开始（包括"或"）：

$$\sum_{j \in S} x_j \geq 1$$

- 一个子集 S 中最多只能有一个活动开始：

$$\sum_{j \in S} x_j \leq 1$$

- 如果活动 j 开始，那么活动 k 也必须：

$$x_j \leq x_k$$

上述所有的约束可以推广到更复杂的情况下，例如，在投资组合上执行定性的约束。

固定收费问题和半连续决策变量 我们假定，除其他事项外，开展一系列活动的成本线性依赖于活动的级别，我们得到 LP 模型。在某些情况下，成本结构更复杂；固定收费问题就是一个例子。我们给出了一组活动，用 $i = 1, \cdots, N$ 来标记。活动 i 的级别由一个非负的连续变量 x_i 来表示；活动级别有一组约束条件，通常表示为 $x \in S$。只要 $x_i > 0$，每个活动都有一个与活动级别 x_i 成比例的成本和一个固定的成本 f_i，固定成本不依赖于活动级别。有趣的是需要注意到这种情况下的成本函数在原点是不连续，但经过一个简单的建模技巧，我们能够建立一个混合整数规划模型。

假设已知活动 i 的级别有上限 M_i，并引入了一组二值变量 y_i 使得：

$$y_i = \begin{cases} 1 & \text{当 } x_i > 0 \\ 0 & \text{其他} \end{cases}$$

我们可以建立下面的模型：

$$\min \quad \sum_{i=1}^{N} (c_i x_i + f_i y_i)$$

$$\text{s. t.} \quad x_i \leqslant M_i y_i \qquad \forall i \tag{12.1}$$

$$\boldsymbol{x} \in S$$

$$y_i \in \{0,1\} \qquad \forall i$$

不等式（12.1）是一种模拟固定收费成本的常见方法。如果 $y_i = 0$，则 $x_i = 0$；如果 $y_i = 1$，那么我们得到 $x_i \leqslant M_i$，如果 M_i 足够大这将是一个不具约束力的约束条件。显然，约束（12.1）允许非逻辑的选择：支付固定费用，但让 $x_i = 0$。然而，这被目标函数的最小化所排除。

　　对活动级别的另一种常见要求是，如果它正在进行，其级别应该是在区间 $[m_i, M_i]$ 内。注意，这并不相当于要求 $m_i \leqslant x_i \leqslant M_i$。相反，我们希望是这样的：

$$x_i \in \{0\} \cup [m_i, M_i]$$

这是一个非凸集（凸集的并不一定是凸的）。用上述同样的技巧，我们可能只写：

$$x_i \geqslant m_i y_i, \quad x_i \leqslant M_i y_i$$

这些约束定义了一个半连续的决策变量。如果资产包含在投资组合中，且投资组合中资产的数量必须高于最低罚值时，我们可以使用半连续变量。

分段线性函数　有时候我们必须模拟两个变量之间的非线性关系，比如，交易成本可能以一种非显而易见的方式决定于交易量。虽然可以采用非线性编程方法来应付这种情况，但一个可取的办法是用一个分段线性函数来近似非线性函数以避免该问题；换句话说，我们可以尝试线性插值方法（见第3.3节）。分段线性函数可能会很自然地出现在应用中，图12.1展示了几个实例，其中的点 $x^{(i)}$ 是分开线性区间的断点。有很多不同的原因可能会导致这种情况。如果这个非线性函数的约束条件是等式，问题就是非凸的；在实际应用中，一个非线性优化器可能会停留在一个局部最优解上。如果目标函数是非线性的和非凸的，同样的情况会出现。在这里，这些情况可能转化成非凸的混合整数规划问题，但可以用分支定界方法解决，从而产生一个全局性的最佳方法。此外，如果模型涉及整数决策变量，那么它可能优先选择线性模型，因为非线性混合整数规划问题过于难解决。

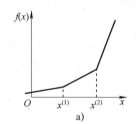 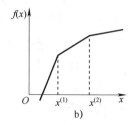 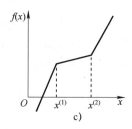

图 12.1　分段线性函数

a) 凸的　b) 凹的　c) 既不是凸的也不是凹的

考虑一下如下的方程：

$$f(x) = \begin{cases} c_1 x, & 0 \le x \le x^{(1)} \\ c_2(x - x^{(1)}) + c_1 x^{(1)}, & x^{(1)} \le x \le x^{(2)} \\ c_3(x - x^{(2)}) + c_1 x^{(1)} + c_2(x^{(2)} - x^{(1)}), & x^{(2)} \le x \le x^{(3)} \end{cases}$$

如果 $c_1 < c_2 < c_3$（递增的边缘成本），则 $f(x)$ 是凸的（见图 12.1a）；如果 $c_1 > c_2 > c_3$（递减的边缘成本），则该函数是凹的（见图 12.1b）；对任意的斜率 c_i，函数既不凸也不凹（见图 12.1c）。

凸情况很容易处理，并且它可以用连续 LP 模型应对。函数 $f(x)$ 可以通过引入三个辅助变量 y_1，y_2，y_3 从而转换为线性形式并替代：

$$x = y_1 + y_2 + y_3$$
$$0 \le y_1 \le x^{(1)}$$
$$0 \le y_2 \le (x^{(2)} - x^{(1)})$$
$$0 \le y_3 \le (x^{(3)} - x^{(2)})$$

这样我们可能表示为：

$$f(x) = c_1 y_1 + c_2 y_2 + c_3 y_3$$

由于 $c_1 < c_2$，在最优解中如果 y_1 设定了上界，则 y_2 为正。同样的，只有当 y_1 和 y_2 同时达到各自上限 y_3 才被激活。如果函数不是凸的，这是不能保证的，我们必须提出一个基于二值决定变量的建模技巧。

为了得到一个如何模拟一般分段线性函数的线索；假定函数用节点 (x_i, y_i) 表示，$y_i = f(x_i)$，$i = 0, 1, 2, 3$，如图 12.2 所示。任何在从点 (x_i, y_i) 到点 (x_{i+1}, y_{i+1}) 的线上的点都能被表示为一个凸组合：

$$x = \lambda x_i + (1 - \lambda) x_{i+1}$$
$$y = \lambda y_i + (1 - \lambda) y_{i+1},$$

其中 $0 \le \lambda \le 1$。由四个节点组成一个凸组合怎样呢？

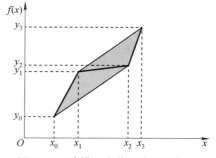

图 12.2 建模一个分段线性函数

$$x = \sum_{i=0}^{3} \lambda_i x_i$$

$$y = \sum_{i=0}^{3} \lambda_i y_i$$

$$\sum_{i=0}^{3} \lambda_i = 1, \qquad \lambda_i \ge 0$$

这不是我们真正想要的，因为这是四个节的凸包（图 12.2 中的阴影区域，请参阅附录 6.1)。然而，我们已快接近目标了；我们只允许相邻系数 λ_i 是严格正的。这可以通过为每条线段 $(i-1,i)$ 引入二值决策变量 s_i，$i=1,2,3$ 来完成：

$$x = \sum_{i=0}^{3} \lambda_i x_i$$

$$y = \sum_{i=0}^{3} \lambda_i y_i$$

$$0 \leq \lambda_0 \leq s_1$$

$$0 \leq \lambda_1 \leq s_1 + s_2$$

$$0 \leq \lambda_2 \leq s_2 + s_3$$

$$0 \leq \lambda_3 \leq s_3$$

$$\sum_{i=1}^{3} s_i = 1 \qquad s_i \varepsilon \{0,1\}$$

实际操作中，可以用优化软件，如 AMPL，为用户提供了一个更简单但等价的方式来表达分段线性函数。

[例 12.1] 假设我们想要模拟一个分段线性目标函数，比如描绘在图 12.1 中的那些，我们有两个断点和 3 个斜坡。为了在 AMPL 表达，我们应该使用关键字参数来声明断点和斜坡相应的参数，例如 x1，x2，c1，c2 和 c3，并用关键字 var 来介绍一个决策变量，例如 x。在 AMPL，目标函数应该包括一个术语如：

　　≪x1，x2；c1，c2，c3 ≫x

　　我们看到，斜坡上总有一个以上的断点：第一个斜坡 c1 适用值小于 x1 的 x，c3 适用于比 x2 大的值。如果给定了函数的特性、优化的意义（最小或最大）连续或离散的优化方法要求，AMPL 会自动检测。

12.1.2　混合整数组合优化模型

　　一个高效的均值 – 方差投资组合可能包括一个大型的资产，其中一些可能只占整体资产配置的一小部分。虽然这样在原则上有利于多样化，但过于多元化的投资组合有一些缺点。其中一个问题是我们必须支付的交易成本使得小交易不具吸引力。另一个问题是，为了控制投资组合风险，我们在分析多个资产的历史数据时要付出的极大努力。这些要求对被动管理的基金尤其重要，因为它们旨在跟踪指数，所以不可能支出太多成本。我们可以扩展的均值 – 方差模型会限制投资组合的基数，即涉的资产数量。用公式表达一个约束表明 I 类资产中最多引入 k 资产是很容易实现的，通过为每个资产 $i=1,\cdots,I$，引入以下这些二值变量：

$$\delta_i = \begin{cases} 1 & \text{如果资产 } i \text{ 在投资组合中} \\ 0 & \text{其他} \end{cases}$$

接着我们所要做的就是为模型添加下面的约束条件：

$$x_i \leq M_i \delta_i \qquad \forall i \qquad\qquad (12.2)$$

$$\sum_{i=1}^{I} \delta_i \leq k \qquad\qquad (12.3)$$

其中 M_i 为资产 i 的数量上限。这实际上与我们用于模拟固定成本的固定收费问题是一样的技巧。另一个条件要求，如果资产数量是正数则需要最小的限制条件。这个要求连续线性或二次规划模型很难满足；但是，扩展式（12.2）的约束条件是很容易的：

$$m_i \delta_i \leq x_i \leq M_i \delta_i \qquad \forall i$$

这是一个半连续变量的例子。顺便说一下，x_i 不必是投资组合中的权重，它可能是股票交易的数量，其中 m_i 将是最小的可交易手数。我们甚至可以进一步要求，在这种情况下，x_i 是一个一般的整数变量，以避免买卖碎股而涉及的额外费用。把所有的加一起，我们可以通过求解如下所示的一组混合整数二次模型来跟踪有效边界：

$$\begin{aligned} \min \quad & \sum_{i=1}^{I} \sum_{j=1}^{I} \sigma_{ij} x_i x_j \\ \text{s.t.} \quad & \sum_{i=1}^{I} \bar{r}_i x_i \geq \bar{r}_T \\ & \sum_{i=1}^{I} x_i = 1 \\ & m_i \delta_i \leq x_i \leq M_i \delta_i \qquad \forall i \\ & \sum_{i=1}^{I} \delta_i \leq k \\ & w_i \geq 0, \delta_i \in \{0,1\} \qquad \forall i, \end{aligned}$$

这里 $\bar{r}_i$ 为资产 i 的预期回报，σ_{ij} 是资产 i 和 j 的回报之间的协方差，$\bar{r}_T$ 是目标回报。通过改变目标回报，我们将跟踪效率边界。同样重要的是要认识到，效率边界与如图 2.12 中的边界存在质的不同。限定基数的效率边界定性草图展示在图 12.3 中，此图可以这样理解，跟踪每个由基数为 k 的子集组成的效率集合，然后打补丁把所有的都放在一起。关于上面这个公式的困难之一是，它是混合整数二次的，而不是线性的。原则上，同样也是在实践中，它

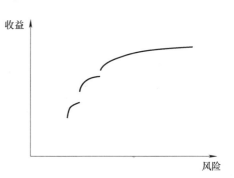

图 12.3　限定基数的有效边界定性草图

可以由第 12.3.1 节中所示的分支定界算法解决，唯一不同的是，更低的下界是由求解一个二次规划问题计算出来的。如今，商业软件已经可以高效地解决这些问题，然而，

大规模应用的计算成本仍很高昂。不过，可以尝试不同选择：

- 如果已经给出风险的趋势，我们可以只跟踪相关部分的效率集。
- 在［3］里案例中已经对混合整数二次模型进行了探讨；类似这样一个途径可能是有利的，但它需要写自己的代码。
- 另一种可能是通过减少数据要求简化模型。例如，假设所有的相关性相同。看［17］中这样的方法，并作为额外的参考。
- 元启发式，如遗传算法和模拟退火（第12.4节）也可以使用［4］。
- 如果一个人想用MILP码，但也可以设计一套不同代表性的风险。［9］中使用的绝对平均偏差已经有人提出过：

$$E\left[\;\left|\;\sum_{i=1}^{I} R_i x_i \;-\; E\left[\sum_{j=1}^{I} R_j x_j\right]\;\right|\;\right],$$

这里 R_i 是资产 i 的随机回报。这个定义与方差非常相似；用的是绝对偏差而不是平方偏差。这个目标可以被转化成线性项，确切的或启发性的 MILP 方式可能被应用。假设实际上，对每个时间周期 $t=1,\cdots,T$ 内我们有一个历史回报集合 r_{it}。然后，我们可以估算 $E[R_i] = \bar{r}_i = (1/T)\sum_{t=1}^{T} r_{it}$，并设置：

$$E\left[\sum_{j=1}^{N} R_j x_j\right] = \sum_{j=1}^{N} \bar{r}_j x_j$$

类似地，我们将目标函数近似为：

$$E\left\{\;\left|\;\sum_{i=1}^{N} R_i x_i - \sum_{j=1}^{N} \bar{r}_j x_j\;\right|\;\right\} = \frac{1}{T}\sum_{t=1}^{T}\sum_{i=1}^{N}\left|\;(r_{it} - \bar{r}_i)x_i\;\right|$$

通过引入一组辅助变量 y_t，该目标函数可以表示为线性形式。该模型将包括（其中包括）下面的目标函数和约束条件：

$$
\begin{aligned}
\min \quad & \frac{1}{T}\sum_{t=1}^{T} y_t \\
\text{s. t.} \quad & y_t + \sum_{i=1}^{N}(r_{it} - \bar{r}_i)x_i \geq 0 \qquad \forall\, t \\
& y_t - \sum_{i=1}^{N}(r_{it} - \bar{r}_i)x_i \geq 0 \qquad \forall\, t
\end{aligned}
$$

举例来说，这个方法在［11］中被采用过，用于处理最低交易手数。这种方法并不需要任何的统计模型，但我们应该指出，这里有过度拟合历史数据的风险。

- 最后，MILP 模型可能不是真正旨在从头开始建立投资组合。相反，人们可以用任何技术设计一个目标投资组合，服从重要市场的波动和流动性相关的约束条件。然后，目标是通过一些实际的要求来近似的，如在实际的投资组合中减少资产的数量。这是［2］应付现实生活的案例所采取的方法。

　　最后一个重要的说法是，解决一个混合整数问题的难度在于它的松弛度（见第 12.3.1 节）。至少有一个应该做的是在约束条件里像式（12.2）减小 Mi 的边界。由于建模得当，在本章参考文献 [2] 中涉及 1500 项资产的计算时间也都控制在几分钟内（使用的是现在称作旧版本的 CPLEX）。

　　最后一点是经典的均值－方差模型忽视了交易成本，这在单周期模式中是值得商榷的，在多期模型中更是值得商榷的，因为过多的交易可能会破坏所有通过优化投资组合获得的利润。最简单的办法是使用一个线性模型的交易成本，也就是说，如果我们交易的资产的数额 x_i，我们支付的比例成本 $\alpha_i x_i$，其中比例常数取决于资产流动性。这将导致在一个线性规划模型，在第 11.2.3 节中已给过一个这样的公式。然而，线性模型没有说明交易成本对成交量的依赖。不同的假设可以根据交易资产的性质，产生不同的模型公式。在固定交易成本的情况下，我们可以简单地采用前面用过的二值变量技巧，并把它作为一个固定的费用处理。如果交易成本是非线性的，根据在这一章开始说明的线索，它们可以被近似成分段线性函数。如果我们假设交易成本随着成交量缓慢增长（也许是因为资产是高度不流通，很难处理销售/采购订单），该函数是凸的且可以用普通的 LP 方法处理。然而，在凹成本的情况下，这不再是相同的情况，我们必须使用混合整数模型。参考 [10] 将发现一个涉及固定交易成本的模型是可以被解决的。

[例 12.2]　我们在这里演示一下怎么用 AMPL 来表达风险最小化受到限制时组合的最大基数和目标预期回报。这是附录 C 中 C.2 节介绍过的均值－方差模型的简单扩展。这个模型文件展示在图 12.4 中。我们看到，二值决策变量 delta 被引入并通过约束条件 LogicalLink 与投资组合权重联系起来。最大基数 MaxAssets 的约束条件是 MaxCardinality，相应的数据文件，作为玩具问题的例子，展示在图 12.5 中。

```
param NAssets > 0, integer;
param MaxAssets > 0, integer;
param ExpRet{1..NAssets};
param CovMat{1..NAssets, 1..NAssets};
param TargetRet;

var W{1..NAssets} >= 0;
var delta{1..NAssets} binary;

minimize Risk:
    sum {i in 1..NAssets, j in 1..NAssets} W[i] * CovMat[i,j] * W[j];

subject to SumToOne:
    sum {i in 1..NAssets} W[i] = 1;
subject to MinReturn:
    sum {i in 1..NAssets} ExpRet[i] * W[i] = TargetRet;
subject to LogicalLink {i in 1..NAssets}:
    W[i] <= delta[i];
subject to MaxCardinality:
    sum {i in 1..NAssets} delta[i] <= MaxAssets;
```

　　图 12.4　有限基数组合的 AMPL 模糊文件（MeanVarCard. mod）（MeanVarCard. mod）

```
param NAssets = 3;
param MaxAssets = 2;
param ExpRet : =
    1   0.15
    2   0.2
    3   0.08;
param CovMat:
            1           2           3           : =
1       0.2000      0.0500      - 0.0100
2       0.0500      0.3000      0.0150
3       - 0.0100    0.0150      0.1000;

param TargetRet : = 0.1;
```

图 12.5　有限基数组合的 AMPL 数据文件（MeanVarCard. dat）（MeanVarCard. dat）

使用 AMPL，我们可以比较这里的结果与我们在附录 C.2 节获得的结果：

AMPL Version 20021038（x86_win32）

ampl: model MeanVarCard. mod;

ampl: data MeanVarCard. dat;

ampl: option cplex_options'mipdisplay 2'

ampl: solve;

CLEX 9.1.0: mipdisplay 2

MIP emphasis: balance optimality and feasibility

Root relaxation solution time =0.05 sec.

	Nodes				Cuts/		
Node Left	Objective	IInf	Best Integer		Best Node	ItCnt	Gap
0 0	0.0631	1			0.0631	7	
* 0 + 0		0	0.0633		0.0631	7	0.27%

CPLEX 9.1.0: optimal integer solution; objective 0.06326530612

9 MIP simplex iterations

1 branch -and -bound nodes

ampl: display W;

W [*] : =

1   0.285714

2   0

3   0.714286

;

我们首先应该注意到分支定界方法是被调用的，而不仅仅是一个障碍求解器。我们也看到，资产 2 不进入投资组合，基数限制也意味着风险的增加，这增长是温和的，但它应该在简化投资组合和在真实环境中减少交易成本两者中进行权衡。

12. 2 基于全局优化的固定混合模型

我们已经在第 11.2 节中说过，在多阶段随机规划模型中，我们假定投资组合可以在指定的时刻快速、自由地重新达到平衡。如果我们假设资产混合在整个时期内保持不变，可以得到一个不同类型的模型。这意味着我们分配到各资产的财富比例保持不变，因此，我们的交易根据高价卖/低价买的战略。使用第 11.2.1 节中相同的符号，我们有一组离散的情景，每一个情景的概率为 p_s，$s = 1, \cdots, S$，且回报表示为 R_{it}^s。现在决策变量只是财富分配至各资产的比例，记为 x_i；注意由于没有追溯行为，这些事件不需要根据树结构构造，因为只要决策变量的定义给定，非预期的条件立即被满足。我们在这里描述的模型是根据 [12]，我们建议读者在其中参考进一步的信息和计算实验，而且 [12] 基本上被认为是均值 - 方差框架的一个扩展；我们把目标函数建立在实现终极财富上，不考虑任何责任。

让 W_0 表示初始财富，然后在情景 s 中财富在时间周期 1 结束时将是：

$$W_1^s = W_0 \sum_{i=1}^{I} R_{i1}^s x_i$$

注意财富是依赖于情境的，但资产的分配却并不如此。在一般情况下，当我们考虑两个连贯的时间周期时，我们有：

$$W_t^s = W_{t-1}^s \sum_{i=1}^{I} R_{it}^s x_i \qquad \forall t, s$$

财富在我们规划视野结束时将是：

$$W_T^s = W_0 \prod_{t=1}^{T} \left(\sum_{i=1}^{I} R_{it}^s x_i \right) \qquad \forall s$$

在一个均值——方差框架内，我们可以建立一个依赖于终极的财富二次效用函数。给定一个与我们的风险厌恶有关的参数 λ，目标函数将是这样的：

$$\max \quad \lambda E[W_T] - (1 - \lambda) \text{Var}(W_T)$$

为了表示目标函数，我们必须记得，$\text{Var}(X) = E[X^2] - E^2[X]$，于是可以写出模型如下：

$$\max \quad \lambda W_0 \sum_{s=1}^{S} p^s \left[\prod_{t=1}^{T} \left(\sum_{i=1}^{I} R_{it}^s x_i \right) \right]$$

$$+ (1 - \lambda) W_0^2 \left\{ \left[\sum_{s=1}^{S} p^s \left[\prod_{t=1}^{T} \left(\sum_{i=1}^{I} R_{it}^s x_i \right) \right] \right]^2 \right.$$

$$\left. - \sum_{s=1}^{S} p^s \left[\prod_{t=1}^{T} \left(\sum_{i=1}^{I} R_{it}^s x_i \right) \right]^2 \right\}$$

$$\text{s. t.} \quad \sum_{i=1}^{I} x_i = 1$$

$$0 \leq x_i \leq 1$$

这看起来像一个非常复杂的问题，虽然目标函数有点乱，但约束条件非常简单，真正的困难在于这是一个非凸的问题。目标原来只是一个关于决策变量的多项式；多项式可能有许多极小值和极大值，于是我们就有了一个非线性非凸问题。

这个问题可以用第 12.3 节中描述的分支定界方法解决。特别的，根据凸估计建立非凸函数的界限的想法在［12］中使用过。如果复杂的特征被添加到模型中，这可能会变成一个相当困难的混合整数非线性问题，在这种情况下，使用元启发式演算法，如禁忌搜索可能是最好的选择［6］。

仿真及优化的集成框架是这种方法很有用的解释。实际上，仿真和优化是分离的，因为情景是预先生成的，我们评估同一情景的解，情景与由普通随机变量产生的方差减少是一致的。优化后，仿真可以被用来评估我们获得更大一组场景的解，其中可能包括压力测试情景；换句话说，我们可以进行一个彻头彻尾的样本分析，以检查该解的鲁棒性。这对一个固定的组合策略是很容易实现的，但动态的组合策略却不，因为这将需要重复困难的多阶段随机规划的解。事实上，即使一个固定混合策略在原则上相对于一个动态策略更差，但这可能在实际应用中更强大；更重要的是，它相对于任意的一组场景更容易证明其鲁棒性，也更容易说服一个投资经理采纳。

选择最佳投资组合管理策略实际上是一个开放的问题，但值得注意的是，固定混合策略仅考虑模拟和优化集成的最简单的结构。我们可以设计出更复杂的策略，根据一组数值参数，它们的值可通过模拟和优化集成的方法设定。

12.3 非凸优化的分支定界方法

考虑一个通用的优化问题：

$$P(S): \quad \min_{x \in S} \ f(x),$$

并假设这是一个困难的问题，因为目标函数和可行集之一是非凸的。考虑图 12.6；在第一种情况下，目标函数有局部极小值；在第二种情况下，可行集是离散的，因此非凸。虽然一般情况下解决非凸问题是很困难的，在某些情况下，如果有合适的凸化条件，它可以变成一个简单的任务。例如，如果 S 是凸的，但 f 不是，我们可以采取 f 外延图的凸包，如图 12.7 所示。用 f 的外延图的凸包产生一个函数 h，使得 h 满足：

- h 在 S 上是凸的。
- 对任意的 $x \in S$，都有 $h(x) \leqslant f(x)$。
- 如果 g 是一个凸函数使得对任意的 $x \in S$ 有 $g(x) \leqslant f(x)$，那么对任意的 $x \in S$，都有 $g(x) \leqslant h(x)$。

在这种情况下，我们能想到用 h 替换 f 并且用凸优化方法解决这个问题。同样的道理，考虑一个线性整数规划问题：

$$(\text{PI}) \quad \min \ \ c'x$$
$$\text{s. t.} \quad Ax \leqslant b$$
$$x \in \mathbb{Z}_+^n$$

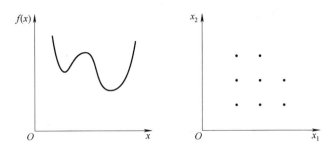

图 12.6　非凸目标函数和离散的非凸可行集

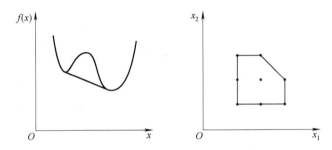

图 12.7　可凸化的非凸目标函数和一个离散的非凸可行集

这可行集是一个离散集，很像图 12.6。如果我们知道它的凸包，如图 12.7 所示，我们可以简单地解决问题，直接把它当作一个普通 LP 问题用单纯的方法解决。事实上，离散点集的凸包是一个多面体；如果点是整数坐标，则凸包的极限点也将是整数，并且其中之一将证明是单纯方法给出的最佳解答案。⊖

不幸的是，我们很少能够刚好处在幸运位置发现这样一个凸化条件。然而，我们可以找到弱凸目标，它们被利用来定义原始的问题松弛化，如图 12.8 所示。

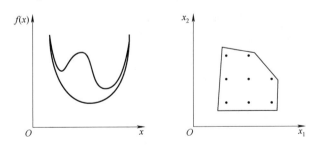

图 12.8　凸下界函数和松弛的离散可行集

定义 12.1　一个优化问题：

$$\text{RP}(T): \quad \min_{\boldsymbol{x} \in T} \quad h(\boldsymbol{x}),$$

⊖ 我们回顾第 6.5.1 节，内点法表明当替代最优解存在，在定义可行集的多面体的一个面的中心容易得到一个解。

是问题 $P(S)$ 的放宽如果满足：

- $S \subseteq T$。
- $h(x) \leq f(x)$，对任意 $x \in S$。

解决一个放宽问题一般并不能得到原问题的最优解，但它给了最佳解值一个更低界限。

[例 12.3] 考虑一个超矩形 S 上非凸函数 $f(x)$，S 由边界定义的：

$$l_j \leq x_j \leq u_j, \quad j = 1, \cdots, n$$

假设 f 是两阶连续可微的。在附录 6.1 中我们陈述过，一个两阶连续可微的函数是凸的如果它的黑塞矩阵是半正定的，这等价于要求它的特征值都是非负定的。我们可以为 f 建立一个凸低估计函数，只需通过增加一个额外的项，并考虑：

$$h(x) = f(x) + \alpha \sum_{i=1}^{n} (l_i - x_i)(u_i - x_i)$$

其中 $\alpha > 0$。很容易看出附加项在区域 S 上为非正的，在其边界上是零。因此，h 是一个 f 的一个低估计。如果 α 是足够大的，它将是凸。为了说明这一点，考虑 h 的黑塞矩阵 H 与原目标 f 的黑塞矩阵 H_f 相互间的关系：

$$\frac{\partial^2 h}{\partial x_i^2} = \frac{\partial^2 f}{\partial x_i^2} + 2\alpha, \quad i = 1, \cdots, n$$

$$\frac{\partial^2 h}{\partial x_i \partial x_j} = \frac{\partial^2 f}{\partial x_i \partial x_j}, \quad i, j = 1, \cdots, n; i \neq j$$

h 的特征值是下面的方程的解：

$$\det(H_f + 2\alpha I - \mu I) = \det(H_f - (\mu - 2\alpha)I) = 0$$

很容易发现，如果 H_f 的特征值是 λ_i，则黑塞矩阵 h 的特征值就可以简单表示为：

$$\mu_i = \lambda_i + 2\alpha$$

如果选择一个足够大的 α 值，可能会变为正数。我们将很快看到，放松条件问题应该是越紧越好。这意味着低估计函数应该是尽可能的大，α 应尽可能的小。选择 α 的准则在参考文献 [13] 中已经给出了。

[例 12.4] 考虑整数规划问题（IP）。凸放松问题的可行集是：

$$S = \{x : Ax \leq b; x \in \mathbb{Z}_+^n\}$$

可以通过放弃对整数性的要求获得：

$$T = \{x : Ax \leq b; x \in \mathbb{R}_+^n\}$$

这将产生一个 LP 问题，这是很容易解决的。在一般情况下，松弛问题的一些解是小数。这意味着，我们得到的解是不可行的，但是，我们得到目标函数的最优值的一个下界。

我们已经看到，在上述两个例子中，松弛问题是凸的，很容易解决，但它只产生了目标函数最优解的一个下界。

一种可能的解决策略是将原始的问题 $P(S)$ 的可行集 S 分裂成子集 $S_1, \cdots, S_q$ 的集合，使得：

$$S = S_1 \cup S_2 \cup \cdots \cup S_q;$$

然后我们有：

$$\min_{\boldsymbol{x} \in S} f(\boldsymbol{x}) = \min_{i=1,\cdots,q} \left\{ \min_{\boldsymbol{x} \in S_i} f(\boldsymbol{x}) \right\}$$

分解可行集背后的理由是我们在较小集上更容易解决问题；或至少，通过解决松弛问题得到的下限更紧。提高效率是可取的，但不是绝对必要，把集合 S 按下面要求划分：

$$S_i \cap S_j = \varnothing, \quad i \neq j$$

这种形式的分解叫作支化。

[例 12.5] 考虑下面的二值规划问题：

$$\min \quad \boldsymbol{c'x}$$
$$\text{s.t.} \quad \boldsymbol{x} \in S = \{\boldsymbol{x} \mid \boldsymbol{Ax} \geqslant \boldsymbol{b}; x_j \in \{0,1\}\}$$

这个问题可以被分解为两个子问题，通过选择一个变量 x_p 并将它固定在 1 和 0：

$$S_1 = \{\boldsymbol{x} \in S; x_p = 0\}$$
$$S_2 = \{\boldsymbol{x} \in S; x_p = 1\}$$

由此产生的问题，$P(S_1)$ 和 $P(S_2)$ 可以依次再分解，直到所有的变量都已经被固定。分支过程可以是形象地表示为一个搜索树，如图 12.9 所示。

分支过程会生成更容易的问题。在示例中，搜索树的叶是平凡的问题，因为所有的变量都固定在两个可行值中的一个值；实际上，搜索树只是在这种情况下罗列可能解的一种方式。不幸的是，如果有很大数量的叶，如果 $\boldsymbol{x} \in \{0, 1\}^N$，就会有 2^N 种可能的解。实际上，限制条件 $\boldsymbol{Ax} \geqslant \boldsymbol{b}$ 可以排除它们中的许多解，但除了最小问题外，暴力枚举仍是可行的。

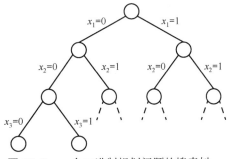

图 12.9　一个二进制规划问题的搜索树

为了减少计算负担，可以尝试消除子问题 $P(S_k)$，或等价地，树中的一个节点，只要它不能导致 $P(S)$ 的最优解。如果有可能通过凸松弛或者其他方法计算出每个子问题的下界，这是可以完成的。设 $\nu[P(S_k)]$ 代表问题 $P(S_k)$ 的最优值，下界 $\beta[P(S_k)]$ 是这样的：

$$\beta[P(S_k)] \leqslant \nu[P(S_k)]$$

现在假设我们知道一个可行的，但不一定是 $P(S)$ 的最优解 $\hat{\boldsymbol{x}}$。如果存在的话，这样的解决实际上在搜索树的过程中已经找到了（异常情况除外）。$f(\hat{\boldsymbol{x}})$ 的值是最优值 $\nu^* = \nu[P(S)]$ 的上界。显然，解决子问题 $P(S_k)$ 是没有意义的，如果：

$$\beta[P(S_k)] \geqslant f(\hat{\boldsymbol{x}}) \tag{12.4}$$

事实上，解决这个子问题不能在我们已经知道的可行解 $\hat{x}$ 方面产生改善。在这种情况下，我们可以从进一步思考中消除 $P(S_k)$；这消除称为洞悉，对应于修剪搜索树的一个分支。注意 $P(S_k)$ 被洞悉仅可以由比较下界 $\beta[P(S_k)]$ 和上界 $\nu[P(S)]$ 解决。用子问题 $P(S_i)$ 作为比较的基础来洞悉掉 $P(S_k)$ 是不正确的，比如：

$$\beta[P(S_i)] < \beta[P(S_k)]$$

分支和洞悉机制是一类被称为分支定界方法的广泛运用算法的基础。在接下来的小节中，我们概述解决混合整数线性规划（MILP）问题的分支定界法的基本结构。这些方法在商业优化软件库广泛使用。与此相反，在实践中非凸的连续问题的分支定界方法需要专门的编码。

MILP 模型基于 LP 的分支定界方法：最基本的分支定界算法可以概括如下，在每一步中，我们处理名单上的子问题，对应于搜索树的节点，并尝试产生一个序列提高现有的解，直到我们能够证明现有的解是最佳的解。在中间步骤，现有的解是迄今发现的可行的（整数）解一个最小化问题，为我们提供了一个最优值的上限。我们给出最小化问题算法，它很容易适应最大化问题的算法。

基本的分支界算法包括：

（1）**初始化**　打开的子问题列表被初始化为 $P(S)$；现有可行解 ν^* 的值上限被设定为 $+\infty$。

（2）**选择候选子问题**　如果打开的子问题列表是空，则停止：现有的解为 $\boldsymbol{x}^*$，如果已发现，就是最优解；如果 $\nu^* = +\infty$，原题是不可行的。否则，从列表中选择一个子问题 $P(S_k)$。

（3）**定界**　在 $\nu[P(S_k)]$ 解松弛问题 $P(\bar{S}_k)$ 计算下限 $\beta(S_k)$。让：$\bar{\boldsymbol{x}}_k$ 是松弛子问题的最优解。

（4）**用最优性剪枝**　如果 $\bar{\boldsymbol{x}}_k$ 是可行的，修剪子问题 $P(S_k)$。此外，如果 $f(\bar{\boldsymbol{x}}_k) < \nu^*$，请转到步骤2，更新现有的解 $\boldsymbol{x}^*$ 和它的值 ν^*。

（5）**用不可行性剪枝**　如果松弛子问题 $P(\bar{S}_k)$ 是不可行的，请转到步骤2，进一步考虑消除 $P(S_k)$。

（6）**用约束剪枝**　如果 $\beta(S_k) \geq v^*$，转到步骤2 消除子问题 $P(S_k)$。

（7）**分支**　把打开的子问题列表中的 $P(S_k)$ 替换为子问题列 $P(S_{k1}), P(S_{k2}),$ $\cdots, P(S_{kq})$，它们是通过对 S_k 进行划分得到的，请转至步骤2。

要成功地应用此算法，我们必须面对以下问题：

- 如何高效地计算出一个更强的下界。
- 如何分支产生子问题。
- 如何从打开的子问题中选择合适的候选问题。

最后一个问题是非常重要的，需要选择一个战略来探索树结构。一种可能性是按照下界优先探索最有前途的节点；这产生了最佳分支策略。另一种可能性是深度优先的策略，首先探讨的是最后生成的节点；这种策略的优点是具有限制存储搜索树所需的存储器空间。在实践中，我们还应该注意，到目前为止，松弛问题的解来自于整体性。在下面的例 12.8 中，我们将检查这些选择的影响。

商业分支定界程序由以下基于 LP（连续）的松弛问题计算边界。给定一个MILP 问题：

$$P(S) \quad \min \quad \boldsymbol{c'x + d'y}$$
$$\text{s. t.} \quad \boldsymbol{Ax + Ey \leq b}$$
$$\boldsymbol{x} \in \mathbb{R}_+^{n_1}, \quad \boldsymbol{y} \in \mathbb{Z}_+^{n_2}$$

连续的松弛问题是通过不断放宽完整性的约束来获得的：

$$P(\bar{S}) \quad \min \quad \boldsymbol{c'x + d'y}$$
$$\text{s. t.} \quad \boldsymbol{Ax + Ey \leq b}$$
$$\begin{pmatrix} \boldsymbol{x} \\ \boldsymbol{y} \end{pmatrix} \in \mathbb{R}_+^{n_1 + n_2}$$

在理想的情况下，放松的区域 $\bar{S}$ 应该尽可能接近 S 的凸包；$\bar{S}$ 越小，下界越大。收紧下界能使用边界剪枝更容易。为此，仔细建模可能会有帮助。

[例 12.6] 考虑一个固定收费模型，其中活动级别 i 是通过连续决策变量 x_i 衡量，且决定启动该活动是由二值决策变量 $\delta_i \in \{0, 1\}$ 模拟的。为了联系这两个决策变量，我们可以写约束

$$x_i \leq M_i \delta_i,$$

其中 M_i 是级别 x_i 的一个上限。当我们解决了连续松弛问题，我们放弃了对 δ_i 的完整性约束，我们把它替换成 $\delta_i \in [0,1]$。原则上，M_i 可能是一个非常大的数字，但要获得一个紧松弛问题，我们应该选择尽可能小的 M_i。

[例 12.7] 例 1.2 中，我们已经考虑了如何扩展基本背包模型来处理活动之间的相互作用：在例子中，只有当所有的活动在一定的子集里时，活动 0 才可以开始。模拟这种要求的一种可能约束是：

$$Nx_0 \leq \sum_{i=1}^{N} x_i,$$

其中 $x_0 \in \{0, 1\}$ 模拟开始活动 0 的决定，$x_i \in \{0,1\}$ 是调节活动 0 的子集中相关的 N 个活动。另一种等效提法是：

$$x_0 \leq x_i, \quad i = 1, \cdots, N$$

一方面，这种分开的方式需要更多的约束条件，且在解决连续松弛问题时可能需要更多的工作。然而，当我们考虑连续松弛问题所有对分解前的总约束条件是可行的点对分解的约束条件都是可行的，反之则不然。因此，松弛问题的分解前的总可行集更小，且下限也更紧。这样的改写被引入某些软件包（如 CPLEX）并且大大削减分支定界算法的计算量。

至于分支，下面的策略通常适用于一般的整数变量。假设在松弛问题的最优解中一个整数变量 y_j 取了一个非整数值 $\bar{y}_j$（必须存在，否则，我们将由可行性剪

枝），然后产生两个子问题；对于向下的分支，我们给规则添加约束：

$$y_j \leq \left| \bar{y}_j \right|$$

我们在向上的分支添加：

$$y_j \geq \left| \bar{y}_j \right| + 1$$

例如，如果 $\bar{y}_j = 4.2$，我们生成两个子问题并添加限制 $y_j \leq 4$（对于向下的分支）和 $y_j \geq 5$（对于向上的分支）。

一个棘手的问题是哪个变量应该在我们的分支上。相似的，我们应决定分支和定界算法步骤 2 中应从列表中选择哪个子问题。通常情况下，没有通用的答案；软件包给用户提供不同的选择和一些必需的能给出最好策略的实验。

商业分支定界软件包已经取得了令人印象深刻的改进。尽管这样，一些大型的问题仍不能在一个合理的时间量之内得到最优解。如果是这样，一种可能是运行分支定界方法而能容忍得到一个次最优解。我们会引入一个容忍参数 ε 并消除树中的一个节点只要满足如下关系，而不是只有当下限大于或等于现有的解 $\beta(S_k) \geq \nu^*$ 时，剪掉 $P(S_k)$ 这一子问题：

$$\beta(S_k) \geq (1 - \varepsilon)\nu^*$$

如果这样做，我们只能保证找到一个接近最优的解，但我们有一个次优解的界。作为交换，我们可能显著减少计算工作量。我们得到的是数学的积极的启发式。当然，启发式不必基于数学原理，但考虑启发式之前，我们想说明分支定界的一些细节。

[**例 12.8**] 在第 C.3 节中我们展示了下面的背包问题如何用 AMPL 解决：

$$\max \quad 10x_1 + 7x_2 + 25x_3 + 24x_3$$
$$\text{s. t.} \quad 2x_1 + 1x_2 + 6x_3 + 5x_4 \leq 7$$
$$x_i \in \{0,1\}$$

同样的问题可以用 MATLAB 中的 bintprog 解决，这样做的一个脚本如图 12.10 所示。脚本是非常简单的，唯一值得注意的是策略的选择。在第一次运行时，我们使用深度优先搜索战略，而第二次运行使用了最好节点。策略的选择像往常一样在优化工具箱里，用 optimset 建立一个 option 结构。我们也可以看到，两个策略之间有一些区别：

```
>> knapsack
Optimization terminated.
Optimization terminated.
Optimal solution: 1 0 0 1
Value: 34
Nodes with depth - first: 9
Nodes with best - node: 7
```

为了找到最佳的解，并证明其是最优解，相当数量的节点被探索。人工使用 linprog 做分支定界是非常有益的尝试。当多个解存在时往往意味着它们可能是整数，从而产生极值解，因此我们必须使用简单算法。

```
% Knapsack.m
A =[2 1 6 5];
b =7;
c = -[10 7 25 24];
options =optimset('NodeSearchStrategy','df');
[x, value, exitflag, outputdf] =bintprog(c,A,b,[],[],[],options);
options =optimset('NodeSearchStrategy','bn');
[x, value, exitflag, outputbn] =bintprog(c,A,b,[],[],[],options);
fprintf(1,'Optimal solution: ', x');
fprintf(1,'%d ', x');
fprintf(1,'\nValue: %d\n', -value);
fprintf(1,'Nodes with depth-first: %d\n', outputdf.nodes);
fprintf(1,'Nodes with best-node: %d\n', outputbn.nodes);
```

图 12.10 解决一个简单的背包问题的 MATLAB 脚本

在树中, 我们首先要解决的根本问题 (P_0) 是连续松弛的二值问题:

```
>> options =optimset('LargeScale', 'off', 'Simplex', 'on');
>> A =[2 1 6 5];
>> b =7;
>> c = -[10 7 25 24];
>> lb =zeros(4,1);
>> ub =ones(4,1);
>> [x, val] =linprog(c,A,b,[],[],lb,ub,[],options)
Optimization terminated.
x =
    1.0000
    1.0000
        0
    0.8000
val =
    -36.2000
```

我们看到目标值是 36.2, 这是最佳值 34 的一个上界 (记住我们是要最大化, 目标的意义发生了变化), 并且 x_4 是分数。我们可以生成子问题 P_1 继续分支这个变量, 其中 $x_4 = 0$, 和子问题 P_2, 其中 $x_4 = 1$。让我们先解决 $P1$:

```
>> Aeq =[0  0  0  1];
>> beq =0;
>> [x, val] =linprog(c,A,b,Aeq,beq,lb,ub,[],options)
Optimization terminated.
```

```
x =

    1.0000

    1.0000

    0.6667

         0

val =

   -33.666
```

我们可以看到由于额外的约束，解越来越差。解决 P_2，我们得到：

```
>> Aeq =[0 0 0 1];
>> beq =1;
>> [x, val] =linprog(c,A,b,Aeq,beq,lb,ub,[ ],options)
Optimization terminated.

x =

    0.5000

    1.0000

         0

    1.0000

val =

   -36
```

这项松弛政策看起来更有前途，所以我们从这里分支，产生子问题 P_3，其中 $x_1 = 0$，和子问题 P_4，其中 $x_1 = 1$。很容易看到 P_4 产生整数解 $x_1 = x_4 = 1$，$x_2 = x_3 = 0$，有值 34。现在我们可以消除 P_1，因为其边界表明这个子问题不能产生最优解。但是，我们还没有完成，但因为子问题 P_3 产生了一个不错的分数解：

```
>> Aeq =[0 0 0 1;1 0 0 0];
beq =[1;0];
[x, val] =linprog(c,A,b,Aeq,beq,lb,ub,[ ],options)
Optimization terminated.

x =

         0

    1.0000

    0.1667

    1.0000

val =

   -35.1667
```

我们留给读者的任务是验证 $x_3 = 0$ 的分支，我们得到一个解，值为 32，而 $x_3 = 1$ 产生一个不可行的问题（我们在背包中有三个项目，超出其容量）。因此，探索几个节点后，我们已经证明最佳解的值是 34。注意到暴力枚举策略需要探索 $2^4 = 16$ 种可能解是重要的。那么用 AMPL 会怎样呢？读者可以从附录看到 AMPL/CPLEX 使

用零分支和节点:

```
ampl: model Knapsack. mod;
ampl: data Knapsack. dat;
ampl: options cplex_ options 'mipdisplay 2';
ampl: solve
CPLEX 9.1.0: mipdisplay 2
Clique table members: 2
MIP emphasis: balance optimality and feasibility
Root relaxation solution time =      0.02 sec.
```

	Nodes					Cuts/			
Node	Left	Objective	IInf	Best	Integer	Best	Node	ItCnt	Gap
0	0	36. 2000	1			36. 2000		1	
*	0+	0		0	32. 0000	36. 2000		1	13.12%
*		34. 0000		0	34. 0000	Cuts: 3		3	0.00%

```
Cover cuts applied: 1
Implied bound cuts applied: 1
CPLEX 9.1.0: optimal integer solution; objective 34
3 MIP simplex iterations
0 branch − and −bound nodes
```

这怎么可能呢?如果我们检查预算约束,可以很容易地看到,1项和3项不能同时选取,因为他们的总容量是8,超过了可用的预算。因此,我们可以添加约束:

$$x_1 + x_3 \leqslant 1$$

这在离散域时显然是冗余的,但在连续松弛问题时不是冗余的。同样的道理,我们可以添加以下约束条件:

$$x_3 + x_4 \leqslant 1$$
$$x_1 + x_2 + x_4 \leqslant 2$$

这种附加的约束叫作覆盖不等式,并能加强从 LP 松弛问题得到的边界,降低 CPU 运算时间。如果我们试图在 MATLAB 中解决 LP 松弛问题,加入这三个覆盖不等式,得到:

```
≫ A1 =[2 1 6 5; 1 0 1 0; 0 0 1 1; 1 1 0 1];
b1 =[7;1;1;2];
c = −[10 7 25 24];
lb =zeros(4,1);
ub =ones(4,1);
[x, val] =linprog(c,A1,b1,[ ],[ ],lb,ub,[ ],options)
Optimization terminated.
```

```
x =

    0.3333

    1.0000

    0.3333

    0.6667
val =

   -34.6667
```

我们看到覆盖不等式如何加强松弛问题。现在我们可以总结出最优解不可能超过34，因为模型所有的系数都是整数。AMPL/CPLEX 能够利用这个和其他类型的不等式，以减少分支定界的计算要求。不等式的自动生成也称为切割生成，我们的目标是切割可行域，使其尽可能接近整数解的凸包。高效切割生成并不重要，因为仅产生有效切割是很重要的；读者可能用 MATLAB 检查上面简单的例子，不是所有的覆盖不等式都是真正有用的，实际上有些是多余的。

在上面的例子中，我们可以体会到最先进的混合整数规划包的复杂度。我们还应该强调启发式算法实际上被集成在一个分支定解的过程中。启发式算法的作用是生成几乎整数的解和一个可行解；如果质量好，这将提高现有解和用来与下限比的上限。在以上对 ILOG CPLEX 跟踪中，每当你看到一个星号(*)的行，这意味着搜索过程中发现了一个新的现有解。当你看到一个加号(+)，这意味着它是被启发式算法发现的。我们有可能制定聪明的四舍五入启发式算法，如果我们用它来寻找一个最优解，但四舍五入在一般情况下无效，但是当连续松弛是不够紧的，可能会得到很好的解。另一个可以利用的原则是局部搜索，接下来将要讨论它。

12.4 非凸优化的启发式算法

当一个分支定界法经过合理的努力不能产生最优解或次最优解时，我们可以启用一个快速启发式算法为我们提供了一个很好的解。对于任何特定的问题制定一个特设的算法是可以。然而，有趣的是，基于一般原则进行一些修改完善，可能会产生广泛使用某一类问题的好的启发式。局部搜索元启发式[⊖]颇为流行并且也被提出来解决财务问题。它们最初是为离散优化问题开发的，但是，当目标是非凸时，也可以适用于连续非线性规划。

局部搜索算法与非线性梯度法规划相似。基本的想法是通过增加一个局部的扰动来改善已知的解。考虑一个通用的优化问题：

$$\min_{x \in S} \quad f(x)$$

定义了一个离散集 S。给定一个可行解 x，$N(x)$ 定义为通过给 x 施加一组简单的扰

⊖ 这个名字反映了相对性的原则。在实践中，一个很好的个性化协议需要拿出一个具体问题的真正有效的方法。

动而获得邻域。不同的扰动会产生不同的邻域结构。

最简单的局部搜索算法是局部改善。给定一个当前的解 $\bar{x}$，备选的解 x° 是在现有解的邻域里选择，这样：

$$f(x^{\circ}) = \min_{x \in N(x)} f(x)$$

如果邻域结构 $N(\cdot)$ 足够简单，上面的最小化问题可以通过穷举搜索解决，如果我们试图在附近找到较佳的解，我们可以称其为较好的改善方法。显然，我们在有邻域结构的效率（越大越好）和算法的效率之间权衡。如果 $f(x^{\circ}) < f(\bar{x})$，然后 x° 被设置为新的当前解并且重复该过程。如果 $f(x^{\circ}) \geqslant f(\bar{x})$，该算法停止。一个可能的变化是在当前解的邻域进行部分搜索直到找到一个改进的解；这种方法叫作第一改进，因为在找到一个新的解前不用搜索整个邻域。

邻域结构是与问题相关的。在离散优化问题的情况下，设计一个邻域结构可能会相对简单。举例来说，在资本预算的问题中，解决的办法是由选定项目的子集表示。邻域可以通过交换在当前子集中的项目和不在其内的项目产生。在一般的二值变量规划问题中，可以考虑依次互补变量。其实，设计一个聪明有效的邻域并不像它看起来那么平凡，因为必须注意限制条件。在连续变量的情况下，一个进一步的并发症出现了；我们可以产生相邻点通过沿设定的方向移动点，但我们必须找到一种方法来选择步长。对于这个目标，已制定动态策略（参见有关金融方面的应用）。

这个基本的想法通常是很容易应用的，但它有一个主要的缺点：该算法通常停止在局部（相对于邻域结构）的最优解。这跟我们用梯度法解决非凸目标函数时面对同样的困难是一样的，原因是改进扰动［即 $\Delta f = f(x^{\circ}) - f(\bar{x}) < 0$］被接受了。为了避免陷入局部最优解，我们必须放宽这一假设。

下文中我们将介绍三个局部搜索方法，用来克服局部提高的局限性：模拟退火的局部改进，禁忌搜索和遗传算法。

模拟退火 已经指出，为了克服局部极小的问题，我们必须以一些有原则的方式接受不提高扰动，即对 $\Delta f > 0$ 的扰动。模拟退火是基于成本最小化的离散优化和物理系统中的能量最小化的类推。局部改进策略行为很像根据经典力学的物理系统。在没有外部输入时，系统不可能在一定的时刻有一定的能量并增加：如果你把一个球放在一个洞里，它会停在那里。这在热力学和统计力学中是不正确的，在绝对零度以上的温度下，热噪声可以使得系统的能量增加。能量的增加更可能发生在高温情况下。这种向上跳跃的概率 P 取决于获得的能量 ΔE 和温度 T，根据玻尔兹曼分布：

$$P(\Delta E, T) = \exp\left(-\frac{\Delta E}{KT}\right)$$

其中，K 是玻尔兹曼常数。

退火是一种冶金工艺，通过熔化了的材料慢慢冷却以获得良好的（低能量）固态形状。如果温度下降太快，系统被困在局部能量最小的状态，玻璃就产生了。但是如果这个过程足够缓慢，那么由于热噪声产生的动能波动允许系统逃出局部极小，最终达到非常接近全局最优的一个点。

依据统计力学严格的类推，在模拟退火方法中当前解的一个扰动 $\Delta f < 0$ 始终是接受的；$\Delta f > 0$ 的扰动以一个服从玻尔兹曼分布的概率接受：

$$P(\Delta f, T) = \exp\left(-\frac{\Delta f}{T}\right)$$

这个概率分布相对于 Δf 是一个递减指数型，其形状取决于参数 T，作为一个温度（见图 12.11）。当解值增加出现退化时，接受非改善扰动的概率会下降。对于一个给定的 Δf，当温度高时接受概率高。当 $T \to 0$ 时退化到一个步长函数，并且这个方法像一个局部改进。当 $T \to +\infty$ 时，概率在任何地方都是 1，并且我们对解空间有一个随时的探索。参数 T 允许平衡通过改进开发解的需要和探索解决空间的需要。

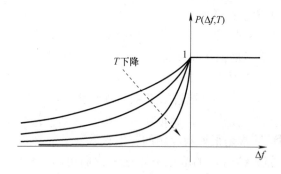

图 12.11 对于不同的温度下当成本函数增加时可接受概率的情况

模拟退火方法只是把确定性接受规则替代为带有概率的局部改善规则。温度被设定为相对高的初始值 T_1，在步骤 k，此时温度为 T_k，算法被重复使用，直到满足一些终止准则。该温度下降的策略被称为冷却进度表。最简单的冷却进度表是：

$$T_k = \alpha T_{k-1}, \qquad 0 < \alpha < 1$$

在实践中，以一定数量的步骤保持温度恒定是可取的，目的在改变温度参数之前达到热力学平衡。更先进的自适应冷却策略已经被提出来了，但是复杂度的增加并不常常看起来都是公正的。一个非常简单的退火算法的执行过程可以如下所示：

步骤 1. 选择一个初始解 x_{old}，一个初始温度 T_1 和一个下降参数 α；令 $k = 1$，$f_{old} = f(x_{old})$；令 $\hat{f} = f_{old}$ 和 $\hat{x} = x_{old}$ 分别是当下的最优值和最优解。

步骤 2. 从 x_{old} 附近随机选择一个典型解 x_{new}，并结算其目标函数值 f_{new}。

步骤 3. 设置接受概率为：

$$P = \min\left\{1, \exp\left(-\frac{f_{new} - f_{old}}{T_k}\right)\right\}$$

步骤 4. 以概率 P 接受新解，如果接受了新解，令 $x_{old} = x_{new}$ 和 $f_{old} = f_{new}$；必要的话，更新 $\hat{f}$ 和 $\hat{x}$。

步骤 5. 如果某些终止条件被满足，则停止；否则令 $k = k + 1$，根据降温步骤设置新的温度，转到步骤 2。

概率的接受是容易实现的。P 的值服从玻尔兹曼分布；然后一个服从 0 到 1 的均匀分布伪随机数 U 产生了，并且如果 $U \le P$ （第 4.3 节处理伪随机数生成，移动是被接受的）。

终止条件与最大迭代次数、最低温度、目前解保持不变的最多步数等有关。注意我们不探索整个当前解的邻域；该方法是第一改进类型。如果一个候选的解被拒绝，我们在当前解的邻域中选择另一个候选解。原则上是有可能被相同的解访问两次；如果邻域结构足够丰富，这是不太可能的。保存最好的解是有必要的，因为冰点（最后的目前解）不必是访问到的最好的解。

退火算法的实现因此被特征化为解空间，邻域结构，邻域探索规则，和冷却时间表。可以表明，在某些情况下该方法渐近收敛（在概率意义上的）到全局最优解。收敛性是令人欣慰的特性，但它通常被认为是几乎没有实际价值，因为其条件需要不切实际的运行时间。然而，经验表明在许多实际的设置中，很好的解（通常是最优的）是可以找到的。然而该算法获得高质量解的运行时间是依赖于原问题的。

禁忌搜索　类似模拟退火，禁忌搜索是基于邻域搜索的元启发式算法，旨在逃出局部极小。不同于模拟退火，禁忌搜索是尝试保持偏向很好的解的搜索方式。

禁忌搜索的基本思想是，选择当前解的邻域 N 中最好的解作为新的当前解，即使这意味着增加了成本。如果我们处于局部最小值，这意味着接受非改善扰动。这个基本想法的缺陷是可能会出现循环。如果我们试图在其邻域选择最佳解逃离局部最小，很可能的情况是在接下来的迭代中回落到局部最小值，因为这可能是在新的邻域中最好的解。

为了防止循环，我们必须防止重复考虑解。一种方法是将已经访问过的解记录下来；但是这是既耗内存又耗时的，因为在已得到的列表中检查候选解需要做大量工作，更好的主意是仅记录最近访问的解。一个实际的选择是只存储一些解的属性，或所施加的扰动；这些属性被称为禁忌。例如，在每一个步骤选定的扰动的反向都被标记为禁忌。考虑一个只涉及二值变量的纯整数规划问题；如果我们处理了变量 xi，在接下来几次迭代中，我们可能会禁止对这个变量进行任何扰动。作为一种替代方法，一个解的禁忌属性可能是目标函数的值。在实践中，仅保留最近几次的禁忌属性以避免循环是必要的，实现这种数据结构的方法是禁忌列表。

禁忌导航算法的基本方法可以描述如下：

步骤 1. 选择一个初始解 x_{cur}，一个禁忌列表长度；令 $k = 1$，$\hat{f} = f(x_{\text{cur}})$，$\hat{x} = x_{\text{cur}}$。

步骤 2. 计算局部 $N(x_{\text{cur}})$；使用邻域内不触发禁忌列表的解更新当前的解；如果必要的话，更新当下的最优解 $\hat{x}$ 和当下的最优值 $\hat{f}$。

步骤3. 将新解的属性或者应用扰动添加到禁忌列表。

步骤4. 如果达到最大的迭代次数，则停止；否则令 $k=k+1$，转到步骤2。

需要注意的是，不同于模拟退火算法，这个版本的禁忌搜索探索目前解的整个邻域；基本的禁忌搜索是一种最佳改善的策略，而不是第一个改进解策略。但是，限制邻域以减少计算负担是可能的。

有几个问题和改进是需要考虑的，以便实现一个有效和高效的算法。它们是相当特定的问题；这表明虽然局部搜索元启发式是通用的，但有一定程度的"通用性"是必要的。

遗传算法 不同于模拟退火和禁忌搜索，遗传算法处理的是一组解而不是单个点。从这个意义上说，它和第6.2.4节单纯搜索方法是相似的。想法基于生物进化的生存竞争法则。每个解用一串数字或字符表示；这串符号遵守随机进化机制。一种进化机制是突变，一串符号中的一个属性被任意选中并用邻域结构修改。突变与通常的局部搜索机制非常相似，但还有另一种机制是遗传算法特有的：交叉。在交叉机制中，当前组解集的两元素被选择并且以某种方式合并。给定两个符号串，我们选择一个"断点"位置 k 并且像下面这样合并符号串：

$$\left.\begin{array}{l} x_1, x_2, \cdots, x_k, x_{k+1}, \cdots, x_n \\ y_1, y_2, \cdots, y_k, y_{k+1}, \cdots, y_n \end{array}\right\} \Rightarrow \left\{\begin{array}{l} x_1, x_2, \cdots, x_k, y_{k+1}, \cdots, y_n \\ y_1, y_2, \cdots, y_k, x_{k+1}, \cdots, x_n \end{array}\right.$$

不同的变化是可能的，例如，可以利用双交叉，这时会有两个断点可以选择来做交叉。

解集在每次迭代时被更新，选择"最好的"个体来变异和交叉或只让最好的个体生存下来。该方法不是确定性地基于目标函数的值来选择最好的个体，而是利用随机选择机制以避免将值冻结在一个局部最优解。遗传算法可以与局部搜索策略整合；一个想法是利用遗传机制通过局部改进搜索方法寻找一组初始点。

遗传算法的想法有很好的潜力来解决相当复杂的问题；但明显的不足之处是需要相当多的实验才能提出最好的策略和最佳的数值参数设置来规范演变机制。这类方法的潜力也通过近期出台的遗传算法和直接搜索工具箱证明了，它扩展了MATLAB优化工具箱的功能。

进阶阅读

书籍推荐

• 混合整数规划是一个全面的参考文献[16]；更近的处理方法，包括自动模式加强的发展[19]。

• 混合整数规划模型在资产组合管理中的使用是越来越多的文件研究的主题，包括文献 [2]、[3]、[4]、[10]、[11] 和 [17]。

• 这方面的教材书籍，可以参考文献 [18]。

• AMPL 语言在文献 [5] 中有介绍。

- 文献［12］中讨论了一个固定混合组合的优化问题的全局优化技术；文献［6］中解决了模型扩展和元启发式。
- 从更广阔的视野了解全局优化算法背后的原则参见，例如文献［8］。
- 对禁忌搜索了深入的探讨参见文献［7］；了解一个全局优化的应用程序参见文献［1］。
- 关于遗传算法的书见文献［15］；全局优化的应用在文献［14］中有描述。

网络资源

- AMPL 的网站：http：//www. ampl. com。
- 也可以看：http：//www. ilog. com。
- 元启发式是优化引擎的算法基础，OptQuest，由于其灵活性已经集成在许多仿真工具包中，参见：http：//www. optquest. com，该工具也被应用到组合管理的问题上了。
- 遗传算法和直接搜索工具箱(Direct Search toolbox)在 MathWorks 的网站上有描述。http：//www. mathworks. com

参 考 文 献

1. R. Battiti and G. Tecchiolli. The Continuous Reactive Tabu Search： Blending Combinatorial Optimization and Stochastic Search for Global Optimization. *Annals of Operations Research*, 63: 153 – 188, 1996.

2. D. Bertsimas, C. Darnell, and R. Stoucy. Portfolio Construction through Mixed – Integer Programming at Grantham, Mayo, Van Otterloo and Company. *Interfaces*, 29: 49 – 66, 1999.

3. D. Bienstock. Computational Study of a Family of Mixed – Integer Quadratic Programming Problems. *Mathematical Programming*, 74: 121 – 140, 1996.

4. T. – J. Chang, N. Meade, J. E. Beasley, and Y. M. Sharaiha. Heuristics for Cardinality Constrained Portfolio Optimization. *Computers and Operations Research*, 27: 1271 – 1302, 2000.

5. R. Fourer, D. M. Gay, and B. W. Kernighan. *AMPL: A Modeling Language for Mathematical Programming*. Boyd and Fraser, Danvers, MA, 1993.

6. F. Glover, J. M. Mulvey, and K. Hoyland . Solving Dynamic Stochastic Control Problems in Finance Using Tabu Search with Variable Scaling. In I. H. Osman and J. P. Kelly, editors, *Meta – Heuristics: Theory and Applications*, pages 429 – 448. Kluwer Academic, Dordrecht, The Netherlands, 1996.

7. F. W. Glover and M. Laguna. *Tabu Search*. Kluwer Academic, Dordrecht, The Netherlands, 1998.

8. R. Horst, P. M. Pardalos, and N. V. Thoai. *Introduction to Global Optimization*. Kluwer Academic, Dordrecht, The Netherlands, 1995.

9. H. Konno and H. Yamazaki. Mean – Absolute Deviation Portfolio Optimization Model and Its Application to Tokyo Stock Market. *Management Science*, 37: 519 – 531, 1991.

10. M. S. Lobo, M. Fazel, and S. Boyd. Portfolio Optimization with Linear and Fixed Transaction Costs and Bounds on Risk. Unpublished manuscript (available at http：//www. stanford. edu/ ~ boyd), 1999.

11. R. Mansini and M. G. Speranza. Heuristic Algorithms for the Portfolio Selection Problem with Minimum Transaction Lots. *European Journal of Operational Research*, 114: 219 – 233, 1999.

12. C. D. Maranas, I. P. Androulakis, C. A. Floudas, A. J. Berger, and J. M. Mulvey. Solving Long – Term Financial Planning Problems via Global Optimization. *Journal of Economic Dynamics and Control*, 21: 1405 – 1425, 1997.

13. C. D. Maranas and C. A. Floudas. Global Minimum Potential Energy Conformations of Small Molecules. *Journal of Global Optimization* , 4: 135 – 170, 1994.

14. Z. Michalewicz. Evolutionary Computation Techniques for Nonlinear Programming Problems. *International Transactions of Operations Research*, 1: 223 – 140, 1994.

15. Z. Michalewicz. *Genetic Algorithms + Data Structures = Evolution Programs*. Springer – Verlag, Berlin, 1996.

16. G. L. Nemhauser and L. A. Wolsey. *Integer Programming and Combinatorial Optimization*. Wiley, Chichester, West Sussex, England, 1998.

17. J. K. Sankaran and A. A. Patil. On the Optimal Selection of Portfolios under Limited Diversification. *Journal of Banking and Finance*, 23: 1655 – 1666, 1999.

18. B. Scherer and D. Martin. *Introduction to Modern Portfolio Optimization with NuOPT, S – Plus, and S$^+$ Bayes*. Springer, New York, 2005.

19. L. A. Wolsey. *Integer Programming*. Wiley, New York, 1998.

第 5 部分

附　录

附录A

MATLAB编程介绍

我们在这里给出的是 MATLAB 基础知识的概要，如果想要全面了解，可以参看 MATLAB 的用户手册。用户可以在 MATLAB 的命令窗口中键入 demo 来查看你感兴趣的工具箱的例子。该附录对于本书描述的 MATLAB 功能进行了说明，本书提供了丰富的在线文档，如果读者对于这本书中的某处代码段不明确可以查看在线文档（前言中已标明网址）。

A.1   MATLAB 环境

* MATLAB 是一个交互式的计算环境，您可以输入表达式获得即时的运算结果：

```
≫ rho =1 +sqrt(5)/2
rho  =
    2.1180
```

键入如上的命令，你同时也定义了 rho 变量并添加到当前的环境，该变量可以在其他任何表达式中进行引用。

* MATLAB 中有一个丰富的预定义函数集，尝试在 MATLAB 的命令窗口中键入 help elfun、help elmat 和 help ops 就可以分别获得 MATLAB 中有关初等数学函数、矩阵操作和运算符的相关信息。每个预定义函数都有一个在线帮助：

```
≫ help sqrt
 SQRT   Square root.
    SQRT(X) is the square root of the elements of X. Complex
    results are produced if X is not positive.

    See also sqrtm, realsqrt, hypot.

    Reference page in Help browser
       doc sqrt
```

当你知道你感兴趣的函数的名称，并想得到有关该函数的其他信息，此时可以使用 help 命令。否则，可以尝试使用 lookfor 命令：

```
>> lookfor sqrt
REALSQRT Real square root.
SQRT    Square root.
SQRTM   Matrix square root.
```

可以看到 lookfor 命令用于搜索那些在线帮助文档中包含特定字符串的函数，较新版本的 MATLAB 包含一个全面的在线文档，可以通过在 MATLAB 的命令窗口中键入 doc 访问。

- MATLAB 对于大小写是敏感的（Pi 和 pi 在 MATLAB 中是不同的）。

```
>>pi
ans =
    3.1416
>> Pi
??? Undefined function or variable 'Pi'.
```

MATLAB 是一个基于矩阵环境的编程语言，向量和矩阵是基本的数据结构，而更复杂的数据结构在最新版本的 MATLAB 中有介绍。MATLAB 中有直接处理向量和矩阵的函数和运算符。您可以按照如下方式输入行和列向量：

```
>> V1 = [22, 5, 3]
V1 =
  22   5   3

>> V2 = [33; 7; 1]
V2 =
    33
     7
     1
```

我们可以注意到逗号和分号之间的区别，后者是用于终止一行。在上面的例子中，逗号是可选输入的，我们可以输入 V1 = [22 5 3] 得到同样的向量。

- who 和 whos 命令可以用来检查用户在当前的工作环境中定义的变量，clear command 命令可以清除变量。

```
>> who
Your variables are:
V1   V2
>> whos
  Name        Size                    Bytes      Class
```

V1	1x3	24	double array
V2	3x1	24	double array

Grand total is 6 elements using 48 bytes

```
>> clear V1
>> whos
```

Name	Size	Bytes	Class
V2	3x1	24	double array

Grand total is 3 elements using 24 bytes

```
>> clear
>> whos
>>
```

- 您也可以使用分号来禁止一个表达式的运算结果显示在屏幕上:

```
>> V1 = [22, 5, 3];
>> V2 = [33; 7; 1];
>>
```

当我们处理大型矩阵或进行 MATLAB 编程时禁止输出非常重要。

- 您也可以如下输入矩阵(注意";"和","的区别):

```
>> A = [1 2 3; 4 5 6]
A =

    1    2    3
    4    5    6
>> B = [V2 , V2]
B =

   33      33
    7       7
    1       1
>> C = [V2 ; V2]
C =

   33
    7
    1
   33
    7
    1
```

还要注意以下命令的效果:

```
>> M1 = zeros(2,2)
```

```
M1 =

    0        0

    0        0
>> M1 =rho
M1 =

    2.1180
>> M1 =zeros(2,2);
>> M1(:,:) =rho
M1 =

    2.1180        2.1180

    2.1180        2.1180
```

- 分号（:）用来识别代替一个矩阵的索引的部分子索引。

```
>> M1 =zeros(2,3)
M1 =

    0        0        0

    0        0        0
>> M1(2,:) =4
M1 =

    0        0        0

    4        4        4
>> M1(1,2:3) =6
M1 =

    0        6        6

    4        4        4
```

- 三个点（...）可用于写入多行命令（单条命令的换行）。

```
>> M =ones(2,
??? M =ones(2,
Missing variable or function.
>> M =ones(2,...
2)
M =

    1        1

    1        1
```

- zeros 和 ones 命令对于初始化矩阵和预分配内存给矩阵时很有用，这样可以提高效率。事实上，当你给一个矩阵的某一位置分配一个值且该位置超出行或列的范围时，MATLAB 会自动调整矩阵的大小，但是这样可能会耗时较多，应尽量避免此种情况。

```
>> M =[1 2; 3 4];
>> M(3,3) =5
M =
     1     2     0
     3     4     0
     0     0     5
```

应当指出，这种灵活的内存管理是一把双刃剑：它可能会增加灵活性，但它也可能使调试困难。

- [ ] 是一个空向量，您可以用它来删除子矩阵：

```
>> M1
M1 =
     0     6     6
     4     4     4
>> M1(:,2) =[ ]
M1 =
     0     6
     4     4
```

空向量的另一个用处是可以用来传递默认参数。不同于其他编程语言，MATLAB 处理函数的输入参数相当灵活。假设我们有一个函数 f 有三个输入参数，标准函数调用形式为 f(x1,x2,x3)。如果我们调用函数使用一个输入参数 f(x1)，缺少的参数会采用默认值。当然，需要给缺少的输入参数赋予默认值，这不会自动发生，函数必须按照相关方式进行编写。读者可以使用函数编辑器打开 MATLAB 的预定义函数来查看具体如何实现。

现在假设我们只想输入第一个和第三个参数，显然不能简单地调用函数使用 f(x1,x3) 形式，因为 x3 会被分配到函数的第二个输入参数。要实现我们想要的，可以使用空向量：f(x1,[ ],x3)。

- 矩阵的转置和相乘（相关矩阵的维数符合相乘要求）在 MATLAB 中很容易实现：

```
>> M1'
ans =
     0     4
     6     4
>> M2 =rand(2,3)
M2 =
    0.9501    0.6068    0.8913
```

```
    0. 2311        0. 4860        0. 7621
>> M1 * M2
ans =
    1. 3868        2. 9159        4. 5726
    4. 7251        4. 3713        6. 6136
>> M1 +1
ans =
    1          7
    5          5
```

可以用 rand 命令产生随机矩阵，其元素均匀分布在（0，1）区间。

● 点 . 的使用可以逐个元素地操作矩阵：

```
>> A =0.5 * ones(2,2)
A =
    0. 5000        0. 5000
    0. 5000        0. 5000
>> M1
M1 =
    0          6
    4          4
>> M1 * A
ans =
    3          3
    4          4
>> M1. * A
ans =
    0          3
    2          2
>> I =[1 2; 3 4]
I =
    1          2
    3          4
>> I.^2
ans =
    7          10
    15         22
>> I.^2
```

```
ans =

      1       4
      9      16
```

- 子索引可以用来建立向量,例如,计算阶乘:

```
≫ 1:10
ans =

    1    2    3    4    5    6    7    8    9    10
≫ prod(1:10)
ans =

    3628800
≫ sum(1:10)
ans =

    55
```

您也可以在这些表达式中指定步长大小:

```
≫ 1:0.8:4
ans =

    1.0000       1.8000       2.6000       3.4000
```

步长值也可以是负值:

```
≫ 5:-1:0
ans =

    5    4    3    2    1    0
```

- 冒号运算符的另一个用处可以确保一个向量是列向量:

```
≫ V1 =1:3
V1 =

    1    2    3
≫ V2 =(1:3)'
V2 =

    1
    2
    3
≫ V1(:)
ans =

    1
    2
    3
≫ V2(:)
```

```
ans =
    1
    2
    3
```

通过转置无法获得同样的效果，除非编写代码使用 size 函数来检查矩阵的维数：

```
>> [m,n] =size(V2)
m =
    3
n =
    1
```

- 注意特殊变量 Inf(无穷大)和 NaN(不是数)的使用：

```
>> I =1/0
Warning：Divide by zero.
I =
    Inf
>> I
I =
    Inf
>> prod(1:200)
ans =
    Inf
>> 1/0 -prod(1:200)
Warning：Divide by zero.
ans =
    NaN
```

- 对于操作矩阵有用的函数：eye, inv, eig, det, rank 和 diag：

```
>> eye(3)
ans =
    1    0    0
    0    1    0
    0    0    1
>> K =eye(3) * [1 2 3]'
K =
    1
    2
```

```
    3
>> K = inv(K)
K =
    1.0000              0              0
         0         0.5000              0
         0              0         0.3333
>> eig(K)
ans =
    1.0000
    0.5000
    0.3333
>> rank(K)
ans =
    3
>> det(K)
ans =
    0.1667
>> K = diag([1 2 3])
K =
    1         0         0
    0         2         0
    0         0         3
```

我们应该注意 diag 函数的双重用法。当函数输入是一个向量时，它建立一个矩阵；当函数输入是一个矩阵时，它返回一个向量：

```
>> A = [1:3 ; 4:6 ; 7:9];
>> diag(A)
ans =
    1
    5
    9
```

● 有些函数按列操作矩阵：

```
>> A = [1 3 5 ; 2 4 6];
>> sum(A)
ans =
    3         7         11
>> mean(A)
```

ans =

     1.5000   3.5000   5.5000

最后一个例子可以帮助我们理解这样选择背后的理由。如果矩阵包含多个随机变量的样本，如果要计算样本均值，应该安排数据使得列对应变量，行对应变量组合。然而，也可以指定这些函数按某个维度进行操作：

≫ sum(A,2)

ans =

    9

    12

≫ mean(A,2)

ans =

    3

    4

另一个有用的函数可以计算累计总和：

≫ cumsum(1:5)

ans =

    1   3   6   10   15

- 线性方程组在 MATLAB 中很容易求解：

≫A=[3 5 -1;9 2 4;4 -2 -9];

≫b=(1:3)';

≫x=A\b

x =

   0.3119

  -0.0249

  -0.1892

≫ A*x

ans =

   1.0000

   2.0000

   3.0000

- 一个函数的效率（运行时间）可以使用 tic 和 toc 函数进行检查，如下：

≫ tic, inv(rand(500,500));, toc

Elapsed time is 0.472760 seconds.

在第 A.3 节中我们将看到如何使用 MATLAB 代码来计算复杂的函数。然而，当函数是一个相对简单的表达式时，可以采用更加直接的方式来定义函数。一种可行的方法是采用 inline 内联函数机制，建立基于字符串的函数：

```
>> f = inline('exp(2 * x). * sin(y)')
f =
   Inline  function:
   f(x,y) = exp(2 * x). * sin(y)
>> f(2,3)
ans =
     7.7049
```

注意点运算的使用是确保函数支持向量输入，inline 内联函数可以自动确定输入参数的名字和顺序，如果想要改变参数顺序，可以给出明确的参数列表：

```
>> f = inline('exp(2 * foo). * sin(fee)')
f =
   Inline function:
   f(fee,foo) = exp(2 * foo). * sin(fee)
>> g = inline('exp(2 * foo). * sin(fee)','foo','fee')
g =
   Inline function:
   g(foo,fee) = exp(2 * foo). * sin(fee)
```

●内联函数 inline 的替代方法是采用函数句柄操作符@：

```
>> f = @(x,y) exp(2 * x). * sin(y)
f =
   @(x,y) exp(2 * x). * sin(y)
```

我们看到这个操作符可以从一个表达式"抽象"出函数[⊖]。@操作符在定义匿名函数中也很有用，可以用来传递给以函数作为输入的高阶函数（例如，计算积分或求解非线性方程组）。

我们也可以固定某些输入作为参数获得只有剩余输入的函数：

```
>> g = @(y) f(2,y)
g =
   @(y) f(2,y)
>> g(3)
ans =
     7.7049
```

在本书中，我们几乎将只用矩阵，但 MATLAB 在多年的发展中包含其他很多数据结构。我们可以处理字符串（用引号分隔）和带有任意域的结构体（称为"structs"）：

⊖　具有一些计算机或数学背景的读者会发现这个符号和 λ 积分中的符号类似。

```
>> p. name ='Donald Duck'
>> p. age =55;
>> p
p =
    name: 'Donald Duck'
     age: 55
```

为了避免过多的输出参数结构体经常被函数用来把输出数据放在一起。

- 元胞矩阵可以用来实现长度不同的向量的组合（普通矩阵无法实现）:

```
>> M =cell(2,1);
>> M{1} =[ 1 2 3 ];
>> M{2} =[ 4 5 6 7 8 ];
>> M
M =
    [1x3 double]
    [1x5 double]
>> M{1}
ans =
     1      2      3
```

注意这里使用的是大括号而不是标准圆括号 ( )。

A.2   MATLAB 图形

- 绘制一个单变量的函数是很容易的。尝试下面的命令:

```
>> x =0:0.01:2 * pi;
>> plot(x,sin(x))
>> axis([0 2 * pi -1 1])
```

axis 命令可用于调整绘图轴的大小，有一系列的方法可以进行绘图标记。

- 不同类型的画图可以通过使用 plot 的可选参数实现，比如:

```
>> plot(0:20, rand(1,21), 'o')
>> plot(0:20, rand(1,21), 'o -')
```

- surf 命令可以绘制三维表面。

```
>> f =@(x,y) exp( -3 * (x.^2 +y.^2)). * (sin(5 * pi * x) +cos(10 * pi * y));
>> [X Y] =meshgrid( -1:0.01:1 , -1:0.01:1);
>> surf(X,Y,f(X,Y))
```

有些解释需要在这里说明，surf 函数必须有三个输入参数（矩阵），分别对应平面上的 x 和 y 坐标，以及函数值（z 轴）。一个要求是我们要画的函数在编写时需要能接受矩阵输入，这样使用点运算符是必不可少的：没有点运算符，输入的矩阵将被按照线性代数运算行乘以列，而不是按元素的运算。meshgrid 函数可以用来建立两个坐标矩阵，我们使用一个小规模的例子来理解这个函数的使用：

```
>> [X,Y]=meshgrid(1:4,1:4)
X =
    1    2    3    4
    1    2    3    4
    1    2    3    4
    1    2    3    4
Y =
    1    1    1    1
    2    2    2    2
    3    3    3    3
    4    4    4    4
```

我们看到对于平面上的每一个点，我们得到的矩阵包含每一个坐标。

- 用一个更实际的例子来结束此节：绘制标准看涨期权的布莱克 – 斯科尔斯价格，到期日 T 的范围从一年降为零，初始价格 S_0 的范围从 30 到 70，执行价格 $K=50$，无风险利率 $r=0.1$，波动率 $\sigma=0.4$，下面的命令绘制在图 A.1 中的表面：

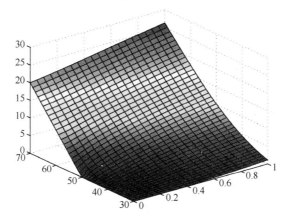

图 A.1　以到期日和标的资产初始价格为函数的看涨期权的价格

```
>> T=1:-0.05:0;
>> S0=30:70;
>> K=50;
>> sigma=0.4;
```

```
>> r =0.1;
>> [X,Y] =meshgrid(T,S0);
>> f =@(time,price) blsprice(price, 50, 0.1, time, 0.4);
>> surf(X,Y,f(X,Y))
```

当然，我们这里依靠的是来自 MATLAB 金融工具箱的 blsprice 函数，它已经被适当的编写允许矩阵输入。

A.3 MATLAB 编程

* MATLAB 工具箱扩展了 MATLAB 内核的兼容性，工具箱由一系列使用 MATLAB 编程语言编写的函数组成，它们包含在 M - 文件中（纯文本文件），扩展名为 *.m。用 MATLAB 编辑器打开这些文件来学习这些具有鲁棒性和灵活性的代码是如何编写的十分具有指导意义。

* 您也可以编写自己的函数，您只需打开 MATLAB 编辑器保存编写好的文件存放在 MATLAB 路径中的某个目录。

* 一个简单的函数展示在图 A.2 中。这个函数包含函数头的指定输入和输出参数，注意多输出参数实现方式，函数头下面的注释是这个函数的帮助说明：

```
function [xout, yout] =samplefile(x,y)
% a simple M - file to do some pointless computation
% this comment is printed by issuing the help samplefile
% command
[m,n] =size(x);
[p,q] =size(y);
z =rand(10,m) * x * rand(n,10) +rand(10,p) * y * rand(q,10);
xout =sum(z);
yout =sin(z);
```

图 A.2 MATLAB 中典型的函数结构

```
>>help samplefile
   a simple M - file to do some pointless computation
   this comment is printed by issuing the help samplefile
   command
```

函数头下面是函数的主体，包含进一步的注释和任意的复杂控制结构。

* 一般情况下，你可以编写一个函数，这个函数的一些输入参数是可选的，并且给出了默认值。尝试键入下面的命令来看一个简单的例子：

≫ help mean

and

≫type mean.m

您也可以在 MATLAB 编辑器中打开 mean.m 文件。

- 函数主体包含一系列指令，依次包括：
  ——使用任何其他编程语言共同的控制结构，比如 if, for, while 等。
  ——调用其他预定义的函数。
  ——建立基于常见的算术、关系、逻辑的表达式。
- 假设你要编写一个返回前 N 个素数的函数，MATLAB 提供了两个相关的函数给用户：primes 和 isprime 函数。primes 函数返回小于或等于输入数字的所有素数：

≫ primes(11)

ans =

      2   3   5   7   11

如果输入的数字是素数，则 isprime 函数返回 1，否则返回 0：

≫ isprime([3 4 5])

ans =

      1   0   1

但 primes 函数并不是我们需要的，因为我们想要前 N 个素数。图 A.3 中的代码实现了我们的目标。注意 if 语句将 1 当作 "真"，0 当作 "假"。

```
function p = myprimes(N)
found = 0;
trynumber = 2;
p = [];
while (found < N)
    if isprime(trynumber)
      p = [p , trynumber];
      found = found +1;
    end
    trynumber = trynumber +1;
end
```

图 A.3 返回前 N 个素数的 MATLAB 函数

≫ myprimes(8)

ans =

      2   3   5   7   11   13   17   19

这个函数可以进行改善。首先，大于 2 的偶数肯定不是素数，可以不用检验；

其次，向量 p 应该预分配内存，而不是动态调整大小。这些函数优化留作练习。

- 一个典型的提高 MATLAB 代码效率的方法是向量化，意思是应尽量避免 for 循环操作向量和矩阵的元素，而应作为一个整体进行操作。举个例子，我们可以用不同的函数来建立希尔伯特矩阵。这个矩阵在之前章节中的例 1.3 中（16 页）介绍过，其元素为：

$$H_{ij} = \frac{1}{i + j - 1}$$

在图 A.4 中我们介绍几种不同的函数来建立 N 阶希尔伯特矩阵：MyHilbDumb 函数采用两层循环，没有矩阵的内存预分配；MyHilb 也是采用两层循环，但对输出矩阵预分配内存；MyHilbV 采用部分向量化，将每一行当作向量建立和赋值。

让我们来比较一下这三个函数的效率：

```
function H = MyHilbDumb(N)
for i = 1:N
   for j = 1:N
      H(i,j) = 1/(i+j-1);
   end
end
```

```
function H = MyHilb(N)
H = zeros(N,N);
for i = 1:N
   for j = 1:N
      H(i,j) = 1/(i+j-1);
   end
end
```

```
function H = MyHilbV(N)
H = zeros(N,N);
for i = 1:N
   H(i,:) = 1./(i:(i+N-1));
end
```

图 A.4　三种建立希尔伯特矩阵的方法

```
>> tic, MyHilbDumb(1000);, toc
Elapsed time is 10.565729 seconds.
>> tic, MyHilb(1000);, toc
Elapsed time is 0.053242 seconds.
>> tic, MyHilbV(1000);, toc
Elapsed time is 0.063986 seconds.
>> tic, MyHilb(5000);, toc
```

Elapsed time is 1.245170 seconds.

≫ tic, MyHilbV(5000);, toc

Elapsed time is 1.202888 seconds.

可以看到内存预分配的基本作用。向量化在这里看起来并不是一个非常厉害的方法（读者可以对比检查 MATLAB 内置的完全向量化的函数 hilb）。在 MATLAB 的老版本中向量化的代码通常会比没有向量化的代码效率高，MATLAB 编译器的改进使得在新版本的 MATLAB 中向量化在某些情况下并没有那么重要，但并不总是这样。

下面的例子显示，涉及一个函数的频繁调用时，此时向量化是有用的：

≫ prices =30:0.1:70;

≫ N =length(prices);

≫ calls =zeros(N,1);

≫ tic, calls =blsprice(prices,50,0.1,1,0.4);, toc

Elapsed time is 0.012505 seconds.

≫ tic, …

for i =1: N, calls(i) =blsprice(prices(i),50,0.1,1,0.4);, end, toc

Elapsed time is 0.397540 seconds.

- 有用的向量化代码的操作函数:any 和 find:

≫ V =[1   3   −4   9   −2   1]

V =

     1   3   −4   9   −2   1

≫any(V >9)

ans =

     0

≫ any(V >=7)

ans =

     1

≫ sum(V <0)

ans =

     2

≫ find(V <0)

ans =

     3   5

≫ V(find(V <0)) =[ ]

V =

     1   3   9   1

- 在开发 M – 文件时，一个非常有用的工具是交互式调试器，读者可以参看用户手册了解更多细节。

附录B

概率论与数理统计相关基础知识

在附录 B 中，我们将回顾概率论与参数估计相关的基础知识。这并不意味着本附录可以代替相关教程，如果希望完整学习相关知识，建议读者查阅相关资料。我们将不使用测度概念，而是依靠直觉。同时，我们还将介绍关于 MATLAB 统计工具箱的相关使用说明。

B.1　样本空间、事件与概率

概率定义在随机事件的基础上，这些随机事件对应着一个样本空间。一个样本空间 S 包含一个随机实验发生的可能性或一系列随机实验。一个事件 E 为样本空间 S 的一个子集。这些子集对应的事件可能依赖于（我们所感兴趣的）某种机理，并根据随机结果可获取的信息。空集合 $\varnothing$ 为一个特殊事件。对于任意事件 E，我们可以考虑它的补集合 E^c；由于样本空间 S 包括所有可能结果，我们有 $S^c = \varnothing$。给定任意两个事件 E_1 与 E_2，我们考虑它们的并集 $E_1 \cup E_2$ 与交集 $E_1 \cap E_2$，为简化符号，我们使用 $E_1 E_2$ 定义交集。如果两个事件的交集为空，例如，如果 $E_1 E_2 = \varnothing$，我们称两个事件相互排斥。更一般的，我们可以考虑任意事件的并集与交集。

对于样本空间 S 中的每一个事件，我们定义一个概率测度 $P(E)$，其满足如下三个条件：

(1) $0 \leqslant P(E) \leqslant 1$。

(2) $P(S) = 1$。

(3) 对于任意相互排斥的事件 E_1，E_2，E_3，$\cdots$（例如，使得 $E_i E_j = \varnothing$，对于 $i \neq j$），我们有：

$$P\left(\bigcup_{i=1}^{\infty} E_i\right) = \sum_{i=1}^{\infty} P(E_i)$$

$$P(E) + P(E^c) = 1$$

与

$$P(E_1 \cup E_2) = P(E_1) + P(E_2) - P(E_1 E_2)$$

经常我们希望知道在一个事件 F 发生时，另外一个事件 E 发生的概率，定义为

$P(E|F)$。条件概率的定义为：[⊖]

$$P(E|F) = \frac{P(EF)}{P(F)}$$

　　根据观察，如果我们知道事件 F 发生，新的样本空间为 F，则必须相应地调整概率。最后，我们称两个事件为相互独立，如果：

$$P(EF) = P(E)P(F)$$

这反过来又意味着：

$$P(E|F) = P(E)$$

所以，对于相互独立事件，知道 F 事件的发生，对于事件 E 的发生概率并没有任何影响。需要注意的是，相互排斥事件并不相互独立，如果我们知道一个事件发生，即知道另外一个事件不发生。

B.2　随机变量、期望与方差

　　当我们将一个或多个变量的数值与事件相关联时，可以得到随机变量。随机变量可以理解为事件到实数或整数的映射。通常，定义一个随机变量使用一个大写字母，例如 X；一个特定时间的发生对应一个随机变量的值，使用一个小写字母定义，例如 x。在经济学中定义方法不同，当处理希腊字母时，这种方法非常有效：例如，我们使用 $\tilde{\epsilon}$ 定义一个随机变量，$\tilde{\epsilon}$ 为其实际值。当 X 从一个有限或可数域取值，例如非负整数，我们称之为离散随机变量。对于一个离散随机变量，我们对于每一个可能出现的值 x_i 定义概率密度函数 $p(\cdot)$：

$$p(x_i) = P\{X = x_i\}$$

我们有：

$$\sum_{i=1}^{\infty} p(x_i) = 1$$

我们也可以定义累积分布函数 $F(\cdot)$：

$$F(a) = P\{X \le a\} = \sum_{x_i \le a} p(x_i)$$

显然，对于一个离散随机变量的分布函数为一个分段常数，非递减函数。

[例B.1] 离散概率分布的一个典型例子为参数为 λ 的泊松随机变量。在这种情况下，随机变量 X 的取值为集合 $\{0,1,2,3,\cdots\}$，其概率密度函数为：

$$p(i) = P\{X = i\} = e^{-\lambda}\frac{\lambda^i}{i!}, \qquad i = 0,1,2,\cdots$$

我们可以检查这确实是一个概率密度函数：

⊖ 这个定义并不完备：当事件为零概率时定义无效。关于条件概率的处理需要参阅更专业的教材，这些我们不需要详细的介绍，因此我们将使用这一直观的定义。

$$\sum_{i=0}^{\infty} p(i) = e^{-\lambda} \sum_{i=0}^{\infty} \frac{\lambda^i}{i!} = e^{-\lambda} e^{\lambda} = 1$$

实际上，我们通常使用参数 λt，其中 λ 为我们观察到的某些事件在长度为 t 时间段上发生的概率。例如，可以对一个时间段上股票价格或债券发行人信用等级的变化建模。

如果随机变量的取值为一个连续集合，例如有界实数线段，称为 (a,b)，或整个实数域 $(-\infty, +\infty)$，则其为一个连续随机变量。在这种情况下，我们无法定义一个概率密度函数；因为出现的值为无限且不可数，一个具体值 X 的概率将为零。[一]我们必须在 $x \in (-\infty, +\infty)$ 定义一个非负概率密度函数 $f(x)$，使得对于一个实数子集 B：

$$P\{X \in B\} = \int_B f(x)\,dx$$

则，我们有：

$$P\{a \le X \le b\} = \int_a^b f(x)\,dx$$

与

$$\int_{-\infty}^{+\infty} f(x)\,dx = 1$$

为理解什么是概率密度，考虑对于一个较小的 Δx，有：

$$P\{X \in (x, x+\Delta x)\} = \int_x^{x+\Delta x} f(y)\,dy \approx f(x)\Delta x$$

密度不可以解释为一个概率，但是它的确给出一个随机变量取值的测度，并且它需要定义集合的概率。我们也可以定义分布函数：

$$F(a) = P\{X \le a\} = \int_{-\infty}^{a} f(x)\,dx$$

跟我们的结论[二]：

$$\frac{dF(x)}{dx} = f(x)$$

给定一个随机变量，我们可以使用概率密度函数或密度函数计算它的期望。在离散情况下，我们有：

$$E[X] \equiv \sum_i x_i p(x_i)$$

对于连续情况：

$$E[X] \equiv \int_{-\infty}^{+\infty} x f(x)\,dx$$

___

一 我们不考虑离散分布与连续分布的混合概率分布。
二 混合分布的分布函数与其一样，但是这里我们不考虑混合分布。

期望运算的一个重要性质为：

$$E[aX + b] = aE[X] + b$$

[例B.2] 让我们计算一个泊松随机变量的期望，根据定义得到：

$$E[X] = \sum_{i=1}^{\infty} i e^{-\lambda} \frac{\lambda^i}{i!} = \lambda e^{-\lambda} \sum_{i=1}^{\infty} \frac{\lambda^{i-1}}{(i-1)!} = \lambda e^{-\lambda} \sum_{k=0}^{\infty} \frac{\lambda^k}{k!} = \lambda$$

这可以解释为，如果在每个单位时间间隔一个事件发生的概率为 λ，在一个单位时间间隔事件发生概率的期望 λ。同样道理，在一个长度为 t 的间隔上事件发生的期望为 λt。

一个随机变量的期望为整个分布的一个局部测度，但是期望并没有告诉关于分布的离散程度。一个典型的离散程度的测度为方差：

$$\mathrm{Var}(X) \equiv E[(X - E[X])^2]$$

一个随机变量 X 的方差经常表示为 σ_X^2。遗憾的是，方差没有与随机变量相同的测量单位；因此，（经常使用的）方差的平方根 σ_X，称为标准差。关于方差的一对性质如下：

$$\mathrm{Var}(X) = E[X^2] - E^2[X]$$

$$\mathrm{Var}(aX + b) = a^2 \mathrm{Var}(X)$$

我们可以看到，与期望不同，方差运算为非线性的。事实上，随机变量和的方差一般不等于随机变量方差的和。

[例B.3] 考虑一个随机变量 X 使得：

$$E[X] = \mu \quad \text{且} \quad \mathrm{Var}(X) = \sigma^2$$

如果我们定义另外一个随机变量：

$$Z = \frac{X - \mu}{\sigma}$$

显然上述性质意味着：

$$E[Z] = 0 \quad \text{且} \quad \mathrm{Var}(Z) = 1$$

定义一个随机变量函数 $g(X)$ 的期望为：

$$E[g(X)] = \begin{cases} \sum_i g(x_i) p(x_i) & \text{离散变量} \\ \int_{-\infty}^{+\infty} g(x) f(x) \, \mathrm{d}x & \text{连续变量} \end{cases}$$

重要的是，一般而言：

$$E[f(X)] \neq f(E[X])$$

如果函数 g 为凸，则如下詹森（Jensen's）不等式成立：

$$E[g(X)] \geq g(E[X])$$

与概率分布相关的另一个基础概念为分位数（quantile）。在连续情况下，分位

数 q_β 对应概率概率水平 β 如下：

$$P\{X \leqslant q_\beta\} = \beta$$

我们看到，分位数为如下方程的解：

$$\int_{-\infty}^{q_\beta} f_X(y)\mathrm{d}y = \beta$$

如果这个方程存在多个解，我们可以取最小值作为分位数。这在一般概率分布问题中不会发生，因为分布函数在可行域上为单调递增的。在离散情况下，累积分布函数或"跳跃"，或许导致我们无法找到方程的解。在这种情况下适用如下定义：分位数为使得如下不等式成立的 q_β 最小值。

$$F_X(q_\beta) \geqslant \beta$$

普通随机变量

均匀分布随机数　一个随机变量均匀分布在区间 (a, b)，如果其密度函数为：

$$f(x) = \begin{cases} 1/(b-a) & \text{当 } x \in (a,b) \\ 0 & \text{其他} \end{cases}$$

一个典型示例为区间 $(0, 1)$ 上的均匀分布。显然：

$$E[X] = \int_a^b \frac{x}{b-a}\mathrm{d}x = \frac{b^2 - a^2}{2(b-a)} = \frac{b+a}{2}$$

与

$$\mathrm{Var}(X) = E[X^2] - E^2[X] = \int_a^b \frac{x^2}{b-a}\mathrm{d}x - \left(\frac{a+b}{2}\right)^2$$

$$= \frac{b^3 - a^3}{3(b-a)} - \frac{(b+a)^2}{4} = \frac{(b-a)^2}{12}$$

指数随机变量　指数随机变量仅为非负值，其密度函数为：

$$f(x) = \begin{cases} \lambda \mathrm{e}^{-\lambda x} & \text{当 } x \geqslant 0 \\ 0 & \text{当}, x < 0 \end{cases}$$

对于某个参数 $\lambda > 0$，分布函数为：

$$F(a) = \int_0^a \lambda \mathrm{e}^{-\lambda x}\mathrm{d}x = 1 - \mathrm{e}^{-\lambda a}$$

期望值为：

$$E[X] = \int_0^\infty x\lambda \mathrm{e}^{-\lambda x}\mathrm{d}x = \frac{1}{\lambda}$$

方差为 $1/\lambda^2$。需要注意的是，如果事件之间的时间服从参数为 λ 的指数分布，则事件发生的概率为 λ，在长度为 t 的时间段上，事件发生次数的分布为一个参数为 λt 泊松随机变量。

正态随机变量　正态随机变量取值范围无界，例如，其可以在整个实数域取值，对给定参数 μ 与 σ^2，其密度函数为一个钟形函数：

$$f(x) = \frac{1}{\sqrt{2\pi}\,\sigma} e^{-\frac{1}{2}\left(\frac{x-\mu}{\sigma}\right)^2}, \quad -\infty < x < +\infty$$

对于正态分布的分布函数尚未有封闭形式公式，但是存在数值近似公式（参见第 3 章 3.1 节）。某些计算可以证明，参数 μ 与 σ 具有一个精确含义：

$$E[X] = \mu, \quad \mathrm{Var}[X] = \sigma^2$$

我们使用 $X \sim N(\mu, \sigma^2)$ 表示 X 服从给定均值与方差的正态分布。一个变量 $Z \sim N(0, 1)$ 称为单位标准正态变量。

[**例 B.4**] 参数 μ 影响密度函数最大值的位置，而方差 σ^2 或标准差 σ 表示函数的拉伸程度。我们可以画出两个正态分布均值为 $\mu = 0$、方差分别为 $\sigma = 1$ 与 $\sigma = 3$ 的密度函数。

```
>> x = -10:0.1:10;
>> plot(x, normpdf(x,0,1))
>> hold on
>> plot(x, normpdf(x,0,3))
```

函数曲线如图 B.1 所示。

MATLAB 的统计工具箱中包含计算主要概率分布概率函数的程序。

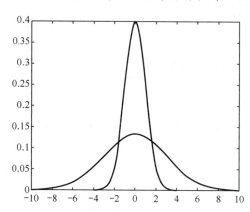

图 B.1　对于均值为 $\mu = 0$ 方差分别为 $\sigma = 1$ 与 $\sigma = 3$ 的正态分布的密度函数

正态分布的一个重要性质为，如果 X 服从均值为 μ，方差为 σ^2 的正态分布，则 $\alpha X + \beta$ 服从均值为 $\alpha\mu + \beta$，方差为 $\alpha^2\sigma^2$ 的正态分布。尤其是，$Z = (X - \mu)/\sigma$ 是一个标准正态分布。

标准正态分布的重要性显而易见，如果我们希望计算一般正态分布变量的分布函数或分位数，基于标准正态变量的计算方法，我们可以处理更一般的正态分布。例如，为计算任意一个正态随机变量的分布函数，我们可以将其转化为标准正态变量进

行计算:

$$N(x) = \frac{1}{\sqrt{2\pi}} \int_{-\infty}^{x} e^{-z^2/2} dz$$

设 z_β 为标准正态分布 β - 分位数:

$$P\{Z \leqslant z_\beta\} = N(z_\beta) = \beta$$

根据 z_β,可以找到正态随机变量 $X \sim N(\mu, \sigma^2)$ 的 β - 分位数:

$$\beta = P\{X \leqslant q_\beta\}$$
$$= P\left\{\frac{X - \mu}{\sigma} \leqslant \frac{q_\beta - \mu}{\sigma}\right\}$$
$$= P\left\{Z \leqslant \frac{q_\beta - \mu}{\sigma}\right\},$$

我们得到:

$$q_\beta = \mu + z_\beta \sigma$$

在统计中,我们经常需要计算分位数 $z_{1-\alpha}$,其中 α 为一个较小值,例如 0.01 或 0.05。可以使用合适的近似方法计算分位数与 $N(x)$ 的值。

[**例 B.5**] normcdf(x, sigma, mu) 函数计算分布函数。例如计算区间 $(-2, 2)$ 上的一个标准正态分布的概率:

```
>> p = normcdf([-2 2]);
>> p(2) - p(1)
ans =
    0.9545
```

相似的:

```
>> p = normcdf([-3 3]);
>> p(2) - p(1)
ans =
    0.9973
```

从中我们可以看出对于正态分布,落在区间 $(\mu - 3\sigma, \mu + 3\sigma)$ 外的概率非常小。事实上对于资产收益率,正态分布为一个值得商榷的模型,因为在实际中存在厚尾现象,例如,极端事件发生的概率略高于其正态分布对应的概率。

你也可以计算分布函数的逆函数。比较 x 与 xnew 如下: >> x = [-3:0.2: 0.3]; >> xnew = norminv (normcdf (x, 0, 1), 0, 1);

正态变量的重要性除了源自它们的许多特性,还源于中心极限定理(central limit theorem)。简单地讲,如果我们将很多同分布的相互独立的随机变量求和,随着加总的正态变量数量的趋向无穷,其和趋向一个正态分布。

对数正态分布 由于中心极限定理,一个正态随机变量可以视作一个随机变量和的极限。对数正态(lognormal)随机变量可以视作随机变量积的极限。严格地讲，如果 $\log Z$ 服从正态分布，我们称变量 Z 服从对数正态分布；或另外一种方法，如果 X 服从正态分布，则 e^X 服从对数正态分布。

如下公式展示一个正态分布与一个对数正态分布参数的关系。如果 $X \sim N(\mu, \sigma^2)$ 与 $Z = e^X$，则：

$$E[Z] = e^{\mu + \sigma^2/2}$$

$$\mathrm{Var}(Z) = e^{2\mu + \sigma} (e^{\sigma 2} - 1)$$

特别地，我们看到：

$$E[e^X] = e^{\mu + \sigma^2/2} \geqslant e^{\mu} = e^{E[X]}$$

根据詹森不等式，我们可以发现指数函数为一个凸函数。

B.3 联合分布随机变量

考虑随机变量的联合分布时，我们可以参照处理标量模型的方法。为便于理解，我们在二维情况下研究。给定两个随机变量 X 与 Y，我们可以定义联合分布函数：

$$F(x,y) = P\{X \leqslant x, Y \leqslant y\}$$

在离散情况下，我们可以考虑概率密度函数：

$$p(x,y) = P\{X = x, Y = y\}$$

而连续变量，其特征取决于密度函数 $f(x, y)$，对于平面上的区域 D：

$$P\{(X,Y) \in D\} = \iint_D f(x,y)\,\mathrm{d}y\mathrm{d}x$$

根据联合分布，对于单个变量我们可以推导出边界分布函数。例如：

$$P\{(X \in A\} = P\{X \in A, Y \in (-\infty, +\infty)\} = \int_A \int_{-\infty}^{+\infty} f(x,y)\,\mathrm{d}y\mathrm{d}x$$

$$= \int_A f_X(x)\,\mathrm{d}x$$

其中：

$$f_X(x) = \int_{-\infty}^{+\infty} f(x,y)\,\mathrm{d}y$$

为随机变量 X 的边界密度函数；同样可以定义其他密度函数 $f_Y(y)$。

期望的计算与变量情况一样，给定一个包含两个随机的函数 $g(X,Y)$，我们有

$$E[g(X,Y)] = \begin{cases} \sum_i \sum_j g(x_i, y_j) p(x_i, y_j) & \text{离散情形} \\ \int_{-\infty}^{+\infty} \int_{-\infty}^{+\infty} g(x,y) f(x,y)\,\mathrm{d}y\mathrm{d}x & \text{连续情形} \end{cases}$$

根据线性运算的性质，可以看到随机变量线性组合的期望值：

$$Z = \sum_{i=1}^{n} \lambda_i X_i,$$

同样为期望值的线性组合：

$$E[Z] = \sum_{i=1}^{n} \lambda_i E[X_i]$$

然而，对于方差，相似的结果并不成立。同样，对于联合分布变量，一般情况下，这个也不成立：

$$E[g(X)h(Y)] = E[g(X)]E[h(Y)]$$

为研究这个问题，我们必须分析随机变量的相关性或独立性。

B.4 独立性、协方差与条件期望

如果两个事件 $\{X \leq a\}$ 与 $\{Y \leq b\}$ 为相互独立，两个随机变量 X 与 Y 为相互独立，例如：

$$F(a,b) = P\{X \leq a, Y \leq b\} = P\{X \leq a\}P\{Y \leq b\} = F_X(a)F_Y(b)$$

这反过来意味着：

$$p(x,y) = p_X(x)p_Y(y), \quad f(x,y) = f_X(x)f_Y(y),$$

分别对应离散变量与连续变量。如果变量为相互独立，可以得到：

$$E[g(X)h(Y)] = E[g(X)]E[h(Y)]$$

成立。

如果随机变量之间存在一定程度的依赖，我们可以尝试度量这种依赖程度。相互依赖的一个测度为协方差：

$$\text{Cov}(X,Y) = E[(X - E[X])(Y - E[Y])] = E[XY] - E[X]E[Y]$$

如果变量 X 与 Y 相互独立，则它们的协方差为零（但是其逆命题不成立，因为协方差仅为依赖程度的一种测度）。如果 $\text{Cov}(X, Y) > 0$，当 X 变大时，Y 也趋向变大，当 X 变小时，Y 也趋向变小。更精确而言，当 X 大于期望值时，则 Y 也大于期望值，当 X 小于期望值时，则 Y 也小于期望值。其结果是，$(X - E[X])(Y - E[Y])$ 的期望为正，因为两个因子具有相同的符号。当协方差为负时，相似的结果成立。下列协方差的性质非常有用：

- $\text{Cov}(X, X) = \text{Var}(X)$。
- $\text{Cov}(X, Y) = \text{Cov}(Y, X)$。
- $\text{Cov}(aX, Y) = a\text{Cov}(Y, X)$。
- $\text{Cov}(X, Y+Z) = \text{Cov}(X, Y) + \text{Cov}(X, Z)$。

根据这些性质（或定义），可以得到：

$$\text{Var}(X + Y) = \text{Var}(X) + \text{Var}(Y) + 2\text{Cov}(X,Y),$$
$$\text{Var}(X - Y) = \text{Var}(X) + \text{Var}(Y) - 2\text{Cov}(X,Y)$$

更普遍的：

$$\text{Var}\left(\sum_{i=1}^{n} X_i\right) = \sum_{i=1}^{n} \text{Var}(X_i) + 2\sum_{i=1}^{n}\sum_{j<i} \text{Cov}(X_i, X_j)$$

因而，对于相互独立的变量，变量和方差为变量方差的和。

[例 B.6] 我们经常需要使用多维正态随机变量。设：

$$\boldsymbol{X} = \begin{pmatrix} X_1 \\ X_2 \\ \vdots \\ X_n \end{pmatrix}$$

为一个正态变量向量，正态变量的均值为 $\boldsymbol{\mu}$，方差为：

$$\boldsymbol{\Sigma} = E\big[(\boldsymbol{X} - \boldsymbol{\mu})(\boldsymbol{X} - \boldsymbol{\mu})'\big]$$

则联合密度函数为：

$$f(\boldsymbol{x}) = \frac{1}{(2\pi)^{n/2}\,|\boldsymbol{\Sigma}|^{1/2}} e^{-\frac{1}{2}(\boldsymbol{X} - \boldsymbol{\mu})'\boldsymbol{\Sigma}^{-1}(\boldsymbol{X} - \boldsymbol{\mu})}$$

其中 $|\boldsymbol{\Sigma}|$ 为协方差的行列式。如果正态变量互不相关，则矩阵 $\boldsymbol{\Sigma}$ 与其逆矩阵都为对角矩阵。这意味着对于每一个 X_i 密度函数可以被拆分为独立函数；因此，互不相关的正态随机变量也为相互独立。

联合正态变量的另外一个性质为，它们的线性组合可以生成另外一个联合正态变量。给定一个矩阵 $\boldsymbol{T} \in \mathbb{R}^{m,n}$，$\boldsymbol{TX}$ 为 m 个联合正态变量的向量。

协方差的值取决于所涉及的随机变量的大小。通常，选择一个相关性的标准化测度，相关系数为：

$$\rho_{XY} = \frac{\text{Cov}(X, Y)}{\sqrt{\text{Var}(X)}\,\sqrt{\text{Var}(Y)}}$$

可以证明的是 $\rho_{XY} \in [-1, 1]$。

[例 B.7] 在金融中经常使用相关性，然而，重要的是它的局限性。考虑如下示例：

```
>> x = -1:0.001:1;
>> y = sqrt(1 - x.^2);
>> cov(x,y)
ans =

    0.3338      0.0000
    0.0000      0.0501
```

这里，我们有一个随机变量 X，其服从 $(-1,1)$ 上的均匀分布，一个随机变量 Y，其与变量 X 明确相关：

$$Y = \sqrt{1 - X^2}$$

然而，协方差与相关系数为零，由于：

$$\mathrm{Cov}(X,Y) = E[XY] - E[X]E[Y],$$

但是 $E[X] = 0$，由于其对称性：

$$E[XY] = \int_{-1}^{1} x \frac{1}{2} \sqrt{1 - x^2} \, \mathrm{d}x = 0$$

关键问题是相关性为一个线性相关的测度。由于点 (X, Y) 在单位圆 $X^2 + Y^2 = 1$ 的上半部分，这里相关性为非线性。

如果两个变量不是相互独立的，根据一个变量的取值，我们可以获取另外一个变量的取值信息，这驱使我们去研究条件性。就如我们定义一个事件的条件概率，我们可以定义条件期望。这意味着，我们可以知道一个事件，例如 $(Y = y)$，如何影响随机变量 X 的分布。对于离散变量，我们有：

$$E[X \mid Y = y_j] = \sum_i x_i P\{X = x_i \mid Y = y_j\} = \frac{\sum_i x_i P\{X=x_i, Y=y_j\}}{P\{Y=y_j\}}$$

同样，对于连续变量

$$E[X \mid Y = y] = \frac{\int x f(x, y) \, \mathrm{d}x}{\int f(x, y) \, \mathrm{d}x}$$

在求解许多问题时，条件是一个非常有效的方法。一个基础性质为：

$$E[X] = E[E[X \mid Y]] \tag{B.1}$$

事实上，当固定一个随机变量取值时，更容易处理另外一个变量。方程（B.1）可以改写为：

$$E[X] = \begin{cases} \sum_j E[X \mid Y = y_j] P\{Y = y_j\} & \text{离散情形} \\ \int E[X \mid Y = y] f_Y(y) \, \mathrm{d}y & \text{连续情形} \end{cases}$$

我们也可以定义一个条件方差：

$$\mathrm{Var}(X \mid Y) = E[(X - E[X \mid Y])^2 \mid Y]$$

对于条件方差，如下公式成立：

$$\mathrm{Var}(X) = E[\mathrm{Var}(X \mid Y)] + \mathrm{Var}(E[X \mid Y]) \tag{B.2}$$

这些公式可以通过条件计算方差，但是这意味着：

$$\mathrm{Var}(X) \geqslant E[\mathrm{Var}(X \mid Y)]$$

$$\mathrm{Var}(X) \geqslant \mathrm{Var}(E[X \mid Y])$$

根据定义，方差为一个非负数。在蒙特卡罗模拟（参见第4.5节）中可以应用这些性质降低方差。

在本节结束时，我们想指出的是这些介绍仅为最基础的条件概率知识，这些知识来源于经典的概率论教材。如果希望更加扎实深入地研究条件概率，请阅读参考文献。

B. 5　参数估计

在概率论中，我们假设已知一组随机变量的信息，提出关于某些事件概率和关于这些变量函数的期望的问题。然而，为解答相关问题，例如整个概率分布，而需要的信息非常稀缺，甚至通常未知期望值与方差，必须通过样本信息进行估计。样本数据可以来源于真实世界（例如，股票价格）或来源于蒙特卡罗模拟。通常我们需要估计的参数为期望、方差或协方差矩阵；此外，我们还需要度量估计的可靠性。

一个随机样本可以视作一个服从相同分布并且相互独立随机变量的集合 X_1，X_2，…，X_n，这些变量是从同一个基础分布中抽取的。总体的期望值为 μ 方差为 σ^2，我们希望合理地对参数进行估计。一个直观的方法为使用样本均值估计 μ：

$$\overline{X} = \frac{1}{n} \sum_{i=1}^{n} X_i$$

需要注意的是，期望值为一个未知数，因此样本的均值为一个随机变量。这是一个合适的估计，在某种意义上其为无偏估计：

$$E[\overline{X}] = \mu$$

我们得到的样本越多越好，即估计方差递减：

$$\mathrm{Var}(\overline{X}(n)) = \frac{1}{n^2} \mathrm{Var}\left(\sum_{i=1}^{n} X_i\right) = \frac{1}{n^2} \sum_{i=1}^{n} \mathrm{Var}(X_i) = \sigma^2/n$$

在这个推导中需要理解的是，我们假设样本相互独立；如果样本并非相互独立，这种推导方法可能导致估计的不确定性。[⊖]关于最后一个公式，如果 n 趋向无穷，方差的估计值趋向于零。因此，在某种意义上，样本均值应该"趋向"未知期望值。为使用精确的数学方法论证这一点，我们引入随机收敛的概念。事实上，大数定律有两种形式，弱与强，取决于使用的随机收敛的种类。我们不深入研究这个问题，仅从直观角度进行理解。根据中心极限定理，样本均值具有另外一个有意义的性质。简单地讲，随着样本数量的增长，$\overline{X}$ 趋向正态分布。更严格意义上：

$$\frac{\overline{X} - \mu}{\sigma/\sqrt{n}} \tag{B.3}$$

的分布趋向正态分布。为得到一个近似正态分布需要多少样本数量，取决于 X_i 的分布。如果它们为正态分布，则样本均值总为正态。如果它们为对称，只需要一些样本即可；如果他们为非对称（倾斜的），则需要大量样本。在本书中这不是一个问题，因为我们仅将这些思路用于蒙特卡罗模拟，在模拟中样本数量成千上万。我们应该再次回顾这些思想与结论都是建立在样本相互独立的基础上的。

⊖　关于这点的深入研究，参见 [2]。

另外一个难以处理的问题是，通常方差也为未知。如果我们知道 μ，我们可以通过平均离差平方估计 σ^2：

$$\frac{1}{n}\sum_{i=1}^{n}\left[X_i - \mu\right]^2$$

因为我们必须使用 μ 的一个估计，σ^2 的估计为样本方差：

$$S^2 = \frac{1}{n-1}\sum_{i=1}^{n}\left[X_i - \overline{X}\right]^2$$

需要注意的是因子 $1/(n-1)$，这基本上由于使用一个 μ 的估计。可以证明的是，为得到无偏估计（$\mathrm{E}[S^2] = \sigma^2$）我们需要这个因子。通过类似的表达式，我们可以估计两个随机变量 X 与 Y 之间的方差：

$$S_{XY} = \frac{1}{n-1}\sum_{i=1}^{n}(X_i - \overline{X})(Y_i - \overline{Y})$$

可以证明，$\mathrm{E}[S_{XY}] = \mathrm{Cov}(X, Y)$。我们同样可以估计相关系数：

$$r_{XY} = \frac{\sum_{i=1}^{n}(X_i - \overline{X})(Y_i - \overline{Y})}{\sqrt{\sum_{i=1}^{n}(X_i - \overline{X})^2}\sqrt{\sum_{i=1}^{n}(Y_i - \overline{Y})^2}}$$

MATLAB 可以执行这些任务。MATLAB 基本平台提供这些基本函数；某些高级函数需要安装统计工具箱。

[**例 B.8**] mean 函数计算样本的均值。例如，让我们使用 normrnd 函数生成一系列相互独立的服从正态分布的数据[⊖]：

```
>> randn('state',0)
>> x = normrnd(2,3,1000,2);
>> mean(x)
ans =
    1.8708    2.1366
```

normrnd 函数的前两个参数为正态变量的期望与标准差；后面两个参数定义生成矩阵的大小。输出矩阵，为一个 1000 行 2 列的矩阵，即 1000 个两维随机变量，均值计算为矩阵每列均值。这就是为什么计算得到两个均值，每个均值对应于数据矩阵一个列向量。cov(x) 函数计算协方差矩阵（假设数据矩阵每列对应于一个随机变量）：

```
>> randn('state',0)
>> x = normrnd(10,2,10000,4);
>> cov(x)
```

⊖ 我们使用 randn ('state', 0) 命令以确保得到相同的数值。否则，得到的数据可能与如下数据不同，这取决于随机数生成器当前的状态；这个问题的研究参见第 4.3 节，此外，如果重复实验，将得到不同的结果。

```
ans =

    4.0091        0.0480        0.0204       -0.0457
    0.0480        4.0291        0.0374       -0.0050
    0.0204        0.0374        4.0390        0.0193
   -0.0457       -0.0050        0.0193        4.0464
```

需要注意的是，对于四个相互独立的变量，矩阵对角线上的值接近"正确"方差 $\sigma^2 = 4$；非对角线元素应该为零，因为样本为相互独立的。给定有限数量样本，计算结果与理论值不同是正常的。

在实际中，参数估计可能是一个棘手的问题。考虑从一个已知参数的正态分布中抽取 100 个样本，并检查样本矩阵与已知参数是否一致。让我们重复 10 次这些实验：

```
>> randn('state',0)
>> x = normrnd(0.3,2,100,10);
>> mean(x)'
ans =

    0.3959
    0.0460
    0.1437
    0.2803
    0.0048
    0.1646
    0.4143
    0.1915
    0.4961
    0.0013
```

你将看到，这些估计均值与真实值 $\mu = 0.3$ 差距较大。事实上，如果你仅重复几次这个实验，甚至有可能得到负样本均值。这是由于数据的期望值相对于数据的样本较小；如果你使用历史数据估计短期股票收益，当波动率较大时，你会意识到这不是一个假设情形。这种现象被称为平均模糊（参见 [3，第 8 章]）。另外需要注意一点，如果你使用历史数据，可能会质疑旧数据；然而，如果仅用最近时间则可能导致估计不可靠。MATLAB 的金融工具箱中包含一个更专业的函数（ewstats），通过引入"遗忘因子（forgetting factor）"降低旧数据的权重的方法，计算协方差矩阵。

估计值可能存在显著的变化，这在最后一个示例中很显著，显然我们需要某些方法度量估计的可靠性。考虑（B.3）并假设我们知道标准正态分布（$1 - \alpha/2$）的分位数，例如，数值 $z_{1-\alpha/2}$ 使得：

$$P\{Z \leqslant z_{1-\alpha/2}\} = \frac{1}{\sqrt{2\pi}} \int_{-\infty}^{z_{1-\alpha/2}} e^{-y^2/2} dy = 1 - \alpha/2$$

其中 $Z \sim N(0, 1)$。则，由于标准正态分布的对称性，我们得到：

$$P\left\{-z_{1-\alpha/2} \leqslant \frac{\overline{X} - \mu}{\sigma/\sqrt{n}} \leqslant z_{1-\alpha/2}\right\} \approx 1 - \alpha$$

除非 X_i 为正态分布，否则这仅为真实值的近似，但是根据中心极限定理，当样本数量很大时，这将为一个高质量的近似。重写上述不等式，在概率接近 $1 - \alpha$ 时，我们有：

$$\overline{X} - z_{1-\alpha/2} \frac{\sigma}{\sqrt{n}} \leqslant \mu \leqslant \overline{X} + z_{1-\alpha/2} \frac{\sigma}{\sqrt{n}}$$

换句话说，我们可以建立一个置信区间，根据一个合适的置信水平，置信区间将包含位置参数 μ。遗憾的是，这或许存在问题，因为我们必须通过样本方差估计 σ^2。因此，我们应该考虑随机变量的分布：

$$\frac{\overline{X} - \mu}{S/\sqrt{n}}$$

事实上，分布并非真正的标准正态分布。如果 X_i 服从正态分布，则这个比例服从一个自由度为 $n - 1$ 的 t 分布。这个分布与标准正态分布十分相似，分布函数同为钟形并且关于原点对称，但是其具有厚尾性。实践中，在建立置信区间时，我们应该使用这个分布的分位数 $t_{n-1,1-\alpha/2}$，其中 $t_{n-1,1-\alpha/2} > z_{1-\alpha/2}$。这意味着置信区间更宽，由于需要更多参数估计，这样结论非常有意义。已经证明的是，当 n 足够大时，t 分布趋向正态分布。由于样本不能验证自己，所有的这些仅为真实值的估计。然而，当样本数量足够大时，依据中心极限定理，我们可以使用如下近似置信区间：

$$\overline{X} \pm z_{1-\alpha/2} \frac{S}{\sqrt{n}}$$

思路为，如果我们一次一次地重复抽样与估计过程，"真实"值落入这个区间的概率应该为 $100 \times (1 - \alpha)$。α 常用的取值为 0.05 与 0.01。

[例 B.9] 调用 [muhat, sigmahat, muci, sigmaci] = normfit (x) 函数生成估计的期望值、标准差、对应置信度为 95% 的置信区间。

```
>> randn('state',0)
>> x=normrnd(1,2,100,1);
>> [mu,s,mci,sci]=normfit(x)
mu =
    1.0959
s =
    1.7370
mci =
```

　　0.7512

　　1.4405

sci =

　　1.5251

　　2.0178

　　这个函数假设样本服从正态分布并且使用 t 分布的分位数。记住上述提示，对于通过蒙特卡罗模拟估计出的参数，我们可以使用这个函数建立置信区间。通过基于一个可选参数调用函数，可以建立一个不同的置信区间：normfit（x,alpha）

B.6　线性回归

　　通过最小二乘方法实现的线性回归是一种双重技术（two-fold-technique）。一方面，我们可以考虑一个近似函数方法。我们有一系列 n 个数据点 (x_i, y_i)，$i=1, \cdots, n$。我们假设数据存在一个函数形式 $y=f(x)$，我们寻找函数 $f(\cdot)$ 获得最优拟合。线性回归假设一个线性形式：

$$y = f(x) = a + bx$$

如果定义残差 e_i 为：

$$e_i = y_i - f(x_i) = y_i - (a + bx_i) \tag{B.4}$$

我们可以寻找最优参数 a 与 b，使得残差平方和最小：

$$e = \sum_{i=1}^{n} e_i^2 = \sum_{i=1}^{n} (y_i - a - bx_i)^2 \tag{B.5}$$

直接计算得到：

$$a = \frac{1}{n}\sum_{i=1}^{n} y_i - b\frac{1}{n}\sum_{i=1}^{n} x_i = \bar{y} - b\bar{x} \tag{B.6}$$

其中 $\bar{x}$ 与 $\bar{y}$ 相当于样本均值，有：

$$b = \frac{n\sum_{i=1}^{n} x_i y_i - \sum_{i=1}^{n} x_i \cdot \sum_{i=1}^{n} y_i}{n\sum_{i=1}^{n} x_i^2 - \left(\sum_{i=1}^{n} x_i\right)^2} \tag{B.7}$$

　　这一切与统计无关，这仅为近似函数（参见第3.3节）的普遍问题中一个简单情况。然而，b 的表达式看起来像一个样本方差与样本协方差的比。以下操作表明，这种解释并非不合理：

$$b = \frac{\sum_{i=1}^{n} x_i(y_i - \bar{y}) - \sum_{i=1}^{n} \bar{x}(y_i - \bar{y})}{\sum_{i=1}^{n} x_i(x_i - \bar{x}) - \sum_{i=1}^{n} \bar{x}(x_i - \bar{x})}$$

$$= \frac{\displaystyle\sum_{i=1}^{n} (x_i - \bar{x})(y_i - \bar{y})}{\displaystyle\sum_{i=1}^{n} (x_i - \bar{x})(x_i - \bar{x})} = \frac{\displaystyle\frac{1}{n-1}\sum_{i=1}^{n} (x_i - \bar{x})(y_i - \bar{y})}{\displaystyle\frac{1}{n-1}\sum_{i=1}^{n} (x_i - \bar{x})^2}$$

$$= \frac{S_{xy}}{S_x^2} \tag{B.8}$$

在这里，我们滥用了符号 S_{xy} 与 S_x^2，因为我们没有这些数量的统计解释。如果我们假设数据来源于一个统计模型，则我们可以给出一个统计解释。一个可能的统计模型为：

$$Y_i = \alpha + \beta x_i + \epsilon_i, \quad i = 1, \cdots, n, \tag{B.9}$$

其中：

- 参数 α 与 β（在实际中）为未知数。
- ϵ_i 为一个随机变量使得 $E[\epsilon_i] = 0$，$\text{Var}(\epsilon_i) = \sigma^2$，$i = 1, \cdots, n$；$\epsilon_i$ 服从同分布。
- 随机变量 ϵ_i 相互独立，并且与应用变量 x_i 不相关。
- x_i 的值为给定值。

[例B.10] MATLAB 的统计工具箱提供一个函数可以进行多维线性回归，例如，线性回归其中存在多维 "x" 变量。我们可以通过小实验方式理解问题的本质。让我们假设一个线性模型：

$$Y = 10 + 5x + \epsilon$$

其中 $\epsilon \sim N(0, 4)$。我们考虑 x 的 10 个变量：

$$x_i = 1 + 0.2 \times i, \quad i = 0, 1, \cdots, 9$$

生成 10 个随机样本作为误差，然后检查我们得到的估计是否接近已知值：

```
>> randn('state',0)
>> errors = normrnd(0,2,10,1);
>> x = 1 + 0.2 * (0:9)'
x =
    1.0000
    1.2000
    1.4000
    1.6000
    1.8000
    2.0000
    2.2000
    2.4000
    2.6000
    2.8000
```

```
≫ y =10 +5 * x +errors
y =
    14.1349
    12.6688
    17.2507
    18.5754
    16.7071
    22.3818
    23.3783
    21.9247
    23.6546
    24.3493
≫ v =regress( y, [ ones(10,1), x])
v =
    7.2801
    6.4328
```

我们得到 $a = 7.2801$ 与 $b = 6.4328$，这与我们已知的存在偏差。这是由于噪音量的原因，但也存另外一个因素。让我们使用不同 x 取值重复实验：

```
≫ x =(1:10)';
≫ y =10 +5 * x +errors;
≫ v =regress( y, [ ones(10,1), x])
v =
    8.4264
    5.2866
```

在这里，估计似乎效果较好。因为 x 的取值更宽泛，误差的影响较小。如果我们可以降低噪声，则可以得到接近真实值的近似：

```
≫ y =10 +5 * x +normrnd(0,1,10,1);
≫ v =regress( y, [ ones(10,1), x])
v =
    10.6117
    4.9308
```

结果，我们都被骗了，在真实情况中并不会这样，我们应该计算估计结果的置信区间。

在美式期权定价中，我们可以仅使用回归方法，这就是为什么我们对于这样一个重要课题仅进行粗略的介绍。然而，我们应该提醒大家关于线性规划的注意事项：

- 回归描述的是相关关系，并非因果关系：我们倾向将 x 解释为原因，Y 为结果，但是这并不正确。
- 由于抽样变异，我们或许可以直观的看到某些关系，但是数据并不支持这个结果。
- 另一方面，由于参数 b 与协方差相关，协方差仅为线性回归到一个测度（参见例 B.7），线性回归方法或许不适用于更复杂的非线性相关的问题。

进阶阅读

书籍推荐

关于概率论，有很多优秀的书籍，从基础到专业进行了不同层次的介绍；
- 关于概率论介绍参见文献［5］，这本书结构清晰，示例丰富，翻盖面广，并且不需要测度概念。
- 关于更专业的数理统计方法参见文献［6］。
- 关于各种统计方法并且可读性较强的书参见文献［1］。
- 除了优秀的统计书籍，还有文献［4］，关于随机模拟与参数估计的方法知识，参见文献［2］。

参 考 文 献

1. M. Capiński and T. Zastawniak, editors Probability through Problems. *Springer − Verlag*, *Berlin*, 2000.

2. A. M. Law and W. D. Kelton. *Simulation Modeling and Analysis* (3rd ed.). McGraw − Hill, New York, 1999.

3. D. G. Luenberger. *Investment Science*. Oxford University Press, New York, 1998.

4. S. Ross. *Introduction to Probability and Statistics for Engineers and Scientists* (2nd ed.). Academic Press, San Diego, CA, 2000.

5. S. Ross. *Introduction to Probability Models* (8th ed.). Academic Press, San Diego, CA, 2002.

6. A. N. Shiryaev. *Probability* (2nd ed.). Springer − Verlag, New York, 1996.

附录C

AMPL介绍

在这个简短的附录中，我们要为大家介绍 AMPL 语言的基本语法。我们只在最后一章优化模型中使用了 AMPL 语言，它的语法基本是不言自明的。因此，我们只是描述了一些基本的例子，使读者可以掌握基本语言元素。读者可以参考原始文献 [1]，该文由 AMPL 语言的开发者撰写。不同于 MAT-LAB，AMPL 不是过程语言。有一部分的语言目的是编写脚本，像任何程序一样基于一系列的控制语句和指令。但 AMPL 的核心是用一种声明性语法来描述数学规划模型和实例化该模型的数据。优化求解器是分开的：你可以在 AMPL 中编写一个模型，并使用不用的求解器来求解它，可以实现不同的算法。AMPL 接口的建立可以适合许多不同的求解器，事实上，AMPL 更多是一种实现的语言标准，AMPL 由许多不同的供应商销售。

一个展示版本可以在 http：//www. ampl. com 下载。无法购买商业版本的读者可以下载学生展示版本并且按照指示安装。学生展示版本有两个求解器：MINOS 和 CPLEX。MINOS 用来求解连续变量的线性和非线性规划模型，由斯坦福大学开发。CPLEX 用来求解线性和混合整数规划模型。最开始，CPLEX 是一个高校产品，但现在 CPLEX 由 ILOG 公司开发和销售。最新的 CPLEX 版本能够处理连续变量和混合整数变量的二次规划模型。本书中的所有例子都是使用 CPLEX 求解。

显然，软件的选择是一个非常主观的问题。我个人主要是混合使用 MATLAB 和 ILOG AMPL/CPLEX，但为了公平起见，其他建模语言也在参考文献中列出。

C. 1 使用 AMPL 运行优化模型

通常情况下，AMPL 中的优化模型使用两个单独文件编写：

• 一个模型文件，标准扩展名为 * . mod，包含参数（数据）、决策变量、限制条件、目标函数的描述。

• 一个单独的数据文件，标准扩展名为 * . dat，包含具体模型实例的数据值。这些数据文件必须与模型文件中的描述相匹配。

　　所有的文件都是标准的 ASCII 文件，可以使用任何的文本编辑器进行创建，包括使用 MATLAB 编辑器（如果您使用的是文字处理程序，请确保您所创建的是纯文本文件，没有隐藏的控制字符格式）。也可以在一个文件中描述模型，但分离结构和数据是一个很好的做法，这样能够很容易地求解同一个模型的多个实例。

　　当您启动 AMPL 时，会得到一个类似 DOS 窗口[⊖]的提示行如下：

ampl：

您可以键入如下命令来载入一个模型文件：

ampl：model mymodel. mod；

分号表示一个命令的结束，请不要忘记写分号（否则的话，AMPL 会等待更多的输入，给出类似 ampl 的提示）[⊖]。载入数据文件的命令如下：

ampl：data mymodel. dat；

输入如下命令就可以求解模型：

ampl：solve；

在不载入新的模型下，想要改变数据，可以输入：

ampl：reset data；

ampl；data mymodel. dat；

如果你想要载入并求解一个不同的模型也可以使用 reset；命令。这也是很重要的，当你因为模型描述中的语法错误得到报错信息。如果你仅仅修改模型文件然后载入新的版本，你会得到很多关于重复定义的报错信息。

　　可以使用 option 命令选择求解器，比如，你可以选择：

ampl：option solver minos；

或者

ampl：option solver cplex；

实际上还有很多选项供选择，比如结果的不同呈现方式或结果的保存路径等。我们在下面只包含必要的部分。我们也提一下商业版本的 AMPL，商业版本的 AMPL 包含一个强大的脚本语言，它可以用来编写处理多个优化模型的复杂应用，在多个优化模型中用某一个模型给另一个模型提供输入。

C. 2　在 AMPL 中求解均值 – 方差有效组合

　　一个熟悉 AMPL 语法的方法就是考虑一个简单但相关的例子。在第 2. 4. 2 节中我们描述过均值 – 方差有效组合理论。此理论框架最后要求解如下的二次规划：

⊖　窗口的确切样子和你启动 AMPL 的方式和你使用的 AMPL 的版本有关。

⊖　在这里我们假设模型和数据文件与 AMPL 的可执行文件在同一个目录下，这并不是好的做法。更佳的方法是将 AMPL 放在某一 DOS 路径下，从模型和数据文件存储的位置调用该目录。细节请参见用户手册。

$$\min \quad \boldsymbol{w}'\Sigma\boldsymbol{w}$$

$$\text{s. t. } \boldsymbol{w}'\bar{\boldsymbol{r}} = \bar{r}_T$$

$$\sum_{i=1}^{n} w_i = 1$$

$$w_i \geqslant 0$$

对于这个模型的 AMPL 语法在图 C.1 中给出。首先我们定义模型的参数：资产的数目 NAssets，期望回报向量（每个资产一个数），协方差矩阵和目标回报。注意每个声明必须以分号结束，因为 AMPL 不识别行字符结束符。NAssets > 0 并不是模型的限制：这是一个可选的一致性检验，在 solve 命令运行之前，载入数据时会进行该检查。越早发现数据与要求的不一致越有利。还要注意，通常（并不必须）使用长名字命名参数和变量，这样比我们使用的数学模型中的简洁名字更有意义。

```
param NAssets > 0;
param ExpRet{1..NAssets};
param CovMat{1..NAssets, 1..NAssets};
param TargetRet;

var W{1..NAssets} >=0;

minimize Risk:
     sum {i in 1..NAssets, j in 1..NAssets} W[i] * CovMat[i,j] * W[j];

subject to SumToOne:
     sum {i in 1..NAssets} W[i] =1;

subject to MinReturn:
     sum {i in 1..NAssets} ExpRet[i] * W[i] =TargetRet;
```

```
param NAssets :=3;
param ExpRet :=
        1  0.15
        2  0.2
        3  0.08;
param CovMat:
           1           2           3           :=
1        0.2000      0.0500      -0.0100
2        0.0500      0.3000      0.0150
3       -0.0100      0.0150      0.1000;
param TargetRet :=0.1;
```

图 C.1 均值 – 方差有效组合模型的 AMPL 模型（MeanVar. mod）和数据（MeanVar. dat）

　　然后决策变量 W 被声明，这个变量必须是非负的以防止卖空，这个限制是和变量相关联的，并没有被定义成一个约束条件。最后目标函数和两个约束条件被声明。在两个约束条件中我们都使用了 sum 操作符，使用了一个相当自然的语法。我们应该注意大括号（｛｝）用来声明向量和矩阵，而方括号（[ ]）用来访问元素。目标函数和约束条件经常被赋予一个名字，这样后面我们就可以访问相关的信息，比如目标函数的值以及对偶变量。约束条件和目标函数的表达式可以自由输入。在声明中，没有自然顺序：对于已经声明的模型元素，我们可以交错使用。

　　在图 C.1 的第二部分我们展示了数据文件。语法相当的自然，但需要注意它的基本特点：

　　● 空白和换行符不起作用：对于向量数据的赋值我们必须给出索引和值，这可能看起来有点麻烦，但这样做可以允许相当普遍的索引。

　　● 每个声明必须以分号结束。

　　● 要给一个矩阵赋值时，语法要求像表一样写入数据，行和列排列必须以清晰的方式展现。

现在我们可以载入、求解这个模型，并展示解：

```
ampl: model MeanVar.mod;
ampl: data MeanVar.dat;
ampl: solve;
    CPLEX 9.1.0: optimal solution; objective 0.06309598494
    18 QP barrier iterations; no basis.
ampl: display W;
    W [ * ] : =
        1    0.260978
        2    0.0144292
        3    0.724592
    ;
```

通过第 6.4 节我们了解到障碍求解器使得没法获得基准。于是我们可以求解基于优化模型的输出构成的表达式的值，以及检查约束条件的对偶变量：

```
ampl: display Risk;
    Risk =0.063096
ampl: display sqrt( Risk);
    sqrt( Risk) =0.251189
ampl: display MinReturn.dual;
    MinReturn.dual = -0.69699
ampl: display sum {k in 1.. NAssets} W[k] * ExpRet[k];
    sum{k in 1 .. NAssets} W[k] * ExpRet[k] =0.1
```

C.3 在 AMPL 中求解背包模型

我们曾经考虑用背包模型作为资本预算的一个简单模型。这是一个纯 0-1 整数规划模型：

$$\max \quad \sum_{i=1}^{n} R_i x_i$$

$$\text{s. t.} \quad \sum_{i=1}^{N} C_i x_i \leq W$$

$$x_i \in \{0,1\}$$

对应的 AMPL 模型在图 C.2 中展示。同样，语法相当的自然，我们仅需注意以下两点：

```
param NItems > 0;
param Value{1..NItems} >=0;
param Cost{1..NItems} >=0;
param Budget >=0;

var x{1..NItems} binary;

maximize TotalValue:
    sum {i in 1..NItems} Value[i] * x[i];

subject to AvailableBudget:
    sum {i in 1..NItems} Cost[i] * x[i] <= Budget;

param NItems =4;

param: Value Cost : =
    1      10      2
    2      7       1
    3      25      6
    4      24      5

param Budget : =7;
```

图 C.2 背包模型的 AMPL 模型(Knapsack. mod)和数据(Knapsack. dat)

- 决策变量被声明成二进制（0-1）。
- 在数据文件中，两个参数向量同时被赋值以节省数据写入时间，有必要仔细对比一下这里使用的语法与矩阵赋值的语法（见前面例子中协方差矩阵）。

现在我们可以求解这个模型并且检查解（我们必须使用 reset 命令来卸载之前的模型）：

```
ampl: reset;
ampl: model Knapsack.mod;
ampl: data Knapsack.dat;
ampl: solve;
    CPLEX 9.1.0: optimal integer solution; objective 34
    3 MIP simplex iterations
    0 branch-and-bound nodes
ampl: display x;
x[*]:=
1  1
2  0
3  0
4  1
;
```

在这种情况下，分支定界被调用（见第12章）。事实上，如果你使用学生演示版本，使用 MINOS 求解器无法求解这个模型，必须选择 CPLEX 求解器：

```
ampl: option solver cplex;
```

如果使用 MINOS 求解器，你会得到上面模型的连续松弛变量的解，即此时决策变量：$x \in [0, 1]$，而不是 $x \in \{0, 1\}$。类似的在 ILOG AMPL/CPLEX 中可以使用如下适当的命令得到：

```
ampl: option cplex_options 'relax';
ampl: solve;
    CPLEX 9.1.0: relax
    Ignoring integrality of 4 variables.
    CPLEX 9.1.0: optimal solution; objective 36.2
    1 dual simplex iterations (0 in phase I)
ampl: display x;
    x[*]:=
    1  1
    2  1
    3  0
    4  0.8
    ;
```

在这里我们使用 relax 选项来求解松弛模型。我们也可以使用其他选项来观察求解的详细过程：

```
ampl: option cplex_options 'mipdisplay 2';
ampl: solve;
CPLEX 9.1.0: mipdisplay 2
```

MIP start values provide initial solution with objective 34.0000.

Clique table members：2

MIP emphasis：balance optimality and feasibility

Root relaxation solution time ＝   0.00 sec.

	Nodes				Cuts/		
Node	Left	Objective	IInf	Best Integer	Best Node	ItCnt	Gap
0	0	36.2000	1	34.0000	36.2000	1	6.47%
		cutoff		34.0000	Cuts：2	2	0.00%

Cover cuts applied：1

CPLEX 9.1.0：optimal integer solution；objective 34

2 MIP simplex iterations

0 branch－and－bound nodes

如果想要了解这个输出，读者需要看一下第12章，那里解释了分支定界方法。

C.4 现金流匹配模型

作为最后一个例子，我们来看一下现金流匹配模型（见第2.3.2节）：

$$\min \quad \sum_{i=1}^{N} P_i x_i$$

$$\text{s.t.} \quad \sum_{i=1}^{N} F_{it} x_i \geq L_t \qquad \forall t$$

$$x_i \geq 0$$

与前面模型相比，这里唯一的新要点是在每个规划的时间范围内约束条件需要被复制。图C.3中解释了在AMPL模型中的实现方式。还要注意有几个参数被限制为整数变量，integer关键字也可以用来指定一般的整数决策变量。

```
param NBonds ＞0, integer；
param TimeHorizon ＞0, integer；
param BondPrice｛1..NBonds｝；
param CashFlow｛1..NBonds, 1..TimeHorizon｝；
param Liability｛1..TimeHorizon｝；

var x｛1..NBonds｝ ＞=0；

minimize PortfolioCost：
    sum｛i in 1..NBonds｝BondPrice[i] * x[i]；

subject to MeetLiability｛t in 1..TimeHorizon｝：
    sum｛i in 1..NBonds｝CashFlow[i,t] * x[i] ＞=Liability[t]；
```

图C.3 现金流匹配模型的AMPL模型文件

进阶阅读

书籍推荐

- 了解 AMPL 可以参看其开发者撰写的参考文献[1]。
- 还有许多其他建模语言,比较著名的一个是 GAMS,与 AMPL 类似,GAMS 并没有与具体的求解器关联。见 http://www.gams.com。经济领域的人对于 GAMS 更熟悉,在参考文献[2,3]中它被用来开发金融优化模型。

网络资源

- AMPL 学生版本以及其他材料可以在 http://www.ampl.com 下载,在 http://www.ampl.com 上你也可以看到一个与 AMPL 兼容的求解器列表。
- 对于商业版本的 ILOG AMPL 和 CPLEX 求解器,见 http://www.ilog.com。
- 斯坦福大学的 MINOS 和其他优化求解器,见 http://www.sbsi-sol-optimize.com。
- 值得一提的是,还有其他一些语言,比如 LINGO。这更像一个"私有"的系统,因为它连接一个特定的优化模型库,见 http://www.lindo.com。

参 考 文 献

1. R. Fourer, D. M. Gay, and B. W. Kernighan. *AMPL: A Modeling Language for Mathematical Programming*. Boyd and Fraser, Danvers, MA, 1993.

2. S. Zenios, editor. *A Library of Financial Optimization Models*. Blackwell Publishers, Oxford, 2006.

3. S. Zenios. *Practical Financial Optimization*. Blackwell Publishers, Oxford, 2006.